国家社科基金后期资助项目
出版说明

后期资助项目是国家社科基金设立的一类重要项目，旨在鼓励广大社科研究者潜心治学，支持基础研究多出优秀成果。它是经过严格评审，从接近完成的科研成果中遴选立项的。为扩大后期资助项目的影响，更好地推动学术发展，促进成果转化，全国哲学社会科学工作办公室按照“统一设计、统一标识、统一版式、形成系列”的总体要求，组织出版国家社科基金后期资助项目成果。

全国哲学社会科学工作办公室

国家社科基金
GUOJIA SHEKE JIJIN HOUQI ZIZHU XIANGMU
后期资助项目

论当代中国警政范式之嬗变与重构

Evolution and Reconstruction of the Policing Paradigm in Contemporary China

胡建刚 著

法律出版社
LAW PRESS·CHINA

基金项目
国家社会科学基金后期资助项目，项目批准号：17FZZ004

目　　录 Contents

前　　言

一、研究背景

国家和社会对秩序与安全的需求导致了警察制度的产生，它是国家提供安全服务和控制职能的一个重要组成部分，是实现社会治安秩序的稳定和公共安全的保障之必需。

中国警政的改革主要源于两方面的动力：一是随着中国政府职能的转变而进行的变革。作为执政党的纲领性文件的党的十八大报告指出“深入推进政企分开、政资分开、政事分开、政社分开，建设职能科学、结构优化、廉洁高效、人民满意的服务型政府”。作为政府职能部门的公安机关，警察之职能在服务型政府的旗帜下进行转变，对警察行政而言，警察任务法定原则必须得到贯彻。二是受西方国家的警务模式改革趋势的影响和牵引。自1829年罗伯特·比尔创设职业性警务模式以来，相继以去政治化、引入法治性、融合专业知识、倡导社会性的警政理念，改变着警察执法的价值取向、行为动机的模型和职能属性的比例，先后出现了“职业警务模式”“专业警务模式”“反应式警务模式”“社区警务模式”“情报导向警务模式”五次警务革命。特别是从20世纪80年代开始，以新制度经济学和公共管理学为理论基础，作为政府职能部门的警察机构将公共服务的契约外包、民营化等理念尝试运用到警政改革当中，提出以社区为导向的警务模式更是把服务视为警务的本质，美国“9·11事件”后，以情报导向的警务模式将社会治安精准治理和对犯罪的精准打击视为警务专业服务性的提升。

随着中国改革开放的深入、公民社会的发育、民主进程的加快和加入世贸组织的经济一体化，我国社会结构和公民生活形态等都发生了根本性的变化。例如，社会阶层高度分化、异质性意识形态不断扩大、文化价值观的多元裂变、中产阶级的不断壮大、网络世界虚拟性的交往互动、风险社会的到来引发新的安全不确定性。……传统警政所面对的社会治安秩序的现实“镜像”已今非昔比。“工具理性主义所构建的话语体系是否还能回应今天的治安问题，是否还能引导驾驭警务行动的方向，是否还能有效打击当下的违法犯罪等，都成为关乎警政改革的深层问题。只有适应社会变革的趋势，推进警政建构的思维转型，重构警察执法的话语体系，从警务工具理性的设计向社会建构的转型，才是符合当代认知模式、价值导向的选择”。①

二、选题考量

相对于其他学科，对警察的研究在整个世界范围都是处于比较滞后和封闭的状态，无论是社会学领域还是政治学领域，对警政几乎都未做过任何深入的研究。

中国警政的探讨起步较晚，成果相对匮乏。有两个原因直接导致中国警政理论研究的滞后：

一方面，中国政治体制理论发展的制约，警察相关制度与一国政治体制密切相关，西方警察制度的逻辑起点来源于三权分立的政治结构，警察行为是纯粹的行政权的运行，而中国警察制度的逻辑起点是来源于人民代表大会制度下的一府两院的政治结构，警察行为不仅是行政权的运行，还包括部分司法权的运行，另外还处处渗透着政策的政治性导引。由于中国政治体制理论研究的“瓶颈”，导致警政理论研究缺乏坚实基础，纯粹西方正式警政的语境无法深入理解中国警政的实际运行机制。②

另一方面，中国警政的研究非常薄弱，对其认识仅仅停留在表面化和碎片化的状态，造成此种局面的主要原因是学者缺乏研究兴趣③和数据收集的困难。④ 长期以来由于警察机关出于打击犯罪的需要，其工作内容和警务运行比较神秘，资料大多处于保密状态，其数据很难为公众获得，因此对警察的研究很难引起学者的兴趣和深入，导致警政的研究基本处于表面，大多是评论性的建议，没有触及本质性的问题。中国警政的研究缺乏高质量成果的另一个重要原因是没有融入国际的视野，这同样是无法得到原始资料、难以近距离观察警务实际的运行和缺乏双语之间的比较研究。⑤

以批判和解构现代性为使命的后现代思潮，更增加了我国警务现代化诉求的复杂性。一方面高度现代化的西方警务模式弊端已露出端倪，另一方面我国警务现代化的过程尚未完成，同时，我们唯一可资借鉴的范

---

① 庄琳：《迈向社会建构的警务改革》，载《中国人民公安大学学报》2011 年第 6 期。

② T' ung-Tsu Chu, Law and Society in Traditional China (Paris: Mouton & Co., 1965).

③ Jianhong Liu, Developing Comparative Criminology and the Case of China, *International Journal of Offender Therapy and Comparative Criminology*, Vol. 51 (1): 3 - 8 (2007).

④ Jianhong Liu, Lening Zhang, and Steven F. Messner, *Crime and Social Control in a Changing China* (Westport, CT: Greenwood Press, 2001). (p. vii).

⑤ Howard L. Boorman, The Study of Contemporary Chinese Politics: Some Remarks on Retarded Development, *World Politics* Vol. 12 (4): 585 - 599 (1960).

本——西方社会的内部出现了批判现代警务的浪潮。在这种情境下,我们的警政与警务模式到底该何去何从?我们是因为警务现代性的弊端而回避现代发展,还是能选择一条超越现代性警务模式?这些都是本书力图诠释的。

这里有必要对“现代”一词进行语义上的定义。人们通常在三种意义上使用“现代”一词。一种是在编年史意义上,指具体的一段历史年代,如中国史学界一般将1840~1919年这段历史称为近代史,将1919年以后称为现代史。另一种是在哲学意义上使用,通常是指自启蒙以来的思想和文化,学者常常以理性、自由、主体性、世俗化等术语来表达,在哲学上只有前现代、现代、后现代之分,而没有近代的说法。还有一种是在口语意义上使用,即指我们当下所处的时代。①

本书所讨论的前现代统治警政型范式、现代管控型警政范式和后现代服务型警政范式等“现代”的语义是在哲学意义上使用,突破时空的局限。后现代生活范式与前现代生活范式形似而神异,在形式的选择上有着相似性,但内容上有着本质差别。事实上,全球化浪潮中的中国与世界,都处于前现代、现代、后现代或农耕游牧文明、工业文明、后工业文明共存的共时性格局当中。谁也无法否认,中国目前发达地区已有后现代文明的某些特质了,但仍有不少区域处于前现代的文明时期。

本书会交替出现和使用警政与警务这两个概念,这两个词在英文中都是policing,但在不同语境中会表达不同的含义,必须通过上下文具体领会,为了叙述的方便和清晰,我用警政与警务两个概念分别表达。警政的概念要比警务大,既包括警察政务、警事政策,又包括警察事务,当它指称警察事务时,习惯性等同于“警务”,但大多数时候,警政是指警察政务与政策。警务是指在一定历史时代和社会条件下,社会所具有的安全服务供给、治安秩序控制和越轨行为规制的总称,而不能简单归结为“警察的事务”,这是理解本书讨论的正式警务与非正式警务、公共警务与私域警务这两组概念的基础。

本书会交替出现和使用范式和模式这两个概念。模式,英文为model,或mode、pattern,而范式,英文为paradigm,源于希腊语paradigma,意为“按既定的用法,范式就是一种公认的模型或模式”。模式的特点:是规范性的标准样式并具有可参照性;范式的特点:一是群体所共同遵

---

① 李海平:《后现代背景下行政法的范式转型——迈向反思型行政法》,吉林大学2004年博士学位论文。

循的理论基础;二是群体所共同采用的实践规范。从人类社会政府管理的历史变迁看,经历了统治型、管理型和服务型三种社会治理范式的转换。统治型范式以“权威—依附—遵从”为特征,管理型范式以“契约—控制—服从”和“竞争—管理—协作”为特征,服务型范式则以“服务—信任—合作”为典型特征。其对应的警政则为统治型警政范式、管控型警政范式和服务型警政范式。警务模式是指警务供给的方式,它取决于社会发展的阶段和政府模式的选择,由行为的主体、内涵特征、运行机制等要素构成。

从古至今,一个完整的警务模式演进谱系可以划分为原始社会时期的“宗亲”警务模式,前工业社会的“惩戒”警务模式,工业社会的“职业化”警务模式(第一次警务革命)、“专业化”警务模式(第二次警务革命)、“反应式”警务模式(第三次警务革命),后工业社会的“社区导向”警务模式(第四次警务革命)、“情报导向”警务模式(第五次警务革命)七个演进时期和五次警务革命。

本书从四个方面展开论述:(1)回顾中国警政和警务模式的历史进程;(2)以西方国家为背景,对警务实践在后现代社会中的困境进行分析;(3)借助西方的理论资源,建构一种超越现代警务的理论基础,在新的警政理论基础指导下,建构具体的警务模式框架;(4)反思中国警务的当代实践并探讨新的警政范式对中国警务的借鉴意义。

本书研究的核心问题是后现代社会背景下警政范式转型选择问题,其理论意义和实践意义是重大的。它有助于推动警政理论研究的深入和理解当今社会此起彼伏的警务模式改革。尽管关于警务模式问题的讨论已经十多年了,而且曾一度是热点和焦点问题,但警政理论研究的参照背景基本是西方的福利国家或处于现代化转型的国家,号称“现代”警务模式实际上是“现代性”的管控警政范式。用这一理论范式来解释西方国家20世纪80年代以前的警务实践是适用的。但是,对于20世纪80年代以后的重大变革,原有的“现代性”警政理论范式则显得力不从心。作为一个后发警务现代化国家,吸收西方警务后现代化进程中克服现代性的缺陷和不足,正是后发警务现代化国家的优势所在。

三、存在的不足

由于本人学识的局限性以及警察制度领域的复杂性,本书的不足之处在于:(1)主要对服务型警政范式进行了宏观性的理论建构,对服务型警政运行机制的研究只限于定性研究,未做量化研究。(2)对于我国服务型警务建设的动力机制和阻力“瓶颈”的研究也主要限于规范分析和定性研究,而对各相关主体的意愿和动力没有进行深入调查和实证研究。(3)对警务市场化供给的方式、规制等探讨有待进一步深入。

导　论

第一节　国内外研究现状与文献综述

一、国外研究综述

尽管古代西方就有过一些关于警政方面的论述，并深刻地影响着近代警察制度的发展，但系统性研究应是 1829 年以后的事情。[①] 实际上，对于警察的全面而系统的研究“是在 20 世纪 60 年代大西洋的两岸英国和美国几乎同时进行”。[②] 无论是美国还是英国，对警政的研究是源于对秩序的要求和日益高涨的民权诉求。

社会意识形态上的裂变、日趋激烈规模性抗议活动如雨后春笋般不断涌现，反对越战、人权运动、妇女解放运动及其他利益集团为自己的主张而不断对政府部门发动示威游行，民权运动直接对警察提出了更高的要求，从而促进了对西方警务模式创新的研究。

(一) 西方警政创新的研究得到政府和民间团体的支持

20 世纪 60 年代的美国，犯罪一度大幅度上升，从 1960 年到 1970 年，每十万人中的犯罪率上升了一倍，暴力犯罪上升的势头更猛，抢劫案件在此期间几乎增加了两倍，暴力犯罪的上升不仅加重了警察工作的危险性和工作量，而且还使警察承担着公众给政府施加的压力。在 1965 年到 1967 年，出于解决警察现实的困境，美国执法支援管理局将大部分的资金用来促进警务的研究工作。警察基金会和执法支援管理局一样，为警务改革的研究工作提供了资金上的援助。创建于 1970 年的警察基金会属于非政府的中介性组织机构，其经费来源于福特基金会的捐助，基金会的管理委员会由政府官员、学者和警方三方组成，在 20 世纪 70 年代，该警察基金会资助了大量具有创新精神的研究课题。在 1968 年至 1973 年，美国总统顾问团不断宣扬由基层社团推荐上来的警务改革方案，国会增拨

---

① [英]王大伟:《欧美警察科学原理》，中国人民公安大学出版社 2007 年版，第 5 页。

② [英]罗伯特·雷纳:《警察与政治》，易继苍、朱俊瑞译，知识产权出版社 2008 年版，中文版前言第 1 页。

了大量经费用于警察培训、研讨、研究和技术升级。各种有关警务战略战术的论坛相继成立，如 The Police Foundation、The Police Executive Research Forum、The National Organization of Black Law Enforcement Executives、The Urban Sheriffs Group of The National Sheriffs Association 以及 The International Association of Chiefs of Police。这些由政府和民间团体推进的警务改革研讨和辩论，促使了警察当局对传统警务模式进行重新认识和评价。

1979 年之前的英国，内政部的策划部门几乎没有触及警务模式的研究，但在 20 世纪 80 年代，警务改革就成为该部门研究的重中之重。20 世纪 90 年代，内政部设立了警务研究的专家组织（现称警务与减少犯罪处，The Policing and Reducing Crime Unit）。英国警方在日新月异的社会变革和由此产生的社会问题的冲击之下，不得不应对这种变迁和迎接挑战。失业率高居不下、离婚率上升、人口流动变快、种族矛盾加深、社区失去凝聚力、区域发展的不平衡、贫富两极分化加大，这些变迁给警察带来的压力主要体现为两个方面：一是要求警察从被动反应的警务模式向主动提前的警务模式转变；二是要求警察提高服务质量，因为社会不断地走向民主。英国政府因此组建了“警察改革督导论坛”（Police Reform Steering Forum）进行警务改革构想的辩论，发布白皮书《警务新世纪：改革蓝图》（*Policing a New Century: A Blueprint for Reform*）《警察改革法草案》（*Police Reform Bill*）在 2002 年 1 月 24 日提交国会审议，当年的 4 月与 7 月分别获得上下议院的审议通过，《警察改革法》（*Police Reform Act* 2002）于 2002 年 7 月 24 日经英国女皇签署后正式公布施行，与《警务新世纪：改革蓝图》相呼应，犹如改革之两翼，表达了对优质警察服务的供给、良好治安秩序的维护、犯罪恐惧感的降低、公众对警察信任的增进等警务创新的宣誓，彰显出英国政府推动公共服务改革的慎重承诺。

（二）西方警政创新的研究在多学科视角下展开

1. 比较学视角下的警务模式研究

西方对警务模式的比较研究主要有三个部分：两个以上国家警务模式的比较、在某一警察专题研究中不同警务的比较、对国外警务模式结构与运行的详细描述。

曾是英国殖民署副主管的查理·杰弗瑞爵士（Sir Charles Jeffries, 1952）描述了英属殖民地警察的起源和发展，并与英国本土警务相比较，由于对英国殖民地比较熟悉，在对牙买加等几个殖民地警务进行观察之后认为，尽管殖民地警务模式均来自英国，但由于各地地域、经济、文化、社会风俗的不同,使警务模式有着不同的特征。①

针对某一特定的警务工作领域的跨国比较研究也引起一些学者的关注,例如,爱姆斯雷(Emsley,1983)比较了英法两国在1750年至1870年间新的警务模式产生的历史背景;米勒(Miller,1977)分析了19世纪纽约市警察局与伦敦大都市警察局两者在创建初期的动因;庞迟(Punch,1985)研究了美国、英国及荷兰三国的警务机制中的权力腐败问题;迈耶(Meyer,1985)阐述了世界各国的警察罢工问题。英国梅拜(R. I. Mayby,1990)撰写的《比较警务若干问题的研究》(*Comparative Policing Issue*)详细比较研究了加拿大、日本、法国、荷兰、苏联、古巴、中国、中国香港等国家和地区的警务模式,该书主要成就在于规范了比较警务模式研究的一些概念,并提出现代警务的四种模式、比较警察学的三个领域、警察的四种身份等。英国警察研究专家麦肯锡(Mchenzie)的《制服背后——英美两国警察制度比较研究》(*Behind the Uniform*)对英美两国警务模式进行了深层次的研究,以多种参照点进行比较分析,资料翔实丰富。

David Bayley(1975)在比较研究了英国、德国、法国和意大利四国的警务历史后得出了国家中警察制度的演化与政治经验的成长高度相关的结论,警务模式的形成有着行政体制相一致的一般性特征。法国和意大利的警务模式反映出这两个国家近代国家成长过程中以中央集中为特征的行政集权结构的属性,而英国和德国的警务模式则体现出这两个国家在近代国家演进过程中以地方分散为特征的行政分权的属性。②

Philip Stead(1983)在研究了法国的警察体制后,发现警察在近代法国历史上每一次国家与政权的建构中都发挥了至关重要的作用,法国警察伴随着国家整体的政治变迁而成长,经历了君主制、帝国、革命、共和制以及战争各个历程,验证了国家中央权力不断累积的过程。③

Carolyn Steedman(1984)以历史制度主义视角研究了英国维多利亚中后期郡警察制度的形成过程,1856年出台的《警察法案》成为英国警察制度的一个重要历史转折点,该法案深深根植于当时英国传统的乡村生活结构以及当时英国社会各界对警务功能的理解。当时国会也认为,地方治安秩序与犯罪事务应当由地方负责,迎合了警察地方性组织的主流看法。

① See Sir Charles Jeffries, *The Colonial Police*, London, 1952.

② David H. Bayley, *The Police and Political Development in Europe*, *The Formation of National States in Western Europe*, ed. Charles Tilly, Princeton: Princeton University Press, 1975, pp. 328–379.

③ Philip H. Stead, *The Police of France*, New York: Macmillan, 1983, p. 162.

Steedman 通过对警察招募、报酬、晋升等一系列的观察研究后发现,最初各郡的警察人员是为了摆脱农村社会的贫困,随后为了得到更好的上升空间而开始寻求组织的认同和职业规范。与此同时,国家也加强警察警务规范化的管理,上下联动而最终使英国警察脱离了地方性团体和文化转变成国家机器的一部分,也摧毁了英国的地方自主性,虽然郡一级警察是由各郡地方自己而非国家成立的,但在随后的演化进程中并没有按照原先设定的轨迹发展,而是作为国家的代理被动地完成了英国警察现代化的转变。①

Richard Ericson(1982)对加拿大城市地区警察巡逻进行了研究,在阅读 1300 次警察与公民的交涉时间记录材料后发现,警察巡逻过程的主动盘查询问占了一半,这些先发制人(proactive)的主动介入很少与犯罪直接关联,另外一半由公民自己发起,求助警察解决纠纷。警察在处理这些事件时,只有 1/4 被立案,其余大部分都是警察运用自由裁量权、个人的威信以及调解技巧进行了化解,并未诉诸国家的法律。②

David Bayley(1976)在比较日本和美国的警察体制后发现,日本警察的交番制度是日本战后成功控制犯罪的重要原因之一,交番制度使警察与民众面对面地进行沟通,两者之间建立了良好的互动合作关系。他的研究揭示了每一个国家警察制度背后的社会历史文化背景的重要性。③

Walter Ames 做了类似的研究,但他选择了日本小城镇工业地区进行研究,通过 1974 ~ 1975 年的参与式观察和访谈,认为交番制度是大城市的模式,在乡村的模式称为"驻在所"。事实上,驻在所标注的警民亲和的特征逐步被战后日趋加剧的城市化进程所改变,居民的生活结构和居住环境发生了深刻的改变,警察与民众在空间上开始割裂,原有的警务模式不具有现实的可操作性。④

英国学者 Roy D. 英格兰顿撰写的《警察世界》(*Policing the World*)一书理论深度虽然不够,但贡献在于资料性强,类似一本警察百科全书,按英文字母顺序列举了 100 多个国家和地区的警务模式,每个国家按警察起源、组织机构、警衔、警种、警服、武器等分类阐述,配有大量警察照片。对单一国家警务的详细描述严格意义上讲不算比较研究的范畴,但它为比较

① Carolyn Steedman, *Policing the Victorian Community: The Formation of English Provincial Forces*, 1856 - 1880, Longdon: Routledge and Kegan Paul, 1984.

② Richard V. Ericson, *Reproducing Order: A Study of Police Patrol Work*, Toronto: University of Toronto Press, 1982.

③ David H. Bayley, *Forces of Order: Police Behavior in Japan and the United States*, Berkeley: University California Press, 1976.

④ Walter L. Ames, *Police and Community in Japan*, Berkeley: University of California Press, 1981.

研究提供了基础。例如,威廉姆·凯勒(William Kelly,1967)撰写了介绍加拿大骑警的论文,印度的加破达(Gupta,1979)、荷兰的魏博伦(Webren,1989)都以英文撰写了本国的警务工作和警察制度,这些论文极大地推动了比较警务模式的研究。

2. 社会科学研究方法的引入

班顿的研究特别重视社会学理论的应用,但在政策制定和政治层面却缺乏关注。米切尔·班顿(Michael Banton)1964 年出版其代表作《社区中的警察》。[①] 他是从一个参与者观察的视角详细描述警察的行为,同时对警察的亚文化展开了分析,诸如警察的多疑、内部团结、与社会隔绝。他首创的“参与观察法”(participant observation)成为后来研究者所采用的主要方法。班顿于 20 世纪 70 年代初在布里斯托尔大学组织了三届关于警察社会学的研讨会,当时英国几乎所有的警察研究者都出席了会议,这三次会议为 20 世纪 70 年代英国警务模式的研究设置了主题和方法,其中最具特色的是参与者对警察工作的近距离观察,揭示操作性警务活动的职业文化特征。

社区警务的出现既是 20 世纪六七十年代西方国家社会政治经济发展的产物,也是科学方法寻求定量管理社会秩序的西方警务工作演化的必然结果。早在 1967 年,犯罪问题委员会就对传统警务模式提出了怀疑:“我们没有花费大量的人力和物力去很好地研究和分析警察巡逻和制止犯罪之间的关系。”制止犯罪的威慑作用一直是人们靠经验去认识和估计,没有人利用一定的手段去检验它,委员会鼓励人们对警察传统警务模式如汽车巡逻提出新的认识,美国堪萨斯市巡逻实验是警察科学方法论上的里程碑。它是有关实验方法在警察科学研究之中的有益尝试,也为警察认识论开辟了新纪元。

实验法是指在一定的人为条件下,按照设计的程序和手段,对研究对象的活动进行观察、分析,从而得出科学结论的方法。实验法是科学研究中普遍运用的一种方法。实验方法是在现场进行的,并对环境进行各种人为的控制,试图揭示某自变量与多个因素的关系。实验的方法最早被自然科学所采用,后来为社会学家和犯罪学家应用于犯罪研究,近几十年又被应用于警察科学的研究之中。

实验法有三大优势:一是可以确立因果关系。实验法是社会科学中确立因果关系的最好方法。二是易于控制。实验法可排除外部因素造成误

---

① See Michael Banton(1964), *The Policeman in the Community*,London: Tavistock.

差的机会。三是便于整个过程的分析,可研究小到几小时,大到数月数年的整个过程和全部时期的变化。实验法也有不足,如实验现场是一种人造环境,与自然状态有所脱节。又如实验人员可能受到干扰和暗示,从而影响实验的精度。

该试验始于1972年7月19日,止于1973年9月30日,历时12个月。当时的堪萨斯市警察局局长克拉伦斯·凯利为实现警政的理想组建了四个工作队,工作队吸收了普通警察参加管理,这在当时是一个创造性的做法。南部巡逻区工作队发现五个存在问题的地区值得注意,但当时的工作队力量有限,警察局只有减少用来例行的巡逻时数来加强对五个有问题的地区的巡逻,这时,工作队的一些成员"对例行预防性巡逻的效果、警察在预防巡逻中干些什么、警察的出现对社区的安全感有什么影响提出了疑问"。这次实验的目的就是要研究能否将巡警从例行巡逻中抽调出来干其他工作。

该市南部巡逻区共有24条巡逻路线,选择其中有代表性的15条作为实验区,另外9条巡逻线路因无代表性没有被纳入实验。对实验区15条巡逻路线根据犯罪数据、求助电话数量、种族成分、经济收入、人口状况等情况用计算机分成5组,每组包括3条巡逻路线。

每组的3条巡逻路线又分别采用三种不同的警务方式:反应式、主动式和控制式。反应式不搞预防性巡逻,警车只处理求助电话,其他时间用于巡视反应式巡逻路线的边界地区。主动式巡逻路线加强了预防性巡逻,配备了两倍或三倍于原有的警车。控制式巡逻路线保持原来一般的巡逻水平。

实验发现,试验地区的巡逻水平各不相同,但结果没有多大差别。首先是受害情况。对反应、控制和主动三种形式的巡逻进行了69种比较后,没有从受害情况调查中发现犯罪数字有明显变化。其次是公民对犯罪的恐惧。例行预防性巡逻的变化明显地影响公民对犯罪的恐惧。再次是公民对警方的态度。预防性巡逻水平的变化,能明显地影响公民对警方的态度。最后是反应时间。警方对求助电话作出反应所需的时间,没有受日常预防性巡逻水平的影响。①

堪萨斯市的试验对警方日常巡逻作用的传统看法提出挑战。取消日常巡逻,并没有明显减弱警方控制犯罪的作用。公民对犯罪的恐惧和公民

---

① Kelling, George L., Antony Pate, Duane Dieckman, and Charles E. Brown, *The Kansas City Preventive Patrol Experiment*: *A Technical Report*, Washington, D. C.: Police Foundation, 1974, pp. 3, 533–5.

对警方的态度没有受到影响。警方对求助电话的反应能力也没有受到影响。

3. 政治学维度下警政理论的审视

Otwin Marenin(1985)认为,政治学视野下警察学研究主要是从四个路径进行的:(1)警察体系在政治利益维护上发挥的功能;(2)警务活动在何种程度上体现着国家的管制能力,在实践中如何向社会贯彻国家意志;(3)警务的运行方式的监控与管制受何人或以何方式进行,警察行为是自主性还是被控制的,这种自主与被控受何种因素的影响;(4)警察体制的实证性研究,并据此推演出国家、国家治理的一般性特征。①

Allan Silver(1996)认为,警务的功能并不仅仅局限于治安防范和犯罪惩治,更重要的是在于监控对政权和社会安全威胁的诸因子,在于为国家提供一种将权力延伸到社会基层的组织与路径。精英主义认为警察作为阶级统治的工具,是政治精英和经济精英所控制的一个官僚系统,通过对社会的控制使政治制度及经济体制免受草根暴力的威胁,警察力量的发展实际上反映的是精英阶层的意志。而共和主义更愿意将警察视为国家的公器,警察力量的使用应当维护公共安全,服务于社会公共利益,而非某一固化的阶层。②

Eric Monkkonen(1981)认为,现代警察在19世纪末20世纪初经历了一个从"控制阶级"到"控制犯罪"的功能性角色转变。他根据美国20多个城市的历史档案材料研究发现,在1860~1890年这一时段,美国城市警察打击的对象主要是"扰乱社会秩序"、处于社会底层的弱势群体,而在1891~1920年,因醉酒滋事而遭受逮捕的人数大为下降,但因犯罪逮捕的数量大幅上升,表明美国城市警察的工作重心已转移到了"控制犯罪"。③

Harring(1983)受马克思主义的影响,将警察视为国家暴力工具而具有阶级属性,在对北美五大湖周边工业化城市警察的研究中发现,警察的主要任务不是控制犯罪,而是防止工人罢工,展示出警察完成其政治任务

---

① Otwin Marenin, Police Performance and State Rule: Control and Autonomy in the Exercise of Coercion, *Comparative Politics* 18, No. 1(1985), p. 102.

② Allan Silver, The Demand for Order in Civil Society: A Review of Some Themes in the History of Urban Crime, Police and Riot, in *The Police Six Sociological Essays*, ed. David Bordua, New York: Wiley, 1966, pp. 1 – 24.

③ Eric H. Monkkonen, *Police in Urban America*, 1860 – 1920, Cambridge: Cambridge University Press, 1981.

的服务归属性。①

Boritch Helen 和 John Hagan 研究了多伦多警察在 1859 ~ 1955 年所从事的警务工作,并没有发现想象中发生的角色巨变,警察作为阶级控制的政治形态依然在延续着。②

托尼·布尼安(Tony Bunyan)于 1976 年出版了《英国的政治警察》,③作为一个激进的新闻工作者和政治活跃分子,布尼安的著作完全使用第二手资料和新闻报道,来引导人们关注警务工作的政治维度。政治学视角的警务研究开始关注如何对警察行为进行控制的问题,但也往往涉及了警察问责面临的政治性障碍。雷纳(Robert Reiner)通过《蓝领工人》④详细描述了最近几十年来,英美警察不仅经常违背行政与政治相分离的原则,而且不断形成一个利益集团,为维护其权力而公开从事政治游说活动,通过建立市民评论专栏(civilian review board)和其他方式的独立投诉制度,经常能够成功说服政府来挫败民权自由主义者在问责警察方面做出的努力。雷纳的研究表明,警察权力的控制和问责的困难不仅在于警察工作处于一种低可见度的状态,还在于警察作为一个压力集团(pressure groups),自身为维持权力和保持独立自主性而进行的政治活动。布罗德则认为,警察问责的障碍更多的是来自与政治有直接联系的"高层警务",而非日常巡逻和刑事执法的底层警务。

英国德文郡前警察局局长、国会议员约翰·安德逊所著的《自由警务论》(Policing Freedom)对西方警务现代化不可克服的危机,提出了无增长改善论。作为警务改革的主要倡导者,安德逊选择了艾克赛特市进行英国社区警务开展的第一个实验,"警务改革"的主要意旨在于改造警察机构,使之符合现代法治精神,一味强调提高警察数量和太过重视现代化的装备并非未来警务的选择,应该把社区作为改革平台展开警务的创新,以社会治安资源作为警力后备力量,以方便市民得到服务为警务工作的导向,以建立警民合作的伙伴关系亲近公众,真正有效降低犯罪率与减少反社会越轨行为,降低对犯罪的恐惧感。

埃莉诺·奥斯特罗姆所著的《都市警察服务的制度结构》,把警务服

---

① Sidney L. Harring, *Policing a Class Society*: *The Experience of American Cities*, 1965 - 1915, New brunswick: Rutgers University Press, 1983.

② Boritch Helen and John Hagan, Crime and the Changing Forms of Class Control: Policing Public Order in Toronto the Good' 1859 - 1955, *Social Forces* 66, No. 2, 1987, pp. 307 - 335.

③ Tony Bunyan (1976), *The Political Police in Britain*, London: Quartet.

④ Robert Reiner (1978), *The Blue-Coated Worker*, Cambridge: Cambridge University Press, pp. 268 - 269.

务作为一个社会经济的产业,在多中心理论框架对警务服务进行了细化,而不是简单地把警务服务归到某一类公共物品领域中,详细阐述了美国大城市地区警察服务的制度结构。

(三)西方警政创新注重实战的效果

堪萨斯市警察局的一项实验表明,大多数情况下,快速反应并不能真正从根本上解决犯罪问题。严重暴力犯罪不是靠快速反应机制可以阻止和消除的,唤醒公众打击犯罪的责任心有助于及时有效地通知警方,并为指挥中心调度警力赢得时间。①

伯明翰警察局同样也做了警察快速反应机制的研究,其战略目标旨在增加报警的效率,如使用优先电话号码(call-prioritization codes)、电话信息处理程序、远程服务,并针对随机巡逻的缺陷,开始研究和应用定向巡逻(the directed patrol)来更有效地处理报警电话。②

加利福尼亚圣安那市的社区警务试验,包括"一人开车巡逻和两人开车巡逻的效果评估""现场盘查嫌疑人和阻止犯罪的关系"和"社区导向警务计划"(community-oriented policing project, Copproject),这是较早开始引入社区警务的实践。社区导向警务计划(COP Project)要求巡警非常熟悉社区的基本社情和人情,要求巡警必须研究社区的地形结构、人口调查和报警统计。加利福尼亚圣安那市的社区警务模式的研究,最终得出三个结论:(1)随机巡逻并不像以往想象的那样重要和有效;(2)建立与社区强有力的联系对打击犯罪更有效和更重要;(3)警方与社区的互动有助于改变警察工作的态度并增强警察处理复杂问题的创造力。这次警务实验还带来许多其他有益的启示,首先,深入了解社区公众,警察能够得到有关犯罪活动人员的情况;其次,警察真正知道社区最迫切希望警方提供何种帮助和服务;最后,这次实验也暴露出传统的警察作息时间和警务转换的缺陷,往往在傍晚和休息日,公众最需要得到警方帮助的时间段,警察刚好也下班了。③

1979 年,赫尔曼·戈德斯坦(Herman Goldstein) 提出"问题导向警务"(problem-oriented policing),旨在鼓励警察更有效针对性地开展警务活动。

---

① Kansas City Police Department (1989), *Response Time Analysis*: *Volume II. Part I—Crime Analysis*, Washington. D. C.: U. S. Government Printing Office, p. 3.

② Farmer, Michael T. ed. (1981), *Differential Police Response Strategies.* Washington. D. C.: Police Executive Research Forum, p. 3.

③ Boydstun, John E., Michael E. Sherry (1975), *San Diego Community Profile*: *Final Report.* Washington. D. C.: Police Foundation, p. 83.

Goldstein 建议解决“问题”是警务工作的真正实质和最终目的,造成连续不断的报警求助电话的真正原因可能是同一个“问题”,对该“问题”追根溯源并加以根除可以达到一劳永逸。① 对“问题”中的热点地带,警方可以有计划有针对性地巡逻,将大大降低案件发生的数量和报警电话。②

对弗吉尼亚州纽波特纽斯的解决问题方案实践发现,通过问题导向,可以挖掘出社区潜在的许多问题,这对真正改善社区治安环境和降低社区危险等级起到关键作用。在此之前,该地警方一直被纽布来尔菲尔德公寓地区居高不下的盗窃案所困扰,起初,警方采取的措施是增加了警力,当警察在该地区出现的频率增加以后,盗窃案件发案率确实下降了60%,但当警察转移到其他地区后,该地的盗窃发案率又上升了,这说明盗窃案件产生的根源没有真正消除。到 1984 年,该公寓地区报警次数位居该市任何一个居民区的首位。为此,该市利用赫尔曼 · 戈德斯坦“问题导向警务”的原理,寻找盗窃案件发生背后的潜在致因。

问题的调查是从分析该地区的犯罪方式和民意调查开始的,调查显示,公寓地区楼房的质量问题导致了入室盗窃。于是,市警察局派往该社区的特别工作组就楼房的质量“问题”向有关方面发出了呼吁,并组织有关政府部门专门召开了一次协调会,目的是解决公寓设施方面存在的隐患问题,但与会者认为,翻修公寓已不可能,因此达成的协议是决定重新安置公寓中的住户并拆除这些楼房,警方特别工作组的一位警官帮助公寓里的住户成立了一个小组,专门负责楼房拆除前对该市有关方面的官员施加压力,以期尽快改善楼房的设施。

纽波特纽斯的问题导向警务体现了警方在社区警务中扮演角色的转移,警察不再单纯是打击犯罪的战士,而是扮演了社区组织者或个政府部门代言人的角色。③

降低恐惧感研究(the fear reduction studies)提供了一系列社区警务战术上的实践经验,如社区组织方式(community organizing)、门对门接触(door-to-door contacts)、社区警务室(neighborhood mini-stations),与社区进行紧密的联络。该项研究表明,如果恐惧感能有效地降低,社区成员倾

---

① Goldstein, Herman, Improving Policing: A Problem-Oriented Approach, *Crime and Delinquency* 25(1979), pp. 241 - 3.

② Sherman, Lawrence W., Patrick R. Gartin, and Michael E. Buerger, Hot Spots of Predatory Crime: Routine Activities and the Criminology of Place, *Criminology* 27 (1989), p. 39.

③ Eck, John E., and William Spelman, Problem Solving: Problem-Oriented Policing in Newport News. Washington, D. C., Police *Executive Research Forum*, 1987, pp. 81, 99.

向于更积极投入维护社区治安和进行邻里守望活动，也有胆量制止正在实施的犯罪。

1977～1979年，纽瓦克进行了一次步行巡逻实验，虽然这次实验的结果对打击严重犯罪没有实质性效果，但在很大程度上减少了公众对犯罪的恐惧感，为了进一步验证这个结果，随后休斯敦市在纽瓦克步行巡逻实验基础上设计了更接近后来的社区警务的成分。

在美国警务历史上基本上以巡逻警务方式展开，没有基层派出所的设置，设立社区警务室是一个创举。警务室由若干巡警、社区机构的专职人员和一名主管组成，社区机构的专职人员主要负责解决社区居民求助的问题或提供力所能及的便民服务，如通过组织社区协商会，协调学生上学、为居民提供简单的医疗（量血压）。警察则负责社区巡逻，对经常出现的青少年团伙或流氓滋扰等行为进行监控。

通过调查发现，进行实验以后，社区秩序明显改善，犯罪和秩序混乱的现象也减少，居民对犯罪的恐惧减少了。实验结果同时表明，不同群体向警察或社区警务室的求助是不同的，白人居民比黑人居民多，房东比房客多，老年人比年轻人多，中等收入者比低收入者多。这个结果意味着居民的自信心和社区主人翁精神对建立居民与警察的联系很重要，同时不同群体的自我保护意识是不同的，与警方越亲密，从警方那里获得的帮助就越多。

休斯敦降低恐惧感实验对警察工作内容和方式提出了更高的要求，如要求警察能主动与居民和商人建立信息联系，听取公众反映的社区问题，要求警察更多关注被害人，在表示同情的同时，询问他们是否需要进一步的帮助，特别是对后继案件侦查或起诉警察应积极帮助受害者，警察要定期向社区发放一些简讯，向居民通报社区犯罪情况和近期案件发生的特点，提醒公众注意，采取减少犯罪侵害的措施。①

1982年巴尔的摩县进行了市民导向警务实验，警员们首先在各自的辖区进行了强化巡逻。警方向三个巡逻区各派了一支由15人组成的巡逻小组，与过去常规巡逻有所不同的是，各小组的警察骑摩托车或驾驶微型汽车巡逻，首要的目的是设法降低居民的犯罪恐惧感。警察通过挨家挨户调查居民对犯罪问题的恐惧问题，使警方与公众的联系得到了加强，进而又把调查得到的情况用于设计新的对策。根据该县请来的顾问戈德斯坦

---

① Pate, Antony M., Mary Ann Wycoff, Wesley G. Skogan, and Lawrence W. Sherman. Reducing Fear of Crime in Houston and Newark: A Summary Report. Washington, D. C., *Police Foundation*, 1986, p. 3.

的建议,调查集中在特定的社区问题上。

经过调查,警方在社区的一块空地上发现了一个叫作“建在树上的巢屋”的地方,是社区“特定的问题”,这是一个向青少年兜售酒精饮料和毒品的中心,也是当地居民恐惧感的重要来源,警方找到该地块的所有者,在征得其同意后,请公路局铲平了这个地方,同时警方请市政管理局改善了大街小巷的照明设施,亮化工程不仅方便了居民外出,更重要的是提高了居民的安全感。

巴尔的摩县进行的市民导向警务实验实际上阐明了社区警务的某些原则,特别是与社区建立双向联系的机制,警方帮助社区制定防范犯罪的规划,社区向警方反馈犯罪信息及治安需求。实施市民导向警务实验的结果令人满意,居民注意到警察在社区路面的次数增加,对警察工作的满意也随之有所提高,在实验的后期,居民的犯罪恐惧感降到了最低点。

1984 年,纽约市开始在几个选定的警区实行社区巡逻警官计划,之后逐渐推广到全市范围。回应公众求助要求的工作仍由原先派驻各社区的常规巡警负责。参加社区巡逻警官计划的警员不负责回应公众的求助,警方希望他们能有足够的时间和精力去找出社区中的问题,建立解决这些问题的短期和长期战略。这就要求广大普通警察去思考社区中存在什么问题及相应的解决方法,要求警察作为设计者去工作。作为设计者,参加该设计的警员做的是在一般情况下被认为是警察职责以外的事,即去寻找影响社区的“生活质量”问题。如帮助社区居民清理废墟,消除治安隐患,使之成为安全的地方。尽管从传统的观念看,这些并非“犯罪”问题,但居民却会把堆满垃圾的空地和不安全的娱乐场所看成是对社区安全和生活质量的威胁,而实际上这些影响“生活质量”的问题有时的确是某些案件的导火索或是潜在的诱因。

到 20 世纪 80 年代初,美国已有上百个地方进行了警务模式改革研究。这些积累的实验成果和研究的结论表明:(1)快速反应时间不断缩短,巡逻密度不断增强,但车巡的结果是疏远了警民关系,堵塞了警察获取基层治安信息的渠道,公众对警察的警务工作也缺乏关注和理解,案件越来越多。(2)警方获取犯罪情报必须依赖于公众、处理骚乱时应求助于公众的协助、警察是否实施逮捕在一定程度上受公众对某一类犯罪看法的影响、起诉犯罪成功与否在很大程度上有赖于被害人和证人的合作,但是警察腐化渎职和冷漠造成警民关系日益紧张和恶化,公众对警察失去信任感,缺乏公众的合作是当时案件撤诉的主要原因之一。(3)忽视犯罪预防,“跟着案子走”的后发式警务方式,造成社会治安状况恶性循环,使公众失去安全感,增加政府压力。

美国开展以街区为中心的警务策略要求警察机构进行结构性调整。一是要求改变现有的警察执法理念。警察必须从打击罪犯的首要职能中解脱出来,帮助公众解决现实困难和提供服务成为警务工作的中心,打击犯罪和服务公众都不能顾此失彼。[①] 二是分权(decentralization of command)。警察机构的中间组织被分解取消,分流下来的警员下沉到街道和社区充实基层警务工作。有的学者更建议以街区为中心的警务策略要激发"街区本身非官方性和非正式警务的控制机制"以创造警民的互利关系,便于警察和公众携手解决街区的难题和忧患。[②] 三是市民化(civilization)、知识化。注重直接从社区中雇用,其优点是不仅减少开支,而且就地选用可以尽快进入角色;或是着重雇用当地少数民族的人和妇女,目的是增加亲和力,扩大服务范围;或是雇用高学历的警员,旨在提高交流素质,减少受腐蚀拉拢的概率。[③]

1994年,纽约市警察局局长威廉·布莱顿率先实施了Compstat警务模式,它被认为是美国现代警务改革的重大成果。该模式迅速被美国各地警察部门所效仿,同时还被澳大利亚、英国警察所采纳。该项目分别于1999年、1998年、1997年、1996年获得美国哈佛大学、美国副总统戈尔的奖励。该项目在降低犯罪率、提高居民的生活质量上的重大贡献,受到广泛的赞誉。[④]

"9·11事件"后,美国警务改革紧紧围绕着国土安全战略展开。在警务运行机制上,美国既注重联邦警察机构与州、地方警察组织之间的警务协作,又重视地方警察在打击恐怖主义中的重要作用。美国"警察执法研究论坛"在对250名地方警察局局长的调查研究后认为,与美国联邦警察承担打击恐怖主义职能一样,各阶层的警察机构都有着反恐重任,尤其是地方警察通过社区警务的开展可以收集大量情报信息,有效预防恐怖分子的袭击。

英国对警务模式的研究在20世纪80年代得到迅速的发展,1979年,当舍费尔德大学教授西蒙·侯德威(Simon Holdaway)出版了他的论文集

---

① Wilson, James Q., and George L. Kelling (1989), Making Neighborhoods Safe, *The Atlantic Monthly* 263(2)(February).

② Wilson, James Q. and George L. Kelling (1982), Broken Windows, *The Atlantic Monthly* (March).

③ 曹立群:《简论盛行美国的社区警务》,载《江西公安专科学校学报》2002年第3期。

④ David Weisberg (2004), The Growth of Compstat in American Policing, *Police Foundation Reports*, No. 4.

《英国警察》①时,他所收集的10篇论文几乎涵盖了当时英国关于警察研究的所有重要方面,仅仅过了十年,1989年,英国警察基金会(创建于1980年的一个独立的警察研究组织)出版了《最新警察纪录》,就列举了69家不同机构所从事的184项独立的研究。②

(四)警力的研究

警力(police strength)是警察控制能力的外显力量,警察除了侦查破案、治安巡逻等专业性工作之外,大量的人力物力被用来调解纠纷和服务社区等社会性工作,Jobson和Schneck认为,光用破案率等直接打击犯罪的能力来衡量警力是不够的,应当将警察服务性工作也作为警力的构成要素。③

精确估算警力是很困难的,Devid Baykey(1985)认为,可以用国家安排在警察机构的人员以及国家为此进行的经费支出这两个变量作为警力的指标。④

Bordua和Haurek(1971)的研究表明,在警察经费的安排上,人头费是支出的最大一笔开支,占到总经费的90%。在经费数字无法获得情况下,可以简单地利用警察人数进行警力的估算。⑤

警力理论模型,主要有四个:应对威胁理论(threat theory)、公共选择理论(public choice theory)、社会冲突理论(conflict theory)和组织制约理论(organizational constraints theory)。

1.应对威胁理论(threat theory)

作为控制社会治安秩序的警察,人口越多自然需求的警力也越多,这肯定是正相关的,但人口因素不仅是人口数量的绝对数量,而且受人口的密度、区域分布以及种族结构比例等更具体的特征的影响,这些都构成影响警力的变量因子。David Bayley利用1965年136个国家的资料数据进行了相关研究,他将每平方公里警察数量作为因变量,结果发现,20万以上城市人口的比例与警察人数的增长存在正相关,这就意味着人口密度与

---

① Simon Holdaway ed. (1979), *The British Police*, London: Edward Arnold.

② Cathy Bird(1989), The New Register of Policing Research, London: Police Foundation.

③ J. D. Jobson and Rodney Schneck, Constituent Views of Organizational Effectiveness: Evidence From Police Organizations, *Academy of Management Journal* 25, No. 1, 1982, pp. 25 - 48.

④ Devid H. Baykey, *Patterns of Policing A Comparative International Analysis*, New Brunswick, N. J.: Rutgers University Press, 1985, p. 75.

⑤ D. J. Bordua and E. W. Haurek, *The Police Budge' s Lot: Components of the Increase in Local Police Expenditure*, 1902 - 1960, *Police in* Urban Society, eds. HalanHahn and Beverly Hills, Calif.: Sage Publications, 1971, pp. 57 - 70.

警察密度呈正相关。[①]

Huber Blalock(1967)最早认识到,美国不同种族人口的比例或许是揭示警力变化的一个重要因子,少数民族人口增加了警力的需求,这种推论我们称为“应对威胁理论”(threat theory)。[②]

正如Blauner(1972)所言,国家必须要应对不同种族与具有文化差异的族群之间引发的社会冲突,其中警察的功能是制止分裂。[③]

Liska等(1981)认为,民族人口的比例构成对当地治安秩序会造成一定程度的影响,比例越高,对治安生态的影响就越大,临界点在20%~30%,超过这个比例,少数民族会被视为地区潜在的安全威胁,警力的配置就不能是简单的线性关系,有可能是数量级增加关系。[④]

Liska等(1982)认为,民族人口比例的不同,对犯罪率以及族群性犯罪特征都会造成直接影响,人口内部逐渐上升的少数民族比例会增加白人的恐惧感,他们直接的下意识反应就是增加警察力量来保障安全和加强社会控制。[⑤]

2. 公共选择理论(public choice theory)

David Pyle(1983)认为,公民选择遵纪守法与犯罪分子选择违法一样,完全受机会结构(opportunity structure)的影响,国家的规制与惩戒机制提供了激励的机会结构,无论是守法者还是违法者,对于激励结构的反应方式是一致的,他们会在成本(costs)与收益(gains)之间进行权衡,实际上这就是基于经济理性人假设的公共选择理论的基础。犯罪与治安防控之间是相互决定的,治安防控投入减少意味着犯罪的潜在成本在降低,作为理性人自然会考量收益的机会也在增加,这种博弈的结果就是犯罪率的上升。当犯罪率上升到一定程度,守法者被侵害的概率加大,必定加大自身治安防范的投入,政府也会通过政策的制定加大公共财政的支出用于控制犯罪。治安防控投入的加大意味着犯罪的潜在成本在上升,犯罪的收益在降低,从而抑制了犯罪率。[⑥]

---

① David H. Bayley, Patterns of Policing: A Comparative International Analysis, pp. 77–78.

② Huber Blalock, *Towards a Theory of Minority Group Relations*, New York: John Wiley and Sons, Inc., 1967.

③ Robert Blauner, *Racial Oppression in America*, New York: Harper & Row, 1972.

④ Allen E. Liska, Josehp J. lawrence, and Michael Benson, Perspective On the Legal Order: The Capacity for Social Control, *American Journal of Sociology* 87, 1981.

⑤ Allen E. Liska, J. lawrence, and A. Sanchirico, Fear of Crime as a Social Fact, *Social Forces* 60, 1982.

⑥ David J. Pyle, *The Economics of Crime and Law Enforcement*, London: Macmillan Press, 1983.

利用警察的数量代表警力的强弱,Eugene Swimmer(1974)选择了美国10万人以上规模的城市1960年的资料进行了研究,结果显示犯罪率与警力存在正相关。①②

Wilson和Boland(1976)利用美国35个城市的数据分析,也印证了上述观点。③

然而,警力的财政投入与犯罪关系的实证研究表明,公共选择理论具有一定的局限性。Terrence Jones(1974)以警察的财政支出作为警力的代表,选择美国1968年人口10万人以上规模的155个城市的1950～1968年的数据进行了研究,结果表明警察经费支出与犯罪状况之间并无相关性。④

3. 社会冲突理论(conflict theory)

社会冲突理论(conflict theory)认为,经济不平等引发的阶级分层社会冲突或许可以作为一个变量反映出警力的配置。

Raymond Surette(1984)利用芝加哥1873～1969年的数据,分析了作为因变量的警察人数和作为解释变量的就业人数、工厂数目和工业增加值,研究表明经济发展对警力没有影响。⑤

经济发展本身对警力变化无直接的关联,但是由于经济发展带来的社会分层及引发的阶级冲突可能是警力变化因子。Ian Taylor和Paul Walton(1973)认为,经济资源配置的不均衡性可以使精英阶层控制大多数的财富,并有意愿和能力强化国家的执法力量和提高社会治安的管控,他们利用庞大的警察力量来维护既有的政治秩序和经济发展。⑥

4. 组织制约理论(organizational constraints theory)

组织制约理论认为,决策者对于警力的发展具有重要的决定作用,作为特定组织结构中的一员,他们的行为受组织因素和内部条件的制约。Loftin和McDowall (1982)提出,政治决策者、决策议程、权力结构都是警力变化的影响因子。Brandl等人(1995)根据美国密尔沃基市1934～1987

---

① Eugene Swimmer, The Relationship of Police and Crime: Some Methodological and Empirical Results, *Criminology* 12(1974), pp. 293 - 324.

② Ibid.

③ James Q. Wilson and Barbaro Boland, Crime, in The Urban Predicament, eds. Willian Gorham and Nathan Glazer, Washington, D. C.: Urban Institute, 1976.

④ Terrence E. Jones, The Impact of Crime Rate Change on Police Expenditure in American Cities, *Criminology* 11, 1974.

⑤ Raymond Surette, A Note on the Historical Relationship between the Economy and Police Organizational Activities, *Criminal Justice Review* 9, 1984, pp. 47 - 52.

⑥ Ian Taylor and Paul Walton, *The New Criminology For a Social Theory of Deviance*, London: Routledge and Kegan Paul, 1973.

年资料进行分析后发现，政治结构、经济发展、社会冲突等因素的变化表面上没有影响到警力的整体性，但如果将警力进行结构性的分解，就会发现警务决策者在人力、物力及财力不变的情况下，会根据时势变化，将警力配置在最有效的时间和区域。①

（五）西方学者对中国警政的研究

魏斐德（Frederic Wakeman）所著的《1927～1937 年的上海警察》充分利用了上海工部局警务处的档案资料和其他第一手资料，从社会控制领域以及特别为此成立的公共租界巡捕房、法租界巡捕房、淞沪警卫队等诸多机构进行了分析，复原了一个有多元警政的特殊城市处理治安的情况。

Michael R. Dutton 是研究中国警政较为系统的西方学者。。他重点关注的是中国传统警务技术如何与当代社会控制框架进行融合。Dutton（1992）注意到中国内地的户口登记制度实质上并非一种新的发明，而是古代做法的一个翻版和复制品，这种手段遗留着“封建的残余”，是“借用旧帝国保甲体制来满足新共产主义治理的需求”。②

Dutton（1979）采用福柯的“系谱法”来分析中国现代的警务结构，审视中国的户籍制度。他注意到“中国政府利用登记和统计的户口有效地追踪人们活动的轨迹和保证人们滞留乡土”。封建时代的中国政府通过将个体锚定在一个错综复杂的关联中来控制一个人的行为，这种关联性的网络从家庭开始，比如严格的自我反省、严厉的家庭纪律，无处不在的社区邻里监视。而在当代中国，国家的公共监控取代了社区邻里监视，借助一个总体性的户籍制度：“现在能够看到的政体是以追求产能为其中心，而不是表达家庭和儒家伦理的诉求，警务的模式所表现出来的监控方式和理念无不与过去形成共振。”③

其中，Dutton 揭示出警务控制模式清晰和令人信服的历史的连续性，尤其是注意到人性和天命这两个先验性的概念对个人自律和集体性的服从所具备的能效。④ 对天人合一的整体性理解以及综合性的非正式警务

---

① Steven G. Brandl, Mitchell Chamlin & James Frank, Aggregation Bias and the Capacity for Formal Crime Control: The Determinants of Total and Desegregated Police Force Size in Milwaukee, 1934 – 1987, *Justice Quarterly* 12, 1995.

② Michael R. Dutton, *Policing and Punishment in China: From Patriarchy to ‘the People’*, Cambridge University Press, 1992, pp. 5 – 6.

③ Michael R. Dutton, *Discipline and Punishment: The Birth of Prison*, Peeregrine Books, Harmondsworth, 1979, p. 5.

④ Homer H. Dubs, Nature in the Teaching of Confucius, *Journal of the American Oriental Society* Vol. 50: 233 – 237 (1930); Tao-Wei Hu, The Chinese Version of the Law of Nature, *International Journal of Ethics*, Vol. 38 (1): 27 – 43 (1927).

在中国的社会控制系统中显得更为突出，自我节制、①家庭与族规的制约、②社区的相互监视系统③和政府正式监控制度④交织在一起。

总体而言，西方学者由于缺乏实证性材料，主要从政治学视角对中国进行远距离的观察，他们的研究存在一定意识形态上的偏见，但其中还是不乏真知灼见，可以批判性地进行借鉴。

Tyene White(1990)认为，社会治安综合治理是传统群众动员在改革开放之后的延续，在路径依赖的影响下逐渐演化为一种"制度化动员"，在此过程中以"政治性"推进而形成"运动式强制"(campaign-style enforcement)。

Andrew Walder(1994)认为，改革开放导致过去以"群众路线"为主体的社会治安控制结构与机制逐渐功能式微，国家无法完全依靠政治动员与意识形态教育调动群众参与社会治安的积极性，正是在这个背景下，社会治安综合治理得以成为主要的政策依据。⑤

正如 Horal H. Tanner(1999)认为，以严打推进的社会治安综合治理强化了地方警察与地方党委的政治纽带，"变成了基层党委的政治工具"而使国家对警察整体控制弱化，造成中国司法体系建设的滞后。

Murry Scot Tanner(2005)也认为，改革开放初期形成的社会治安综合治理体制造成了国家层面对基层监管的失控，尤其是严打过程中严刑拷打现象的出现难以制约。⑥

Dutton(2000)认为，"条块结合、以块为主"的公安体制造成警察机构及其警员对地方经济的高度依附，充当了基层政府尤其是乡镇政府向社会攫取经济资源的行政工具，往往借助社会治安综合治理的名义进行乱集资、乱收费、乱摊派、乱罚款。⑦

Murry Scot Tanner 和 Eric (2007) 从"委托—代理关系"(principal-

---

① Donald J. Munro, *The Concept of Man in Early China*, Stanford: Stanford University Press, 1969.

② Hsien Chin Hu, *The Common Descent Group in China and Its Functions*, N. Y.: Johnson, 1964.

③ Michael R. Dutton, *Policing and Punishment in China: from Patriarchy to "the people"* New York: Cambridge University Press, 1992; Y. Y. Hsu, The Pao-Chia System in China, *Far Eastern Survey*, Vol. 12 (24): 236 – 238 (1943).

④ B. E. McKnight, *Law and Order in Sung*, Cambridge University Press, 1992.

⑤ Andrew Walder, The Decline of Communist Power: Elements of a Theory of Institutional Change, *Theory and Society*, 1994, 23(2): 297 – 323.

⑥ Murray Scot Tanner, *Campaign-Style Policing in China and Its Critics*, in *Crime, Punishment, and Policing in China*, ed. Borge Bakken, Lanham: Rowman & Littlefield, 2005.

⑦ Michael Dutton, The End of the (Mass) Line? Chinese Policing in the Era of the Contract, *Social Justice* 27, No. 2(2000), pp. 61 – 102.

agent models)的视角认为,社会治安综合治理的结构强化了地方党委对于国家暴力机构的控制,造成中国法律实施的“封建化”(feudal system),弱化了国家的监管,对中国“依法治国”道路的实现形成了严重的障碍。① 现实社会中,中央—地方对警察的权力资源(power resources)和监督机制(monitoring mechanisms),通过派出所规范化建设和等级评定、社区警务室统一标准的建设模式和标示等推行全国标准化的警政建设,但是在“条块结合、以块为主”的体制下,地方党政对警务工作的影响仍然是巨大的,国家对规制和惩戒的权力监管依旧处于制度性弱势,政治与经济的高度依赖性导致代表国家暴力工具的县级公安机关对地方党政的服从高于对上级公安机关乃至公安部的服从,规制与惩戒功能的分权化阻碍了中国依法警治目标的实现。

Tanner 的研究为中国警察研究提供了一个很好的分析框架,即从历史制度主义的分析视角审视了当时中国警察的改革具有的制度路径依赖性的强烈特征,但忽视了历史制度主义的另一维度,即制度变迁(institutional evolution)的影响力。可能是由于他们的研究缺乏更加基层的微观经验,导致对警察在改革时期的制度变迁程度估计不足。②

Ivan Y. Sun 等根据新中国警察组织情况和运行机制,将新中国警务模式归纳为从新中国成立时期到 1977 年的群众参与警务模式(mass-line policing)、1978 年至 2001 年的严打警务模式(strike-hard policing),以及 2002 年以后的社区警务模式(community policing)。③

二、国内研究综述

(一)警政与警察制度研究

20 世纪初,中国警察制度初创时期的学术气氛相当浓厚。胡存忠于 20 世纪 20 年代编述的《中国警察史》(油印本)对警察在我国的起源、沿革、发展有过简单的梳理,该书篇幅极短,是目前可见的中国第一部警察通

---

① Murry Scot Tanner and Eric Green, Principals and Secret Agents: Central Versus Local Control Over Policing and Obstacles to ‘Rule of Law’ in China, *The China Quarterly*, No. 191(2007), pp. 644 – 670.

② 樊鹏:《转型社会中的国家强制——改革开放时期中国警察研究》,香港大学 2008 年博士学位论文。

③ Ivan Y. Sun, Yuning Wu, Chinese Policing in a Time of Transition 1978 – 2008, *Journal of Contemporary Criminal Justice*, 2010(26):20 – 35.

史专著。徐淘、[1]陈允文、[2]余秀豪[3]等都对警察的定义及现代警察制度、警察行政、警察法规等诸问题作了较详细论述。

郑宗楷编著的《现代警察之理论与实际》[4]是一部关于警察立法研究的专著,重在说明警察行政的法理通则,围绕警政的组织、警察权的作用及警政的开展等方面展开论述。郑宗楷认为,警政实施要以法为依据。李士珍的《警察行政之理论与实际》,[5]其内容考察了中国警察制度历史沿革,并对民国时期警察人事制度、勤务制度、户口调查、经费、建警等有关重要问题作出详细记载与评述。唐纵主编的《中国警政概况》[6]从人员编制、警察教育、警察心理等方面对战后初期全国警政概况进行了介绍。国外关于中国警政研究如稻津秀也编辑的《中国警察组织法令集》[7]是一部关于介绍中国警察组织方面的法令汇编等。

林维业、李文海、林国共同编写的《中国警察史》[8]厘清了中国警察制度的发展脉络,对各时期的阶段特征进行了总结。潘嘉钊编撰的《蒋介石警察密档》[9]共收录有关国民党警察机关的文章、资料 26 篇,另有史料性的附录 6 则。

韩延龙的《中国近代警察制度》[10]主要对中国近代警察制度的建制历程进行了叙述。韩延龙、苏亦工编著的《中国近代警察史》[11]全书分为上、中、下三卷,上卷内容涉及清末警政的创建,中卷论述民初警政的发展,下卷则侧重分析南京国民政府的警政建设等,为近代警政的发展沿革提供了详尽的论述。

陈鸿彝的《中国治安史》[12]则站在国家宏观治理的视角,对历代治安思想、治安法理与治安体制、治安方略、治安措施进行了论述。

徐乃龙的《中国近代警察高等教育述论》[13]主要考察了清末民国初年、

---

① 徐淘:《警察学纲要》,上海法学社 1928 年版。
② 陈允文:《中国警察》,商务印书馆 1935 年版。
③ 陈允文:《警察学大纲》,商务印书馆 1946 年版。
④ 郑宗楷:《现代警察之理论与实际》,正中书局 1946 年版。
⑤ 李士珍:《警察行政之理论与实际》,中华警察学术研究社 1948 年版。
⑥ 唐纵:《中国警政概况》,商务印书馆 1935 年版。
⑦ [日]稻津秀也:《中国警察组织法令集》,东京日本行政学会 1936 年版。
⑧ 林维业、李文海、林国:《中国警察史》,辽宁人民出版社 1993 年版。
⑨ 潘嘉钊:《蒋介石警察密档》,群众出版社 1994 年版。
⑩ 韩延龙:《中国近代警察制度》,中国人民公安大学出版社 1993 年版。
⑪ 韩延龙、苏亦工:《中国近代警察史》,社会科学文献出版社 2000 年版。
⑫ 陈鸿彝:《中国治安史》,中国人民公安大学出版社 2002 年版。
⑬ 徐乃龙:《中国近代警察高等教育述论》,载《公安教育》2003 年第 12 期。

南京国民政府时期的警察高等教育发展,他认为高等警察教育的发展在一定程度上也促进了警政现代化的发展。

黄晋祥、邹丽霞的《晚清的警政》[①]一书分别从晚清警政的萌芽、京师警制的沿革、清末的地方警政、警员的教育培训、绅商与清末警政之关系、日本与清末警政之关系、晚清警察社会生活等方面展开论述。

万川(2006)运用史论结合、比较研究等方法,按时间顺序论述了先秦至 20 世纪末的治安形势、警政思想、警政机构、警政措施,并对历朝的警政进行了分析和评价。他认为当代警政具有坚持党对公安工作的绝对领导,实行"统一领导、分级管理、条块结合、以块为主"的警察管理体制,普通警察和专业警察、职业警察与兵役制警察相结合,行政执法和刑事执法相结合四方面的特色。[②]

朱旭东认为,中国公安机关制度变迁史,是同中国共产党人的历史、中国现代革命的历史紧密联系在一起的。[③]

安政以中国警察制度的历史、现实与改革发展为主线,对我国警察制度进行了全面系统的研究,介绍了警察制度的演进、警察主体制度、警察权力制度、警察管理与队伍建设、警务保障制度、警察监督与责任制度、警察教育制度与警察文化建设、警务合作制度、警务体制改革等问题。[④]

(二)警察权研究

警察权的研究主要以两种视角展开,一是政治学视角,如王智军的《警察的政治属性》,以政治学理论为基础,对警察权和公民权能够保持平衡的理论依据进行了论证,是警察权问题研究中一次有价值的探索。二是从事法学研究的学者以行政法理论为基础进行的研究。最具影响力的是清华大学法学院余凌云教授借鉴大陆法系行政权理论对警察行政权的研究,代表作有《警察行政强制的理论与实践》等。

刘琳璘(2017)认为,宪法决定着警察权运行的基本内容与方向,而警察权的完善又促进了宪法的发展。世界范围内大力推进新一轮宪法改革的进程中,都无一例外地对警察权的架构和运行给予高度关注。警察权的变革一直围绕着当为与存在、规范性与现实性的冲突与平衡,在价值与事实、规范与现实、民族化与国际化之间不断寻求新的发展与突破。[⑤]

---

① 黄晋祥、邹丽霞:《晚清的警政》,群言出版社 2005 年版。

② 万川:《中国警政史》,中华书局 2006 年版。

③ 朱旭东:《现代国家与公安创新》,中国人民公安大学出版社 2008 年版。

④ 安政:《中国警察制度研究》,中国检察出版社 2009 年版。

⑤ 刘琳璘:《宪法学视野下警察权问题研究》,法律出版社 2017 年版。

(三)警务模式研究

靳平川(2004)认为,自改革开放以来,中国警务模式改革存在的最大问题是对警务发展的阶段认识不清。① 这种模糊性与王庆利(2002)所认识的中国警务模式具有"集合式"特征相一致,该集合体不仅涵盖西方警务模式历次演进的警务改革的成分,还含有古代中国社会的非正式警务踪迹,及以古典犯罪惩罚理论为基础的政治性警务导向成分,更有西方警界不予承认的以阶级斗争为前提的中国特色的"人民民主专政警务"思想。②

章昌志(2004)认为,中国警务模式的改革与创新必须树立警务全球化观念、法治观念、人权观念、服务群众观念;培养和提高警察坚定的政治素质、坚实而广博的知识素质、超强的能力素质、健康的身体和心理素质;改革现行警务管理体制、完善警务目标内容、创新警务激励机制等警务运行模式;变控制型管理为服务型管理、限制型管理为开放型管理、"暗箱"型管理为透明型管理、静态型管理为动态型管理、事前型管理为事后型管理等警务行政管理方式。③

鲍遂献(2001)提出借鉴当代管理科学中有利于提高警务运作效率的合理成分。④ 通过对西方历次警务改革成功与不足的反思及结合中国的实际国情,利用科技手段提升警务效率是新一轮警务改革的切入点。⑤ 中国警务改革的最终目标是要解决公安工作科学化的问题,⑥科学化是改革的素质要求与理念追求。⑦

在警务运作机制上,有以上海、北京等特大城市为主要样本,⑧⑨⑩⑪有

① 靳平川:《理清战略思路　服务小康社会——对21世纪前期中国警务改革战略的宏观思考》,载《山西高等学校社会科学学报》2004年第3期。
② 王庆利:《我国警务模式改革之思辨》,载《上海公安高等专科学校学报》2002年第1期。
③ 章昌志:《入世后的中国警务改革与创新》,载《中南民族大学学报》(人文社会科学版)2004年第S2期。
④ 鲍遂献:《论中国警务管理工作改革的基本方向》,载《公安研究》2001年第7期。
⑤ 董少平:《科技强警与警察体制的创新》,载《科技进步与对策》2003年7月号。
⑥ 汪勇:《再论中国警务改革的若干问题》,载《中国人民公安大学学报》2004年第6期。
⑦ 姜涛:《法理视角的中国警务管理体制改革取向》,载《江西公安专科学校学报》2007年第2期。
⑧ 张俭:《大城市中心城区建立网格化街面巡逻勤务机制的实践与思考》,载《公安研究》2001年第3期。
⑨ 吴志明:《坚持改革创新发展,构建现代警务机制,不断开创上海公安工作新局面》,载《公安研究》2002年第12期。
⑩ 朱穗生:《浅议建立现代警务机制的基本思路》,载《公安研究》2004年第2期。
⑪ 杨昌军:《有限警务与"110"重构》,载《中国人民公安大学学报》(社会科学版)2010年第4期。

以农村为研究对象,[①②③]全面或部分地研究各方面的警务改革问题的。

向池山(2008)总结了近30年来中国警务模式改革取得的重大成就:中国警务正在从传统警务模式迈向社会主义现代警务模式。警务价值观初步实现从阶级斗争价值向人权价值和人本价值转型;警务政治形态从权力保护型向权利保护型转型;警察权力的基本运行机制从政策型向法治型转型;治安与犯罪控制初步实现从静态向动态转型;警察内外关系从封闭型向开放型转型;警务效能从粗放型向集约型转型。[④]

林辉煌在其博士论文《法治的权力网络——林乡派出所的警务改革与社会控制(2003~2012)》中认为,2003年开启的一系列警务改革是在中国的社会转型过程中,社会化控制体系和组织化控制体系弱化的背景下展开的。长期存在的官僚化和权力自由化两大问题是公安系统在社会控制中的作用严重削弱的重要原因,因此随后的警务改革主要是围绕着权力规训和执法规范化展开的。然而随着警务改革的深入,基层警察日益消极,越来越多的非法治手段被采用,而多数人的权益也很难获得有效的维护,警务改革陷入了"法治内卷化"[⑤]的困局。以权力规训为核心的警务改革不仅没能推动公安法治向前发展,反而陷入法治内卷化的困境。这种意外后果的出现,从根本上讲是因为警务改革打破了"法治的权力网络",使其不能正常运转。改革者一味地强调权力规训,却忽视了权力决断在法治现代化进程中的重要意义。在当前的警务改革中,由于权力决断能力的丧失和央地关系博弈的失衡,官僚权力体系无法对正义是非原则进行辨识、裁断和实践,结果导致各种投机行为的泛滥。[⑥]

---

① 罗德华:《农村警务室警务运作探析》,载《公安学刊——浙江公安高等专科学校学报》2007年第4期。

② 郭友生:《对新农村社区警务工作的实践性思考》,载《河南公安高等专科学校学报》2008年第2期。

③ 毕刘武:《试论农村警务改革与发展战略》,载《江西公安专科学校学报》2008年第2期。

④ 向池山:《我国警务工作由传统向现代的转型与发展》,载《公安研究》2008年第7期。

⑤ "内卷化"一词源于美国人类学家吉尔茨(Clifford Geertz)的《农业内卷化》(*Agricultural Involution*)。根据吉尔茨的定义,"内卷化"是指一种社会或文化模式在某一发展阶段达到一种确定的形式后,便停滞不前或无法转化为另一种高级模式的现象。黄宗智在《长江三角洲小农家庭与乡村发展》中,把"内卷化"这一概念用于中国经济发展与社会变迁的研究,他把通过在有限的土地上投入大量的劳动力来获得总产量增长的方式,即边际效益递减的方式,称为没有发展的增长,即"内卷化"。"内卷化"表达了一个社会既无突变式的发展,也无渐进式的增长,长期以来,只是在一个层面上自我消耗和自我重复。大到一个社会,小至一个自我,一旦陷入内卷化状态,即是身陷泥沼,无力前进。本文借用这一概念来描述警务改革中"法治"遭遇的困境。

⑥ 林辉煌:《法治的权力网络——林乡派出所的警务改革与社会控制(2003~2012)》,华中科技大学2013年博士学位论文。

(四)社会治安综合治理研究

国内学者对社会治安综合治理的研究可以分为以下几类。

1. 政治学视角

唐皇凤(2008)在《社会转型与组织化调控:中国社会治安综合治理组织网络研究》一书中,以政治学与管理学为视角,借助组织化社会调控理论,回答了改革开放以来中国社会为什么实施以组织化调控为特点的治安综治。王邦佐(2008)认为,将综合治理作为转型中国一种独特的国家治理方式进行政治学分析,为解决政治性"政策话语"纳入学术型分析框架加以平衡把握的中国政治学研究难题提供了一个颇为成功的案例。在中国,综治与政法体制存在高度关联性,有关政法委的研究也会涉及综治制度研究的相关性问题。其中代表性的成果有刘涛博士论文(2012)《当下中国政法委员会研究——以X县政法委员会为参照》等。与此同时,治安综治一度被定位为刑事政策的主流认识,如侯宏林(2005)的《刑事政策的价值分析》、肖扬主编(1996)的《中国刑事政策与策略问题》、唐永军(1997)的《社会治安综合治理是刑事政策论的基石范畴》。

2. 犯罪学视角

在犯罪学研究中,治安综治与犯罪控制紧密联系在一起。王牧(1992)的犯罪学研究将治安的综治理解为犯罪的综治,认为综治在1981年提出时主要针对社会治安,但鉴于犯罪学的犯罪概念包括违法、不良和越轨行为,因此犯罪学上也可以做如上理解。其他如赵国玲、张晓秦(2001)的《当代中国的犯罪与治理》、翟中东(2004)的《犯罪控制——动态平衡论的见解》都有类似的理解。

3. 法学视角

应培礼(2006)、高家林(2008)等在综治立法对策上进行了研究。喻中(2011)认为,综治是中国法治模式路径或方法的体现,意味着各种机构、规则、方法形成合力综合运用,共同实现"治"的目标。他没有否认外来法律文化对中国现代法治的形塑作用,但也指出,外来法律文化并没有从根本上改变以"治—综治"为根本取向的固有法治模式。刘奇耀(2014)从法治的逻辑提出"社会善治为根本目标的转变、以共治为治理模式,以法治为治理原则,通过执政党依法进行综治决策、政法职能转型和机构重组、治安行政模式转变和行政法转型、强化社会治安自治等重要制度的合宪性调整,实现综治的法治化建构"。

4. 体制与机制

陈建在(2008)《城市社区社会治安综合治理的组织体制问题——以

上海市黄浦区董家渡街道为个案》、吴永红(2009)在其博士论文《非对称性依赖结构下的居委会及其行动策略——上海市L街道居委会减负的个案研究》、孔娜娜(2012)在其博士论文《行动者、关系与过程:基层社会治理的结构性转换》等则对基层组织体制进行实证考察,在开放社会权力、公民权利和自治机制等方面进行了阐述。刘波(2002)在其博士论文《治安社会化思想与模式——社会治安综合治理的理论与实践》提出治安社会化的结论。治安综治模式的研究,实际上提出了新的历史时期治安综治模式选择和转型问题。王众(2009)的《社会治安综合治理模式转型与要素整合》探讨了管制型向服务型转变的目标方向、定位职能、机构重置、权力重新界定等转型途径和方法,强调政府、社会和市场三者要素的结合。而吴春庚(2009)的《我国社会治安综合治理的模式选择》则在公域治理的制度资源整合上提出以软法主导、硬法辅助和以软法整合分散硬法的两种路径的构建思路。

三、国内外研究综合评述

近20年世界各国的警务模式改革,最大的特点就是政府直接参与警察机构的改组。当传统的、以科层制和工具理性为框架的政府管理模式受到前所未有的挑战后,企业式政府、参与式政府、市场式政府、解制型政府、弹性化政府等新公共管理理论层出不穷,作为政府职能部门之一的警察,在这种改革的大背景下也尝试着将公共服务的契约外包、民营化等理念嫁接到警察机关。公共管理的核心思想已深深融入警察模式的运行机制中,不断扩大警务的私有化。

从中国现有警务模式改革研究来看,大多集中探讨应然状态下警察对公共秩序和公民权利的保障,但是此“应然状态”主要是靠逻辑推理和思辨得出来的。因此,当前研究的不足是:(1)对警察制度研究理论高度不够,分析不够透彻;(2)缺乏实证考察和分析;(3)基本上都停留在思辨层面上,靠着推理和说服,缺乏实用性和可操作性。

中国警务模式改革的挑战来自三个方面的问题:一是在中国社会转型过程中,政府、市场、公民社会三者之间的关系问题上,代表政府维持公共秩序的警察机构的职能应该是怎样的,解决“做什么”的问题。警察应该“有所为,有所不为”,可以由市场或公民社会承担的职能部分让渡。二是在明确恰当的政府职能之后,警察公共服务的输出方式,即警察履行职能的方式是怎样的,回答“如何做”的问题。三是根据既定的战略,选择怎样的运作模式,回答“做得好”的问题,如何改善警察在体制方面存在的问题,保证改进管理方式,推行电子政务,提高行政效率,降低行政成本,执法规范,廉洁高效的服务型警务模式。

第二节　对社会时代性的界定

一、现代与后现代

人们通常在三种意义上使用“现代”一词。一种是在编年史意义上,指具体的一段历史年代,如中国史学界一般将 1840 ~ 1919 年这段历史称为近代史,将 1919 年以后称为现代史。另一种是在哲学意义上使用,通常是指自启蒙以来的思想和文化,学者常常以理性、自由、主体性、世俗化等术语来表达,在哲学上只有前现代、现代、后现代之分,而没有近代的说法。还有一种是在口语意义上使用,即指我们当下所处的时代。

前现代习惯上也称传统社会,关于传统社会与现代社会的分野,帕森斯在《经济与社会》一书中,提出了关于人的行为价值取向的“模式变项”理论。他用五对变项来区分“传统社会”和“现代社会”人的行为价值取向相互对立的结构特性,被视为现代化理论中关于“传统社会”与“现代社会”两极对立的基本模型。这五对模式变项是:第一,价值标准变项:普遍性与特殊性。普遍性依据普遍认同的统一标准待人处世,而特殊性则对不同的人和事采取不同的标准。第二,角色关系变项:专一性与广泛性。专一性是指社会角色功能单一,广泛性是指社会角色功能高度复合化,如企业既是经济单位,又是政治单位和社会单位。第三,角色评价变项:自致性与先赋性。自致性是以角色执行者的实际表现成就来做出评价,而先赋性是根据角色执行者的先赋条件,如家庭背景、社会关系来做出评价。第四,行为动机变项:情感中立性与情感性。前者指角色行为不受情感影响,而后者指角色行为受情感影响和左右。第五,利益选择变项:个人倾向与集体倾向。前者是指在互动情境中优先考虑个人利益,而后者是指在互动情境中优先考虑集体利益。帕森斯认为,普遍性、专一性、自致性、情感中立性、个人倾向是“现代社会”人们行为的价值取向,而特殊性、广泛性、先赋性、情感性、集体倾向则是“传统社会”人们行为的价值取向。①

马克斯·韦伯认为,现代性是以“理性化和理智化”为基本特征的建构,它包括文化的理性化、社会的理性化和个人的理性化,它们分别对应着

① [美]乔纳森·特纳:《社会学理论的结构》,邱泽奇、张茂元等译,华夏出版社 2001 年版,第 34 页;彭海涛:《艾森斯塔特现代性理论研究》,中国社会科学院研究生院 2014 年博士学位论文。

世界的“祛魅”化、社会的科层化和现代职业伦理。“我们时代的命运以理性化和理智化，最主要的以‘世界的祛魅化’为特征。的确，那些终极的、崇高的价值已从公共生活中消失，或进入超验的神秘生活领域，或直接地进入私人交往的友爱之中。……对于那些不能像一个真正的人那样接受时代命运的人，应当告诉他，最好还是静静地回到教堂敞开着的宽大而仁厚的怀抱之中，无须遵照成规，无须承担叛徒的罪名，只需简单而朴实地走进去即可。做出这样的选择，他就必须做出‘理智的牺牲’，这是不可避免的。”①

哈贝马斯把现代性看作否定传统社会中认知行为的神秘性与盲从性的一种新的社会认知和生活模式。在《现代性与后现代性》一文中，他说：“由世纪启蒙哲学家所开创的现代性事业，就在于根据各自的内在逻辑来努力发展客观科学、普遍道德与法律以及自主艺术。与此同时，这一事业还意图将这些领域中的认知潜能从各自的秘传神授形式中解放出来。启蒙哲学家希望用不断积累起来的各门专业文化来丰富我们的日常生活，也就是说，理性地组织我们的日常社会生活。”②

马尔库塞(1981)认为，“韦伯所设想的理性，表现为技术的理性，表现为生产和通过有计划的和科学的机构所实现的物质的转化。这种机构是为着可计算的效率这个目的而建造起来的这种机构的合理性组织并控制着物和人、工厂和整个科层、工作和闲暇”。在技术理性的统治之下，人们丧失了自由与幸福，压抑着爱欲和个性，被迫塑造成为“单向度的人”。③

现代性的特征既包含着哈贝马斯所言的“弥足珍贵”的成就，也蕴含着马尔库塞所言的“不可消解”的宿命，这些内在的冲突与困境最终成为“后现代转向”的动因。

以计算机通信为代表的信息技术的发展及“非线性自组织”理论为代表的复杂性科学的发展从根本上否定了传统线性的、机械化的世界观。这些因素的共同作用使西方社会步入了一个剧烈变化的所谓“后现代”时期。

贝斯特和凯尔纳(2002)认为，后现代转向发生在众多领域，指向不仅是一种考察世界、解释世界的新范式，而且包括后现代政治的产生、后现代

① [德]马克斯·韦伯：《以学术为业》，载《理性与启蒙——后现代经典文选》，吴玉军译，东方出版社2004年版，第116页。

② J. Habermas, Modernity and Postmodernity, *New German Critique*, Vol. 22, 1981, p. 9.

③ [美]马尔库塞：《现代文明与人的困境》，李小兵译，上海三联书店1981年版，第81页。

认同的新形态以及文化与技术的新格局。[①]

对“后现代”的“后”的理解。正如在理论界人们对“现代”一般不做时间上的理解一样，对于“后”人们也不再直观地理解为“继……之后”，而是理解为“延续”“断裂”或“延续与断裂的辩证统一”。

这样便有了三种意义上的“后现代”理论，第一种认为，“后现代”是现代性发展的延续和新的阶段。哈贝马斯认为，自启蒙阶段以来的现代性，尽管有其内在的缺陷，但现代性有其极为珍贵的思想遗产，即理性精神和个人自由。鉴于现代性具有进步与贡献、压迫与破坏的双重性，我们应当对其采取辩证的态度，努力克服其被扭曲、遭误用的部分，用进一步的启蒙来纠正启蒙的缺陷。[②] 第二种认为，“后现代”是对现代性或现代主义的绝对否定，是一种文化上的“断裂”。后现代主义文化的“决裂性”源自现代主义文化和运动的消退及破产。不论从美学观点或从意识形态角度来看，后现代主义表现出跟现代主义文明彻底决裂的结果。[③] 第三种认为，“后现代”既是对现代主义的继承又是对现代主义的否定，现代主义传统“延续与断裂的辩证统一”。[④]

根据中国的历史进程，可以将中国社会现代化进程划分为三个阶段：[⑤]

第一阶段，即社会现代化转型的开始，时间是自 1840 年鸦片战争到 1949 年新中国成立。鸦片战争是中国现代化进程的一个重要坐标，虽然现代化进程之初是一个被动的开局。从现代化的、工业化的程度和城镇化的程度两个显性指标来看，在这 110 年的时间里，中国现代工业产值约占国民总产值 10% 左右，城镇人口约占全国总人口的 10.6%。现代化程度很低，进程缓慢。

第二阶段，是社会转型的中速发展阶段，时间自新中国成立到 1978 年的党的十一届三中全会。从时代背景上来看，旧中国的现代化进程始终伴随着救亡图存运动和抗击外部侵略的战争，这使现代化并未充分展开。新中国成立之后，中国开始全面进行现代化运动：始于政治领域的革命，经由社会革命，后发展成为思想领域的“文化大革命”，其深度与广度皆非旧中国能比。但在发展路径上选择了苏联模式，计划经济逻辑下，市场与社会

---

① [美]贝斯特、凯尔纳：《后现代转向》，陈刚译，南京大学出版社 2002 年版，序言第 3 页。

② 吴致远：《技术的后现代诠释》，东北大学 2005 年博士学位论文。

③ [美]詹明信：《晚期资本主义的文化逻辑》，陈清侨等译，三联书店、牛津大学出版社 1997 年版，第 421 页。

④ 王治河：《论后现代主义的三种形态——中国后现代话语》，中山大学出版社 2004 年版，第 66 页。

⑤ 黄石：《转型期犯罪治理模式变迁研究》，武汉大学 2013 年博士学位论文。

两大领域的现代化进程中断,政治领域的现代化遭遇冷战对峙的大环境,不免有点“左倾”。

第三阶段,即社会转型的快速发展阶段从1978年至今,中国处于加速转型期,现代化速度惊人,仅改革开放40年的发展,已经超过了此前将近一个半世纪现代化成果的总和。

吉登斯(Anthony Giddens)将现代社会变迁分为三个阶段:简单现代化(simple modernization)、自反性现代化(reflexive modernization)和后现代时期(post-modern era)。简单现代化和自反性现代化,是现代化过程中两个前后相继的阶段。所谓“简单现代化”,也被称为“第一阶段现代化”,是指一个国家或社会沿着一条直线向财富的增加方向前进,在这个社会中,经济繁荣、生活的保障和总的生活质量的提高往往是同步进行的;“自反性现代化”也被称为“第二阶段现代化”,在此阶段,简单现代化阶段经济繁荣、生活的保障和总的生活质量的提高往往同步进行的情况不复存在,而是表现为对第一阶段的“自我反思”。其具体表现为官员腐败、金融风险、生态失衡、环境污染和传染病流行等。① 而后现代时期的主题便是针对第二阶段的反思基础上进行的治理。

可以认为,中国目前已经进入简单现代化和自反性现代化相互交织的双重境域之中,同时后现代性已经渗透到简单现代化和自反性现代化的双重境域中,导致中国现代化结构的裂变和聚变。中国现代化结构的这种裂变和聚变,催生了后现代主义与简单现代化和自反性现代化之间的矛盾,②也直接导致中国社会治理的异常复杂和困难。

二、风险社会:我们无法回避的境遇

(一)风险社会的概念

风险至少是伴随着工业社会的产生而产生的,甚至有可能早在人类社会自身刚刚诞生时就已经出现了。所有的有主体意识的生命都能够意识到死亡的危险。人类历史上各个时期的各种社会形态从一定意义上说都是一种风险社会。③

全球化是指世界的时空压缩以及增强世界作为一个整体的意识,通过

---

① 田启波:《吉登斯现代社会变迁思想研究》,人民出版社2007年版,第15页。

② 丁东铭:《论当代中国政府公共决策路径选择及其制度建构》,吉林大学2009年博士学位论文。

③ [德]乌尔里希·贝克:《从工业社会到风险社会》(上篇),载《马克思主义与现实》2003年第3期。

现代信息和资本的全球流动,给我们带来了无限的发展可能性和机遇,它显然促进了人类的经济、文化的全球发展,显示了人类生活的活力。全球化的发展让人类体会到彼此都生活在一个文化多样性的、个体相对独立的但又相互依赖、相互尊重的地球村中。没有一个人、一个国家能够置身于全球化的潮流之外而与世隔绝。

但全球化同时造就了世界风险社会。伴随着相互依赖的加强和时空距离的缩短,全球化一方面为世界提供了高水准的安全,另一方面也使风险迅速波及世界各地,形成连锁反应,因而全球化对风险社会具有放大效应。全球化时代科技的进步也产生了同等的风险,全球化时代没有统一的世界政府,处于“无政府状态”,风险的控制缺乏有效的机制,使全球化更加具有风险性。

1986 年,德国著名的社会学家乌尔里希·贝克(Ulrich Beck)出版了德文版的《风险社会》(*Die Risikogesellschaft*)一书,该书首次使用了“风险社会”的概念来描述当今充满风险的后工业社会并提出了风险社会理论。在该书中,贝克提出工业社会“反身性现代化”(reflexive modernization)的命题,并从两个方面予以阐述:一是“以财富和风险生产为例讨论反身性现代化的连续性和非连续性的混杂”,二是“工业社会中蕴含的现代性和反现代性(modernity and counter modernity)内在矛盾”。反身性现代化掀起个体化(individualization)的浪潮,直接消解了工业社会的传统变量:阶级文化和共识、性别和家庭角色。个体化促进新的社会形成不同的结构和变迁,使阶级的社会认同的区分失去了原有的重要性;但社会不平等并没有消失,而是在社会风险的个体化趋势中重新定义;不同的群体和团体依据特定的利益追求,建立或解散临时的联盟;而社会的长久冲突将体现在先赋的特征之上,如种族、肤色、性别、民族、年龄、同性恋、身体残疾。①

风险社会是不同于工业社会的一个新社会阶段,人类社会的科学技术的不理性发展以及资本主义制度的阴暗面导致新的风险凸显。贝克揭示了工业社会与风险社会的最大差异:“如果将阶级社会的推动力归结为一句话,那就是:我饥饿!而风险社会的运行可以用另一句来总结:我害怕!”贝克把这种转变叫作从需求型团结到焦虑促动型团结,不安全感是风险社会的核心特征。②

贝克赋予了“风险”社会哲学的含义:“风险是个指明自然终结和传统

---

① Beck, The Risk Society, London, Sage, 1992.

② 赵玲:《转型期中国城市公共安全感研究》,复旦大学 2013 年博士学位论文。

终结的概念。"换句话说,在自然和传统失去它们的无限效力并依赖于人的决定的地方,才谈得上风险。风险概念表明人们创造了一种文明,以便使自己的决定将会造成的不可预见的后果具备可预见性,从而控制不可控制的事情。显然,贝克把"风险"概念看作一个与"自然"和"传统"概念具有明显区别的概念,更表明了现代社会的风险已经不再是传统社会中人们所认可的自然灾害、传统威胁的意义了。①

而嗣后不久,苏联切尔诺贝利核电站由于人为原因发生爆炸,酿成核泄漏的世界性大灾难;紧接着不久,英国又发生"疯牛病"危机,这两起重大事件无疑印证了贝克风险社会理论的前导性,风险社会理论才成了西方学者研究的焦点。英国学者斯科特·拉什(ScottLash)从风险文化的角度来解读风险社会的含义;吉登斯在现代性的基础上考察风险社会;沃特·阿赫特贝格(Wouter Achterberg)探讨了风险社会与生态民主问题,提出自由民主政治不一定适合风险社会,协商民主政治才是风险社会的适宜模式;莫里·科恩(Maurie J. Cohen)将风险社会理论与约瑟夫·休伯(Joseph Huber)的生态现代化理论结合起来,试图找出适合风险社会发展的新模式。

吉登斯在其《现代性的后果》中,一开始就指出了"现代性的断裂",他认为现代性除了有"机遇的一面"(opportunity side),还有"阴郁的一面"(sombre side)。风险社会就是日益生活在高科技的前沿(frontier),无人能够完全明白,也难以把握各种可能的未来。随着人类自身知识能力的增强,科学技术的进步,信息量的扩大,出现了一种"人为制造出来的风险",吉登斯进一步指出:"我们所面对的最令人不安的威胁是那种人造风险,它们来源于科学技术不受限制的推进。科学理应使世界的可测性增强,但与此同时,科学已造成新的不确定性——其中许多具有全球性,对这些捉摸不定的因素,我们基本上无法用已有的经验来消除。"②

"风险"的概念起源于现代社会的早期,不过在那时,自然的许多方面还处在人类的干预之外,人们大多是受自然力量的压迫。传统意义上的风险主要指来自自然的威胁,诸如传染病的流行、气候的多变性、洪水或其他自然灾害,或是来自诸如掠夺成性的军队、地主军阀、土匪或强盗等人类暴力的威胁。这种由外部自然力量所造成的风险一般被称为"外部风险",人们确信以时间序列为依据,对这类风险做出估计是很容易的。数理统计

---

① [德]乌尔里希·贝克:《风险社会再思考》,郗卫东译,载《马克思主义与现实》2002年第4期。
② [英]安东尼·吉登斯:《现代性的后果》,田禾译,译林出版社2000年版,第115页。

的发展,使社会以及自然世界的风险可以测量、度量和预测。概率和统计计算方法应用到社会生活和社会政策的许多方面,如社会生活中的商业保险、社会政策方面关于健康和失业公共基金保险,这些保险是预防外部的客观风险,它是有规律发生、可预测,因此是可预防和运用保险的机制进行干预及控制的。这种风险概念,依据的是一个大多数事物(包括外部世界和传统的生活方式)自始至终被认为是命中注定的世界,是一个完美的可以用数学公式表达的理性世界。

现在的问题是,世界并非比过去风险更大,而是涉及风险性质的改变和越来越"测不准"。社会生活的大多数方面已不再受外部自然力量的影响,而是受人类自身活动的影响。由人类自身的活动所造成的风险一般就被称为"人为制造的风险"。目前,我们正被置身于由人为制造的风险所造成的风险社会中。我们在应用某些技术的时候同时会在世界上设置出各种风险。现代世界正在通过飞速的技术发展,使得我们在思考与行动中所使用的对于风险进行量化的语言与现实社会所蕴藏的无法量化的危险之间的差距日益扩大,而这些危险同样也是我们制造的。由于过去人们做出的关于核能源的决策,由于我们今天做出的关于利用遗传工程、人类基因技术、纳米技术、电脑科学的决策,招致了我们无法预见、无法控制甚至是无法处理的后果,这些后果使地球上的生命受到了前所未有的威胁。

(二)风险社会中警务的功能

从美国的"9·11事件"到2003年的"SARS",使越来越多的人感觉到了公共危机的存在和威胁,传统国家安全观的局限性日益显现,从各国政府、战略家、政治家、学者到普通的公众,都开始将目光投向内涵更为丰富的"公共安全"。1993年和1994年,联合国开发署在《人类发展报告》中指出:"安全概念必须改变,由单独强调国家安全转向更多强调人的安全,由通过军备实现安全转向通过人类发展实现安全,由领土安全转向食品、就业和环境安全。"1995年,全球治理委员会进一步呼吁"国际社会需要把人们及其安全的保护列为全球安全政策目标"。

中国的现代化面临"双重挤压",即现代化还没有实现,"后现代"又出现种种问题,如生态问题与恐怖主义问题。在这样一种背景下,我们社会所处的风险会更大,这就需要有更完备、更科学的制度保障,其中如何在风险社会建立和维护治安秩序就是规避和减缓危机的有效途径。

贝克认为与西方市场经济上百年发展、完善的过程相比,中国的社会转型是"压缩饼干",以历史浓缩的形式,将社会转型中的各种问题呈现出来,带来了前所未有的文化碰撞和文明冲突,历史与现实、传统与现代、本土文化与西方文明多重因素交织在一起。在他看来,当代中国社会因巨大的社会变迁正步入风险社会,甚至将可能进入高风险社会。而且转型期的中国社会并不属于大家面对共同风险的典型风险社会,而是多种风险共存的时代。①

在政府转型过程中我们一直未能树立起足够的、非传统的风险意识和危机管理意识,这是导致风险真正来临时,危机应急工作被动的根本原因。经过二十多年的改革开放,我国经济社会发展的内外部环境和条件已经发生了深刻变化,全球化成为进一步推进改革与发展不可忽视的重要背景,但我们在推进转轨进程中,对全球化下所滋生的各种风险和危机认识不足,对现代社会存在的各种危机缺乏基本的分析判断机制、缺少风险评估机制,导致风险不能被及时发现和有效防治。

随着公共管理运动的开展,政府的管理范式已从"规制行政"逐渐走向"服务行政"。社会对政府的评价从"管得严不严"转向"服务得到不到位",政府已把提供公共服务的数量、质量作为行政工作的主旨。在这个背景下,服务型政府的服务应是积极的作为,即积极地提供各种服务,包括危机应对的一系列体制、制度及措施,而不能停留在事后补救层面上。事实上,危机管理意识的缺乏,就是政府的服务意识及服务措施的滞后,是政府管理的缺位,即公共服务功能没有很好地发挥,把有权有利的部分抓得很紧,而服务职能却注意得不够。

无论何种形式的国家都离不开警察服务提供基本的社会秩序和人身安全。② 公安机关,从其最基本的出发点来说应该是维护社会的"公共安全"的核心部门,早在 1949 年召开的第一次全国公安会议之际,周恩来总理在谈到公安工作的重要性时说:"国家安危,公安系于一半。"社会安全主要包括国家安全、政治安全、经济安全和社会公共安全等方面的内容。国家安全、政治安全、经济安全问题虽然也会影响社会治安秩序的好坏,制约社会治安秩序的发展变化,但不是最直接、最现实的影响因素,它们对社会治安秩序的影响往往通过对公共安全方面的作用而影响治安秩序。对治安秩序影响最直接的是社会公共安全方面的问题。在"公共安全"的概念和内涵发生改变的情况之下,公安机关如何在职能及战略上相应做出调整,以适应变革的态势,是摆在我们面前的重要课题。

---

① Beck V. ,*Risk Society*:*Towards a New Modernity*,London:Sage,1992. 赵玲:《转型期中国城市公共安全感研究》,复旦大学 2013 年博士学位论文。

② 钟雯彬:《公共安全产品与服务供给的新秩序模式》,载《中国人民公安大学学报》2004 年第 1 期。

在传统安全观的指导下,公安机关与安全的联系更多的是在打击刑事犯罪等方面。警察在常态管理之下为社会提供的"公共安全服务"主要是维护社会治安秩序。现代法治国家对治安秩序行使管理职权的主要是警察机关。在我国,公安机关是行使治安秩序管理职能机关,是武装性质的治安行政力量。公安机关对治安秩序的管理和维护,并非是对公安机关内部秩序的管理,而是代表国家对整个社会治安秩序行使管理职能。治安秩序所涵盖的内容主要是与社会公共安全相关的法律秩序。治安秩序属于社会安全的范畴,是社会安全的组成部分,是与社会公共安全相关的秩序。

社会公共安全是指不特定多数人的生命、健康和公私财物的安全。根据我国有关法律规定,治安秩序的内容主要包括人们生命财产安全保障秩序、人们社会生活中各种治安行为秩序、公共场所秩序、交通秩序、安全生产生活秩序、人口定居迁徙秩序等。人们生命、健康和公私财物的安全状况是治安秩序的基本内容和表现,当人们的社会生活有序运转,人们的生命财产安全有保障,治安秩序就稳定,考察和评价治安秩序最基本的就是人们的生命财产的安全状况。

市民对传染病问题、对住所的消防和防止犯罪问题、对工作场所与住所间的通勤问题等的忧虑,都构成了后现代社会中市民安全感的现实表现。对各种风险的担心使得交易成本大幅增加,各种不确定性也导致人们感受到信任度的降低,这又进一步增加了不安全感。贝克提出了"替罪羊社会"(scapegoat society)的概念,他认为,造成人们不安的并不是危险,而是那些指出危险的人。也正是在这个意义上,贝克认为,在风险社会中应对不安全感是社会成员的文化资格,是社会教育的核心任务。①

治安秩序有两个方面的明显特征:一是治安秩序的内容与人民群众的社会生活息息相关,与人们行使公民权利和履行义务直接相关;二是治安秩序好坏表现为公民社会生活中的生命财产安全保障程度状况。治安秩序不稳定最直接和显著的表现就是对有关公共安全的法律法规的违反和破坏,即违法犯罪增加和恶化。对治安秩序构成危害和破坏的主要是各类犯罪行为、违反治安管理行为、治安案件、治安事件和治安灾害事故等。这些行为和案件的共同特征就是违法性。在某种意义上来说,对治安秩序管理和维护就是对违法犯罪的预防、治理整顿、打击处罚和教育改造,其实质

---

① [德]贝克·乌尔里希:《风险社会》,何博闻译,译林出版社2004年版,第91~92页。

是一种执法活动。[①]

在现代“公共安全”概念的语境下，更多的是在非常态下应对公共危机事件、维护公共安全。在传统安全观的指导下，虽然公安机关也在应对各种突发事件，但采取的警务模式只是一种被动的、回应性的行为。这种消防救火式的应对模式相对于21世纪社会的风险性和公共危机发展的态势而言显然不相适应。公共危机的激化和频发带来安全观念的转变要求公安机关针对公共危机的警务工作理念要从被动反应式的单方面抢险、救灾和处置转变为通过建立体制完善、机制健全、内容完整并能纳入政府宏观危机管理系统的全面危机管理模式，以实现危机管理过程中警务目标明确化、警务决策科学化、警务运作程序规范化、警务资源调配有序化、相关各部门行动协调化，从而强化和整合公安机关维护公共安全的能力，有效地预防和回应各种公共危机，最大限度地保护社会和公民的安全。

就目前依据处理危机事件的主体大致可分为两类：一类是公共卫生事件、经济金融紧急事件和自然灾害事件等，公安机关不是这类事件的主要处理机关，其任务主要是为主管机关执行公务提供职务协助，排除妨碍执行公务的行为，维持社会治安秩序。对相应的警察职权的发动和规范，原则上应由相关的法律（如《传染病防治法》《突发公共卫生事件应急条例》）个案地加以规定。另一类是恐怖袭击事件和群体性事件，公安机关是处理这类事件的主要机构，但不是唯一主管机构，公安机关因此承担更大的职责。

党的十六大关于我国行政管理体制改革的决定指出：“建立健全各种预警和应急体制、提高政府应对突发事件和风险的能力、完善安全生产监管体系。”我国目前处于社会转型和经济转轨的关键时期，由于社会利益分化严重、价值取向的多元化、文化碰撞的加剧、全球化的影响，使危机产生的诱因日趋多样化，危机的形态日趋复杂，危机发生的概率增大。为有效地防范和控制危机的发生，及时控制危机事态的蔓延，修正危机事件造成的社会困境，政府必须尽快建立和完善规范化的危机管理体制。

警察机关作为国家的重要行政管理部门，其提供的主要公共产品就是以维护国家安全、社会稳定和人民生命财产安全为中心的公共服务。危机管理的警务运作系统作为政府危机管理体系的重要组成部分，它的

---

① 廖志恒：《论治安秩序本质——治安秩序论之一》，载《武汉公安干部学院学报》2005年第1期。

结构、功能、经验、专业技能、协调合作能力直接关系着危机处理的效能以及政府在公众中的权威地位,直接影响社会政治稳定和经济发展。

第三节 核心概念解析

一、警察

恩格斯在《家庭、私有制和国家的起源》一书中论述道,“警察是和国家一样古老的”,①从广义上讲“警察这名词原来的意义,是指一个国家的内部经济或政府的内部设施,其次的意义是指借以实施政府法规的工具”;而狭义上“公共警察与经济,必须视为国家应有的规程与国家内部的秩序,借此使国内的民众,像一个管理有方的家庭中的人员一样,都必须去遵从那合理的规则,去成为良好的邻居,以及具有适当的礼貌”。②

警察的产生与国家统治权的行使在内在机理上是相互伴生的,作为一种统治的手段,与军队、法庭、监狱等其他国家机器一样是产生于社会又凌驾于社会之上的暴力工具。

(一)西语体系中“警察”概念的演变

1. 古代“警察”的含义

警察的概念可以追溯到人类最古老文明,“police”一词发源于希腊文的ΠολιΤεα和拉丁文的Politia,其词源与英语中的政治(politics)、政策(policy)一脉相承,最初含义甚广,指的是在城邦中为了保证其市民遵守法律与保持和平相处所设置的制度性规定。“所有影响城邦居民生存福利的事务皆涉及之,包括治理城邦之技艺的整个观念。”③

亚里士多德用politeia一词表达了城邦所具有的品格:良好的秩序、有效的城市组织与管理,城邦的价值就是确保公民的利益最大化,建立在共和制之上的法律是公意的表达,法律的实施就是对人民的支持,只有良好秩序实现,才能给予人民安居乐业的可能。

后来,罗马人借用了这个词,并把它译成拉丁语的“politia”,用来泛指国家的一般政务,外延涉及政治与宗教等非常广泛的领域。在查理曼大帝期间(Charlemagne,生于742年,死于814年,768~814年为法兰克王国国

---

① 《马克思恩格斯选集》(第四卷),人民出版社1972年版,第114页。

② [美]约翰·列维斯·齐林:《犯罪学及刑罚学》,查良鉴译,中国政法大学出版社2002年版,第751~752页。

③ 邱华君编著:《警察法规》,五南图书出版公司1999年版,第27页。

王),这个词随着法律的发展又流行于欧洲。

中世纪,由于政治与宗教的分离,此时的 politia 一词已经专指政治而撇除了宗教内容,但当时的政治概念依然非常宽泛,它将军事和司法也囊括其中。

试比较以下各词:police,警察;politics,政治学;political,政治的;politician,政客;polity,政体;politburo,政治局;politics,政治活动。由此可见,警察源于政治,带有强烈的政治色彩。从词性上分析,英文 police 既可以是名词,也可以作为动词,当动词的 police 加 ing 为动名词时,指全部警察行为的总和,译为警察工作。我国台湾地区译为警政,我国常译作警务。①

2.“警察国”时期“警察”的含义

14 世纪到 18 世纪初期,“警察”一词引入法国、德国,以此总称国家政务活动和整个国策,这个时期被称为“警察国时代”,警察干预社会活动几乎到了无所不在的程度,其行为边界扩张至没有限制的地步。人们将这种完全利用警察的权力来实现国家目的的政府活动称为“警察国”。国家不断地扩展其活动的空间,出现了与社会的分离,由此导致公法与私法的分离,这就使得不受国家统治的私人领域获得了保障。同时,此阶段国家的一切政务活动统称为警察,并使其扩张到没有限制的程度,导致警察命令对整个社会活动干预甚深。警察含义也被主要描述为公众的福利状态及其所指向的全部行政活动。例如,德国的《普鲁士民法典》中认为,警察机关乃是维持公共安宁、安全及秩序,预防公众及其成员所面临的危险所必需之机构。同时,在普鲁士高等行政法院 1882 年所作出的克劳茨贝格判决中,警察仅应该保护公民的安全与秩序,而不能干涉社会福利的新观点获得了胜利。②

1714 年,苏格兰任命了警察总监(commissioner of police),“警察”一词正式在英文中出现。

1765 年的《英国法律释义》认为,公共警察与经济,必须视为国家应有的规程与国家内部的秩序,借此使国内的民众,像一个管理有方的家庭中的人员一样,都必须去遵从合理的规则,去成为良好的邻居,以及具有适当的礼貌。由上可知,在警察国中的警察含义泛指行政,它几乎包含了现代行政活动的全部,是最广泛意义上的警察行政。③

---

① 王大伟:《英美警察科学》,中国人民公安大学出版社 1995 年版,第 46、54 页。

② 伯阳:《德国公法导论》,北京大学出版社 2008 年版,第 135 ~ 136 页。

③ 转引自[美]约翰·列维斯·齐林:《犯罪学及刑罚学》,查良鉴译,中国政法大学出版社 2002 年版,第 751 ~ 752 页。

18 世纪初，国家机构的分工日渐细化，三权分立思想的盛行，立法、司法权亦从观念上与警察分离。这样，警察仅限定于以国家的安宁和民众的福利为目的的行政，其外延大致与近代学者所言之“内务行政”相当。①

18 世纪中后期，自然法学派兴起，个人自由观念渐为社会认同，以国家权力干预个人自营福利的警察思想遭遇严重挑战。② 于是警察外延受到进一步限制，卫生、交通、建筑、文化等保育（福利）行政相继脱离警察范围，而内务行政则由警察独揽变为一面为保育行政，一面为警察行政的两单元结构。③

警察内容仅限于防止危害，维持公共秩序。这种新警察观念对近代立法产生了直接影响。法国 1789 年《人权宣言》规定：“人之权利，各各平等，唯依法律方得定其界限。而除有危害社会之行为外，即法律亦不得加以禁止。”其刑法则规定：“警察为保持公共秩序、自由、所有权及个人之安宁而设。”受法国影响，1794 年普鲁士普通州法主张“警察为维持公共之安宁秩序，除去国家或个人之危害，所必要之制度”。

总之，自 18 世纪末以来，警察观念已不含有内务行政全部的意义，而仅视作内务行政中以国家权力限制民众自由，维持公共秩序的作用。后世学者论述警察权或警察行政，多以此为立论基础。“警察”概念的外延也逐渐缩小，原来包括其中的国防、财政、司法、外交等国家机关其他职能，相继从警察概念中剥离出去，这时的警察主要是指国家的内务行政活动。④

3.“法治国”时期“警察”的含义

“警察国家”是传统社会向现代社会过渡的一个特殊时期，是现代国家成长的早期阶段，在其基础之上成长起来的“法治国家”被认为是“和平与法律秩序的守卫者”。其国家权力的限度基本上由法律所规定，并具有权利平等和个人自由等民主特征。现代意义上的法治国家，是德国资产阶级宪政运动的产物，在德国 18 世纪末期开始的宪政运动中，康德的国家学说发展成为“法治国”理论。⑤

现代警察制度的产生也始于法治国家形成之后。自 1829 年，英国内政大臣罗伯特·比尔创建了英国伦敦大都市警察，police 一词开始具备现

① 郭宗蕃编著：《中国警察法》（上册），警学编译社 1947 年版，第 7 页。

② 宫国忠吉：《警察全书》，上海文明书局光绪三十一年（1905 年）版，第 7 页。国家所行使的这项权力被日本学者宫国忠吉概括为“抑压权”。

③ 郑宗楷：《警察法总论》，商务印书馆 1943 年版，第 4 页图示。

④ 蔡诚主编：《公安学概论》，中国人民公安大学出版社 1985 年版，第 12 页。

⑤ 张文显主编：《法理学》，法律出版社 1997 年版，第 241 页。

代意义上的警察概念，仅涉及内务行政当中的一部分——维护社会治安秩序和公共安全职能要拥有一定武装力量的专业性机构与人员。随后，各国开始效法建立起自己的警察行政体制。将过去涵盖在军队、行政机关以及审判机关之中的警察行为，集中于专门的警察行政机关。至此，警察的含义才专指警察行政，并逐渐成为世界各国一致使用的“警察”概念。警察的含义也被理解为“从事维护社会公共秩序以及预防和解决犯罪等问题的官方组织或其组织中的成员”。它相当于中文的“警方”“警察部门”“警察”。[①] 国家通过宪法确立权力分立与权力制约的国家权力关系并通过法律保障人权，限制公共权力滥用等核心价值理念影响着警察的定义。

4. “社会国”时期“警察”的含义

“社会国”观念兴起后，近代国家在一些特别法律中允许为增进福利而以权力来命令强制民众，这似乎与警察只为除去社会障害的原则相悖，况且根据近代自由主义观念，警察权力因增进社会福利而干涉民众生活，限制民众自由，则越出其界限。但既然是通过特别法律来确认这种权力作用，则其性质与除去障害的权力实无二致，当属警察职能的范畴。例如，在限制房屋建筑的场合，或因防火而限制，或为美观而限制。前者系为消防目的，自属警察权；后者无疑是出于积极的福利性的需要，但其法律性质与警察相同。故近代国家在直接维持社会安宁秩序之外，因增进福利，如为美观、整洁、健康等目的，而限制民众自由的场合，如限制建筑式样，命令拆除广告牌、招牌，取缔劣等肥料、种子等行为，均不失为警察执法，尽管这类权力作用可能会由不带“警察”名称的机构实施。[②]

（二）中文体系中“警察”概念的演变

在中文语境中，起初并没有一个明确的“警察”词语，“中国在光绪以前并没有现代化类型的警察，在以往各朝代中，虽设有掌管治安之官职，但其职权的行使都系为保卫皇室为主，且多属于军事性质之组织”。[③]

“警”与“察”最初分别是作为两个独立含义的字出现在我国文化中的。古代“警”字，从敬从言；警者，戒也，戒之以言，谓之警。《周礼》中“正岁则以法警戒群吏”，[④]“警”字表达了戒敕之义；《左传·直公十二年》中有“且随诸侯相见，守卫不彻，警也”，[⑤]这里的“警”则为防卫戒备。警的词义

---

① 李宁：《警察概念论析》，载《警察学院学报》2003年第4期。

② 孟庆超：《中国警制近代化研究——以法文化为视角》，中国政法大学2004年博士学位论文。

③ 章光明等：《现代警政：理论与实务》，台湾扬智文化事业股份有限公司2003年版，第5页。

④ 《周礼·宰夫》。

⑤ 《左传·直公十二年》。

有所发展,引申出告诫、警告、戒备等意思。作为名词,警也指紧急的情况和消息。作为形容词,警还有敏锐、敏感的意思。察,覆也,从宀从祭。反复详审,谓之“察”,察字表达了“以手持肉”祭天的形意,向神求得示意而明白,察之为明,“夫信不然之物而诛无罪之臣,不察之患也”,[①]“察”表示核查搞清楚。

在我国古代,警、察两字曾长期分别使用。作为一个词连用,最早见于唐朝颜师古给《汉书》作的注。其原文为:大将军光更尊立武帝曾孙,是为孝宣帝。即位,心内忌贺,元康二年遣使者赐山阳太守张敞玺书曰:“制诏山阳太守:其谨备盗贼,察往来过客。毋下所赐书!”(师古曰:“密令警察,不欲宣露也。”)昭帝去世后,太子昌邑王贺本来应该继承皇位。但是,朝中大臣立了武帝曾孙为帝,这就是孝宣帝。孝宣帝即位后,对贺心存疑忌,便派山阳太守张敞对昌邑王贺进行详细观察。上引《汉书》,有张敞的详细观察报告。对此,颜师古理解为是警察。由此可见,在唐朝,警察是指一种秘密调查控制活动。

《旧五代史》有两处提到警察一词。其一,萧希甫,宋州人也……希甫拜左散骑常侍,躁进尤甚,引告变人李筠夜扣内门,通变书云:“修堤兵士,欲取郊天日举火为叛。”安重诲不信之。斩告变者,军人诉屈,请希甫啖之。既而诏曰:“左散骑常侍、集贤殿学士判院事萧希甫,身处班行,职非警察,辄引凶狂之辈,上陈诬骩之词,逼近郊禋,扇摇军众。李筠既当诛戮,希甫宁免谪迁,可贬岚州司户参军,仍驰驿发遣。”长兴中,卒于贬所。[②]其二,广顺三年秋七月丁酉,诏曰:“京兆、凤翔府、同、华、邠、延、鄜、耀等州所管州县军镇,顷因唐末藩镇殊风,久历岁时,未能厘革,政途不一,何以教民。其婚田争讼、赋税丁徭,合是令佐之职。其擒奸捕盗、庇护部民,合是军镇警察之职。今后各守职分,专切提撕,如所职疏遣,各行按责,其州府不得差监征军将下县。”[③]这两处提到的警察,一是视警察为一种职责,二是具体指出警察的职责是擒奸捕盗、庇护部民。

《新五代史》载:隐帝时,河中李守贞、凤翔王景崇、永兴赵思绾等皆反,关西用兵,人情恐惧,京师之民,流言以相惊恐。弘肇出兵警察,务行杀戮,罪无大小皆死。[④]

《宋史·蔡挺传》记载:“河北多盗,精择诸郡守,以挺知博州。申饬属

---

① 转引自袁广林:《我国警察职业素质培养研究》,华东师范大学2007年博士学位论文。

② 《旧五代史》卷71《萧希甫传》,中华书局1976年版,第940~941页。

③ 《旧五代史》卷113《太祖纪第四》,中华书局1976年版,第1497~1498页。

④ 《新五代史》卷30《史弘肇传》,中华书局1974年版,第331页。

县严保伍,得居停奸盗者数人,弛其宿负,补为吏,使之察警,盗每发辄得。”[①]此语境中“察警”即为侦察、缉拿之意。成书于宋代太平兴国三年(978)的《太平广记》中有“大雁居其中,令雁奴围而警察”此处意为“警戒、监控、防卫”等。《金史·百官制》中有“诸京警巡院,使一员正六品,掌平理狱讼,警察别部”,[②]此处的含义为监察。总而言之,在我国古代,警察是以调查控制为基本特征的擒奸捕盗行为。它既不是指专门的警政机构,也没有演变成固定职业。[③]

近代警察含义,源自日本。中国近代警察自创建起,即受到日本之深刻影响。[④]

日文“警察”又译自法文 police。明治六年(1870 年)九月,川路力良考察欧洲警察制度归来,所提建议书内有言“夫警察者,国家平时之治疗也。如人之养生,所以保护良民,培养国力也”,[⑤]“警察”二字始现于日本官方文件,而明治七年(1871 年)一月和明治八年(1872 年)三月,日本政府相继颁布《司法警察规则》《行政警察规则》,警察遂为法律用语愈加规范。

清朝末年,中国的一些改良主义者和维新派人士开始倡导学习日本及欧美之警政。两江总督刘坤一、湖广总督张之洞于 1901 年应慈禧改革上谕所奏《江楚会奏变法三折》:“各国清查保甲、巡街查夜、禁暴诘奸,皆是巡捕兵之责,日本名为警察,其头目为警察长,而统之声以警察部。凡一切查户口、清道路、防火患、别良莠、诘盗贼,皆此警察局(部)为之。”[⑥]

清朝末年和辛亥革命之后中国正式启用现代意义的“警察”一词。清朝政府于 1905 年建立“巡警部”。辛亥革命后,北洋军阀政府和民国政府时期正式效法日本建立以“警察”命名的公安机关,开始赋予警察维护治安之意。“警察乃治安要政。且是专门之学,自奉旨饬办,挑年轻敏者,认真教练。”[⑦]

这一时期警察的含义被表述为:“警察者,内政之一部,为防止危害,直

---

① 《宋史》卷 328《蔡挺传》,中华书局 1977 年版,第 10575 页。

② 转引自郑津珠、赵学刚:《警察概念的逻辑辨析》,载《山西警官高等专科学校学报》2002 年第 6 期。

③ 万川:《试论中国警政史的研究内容与范围》,载《湖北警官学院学报》2006 年第 2 期。

④ 参见邓裕坤:《现代警察研究》,商务印书馆 1946 年版,第 7 ~ 10 页。

⑤ 李英:《日本警察概况》,广州正大书局 1947 年版,第 4 页。

⑥ 王智军:《警察的政治属性》,社会科学文献出版社 2009 年版。

⑦ 刘锦藻:《清朝续文献通考》,商务出版社 1936 年版。

接保持社会安宁之秩序,而制限人之自由之行政。"[①]由此可见,警察含义在这一时期依旧强调的是其对社会秩序、社会安全的保障功能,以及对公民权利的消极限制,也突出了警察的行政性质,指出警察属于一种国家行政行为。

沿袭民国制度路径的依赖性,我国台湾地区学者对警察的定义是十分宽泛的,"凡具有以维持社会安宁秩序与公共利益为目的者,并以命令强制为手段等特质之国家行政作用或国家行政主体,概称为警察。广义而言,举凡行政机关中,除一般所理解的警察机关及其人员外,尚及与普通行政之建管、环保、卫生、交通等机关及其人员"。[②]

陈添寿认为,"由于治安人员维护社会治安的力量来自法律的赋予,成效则视相关法律制度的健全与否而定。因此,从治安制度上意涵警察的主要功能或业务"。[③] 陈添寿将近代台湾地区治安制度的功能变迁总结为:具有战时军人与平时"国家安全"的"维护政权"功能;具有秩序维持与打击犯罪的"执行法律"功能;具有传输福利追求效率的"公共服务"功能三个方面。实际上,这三项功能更确切地说应当是警察的功能,大陆的研究将"治安"与"公安"进行了区分探讨,因而对这一问题存在不同认识。在对近代台湾地区当局的治安制度进行了分阶段详细的考察后,陈添寿认为近代台湾地区治安制度的特色在于偏重维护政权和执行法律,在公共服务功能上较为不足。但是随着台湾地区民主化程度的提升,对于人权保障范围的扩大,警察向专业自主、服务导向的功能角色转变。[④]

新中国成立之后,为了与旧的统治相区别,被视为旧法术语的"警察"一词被逐渐弃用,至"文化大革命"时期而最终消失,以"公安"进行替代。直至改革开放以后,"警察"一词在中国法律文件中重新出现,在 1995 年通过的《人民警察法》中,对"警察"的定义做出了正式解释,但"公安机关"作为组织机构的名称仍然被沿用。

对警察概念的理解应涵盖以下几个方面:(1)警察是由政府直接管辖的行政机构,属于国家内政组织的一部分;(2)警察的目的在于维护公共秩序;(3)警察手段具有特殊行政强制性。这使警察组织既不同于军队,又和政府其他行政机构相区别。在中国,法律意义上给出的"警察"范畴

---

① 何维道、谭传恺:《警察学、警察实务》,长沙府正街集成书社 1913 年版,第 4 ~ 13 页。

② 陈宜安:《我国国家体制与警政发展》,中国文化大学 2003 年博士学位论文,转引自张陶然:《新中国治安制度变迁研究》,中国人民公安大学 2014 年博士学位论文。

③ 陈添寿:《台湾治安制度史——警察与政治经济的对话》,兰台出版社 2010 年版,第 22 页。

④ 张陶然:《新中国治安制度变迁研究》,中国人民公安大学 2014 年博士学位论文。

是指“公安机关、国家安全机关、监狱、劳动教养管理机关的人民警察和人民法院、人民检察院的司法警察”。[①] 为了便于论述,本书特指警察为公安机关的人民警察。

《德国巴伐利亚州警察法》第 2 条第 1 款规定:“警察的任务是为公共安全与秩序之需要,预防及排除宏观或微观存在的危险。”[②]

1909 年,美国学者莱昂纳德·福德认为,“警察有两个基本功能,即防止犯罪功能和打击犯罪功能”。[③]

现行《人民警察法》第 2 条第 1 款规定:“人民警察的任务是维护国家安全,维护社会治安秩序,保护公民的人身安全、人身自由和合法财产,保护公共财产,预防、制止和惩治违法犯罪活动。”

《公安机关组织管理条例》第 2 条规定:“公安机关是人民民主专政的重要工具,人民警察是武装性质的国家治安行政力量和刑事司法力量,承担依法预防、制止和惩治违法犯罪活动,保护人民,服务经济社会发展,维护国家安全,维护社会治安秩序的职责。”

从各国立法例及学者观点可见,警察是国家机器的组成部分,建立警察最直接的目的是打击与预防犯罪,维护社会公共安全。

(三)宪法规范中的“警察”含义[④]

现代国家是以立宪为治理之基础,围绕着宪法权威的树立及宪法运行而展开的,从宪法文本去分析警察的概念,有助于理解警察在国家权力体系中的结构与位阶。

1. 国外宪法对“警察”的规定

刘琳璘(2017)在对 40 个国家宪法文本进行分析研究后发现,其中有 17 个国家的宪法文本中直接提到了警察,而几乎所有国家的宪法条文中都涉及警察权力的规范行使。宪法文本中最多的是对警察与国民基本权利之间关系作出相应的规定。

在 17 个国家的宪法文本中,有 8 处是在公民权利的规定中来定义警察出现的位置。例如,警察出现在《比利时王国宪法》第二章“比利时国籍及国民权利”第 19 条;《德意志联邦共和国基本法》第一章“基本权利”第 12 条第 3 款;《希腊共和国宪法》第二编“个人权利和社会权利”第 11 条第

---

① 《人民警察法》第 2 条。

② 熊琦:《德国警察制度简析》,载《湖北警官学院学报》2006 年第 11 期。

③ 谢闻歌:《英美现代警察调控职能和调控手段变化的历史考察》,载《世界历史》2004 年第 2 期。

④ 刘琳璘:《宪法学视野下警察权问题研究》,法律出版社 2017 年版,第 17 ~ 27 页。

2 款;《意大利共和国宪法》第一编“公民的权利和义务”第一章第 21 条第 4 款;《大韩民国宪法》第二章“国民的权利与义务”第 29 条第 2 款;英国宪法性文件《权利请愿书》序言和《人身保护令》第 2 条、第 8 条。

在国家组织机构中提及警察的有 5 个国家,例如,《葡萄牙共和国宪法》第六章第五节“基层区域公共组织”第 272 条;《西班牙宪法》第三章总议会第一节“两院”第 70 条第 1 款、第八章“国家的地区组织”、第三章自治区第 148 条第 1 款第 22 项及第 149 条第 1 款第 29 项;《意大利共和国宪法》第二编“共和国的组织”第三章“政府”第二节“公共行政”第 98 条第 3 款;《新加坡共和国宪法》第一篇“政府”第一章“总统”第 5 条第 2 款;《印度宪法》第十四篇第一章“公务员”第 312 条第 2 款。

在司法制度与司法机构中提及警察的有 5 个国家,例如,《德意志联邦共和国基本法》第九章“司法权的行使”第 104 条第 2 款;《希腊共和国宪法》第三编“国家的组织与职能”第五章“司法权”第二节“法院的组织与职权”第 90 条第 2 款第 1 项;《意大利共和国宪法》第二编“共和国的组织”第四章“司法”第一节“司法组织”第 109 条;《阿拉伯联合酋长国宪法》第四章“联邦当局”第五节“联邦与各酋长国的司法制度”第 106 条;《伊朗伊斯兰共和国宪法》第十一章“司法机构”第 172 条。

在具体执法中提及警察的有瑞典王国宪法性文件《出版自由法》第四章“关于印刷与印刷企业”第 3 条第 3 款和第十章“关于特别强制措施”第 7 条。

各国宪法文本对警察概念的诠释不尽一致,可以说各有千秋。《葡萄牙共和国宪法》第 272 条规定:“警察的职责为捍卫民主,维护国内治安和保护公民权利……实施犯罪预防时,即使是针对国家安全的犯罪预防,也必须遵守警务一般性规范,尊重公民权利与自由。”这反映出宪法对公民与警察权之间的平衡关系。

对于集会游行示威这种民众基本权利,《希腊共和国宪法》第 11 条第 2 款这样规定:“只有在公共场所举行集会,警察才可以在场。依据法律的规定,在公共场所举行集会时,如果会严重威胁到社会治安秩序,特别是对社会、经济生活会造成严重破坏时,警察当局在给出理由后可以予以禁止。”这表明在自由与秩序冲突时,宪法还是以维护公共秩序的稳定为首要价值取向。为了保障公共秩序,在紧急状态下,甚至可以调集军队力量补充警力,以完成公共秩序的恢复。如《德意志联邦共和国基本法》第 35 条第 2 款规定:“为维持或恢复公共安全与秩序,在特别情景下,警察凭借自身警力无法完成或相当困难才能完成任务时,各州可呼吁联邦边防部队及其设施来协助警察。为应对自然灾害或某种特别重大的事件，各州可要求其他州的警察、行政当局或联邦边防部队、国防部队及其设施予以协助。”警察的强制措施的强度必须与达成目的相一致，如《葡萄牙共和国宪法》第272条规定：“警察措施由法律规定，非确实必要不得使用。”

2. 我国宪法对“警察”的规定

我国是以马克思主义为理论基础来认识警察的，警察定义带有强烈的阶级性色彩。毛泽东在其《论人民民主专政》一文中指出“我们现在的任务是要强化人民的国家机器，这主要是指人民的军队、人民的警察和人民的法庭……军队、警察、法庭等项国家机器是阶级压迫阶级的工具。对于敌对的阶级，它是压迫的工具，它是暴力，并不是什么‘仁慈’的东西”。①

我国宪法文本并没有提及“警察”二字，而是“公安”出现在具体的条文之中。

第二章“公民的基本权利与义务”第37条第2款规定：“任何公民，非经人民检察院批准或者决定或者人民法院决定，并由公安机关执行，不受逮捕。”第40条规定：“中华人民共和国公民的通信自由和通信秘密受法律的保护。除因国家安全或者追查刑事犯罪的需要，由公安机关或者检察机关依照法律规定的程序对通信进行检查外，任何组织或者个人不得以任何理由侵犯公民的通信自由和通信秘密。”

第三章“国家机构”第三节“国务院”第89条规定：国务院行使下列职权：……（八）“领导和管理民政、公安、司法行政等工作。”第五节“地方各级人民代表大会和地方各级人民政府”第107条规定：“县级以上地方各级人民政府依照法律规定的权限，管理本行政区域内的经济、教育、科学、文化、卫生、体育事业、城乡建设事业和财政、民政、公安、民族事务、司法行政、计划生育等行政工作，发布决定和命令，任免、培训、考核和奖惩行政工作人员。”第六节“民族自治地方的自治机关”第120条规定：“民族自治地方的自治机关依照国家的军事制度和当地的实际需要，经国务院批准，可以组织本地方维护社会治安的公安部队。”第八节“人民法院和人民检察院”第140条规定：“人民法院、人民检察院和公安机关办理刑事案件，应当分工负责，互相配合，互相制约，以保证准确有效地执行法律。”

从以上引述可以看到，我国宪法（2018年修正）文本中提到“公安”的有六处，其中三处“公安机关”，一处“公安部队”，另外两处单指“公安”，与

---

① 毛泽东：《论人民民主专政》，选自《毛泽东选集》（第四卷），人民出版社1991年版，第1476页。

财政、民政、民族事务、司法行政、计划生育等行政工作相提并及。

宪法这样安排有两个原因,第一,区别了"公安机关"与"警察","公安机关"是负责公共安全事宜的机构,而"警察"是执行"警察权"的主体。事实上,在我国制度性安排上,并非只有公安机关存在"警察",检察机构、法院、监狱都配有警察,"警察"并不能完全等同"公安机关"。按照这种推理,警察权在实际运行时是以"警察职权"的形式展开的。第二,清晰地表明"公安机关"有两项职能:行政工作和办理刑事案件,并没有论及警察权的属性是否具有司法性。第八节"人民法院和人民检察院"第140条提到的"公安机关"与法院和检察院并列,并不意味着警察权具有司法性质在宪法上的体现。事实上,检察权是否具有司法属性,学界也存在争议与分歧,因此不能认为警察含义具有司法性质。公检法三机关并列,其实强调的是审判权(裁决)、检察权(监督)与行政权(刑事案件调查)的相互配合,互相制约,侦查行为事实上也仅仅是对案件的调查过程,并不涉及对案件的裁决。

二、警政与警务

(一)警政[①]

自清末开始,"警政"一词就被广泛使用,但其内涵往往随语境的不同而扩大或缩小,始终缺乏明确的界定。即便是今天,警政的概念依然尚未诠释清楚。总体来看,学者们普遍认为警政是对有关警察的国家和政府事务的统称,是现代国家基本政务之一。同时,还经常使用的一个词是警务,警政与警务的区别在于,警政主要从政治学和行政上进行阐述,警务更多的是从机制和事务的视角来解释,这两个都是从不同的方面来理解警察的本质。

"警政"一词,始见于清末,清代官署名。原属民政部,为民治、警政、疆里、营缮、卫生五司之一。执掌巡察禁令,分稽行政司法。仅《清史稿》就有12处使用"警政"一词,分见于《宣统皇帝本纪》《瑞微传》等文献。例如,《清史稿·食货志一》曰:"而石首、监利,光绪末釐出厂地二万馀亩,俱令招垦,以租息济警政小学。"

据《清史稿》记载,光绪三十一年(1905年),清廷设立巡警部。巡警部下,设警政、警法、警保、警学、警务五司。这时候的警政,侧重于警察政令之义。

---

① 陆永:《当代中国警政与现代国家成长》,南京大学2008年博士学位论文。

光绪三十二年(1906年),清廷将巡警部更名为民政部,下设承政、参议两厅和民治、疆里、营缮、卫生、警政诸司。民政部初置尚书,后改为大臣,其"掌主版籍,整饬风教,绥靖黎物,以奠邦治"。其下的警政司,掌巡察禁令,分稽行政司法。[①]

由此而见,警政的含义最初是指警察政令,后逐渐延伸为警察政务,主要涵盖巡查察视禁令的执行情况和规制惩戒等内容,并且成为晚清政府的重要职能之一。

北洋政府和南京国民政府统治时期,内务部是负责全国警政事务的最高机构,其下有时设警务局,有时设警务司,有时设警察总署。尽管机构名称不一,但均把警政作为一项重要的政府职能来建设。

国民党败退到台湾地区后,在行政院下设警政署(英文名为National Police Agency)统辖台湾地区警察和保安、民防力量,并一直沿用至今。

警政的概念要比警务大,既包括警察政务、警事政策,又包括警察事务,当它指称警察事务时,等同于"警务",但大多数时候,警政是指警察政务。

例如,清朝民政部设立后,"巡警部缩编为警政司,警政司下分行政警务、司法警务、高等警务和警学四科,行政警察和司法警察从此有了明确的职责划分,其他如警察教育、新闻出版、集会结社等,均有了专门的管理部门。清末还出现了水上警察、消防警察、铁路警察、侦探警察等专业警种,警政机构内部分工更加科学,职能也更加专门化"。[②]

我们把警政解释为警察政务,是对有关警察的国家和政府事务的统称。警察政治是指国家权力机关制定有关警察政务的政策,或者表达有关警察政务的国家意志;警察行政则是指警察机关具体执行这些政策和国家意志。西方国家和中国台湾地区一般把警政更多地理解为警察行政,因为他们奉行立法、司法、行政三权分立的政治体制。但就当代中国而言,政治体制体现出议行合一而非三权分立的特点,讲到警政则应当把警察政治也涵括进去。万川(2006)认为,一个国家不可能只有权力机关制定警察政策或表达这方面的国家意志,而没有相应机关具体执行这些政策和国家意志,因此警政既包括警察政治,又包括警察行政,"警政"一词可以定义为"按照统治阶级意志所规范的,由国家警察机关具体实施的,围绕维护国家安全、政局稳定和社会治安秩序等内容展开的一系列管理活动"。[③]

---

① 《清史稿》卷119《职官志六》,中华书局1977年版,第3452~3453页。

② 万川:《中国警政史》,中华书局2006年版,第370页。

③ 万川:《中国警政史》,中华书局2006年版,第9页。

段锐、刘贝(2013)认为,近代警政史学术语境中"警政"一词是指警察执行政府法令,行使职权,制止违法行为,以保障人民合法权益,协助政府维持正常秩序以确保社会安宁。具体而言,警政事务包括"政权保卫、犯罪侦查、治安秩序管理、特种行业管理、危险物品管理、交通管理、消防管理、户籍管理、国籍管理、出入境事务管理、国(边)境地区治安秩序管理、司法秩序管理、罪犯改造与监狱管理等内容"。[①]

上述定义未必足够精当,但基本都涵括了"警政"内涵的基本要素:警政既包括警察政治又包括警察行政,是有关警察的国家和政府事务的统称,体现为一系列政府管理和社会管理活动;警政主要由国家警察机关具体实施,围绕维护国家安全、政局稳定和社会治安秩序而展开。有警察则有警政,两者相伴始终。

(二)警务

警务是指在一定历史时代和社会条件下,社会所具有的安全服务供给、治安秩序控制和越轨行为规制的总称。警务的目的和价值在于形成一种治安稳定的社会元秩序,这种元秩序是人类开展具体活动的基础,如进行政治活动(权力秩序)、生产经营(生产秩序)、交易(市场秩序)、日常交往(生活秩序)。一般认为"警务"来源于 policing 一词,中国大陆翻译为警务,而中国台湾地区翻译为警政。[②] 从语义上进行直观理解,译成警务更为合适,因为警务主外,意指业务展开,而警政主内,则意在政务。[③] 警务模式是指警务供给的方式,它取决于社会发展的阶段和政府模式的选择,由行为的主体、内涵特征、运行机制等要素构成。

警学界公认世界上最早的正式警察制度是建立于 1829 年的英国伦敦大都市警察,由当时的内政大臣罗伯特·比尔所创立,相对人类文明几千年的历史长河,现代警察制度仅存世不到 200 年,但这并不意味着警察的历史也同样短暂。事实上,警察及其衍生的警务与国家的产生历史一样久远,甚至在国家产生之前的原始社会末期就有警察职能或警务活动。在当年通过的《伦敦大都市警察法》前言中有如下表述:"尽管各个地方都有守夜人进行夜间巡逻,针对财产的犯罪行为近期以来在都市中还是有所增加。因此,建立一支高效率的新型警察队伍,以取代现有的守夜人制度势

① 段锐、刘贝:《中国近代警政史研究综述》,载《江苏警官学院学报》2013 年第 1 期。
② 张兆瑞:《警察哲学——哲学视野中的警察学原理》,中国人民公安大学出版社 2008 年版。
③ 杨昌军:《警务动员的理论及其实现途径探微》,载《理论月刊》2010 年第 8 期。

在必行。"[1]这段文字透露出两层含义:第一,打击犯罪、巡逻守望等"警务"职能的历史延续性,各个时代有不同的制度安排;第二,"警务职能"的执行主体有两个明显的阶段性划分,前阶段是"更夫"制度(或称"守夜人"制度),现阶段即将进入新型"警察"制度。

生活在现代的社会中,人们往往是通过生活中的印象来取得对警务的理解:身着警服的职业工作者徒步或开车巡逻在公共场所或街区,随时回应公众各种求助和受到侵害的报警,保障公众的合法权益和维护公共安全。由于对警察这个生动的形象太过熟知,以至于人们已经自动将警察和警务联系在一起作为一种文化的象征性符号,逐渐淡忘了警务的功能和本质。从跨越历史的长河和广袤的空间来探究警务,可以看到警务有着极其丰富的内涵与外延,同时随着社会的发展和变迁其结构与模式都在发生不断的调整和演化,警察作为警务的主体仅仅是历史长河的一段支流。

1. 警务概念的认知

(1)作为"警察工作"的警务认知

英国警学专家约翰·安德逊将警务直接认为是警察的行为,"警务从狭义上理解专指警察队伍所做的工作"。[2]

Les Johnston(1999)认为,因为将警务这种具体社会控制功能的行为和警察这个特定职业者构成的组织实体相关联,导致人们一谈到公共安全和社会治安就将语境关注在国家警察正式警力的作用上,而忽视了其他参与维护社会秩序的非正式警力。[3]

Bittner(1974)对此有同样认识,正是由于警察属于刚性的"特定公职人员",在各个社会阶段警察都有着广泛的影响,致使人们形成一种倾向性的观念,即警务是执行禁止性的法令的整个领域,这强化了一种心理认知,即警务行为就是警察的专有化的工作。[4]

Rawlins(1995)在对1829年以伦敦大都市警察为标志的现代警察体制创立以来的警务概念梳理后发现,"警务向来首先是被看作警察的工作,其次才是其他部门和社区、居民和商业机构的活动"。[5] 警察制度规范性

---

① Metropolitan Police Act. 1829. 转引自李温:《英国现代警察制度的产生、发展及其现行体制》,载《北京人民警察学院学报》2006年第3期。

② 廖志恒:《公安警务教程》,中国人民公安大学出版社1999年版,第124页。

③ Les Johnston, Private Policing in Context, *European Journal on Criminal Policy and Research*, 7:2.

④ Bittner, E. (1974), Florence Nightingale in Pursuit of Willie Sutton: a Theory of the Police, in H. Jacob(ed.) The Potential for Reform of Criminal Justice, London: Sage.

⑤ Rawlings, P. (1995) The Idea of Policing: a History, *Policing and Society*, 5:2.

建设强化人们对警察与警务一体化不自觉的认可。Jones 和 Newburn (1998)认为,正是由于这种不假思索的潜意识,经典犯罪学家几乎都着眼于警察执法行为以及提供的服务作为控制和打击犯罪的重心。[①]

单纯用"警察的执法"来理解警务的内涵,在我国学者中也存在,如张兆瑞给警务下的定义:"中外警察履行治安管理和刑事司法职能之职务活动,是警察执法管理的主体活动,是检验警察建设与管理水平的实践标准"。[②]

(2)作为"一种社会秩序控制功能"的警务思想

Reiner(1997)的贡献是摆脱了警务概念的狭义性思维,突破了"警察"传统思维的理解定式,将警务的"目的性"作为其定义的着落点。例如,通过现代电子眼实施的监控本质上也是提供安全服务和秩序保障的一种途径,可以作为拓宽警务模式的一种新的视角,他将警务视为"用于提供维护社会治安秩序和公共安全的所有活动"。[③] 这意味着突破了多元化警务供给主体的问题,警察仅仅是多元性结构的警务行为中的部分提供者。

Shearing 和 Stenning(1981)认为,由于保安服务公司业务的快速扩张解构了传统警务模式的运行,一向被警察垄断的安全产品供给受到来自市场和社会治安资源的挑战,当越来越多的私有空间和大型商业场所出现,这些属于私人控制领域的秩序维护似乎更愿意授权给私人警务机构。[④]

Alison Wakefield 指出,社会变迁加剧了人们对安全的"不确定感"和"区域控制"方式的变化,在结构转型过程中,公共权力的分解和转移形成多元化运行的态势。因此,"将来的人们回溯我们所处的现在时代时,正是旧警务制度的终结和另一种警务模式登上历史舞台的分水岭"。"政府警察组织垄断警务的历史已经终结",新的警务模式"是一种复杂的治安结构,由旨在维护安全与秩序的众多组织形成一个相互交织的警务共同体"。[⑤]

Loader(2000)认为警务的发展"最终将形成一个多元化警务系统,警

---

① Jones, T. and Newburn, T (1998), Private *Security and Public Policing*, Oxford: Clarendon.

② 张兆瑞:《警察哲学——哲学视野中的警察学原理》,中国人民公安大学出版社 2008 年版。

③ Reiner, R. (1997), Policing and Police, in M. Maguir, R. Morgan and R. Reiner (eds.), *Oxford Handbook of Criminology*, Oxford: Oxford University Press.

④ Shearing, C. D and Stenning, P. C (1981), Modern Private Security: Its Growth and Implication, M. Tonry and N. Morris (eds.) Crime and Justice : *An Annual Review of Research* Vol. 3, Chicago: University of Chicago Press.

⑤ [英]Alison Wakefield:《社会发展与警务变革》,郭太生等译,中国人民公安大学出版社 2009 年版。

务主体之间彼此独立,其中属于政府职能部门警察组织所控制的活动仅仅是这些警务网络结构中的一个节点”。①

无论是马克思等政治学视野中的“警察”,还是警学专家话语体系里的“警察”,所表达的职能具有一致性,即秩序维护的履行和安全服务的供给,这个职务性行为就是“警务”。只不过其行为主体不同,掌控在非职业军警合一的体系中,后者由职业化的专门警察机构执行。② 警务工作标志着民族国家政治主权的独立,因为“警察是一个国家在其国土范围内行使权力和实行统治所依靠的主要工具”。③ Reiner 更是一语道破,“‘警察’并非每一个社会形态都能找到其踪迹”,但“‘警务’的需求却是任何社会的常态——国家职业化专业性警察组织的现代警务模式只是其中的一个例证”。④ 对中国而言也是如此,“警察的设立,在中国是近代史范围的事,但是执行警察职能的官吏,却是伴随着国家的产生而产生的”。⑤

由此可见,“警务”并不一定是职业性警察的专利,因为“警察是一个特殊的现代型组织,具有国家赋予的利用身体强制或威胁的法律权力,以确保法律在维护社会秩序的实施。相比之下,警务指的是由多种机构实施的范围广泛的命令和控制活动”。⑥

(3)社会建构主义框架下的警务定义——本书的视野

作为一种哲学的理论范式,建构主义最早是对人类知识社会学的反思,但由于它代表的是一种认识论和方法论的视角转换,其影响力已经逐渐向各个研究领域渗透与扩张。在社会建构的公共行政视野里,公共组织的成员通过互动和话语体系创造了组织的真实,他们在认知自己和互动的环境中对实践性知识进行了体系构建。公共行政的社会建构思想表达了对社会组织或成员自治的支持,即通过互动、协商与合作来进行社会秩序的维持。⑦

社会建构主义认为不能将一种思维逻辑强加于他人,反对工具理性的控制,强调人类之间应该彼此认知和关怀,只有充分理解个体的行动及其

---

① Loader I. (2000), Plural Policing and Democratic Governance, *Social and Legal Studies*, 9:3.

② 杨昌军:《警务动员的理论及其实现途径探微》,载《理论月刊》2010 年第 8 期。

③ 参见[英]弗兰克·利什曼、巴里·洛夫迪、斯蒂芬·P. 萨维奇主编:《警务工作之核心问题》,吴开清等译,群众出版社 2000 年版。

④ Reiner R. (1997), Policing and Police, in M. Maguir, R. Morgan and R. Reiner (eds.), *Oxford Handbook of Criminology*, Oxford: Oxford University Press.

⑤ 中国社会科学院法学研究所法制史研究室编著:《中国警察制度简论》,群众出版社 1985 年版。

⑥ [英]马丁·因尼斯:《解读社会控制》,陈天本译,中国人民公安大学出版社 2009 年版。

⑦ Alexander Liebrucks, The Concept of Social Construction, *Theory & Psychology*, 2001, 11(3).

社会实践背景，才能在相互感知的体验之中建立互动合作的基础，这为摒弃韦伯官僚体系过分追求权威和理性之上的话语建构而忽视公民真正生活的体验提供了理论支撑，为重塑公共组织与民众关系指明了方向。①

社会建构的公共行政，并非否定以理性为基础所架构的规则体系，而是对现代社会民主化进程的一种肯定，更加突出对人文精神的关怀、公共性的责任和民主性回应。公共行政社会构建的本质，是将公共行政看作政府官员与社会公众共同的治理行动，而非行政官员局限在自我封闭的官僚体系中的自弹自唱，它体现着对人类通过互动、协商而形成的包容性话语共识的尊重。②

社会建构论主张，借以描述和解释世界的方式是能够通过人与人之间主动的协作进行建构的，主观上积极施展互动与合作可以带来很大的创造性，这种价值的现实性可能会有多种形态的模式，这提供了历史选择的机会，因为没有哪一种建构可以具备普适的永恒性，一种模式往往只有效于某一特殊的地理区域的某一历史阶段。因此，“我们不能仅限于现存的描述与理解世界的方式，可能性的创造依赖于新的看待世界的视角，新的行为模式会在新的理念下得以建构”。③

20 世纪后叶，在普遍对传统的行政模式的质疑声中，公共管理作为社会转型的历史性回应成为公共事务治理一种新的模式建构。在扬弃了传统的由政府单一主导公共事务管理之后，新的治理理念搭建了一个由政府、市场和社会三者相互协商与合作的多中心治理体系，在努力发挥政府、市场和第三部门各自优势的基础上实现共同治理社会的机制互补，更有效地配置各种资源和提供公共服务。社会建构改变了以往由政府单向度权力的自上而下运行机制，转变为由政府机构、利益团体、市场企业、非营利中介组织和公民个体等各个方面共同参与的多向度双向互动的合作体系。④

作为组成政府行政的重要部分，社会建构思想同样也启迪了现代警务的改革方向，只要有市场、志愿组织或公众参与到社会治安防控之中，自我警务治理的能力得到提升，警务的社会建构便发轫。通过“合作生产”，让警察局和非政府力量之间建立了独特的互动与积极的警务伙伴关系，通过参与和协作共同维护了社会治安秩序和公共安全。

---

① 孙柏瑛：《反思公共行政的行动逻辑：理性建构与社会建构》，载《江苏行政学院学报》2010 年第 3 期。

② 全钟燮：《公共行政的社会建构：解释与批判》，孙柏瑛等译，北京大学出版社 2008 年版。

③ 庄琳：《社会建构理论对我国警务改革的指导意义》，载《探索》2011 年第 11 期。

④ 庄琳：《迈向社会建构的警务改革》，载《中国人民公安大学学报》2011 年第 6 期。

2. 警务类型的划分

(1)正式警务与非正式警务

警学界公认世界上最早的正式警察制度是建立于1829年的英国伦敦大都市警察,由当时的内政大臣罗伯特·比尔所创立,相对人类文明几千年的历史长河,现代警察制度仅存世不到200年,但这并不意味着警察的历史也同样短暂。事实上,警察及其衍生的警务与国家的产生历史一样久远,甚至在国家产生之前的原始社会就有警察职能或警务活动。

Jones和Newburn(1998)指出,社会控制事实存在着正式方式和非正式方式两种形式,作为正式社会控制方式的警察组织,其执法行为自然而然地被视为警务活动,而社会上的某些团体和组织,也实实在在地进行着维护治安秩序的行为,虽然是非正式的,但同样属于警务活动。① 这种理解揭示了存在一种"正式警务"与"非正式警务"的类型划分。

正式制度通常是人们建构的结果,而非正式制度往往是人们在交往过程中自发形成的。正式制度的构建和非正式制度的自发形成是统一在一起的,不能割裂二者之间的内在逻辑。② 正式警务形成之前,甚至在警务的法律基础产生之前,社区基本秩序的维护和犯罪的预防靠着社会和家庭的伦理精神,传统的宗教、迷信、禁忌和习俗控制,支配着人们的价值标准和行为规范。

政府是社会秩序的正式控制力量,政府职能部门提供的警务我们可以定义为正式警务(formal policing);社会组织或团体是社会治安秩序的非正式控制力量,提供的警务我们可以定义为非正式警务(informal policing)。随着警务市场供给的发展,保安服务公司在人员的选拔、专业技能的培训、规章制度的设计等方面越来越规范,也逐渐成为正式警务的构成之一。

正式警务形成之前,甚至在警务的法律基础产生之前,社区基本秩序的维护和犯罪的预防靠着社会和家庭的伦理精神,传统的宗教、迷信、禁忌和习俗控制,支配着人们的价值标准和行为规范。

非正式警务是以社会义务和集体防范为特征。中国古代的保甲制便是典型的非正式警务。早期的英国社会十户联保太兴制(tything)也是非正式警务代表,即每十户组成一个太兴,选一名太兴长(tything man),在其领导下进行警务防范。十个太兴组成百户(hundred),由百户长(hundredman)负责。百户长不仅具有维护地方治安的警务职能,还主持百户法庭审判的司法职能。百户之上的行政单位则是郡,由郡长统一负责郡

---

① Jones, T., Newburn, T. (1998), Private Security and Public Policing, Oxford: Clarendon.

② 门瑞雪、朱明仕:《我国服务型政府建设的制度分析》,载《东北师大学报》(哲学社会科学版)2012年第2期。

的治安行政与司法。

(2)公共警务与私域警务

警务,是一种进行警戒任务的行为,基本的功能是秩序的控制和越轨的惩戒。因控制空间、对象、范围和目的性的不同,警务可以区别为“公共”警务和“私域”警务两大类。

“公共”警务(public policing),是一种对公共安全和公共秩序维护的行为,行为主体被人们称为警察,受雇于政府机构,由公共财政支付其薪金和支持其活动,行为规范在法律的框架下具体受警察法的调整。

“私域”警务(private policing),是一种对私人安全和私有空间秩序维护的行为,行为主体被人们称为保安、私人警卫等,受雇于私人机构,由企业或个人支付其薪金和支持其活动,行为规范在法律的框架下具体受企业规章制度的约束。

传统的西方社会“公共”与“私域”是截然不同的两个空间,这种前提假设是“风能进,雨能进,国王不能进”的私权保护。作为政府性质的公共警察,其活动范围和执法领域只能局限于公共空间,对于私人空间,必须得到业主的允许方能进入。同时“私人”性质的保安,其活动范围和保护服务只限私人性区域和空间活动,不能在公共街道进行巡逻执法。“公共”警务和“私域”警务有着各自的目的性,它们在社会控制体系中处于不同的位置。承担“公共”警务的警察机构,是政府为“公共利益”而设立的一个职能部门,通过正式立法和公共财政支持,为社会提供“公共秩序和安全”服务中授予了特殊的执法权、职责和豁免权。承担“私域”警务的保安服务公司,是市场为“私人利益”而设立的经营性部门,他们没有公共权力,也不享有特殊的执法者地位,他们的职责是为雇主的私人利益服务。①在西方,私域警务有两种基本形式:一是契约化间接雇用保安,由客户向独立的保安公司购买安全产品,保安服务公司根据双方签订的合同派遣保安上门服务;二是经营者直接成立下设的保卫部门,组建自己的保安队伍。两者不同的选择,其主要的出发点是考虑花费和收益,如成本节约和秩序控制的效果、满足客户的偏好、符合刑事司法制度。②

由于现代国家私人财产神圣不可侵犯的理念,“公共”和“私域”之间存在边界是没有什么疑问的,但在公共管理的具体实践中,对于“公共”和

---

① Zedner,L. (2003),Too Much Security? *International Journal of the Sociology of Law* 31(3): 155 – 184.

② Jeffries,F. (1977), Private Policing: An Examination of In-House Security Operations, Toronto: Centre of Criminology,University of Toronto.

“私人”的界限其实是有着模糊的交叉地带的。① 在西方国家,“公共”警务的概念已经逐渐突破政府的警察部门的范畴,安全防范事务分化出保安服务提供的“私域”警务,同时还有各种类型的由志愿者承担的公益性质的警务。“公共”警务的主体已经呈现出纵向与横向共同扩展的局面,警务提供机构和人员中,既包括政府发起的向保安服务公司购买警务用于“公共”服务,也包括各种形式的以社区为消费单位的俱乐部类型准“公共”警务。②

Stenning(2009)认为,“公共”警务和“私域”警务两者之间存在很多相似之处,如设置目标、制度化管理、从业人员最低招聘标准、培训上岗、进行认证与授权、有着相似的投诉制度,但它们通常被理所当然地认为是完全独立的不同系统。但是随着现代社会的快速发展,所谓的公共场所与私人领域之间的界限已然被打破,一些财产虽然属于私人拥有,并且一直在私人所有权的控制下,但使用的目的却有可能表达了公共场所的性质,如购物中心、超市、商场、体育场馆、歌剧院、休闲娱乐中心、机场和其他交通枢纽,公众习惯于不请而至并被鼓励光顾,公众对这些场所的进入,是其基本的经营需要,实际上模糊了“私人领域”和“公共领域”之间明显的分界线,而这正是“私域”保安和“公共”警察两者之间曾经相互独立各自不同角色和职责的基础。③

研究表明,许多西方国家的警察部门经常向私人客户公开或多或少进行收费服务。这意味着“私域”警务根据政府购买的合同规定可以服务于公共场所,同时“公共警察”为特定私人财产服务时也可以收取一定费用。④ 在许多国家,私有领域提供的警务服务不断扩大,其从业人员、经费支出、服务项目已经大大超过公共警察提供的警务服务。⑤ 最为典型的是

---

① Ariès & Duby (Series eds.) (1987 – 1991), A *History of Private* Life 5 vols., Cambridge, MA: Harvard University Press.

② Bayley, D. (2005), Policing in a New Era-Unpublished Plenary Address to the Annual Conference of the Australian and New Zealand Society of Criminology, Victoria University of Wellington, New Zealand, 10th February 2005.

③ Stenning, P, Governance and Accountability in a Plural Policing Environment – the Story So Far, *Policing: A Journal of Policy and Practice*, 3(1), 2009, 22 – 33.

④ Wakefield, A. (2003), Selling Security: *The Private Policing of Public* Space, Cullompton: Willan Publishing.

⑤ Rick Sarre and Tim Prenzler, The Relationship Between Police and Private Security: Models and Future Directions, *the International Journal of Comparative and Applied Criminal* Justice, 2000, 24(1).

美国,早在1977年,私域警务的花费已经达到公共警务经费支出的水平,[①]随后便快速超越,在随后的十余年期间私域警务的经费开支达到了公共警务3倍。[②] 私域警务在加拿大、[③]澳大利亚、[④]英国[⑤]都得到了快速发展。欧洲其他国家私域警务发展虽然略慢,但很稳健。[⑥]

私域警务的快速发展反映出政府借助市场经济的一种适应性策略,政府在公共警务上的投入远远跟不上社会犯罪率上升的速度。[⑦] 公民逐渐对私域警务合法性的认可,也折射出对公共警务局限性的无奈以及对政府由于财政的有限性而逐渐从公共领域脱身的理解。[⑧]

(3)混合警务(combined policing)

在历史的长河中,从来都没有哪一个阶段是由绝对的公共警务或私人警务独立控制着社会治安秩序,而是表现为公共警务和私人警务共同控制社会治安秩序。私人警务,虽然是由私人机构进行财政的支持,但通过法律和政策导引,其任务和功能总是受到政府的制约和管理。

在人类社会的原始社会,表现为完全的以家族为核心的类似警务的形态,不存在政府,也无所谓公共警务。

前工业文明时期,表现为私域警务占主要成分,公共警务占很少的比例。私域警务由家族或社区集体性募资进行支持,但受控于政府。

工业文明时期,公共警务逐渐占据控制性地位,而私域警务退化为一种补充。

后工业文明时期,公共警务虽然仍然占据着主导地位,但私域警务表现

---

① Cunningham, W. and Taylor, T. H. (1985), Cunningham, W. and Taylor, T. H. (1985), The Hallcrest Report I: Private Security and Police in America. Stoneham, MA: Butterworths-Heinemann.

② Cunningham, W., Strauchs, J., van Meter, C. (1990), The Hallcrest Report II: Private Security Trends, 1970 - 2000. Stoneham, MA: Butterworths-Heinemann.

③ Shearing, C. and Stenning, P. (1983a), Policing and Private Security: A North American Perspective, In Rees, A. (ed.) Policing and Private Security, Canberra: Australian Institute of Criminology.

④ Sarre, R. and Prenzler, T. (1999), The Regulation of Private Policing: Reviewing Mechanisms of Accountability, *Crime Prevention and Community Safety: An International Journal*, 1(3), 17 - 28.

⑤ Jones, T and Newburn, T. (1998), *Private Security and Public Policing*, Oxford: Clarendon Press: 54.

⑥ de Waard, J. (1993), The Private Security Sector in Fifteen European Countries: Size, Rules and Legislation, *Security Journal* 4, 58 - 63.

⑦ Johnston, L. (1992b), The Politics of Private Policing, *Political Quarterly*, 341 - 349.

⑧ Morley, H. and Fong, R. (1995), Can We All Get Along? A Study of Why Strained Relations Continue to Exist Between Sworn Law Enforcement and Private Security, Security *Journal*, 6, 85 - 92.

出蓬勃发展的生机，私域警务从业人员的数量开始并不断超越警察的数量，在一些发达国家，私域警务的从业人员甚至达到警察数量的3倍，其治安外部性的正效应表现越来越明显，政府也越来越重视将私域警务纳入公共安全和秩序维护的总体框架中，警务的现实表现为更为复杂的混合形态。

三、警政范式与警务模式

（一）范式与模式的区别

模式，英文为model，或mode、pattern，而范式，英文为paradigm，源于希腊语paradigma，意为“按既定的用法，范式就是一种公认的模型或模式”。模式的特点是规范性的标准样式并具有可参照性；范式的特点：一是群体所共同遵循的理论基础；二是群体所共同采用的实践规范。

《现代汉语词典》将模式解释为“某种事物的标准形式或使人可以照着做的标准样式”。管理模式是一个组织机构在一个特定时期形成的相对完善的管理理念、管理体系、管理方法的一整套标准样式，由组织结构、规章制度、文化组成、运行机制、工作流程等方面构成的模型。例如，企业管理模式有丰田模式、肯德基模式、沃尔玛模式、海尔模式、华为模式，政府管理模式有温州模式、苏南模式。

范式的概念和理论是美国著名科学哲学家托马斯·库恩提出并在《科学革命的结构》中系统阐述的。所谓范式，指的是一个共同体成员所共享的信仰、价值、技术等的集合，是一种对本体论、认识论和方法论的基本承诺，是研究者集体所共同接受的一组假说、理论、准则和方法的总和，从本质上讲是一种理论体系。这些东西是从事某一科学的研究者群体所共同遵从的世界观和行为方式。

管理模式是在特殊区域被实践证明了的成功管理样式，是具体实践的经验性总结，当人们面对相同的工作和问题时，就可以参照其标准流程来模仿。管理范式是一定时态内所共有的管理思想、理论基础、共同信念等，是一种公认的元模型。管理范式生长于管理研究的过程之中，是由一个或多个管理学者、专家以及管理者共同建立起来的知识体系。从关系上看，许多管理模式的经验性提炼孕育出范式的精髓，管理范式涵盖了管理模式，管理范式反过来又指导着管理模式的创新和运用。在思维方式上，范式是抽象和理论性建构的，显现的是一种实质上的规律，模式是具体和实践性建构的，更多显现的是一种形式上的规律。在内涵上，范式更丰富、更深入；在外延上，范式更宽广、更包容。

根据库恩的范式理论，当一种理论范式能解释其观察到的现象时，它就处于支配地位,具有存在合理性。但随着社会发展,当新生事物与现有的范式发生矛盾时,这种范式的合法性就会遭遇挑战,并最终陷入危机。于是,在这种范式指导下的实践以及在实践中积累的知识或理论之间的关系必然发生变动,产生新的组合,形成能用更加令人满意的方法来解释新鲜事实的新范式。

库恩认为,每一个科学发展阶段都有特殊的内在结构,而体现这种结构的元模型即为“范式”(Paradigm)。根据库恩关于范式的理论体系,管理范式就是“管理学在某一发展阶段具有的特定内涵的元模型,其假设或学说通过实践验证,相对成熟,在一定的社会范围内形成共识,具有标示上的参照性,这种元模型就是管理范式”。

在库恩对范式概念提出以后,伊雷姆·拉卡托斯在《科学研究纲领方法论》中对“范式”内涵进行了详细界定。他认为,范式是一个有着严密的内在层次和结构的科学理论系统,由“硬核”和“保护带”两个要素组成。根据伊雷姆·拉卡托斯的理论,所谓“硬核”,是指科学研究纲领的基本假设和基本原理,硬核决定研究纲领的性质,对整个系统起决定作用。在一个时期内,硬核具有很强的稳定性,是认清和辨别一个科学研究纲领区别于其他研究纲领最本质的东西,抓住了“硬核”才能认清一个科学研究纲领。所谓“保护带”,是指在一个科学研究纲领“硬核”周围的辅助性假说,这些辅助性假说组成“保护带”,保护“硬核”不受反驳,以保证科学研究纲领的适应性和韧性。① 服务型警政范式的理论“硬核”为“公共服务”;“保护带”为“社会公平”“公共性”“行政参与”“社会责任”“回应性”“沟通”“信任”“合作”“公共治理”。

范式转换强调“科学革命”实质,是部分人在广泛接受的科学范式里发现现有理论解决不了的“例外”,尝试用竞争性的理论取而代之,进而排除“不可通约”的原有范式。正如库恩所说,凡是转换的全过程是:前科学时期(尚未形成范式)—常规科学时期(有共有范式)—反常和危机(对于已有范式的质疑与冲突)—科学革命(范式转换)—新常规科学时期(形成新的范式)。范式转换表明,科学革命不是一种渐进的累积或修正的过程,而是一种结构性的“颠覆性”的过程,一个抛弃旧范式、接纳新范式的过程,一个结构与重构的过程。从人类社会政府管理的历史变迁看,经历了统治型、管理型和服务型三种社会治理范式的转换。统治型范式以“权

① [英]伊雷姆·拉卡托斯:《科学研究纲领方法论》,兰征译,上海译文出版社2005年版,第56页。

威—依附—遵从”为特征，管理型范式以“契约—控制—服从”和“竞争—管理—协作”为特征，服务型范式则以“服务—信任—合作”为典型特征。

（二）警政范式的三次转换

贝尔把社会的形态划分为前工业社会、工业社会和后工业社会三个互有联系递进发展的不同阶段。[①] 而政府“发展进程历经前工业社会的统治主导型、工业社会的管理主导型，现在正转向服务主导型治理”。[②] 其对应的警政则为统治型警政范式、管控型警政范式和服务型警政范式。

1. 统治型警政范式

统治型警政范式以规定行政机关的权力和相对方的义务为重心，主要存在于前工业社会的君主制及独裁制国家，在工业社会的部分中央集权制国家中，也会看到其踪迹。统治型警政范式的实施是保障君主、独裁者或中央政府的统治目的，它所追求的是保障绝对的政治秩序，以惩罚性执法为导向，对社会施以恐怖和重型的刑事政策，杀一儆百。它缺乏人民的理解和支持，依靠武装暴力来维护统治。统治型警政无须关心人民的感受，只需要严格的纪律与军事化的管理。

2. 管控型警政范式

管控型警政范式产生于工业社会，是适应管理型政府职能的警务供给方式。以保障公民权为中心，以防止警察权的专横为目的，其理论基础是官僚体制、行政法的控权论；管控型警政在西方的具体实施和演进可以划分为四个过程：“职业化”“专业性”“合法性”“快速反应机制”。从西方管理型社会警务供给的目的、对象和范围来看，可以划分为政府主导的“公共”警务和市场主导的“私域”警务；从制度的视角而论，“公共”警务属于正式警务范畴，“私域”警务属于非正式警务。在发展的最初阶段，它们在各自的领域内独立运行，互不干涉。但在发展的后期，“公共”警务和“私域”警务之间的界限越来越模糊，现实中相互交叉的空间和领域越来越多，在许多国家，私有领域提供的警务服务不断扩大，其从业人员、经费支出、服务项目已经大大超过公共警察提供的警务，其中保安服务公司越来越具备职业性和专业性特征，在某种程度上也是正式警务的构成之一，通过政府购买保安服务成为公共警务的供给者之一。

管控型警政在中国的发育是沿着两条轨迹进行的，一条是中共领导下的人民警察体制，在根据地和延安时期开始萌芽和发育，在 1949 年新中国

---

① ［美］丹尼尔·贝尔：《后工业社会的来临》，高铦等译，新华出版社 1997 年版，第 138 页。

② 黄健荣：《论现代社会之根本性和谐——基于公共管理的逻辑》，载《社会科学》2009 年第 11 期。

成立后开始壮大，并且其发展进程可以划分为两个阶段，第一阶段是“群众路线”警务模式，时间的跨度为1949年新中国成立至改革开放前；第二阶段是“综合治理”警务模式，时间的跨度为改革开放初期至中国加入世贸组织。另一条是国民党领导下的警察体制，自国民政府成立起至1949年国民党退守台湾地区前，采取的是“警甲合一”警务模式。1949年之后台湾地区的警察制度未列为本书的研究内容。

3. 服务型警政范式

人类经历过农业社会和工业社会两大历史阶段，现在已经启动了后工业化进程，走向后工业社会是历史的必然。相应地，我们需要构建服务型政府以适应后工业化的社会治理。①

与“重权力、重限制、重支配”的管控型警政范式不同，服务型警政范式则秉承“重权利、重责任、重服务”的理念。具体体现在：一是警务决策由政府职能部门单向式地制定，逐渐转为警察与公民双向互动式协商沟通来完成；二是由过去封闭式警务运行方式向警务信息公开透明转变；三是由公安行政审批烦琐向行政审批简化高效转变；四是警务活动以上级满意为导向转变为以人民群众是否满意为标准；五是大力推进警务信息化，实现网上警务，降低行政成本，提高公安机关服务质量。

服务型警政范式是从后工业社会转型的现实出发，顺应全球经济一体化发展的趋势。随着民主化运动的深入、公民社会的崛起，在公共管理革命的影响下，积极变革警务运行机制和警务供给方式，是调整警察与公众的关系，实行以提供公共服务为导向、以满足公众意愿偏好和治安需求为本位的警务多元供给模式。这取决于政府、市场与公民社会三个方面的协同合作，政府通过其职能部门的警察提供的警务服务保证良好的社会治安秩序和公共安全；市场通过保安服务公司等私人机构提供的警务产品满足社会不同阶层对安全的需求；公民社会通过社会集体决策和集体行动体现社会治安的自主维护。

（三）警务模式演进谱系与五次警务革命

警务是指在一定历史时代和社会条件下，社会所具有的安全服务供给、治安秩序控制和越轨行为规制的总称。警务模式是指警务供给的方式，它取决于社会发展的阶段和政府模式的选择，由行为的主体、内涵特征、运行机制等要素构成。

从古至今，一个完整的警务模式演进谱系可以划分为原始社会时期的

---

① 张康之：《我们为什么要建设服务型政府》，载《行政论坛》2012年第1期。

"宗亲"警务模式,前工业社会的"惩戒"警务模式,工业社会的"职业化"警务模式(第一次警务革命)、"专业化"警务模式(第二次警务革命)、"反应式"警务模式(第三次警务革命),后工业社会的"社区导向"警务模式(第四次警务革命)、"情报导向"警务模式(第五次警务革命)七个演进时期和五次警务革命。

1. "宗亲"警务模式

警察及其衍生的警务活动同国家的历史一样久远,甚至在国家产生之前的原始社会就有警察行为或警务活动。

史威姿(Schwaztz)和米勒(Milley,1964)考察了人类51个原始文明,其中没有调解制和警察萌芽的29个;有调解制的7个;有调解制和警察萌芽的11个;有警察萌芽但无调解制的4个。史威姿所考察的51个原始文明发展并不均衡,这说明警察并不是原始社会的特质,只是原始社会发展到后期的结果。

原始社会或原始社会的末期即使存在警务活动的行为,也是与其他社会生活交织在一起的。存在于原始社会末期的警务方式,是建立在血缘及宗族基础之上的,我们称为"宗亲"警务模式(kin policing)。由家庭、宗族及氏族维系着非正式制度、习惯法和常规性管理。对偏离集体性惯例的反应通常是激烈和残忍的,即使是小偷小摸往往也会导致断手的肉刑。实际上,每一个家族成员都有一定的权力、责任和义务支撑着这种非正式系统。原始社会末期是以原始部落相聚集共同生活,其功能是防御可能引起的各种各样的侵害,如抵御外敌的入侵、氏族之间的血仇报复、家族内部的秩序维护。在原始的古老村落或社区靠着基本道德、宗教、迷信、禁忌和长老的权威控制着人们的行为及社会秩序,家族中的每一位成员对社区的安全都负有不可推卸的责任,由于战争随时存在爆发的可能,最初的警务模式总是与军事功能和纠纷调解功能紧密相连的,两者的组织方式也是统一的。①

按照马克思主义的观点,原始社会不存在警察,只是到了原始社会末期,警察随国家的产生而产生,恩格斯在《家庭、私有制和国家的起源》一书中这样写道:"我们已经看到,国家的本质特征是和人民大众分离的公共权力。雅典在当时只有一支国民军和一支由人民提供的舰队,它被用来抵御外敌和压制当时已占人口绝大多数的奴隶。对于人民,这种公共权力起

① Berg,B. L., *Law Enforcement: An introduction to Police in Society*, Boston: Allyn and Bacon, 1992.

初只不过作警察使用,警察是和国家一样古老的,所以 18 世纪质朴的法国人不讲文明民族而讲 Police Nation(警察民族)。这样,雅典人在创立他们国家的同时,也创立了警察。"[①]警察制度随国家的产生而产生,随国家的发展而发展,从国家诞生之时,警察与政府之间的关系便是共生关系。警察是政府的一个职能机构。

2."惩戒"警务模式

"惩戒"警务模式,是以政治为唯一导向的警务模式,为统治者的政治服务是警察制度最初建立的目的。简言之,就是为统治者有效控制公民的暴力机器。

近年来的考古发现证明,最早有文字记载的人类文明发生在底格里斯河和幼发拉底河流域,据说是来自东方、说着类似于汉语的苏美尔人在美索不达米亚创建的。[②]

他们依托两河流域良好的自然条件,在公元前 3000 年以前,就已经建立了 12 个相对独立的城邦共同体,如其中的乌鲁克,占地约 1100 英亩,人口约 5 万。

苏美尔人创造的美索不达米亚(Mesopotamia)文明,是以商业经济为基础,以城市公共管理为特色的。在美索不达米亚,城市文明开始发展,但是城市之间总是处于不断的战争状态,被俘虏的努比亚奴隶充实着警备力量,用作市场保安,或是充当古罗马的禁卫军,由于他们的肤色、身材和服装的差异在美索不达米亚人中很显眼,在他们看来,这种感觉上的视差是用来预防犯罪最好的警戒。

在这期间,一批闪米特游牧民即阿莫里特人侵入两河流域,在他们著名的统治者汉谟拉比(约公元前 1704 ~ 前 1662 年)的率领下,经过长期征战,建立起巴比伦帝国。闪米特人试图通过编制完备的法典和稳定的"国家"组织来减轻笼罩人们的不安全感。《汉谟拉比法典》是其中最杰出的一部。法典的主要特点是:

(1)施行同态复仇法,即奉行以眼还眼、以牙还牙的原则:"如果一个人伤了贵族的眼睛,还伤其眼。如果一个人折了贵族的手足,还折其手足。"(法典第 196 条、第 197 条)

(2)阶级歧视;对下层社会的赔偿低于上层社会:"如果贵族阶层的人打了贵族出身的人,须罚银一明那。如果任何人的奴隶打了自由民出身的

---

① 《马克思恩格斯选集》(第四卷),人民出版社 1972 年版,第 114 页。

② [美]斯塔夫里阿诺斯:《全球通史》,吴象婴、梁赤民译,上海社会科学出版社 1999 年版。

人,处割耳之刑。”(法典第 203 条、第 205 条)

(3)施行严格的、保护商业界财产的规定:“如果一个人盗窃了寺庙或商行的货物,处死刑;接受赃物者也处死刑。”(法典第 6 条)

(4)颁布许多“福利经济”的规定,包括确定基本商品每年的价格,限制利息率在 20%,周密地调整家庭关系,保证度量衡的信誉,城市负责对本侦破的抢劫案或凶杀案的受害者作出赔偿。“如果没有抓获拦路的强盗,遭抢劫者须以发誓的方式说明自己的损失,然后由发生抢劫案的地方或地区的市长或地方长官偿还损失。”“如果是一条性命(遭受损失),市长或地方长官须付银子一明那给死者亲属。”(法典第 23 条、第 24 条)①

按照警务的本质——监视、规制以及惩戒,《汉谟拉比法典》创造出原始的统治型警政形态,即“惩戒”警务模式。闪米特人基于公共生活的实际需要创造了《汉谟拉比法典》,不过,它首先有了一个强大的权力中心,有一个强势的统治者汉谟拉比,尽管从一些条文中可以推论出它基于当时的社会安全和稳定的实际需要,但也不可否认,正是这种不稳定、不安全的社会环境,才生长出古巴比伦的集权组织、集权制公共管理模式以及维持统治秩序需要的“惩戒”警务模式。②

近代警察发端于西欧,最早的以 1790 年法国资产阶级共和国根据《人权宣言》建立的市政警察和 1801 年拿破仑执政时建立的巴黎警察总局为代表。当时,资产阶级的人权思想和法治观念、平等要求,排斥古代的私刑制度,要求人身强制须由国家的警察力量依法施行。因此,建立集中统一的、强大的、专门的国家警察行政力量成为历史的必然。但同时,无产阶级反对资产阶级的阶级斗争不断高涨,资产阶级也需要加强对内的镇压力量。为此,拿破仑把情报信息工作和控制公众思想确定为警务工作的核心,任用了约瑟夫·富歇为警务部部长,富歇充分发挥了他的情报天才,建立了无数各阶层人员组成的密探队伍,使用各种证件来控制公民,对文艺界以及新闻出版业进行严格审查,并利用传媒来诱导和控制公众思想,政治警务模式发挥得淋漓尽致。

产生于专制时代的警察只能是暴力工具,“维纪”“平乱”“治罪”是它的原始职能,因此警察作为国家机器的一个重要组成部分决定了最初警务采取的是“政治警务模式”,警察在维护社会治安时是作为君主、皇帝、集

① [美]维尔·杜伦:《东方的文明》(上),李一平等译,青海人民出版社 1998 年版,第 250 ~281 页。

② [美]丹尼尔·A. 雷恩:《管理思想的演变》,孙耀君等译,中国社会科学出版社 1986 年版,第 14 页。

权者和中央政府的代表,是政治的奴才而非人民公仆,以惩罚、恐惧来抑制犯罪实现治安目的。

3."职业化"警务模式

"职业化"警务模式产生于第一次警务革命时期(1829~1920年),发生在英国。英国资产阶级完成了工业革命后,城市化产生的阶级分化加深了社会矛盾,社会秩序混乱。1829年,英国内政大臣罗伯特·比尔提出建立伦敦大都市警察。由于存在意大利和法国的警察作为国王镇压人民和异己的先例,英国公众一直担心这样一支警察队伍会打乱朝野均势,有利于政府而不利于人民,最终导致压制国民的自由。议会也担心警察会增强政府潜在的集权控制力。这两者恰好动摇了英国的基本信条:个人自由和地方自治。罗伯特·比尔承认这种疑虑有其价值,也肯定了这种潜在的危害。他同意Benthem的论点"所有惩罚与限制本身就是罪过""预防优于惩罚",没有试图把警察讲得有百利而无一害,只是基于实用主义的哲学,他争辩到,犯罪可恶,警察可恶,两害相权,取其轻。没有警察,城市犯罪将无法遏制,无辜人将成为罪犯的牺牲品。最终,他成功地说服了国会,之所以能取得这场辩论的胜利是因为伦敦居民所经历的社会混乱和对犯罪的恐惧。他反复保证由地方政府控制的警察一定要做到"警察就是大众,大众就是警察",并且提出《伦敦大都市警察法》,规范警察机构的设立和警察行为。英国的建警原则对世界各国警察的发展具有深远的影响,它标志着现代职业制服警察的产生,是新旧警察体系的"分水岭"。

如果仅从近代警察制度建立的时间上看,法国近代警察制度是先于英国近代警察制度建立的,但由于法国大革命带来的长期社会动荡和政局的多变,历届政府为稳定社会治安秩序和统治格局,将警察作为主要的政治镇压工具使用,使获取秘密情报工作以及对公众的思想、活动的控制成为警务工作的主要内容,而治安行政管理、预防打击犯罪工作以及相关的警务思想、勤务制度在警务工作中处于忽视的地位,表现出来的完全是赤裸裸的政治属性。因此,从贝力(Bay Ley,1985)提出的现代警察的三个特征:属于公众、专门化与职业化(public, specialized and professional)的标准分析,法国近代警察制度虽然时间上早于英国,但在警务模式演进历程的坐标上,英国近代警务模式的建立更先进,被西方警学界公认为近代警察制度建立的标志。

4."专业化警务模式"

"专业化警务模式"产生于所谓第二次警务革命时期(1920~1930年),以20世纪初期发生在美国的警察专业化运动为契机。在这之前,美国警察效率低下，缺乏训练、腐化成风。国际警务协会主席理查德·西尔威斯特倡导警察专业化运动，内容包括：引进军事化管理，树立尚武精神；开发专业化警务部门，增加专业分工如犯罪、交通、训练、档案等专业部门；提高招募标准，加强训练警力。其目的是通过专业化摆脱地方政治集团对警察的控制，促使警察成为一支高效率、高质量的职业化队伍。August Vollmer of Berkeley 和 Edgar Hoover of FBI 从各自立场和不同角度推动了警察的专业化运动，他们首先说服公众和议院警察专业化的必要性，并在三个方面树立起专业化警察的形象：第一，警察是打击罪犯的专家；第二，警察部门需要排除外在的影响，如政党的干涉，而独立运作；第三，警察要有效率，要通过完善现代化技术来提高执法效率。在不断壮大的中产阶级的支持下，不断创新的技术革命和卓有成效的领导使警察专业化运动得以蓬勃发展。这一时期，警察专业化的改革集中体现在内部的管理上，诸如调整内部结构，提高人员质量，不断更新设备，和建立更多的经营式运作程序。由于强调内部管理，警察专业化运动给警察部门带来现代化管理的新概念和典范示例效应，并且为了加强警察专业化水准，文职考试和警察学校在此之间也得到发展，逐步规范化和制度化。这次警务革命标志着新警察体系的独立和成熟。

5. “反应式警务模式”警务模式

“反应式警务模式”发生于所谓的第三次警务革命时期（1930～1970年），诞生在欧美各国。由于科学技术现代化的产生，犯罪与经济同步增长，成为严重的社会问题。为提高警察对付犯罪快速反应的效能，推动警察现代化运动，内容包括大规模增加警察编制，大幅提高警察经费开支和扩大警察权力，由汽车巡逻代替徒步巡逻以提高快速反应，加强通信器材的现代化和通信网络建设，建立警用计算机信息系统，如指纹识别系统、犯罪情报系统、人像合成系统、交通控制指挥系统等，大大提高了警察对信息的分析处理、储存、应用的能力。这次警务革命标志着警察作为打击犯罪的战士的概念走向鼎盛时期。机械化的巡逻成为常规，这种巡逻覆盖面广、速度快、受不良气候影响小，可以全天候工作，配合“以事件为中心的治安策略”。但这种警务模式产生了一个意想不到的结果，即机械化的巡逻恶化了警察与公众的关系。

6. 社区警务模式

社区警务产生于第四次警务革命时期（1970 年至 21 世纪初），是 20 世纪 70 年代发端于英、美、加、澳等国家，随后又先后被德、法、日、新加坡等国家借鉴创新而兴起的一种以治本为主、治标为辅的警务发展战略。这次改革即多数警学研究者所称道的社区导向警务战略,或简称社区警务,也有学者称之为后现代化警务改革、民主式改革。公安大学王大伟教授认为,它的核心是理性化,即在警务装备现代化之后,面对日益增长的犯罪而进行的返璞归真,追求传统的改革。它的历史渊源可追溯到古罗马的太兴保甲制、古不列颠的自我警务制。它的基本理论是产生犯罪的根源在社会,抑制犯罪的根本力量也在社会。它的基本方法是警察与社会建立密切联系,通过双方的努力,再造社会和谐。它的工作范围是以地区自治为主导,以社区为基本单位,它的工作目的不单纯地指向犯罪,而是整个社会与广义的安定与安宁。因此,社区警务不能理解为一定区域内的警察工作,不能理解为在某特定人群所进行的警察工作,更不能理解为某一种由公众参与的预防犯罪的方法。社区警务不是一种方法,不是一种警务方式,而是一种理念,一种警察哲学。

7. "情报导向"警务模式

20 世纪 90 年代末期,信息技术在警务工作中的广泛应用,催生了一种以情报信息为核心资源的新型警务模式。由于国情、警情不同,国外对这种新型警务模式的称谓各不相同,美国称其为"以犯罪情报的计算机统计分析为基础的情报主导警务战略",简称 CompStat;英国称其为国家情报模式,简称 NIM;澳大利亚称其为"情报信息导向的警务工作",并定义为"受情报影响的警务活动"或称为情报主导的警务战略;加拿大称其为"情报信息主导警务 RCMP 方式";中国香港地区称其为"情报信息主导警务"模式。这种警务模式于 2000 年前后传入我国,由于属于新生事物,我国学界和公安实践部门对于这种新型警务模式的称谓不同,认识不一,包括"情报主导警务模式""情报引导警务模式""信息主导警务模式""信息主导下的警务模式""情报信息主导警务模式"。

虽然没有一个统一、明确的定义,但人们普遍认为情报主导警务是有关"广泛收集违法犯罪信息,并对其进行深入细致的分析研究,在此基础上,决策者从总体战略和具体战术的不同角度指导警务活动"的一种警务模式。2005 年颁布的《英国国家情报模式指导手册》中认为,情报主导警务以犯罪情报的分析与解读作为决策的依据,以行之有效的警务战略以及综合治理的伙伴关系作为预防犯罪的最有效的武器。①

2003 年 10 月,美国司法部颁布的《美国国家犯罪情报共享计划》中指

① Guidance on The National Intelligence Model 2005, Produced on behalf of the Association of Chief Police Officers by the National Centre for Policing Excellence, http://www.acpo.police.uk/asp/policies/Data/nim 2005. pdf.

出,情报主导警务是指通过搜集和分析信息,进而加工成“情报产品”,并以此引导警务战略或者战术决策。①

2005 年 6 月 17 日至 19 日,公安部国际合作局和浙江省公安厅在杭州举办了“情报信息主导警务”国际讲坛,与会专家认为:“情报信息主导警务是通过综合收集、分析和使用情报信息,引导警务决策,提高警务效能,从而达到有效预防和打击犯罪目的的警务战略。”综上所述,“情报主导警务模式”的基本含义可以界定为:情报主导警务模式是通过整合和协调警察组织内外情报体制、系统与功能,促进情报信息的广泛采集、综合分析和应用,实现情报功能的最大化,并影响各个层次的警务决策,提高警务工作的整体效能,从而达到有效预防和打击犯罪目的的警务运作模式。②

值得注意的是,每一次的警务革命并没有完全排斥其他警务模式的属性,只是注重强调了某一成分和强化了某一方面,“政治模式”并没有因第一次警务革命而改变,只是以改头换面的角色并存在前三次警务革命之中,新警察制度虽然强调执法的合法性、专业性,重视打击罪犯的快速反应,但受政治左右的局面却愈演愈烈,警务专业化、现代化这种相对“物化”的理念,把“反应式警务”推向登峰造极的鼎盛阶段,同时,政治支配的警察越发腐败,警察机构成了民众攻击的焦点。美国在 20 世纪六七十年代,社会意识形态上的裂变、日趋激烈的辩论和大规模的抗议活动如雨后春笋般地从社会层面上涌现出来,反对越战、人权运动、妇女解放运动及其他社会组织为宣传自己的主张而不断对政府部门发动游行示威,已经超负荷工作的警察毫无思想准备面对突如其来的骚乱终于意识到靠原有的工作方式已无法有效地控制区域治安和维持良好的公共秩序了。警察机构为维持治安秩序而夹在政府部门和公众之间两头受气,警察成了发泄不满和敌对情绪的靶子而不断受到攻击。同时,对警察无力结束城市动乱的现状,各派政治领袖不断督促警察机构反省这种动乱局面和寻求应对措施。这时第四次警务革命社区警务理念强调多元化社会意识形态格局下的宽容,重视服务与权变以及第五次警务革命“情报导向”警务更注重对社会治安的精准治理和对犯罪的精准打击。

---

① The National Criminal Intelligence Sharing Plan, UnitedStates Department of Justice, October 2003, p. 3, http://www.fas.org/irp/agency/doj/ncisp.pdf.

② 吕雪梅:《情报主导警务模式探析》,载《中国人民公安大学学报》2008 年第 4 期。

第一章　历史回溯：中国古代警务的发展变迁

第一节　中国古代警政思想的渊源

公元前21世纪，随着我国第一个奴隶制国家夏王朝的建立，执行规制与惩戒职能的警政依靠国家政权的强制力量建立起来，成为调整奴隶主及自由民之间的一定社会关系，维护奴隶主阶级利益的暴力统治。其主要标志是制定"禹刑"，设后稷、司徒、秩宗、司马、士、共工"六卿"，其中司徒的职能是处理民事和维护社会秩序，司马职掌军事，士掌管刑狱司法。夏朝虽然沿用尧舜时期部落联盟议事会的司徒和士的官名，但本质上却不同，夏朝的司徒和士不再是管理公共事务的职官，而是作为国家机器的主要构成，执行治安管理的职能。

夏朝建立后，即开始按地域划分居民并对国内人口进行户籍记载，据记载："禹平水土，定九州，计民数"，当时的民数即人口数为"千三百五十五万三千九百二十二人"，这种对人口数量的详细统计，比希腊早1500年，这说明当时警政对人口的治安管理已有制度性安排。

我国奴隶社会，包括夏、商、周三个朝代，发展至西周，达到鼎盛时期，为了适应社会发展和阶级统治的需要，执行国家警政职能出现了更为细致的分工。例如，在司徒之下设司武，负责禁止打架斗殴、寻衅滋事；设司稽，负责巡市、查获犯禁、拘捕盗贼；设司市，负责维护市场治安。在司寇之下设禁暴氏，负责禁止聚众滋事和暴乱；设司民，负责户口登记和统计；设野庐氏，负责道路交通管理。在司马之下，设司煊，负责对火灾的查处和消防监督等。

周王朝有鉴于夏商奴隶主阶级的统治经验，提出了：以德配天""明德慎罚"和"礼治"的警政思想，主张以人民为监，着眼于现实。当然，这个时期警政的职能还是初步的，其具体内容多与军事、司法、刑事、民事、行政等交织在一起，或寓于其中。

夏商西周之后，我国历史进入春秋战国时期，从公元前8世纪到前3世纪中叶，跨越五个世纪，是我国古代警政的草创期。这一时期的主要特点：一是各项警务工作初具规模，初成体系；二是诸子百家对警务思想的认真探讨和建树。

儒家思想将人性本善作为治理社会秩序的逻辑起点,具有血缘关系的家庭组织内部,长幼有序建立起来的自然秩序是社会管理的基础,尊重与服从是出自人的自然天性,因此借由家族、耆老承担起子孙后代的教育、引导乃至强制,才能维系整个社会的安全和秩序。只有人人"讲信修穆",才能实现"谋闭而不兴,盗窃乱贼而不作,故外户而不闭"的"大同"社会。①

与儒家积极入世的态度不同的是,道家主张消极应世,主张将基层社会秩序的实现建立在原始状态的恢复上,使百姓"结绳而治",安于其俗,乐乎其居。实行愚民宵禁等隔世政策,让"民重死而不远徙",产生了"民至老死不相往来"的黄老之治。②

法家主张用"外生"的法令而非"内生"的道德来维持社会秩序,所谓"法律政令者,吏民之规矩绳墨也"。③

这个时期,各诸侯国为求得自身的生存与发展,都在寻求治国的最佳方略,寻求安定民生、稳定政权的最好方案,涌现出一批政治革新家与实践家,如齐国的管仲、郑国的子产、秦国的商鞅等人,他们从各自面对的国情出发,切实解决本国实际问题,为古代警政建设做出了突出贡献。管仲的四民分居、闾伍制,郑子产的"大治安"思想及其卓越成效,商鞅的什伍制、户籍制与联保联防连坐措施,都为我国古代警务体制的形成奠定了基础。我们以齐、郑、秦等国为例来说明,这三国分别代表了春秋战国不同的三个时期。

一、管仲的"四民分治"治安方略

考察春秋警政,可从齐国的治安入手。春秋时期首先强盛起来成为霸主的诸侯是齐桓公,他任用管仲为相(太宰),进行全面改革。作为一名春秋初期著名的政治改革家,他的治安方略是改革齐国的地方行政结构,改变官制;调整齐国的社会基层组织,实行兵农合一,实行闾伍制;发展农业、工商业,把社会的稳定建立在发展生产的基础上。管仲把这一切概括为"定民之居,成民之事"。

(一)注重户口管理

公元前685年,管仲在齐国进行改革时提出并试行了流传至今的户口管理基本思想:一是按人口职业划为"士农工商",分业而居;二是居民"各

---

① 《礼记·礼运》。

② 《老子·小国寡民》。

③ 《管子·七陈七主》。

安其居”，不得随意改变住址和居住地；三是“恒业不变”，即子、弟承父、兄之业，不得改变职业；四是按照军队的方式编组、管理和训练居民，实行亦兵亦民；五是“口系于户，籍著于地”。

商周以来，地方行政采取“分土封侯”制，天子直接统治王畿（京城近郊五百里以内地区），王畿以外分封给诸侯，各建邦国。邦国君主直接统治本国的都城，其余国土分封给卿大夫，作为采邑。卿大夫将采邑属地分封给士，由士直接统治劳动人民。这样形成了天子—诸侯—卿大夫—士的统治结构。在这种分封制下，诸侯享有邦国内的行政、军事、外交、经济、文化等全部权力，其实是一种“独立王国”。卿大夫对于邦君也是一种松散的统属关系，也容易形成“独立王国”。管仲执政后，对地方行政体制进行了改革。[①] 他将齐国国都临淄分为三部分，即3个工乡、3个商乡、15个士乡，计21个乡。城市居民按身份职业分片居住，手工业工人世世代代居于工乡，商人则世居商乡，士居士乡。

京都以外的广大国土，则划分为五大政区，二十户为邑，十邑为卒，十卒为乡，三乡为县，十县为属，全国分五属。因此，由下而上，就形成了邑有司—卒帅—乡帅—县帅—属大夫（属正）的五级地方统治网络，覆盖全国。这样，齐国45万家农人就各有定居点，各有统属，不得随意迁徙了。这是后世郡县制的最初形态，是管仲对地方行政管理的创造。他自己说这样做的目的是“成民之事”，促进社会的有序发展。

（二）推行闾伍制，强化居民管理

为了更切实地把老百姓固定在土地上，管仲还在齐国推行了一套“闾伍制”警务模式。其办法是城邑村落的居民户，不允许自择地建宅，必须统一住进“闾”中，一闾有二十五家至上百家的住户。闾设闾门，以供出入，由闾有司负责按时开闭，凡不从闾门出入，或不按时出入闾门，或非法携带与身份不符的物件出入，或“衣服不正，圈属群徒”、结伙吵闹的人，闾有司都有权稽查并随时举报，即使是各级官长（贵族）的家庭成员及属役宾客，连犯三次，也要查处。

实行这种闾伍制之后，国家对人户的管理就一直落实到每家每户。这在春秋战国那个大动荡时期，显得更为重要。管仲认为，如果地区之间不隔，闾门不设，出入无时，就会发生攘夺、盗窃、攻击、戕贼等扰乱治安的事件，所以要严加管束。在社会基层警政管理方面，管仲是颇有开创性的。

通过这种军事化编制，一方面寓兵于农、兵农合一，增强国家对外御敌

---

① 《国语·齐语》与《管子·大匡》等。

征战的实力，另一方面实现社会治安秩序管制，对内监控的警务职能成效也很显著。在答齐桓公的问询时，管仲对闾伍制的内政功效阐释道："夫善牧者，非以城郭也。辅之以什，司之以伍，伍无非其人，人无非其里，里无非其家，奔逃者无所匿，迁徙者无所容，不求而得，不召而来，人无流亡之意，吏无备追之忧，故主政可行于人，人心可系于主……"①尽管伍长、什长仍系普通民众，但该措施着力维护的首先是国家或政府的直接利益，其警察功能亦侧重于通过民众间的相互牵制与监督而达到对民众整体的防范。既然是"牧民之具"，借以实现"主政可行于人，人心可系于主"的行政目标，也便不可能设想其为体现基层民众意志的，使民自至于治，而安土乐生的警察设施。

（三）社情调查

管仲还十分注意对社情动向的及时掌握与具体了解。他说："仓廪实而知荣辱，衣食足而知礼义。"他之所以主张四民分居，士农工商世居其乡而不迁徙不杂居，其中一个原因就是便于组织生产。他认为这样做，可以使"父兄之教不肃而成，子弟之学不劳而能"，世守其业，世传其艺。对于祖传职业，"少而习焉，其心安焉，不见异物而迁焉"，这就从基础上保证了社会的安宁。为了随时掌握社情动向，管仲还主张经常派员下到州闾，做社会调查。在《管子·问篇》与《枢言》《八观》等篇中，都反复强调了这种社会调查的重要性与必要性。

二、郑子产的"大治安"思想与实践

春秋中后期的治安，可以郑国为例。郑子产在郑国执政二十多年（公元前 543 年～前 522 年），正当春秋中晚期。列强争霸达到白热化的程度，而他又是在一个弱小而内乱不止的国度里执政图强的，他所取得的突出成就反映出春秋中后期的治安特色。

（一）"必先安大"的治安方略

郑国，地处中原腹心地带，东有齐国，西邻秦国，南接楚国，北连晋国。四强争霸，兵祸必结于郑；四强为了争霸，又都在郑扶植自己的代理人。子产执政之前，郑国始终处于周期性公族内讧之中，每隔八九年就发生一次动乱。公元前 543 年，子产平定"伯有之乱"之后，登台执政。他所面对的是"国小而逼，族大宠多"的严峻形势。为了缓解国内矛盾，子产采取了"安定国家，必大焉先"的治安方略。首先采取措施，稳住了势力最大的公

---

① 《管子》，转引自闻钧天：《中国保甲制度》，第 78 页。

族伯石,然后便着手进行政治经济的改革,“使都鄙有章,上下有服,田有封洫,庐井有伍,大人之忠俭者从而与之,泰侈者因而弊之”。[①] 这里的“都鄙有章”与“庐井有伍”显然是整顿基层社会秩序的有力措施。不到3年便大见成效,国家政治走上了轨道。

(二)周到细致的治安对策

在发生重大自然灾害的情况下,郑子产的治安措施也是得力的。在救灾过程中,他部署非常认真周到。比如,火灾一发生,他就委派司寇实行“戒严”;不让新的外宾入境,警戒府库,严防火险;命令司马司寇率队控制火场,全力扑救;命令城下居民五人一伍,登城防守,日夜警戒,以备不测;命令郊县征集人丁,准备调用;派专人日夜巡行于宫城内外,派专人负责疏散、转移宫内人口与国家宝物;又派遣特使向各国通报灾情;宽免受灾地区的赋役,发放救灾建材……子产的得力措施,不仅保证了郑国内部的安宁,还有效地预防了他国可能发动的袭击(当时晋国就曾派“边吏”至郑观察城防等情)。子产在突发性巨大灾难面前的治安对策,在古代治安史上留下了宝贵的经验。

三、商鞅的警政实践与治安思想

秦的治安是战国治安的代表。我国的战国时代,约公元前3~5世纪。商鞅活动于战国前期(约公元前390年~前338年)。他在秦孝公的支持下,两度主持变法,使秦国从僻处西戎的一个小国,一跃而为渭水流域的大国,定都咸阳,为秦国后来的发展打下了坚实的基础。从古代治安史的角度看商鞅变法,可以认为商鞅在秦国建立的封建治安秩序,对于全国统一后的封建治安秩序的确立,起了先驱示范作用。他所草创的治安体制,他所提出的治安措施,他所概括的治安法理,后来在全中国范围内都得到了推广与应用。

(一)强化户口管理和基层治安管理

商鞅改革涉及户口管理的措施有:一是建立什伍联防、连坐制度;二是开创了人口出生和死亡的动态登记;三是实行强制分户;四是严格控制迁移,规定居民迁徙,必须“遏吏更籍”“不得擅徒”;五是实行凭证通行、暂住制度;六是实行春天登记、夏天核实、秋天总检查的户口调查核对制度;七是实行全面而详细的户口统计。商鞅提出“欲强国,须知—十三数”,而“十三数”中属于户口统计的有九项。

① 《左传·襄公三十年》。

商鞅对于社会治安管理的重视，直接体现在这“相牧司连坐”五个字上，实行联保联防连坐，奖励耕战，严惩非违。国法规定：“不告奸者腰斩，告奸者与斩敌首同赏，匿奸者与降敌同罚。”所谓“奸”，从《秦律》看，是指一切触犯刑律的人。在“相牧司连坐”制度下，一家失火、失窃，四邻伍保里典均有责任前往救助，否则受罚。

（二）形成统一警政网络

在整顿了社会基层的治安秩序之后，商鞅便着手改革地方行政体制。秦孝公十二年（公元前340年）迁都咸阳，设郡、县，形成两级地方行政管理体制，建成了全国警政管理的行政网络。当时秦国自下而上的地方与基层的警务负责人制度是伍有伍老，里有里典，乡有乡啬夫，县有县令（县啬夫），郡有郡守。郡县制是对分封制的否定，郡县制下的社会警政管理，是对诸侯邦国及其采邑制下的警政模式的否定与扬弃。从此以后，全国范围内的警政，就可以畅通无阻地由中央统一部署、统一管理了。

（三）以刑去刑和弱民愚民的警政思想

商鞅在警政法理的研究上，也有特殊的贡献。首先，他认为社会需要治理，人群需要法制。“法令者，民之命也，为治之本也。”为此，他主张“法与时移”“以刑去刑”，所谓“圣人不法古，不修（循）今”。为使其刑禁能畅通无阻，商鞅又公开提出了“以吏为师”“弱民”“愚民”等一整套只讲严刑、不许百姓议政的极端措施。他又要求“废逆旅”，取消各地的旅舍。他认为没有旅舍了，人们就不出游了，“奸伪、操心、私交、疑农（蛊惑农人）之民不行”，国家就安定了。他还要求“重刑而连其罪”，这样，“褊急之民不斗，狠刚之民不讼，怠惰之民不游，费资之民（坐食之人）不作，巧谀恶心（险恶居心）之民无变”，国家就发展了。他又规定“使无得擅徒”（私自迁移户口），“重关市之征”……商靶提出的这些主张，在他执政期间，全都付诸实行了。据《史记·秦本纪》与《商君列传》载：商君之法“行之十年，秦民大悦，道不拾遗，山无盗贼，家给人足。民勇于公战，怯于私斗，乡邑大治”。良好的治安状况，却是用峻法严刑换来的，是用百姓的愚弱归伏换来的。他为秦国制定的各项政策措施，他所提出的法制主张，在秦国得到了贯彻、继承和发展，终于促成秦的统一大业。商鞅在中国治安史上的地位也是突出的。他把管仲、子产以来各国的警务实践、警政理论条理化、系列化，并在实践中取得了成功，这是他超越前人的地方。

春秋战国时期，各诸侯国统治者手中握有很强的国家力量，这是凌驾于整个社会之上的权威力量，它覆盖着全国，监视和管理着每一个国民。这一切都被有机地组合在一个“军警不分、政刑一体”的国家政治网络之中，正如《周礼》所展示的那样：各级政府行政长官直接负责辖区社会治安，各职能部门分担警治禁卫安全任务。这种体制从特定意义上说，把国家的各种权威力量综合在一起，开展了完备的人口登录、管理、处置工作，建立了极为严密的要害部位禁卫体系，开展了效率颇高的城市公共秩序管理、交通管理、消防管理、危险违禁品管理、特种行业（如旅舍）管理、监狱管理、涉外管理等，从而保持了国家的长治久安与社会的进步发展。这种军警一体、政刑不分的国家权威力量组合方式，与《周礼》所设想的大一统政权政府组织方式精神上是一致的。

第二节　中国古代警务的结构

一、混合形态：军警不分与行司合一

生产力极低的原始社会，人们借助血缘关系结成氏族部落，一起生活，共同抵御外界侵扰，人与人之间的地位关系平等，日常警务和治安秩序靠世代相传的习俗和图腾的禁忌来维持。《商君书》所言："神农无制令而民从，刑政不用而治，甲兵不起而王"，①正是这个时代社会内生性自治秩序的生动写照。

私有制与阶级随着生产力的发展和原始社会的解体而产生，无为而治时代的终结，出现了奴隶制国家和体现奴隶主意志的法律法规，也发明了执行奴隶主意志的警察机构。

我国的警察职能发轫于原始社会末期的尧舜阶段，当时部落联盟议事会所设的九种官职中的司徒和士承担着警察的职能。舜为部落首领时，契担任司徒之职，皋陶担任士之职。据《尚书尧典》的记载，舜对契说："契，百姓不亲，五品不逊，汝作司徒，敬敷五教在宽。"百姓的不和睦，君臣、父子、夫妇、长幼、朋友这五层伦理关系不恭顺，作为司徒之官，要负责教化和调解纠纷。舜对皋陶说："蛮夷猾夏，寇贼奸宄。汝作士，五刑有服，五服三就。五流有宅，五宅三居，惟明克允。"对于夷族的侵扰、杀人越货等行为，作为狱讼的官员，应视违法的行为和情节，予以不同的处罚。司徒和士的职能清晰地表现出警察职能的萌芽。② 此时的警察职能寓于行政、军事和司法之中。

---

① （战国）商鞅：《商君书校注》，张觉校注，岳麓出版社2006年版。

② 中国社会科学院法学所法制史研究室：《中国警察制度史简论》，群众出版社1985年版，第1～2页。

夏王朝时期有三种官吏分别承担了警察部分职能。司徒，有着警察的处置和调解民事的职能；司马，有着边防警察的职能；士，有着刑侦和狱警的职能。处于萌芽状态的警察职能分别寓予行政、军事、司法三种职官之中。“在夏朝，国王总揽治安大权。国王之下，设有六卿。其中，司马、士、司徒兼管治安。在这个时期，警察职能尚未同军队职能严格区分开来，带有私人豢养特点的武人和谋士是萌芽状态下的警察。夏朝还设士卒昼夜巡逻，逮捕破坏社会安宁的作恶者，行使巡警的职能。”①

商周时期的警察职能仍然是一种混合的形态。但郑中午（1998 年）认为，“商周阶段，我国古代警察的职能开始从警政不分、刑狱不分、法刑不分、兵刑不分的混淆状态朝着机构健全、分工明确、职责专业化的方向迈出了第一步，从而进入了古代警察的少年阶段”。②

周代执行警察职能的主官官员有以下三种：一是司徒，主要负责所有的奴隶、平民以及公卿民事警察职能。《国语·周语上》有“王乃使司徒咸戒公卿百吏庶民”。韦昭注：司徒“主耕褥王之藉田”，在藉（公）田上从事耕作的主要是奴隶与平民，因而，对这些人的管理便成为司徒的重要职责。《礼记·王制》对司徒职任有更为细致的描述：“司徒修六礼以节民性，明七教以兴民德，齐八政以防淫，一道德以同俗”，通过积极的教化，防止各类危害社会秩序的行为。二是司马，掌管兵役与军事行政。当时军警不分，其军队除战争外，也被用来维护都城和边境地区的治安秩序。三是司寇，主管刑狱和监察，亦兼负刑事及行政警察职责，除了监禁未决犯，还要监督已决犯的改造。③

《周礼》对周代之警察制度有更具体的反映：“司民”负责户口登记和统计。地官司徒所属，“掌登万民之数目，自生齿以上，皆书于版，辨其国中，与其都鄙，及于郊野，异其男女，岁登下其死生”。④

“司虣”，地官司徒所属，“掌宪市之政令，禁其斗嚣者，与其虣（通暴）乱者，出入相陵犯者”，也就是保持安宁秩序，预防未发危害；“司稽”，地官司徒所属，“掌巡市，而察其犯禁”及拘捕盗贼；“司寤氏”，秋官司寇所属，掌宵禁；“禁暴氏”，秋官司寇所属，“掌庶民之乱暴力正，挢（音矫，意为诈）诬犯禁，言语不信，并聚众者”。⑤ 这四种职务相当于近代之行政警察。

---

① 万川：《中国警政史》，中华书局 2006 年版，第 43 页。

② 郑中午：《中国警史源流（一）》，载《公安大学学报》1998 年第 3 期。

③ 朱绍侯主编：《中国古代治安制度史》，河南大学出版社 1994 年版，第 9 ~ 10 页。

④ 《国语·周语上》，韦昭注，引文来源同上。

⑤ 转引自胡承禄：《各国警察概要》，第 12 页，沈阳 1931 年版，中国人民公安大学图书馆藏。

“司烜氏”，秋官司寇所属，“以木铎修火禁于国中”；“司爟”，夏官司马所属，“掌行火之政令……凡国失火，野焚莱，则有罚焉”。[①] 这两种职务类似于近代的消防警察。

“野庐氏”，秋官司寇所属，“凡道路之舟车系互者，叙而行之”，[②]其近似于近代的交通警察。

“蜡氏”，夏官司马所属，“掌国之骴禁，凡国有大祭祀，郊野有大师、大宾者，皆令州里除不蠲。若有死于道路者，则令埋而置楬（音揭）”，[③]此类职任极类似于近代的卫生警察。

行业警察在周代也显现规模。司徒属下的山虞、林衡、川衡、泽虞、迹人、卝人等基本相当于后世之山林警察、森林警察、水上警察、渔业警察、狩猎警察和矿业警察。[④]

除以上各种专职警察外，凡地方官吏，莫不含保安性质。如王国内分六乡，外分六遂：以乡老为乡师，各掌本乡戒令教令纠禁；乡大夫各掌其乡之政教禁令；州长各掌其州之教治政令；党正各掌其党之政令教治；族师掌其族之戒令政事；闾胥掌其间之政令，有比觵挞罚之权；比长掌其比之治，有纳无授无节者于土圜之权。六遂以遂人为之长，遂师各掌其遂之政令戒禁；遂大夫各掌其遂之政令戒禁；县正各掌其县之政令征比；鄙师各掌其鄙之政令祭祀；邻长各掌其邻之政令；里宰掌其邑之众寡与其六畜、兵器，治其政令；邻长掌相纠相受。以上表明王国六乡六遂之官均具有普通行政权，“考察民隐，警察时患”的警察事务当然归其管理或执行。[⑤]

庞大的警治禁卫机构、严厉的惩戒法规与刑事手段，迫使每一个社会成员在其强制的规范下，有机地组合在一个“军警不分、政刑一体”的国家政治网络之中，各级政府行政长官直接负责辖区社会治安，各职能部门分担警治禁卫安全任务。这种军警一体、政刑不分的国家权威力量组合方式，与《周礼》所设想的大一统政权政府组织方式在精神上是高度一致的，同时也是整个封建王朝警务实施的精髓。

明朝的锦衣卫制度便是军警不分的一个典型例子。锦衣卫属于军队编制，俗称“堤骑”，最多时达到十五六万人。其由朱元璋创立，除传统仪仗、警卫职责外，还兼管刑狱，名唤“诏狱”，专门侦察“不轨妖言”，可不经

① 胡存忠：《中国警察史》，中央警官学校第二分校的讲义摘要。

② 胡存忠：《中国警察史》，中央警官学校第二分校的讲义摘要。

③ 胡存忠：《中国警察史》，中央警官学校第二分校的讲义摘要。

④ 李秀生《中国警察行政》（中央警官学校第四分校1947年印行）第二篇，第2～3页。

⑤ 胡承禄：《各国警察概要》，［沛阳］：著者刊，民国20年，第1～3页。

司法机关，直接逮捕拷讯涉嫌危政人员，其处罚裁决三法司也无权更改。其职责如下：(1)参与北京城市治安巡防。成化二年(1466年)开始授权锦衣卫官同巡城御史共同督理北京巡防，正式组建以锦衣卫、都察院、五城兵马司为主体的治安巡防体系。(2)锦衣卫协同五城兵马司刺举、捕盗，同时兼领缉捕“妖贼”。所谓妖贼大概可以分为两类，一类指传播和使用邪术迷信危害社会的游食人口，且此种人比以诈骗钱财为目的的游食僧道和方士更具有危害性。还有一类通常是以民间秘密结社组织形式出现，以迷信崇拜为主要活动内容。[①] 锦衣卫介入京城治安管理主要是针对五城兵马司力所不及的之处，如谋逆妖言、大奸大恶、造反起事。锦衣卫虽然是以“密缉”的方式参与治安管理，但其职责与五城兵马司相同，一旦治安状况不佳，与五城兵马司同罪。如天顺五年，因“京师多盗”，巡城御史张柞被下狱，“锦衣卫官校及兵马司官皆锁项捕盗”，并“著为令”。附成化时，“以街渠污秽壅塞”，锦衣卫官校与巡城御史、兵马指挥一起被下狱。[②]

二、集权与分权：封建制度下社会治安的分层控制

政府的统治总是演绎在特定的历史时空之中，国家借助一定公共权力的运行，通过治理资源的整合实现社会的秩序化。中国传统社会的形态，自公元前221年秦始皇统一中国而基本定型，形成历史上第一个统一的中央集权的封建王朝，遵循着郡县制的结构进行着制度的安排，其政府建制不仿夏商，不循《周礼》，而是根据帝国统治的需要，贯彻皇帝独裁和专制主义的原则，确立了朝廷三公九卿、地方郡县首长负责制的官僚政体。

官僚体制遵循着明主治吏不治民的基本准则进行架构，政府的行政权力仅仅延伸到州县，即“皇权止于县”。国家警察的职能，也就相应地解剖为朝廷、地方与基层三个层次，这三个阶层按照不同的运行机制安排着警务结构。秦汉时期定格的警务结构标志着封建社会治安体制的成型，确立了中央—郡县—乡里的“三级警务体系”。

中央与郡县层面的正式警务，建构了以“尉”制职位为主干的覆盖全国的警务网络，中央与京师的层面上有太尉、廷尉、中尉、卫尉的设置，分别主管朝廷、宫廷及皇城内的警务与禁卫，保障京畿之安全，同时统筹全国之警务和警治；地方的郡县则设有郡尉、县尉以及关都尉、骑都尉、农都尉、分部尉等不同的“尉”职之设，在郡守和县令领导下掌管辖区内军事和警务，

---

① 廖元琨：《锦衣卫与明代北京治安》，载《第十一届明史国际研讨会论文集》，天津古籍出版社2005年版，第255～260页。

② 韦占彬：《论明代京城治安管理的机制与措施》，载《邯郸学院学报》2006年第4期。

负责各自范围内的行政区及要塞之处的安全防范和治安秩序维护。

京师由内而外,分为皇宫、皇城、京城、京畿几个层次,层层套设。皇帝住在皇宫;代表中央政府的朝廷设在皇城里面;中央行政官僚机构、贵族府邸和其他重要部分分设在京城中心主干道两侧;普通百姓则住在一个个封闭管理的街"坊"中,按照"前朝后市"的格局,手工作坊和商业贸易区则设在城内指定的"市坊";京畿处于最外缘,驻扎着保卫京城的禁军,供应京师的卫星城镇,一般皇家园陵与行宫也分布此地。

据《通典·职官》记载,汉中央政府里有三公九卿,三公为丞相、太尉和御史大夫。丞相总理国务,在他的主管下,由廷尉负责全国司法与治安;太尉是全国军政首长,直接领导九卿中的太常卿、光禄卿、卫尉和中尉,这些均是各层级警治禁卫的主管。

太常卿的职责是主管皇室宗庙陵寝的警卫巡禁;光禄卿的职责范围是皇城内各座宫殿的门禁、宿卫和宫内侍卫的值勤警务;卫尉掌管皇城与宫门的宿卫、稽查和巡查;中尉主管京师治安,直接统帅京辅都尉、左辅都尉、右辅都尉的警务活动,分区巡查地方治安,缉捕盗贼,盘查戒备,疏导街道交通,执行宵禁,即晚六时至次日清晨六时之间禁止百姓滞留街道或通行,禁止未经申请许可的用火,只有逢年过节或遇有皇帝恩准才能开放夜禁。除此之外,尚有中垒、寺护、武库、都船等属官,分别负责京城门的启闭守卫稽查、交通要道巡检、兵器库的守卫和水牢的禁卫。

郡尉的主要职责是维护境内的治安,同时巡行辖区各县,考察地方警务状况,治安形势复杂的郡也可能配备两个或三个都尉,分区治理。县尉执掌本县的治安,"尉主盗贼,凡有贼发,主名不立,则推案行,寻案奸宄,以起端绪"。[①] 这意味着县尉主管缉拿盗贼,侦破案件,向县令报告案情和提交人犯,县尉经常巡视交通要道、乡里街亭,在治安复杂场所布建耳目,以便及时掌握社情动态和罪案信息,县尉在行政上隶属县令管辖,但治安业务受郡都尉的领导和支配,同时负责指导乡与亭的警务活动,在国家警治体系中,县尉处于承上启下的重要位置。

秦汉时郡以下曰县,县以下曰乡,乡以下则为里、伍。县以下乡里层面的非正式警务,乡设三老、有秩、啬夫、游缴,皆选乡内有德望者充任,三老掌教化,啬夫职听讼、收赋税。乡设游徼,里设里正,负责乡、里的治安,即"相率以孝弟,不得舍奸人,闾里阡陌有非常,吏辄闻知,奸人莫敢入界"。[②]

---

① 《后汉书》志第二十八·百官五。

② 《汉书》卷76《韩延寿传》。

《睡虎地秦墓竹简·法律答问》也证明了里正、伍老所负的治安责任："贼入甲室，贼伤甲，甲号寇，其四邻、典老皆不存，不闻号寇，问当论不当？审不存，不当论；典老虽不存，当论。"游徼直属县尉管理，负责辖区的巡禁捕盗，维持本乡的秩序；里正直接对本地户籍进行登记管理，居民办理户口迁移手续或开具外出进行经商旅游探亲访友的通行证，都要里正出面，凡郡县执法人员下乡办案，所在地的里正必须到现场，案情报告书必须附有其签字画押方才有效。这些人员不在"职官"范围内，只是吏役，不拿国家俸禄，但可以享受一定的赋役减免。

县以上的正式警务是归属于中央的集权，而县以下的基层非正式警务则完全是依靠民众的自我警务。古代的中国非常强调"地方自治"，中央政府的规模始终很小，家庭、宗族、士绅等组成了复杂的、多元的地方权威，基层警务和大多数的纠纷都在这个层面上解决，即 private ordering 和 independent judges。

除此之外，尚有"十里一亭"之"亭"的警务机制，秦汉两代均有亭的建制。亭和都亭是我国历史上设置最早的专事治安管理机构，类似现代的派出所和公安局。在重要城镇、街道、市场、关津、驿道，都设有亭。《后汉书·百官志》上载："亭有亭长，以禁盗贼。本注曰，亭长求捕盗贼，承望都尉。"《汉官仪》言："亭长课巡循，尉、游徼、亭长皆习设五兵……亭长持二尺板以劾贼，索绳以收执贼。"①《急就章》亦有"斗变杀伤捕，伍邻、游徼、亭长共杂诊"。②

亭长下有若干小卒，主要负责巡逻防盗、查禁窃贼、盘查来往行人、调解纠纷，管理集市、维护秩序。各基层亭归都亭管辖，属县令领导，由群尉指挥。

不同的亭，有不同的具体业务，但各亭都建有亭舍，负责治安。市亭、都亭等还建有亭楼，以便伺察。各亭还根据需要，配有亭父、求盗、校长等职位，亭父负责开闭、扫除、迎送事宜；求盗负责追捕、报案事宜；校长负责丁壮的军事训练事宜。秦代设在基层的亭，任务很重，要调解纠纷，搜捕盗贼，盘查行人，迎送过往官员，保证其食宿行李的安全方便，还要负责邮递。各亭有关人员在执行治安任务时，按规定要着特定服装，手持写着相关法令的"二尺版"，以示执法工作的严肃性与合法性，再带上绳索等。这样，

---

① 转引自中国社会科学院研究所法制史研究室编著：《中国警察制度简论》，群众出版社 1985 年版，第 65 页。

② 转引自中国社会科学院研究所法制史研究室编著：《中国警察制度简论》，群众出版社 1985 年版，第 65 页。

也就要求亭的职员能粗识文字，懂得使用“五兵”（五种警戒兵器）。仅从这个意义上来说，秦朝亭的工作人员，就很有点类似于后世职业化的“警察”了。

应该说明，上述这些机构之间没有直接的上下统属关系，并不能形成独立的警治系统，而是被分割组合在各级政府之中，由相应职官主持其事。但在业务上，中央朝廷的中尉指挥京城的都尉。地方郡的都尉节制各县县尉。都尉与县尉，对乡的游徼与基层亭的警务工作都有统筹指导的职能。

西汉 1587 个县中，有 6622 个乡、29635 个亭，平均每乡 4 个亭上下；东汉有县 1180 个、乡 4000 余、亭 12442 个，平均每乡 3 个亭左右。[①]

亭的设置遍布全国。综合来看，亭是设在治安复杂区域或交通要道上的，亭有亭舍，大城市市场的市亭，还有高楼，“以候望也”。交通要道上的亭，还兼有驿站的功能，除邮递公文，保障其快速便利，迎送过往官员，供给和保证其安全之外，主要的职责便是维护社会治安。它在业务上归郡都尉和县尉领导，在乡村，与游徼协作维持治安，游徼在乡与里的面上工作，亭长在交通线上工作，分工是明确的。亭建有固定的公共建筑，供过往人员落脚歇息，因而亭舍也用来张贴政府公告，进行治安宣传。另有许多亭卒负责邮送公文，载送公差行李，巡查道路，修理桥道，收系人犯，夜间打更宵禁等。大的亭有土地的，亭卒要种菜养猪。市亭亭卒要维护市场治安，检查衡器物价，征收摊位税、商品税、交易税等。

汉代各级政府中的治安职官是有的，治安业务是展开了的，而且执行任务时有法律手续，上下治安机构之间虽无明确的领属关系，但有一种业务上的“承望”关系，即指导约束的节制关系。因此，从宏观上看，政刑不分、军警一体的传统行政结构没有打破，而从警务这一专职业务角度看，它毕竟有相对独立性。郡都尉治所，县尉公署，街市与乡村的亭，与郡府、县廷、乡公所机构毕竟是分离的，有相对独立性。发案时，它们负责侦破收捕，但不审理结案。从这个意义上说，中国汉代时警察便已经成型了，而且初步具备了后世公安的某些形态。

唐朝是我国封建社会的鼎盛时期，有较为严密的治安管理机构和治安管理法律法规。在中央有户部掌管户籍、赋税、财政，刑部掌管司法行政。在京城，有左右金吾卫负责皇帝宫庭警卫和掌管京城的巡警，直接执行维护京城的治安任务。在地方，府设户曹参军、法曹参军，州设司户参军、司法参军，县设司户、司法等专职官员，负责各层次不同范围内的辖区中户籍

---

① 转引自朱绍侯主编：《中国古代治安制度史》，河南大学出版社 1994 年版，第 108 页。

管理、道路维护、缉捕盗贼，维护地方治安秩序，行使警察管理职能。作为户籍管理工作的具体执行者之一的府州司户参军负责汇总审核各县上报的户籍情况并每三年编写一次户籍册簿。唐代路政较其他朝代为优，司户参军在道路方面的职责主要有巡检道路，禁止在道路上开凿营种，保持道路的平整与开阔。[①]

唐在社会基层推行邻保制，让老百姓自己组织警务保障。四家为邻，四邻为保，百户为里，五里为乡，设里正，行使"掌按比户口""检查非违"的治安管理职责。城市中坊设坊正，农村中设村正，督察奸非。有人在保内出入，必须向保长申报；如有长年外出或迁徙，里正要负责调查外出者的户等、奴婢驴马的去向及谁人代承其户的交税服役义务等，查实上报县司，县司据报发给迁徙人过所（通行凭证）。从治安角度讲，对农民这一社会层面的控制，最艰难的是对其中的流民的控制。流民问题，始终是严重困扰历届封建政府的严重课题。在封建史家所称羡的开元年间，"今天下户口，亡逃过半"。[②] 唐政府用"摊逃"的办法来对付，将逃户"应赋租庸课税，令近亲邻保代输"。[③]

宋朝治安管理的特点是在全国设有两套行使国家警察职能的机构。一套叫巡检司，维护大城市、农村、河道、海上、驿道和边境地区的治安，并管理城市消防，遇有火情，要指挥兵士和消防人员灭火，同时还要维持火场秩序，防止有人乘机偷抢财物。另一套叫县尉司，维护县城、集市的社会治安。

巡检的官职在宋代以前的五代就有了，起初是皇帝钳制地方官吏的割据势力，派出自己的亲信，以巡检的名义带兵驻守在地方，监视或随时进行镇压，对维护地方治安也起到一定作用。到了宋代，随着政权的日益巩固和地方势力的覆灭，功能逐渐由监视转化为专一维持社会治安的警察机关，承担巡逻、捕盗和缉私的任务，与现代公安机关一样，有着侦查权和预审权，但无审判权。县尉是一种负责捕盗和处理民间斗讼事件的地方官。秦汉以还，历代均设此职，五代之时，战乱频仍，武将得势，县尉权力不断被驻守县城之镇将蚕食，该项官职遂也渐遭废斥。[④]

公元962年，宋太祖赵匡胤在恢复县尉建置的诏书中称："贼盗斗讼，

---

① 许福德：《唐代司户参军述论》，上海大学2007年硕士学位论文。

② （后晋）刘昫等：《旧唐书》卷92，列传第三十八。

③ 《四库全书》唐会要卷81。

④ 中国社会科学院研究所法制史研究室编著：《中国警察制度简论》，群众出版社1985年版，第182页。

其狱实繁,逮捕多在于乡间,听决合行于令佐。顷因兵革,遂委镇员,渐属理平,宜还旧制。其令诸道州府,今后一应乡村贼盗斗讼公事仍旧却属县司,委令尉勾当。”其大意是捕盗和处理本属地方行政,过去因战争事宜而由武将掌管,现在常态已复,理应归于县令与县尉。①

在基层,北宋初实行乡里制,乡设书手,里设里正,户设户长,其职役是督征赋税。乡里治安则由营长率领本乡弓手、壮丁负责。王安石变法之后,推行保甲制,将周秦时期的兵农合一体制与什伍联保联防连坐措施结合起来,负责基层治安。规定十家为一保,选一人为保长;五十家为一大保,选一人为大保长;十大保为一都保,选二人任都保正,副都保卫,其治安任务是,在保内,不论主户客户,每户两丁以上,选一人为保丁,共置一保牌,登录本保人户及保丁姓名。每一大保内,在夜里派五名保丁轮番值勤,巡警盗贼,发现情况,击鼓报警,保内居民即应前往捕贼。遇有身份不明之过客,也收捕送官处置。同保居民中,有强盗、杀人、放火、强奸、拐卖人口、传布袄教、造作巫蛊等情,必须举报;逾期不报,即使不知情,也科以失察之罪。王安石设计的保甲制,其治安职能非常明确。保甲制为后世统治者所欣赏,明清时更有所加强,一直沿用至国民党时期。

辽、金、元的警治体制一脉相承,这里主要介绍辽。辽代五京为辽国政治经济重镇,辽人特设警巡院专司五京治安,其名称分别是上京警巡院、中京警巡院、东京警巡院、西京警巡院和南京警巡院。每京警巡院都设一名警巡使与一名誓巡副使。辽代地方上又有军巡使,有巡逻之责,主管各地治安。警巡院的创制,是契丹族在古代治安史上的一大贡献。因为五城分布在全国各地区,五城警巡院的建立实际上相当于各地警巡院的建立,也就是全国城市警治安全专职机构的建立,这是史无前例的。警巡院机构的职能是掌京城缉盗治安等事务,如《常遵化墓志》就记载墓主常遵化曾任“京内巡检使。顿得盗贼併迹,豪户洗心。巷陌宽而舞手行,辰夜静而启门卧”,此外,五京警巡官在巡查时,兼理刑狱。如《张绩墓志》就有记载,又据《辽史·马人望传》记载马人望迁南京警巡院,“京城狱讼填委,人望处决,无一冤者”。“警巡院”的“警巡”人员在执行巡逻警事任务时,每京警巡院都设有一名警巡使与一名警巡副使,按规定都要佩戴类“警巡”牌作为身份证明。②

以明朝为代表的后期封建社会,专制制度高度强化,统治者为维护自

① 孟庆超:《中国警制近代化研究——以法文化为视角》,中国政法大学2004年博士学位论文。
② 林丽群:《辽代上京的治安防范》,载《理论观察》2017年第12期。

己的统治，加强了治安管理机构。京师有四个治安管理机构，一是五城兵马司，负责缉捕盗贼、查禁街市斗殴、赌博、奸淫，以及夜间巡逻、查缉户口和消防，维护治安秩序。二是亲军卫和留守卫，负责京师警戒、守门和夜间巡逻。三是锦衣卫，是皇帝的心腹特务机构。四是巡捕军队，参与京师捕盗和维护治安。明初京师只设五城兵马司负责捕盗，维护治安，后有锦衣卫参与。但由于京师治安越来越差，所以，皇帝又随时派军队参与京师捕盗和维护治安，并将巡捕军队统称“巡捕营”，负责夜间治安，白天由五城兵马司负责。如遇贼情重大，则合力捕剿。

在地方，省级行政机关设都指挥使，主管军事，设布政使，主管行政，设按察史，主管司法。遇有贼情或杀官劫库等事三司分工负责，分巡分守。府设捕盗判、州设捕盗同知、县设判官或巡捕主簿辅佐府、州、县行政长官掌管治安和司法。各府州县关津等要害处，均设巡检司，负责查验过往人员证件，查获奸细、逃军、逃犯及可疑之人。《明会典·关津二》关于巡检司的职责规定，“凡运粮马快商贾等船，经由津渡巡检司照验文引（官方颁发的通行证），若豪势之人不服盘诘，听所司拏送巡河御使郎中处究治”，“凡军民无文引，及内官内使来历不明、有藏匿寺观者，必须擒拏送官，仍许诸人首告，得实者奖，纵容者同罪”。①

县以下城郊和农村实行里甲制度，建立保甲组织。里设里长，甲设甲首。里长甲首最初负责征收赋役，后来负责管理流民，维持治安。明王守仁巡抚江西时，行“十家牌法”，“凡置十家牌，须先将各家门面小牌，挨审的审，如人丁若干，必查某丁为某官吏，或生员，当某差役，习某技艺，作某生理，或过某房出赘，或有某残废，及户籍田粮等项，俱要逐一审查的实。十家编排既定，照式造册一本留县，以备查考，及遇勾摄及差调等项，按册分脱，更无躲闪脱漏，一县之事，如视诸掌。每十家各令挨报甲内平日习为偷窃，及喇吓教唆等项不良之人，同具不致隐漏重甘结状，官府为置舍旧图新簿，记其姓名。姑勿追论旧恶，令其自今改行迁善，保能改化者，为除其名。境内或有盗窃，即令此辈自相挨缉，若系甲内漏报，仍并罪同甲之罪。又每日各家照依牌式，轮流沿门晓谕觉察。如此，即奸伪无所容，而盗贼亦可息矣”。② 每10家立1牌册，10家共保，选保长1人。每家轮流，每日逐户晓喻提高警觉，发现偷盗、教唆等行为不良的人，及时报告。保甲组织的主要职责是防止管区内发生贼盗。嘉靖年间，海瑞亦着力在民间推行保甲

① 转引自中国社会科学院研究所法制史研究室编著：《中国警察制度简论》，群众出版社1985年版，第245页。

② 《阳明全集·申谕十家牌法》，转引自闻钧天：《中国保甲制度》，第191页。

制，要求各人户“遇有面生可疑之人，迹踪可疑之事”，立即报警，由保长督率小甲等追查捕捉。若甲内人户“有警不出救援，并保甲长不率救援者，各治重罪”。[①] 清朝是我国最后一个封建王朝，社会矛盾和民族矛盾日益尖锐，也促使清朝统治者建立更为庞大的警务结构。

在中央，仍设六部，但其规模已大有增加（仅刑部就有400多人），其中户部和刑部兼使警务职能。为了维护宫迁和皇帝的安全，建立了一支由满、蒙贵族子弟为主的庞大的警卫机构，由侍卫处总管。侍卫处有领侍卫大臣6人，内大臣6人，下设亲军营和护卫营，都是由经过严格挑选的精锐者组成。

在京城设步军统领衙门，下辖由满人组成的八旗步兵营和由汉人组成的绿营与步军巡捕五营。满人守卫内城旗人居住地区，负责夜间巡逻、捕盗、防火，汉人负责外城和近郊的治安。

清代各省绿营除了“建威消萌”的镇守职责，最重要的任务莫过于名目繁多的差役。“清代差役，专以绿营负担”，[②]概括言之，其内容可归为七类：解送，含解饷、解送人犯、解送钱粮几项；守护，即地方各衙门、仓库、监狱及城门防守之任务；缉捕；察奸，对象包括“倡设邪教”“拜盟结会”等“图谋不轨”事件，抗粮、械斗、流氓诈勒等“聚众滋事”行为，及其他如赌博、娼妓、迎神、进香等犯禁情事；缉私；承催；特别差役，如皇帝出巡时的站道、清道、捕蝗。[③]

上述差役绝大部分属警察职任。依传统，其本系州、县民壮、捕快、衙役的任务，为地方官之职掌，不属兵政范围。但清代因财政困难，州县民壮、番快之数目一再裁减，[④]致百役丛集于绿营。清代定制，绿营兵士除号衣外，另备应差衣帽。[⑤] 这种以兵兼差、以兵充警的做法，固有助于地方治安效率，但如此繁重之差役势必影响操练，而妨碍征战能力之保持和提高。

另设五城兵马司，受步军统领衙门节制，分别负责各城区的警务。五城察院、步军统领衙门、顺天府三机构之间，既彼此协作，又相互制约。如盗案，三机构间有“关会”制度存在，即互相通知、协助缉捕。一城有盗，立即秘密“关会”五城、步军统领衙门、顺天府，顺天府又立即“关会”前途诸

---

① 《海瑞集》，转引自朱绍侯主编：《中国古代治安制度史》，河南大学出版社1999年版，第614页。

② 罗尔纲：《绿营兵志》，中华书局1984年版，第4页。

③ 罗尔纲：《绿营兵志》，中华书局1984年版，第252～253页。

④ 罗尔纲：《绿营兵志》，中华书局1984年版，第254～255页。

⑤ 《乾隆大清会典则例》卷122。

县,遂迅速形成统一而广大的捕盗网。步军营与五城司坊官间尚有“文武会哨”制度,即每月逢五逢十,五城查夜,司坊官与步军员弁要在指定地点会哨,互相交换职名,以使“文武互相稽察”。①

五城御使尚负监督步军营的职责,“倘平时应驻堆拨、巡夜弁兵或有短少旷误,及遇有缉捕事件并不会同查拏,准巡城科道将该地面营汛从严参办”。②

在地方,治安工作由地方行政长官负责,同时设道员、巡检等职位辅佐省和州、县行政长官,缉捕罪犯,盘查奸宄,维持一方治安。

在基层强化了保甲制度。清朝出于管理各个民族的需要,同时并用里甲和保甲两个系统。里甲专管征收地方赋税,保甲则专管警事治安。康熙在《圣谕十六条》中专门发布了“联保甲以弥盗贼”的谕令。依据《户部则例》在州、县城乡,10 户为牌,10 牌为甲,10 甲为保,分别设牌长、甲长、保长。其主要职责是编查户口,稽查奸人,劝善惩恶,维持治安。同时,组织乡兵团练,以一乡为一团,数团为一练,其首领有的称“团总”,有的称“团长”“约长”。乡兵团练的主要任务是把守本村的沟壕、高墙,巡更值勤,缉查、防范百姓的反抗活动,维持地方治安。对“素行不法者”,或一体编人保甲,在名字上加以注明,或单编“另册”,或另立“舍旧图新簿”,将曾犯打降、讹诈、窃贼、赌博、教唆等人各列入,令牌、甲长、邻佑“随时防范”。如过一段时间确能改过自新,由牌、甲长及邻佑联名俱保,才可以在“另册”上除名。这恰似我们今天户口管理中的重点人口管理。

三、相保与连坐:古代社会治安控制的深层基因

作为社会控制工具的制度与结构,本身就是人类历史长期博弈和选择的结果,而且往往是成本与效益最优的组合。当然,此处所言的效益,必须放在整个社会管理综合的考量和阶级的视角,但基本的着眼点在于社会秩序的稳定和生产力的持续发展。

社会的控制能力取决于社会基本的生产力发展水平,控制工具的设计只有适应生产力发展的水平才有被选择的可能与机会。

作为中国古代的社会控制方式摆脱不了农耕文明的制约,也受着地理环境的影响,宗族体制、身份依附关系和集体性共同责任的“三位一体”形成了“家国同构”的超稳定格局。控制基层社会的主要组织结构一是以家

---

① 《钦定大清会典事例》卷 1031。

② 《钦定台规》卷 23,以上转引自中国社会科学院研究所法制史研究室编著:《中国警察制度简论》,群众出版社 1985 年版,第 272 页。

族、血缘关系为纽带的宗法宗族制度;二是以地域关系为纽带的保甲制度。两者以户籍制度为基础进行架构,存在交叉和融合,由相保与连坐制度形成的集体性共同责任进行统一的规制。因此,传统的农耕社会,治安秩序的维护并不仅仅依赖于国家的强制力,特别是基层社会,其治安秩序靠着宗族关系、户籍制度和保甲制度的三重交织结构而结成一个自组织的警务网络,在根本上是基于血缘和地缘的关系,并通过互保和连坐得以强化,虽然最终要依靠国家的强制力维系,但是基本上能够有效地进行自我规制,而不需要官方的直接介入作为威慑。即使是 21 世纪的中国农村,这种路径的依赖性依然起着一定效用。LiLy L. Tsai(2007)的一份对中国 316 个乡村的调查结果表明,即使正式责任机制相当薄弱,非正式惯例和规范的约束同样能够促使地方官员建立并履行其公共责任。这些非正式的责任机制可以由包含性(encompassing)和嵌入性(embedding)的连带团体(solidary groups)所提供。①

家族是以血缘为基础,由家庭房派结成的亲缘群体单位。宗族是家族的扩延,是指源于同一祖先、按照父系血缘积聚而成的同姓集群。家族与宗族没有本质的区别,二者或是规模不同,或是可以直接互用。

中国式的治理非常重视宗族作用,孟子云:“天下之本在国,国之本在家。”②

早在茹毛饮血的人类社会的早期,族治已显雏形。“古无今所谓国家,抟结之道,惟在于族,故治理之权,亦操诸族。”③

西周的宗法制就是典型的宗族治理。秦统一六国,打击非秦的宗族势力。而汉立初期奉循黄老之道,政治环境相对宽松,宗族势力逐渐恢复,自汉至唐,宗族的表现形式主要是高门望族。两晋南北朝的门阀大族更是直接垄断了国家政权,历经隋朝、唐太宗、高宗、武则天坚持不懈的压制才消解雄厚的门阀势力。宋代之后,平民化宗族开始发展,这得力于张载、朱熹等理学家的大力提倡和《颜氏家训》《朱子家礼》《司马居家杂议》的广泛传播。明清时期,由于国家层面的倡导,借助王阳明、宋濂、杨士奇等大儒名士的躬耕,中国社会真正成为一个宗族制社会,宗族成了国家进行基层社会治理的依托。

宗族的警务功能主要体现在以下几个方面:(1)禁止族人盗窃、嫖娼

---

① LILY L. TSAI, Solidary Groups, Informal Accountability, and Local Public Goods Provision in Rural China, *American* Political Science Review, May 2007, Vol. 101, No. 2.

② 《孟子·离娄上》。

③ 吕思勉:《先秦史》,上海古籍出版社 2005 年版,第 260 页。

赌博、吸食鸦片等违法犯罪或有碍风化活动。如有违反，轻则受到打板子，重则逐出族门甚至可以公议打死等处罚。(2)禁止挑起诉讼、造谣生事、浮华奢靡、盗伐祖先茔墓树木、放纵牛羊毁坏庄稼鱼塘等有害睦族的行为，违者将受到不同程度处罚。(3)禁止结交盗匪，禁止斗狠、浪荡、淫纵等不良行为。(4)调处族人矛盾纠纷，规避官司。明清时期，"无讼"思想深入人心，几乎所有的家族法规都倡导内部调解。诉讼成本太高，打官司不仅要耗费大量人力、物力、精力，而且打官司的直接后果是撕破脸面，导致亲族反目成仇，甚至有的家族禁止族人充当讼师。

由于族人按地缘聚居，因此乡约的教化与宗族的族治一脉相承。明代朱元璋建国之初，整理社会教化措施并归纳为《教民榜文》在全国推行，在里社倡导叙长幼、论贤良、睦宗族、和乡里的乡饮酒礼，赋予乡里老人一定的司法权，凡是涉及户婚、田土等民事案件；争占、钱债、骂詈、弃毁器物稼穑、擅食田园瓜果等纠纷；斗殴、失火、窃盗、赌博、私宰耕牛、子孙违反教令等违法犯罪案件，乡里老人有裁决权，并且这些审理裁决是在乡里公共场所——申明亭进行的。①

户籍制度不仅仅是征税和征役的基础，更重要的是通过进一步的数字化编排而形成的保甲制度，细化了社群中家庭权利和义务的等级关系，同时构成基层警务运行的平台。

保甲制度是国家最基层的行政安排，关乎每家每户以及个人在这种秩序中所应有的位置，通过这种依赖与家庭的内在秩序，实现与国家秩序的统一。

现代法的基本精神之一是"罪责自负"原则，即一人做事一人当，就其自身理性能够预期或者应当预期的范围内承担违法过错的责任。而古代法的精神却以连带责任制度与之相对应，即使不是自己亲自而为，但如果是相互关联人也同样要承担相应的法律责任，这种集体承担的责任并非以自己的份额为限，而是对全部的共同责任负责。古代中国的连带责任的广泛存在，强化了宗法宗族制度，是古代中国"家国同构"的核心治理方式，构成了古代社会的主要组织方式：一是以家族、血缘关系为纽带的集体性惩罚，这主要表现在连坐制度上；二是以地域关系为纽带的公共权力组织方式，即保甲制度；三是在公共权力领域，如举荐、科举，同样采用连坐制。②

如果把居民互保、联保视为"自治体制"的警务模式，那么中国至少在

① 常建华：《明代宗族研究》，上海人民出版社 2005 年版，第 194～197 页。

② 张维迎、邓峰：《信息、激励与连带责任——对中国古代连坐、保甲制度的法和经济学解释》，载《中国社会科学》2003 年第 3 期。

周朝就已经出现了这种“警察制度”，比英国早1000年都不止。从周代“井田制”的发轫，春秋时期的管仲推行过“闾伍制”，25户为一闾；战国时期，商鞅等法家推行的“什伍制”，毫无疑问也是居民互保的制度，具有明确的社会警务的功能。

宋朝时，王安石变法的内容之一就是要恢复古代的居民联保制，称为“保甲法”。到明朝里甲制度，最后由清朝演化为保甲制度，实际上是统治者为达到对社会监控力度，在某种程度上实行自我警务的无奈之举。联保制度作为警察制度的辅助形式，在中国历史上长期存在。[①] 作为社会控制工具的警务模式，本身就是人类历史长期博弈的结果，而且往往是富于效率的，从自我警务模式的选择，不难洞见社会控制方式与理念的深层基因。

在中国漫长且繁复的历史长河中，尽管有过剧烈的社会变迁，但是始终保留着这种基层社会治安控制方式的一贯性，构成基层警务的一个最显著的特征。

制度通过三条路径调整个人行为：一是设定制约条件形成约束个人行为的规则；二是通过效用函数改变人价值的偏好；三是明确人们的预期收益，进而协调均衡结果。

警务模式作为控制社会的工具，必须形成对民众的有效激励。一项有效能的警务运行机制，必须满足激励相容约束——也就是说，警务的可实施性必须以个人追求效用最大化为前提，当一项治安强制措施对某项行为实施规制时，当且仅当在该强制措施下该行为不构成个人的最优选择时，这项治安强制措施才是有效的。

如果在该强制措施下选择某项行为仍然是个人的最优行动，这项强制措施就是无效的。在这个层面上，我们把强制措施理解为一种激励机制(incentive mechanism)。作为激励机制下的强制措施，必须构成一个纳什均衡。[②] 也就是说，给定其他人(包括执法者)遵守警务规制，每个人都有积极性遵守警务规制。在我国历史的长河中存在的警务规制，作为管理与被管理之间的博弈结果，必然是符合纳什均衡的。

作为激励工具的社会控制，核心在于合法性和服从。对制度合法性的认可的关键不在于制度是否合理，而在于制度是否具有一致性和执行力。

历代统治者所关注的并不是要将保甲制度建构成消极防范和单纯惩

---

① 陈真、陈合权主编：《世界警察概论》，四川大学出版社2008年版。

② 郭鹏、杨晓琴：《博弈论与纳什均衡》，载《哈尔滨师范大学自然科学学报》2006年第4期。

戒性的结构，而是更多地强调和注入互保（systems of mutual guarantee）功能，提倡其相互帮助和相互救济的作用。通过某种方式形成集体性互助组织制度，是非常适宜低水平生产力的农耕文明的，井田制是由周公提出来的，这样可以形成最基层的社区互助组织。[①]

井田制既是周代奴隶制国家对土地的一种管理方式，也是国家对劳动人口的组合方式、政府的政治管理方式。其基本精神是将国家拥有的土地，分层级划分成井字格的方块，大小井字格层层套设，以九个方块田为一组，称一井。每八户组成一井，“开四道而分八宅，凿井于之中”，然后按“井一为邻，井三为朋，朋三为里”的层次编组起来，由大大小小的宗族首领进行管理。每一井及配置于其上的居民即相当于现代的一个小社区。居民按井居住、按井管理，不得自由迁徙，使人口牢牢地附着在土地上，便于国家控制。[②]

井田制中，计数的基本单位是八家，“八家相保，出入更守，疾病相忧，患难相救，有无相贷，饮食相招，嫁娶相谋，渔猎分得，仁恩施行，足以其民和亲而相好”。[③] 这八家通过对其共同包围其中的公田的管理（八家为井、同养公田）联系在一起，在邻里之间衍生出的共同利益的基础上形成特殊的控制体制。据《周礼》记载，西周实行井田制时，“令五家为比，使之相保”和“五家相受相和亲，有罪奇邪则相及”的规定，不难发现在相保基础之上，更重要的连带责任思想实际上开始萌芽。连带责任意味着“集体对其成员的犯罪负有不可分割的责任”。[④]

龚自珍认为，后世的保甲制度和井田制之间存在渊源关系。[⑤] 但闻钧天认为春秋时代齐国实施的改革，是中国保甲制度的最早起源。[⑥]

管子的思想主要是“编户齐民”和“四民分治”，并将连带责任实行法律化激励方式。一是按人口职业划为“士农工商”，分业而居；二是居民“各安其居”，不得随意改变住址和居住地；三是“恒业不变”，即子、弟承父、兄之业，不得改变职业；四是按照军队的方式编组、管理和训练居民，实行亦兵亦民；五是“口系于户，籍著于地”。管仲还在齐国推行了一套“闾伍制”。其办法是城邑村落的居民户，不允许自择地建宅，必须统一住进

---

① 《周礼·地官·司徒第二》《周礼·族师》。

② （唐）杜佑：《通典·食货志》。

③ 《韩诗外传》卷4。

④ Xin Ren, *Tradition of the Law and Law of the Tradition: Law, State, and Social Control in China*, Greenwood Press, 1997, p. 41.

⑤ 参见《保甲正名》，载《龚自珍全集》（一），上海人民出版社1975年版，第96～97页。

⑥ 闻钧天：《中国保甲制度》，商务印书馆1935年版，第80页。

“闾”中,一闾有25家至上百家的住户。闾设闾门,以供出入,由闾有司负责按时开闭,凡不从闾门出入,或不按时出入闾门,或非法携带与身份不符的物件出入,或“衣服不正,圈属群徒”、结伙吵闹的人,闾有司都有权稽查并随时举报,即使是各级官长(贵族)的家庭成员及属役宾客,连犯三次,也要查处。

从商鞅时代的秦国开始,正式确立了刑事上的连坐制度。从商鞅开始,连带责任上升为一种“集体性惩罚”,邻里之间、亲属之间和官员之间负有相互纠举、告奸的责任。汉朝继承秦制,以后代代沿袭。什伍制度继续延伸到了赋税领域,如果其中一户逃亡,所抛弃的土地由邻保代为耕种,拖欠的租税由邻保代纳。宋代则正式确立了保甲制度。此后,这一制度的范围不断扩大,连带责任的范畴越来越广,成为“古代国家控制基层社会的得力措施”。①

一项制度必须满足激励相容约束原则,规则只能“诱导”而不能“强制”个人行为。当一项规则规定对某行为实施惩罚时,当且仅当在该行为不构成个人的最优选择时,这项规制才是有效的。如果在该规制下选择该行为仍然是个人的最优行动,这项规制就是无效的。作为激励机制,规制必须构成一个纳什均衡,作为人类行为的博弈结果,保甲制度必然是符合纳什均衡的。

由于信息不完全对称带来了交易成本,从而也引发了制度经济学中产权激励理论(the theory of incentives)的兴起。经济学上“理性人”的假设,基于私人成本(private costs)与私人收益(private benefit)的权衡比较而做出行动的决策。当某项行为所获得的私人收益大于付出的私人成本的时候,该决策被认为是有效益的。②

个人实施的行为,不仅涉及本人的成本和本人的收益,而且可能涉及给他人带来的成本与收益,此时的个人行为具有了“外部性”,而该行动的私人成本加上该行动给他人带来的成本之和构成了“社会成本”,私人收益加上给他人带来的收益构成了“社会收益”。经济学上激励理论的目的也就在于“把个体行为的外部性内部化,通过规则的强制,迫使产生外部性的个体将社会成本和社会收益转化为私人成本和私人收益……从而通过个体的最优选择实现社会最优”。③

---

① 韩秀桃:《中国古代礼法合治思想在基层乡里社会中的实践》,载《安徽大学学报》(哲社版)1998年第1期。

② 丰霏:《论法律制度激励功能的分析模式》,载《北方法学》2010年第4期。

③ 张维迎:《信息、信任与法律》,生活·读书·新知三联书店2003年版,第72页。

对国家而言,其目标包括政治支持最大化和经济利益最大化两个方面。①

对古代社会而言,政治支持在于禁止叛乱,这进一步取决于日常监督和军事动员能力;经济利益在于征收公共赋税、公共建设,这进一步依赖于政府获得统计数据的准确性。

而古代社会由于技术的限制,在社会控制中信息成本的支出是很高的,尽管秦始皇统一文字、度量衡,秦帝国以及后续的皇朝都努力构建水陆交通网、驿站邮传等制度,降低了信息的传递成本,但山高皇帝远,基层社会的信息收集成本却是很高的,中央政府不得不采取特务组织或是派遣钦差大臣来克服信息的失真问题。

早期社会的人口的流动远远弱于现代社会,整个社会实质上处于分割状态,形成若干个相对孤立的村落。尽管村庄之间信息流动很少,但村庄内却是一个熟人社会,朝夕相见的居民靠着"闲谈"(gossip)便完成了信息的传递,速度不仅快,而且信息的共享程度很高,容易对价值观念形成很高的共识。②

信息的分布出现了明显的内部和外部的不对称,内部相互之间的沟通多、时间长、距离短、信息获得的成本极低,具有明显的信息优势,而外部观察者很难得到信息,信息获得的成本很高。这种情况下,让内部信息成本较低的人群行使监督的权力就可以大大地节约监督成本。再进一步,如果制度规定具有信息优势的人群同时必须对被监督对象的行为承担连带责任(风险),这部分人群也就获得了监督他人的激励和名义。③

就整个社会而言,这种基于信息优势的连带责任是一种相对有效的制度安排。政府处在获得信息的极端劣势,而亲属和邻里之间处于信息的明显优势,通过保甲制度充分利用民间的信息资源,成为政府一个必然的理性选择。

商鞅变法,首先通过"什伍"制度将人们分为法定的群体,五家为伍,十家为什;其次采用牧司制度,"令民为什伍,而相牧司连坐。不告奸者腰斩,告奸者与斩敌首同赏,匿奸者与降敌同罚"。④

---

① [美]道格拉斯·C. 诺思:《经济史中的结构与变迁》,陈郁等译,上海人民出版社、上海三联书店 1994 年版,第 24 ~ 26 页。

② Sally Engle Merry, *Rethinking Gossip and Scandal*, in Donald Black (ed.), *Toward a General Theory of Social Control*, Academic Press, 1984.

③ See Armen Alchian and Harold Demsetz, Production, Information Costs, and Economic Organization, *American Economic Review*, vol. 62, pp. 777 - 795.

④ 司马迁:《史记》卷 68,《商君列传》第八。

“什伍”制度的要点在于:(1)组织和划分责任群体,实际上就是明晰“产权”;(2)同一群体内部负有监督和告发的义务;(3)获得违法信息、告发受到奖励,隐匿受到处罚;(4)群体中的一人违法,集体承担责任。前两点决定了责任承担的范围;后两点则是激励手段:如果不对告发进行奖励或者对隐匿者不惩处,就不会产生告发的激励;如果不采用“集体性惩罚”,而仅仅是处罚知道信息的人,就无法激励其他人获取信息的主动性。

保甲制度的有效性要求保甲的划分不能过大,否则信息的获得、甄别和流通就会由于人数的上升而产生困难,保甲内居民之间的“搭便车”行为会导致激励的失灵。所以,各朝各代基本上都是采用十进制的。尽管“十”可能并不是一个精确计算的最优规模,但很可能是一个经验上的最优规模。

保甲制度是理解中国古代警务组织方式的根本所在,它以株连的方式强制地在老百姓之间实施横向的水平监视,从而实现了有效的社会治安控制。传统中国农耕社会处于一个非竞争的环境中,政府的控制借助于低成本的“连带责任”,通过制度的激励,以及熟人社会维持的信任和信用制度,从而维系着社会秩序的稳定。

总体而言,无论是专职的正式警务,抑或兼职的非正式警务,传统社会治安秩序的维持仍是令统治者最感棘手的问题。明代京师警务结构由亲军卫、锦衣卫、东西厂、五城兵马司、巡捕营、顺天府等组成,可谓密不透风,且历朝皇帝对京师治安颁有众多严格的赏罚法令,①以鼓励捕盗警戒,但自万历年间,京师治安恶况有加,“军额倍增”,“而士马实凋弊不足用”,地面“盗贼纵横”,甚至“窃内中器物,获其橦索,竟不能得也”。② 清代也是如此,道光五年上谕大发感慨道:“近来报窃之案,几无虚日,移营会缉,视同具文,甚至街巷堆拨,仅存空屋,疲玩已极……”③或许是中国传统警察组织与军政、司法机构相互关联,彼此渗透,致警察很难有独立地位与独立体系,致使其效率不能持久保持的主因。④

---

① 《明会典·巡捕》。

② 《明史·兵志一》。

③ 转引自中国社会科学院研究所法制史研究室编著:《中国警察制度简论》,群众出版社 1985 年版,第 272 页。

④ 孟庆超:《中国警制近代化研究——以法文化为视角》,中国政法大学 2004 年博士学位论文。

第三节　亭的设置与警务职能

亭起源于先秦，最初职能主要表现为军事性，当时最大的警戒任务就是国防。秦统一六国后，亭的军事性、社会治安性和警务功能明显加强。秦代设在基层的亭，任务很重，要调解纠纷，搜捕盗贼，盘查行人，迎送过往官员，保证其食宿行李的安全方便，还要负责邮递。

一、先秦时期亭的设置与演变

先秦战国时期边地和内地均有亭。边地的亭为军事性目的而设，多设在诸侯国的边境线上，起了望、传报军情、防戍等作用。据《国语·周语》记载单襄公答周定王："周制有之曰……国有郊牧，疆有寓望。"①

应韵即将"寓望"解释为亭。《风俗通义》："谨案《春秋国语》：'疆有寓望。'谓今之亭也，民所安定也。"②

显然，边地的亭为边境线上的军事据点。内地的亭与军事安全也有关，但主要供官吏、公职人员甚至平民百姓往来食宿之用，备有饮食、住宿设施。《诸子集成》载："昏鼓鼓十，诸门亭皆闭之，行者断，必击问行故，乃行其罪。""诸城门若亭，谨候视往来行者符，符传疑若无符，皆诣县廷一言，诘问其所使。其有传符者，善舍官府。"③

亭设有大门，对过往行人检查严密，晚上按时关闭，禁止行人通过。要求各亭的值班人员认真检查往来行人的符传，有可疑或没有符传的人都要到县廷报告。有符传的人令其住在官亭，亭内有住宿设备，为有符传的人提供食宿。

内地亭不同于边亭，没有多少军事性质，但正是由于它重要的地理位置从而具备了一定的治安性质和警务功能。其一，一些亭成为地方案件的处理之所。因为多处交通要道，方便民众会聚，所以当地领主在巡行乡里时往往选择在亭内处理诉讼纠纷。其二，与城门、关口一样，亭须负责查问过往行人的通行证，查看是否有可疑之处。

二、秦、汉亭的建置

秦统一六国后，亭的作用基本上被继承下来。随着中国与各少数民族

① 上海师范大学古籍整理组点校：《国语》，上海古籍出版社1978年版。

② 王利器：《风俗通义校注》，中华书局1981年版。

③ 孙诒让：《诸子集成》第六册《墨子间诂》，河北人民出版社1986年版。

融合日渐加强,在中原与西域诸国、北部匈奴及南方夷族交往的通路上都设有亭,又称为“亭障”或“亭候”。它们一方面延续其先秦候望警备、维护边境安全的职责;另一方面对边境道路进行管理,同时为双方来往的使者提供服务。

汉朝内地亭的设置更加广泛,遍及城镇、农村、川泽、河津渡口,还包括市场、街道和城门,甚至是皇家陵墓和园林。一方面因为秦汉疆域的扩展,带来了道路的大规模修建,急需设立机构来管理道路,并且负责长途传递信息,于是亭与邮传都有了很大的发展。两者之间常常有重合之处,即亭兼有邮传的职能,称为“邮亭”。另一方面亭的治安性质已经明确化。亭的普遍设置正好满足有效防备地方叛逆、维护基层治安的需要。分布在不同地方的亭,称呼也不同,位于市场内的常常被称作“市亭”,位于街道上的被称为“街亭”,位于都乡内的被称为“都亭”,还有“乡亭”“门亭”等。

就设置的密度而言,《百官公卿表》记载为“十亭一乡”,不过这依然只是制度上的一种规范性的划分,事实上很难实现。根据学者统计,西汉时平均一乡内有 4.47 个亭,约 412 余户一亭;东汉时平均一乡内有 3.38 个亭,约 858 户一亭。①

存在这种偏差并不奇怪,古时政府在制度的制定上喜欢按照一种标准状态来进行设计,但是在推行中往往是难以完全应用的。一乡十亭并不是不可能,只是因为地理状况不同、人口密集度也不同等诸多因素的存在,导致各地的情况不一。秦汉时对此即有认识,《百官公卿表》明确记载:“县大率方百里,其民稠则减,稀则旷,乡亭亦如之,皆秦制也。”此外,不同于今天的亭,秦汉亭有着完备的建筑和设施。有关这方面的材料很多,学者也进行过总结。如杨鸿年先生在《汉魏制度丛考》中逐条列举材料,论述了亭有门、有墙、有楼、有屋、有正堂、有偏室、还有床席等。②

亭拥有自己的辖区,被称为“亭部”,是一种地域概念,指在亭所在地周围划定的一个地域范围,即使田地、山林等都要被划入其中。素来在亭的问题上存在有关“十里一亭”与“十亭一乡”真实含义的争论,周振鹤先生利用“亭部”概念,解决了这个困惑。“十亭一乡”之亭指的是亭部,标准化来说,一个亭部方圆十里,十个亭部就构成了方圆百里的乡。每个亭部内都建有一个亭,因为“亭部长宽各十里,因而这个亭又可兼作十里道路上十里一亭的亭”,即“十里一亭”之里指的是道路的长度单位。③

---

① 马新:《两汉的村落与宗族》,齐鲁书社 1997 年版。

② 杨鸿年:《汉魏制度》,武汉大学出版社 1985 年版。

③ 周振鹤:《从汉代“部”概念释县乡亭里制度》,载《历史研究》1995 年第 5 期。

亭部内也有居民组织——里,里内居民正是亭实行治安管理和警务监控的主要对象。里与亭并行存在,所以才有"十里一乡""十里一亭""十亭一乡"这些今天看似矛盾的记载。虽然我们说"十亭一乡",但是亭并不隶属于乡,而是县的一种派出机构。

三、亭的组织结构

亭作为一个独立机构,拥有自己的吏卒,主要包括亭长、亭父、求盗和亭佐。

1. 亭长,顾名思义,即为一亭之长。《汉书》卷一上《高帝纪》师古注曰:"秦法十里一亭。亭长者,主亭之吏也。"《百官志》记载:"亭有亭长,以禁盗贼。"本注曰:"亭长,主求捕盗贼,承望都尉。"亭的主要职责是"求捕盗贼",禁奸惩恶,维护地方治安。

2. 亭父。当时确实存在亭父一职,而且不同于亭长。亭长乃是"吏",亭父则是一种"赁作",应该是亭长下属的"卒",负责亭中打扫等杂务。不过亭长的杂役之一就是当名士或重要官员经过亭时,亭长要洒扫以迎,这与亭父的职责颇有相似之处,所以在记载中就有些混淆也不一定。

3. 求盗。求盗是亭长下属的卒,他的具体职责就是"逐捕盗贼",这在他的名称上得以明显体现。在逐捕盗贼方面,亭长多是领导者和组织者,去与盗贼等不法者相格斗的应该是求盗,在这一点上求盗与游徼相似。相比于亭长,求盗地位更加低下。求盗一职本就属于卒,所以尽管是亭长的下属,但是有时为了满足防备盗贼的需要,他也会跟从其他的官吏,为其服务。

4. 亭佐。据《后汉书》卷十四《赵孝王列传》注引《东观汉记》记载:裔孙乾嗣位,私自出国,"止宿亭,令奴金盗取亭席,金与亭佐孟常争言,以刃伤常……"另《后汉书》卷六十二《陈寔列传》记载:"陈寔,少作县吏,常给事厮役,后为都亭佐。"由此可见,亭中设有亭佐一职,依据名称来判断,其地位和职责可能类似于乡佐,为亭的副职。

四、秦汉的亭治安职能与警务活动

秦汉的亭已经具有明确的治安性质。就治安管理而言,亭在很大程度上类似于今天的派出所,亭部就是它的治安范围。

(一)逮捕不法分子

亭吏日常的工作是在亭部内巡行,一旦发现盗贼或潜逃的罪犯等,亭吏可以即时捉拿他们归案。这是因为亭长和求盗都有随时逮捕不法分子的权力，亭长可以“索绳以收执贼”，求盗又是亭内专职捕盗的吏员，只要对罪犯的抓捕工作在自己的能力范围之内，通常是先抓回来，然后再上报县廷。

在亭所追捕的不法者中有一个特殊群体，那就是流亡之人。秦末汉初，由于战乱频发，大量的人背井离乡、四处流亡。在战乱结束之后，如何让流民安定下来，重新与土地相结合，成为新建政权不可忽视的问题。汉政府颁布了严格的法令：“诸无名数者，皆令自占书名数，令到县道官，盈卅日，不自占书名数，皆耐为隶臣妾，锢，勿令以爵、赏免，舍匿者与同罪。”与“取亡罪人为庸，不知其亡，以舍亡人律论之”等。①

尽管律令中对于亡人和收容者都予以严惩，但是仍然有大量的人隐匿下来，政府要对他们进行追捕并予以惩罚，亭正是政府这一意志的具体执行者。

（二）执行宵禁法

秦汉实行宵禁法，夜晚禁止私自外出和走动。因为有夜幕掩护，夜晚往往容易发生犯奸之事，政府于是利用强制手段将居民全部限制在家中，这样不仅易于管理，而且有利于降低案件的发生率。《史记》卷109《李将军列传》记载：“李广居蓝田南山中射猎。尝夜从一骑出……还至霸陵亭，霸陵尉醉，呵止广。广骑曰：‘故李将军。’尉曰：‘今李将军尚不得夜行，何乃故也！’止广宿亭下。”

（三）监察辖区治安事件

凡在亭部内发生的性质较为严重的治安事件，亭都负有不可推卸的责任。就治安职能而言，亭类似于今天的派出所，不仅监视辖区内的治安状况，还接手治安案件。但是借用现今的名词来说，亭没有司法处置权，乡里社会案件的立案、调查、审理和定案都是由县廷来操作，亭的主要职责在于进行初步的处理以及抓捕工作。不过如果亭吏失察，即辖区内有严重的治安案件发生而求盗等没有察觉时，亭吏将会受到严厉的处罚。如张家山汉简《二年律令·捕律》简144记载：“盗贼发，士吏、求盗部者，及令、丞、尉弗觉知，士吏、求盗皆以卒戍边二岁，令、丞、尉罚金各四两。”②

县负有维护地方安定的总体责任，凡是群盗杀伤人或者其他罪行较严重的案件，都是由县廷组织吏卒追捕。所以，如果县廷未能及时察觉，同样会受到惩罚。只不过这条律文明确告诉我们，求盗所要受到的处罚远远要

① 张家山：《汉墓竹简》，文物出版社2001年版。
② 张家山：《汉墓竹简》，文物出版社2001年版。

比令、丞、尉沉重，这大概是因为亭在监察亭部治安事件上的责任更加具体、亭吏对于亭内情况的掌握也比县廷细微，所以在失察一事上，亭所承担的责任比县廷大。

第四节　古代城市警务结构——以宋代厢坊制为例

东京是北宋都城的所在地，也是全国治安管理的重点。北宋政府以开封府为东京治安管理的主体，设置了许多治安机构，采取了一系列的治安管理措施，诸如消防管理、人口管理、道路交通管理、社会治安秩序管理，公共场所治安管理，以实现其治安管理的职能。通过对北宋东京厢坊制度深入的剖析，我们可以得出北宋东京治安的一些特点和对当时城市警务功能的认识。

一、北宋东京治安背景

建隆元年（960 年），北宋王朝建立。在继承前代经济的基础上，农业、手工业得到了长足的发展，导致城市商品经济活跃。大量的农村人口涌入城市，东京的娱乐生活和活动场所增多，原有的坊市制管理制度崩溃，进而导致社会秩序的混乱，从而引发了许多治安问题。

（一）坊市制度崩溃

宋朝初年，城市体制仍然沿袭唐朝的坊市制度。坊市制度是一种在空间和时间上对城市生活加以限制的封闭型管理体制。市民居住区为坊，商业区为市，居民区和商业区截然分开。居民的“坊里”和店肆集中的“市”，四周都筑有围墙，所有门户均设专人把守，早晚定时启闭，夜间不准出入，而且民居、店肆只许开在坊市围墙以内，不许当街开门。坊市制度的优越性，不仅能使城区整齐划分，井然有序，而且方便了城市的治安管理，但这一制度随着商品经济的繁荣及城市的发展，越来越显得保守和僵化。

当时，繁华的东京市场不但打破了地区的限制，而且打破了日出开市、日落闭市的规定，不仅有白天开放的日市，还出现了夜市、早市、季节市、专业市等不同种类的市场，使整个城市成了一座不夜城。除了不同的各类市场，丰富的都市娱乐活动也是以前少有的。[①]

（二）城市经济繁荣

北宋时期，都城东京不仅是全国最大最繁荣的城市，还是全国最大的

---

① 杨瑞军：《略论宋代厢坊制度》，载《山西师大学报》（社会科学版）2006 年第 6 期。

旅游城市,常常吸引外地的游客来此游乐。此外,东京还经常聚居了一大批饥民,少时数百上千,多者数万。东京人口最多时有百余万左右。富民巨贾,会聚于此。东京城行业众多,彩帛、占卜、典当等行业十分发达,经久不衰,此外还有相当数量的妓院,专供贵族、富人寻欢作乐。[①]

(三)社会秩序混乱

繁华的商业带来的公共秩序也是十分混乱,一些商贩买卖货物,以假充好,骗取钱财,被群众痛斥为"白日贼"。依靠商业为生的牙人也遍及全城,他们勾结官吏,侵渔百姓,哄抬物价,走私漏税,滋扰市场。一些官吏也常借助权势发财,他们相互勾结,在东京城中形成一股强大的势力,有的武装走私,偷税漏税;有的贱买贵卖,牟取暴利。比比皆是的茶楼、酒肆则为无技无能、好吃懒做的闲人提供了生存娱乐的场所。茶馆、酒楼为了招揽生意,公开在店内安置妓女,以吸引顾客。安置妓女的茶馆,当时被称为"花茶坊"。一些浪荡子弟,为妓女而来,追欢买笑,搞得茶楼酒肆乌烟瘴气,一片混乱。纨绔子弟、市井无赖、闲散军卒,聚集于此,滋扰之事频频发生。

(四)恶性案件不断

由于东京城内存在大量的无业游民,再加上一些逃兵、无赖等亡命之徒,组成不少团伙,形成了东京的地下黑社会。恶性案件频频发生,拐骗儿童,沟渠中奸污妇女,浴堂中杀人卖肉者,比比皆是。陆游也曾记载:"京师沟渠极深广,亡命多匿其中,自名为'无忧洞'。甚者盗匿妇人,又谓之'鬼樊楼'。国初至兵兴,常有之,虽才尹不能绝也。"[②]

(五)火灾频频发生

北宋东京城内,也是栋宇密接,略无容隙,人口稠密,成分复杂。因此,无论是无意的失火,或是人为的火灾都特别多,这给城市居民的生命和财产造成了极大的危害。宋代史籍中就有京师多火的记载,归结这一时期多火的原因,主要有以下几点:第一,居民稠密,灶台相接,不易隔离。一户失火,必定延烧一片,而且难以扑灭。第二,民多板壁之居,很少砖瓦之舍。第三,通宵夜市,烛尽乱抛,最易失火。第四,奉佛鼎盛,家家作佛堂,彻夜烧灯,不作停息,无疑会引发火灾。北宋东京火患频繁发生造成了巨大的物质和人员伤亡。更有一些亡命之徒,趁火打劫,一批投机商人则利用灾情,趁此将衣、粮、建筑材料囤积居奇,牟取暴利,大发火灾财,这更加重了灾难。频繁发生的火灾,不仅危及群众的生命财产安全,还严重干扰了东

---

① 陈鸿彝:《宋代城市的治安管理》,载《江苏公安专科学校学报》1998 年第 5 期。

② 陆游:《老学庵笔记》卷 6,中华书局 1979 年版,第 73 页。

京正常的治安秩序。[①]

二、宋代厢坊制城市警务功能

(一)"厢"的设立

早在宋初至道元年，太宗即命参知政事张洎改撰京城内外坊名八十多个，傅宗文先生认为此时极可能按新颁坊名首次建立厢坊制度。[②]

明道年间，鉴于京师居民增多，民事纠纷日繁，开封府职责过重，御史张奎曾奏请"置内外左右厢受事判官"，以分厢处理职权范围内事务，盖因此类民事烦琐，士人多耻为之，旋即罢废。至英宗治平年间，由于汴京人口愈益臃肿，开封府及两赤县实难应付，遂续置受事判官于诸厢，至此，厢官终于得以接管诸厢公事，从而获得行政上的独立权。

(二)"厢"的结构

厢的办事衙门，称厢公事所，设巡检使一员，为该厢官长。吏官有街子、都所由、行官、厢典等。厢官的设置大致以所辖坊数和户数的多寡而定。厢下设有巡铺，是基层治安机构，相当于现在的派出所。东京"每坊巷三百步许，有军巡铺屋一所，铺兵五人夜间巡警收领公事"。[③]

东京军巡铺兵全由禁军充任。东京军巡铺既按坊巷三百步许而设，又冠以坊名，根据东京坊数，大体可推知军巡警之数量。军巡铺的职责很广泛，"遇夜巡警地方盗贼烟火，或有闹炒律公事投铺，即与经厢察觉，解州陈讼，更有火下地分，遇夜在官舍第宅名望之家伏路，以防盗贼"。[④]

军巡铺与厢之间，还设有军员、节级等官员，通过他们起连接作用，将厢与军巡铺连成一体，组成金字塔形的管理模式。

通过十厢分制，东京城区基本上被纳入治安管理范围以内，星罗棋布的军巡铺，加强了基层警务力量。相比之下，城郊的警务力量显得非常薄弱，在城郊置厢已十分必要。外城以外的市区，原来分属于开封、祥符两县。真宗大中祥符元年(1008年)十二月，置外城外八厢，特置厢吏，"命京府(开封府)统之"。天禧五年(1021年)将外城外八厢改为九厢，共管十四坊。其名称及所管坊数如下：京东第一厢一坊，第二厢一坊，第三厢一坊。京北第一厢二坊，第二厢一坊。京西第一厢二坊，第二厢二坊，第三厢二坊。京南厢二坊。外城以外各厢所管坊数较少，是由于城外人口稀少而

---

① 徐松：《宋会要》第173册，中华书局1957年版。
② 傅宗文：《宋代的草市镇及扩城建郊》，载《社会科学战线》1988年第4期。
③ 孟元老：《东京梦华录》卷3，中华书局1985年版。
④ 吴自牧：《梦粱录》卷10，浙江人民出版社1980年版。

地方辽阔的缘故。正是这样严密而完善的警务体系才确保了东京城社会治安秩序的稳定。南宋定都临安之初,就将原先钱塘城东西两厢改组为行都四厢,后来又陆续增至九厢,即宫成厢、左一南厢、左一北厢、左二厢、左三厢、右一厢、右二厢、右三厢、右四厢,另外,郊区也设城南厢、城北厢,稽查地方治安。①

另外,宋代一些繁华的城市中也设厢,如淮南东路楚州即设西北两厢,温州城外有"四厢八界"。靖康以后,各城市中厢的设置更为普遍。《宝庆四明志》载,宁波罗城有四厢:东南厢、东北厢、西北厢、西南厢,厢卜有坊。《宝庆续会稽志》载,绍兴分为五厢。《志顺镇江志》载,镇江府"宋分左右厢官,以任郡事,旧志弗载,其详不可得闻"。②

所有这一切,无不反映出宋代以厢坊制度进行城市治安管理和当时的警务状况。

(三)厢官的职责

史载的有关厢官职责:其一,估计居民物力多寡,以划分坊廓户等。宋代城镇坊廓户皆由诸县三年一造版籍,推排物力,升降等第,送州府覆校,即缝保存,以便作为赋役、科配之依据。所谓"估计家业",当指此而言。其二,负责处理民事纠纷,但仅限于一般讼诉,即"杖六十以下罪听决"。其三,设法方便病人医治。这在人口密集的都市中是必须解决的问题。北宋政府十分重视医学事业和医疗设施的兴建,并创设了出售成药的官营惠民局,分布城内。这一方便居民的创举很受欢迎,时人谓之"货药济四方,甚盛举也"。其四,防止火灾,救火抢险。由于街市的兴起,街巷建筑非常密集,一旦发生火灾极易延烧,因而"京师火禁甚严,将夜分即灭烛",负责防火防灾成为厢官的重要职责。其五,督察盗贼,维持治安,但这不是厢官的基本职责,只是督察不测而已。③

厢坊制适应了坊市制崩溃下的城市管理要求,并比坊市制更有利于城市商品经济的发展。从城市管理的角度看,厢坊制的实施也使宋代城市超越了城垣的限制,而使之在空间的外延上拥有了发展的主动权。宋代开始实行的厢坊制,对后世的城市管理产生了深远影响。

三、"巡检制"警务模式

北宋建都于开封,政治中心东移,又由于隋唐以来大运河与长江航运

① 徐松:《宋会要》第194册,中华书局1957年版。
② 俞希鲁:《至顺镇江志》卷2,江苏古籍出版社1999年版。
③ 马继云、于云瀚:《宋代厢坊制论略》,载《史学月刊》1997年第6期。

的开通，中国经济文化的重心逐步由周秦两汉的“关中—中原”一线，东移为江淮与东南沿海地区。宋代经济发展的速度很快，十万人口以上的商业都会在唐代只有十来座，两宋时期已经发展到四十多座。宋代的城市经济、文化生活比唐代更为活跃、兴旺。当时繁华的东京市场，不但打破了地区的限制，而且打破了日出开市、日落闭市的规定，不仅有白天开放的日市，而且出现了夜市、早市、季节市、专业市等不同种类的市场，使整个城市成了一座不夜城。除了不同的各类市场，丰富的都市娱乐活动也是前代少有的。①

为了适应新的社会经济发展的局面，进一步巩固统治阶级的地位，宋代治安体制进行了更新，实行“巡检制”警务模式。

宋代负责维持内地地方治安的巡检在宋初则很少设置，但地位较高，管辖地区在三两州至八九州不等，多称巡检使、都巡检使或都大提举诸州兵甲巡检贼盗公事等。宋仁宗时期农民起义风起云涌，为加强镇压力量，宋政府开始在县中增设巡检。

（一）形成疏密适宜、覆盖全国的控制网络

宋代在全国设有两套行使国家警察职能的机构，一套叫巡检司，另一套叫县尉司。统治者依靠前者维护大城市、农村、运输、边境的社会治安，后者维持一般城镇的治安。可以说，巡尉两司制度，是国家治安防控制度区别于前朝的一大特色。

巡检司属于地方机关。宋代地方设路、州（军、监、府）县三级政府，巡检司也因此分为三级。各级政府除行政长官外，特设相平行的巡检官，每路设一名都检使，每州设一名巡检使。在人烟稀少、治安任务不重的州（军、监、府），则由两三个州合设一名巡检。京师中18个京县，每县设一名巡检，两三个相邻京县再设“驻泊巡检”，汴京城内设“京城四面巡检”。开封府又一分为二成东西两路，各设都巡检使一名。京师全城地面划分为若干厢，厢下设军巡捕，并组建专责灭火队，另街坊设防预巡警。

巡检司除按行政区划分，还在河道、沿海、骤道、边境设置专门化的巡检。宋代专门的巡检同现代的专门警察性质是相同的，可以这样说，现代的水上警察、交通警察和边防警察早在1000年前的我国宋代已经出现了。巡检司的长官叫作巡检或巡检使。巡检既受上级巡检的指挥，又受所在州县守令的节制，实行双重领导。巡检司下面统辖士兵。

宋代巡检设置的主要原则是根据行政区设置，但也注意了从现实状况

---

① 杨瑞军：《略沦宋代厢坊制度》，载《山西师大学报》2006年第6期。

出发,在治安任务不是很重的地区,实行多州、多县合设的方式,而在治安任务比较繁重的地方比如京城,则增加了巡检设置的密度。另外,在一些行政区域临界的地区,一些河道、驿道等地方也设置了巡检,这样就避免了一些无人管辖区的出现,真正严密了各个地区的治安状况控制,形成了全国性的治安网。这种设立巡检的方式是比较有特色的,它在覆盖全国的基础上又注意了设置疏密的适宜,既有利于对全国治安的统一控制,又重点分明,提高了管理的效率。①

(二)形成分工明确的警治专责

宋代各级巡检的职责分工都很明确。都巡检负责全路治安状况的管理,州巡检使负责本州或几个治安任务不重的州的警治工作,县巡检使负责本县或数县的治安工作。京师地区的巡检负责汴京地区的治安,驻泊巡检负责来往巡警的协调,京都四面巡检分别负责左右南北四大片的治安管理。街坊的防预巡警主要在各自负责地段巡查非法行为,防止烟火盗贼和斗殴闹事等。重要河道上、控扼要害处、少数民族聚居地等设置的巡检主要负责相应地区的治安事宜。可以看出,各级巡检的警治工作都很专门化、专责化。他们主要负责各自管理区域内的治安情况,针对性很强。

(三)形成纵横监督体系

各级巡检均接受上级巡检(巡检使)的领导,行使职权的过程结果等都要接受上级巡检的监督,又受同级行政长官的节制。这样就形成了比较有效的纵横监督体系,一级级都有包括上级和同级的监督者,这对于防止巡检滥用权力、肆意作为,起到比较好的监督作用,有利于巡检正确行使他们的权力,履行他们的职责,在权限范围内处理事务、管理治安,对于整个巡检系统高速有效的运转,发挥了积极的作用。

(四)战斗力较强

巡检所统的士兵是禁军,有些地方也掺杂部分厢军或厢兵[在宋代,士兵主要分为三种,直属中央(皇帝)的称禁军,这是皇帝的亲兵;各州所属的部队称厢军,是地方部队;另就是基层的乡兵即土兵,在乡里和县衙服役听差],巡检带领的士兵一般有十名至二三百名者。这支队伍都经过专门的训练,军事素质高,战斗力强,机动性大,随时可以调遣,去执行巡逻、追捕、缉私、消防等任务。他们接受过专门的操练,因此在执行任务的时候,专业性是比较强的,效率也是很高的。有这样一支武装队伍,专司各路各州各县治安,专司水上、边防、海防、要塞、关津、都会的治安,

① 孙茜:《浅议宋代巡检制度及其启示》,载《吉林公安高等专科学校学报》2006年第3期。

其权威就可想而知了。

四、巡检制度的治安功能

（一）巡逻

宋初巡检的管辖范围很不确定。有的巡检使管辖范围很大，不可能执行巡逻任务。宋神宗时期是宋代地方治安巡逻制度变革的重要时期。这有两个原因：一是地方官员在摸索、完善保甲制度中，巡逻成为保丁的重要任务，从而广泛动员了民众力量，使巡逻成为群众工作；二是宋初负有维持地方治安职能的地方巡检设置很少。随着地方巡检设立数量的增多，宋神宗时期调整了地方治安力量布局，巡检成为重要地方治安机构，并分担了原属县尉的部分工作。

巡检巡逻的主要任务可归纳为五点：一是报时，即所谓“夜击鼓以应更漏”；二是防火；三是解送收领公事；四是防盗；五是每天向马步军司申报平安。在军巡捕的设置上，东京与临安稍有不同。东京“每坊巷三百步许，有军巡捕屋一所，捕兵五人，夜问巡警收领公事”。①

首都以外的各州城、府城，亦有地方驻军之诸厢巡检负责城市的巡逻、治安及救火等事，并设有专供士兵用的房屋，其用具等大体如京城军巡捕。

按照法律规定，巡检要按时带领士兵在其管地巡逻，水上巡检要带领士兵乘坐战舰在水上巡逻。但是巡检贪图安逸，不按规定外出巡逻的事情也是常有的。宋仁宗天圣七年（1029 年），开封府界提点诸县镇公事张仲宣向皇帝报告，说开封府界内各县贼徒甚多，原因是巡检“只于康宇端坐，并不用心”巡逻。皇帝接到报告后下了一道诏令，规定今后巡检必须切实执行巡逻任务，在县镇留住时间不得超过三至五日，并要求各县将巡检到达和离开的日期登记下来，按时上报。

但是这个办法也不能保证巡检按时巡逻。宋徽宗宣和年间又规定了一个新办法，即在各村设置粉壁一座和登记簿一本，巡检出巡到村，要亲自在粉壁和登记簿上写下出巡日期，如果令人代写，巡检和代写者都要受杖一百的处罚。对于在管地内出现的重大事故，巡检将受到相应处分。熙宁七年（1074 年）十一日三司发生火灾，旧城里左厢巡检孙吉、右厢巡检张忠，新城里左厢巡检顾兴、右厢巡检石峦等人，因救火不力，分别受到降官罚钱的处分。②

---

① 孟元老：《东京梦华录》卷三，中华书局 1985 年版。

② 萧忠文：《沦宋代“巡拾司”设里的作用及意义》，载《江西公安专科学校学报》2000 年第 1 期。

（二）捕盗

宋初，专令县尉担当捕盗之责。但作为选人最下等的县尉多是新及第少年。儒生怯懦，往不能捉贼。为有效地镇压各地农民的反抗，职低位卑的巡检受到重视，并逐渐成为封建统治阶级得力的镇压工具。县设巡检后，巡检开始与县尉相提并论，其地位也逐渐接近县尉。巡检的考核，主要是看捕盗的任务完成得如何。宋代有一项考核捕盗工作的法律，叫作"捕盗条"，它为捕盗规定了三个期限，每限20天，三限内拿获盗贼的给赏，满三限不获要罚一个月薪棒，三次受罚算作一次考核不及格，三次考核不及格的停官。宋代的捕盗赏格时有变化。宋真宗天禧元年立的赏格是，捉获逃亡兵卒一人赏钱两百，捉获盗徒一人赏钱五百。考虑到宋禄令所规定的厢军军官的最低月棒只有五百钱，这个赏格在当时应当说是比较优厚的。

（三）缉私

宋政府为增加收入，对盐、茶、酒、曲、矾等物实行官榷制度，禁止民间无照私贩。然而，土地兼并的盛行、苛捐杂税的重压和商品经济的引诱，驱使越来越多的人参与禁榷物品的贩卖活动，与官府的官卖制度抗衡。针对走私活动的兴起，宋代除设有专门巡捉私茶盐的巡检处，如通州金州余庆盐场、庆元府大筒盐场、岱山盐场，均设有"盐场巡检"，一般的巡检也都负有缉私任务。在南方商品经济发达地区，宋政府多设巡检负责市镇烟火治安或往来缉捕私贩盐茶之人。宋代统治者为了鼓励缉私，还规定了一项办法：巡检和县尉在任期内不走漏私盐的，可以得到奖赏。

（四）镇压

在元丰以前，巡检司士兵多来自禁军、厢军，如蔡襄在奏札中说，差往广南的福州厢军"又分在巡检下"。①

而厢军也正是通过巡检制度实现了其对内镇压职能。到元丰三年（1080年）福建路提刑闾邱奏："诸巡检下兵级皆杂攒诸指挥厢、禁军或屯驻客军，其间多西北人，与本地分不相谙熟，差到年岁，稍能辨认道路、山川、人物，又迫移替。至于海道亦不惯习，使之相敌，终无必胜之理。请于逐处令招置士兵，以一半招收新人，一半许厢、禁军旧人投换，庶几新旧相兼，习熟使唤，仍就整于厢禁军内对行除豁。"②

巡检平时维护治安，一旦巡辖地区有动乱，就直接参与镇压。太宗淳

---

① 蔡襄：《蔡襄全集》，福建人民出版社1999年版。

② 梁克家：《淳熙三山志》，载《宋元方志丛刊》（第8册），中华书局1990年版。

化五年(994 年),四川王小波、李顺起义,便有巡检参与镇压。如巡检使胡正违率兵“破贼”5000 人,攻克巴州。[①]

这充分表明,在厢军隶属巡检系统时,虽然不是巡检系统中的主要兵力,但对维护宋朝内部安定还是起到了一定的作用。

① 李焘:《续资治通鉴长编》,中华书局 2004 年版。

第二章　中国现代警政的成长

中国近代最早仿效西方现代警察制度的先驱者是变法维新派的代表人物黄遵宪,他所创立的湖南保卫局已经具备管理型警务的基本结构和特征。随后,晚清政府设立的工巡总局及巡警署都是引进西方管理型警务经验的尝试。国民政府时期,中国管理型警务模式,在同一时间的不同区域,按照两个不同的方向进行发展,其一是国民党执政的“保甲合一”警务模式;其二是共产党领导的革命根据地的“群众警务”模式。新中国成立后,中国大陆在中共领导下组建了人民警察,延续并发展了“群众警务”模式。随着改革开放,中国大陆警务模式的政治性色彩在不断降低,通过“从重从快”的严打,形成社会转型初期的“综治警务”模式。2001 年,中国加入世贸组织,为适应中国改革开放的深入和社会转型后期的需要,中国警察开始了向“社区警务”模式的变革。

第一节　从湖南保卫局到巡警署:现代警政的中国孕育

警政即有关警察的国家和政府事务,具体而真实地反映国家权力运行的规律和价值取向。①

中国现代警政的诞生是在耻辱的租界中向西方学习的结果。鸦片战争之后,西方列强先后在中国各口岸建立起租界,作为对中国掠夺的窗口,各国将其本国的经济、政治、文化等制度强行移植到租界的同时,也为中国洞察西方社会开辟了一个途径,成为中国酝酿新的思想的“温床”。

一、湖南保卫局

中国现代警务的诞生是在耻辱的租界中向西方学习的结果。鸦片战争之后,作为对掠夺中国的窗口,西方列强先后在中国各口岸建立起租界,由于各国将其本国的经济、政治、文化等制度强行移植到租界之中,这就为中国洞察西方社会开辟了一个有效途径,成为中国酝酿新的思想的“温

① 陆永:《当代中国警政与现代国家成长》,南京大学 2008 年博士学位论文。

床”,中国对现代警察制度的认识也是发轫于此。

(一)早期对西方“警察”的印象

清光绪二年(1876年),旅居上海达15年的葛元煦出版了《沪游杂记》,①其中片段地记述了上海租界内的西方警察制度。“工部局英法两租界皆有之。董其事者皆西商公举之人,由董事立巡捕头目,分派各种职司。如修填道路,巡缉街市,解押犯人……”关于“会捕局”,“会捕局专司访缉租界内盗贼。募用暗查密访之人,以通线索,名练勇,与捕快无异。(该)局创办(于)同治初年,由道委员办理,颇著考绩”;关于“巡捕”,“工部局所设巡捕,半为西人,半为华人。华人由有业者具保承充,衣有中西号数,左右圆圈内有中西号码,使人易识。昼则分段查街,夜则腰悬暗灯。西捕挂刀,华捕执棒,通宵巡缉。故洋场盗贼潜踪,市肆安谧。遇小窃,获案次日,解送公廨讯究”;关于“巡捕房”,“英工部局分设巡捕房二:一在美国租界,一在盆汤弄中……遇有要事,电报传信,迅速无比”。此外,工部局尚雇有一种“包打听”,类似后来的“暗探”或“线民”,充作巡捕的耳目。②

葛元煦所说的工部局,是根据1851年第二次《上海租地章程》,在租界内设置的管理机构,最初称之为Executive Committee(行政委员会),1869年改为Municipal Council(市政议会),为了掩盖其侵略性质,仿照清政府“工部”的名称而取之中文名“工部局”,巡捕房即为其中的治安警察机构。③

(二)改良派对西方“警察”的认识

近代改良主义思想家何启、胡礼垣、郑观应、陈炽等人在其著作中正式提出引进西方警察制度。何启与胡礼垣在1895年合作发表《中国宜改良新政论议》,提出了在中国设置“巡捕”的设想。对于户政,“先册户口”不仅仅是“欲破贼巢除奸穴,使顽梗无以藏身”,“凡公行选举、查究保家、辨明证据、分别良歹、发给牌照、邮信带交等事,俱藉是而行。故必行此法,民乃能安其居,乃能乐其业也……此法不行,则虽一书信之微,亦不能递交妥当;一乡邑之众亦不知人数若干。行新法者,宜务此矣”。④ 郑观应在著作中也提到:“考西法,通都大邑俱设巡捕房,分别日班、夜班,派巡捕站立街道,按段稽查。遇有形迹可疑及斗殴、拐骗、盗窃等情,立即拘往巡捕房,送

---

① 葛元煦字理齐,仁和(杭县)人,久客居沪上,对于洋人在租界中的设施,留意颇多。参见王家俭:《清末民初我国警察制度现代化的历程》,台湾商务印书馆1984年版,第19页。

② 葛元煦:《沪游杂记》,上海书店出版社2006年版,第5~8页。

③ 韩延龙、苏亦工等:《中国近代警察史》,社会科学文献出版社2000年版,第4~5页。

④ 何启、胡礼垣:《中国宜改良新政论议·论选择捕役兵丁》,清光绪二十年版。

官究办。”①

陈炽通过租界对西方警察制度产生浓厚的兴趣：“泰西巡捕虽略如古之虞衡，今之快役，而御灾捍患，意美法良。清洁街衢，逐捕盗贼，永朝永夕植立，途闻号令严明，规模整肃，风清弊绝，井然秩序。”②并将整理交通、保持卫生纳入警察范畴：“疏通渠道，街衢必洁，稽查必严。”③

改良派的警察设想是整个近代中国警察理论的萌芽。它第一次系统批判传统警察，促使人们探索近代警察的性质、功能、意义，其提出的具体的建警方案，也成为维新派试办警察的参照。尽管改良派已注意到军队与警察的不同功能，但思想深处仍有军警不分的意识，且将“民捐”“罚款”当作警察经费的重要来源，从而对清末、民国的警察建设产生了不良影响，恶化了警察与民众的关系，也成为警察腐败的“温床”。④

（三）维新派的警察思想

以康有为、黄遵宪等为代表的维新派是中日甲午战争后兴起的带有一定资产阶级民主思想的政治派别。其警察主张在改良派的思想上投入了社会的实践。其进步最主要的表现有以下几点：(1)将警察作为“新政”的必要内容和根基。“警察一局，为万政万事根本”，“为新政之根抵，若根抵不立，则无奉行之人，而新政皆成空言矣，故首注意于是”。(2)将警察置于“宪政”的大环境下，而评判其功能。对清廷专制体制的不满与对西方民主制度的向往，导致维新派“君主立宪”的宪政主张。“苟欲强国力、伸国权，非民族之强，则皮之不存，毛将焉附，国何以自立？苟欲保民生、厚民气，非地方自治，则秦人视越人之肥瘠，漠不相关，民何由而强？”(3)主张民众对警察的参与权，倡导官民合办警察。其意义在于“民智从此而开，民权从此而伸”。⑤

湖南保卫局的创立开启了模仿西方警务的实践，自1898年7月27日诞生至1899年1月10日，与时俱进仅存在5个月20天，但在中国警务的历史上却塑造出一座永恒性的丰碑。1897年6月，黄遵宪离京赴湘就任长宝盐法道并置理湖南按察使。到任不久就向陈宝箴提议设立保卫局。

---

① 《郑观应集上·巡捕》，上海人民出版社1982年版；韩延龙、苏亦工等：《中国近代警察史》，社会科学文献出版社2000年版，第6～7页。

② 韩延龙、苏亦工等：《中国近代警察史》，社会科学文献出版社2000年版，第7页。

③ 陈炽：《庸书》外篇卷6《巡捕》。

④ 孟庆超：《中国警制近代化研究——以法文化为视角》，中国政法大学2004年博士学位论文。

⑤ 参见《与梁任公手札》《黄公度先生年谱》《人境庐诗草笺注》，第1227页；梁启超：《湖南广东情形》、《戊戌政变》附录2、《饮冰室介集·专集》（第1册），参见韩延龙等：《中国近代警察制度》，中国人民公安大学出版社1993年版，第18、19页。

当时陈宝箴正在湖南推行新政，也看到旧的保甲制度已不足依靠，而社会治安又亟须整顿："以省城内外户口繁盛，盗贼滋多，痞徒滋事，不无扰害。而保甲、团防局力不足以弹压，事亦随而废弛。非扫除更张之足以挽积习而卫民生。"①因此，他赞成黄遵宪的提议，并委派他主持筹备工作。在创办保卫局的全过程中，黄遵宪切实贯彻"让之于民""谋及庶人，推之国人""与众共之"的精神。《保卫局章程》当拟四十余条，意在官民合办警务机制，使诸绅议事而有行事。很多官绅尽管也表赞成设保卫局，但一当触及自身利益时，又往往退避三舍。面对筹款的困难，陈、黄的态度还是坚定的："保卫局，中丞（陈）已力主其议。"他们决定，"先垫公款开办，俟有效验，商人自肯出钱"。人选问题，是保卫局创办初期的另一大困难。很多人对此新生事物不理解、不支持，不肯受委任。

湖南保卫局是仿照西方和日本警察机关设立的新型治安机构，各项人员都应具备一定的素质、知识，并应受过一定的训练。当时，这些条件完全不具备。为了解决这个问题，黄遵宪打算从上海租界内邀请巡捕来长沙教练湖南保卫局的巡查人员："现请上海巡捕来教巡丁，俟来乃能定期。"为了给保卫局确定适当的人选，黄遵宪日夜奔忙，倾注了大量心血。保卫局的具体负责人是会办大员左孝同，就是黄亲自物色的。左孝同，是左宗棠第四子，湖南湘阴人，江苏提法使，1898 年由黄推荐出任保卫局会办。当黄即将离任时，将一切大事委托黄炳离接办。黄炳离即黄玉田，是湖南新政的积极鼓吹者和推动者，也是湖南保卫局的发起人之一。黄遵宪将保卫局大政移交给他，也是要使这一事业得以长久地进行下去。经过黄遵宪等人的多方努力，克服重重困难，保卫局终于于光绪二十四年六月初九（1898 年 7 月 27 日）正式开办起来："省城绅商禀请创办保卫局，经官绅合议，妥定章程，于昨初九日（1898 年 7 月 27 日）各局一律开办。"②

湖南保卫局的警政理论是"官绅合办"。保卫局的人事组织、机构设置和内部权限划分是依据维新派"官绅合办"的警政理论制定的。根据这个理论，保卫局的机构设置实行三级体制，即总局、分局、小分局。人事组织则采取官绅并立的原则，各级机关和官绅之间的权限划分也是明确的。由两套人事体系组成：一套是官吏充任。总局，是保卫局的最高机关，设总办一人，主持保卫局的全面工作。筹备和初办阶段，此职由黄遵宪兼任；设会办一人，协助总办处理各项具体事务；设委员 4 人，由官吏充任；2 人专

① 《湘报》第 3 号，《臬辕批示》引陈宝箴语。
② 《湘报》第 120 号。

司文案(一切禀祥稿札文牍均拟稿);2 人专司审案,所有各分局送到犯人归其审讯,以上各职的主要职责是缉捕盗贼,审判和安置犯人。

另一套人事体系由绅士组成。其人选由绅士物色。他们的主要职权是选举各级机关的绅士,雇募巡丁、差役、购置、管理和出纳金钱、器物及主持总务、后勤工作。议事绅士十余人,组成保卫局的决策机构。议事的方法是:"以本局总办主持,凡议事均以人数多寡定事之从违。凡议定之后,必须遵行;苟有不善,可以随时商请再议。"

保卫局的主要官绅的任期有一定限制的。如"总办以二年为期,期满应由议事绅士公举,禀请抚宪札委";"议事绅士亦以二年为期,期满再由本城绅户公举。"保卫局这套人事制度应当说是十分先进的,特别是主要人事安排由公举产生一项,体现出类似西方国家的民主、公议、公决的精神。保卫局的一切大事由公议决定的原则,也是进步的,在一定程度上可遏制或避免官府的垄断独裁。

分局是保卫局的中层机构,上受总局的领导,下指挥小分局的工作。小分局是保卫局的基层机构,直接接触和管理民间各项事务。湖南保卫局的巡查与以前的差役之不同,即来源不同。巡查由各董事照章公举,有一定的资格限制,年龄在 20~40 岁,粗通文理,身体强壮,心平气和,并须"自觅保人,证明其实系身家清白并无犯案不法之事方准充当"。巡查受严格纪律约束,违章者将受到相应的处分,如执勤时不准"携伞执扇"、"不准吸烟"、"不准露坐"、"不准聚饮"、"不准与街市人闲谈戏谑"、不准擅离职守、不准受贿、变谢。此外,巡查在执勤时,必须穿用"官给衣物",其他时间不得随意穿用。夜执勤可以携用木棍一根,但只准于自卫,不准打人。

巡查与过去的保甲、巡丁、练勇、捕役等已有了很大差别,而更接近于近代意义上的警察。湖南保卫局的职权,概括起来说就是"去民害、卫民生、检非违、索罪犯"。这是保卫局一切行为的根本原则和出发点。用现代的术语表述就是维护社会秩序,保障公共安全。保卫局类似现在的公安机关。保卫局既有行事之责,又有一定的司法审判权。保卫局仅存 3 个月,随着百日维新的失败而告终,其存在时间虽短,但从其一整套体系、一批专职人员及其职责来看,已不同于以往的警务,已具有近代警务模式的特征。

(四)庚子事变后对"警察"的认知

随着戊戌变法的失败,新政成为朝野谈论的禁忌,长沙保卫局也作为"维新"的典型遭受裁撤。但是 1900 年的"庚子"之役逼得清廷不得不重视改革,光绪二十六年十二月(1901 年 1 月),尚在西安流亡的慈禧下达"新政"诏书,要求臣子们对时局及改革各抒己见。其中对警察制度评述颇多:(1)认为警察是国家安定、强盛的根本。江苏学人张謇在其著名的《变法平议》中认为推行变法的关键在于警察:“变法奚行乎？犹造器也。国为之材,学堂为之工,而工不能徒手而成器也。刀锯筑销、搏磨栉雕,则在警察”,“无学校则无礼,无警察则无用。”①(2)强调警察镇压功能的同时,强调警察的治安职能。湖广总督张之洞、两江总督刘坤一主张警察职责为“查户口、清道路、防火患、别良莠、诘盗贼”。② (3)警察对革除地方政治积弊的功用。清代地方政治积弊,表现为差役扰民与司法腐败。这些积弊既有悠久的历史继承性,也与国家的权力体制和社会经济状况有密切的关系,不但会损害民众的利益,也妨碍国家政令的推行。张之洞、刘坤一等地方大员亦对差役之害痛心疾首,而多有反映,诸如传案的株连、过堂的勒索、看管的凌虐、相验的科派、缉捕的淫掳、白役的助虐,几乎各省皆同,成为普遍的恶风。③ 在张、刘看来,清除差役之弊的根本途径在于仿外国成法,设立警察。“各国清查保甲、巡街查夜、禁暴诘奸,皆系巡捕兵之责。其人并非下流猥贱之人,其头目即系武弁。日本名为警察,其头目名为警察长,而统之以警察部。其章程用意大要以安民防患为主,与保甲局及营兵堆卡略同。然警察系出于学堂,故章程甚严,而用意甚厚。”④(4)视“警察”为预备立宪的基础。维新派一度关注警察与宪政的关系,庚子事变后,清廷最终也接受了这种认识:“各国之所以富强者,实由于实行宪法,取决公论……时处今日,惟有及时详晰甄核,仿行宪政,大权统诸朝廷,庶政公诸舆论,以立国家万年有道之基。但目前规制未备,民智未开……必从官制入手。亟应先将官制分别议定,次第更张,并将各项法律详慎厘订,而又广兴教育……普设巡警,使绅民明悉国政,以预备立宪基础。”⑤

二、巡警署

1900 年 8 月,八国联军攻陷北京,慈禧、光绪西逃。列强对北京城进行划分,分别占据。为迅速恢复社会治安秩序及市政设施,列强在其占领区分别设置具有殖民地性质的警察机构,称作“安民公所”,来处理管辖范围内的警务与道路工程事宜。公所长官为由外国人担任的所长,另设由外

① 《变法平议》,载《皇朝蓄艾文编》册二,第 967 ~ 968 页,台北学生书局刊。转引自王家俭:《清末民初我国警察制度现代化的历程》,台湾商务印书馆 1984 年版,第 27 页。

② 《江楚二督变法三折》,载《东华续录》,转引自邓裕坤:《现代警察研究》,第 4 页。

③ 《张文襄公全集 · 奏稿 · 五三》,转引自王家俭:《清末民初我国警察制度现代化的历程》,台湾商务印书馆 1984 年版,第 22 ~ 23 页。

④ 《光绪朝东华录》(第 4 册),第 4742 页。

⑤ 《光绪朝东华录》(第 5 册),第 5564 页。

国人充任的事务官数名，协助其工作。事务官之下配以本国宪兵及华人巡捕充任各项工作。[①] 由此，西方警察机关以意想不到的方式在北京成立。

1901 年（光绪二十七年），义和团运动以失败告终，清廷与列强缔结“澶渊之盟”，“安民公所”随之撤销。清廷深感传统的警察体系已无力应付日趋动荡的局面，于是效仿联军“安民公所”遗制，置“善后协巡营”，后改称“（内外城）工巡总局”，使之掌管警察、市政及部分司法事宜，维持京师安宁秩序。其职权约有六项：（1）执行都城内外警察事务；（2）杖以下之罪得即决之；（3）简易民事案件之审判权；（4）受理京控案件；（5）审判关系外国人之民刑案件；（6）经营土木、卫生事宜。[②]

工巡总局直隶于皇帝，以管理工程巡捕事务大臣一人统辖，并设工巡总监及副总监各一人辅助大臣处理局务。局内又分设工程、巡捕两局，各置局长一人，分掌其事务。各局之下，依职位高低，设警巡队长、巡长、巡捕若干。[③]

由此可见，工巡总局实为一市政、警察、司法混合机构，其与近代西方警察机关比较，无论是名称、职权抑或组织形式均有差异，但论及中国警察的转型，工巡总局实处于枢纽的地位，因为工巡总局是中国官办西式警察的开始，也奠定了中国近代都市警察之基础。[④]

清末警察建设受日本影响极大，其中，日本人川岛浪速所起的作用至为关键。川岛浪速曾为日本第五师团司令部通译官，深谙我国风俗民情，于任顺天府日本警务衙门事务长官时，与清廷订约五年，经办、主持京师警务学堂。其间，川岛对清末建警实况有感而发，于 1902 年（光绪二十八年）向总署大臣庆亲王奕劻上书，论述了警察的本质、意义、教育方针，并提供了一套建立近代警察制度的具体方案。“夫警察之制，无国不有，与武备两相骈立，一为防外之备，对抗外国，以保护国利国权；一为治内之具，约束人民，以伸国法国令。二者为国家两大实力，俱不可一日缺之者”，“若无警察”，“则政令法度，俱归空文；故警察者，譬如人之精神魂魄，则四肢五体无能活动，竟归腐烂”。警察制度对维护清廷统治的必要性：“纪纲懈弛，百弊丛生，二十一省殆为窃贼巢窟，民不聊生，多因警察不肃至于此也。譬拳匪滋事，遂惹非常外患。向使中国立有警察，如同外国办法，平日稽查严

① 胡存忠：《中国警察史》。

② 《巡捕队章程》《拟请创设工巡局折》《外城工巡局章程》《外城工巡局奏折》，中国第一历史档案馆馆藏档案。

③ 胡存忠：《中国警察史》。

④ 孟庆超：《中国警制近代化研究——以法文化为视角》，中国政法大学 2004 年博士学位论文。

密,区区拳匪,何能酿成大变哉!”而“将来中国当有政党、反对党之类,动欲蠢动,一旦内乱激发,外寇必然乘机而来,实关存亡,此非布设警察,密用访察之法,预防于未然,则亦甚为可虞!”因此“中国警察实属急务,较之列国更觉重要”。[①] 其言灼灼,引起清廷极大兴趣。

袁世凯在直隶任上,将“依照西法编练巡警”作为“新政”之要务。[②] 1902 年(光绪二十八年)4 月,他委派心腹赵秉钧为总办,并聘用日本警务顾问参照“东西成法”,于省城创设巡警总局,以维护“治安”秩序,同时设立警务学堂,培训警察人材。同年 7 月,联军退出天津时,附带一条苛刻规定,中国军队不得于天津城周围 20 里以内驻扎。而天津地处海滨埠口,民风彪悍,适逢战乱之际,治安秩序十分复杂。为适应列强之条件,同时出于控制该区域治安的目的,袁世凯遂借鉴省城保定警务的成功,将新军三千名改编为巡警,“授以巡警管理各法”,成立天津南段巡警总局及天津四乡巡警总局,负责划定区域、清查户口、昼夜巡守。不久又以保定巡警学堂为基础,成立“北洋巡警学堂”,以“造就通省巡警官弁”。[③]

保定、天津警务实践的取得经验后,袁氏又令各州县设巡警“传习所”“教练所”等机构,以培养更多的基层警察力量。于是,直隶通省迅速形成一个严密的警察体系,新式警察成为维持地方治安秩序的重要工具。

1902 年(光绪二十八年)9 月,袁世凯奏定警务章程,清廷以其“于保卫地方一切甚属妥善”,而谕令各省仿照推行,“不准视为缓图,因循不办”。[④]

1905 年 9 月,清政府为了统一全国警政,在中央设立巡警部,这是中国历史上最早的专职中央警察机关。1907 年,清政府把各省巡警总局改为警政道,作为省警政主管机关,州县的巡警局改为巡警署,管理当地的治安工作。至此,全国上下,一个专职的警察体系和治安管理体系,已具备管理型警务模式的雏形。

1910 年,北京内外城中各区划分为若干段,每段设一派出所,这是中国最早的警察派出所组织。在建立正规警察机构的同时,清政府先后开办了北京警务学堂和京师高等巡警学堂,各地也设巡警学堂或巡警教练所,

---

① “光绪二十八年日人川岛浪速之上庆亲王书”,转引自陈立中:《警察行政法》附录部分,中国文化大学市政系 1984 年版。

② 李宗一:《袁世凯传》,中华书局 1980 年版,第 123 页。

③ 袁世凯:《养寿园奏议辑要》(卷 35),第 6 页,转引自李宗一:《袁世凯传》,中华书局 1980 年版,第 124 页。

④ 《东华续录》,转引自王家俭:《清末民初我国警察制度现代化的历程》,台湾商务印书馆 1984 年版,第 29 页。

训练和培养警察官吏。同时,制定和颁行一系列警察法规,对警察机构的编制、人员任用、考核、赏罚作出了规定。颁布有关治安管理方面的《违警律》《违警律实行办法》《旅店管理规则》《户口管理规则》《管理危险物品规则》《管理搬运车条规》等法律法规。

清末建警总体而言是在仓促的情境下推进的,清廷官员极少研究近代警察理论,对西方警察制度仅仅略知一二,限于印象而已。现代警察与中国传统社会保甲、团练、地方军队警务运作机制有着一定的相似性,引发了一批上层人士对传统治安文化的留恋,而不屑于探讨现代警察体制的精髓,既阻碍现代警学的传播、发展,也使清末建警迟迟不能冲破"巡捕""警兵"的樊篱,以致国人依然混淆于警察、捕快、差役、兵士之间。同时,清廷建警受到义和团之变与庚子之役的直接刺激,此种岌岌可危的形势决定了其建警的首要任务是加强对下层民众的人身控制,从而悖反了现代警察祛除公共障害、保护民众利益的基本宗旨。在这种复杂背景下,清末的警察不免带有两重性:既有向现代警察制度靠拢的进步倾向,又始终未能摆脱传统和落后的束缚,造成"因陋就简,有名无实","形体虽具,精神尚虚"的结局。①

第二节　现代警政的创设:国民政府"警甲合一"模式

一、北洋军阀时期的警政实践

1911年,孙中山领导的辛亥革命我国长达二千多年的封建统治,建立了中华民国南京临时政府。鉴于清末警政极端的腐败,决意进行改革:"民国成立,凡百待兴,欲将巩固其基础,必先修明内治。夫内治机关首重警政,欲求整顿,尤须以改良警学、养成警才为前提。"南京临时政府在其存在不到100天的时间里,发布了一系列代表资产阶级民主性质的法令,有些虽非单纯意义上的警察法规,但却为这一时期的警务确定了基本原则。

以袁世凯为代表的封建买办势力篡夺了辛亥革命的胜利成果,成立了北洋军阀政府。北洋军阀政府本着"划一警制"的思想,立即对全国警务进行"整顿",整顿的实质是取消以孙中山为首的南京临时政府和各起义省份的资产阶级民主主义警政思想。这个时期的治安管理,在清末警务制

① 参见王家俭:《清末民初我国警察制度现代化的历程》,台湾商务印书馆1984年版,第144页。

度的基础上进一步加强了警察的统治职能。

在中央内务部的警政司管理全国的警察事务,这是当时最高的警察机关。

在京城,原内外城巡警总厅合并为警察厅,直属内务部领导,下设分驻所、派出所,还设有保安、交通、消防、四郊侦巡等专业警察队伍。

在地方,将清末的省巡警道改为省巡警处,由省长直接领导,负责全国警察事务。省会和重要的商埠设警察厅,次要商埠设警察局,县设警察所,分别管理辖区内治安管理工作。

为了培养和训练警察,北洋政府设置有警察学校和警官高等学校。在警察法规的制定方向更加细致,仅治安管理方面多达上百项,其中《违警处罚》是在《违警律》的基础上制定的我国第一部独立的治安行政法规。

总体而言,在北洋政府统治期间,京师、省会和商业繁华区警务力量相对强大,县级警务虽然统一,但大都警力薄弱。北洋政府成立之初,各县原设警察事务所,不久改为警察所,实行“警政合一”的领导体制,由县知事兼任所长。1916 年,部分事务繁多的县,改由警佐担任所长,县知事监督其工作。此时,中国古代警务体系已经全面瓦解,现代警察制度不仅确立起来,而且有了整体性的发展。虽然在广大农村,原有的保甲制度以不同形态继续存在,在发挥基层警务的治安控制作用,但已逐步被当局纳入了现代警察管理体制的范畴,由警察机关直接控制,失去了原先的自治的形态。

二、国民政府时期“警甲合一”警务模式

第一次国共合作取得了北阀的胜利,蒋介石篡夺了北伐革命的胜利后,1928 年成立了国民党政府。从形式上看,国民党统治时期的警察制度是在间接继承清末和直接继承北洋政府的警察制度基础上建立和发展起来的,但警务风格上有了很大变化,警察机构的设置和警务运行以反共和反民主为主要目的。国民党政权从其创立起,一直面临着中国共产党及其红色武装的挑战。为了镇压中国共产党和革命群众,国民党政府构造了庞大的警察机构和严密的警察系统。

1928 年,国民党政府内政部为了“剿共”的需要,决定在各省编练规模庞大的武装警察队。1931 年“九一八事变”后,内政部秉承蒋介石“攘外必先安内”的授意,命令各省扩大警察队和加紧训练,配合军队围剿红色根据地。

在中央,国民党政府设内政部,部内设警政司掌管全国警察事务,1942

年增设了户政司，主管全国户政。1946年，警政司改名为警察总署。

在当时首都南京，设首都警察厅，直接管辖南京境内八个警察局及下发警察分驻所和派出所。

在地方，从省、市、县到区、乡、镇普遍设置警察机构。省一级的公安机关，一般称为警察处，负责管理全省警察事务；省会市和其他市设警察局，局下设分局，分局下设派出所；县一般都设警察；区、乡、镇一般设警察所。

国民党警察机关内部一般都设有保安、侦缉、交通、消防、卫生等警察。按警种分为营业警察、风纪警察以及交通、消防、卫生、森林等警察，各级警察组织都把"剿共"、镇压革命作为他们的主要任务，并制定了一百多项治安管理法规，使日常治安管理活动都有相应的法律规范，为其反动统治提供法律依据。

在国民党执政时期，警务模式是以一种混合形态存在，从风格上讲，这种警务模式是"政治警务模式"为主，从形式上讲，这种警务模式又结合了传统的"保甲警务模式"的保甲结构，我们称为"警甲合一"警务模式。

王先明认为，在辛亥革命前后，中国乡村制度"以警察新制取代保甲旧制，成为当时乡村制度改革的主要趋向"，"但这一趋向在民国时期却发生逆转，不仅新制未能在乡村社会确立，反而传统的保甲制度又在乡间社会复兴"。①

王福明对冀鲁豫乡村的警政研究后指出："新的警察制度尚未完全从集治安、财政于一身的保甲母体中脱胎。"②孔飞力认为，20世纪30年代中期，国民党当局实际上不断削弱农村小统治者的影响，剥夺他们的地方治安权，并将地方治安置于正规的政府警察机构和遍及各地的保甲制的职权范围内。③

由此可见，南京国民政府在基层大力扩展现代警察体系，同时又在基层推行传统的保甲制度，现代与传统相结合以在基层政治中确立国家的主导地位。在国民政府统治的22年中，国民政府把警察机构发展到空前的程度，治安管理也得到了进一步的强化和完善。国民政府继承了历代统治者的做法，十分重视保甲制度，保甲编组是以户为单位，设户长，十户为甲，设甲长，十甲为保，设保长；相邻各保设联保主任。保甲协助警察清查户口，稽查奸宄，逮捕罪犯，维护秩序。强令各户长签名加盟"保甲规约"，出

① 王先明：《辛亥革命后中国乡村控制体制的演变——民国初期的乡制演变与保甲制的复活》，载《社会科学研究》2003年第6期。

② 从翰香主编：《近代冀鲁豫乡村》，中国社会科学出版社1995年版，第57页。

③ 孔飞力：《中华帝国晚期的叛乱极其敌人》，中国社会科学出版社1990年版，第231页。

具联保连坐切结，实行联保连坐。

国民政府在地方恢复传统的保甲目的就是“保甲是最基层的组织，一切教育、治安、征收、生产，都要靠保来办”，藉此实现国家权力的统治触角延伸到社会的最基层。①

为了更好地推行保甲制度，浙江省国民政府强令各保甲制定保甲规约，其内容主要体现在禁止烟赌，窃盗事项；提倡节约，实行新生活事项；改革陋俗事项等三个方面。根据浙江省民政厅的提法：“现在本省接行保甲制度，系为严密群众组织，增厚自治自卫能力，即以户为编组单位，十户为甲，甲设甲长，十甲为保，保设保长，而以乡镇长代行联保主任职务，均负有维持地方，安宁秩序及举办地方自治事业之责。”②

蒋介石于 1928 年年初在南京警察界发表演讲时还宣称：“警察在国家的地位，比军队更重要，军队只是对外，在国防上保护国家，警察都是对内，要在国内维持秩序，保护百姓生命。”③

但在现实面前，却做出相反的举措。蒋介石在政治及军事上兼有两大重要的目的，其一是对中国共产党领导的武装力量进行剿灭，其二是对冯、阎、桂系三派军阀的势力实施消减，以便实现武力“统一全国”的愿望。蒋介石在这一时期根本无视基层人民的生活，而对地方军事力量和维持地方秩序的基层警察更为重视。蒋介石甚至提出要以保卫队（团）来取代警察，同时把地方军事力量作为剿灭中国共产党的重要工具。为了便于地方保甲制度实施，蒋介石先是主张“废除县以下一切的警察，另外拿地方保甲的组织来代替。前清向来各县就没有什么警察，地方的公安，就得力于保甲、团练和乡约，因为保长、甲长，就近似农村的警察”。后来鉴于保甲制度自身的缺陷以及现代社会的进步需求，蒋介石对都市警察与乡村警察进行了区别，提出了以警察体系来补基层保甲体系之不足。“在五方杂处的都会，保甲的组织不足以代替警察的效用，故城市的警察在事实上是不可少的，在农村则绝无需要。”④

从 1929 年起，国民党政府即开始在各县推行保卫团制度，实际上是保甲制度的重新启用，这直接与“剿共”目的休戚相关。1932 年，当时豫鄂皖

① 伍廷扬：《对于乡村建设的几点意见》，载《浙江建设·战时特刊》第 3 期，第 7 页。

② 《浙江省政府公报》第 2470 期，第 10 页。

③ 张其昀：《中华民国五十年史论集》，台北国防研究所 1962 年印行，第一册，第 189 页。转引自孟奎、周宁：《李士珍和抗战后期的五年建警计划》，载《民国档案》2004 年第 1 期。

④ 蒋介石：《现代行政人员须知》，载《先总统蒋公思想言论总集》1933 年 3 月 20 日，卷 12，第 165 页。

三省剿匪总司令部公布了《剿匪区内各县编查保甲户口条例》,明确规定保甲壮丁"遇有军警搜剿匪共或攻剿匪共时,应受军警官长指挥,尽力协助。于搜剿已达本区域以外时,亦应受军警官长之指挥,互相应援"。1933年颁布了《剿匪区内各省民团整理条例》,规定各县地方武装一律改编为保安队、壮丁队或铲共义勇队,目的是将各地方自我警务力量集中在警察指挥之下,共同"围剿"中国共产党领导的工农武装。该条例规定:"保安队负责本县清剿匪共、维持治安之责任。"

混合形态的"警甲合一"警务模式所体现的政治导向方面,除了对中国共产党及其领导的军队不断发动进攻以外,对广大人民群众争取民主自由、争取民族独立的斗争也一律进行残暴的警察镇压。例如,1935年12月9日,北平六千多名爱国学生上街游行,掀起声势浩大的抗日救亡运动,国民党政府非但不予支持反而出动大批反动军警用棍棒、大刀和水龙等凶器向赤手空拳的学生进行猛烈袭击。

为了强化这种"反共反民主"的政治性,各种特务分子通过各种渠道进入警察机关,并在其中占据重要位置。抗日战争胜利前,中统局实际控制了全国警察中枢机构——内政部,①张厉生任内政部部长,内政部甚至一度被视为中统局的外沿机构。与此同时,军统特务头子戴笠也通过各种手段攫取警察控制权,军统局第三处的警政科就是国民党警察的最高领导,各省市的警察局局长多由该科委任。抗战胜利后,戴笠试图将警察行政完全纳入军统局体系,他给蒋介石的"全国建警计划"中建议成立中央警察总监部,由他任总监。戴笠死后,军统大头目唐纵(军统局帮办)又取而代之,1946年,当上了全国警察总署署长同时兼任国防部保安局局长,军统特务对警察的控制日益加强,中央警官学校教育长李士珍抱怨道:"特务工作与警察工作每混为一谈,致使民心不安、隐忧堪虞。"②

此时警务模式体现的赤裸裸的政治性还表现在警察与宪兵、特务三者在执行镇压职能时的紧密配合,互为一体。很长一段时间里,军统局、中统局、宪兵司令部和警察机关的首脑每月举行一次联席会议,共同研究对付中国共产党和镇压爱国民主运动等问题,便于统一行动。

三、国民政府对保甲制度的恢复

保甲制度本是中国封建社会控制基层的自我警务模式,国民党政府

---

① 即中央俱乐部,是一个政治派系,主要分布在国民党中央党务部门,尤其是组织部、中统局、地方各级党部和教育系统(尤其是大学)。

② 《中央警官学校十周年纪念特刊——建警概况》。

建立后，为了反共和强化对基层民众的监控，复活了这一原始形态的警务模式，1932 年首先在靠近红色根据地的区域建立起来，不久便推行到全国。

为了应对共产党在农村阵地的反抗，南京国民政府不仅让警察组成反共保安网，来代替帝制时代的士绅；在各地设立中央党部直接控制下的地方党部，与正式行政系统平行。而且还在县以下设立了乡、区，由一些城镇与乡村组成，一直到下面恢复了保甲制之后的基本单位即各户，要求每户每甲对其他各户各甲的所作所为负连坐责任。①

在国民党统治者眼里："保卫团为农村警察之变相，保甲则系吾国古代警察之遗型。"南京国民政府曾提出："用学识、能力均好的警官来组织、训练、监督、指挥保甲队团。"国民政府内务部据此制定的建立保甲制度的基本方针是："以保甲、保卫（团）、保安（队）寄托于警察系统之内，以警察为保甲之重心，作保安团队之基干，藉警察制度促进保甲，以期行政组织之完密，藉警察官吏训练保安团队，以期指挥运用之敏活……务期警察、保安、保卫、保甲四位一体。庶几治安制度，渐臻画一，而警卫之真效用，于以发挥。"②

根据有关法律规定，保甲作为基层警务组织，直接行使部分警察职能，辅助警察维护当地治安秩序：清查户口，稽查流动人口，参与搜捕罪犯，负责编制门牌。各户户长必须在"保甲规约"上签字画押，出具联保连坐切结。保甲组织不但辅助警察执行警务，而且在未设警察机构的乡村可以代行警察一切职权。警察对保甲负有指导帮助的义务，派遣警察官吏巡回。

国民党政府于 1941 年公布的县各级组织纲要中规定县政府设警佐，区设警察所。抗战期间，地方警察体系并不统一，有的县政府设警察局，有的设警佐。抗战胜利后，国民政府开始对县级警察机构进行调整，规定县设警察局，乡镇设警察所。③

国民政府实施新县制以后，推进以乡镇为基层自治单位，而保甲为乡镇内的自治组织，以代表国家政权的警察与代表自治体的保甲紧密结合，使国家之政令易行于民间，强化了国家对基层的控制与渗透。保甲弥补基层警察之不足，主要的警务职能体现在："（1）人事登记；（2）清查户口；（3）查缉奸宄；（4）驱除盗贼；（5）维护交通；（6）免除危害；（7）正俗及

---

① ［美］费正清：《美国与中国》，张理京译，世界知识出版社 2000 年版，第 251 页。
② 《浙江警务视察报告》，载《内政公报》第 8 卷第 14 期。
③ 李士珍：《警察行政之理论与实践》，中华警察学术研究社 1948 年版，第 18 页。

保安;(8)救济灾难;(9)禁烟禁赌;(10)查禁反动分子或反动宣传;(11)卫生。”①

李士珍对此这样解释道:“查过去我国警察,偏重城市,忽视乡村,惟抗战之基础在建设乡村,胜利之把握在组训民众,故树立乡村警察以之督导保甲、组训民众与编练义勇及义务警察,以达抗战建国之要求,实属当前要务。”②

国民党政府在基层恢复传统的保甲制度,其本质就在于借保甲组织来强化监控基层人民,以弥补警力的匮缺,加强警保两套系统一直是国民政府在基层大力推行的一项措施,其目的就在于借保甲替代基层警察的一部分职能,尽管这一举措与现代国家的形象不相符合,但迫于形势压力而不得已为之。社会的基层实现了以“保甲组织为警察之基干,以警察之力量为保甲之协助”。③“一面以协调保甲人员与人民间之冲突,一面使自治事务与国家行政划分清楚,由保甲人员与警察分担其责,以免保甲长之困难,此又为警察对于保甲人员工作上之补救也。”④

保甲组织与警察体系的相互结合,不管是以警察指挥保甲,还是以保甲协助警察,都有助于国家政权向基层的渗透和延伸。国民政府还企图利用保甲组织来建立基层情报网,对社会基本面尤其是中国共产党的活动进行严密的控制。浙江省政府要求在乡镇、保、甲均设情报员,借公开的职务掩护收集情报。⑤同时要求有条件的乡镇组织保甲侦缉队,设置保甲坐探。⑥通过与群众日常生活息息相关的保甲组织,对人民的生计、思想和活动进行了严密的监控。⑦

辛亥革命之后,中国“民族国家”意识渐发酵,权力的组织网络开始取代权力的文化网络⑧成为国家治理和社会整合的主要载体,因为现代国家

① 郝遇林编著:《模范乡村警察制度》,上海独立出版社,1948 年版,第 173 页。

② 中国第二历史档案馆编:《李士珍拟改进中国警政建议计划三种》,载《民田档案》2004 年第 1 期。

③ 闻钧天:《警保联系之理论及设施》,商务印书馆 1942 年版,第 23 ~ 24 页。

④ 郝遇林编著:《模范乡村警察制度》,上海独立出版社 1948 年版,第 192 页。

⑤ 杭州市档案馆藏档旧 12 - 8 - 41。

⑥ 《浙江省政府公报》第 2471 期,第 8 页。

⑦ 杭州市档案馆藏档旧 122 - 5 - 3。

⑧ 杜赞奇认为,权力有赖以生存和扩展的文化及合法性基础。文化网络是正统和威信产生、表现以及诉生的发源地,权力角逐的场所以及接近各种资源的。在传统中,权力文化网络沟通了乡村居民与外界的联系,成为封建政权渗入乡村社会的稿本渠道。通过这些渠道,封建国家使自己的权力披上合法的外衣。参见杜赞奇:《文化、权力与国家:1900 ~ 1942 年的华北农村》,江苏人民出版社 1996 年版,第 13 ~ 14 页。

的建设本质就在于国家政权组织建设。无论是清末民初的近代警察力量的建设,还是国民政府期间的保甲重建,其意图都在于通过组织网络来实现对底层社会资源的汲取和控制。由于当时国家建设所处的特殊情境,社会结构的变动和社会观念的更新,使国家忽视了实际上也难以对传统文化资源进行利用。可以说,现代民族国家建构过程的核心内容就是专业的官僚组织的建立,随着政党组织和官僚组织对基层的渗透,国家对乡村社会的监控和动员能力得到增强。①

南京国民政府时期尽管试图在基层建立完整的现代警察体系,但由于国家政权的软弱性,在基层也缺乏综合协调的整合能力,这一过程显得极为曲折与反复,乡村基层始终呈现出一种比较模糊的警察体系。实际上,在恢复与推行传统保甲制度的同时,并未停止过在乡村建警的尝试,只是因为民国时期乡村警察体系脆弱,警力十分不足,在维持乡村社会秩序时不得不依赖地方精英的势力及借助其他行政组织来发挥警察的效能,实现地方治安秩序的稳定,这也反映了当时国家对地方控制力的薄弱,反映出国家转型过程中政权向基层渗透的艰难性。

第三节　现代警政在苏区的创设:革命根据地"群众警务"模式

一、白色恐怖下的中央特科(1921～1927年)

新中国警务思想的产生与发展经历了一个特殊的历史阶段,这个时期的时代特征是同中国共产党领导的武装夺取政权的革命运动紧密相结合的,新中国警务思想的萌芽可以追溯到建党之初。

中国共产党第一次全国代表大会于1921年7月23日至31日在上海法租界贝勒路树德里3号(后称望志路106号,现改兴业路76号)召开。介于当时的特殊政治环境,会议召开时就有专人负责保卫工作。建党后,在党的各支部都设有对应的保密员或保卫员。

1927年8月1日,南昌起义举行。建立的革命委员会下设了政治保卫处,共产党夺取了南昌市,接管了包括公安局在内的南昌市多个政府部门。一旦起义爆发,对于保卫前敌委员会、镇压反革命与维护社会治安的任务将异常艰巨,而承担上述任务的公安局局长的人选显得更为关

① 唐皇凤:《新中国国家治理体系的变迁理性审视》,载《经济社会体制比较》2009年第5期。

键。周恩来到达南昌的当天,就在前敌委员会上提议,任命彭干臣为南昌公安局局长兼卫戍司令。革命委员会与8月2日正式下达"派南昌公安局局长彭干臣管理南昌卫戍事宜"的命令。这样,彭干臣便成为中国共产党的第一位公安局长,并兼任卫戍司令部司令,他命令军警和公安系统,加强城市警备,肃清残敌势力,打击犯罪分子外,恢复南昌的各项社会秩序。①

1927年12月,迁到上海后的党中央领导机关,在白色恐怖的笼罩下,成立了党的第一个中央保卫机关——中央特科。中央特科归中央特委会领导。由周恩来亲自筹建和实际负责,基本任务是:"保证中共中央领导机构的安全,收集掌握情报,镇压叛徒,营救被捕同志,建立秘密电台。"②

一科为总务科,负责设立机关、布置会场、营救被捕人员、安抚慰问等;二科为情报科,负责收集情报、掌握敌情;三科为行动科,负责保卫中央、镇压叛徒、惩办特务、内奸;四科为无线电通讯科,建立秘密交通联络和秘密电台。③

特科为保卫党中央的生存,收集各方面情报作出了巨大的贡献,同时在工作中中积累了许多安全保卫的经验。"这是我党建立的最早的保卫组织,即最早建立的公安机构。"④

二、红色苏区的"国家政治保卫局"和"绿领章部队"(1928~1935年)

1928年6月18日至7月11日,中共六大在莫斯科召开。在会上确立了党的工作重心从组织暴动转向从事长期的群众工作。至1930年3月,全国各地逐渐出现了鄂豫皖、湘鄂西等多个建立了工农苏维埃政权的红色革命根据地。1931年11月,中华苏维埃共和国临时中央政府在江西瑞金成立。在苏区中央局保卫处的基础上,成立了国家政治保卫局,增设了民警局,这是人民革命政权成立后的第一个公安保卫机关。主要从事保卫首长、收集情报、铲除特务、肃清匪患等特殊工作。在敌强我弱的环境中,苏区内外的土豪劣绅也互相勾结,进行各种破坏活动。红色苏区的保卫机构在保卫根据地的建设、粉碎敌人阴谋破坏、配合红军反"围剿"的斗争中,

① 彭干臣、周琼、彭干臣:《共产党的第一位公安局长》,载《人民公安》2011年第12期。

② 中共中央文献研究室编:《周恩来传》,中央文献出版社1988年版,第87页。

③ 中共上海市委党史研究室研究一处供稿:《中共中央特科机关旧址》,载《上海党史与党建》2011年第10期。

④ 郑中午:《中国警史源流试探》(四),载《公安大学学报》1998年第6期。

都发挥了重要作用。

随着红色政权在延安稳固,边区政府官僚行政体系逐步建立和完善,其中公共安全和警务保障部门的建设日益重要。延安时期人民警察的雏形是仿照苏联的榜样建立起来的,其组成结构由三个部分组成:内务部民警局、刑事侦探局和国家政治保卫局。1932 年,党中央又在红军中组建了直接隶属于"国家政治保卫局"的"绿领章部队",专门从事防奸保卫工作,其组织形式照搬前苏联"克格勃"模式,成立之初尚属于秘密组织,对外并不公开,工作人员由负责人亲自选定,1933 年后才逐渐公开身份。保卫局工作人员采用特殊的符号和标志以区别于普通红军战士:佩戴绿底红边的领章,胸前佩戴刻有"KBU"三个俄文字母的胸章。

国家政治保卫局更是简单照搬了苏联以中央集权和垂直领导为特征的 GPU(后称 NKVD 和 KGB)警察体系。遵义会议后,国家政治保卫局因在党内遭到严厉的批判而被取消。这一时期的警务模式和警政体制完全出于政治控制和保卫根据地政权安全的需要,警务工作的特殊性在于"区分敌友",尤其是防范国民党特务组织的渗透及对红色政权情报的收集,带有强烈的政治性导向。①

"绿领章部队"在执法办案过程中由于缺乏经验,工作简单粗暴,甚至采取逼供和诱供的方法,根据屈打成招的口供来定案处理,造成"肃反"运动中的大量冤假错案,错误地杀害了一大批优秀的红军指战员,严重破坏了党的威信和红军的团结。鉴于此,以周恩来为书记的中共苏区中央局作出《苏区中央局关于苏区肃反工作决议案》:"肃反的组织——肃反委员会与地方政治保卫局,在一个时期内竟成了超越党、超越政权的独裁机关。"为了遏制保卫局的神秘化和特殊化,中央决定停止其佩戴俄文胸章和绿领章,但保留了各级工作人员和组织结构。直到 1935 年红军长征胜利到达陕北以后,根据形势需要,及时纠正了肃反扩大化的错误,政治保卫局的机构才被撤销,使我党领导的人民公安工作走上了健康发展的道路。②

当时并无统一领导的公安机关,各地方的公安机关由辖区党委社会部直接领导。边区中共政府设立公安总局或公安处、保卫处,县设公安局或科,区设公安助理,村设不脱产的公安员。

---

① Michael Dutton, *Policing Chinese Politics*: *A History*, *Durham*: Duke University Press, 2005, p. 67.

② 杨飞、杨剑:《绿领章:神秘的中共内卫部队》,载《文史博览》2009 年第 6 期。

三、抗日根据地的“边警”与“社会部”(1937～1946年)

1937年7月,随着抗日战争的全面爆发,中国共产党提出建立抗日民族统一战线的主张,开辟了抗日根据地和建立了民主政权。为了维护边区的安宁和保证选区的各项建设,毛泽东同志在党的六中全会上要求“厉行锄奸运动”。

1938年5月,为了维护中共中央和陕甘宁边区政府所在地延安的公共安全和社会秩序,科层制的公安队伍建立起来,负责延安市区的治安、交通秩序、户口管理与党政机关的安全保卫工作。

陕甘宁边区在延安建立了延安市警察队,全称“陕甘宁边区人民警察”,简称“边警”,统一身着黑色棉布警察制服,佩戴“边警”领章,这是公安史上第一支较为正规的人民警察队伍。这些警察根据其工作内容与性质可分为三类:(1)主要负责中央机关及领导同志警卫工作,也被称为保安处警察;(2)保障城市治安的城市警察,他们主要分为巡警及交通警等类型,进行维护治安、交通秩序、清查户口等;(3)“担任保护地方民主秩序、维护社会治安之职责”的政府公务人员、区县的少量保安干部和保安助理员,以及分布广大乡村地区的、具有自我防范的民团组织。①

边区警察及管理干部大多是从党政机关、作战部队乃至当地群众中临时选调而来的,如延安市警察队在1938年组建时就是“从中央保安处特务队、检查站等单位抽调部分干部、战士”组成的。②

仓促组建的警察队伍来源复杂,而且文化基础薄弱,也缺乏必要的警务教育和技能训练,因此在执行警务时存在不少问题,部分边区的保卫干部和警察身上仍然残存着旧的官僚作风,简单粗暴,引起部分群众的不满。在陕甘宁边区第三次参议会上的提案《加强保安工作案》有“(治安)工作的执行尚未达到一般人民的要求,公安机关本身尚不够健全,公安人员的作风还有脱离群众的现象”。③

在边区高等法院的报告中也提到:“个别军队与附属机关人员不遵守政府法令,在下边捆绑人打人罚人,如绥德督察处人员薛克明私行检查缉私捆绑人,罚洋2万余元。定边任子雄有偷盗大光毛织厂手榴弹嫌疑,大

---

① 韩伟:《民主政治的兴起与警察权的规范化》,载《中国人民公安大学学报》(社会科学版)2012年第4期。

② 《我党组建的第一支人民警察部队》,载《公安论坛》1988年第3期。

③ 陕西省档案馆:《陕甘宁边区政府文件选编》(第十辑),档案出版社1991年版,第146页。

光厂即私刑拷打。”①

整风期间，陕甘宁边区政府保安处自我作出的“作风报告”中，也毫不隐讳地揭露出部分干部的一些不妥做法：“个别公开警卫人员或检查人员对群众态度上吓唬，或乱搜查、没收群众东西，使群众常感不满。”②

1939 年 2 月，党中央书记处作出决定，将“中央特别工作委员会”和“中央敌区工作委员会”合并后改为“中央情报部”，又称“中共中央社会部”，下设侦查、治安、情报、干部保卫和中央警卫团等机构。其核心任务是保障党的政治、军事任务的完成和组织的巩固，开展对敌情报工作和掌握敌人动向，与敌伪特务、奸细作斗争，培养锄奸骨干，负责军队和尚未建立民主政权的新辟根据地的锄奸保卫工作。社会部在延安工作的 10 多年间，为保卫党中央领导人的安全，为夺取中国人民抗日战争、解放战争和国际反法西斯战争胜利作出了重要贡献。

当时，抗日民主政权均建立了保安处、公安局，各公安保卫机构设有治安、保卫、情报、侦查、预审、警卫、检查、看守等工作部门。按照辖区的层级进行自上而下的结构划分：公安总局—公安局—公安派出所—公安督察员—治安员。在此时期，公安工作已经开始尝试党政双重领导体制和实行专门机关与群众结合的工作路线，刑事政策不断成熟和规范，公安保卫工作有了进一步明确的专业分工。③

敌后抗日根据地主要在农村地区创立，出于特殊环境下的对敌斗争的需要，各根据地公安局按照中共“发动群众”的政治战略，组织协调建立了各类群众性治安组织，进行锄奸、侦察资讯、传递情报和盘查过往可疑人员。根据地时期，曾经推行过“五户联保制”，以行政村为单位，每家出一个代表，实行自愿五家联保，以加强相互监督约束，保证联保团体内的安全。④

大部分的社会治安防范工作交由村社和民众负责，按照性别、年龄、技术等不同，组织各种不同类别的群众组织，甚至少年儿童也被招募和动员。与西方民主社会自下而上自我组织的公民团体形式不同，中国从一开始就是自上而下地进行社会动员，社会与国家的关系不是对抗，而是积极配合，一种群体卷入式地投入到社区公共生活空间并良性互动，达到警务监视功

---

① 高海深：《陕甘宁边区审判史》，陕西人民出版社 2007 年版，第 255 页。

② 延安市政协文史资料委员会：《延安文史》2001 年第 4 辑，第 159 页。

③ 许新源：《我国公安机关和人民警察组织机构历史延革》，载《公安研究》1999 年第 3 期（总第 65 期）。

④ 中国人民警察简史编写组：《中国人民警察简史》，警官教育出版社 1989 年版。

能的全面渗透,保证了一个安全的区域空间。

人民民主的兴起,伴随而来的是权利意识的觉醒,同时对于执法的警察提出了更高的要求,警察权也趋于规范化、法制化。1941 年《陕甘宁边区警察工作规则》公布和实施,随后,更为细致的《陕甘宁边区警察服务规程》也在 1942 年出台。[①]

为培养合格的中高级警察管理队伍,陕甘边区政府还定期组织基层警察集中学习。1946 年,陕甘宁边区政府在"加强保安工作案"中指出:"为了培育和提高边区警察质量,应在当地公安局警察中轮流调遣二十至四十人集中训练,以政策技术为主要教育内容,每期限三个月至五个月,毕业后仍派回原地工作。"[②]

四、解放区的公安局(1946～1949 年)

1946 年的解放战争开始后,随着共产党对大中城市的解放和接管,公安保卫工作的重点也逐渐由农村转向了城市。在实行军事管制的基础上,改造了旧的国民党警察机构,组建人民公安机关。为了顺利接管大城市,保卫抗战胜利成果,巩固民主政权培养新型公安干部,在解放战争时期(1946 年 5 月)便创办了华东警察学校(现山东警察学院),中央任命华东局政委、新四军政治部主任兼山东军区政治部主任舒同任校长,1947 年在河北省建屏县西黄泥村为接管大城市开办的公安工作集训上,刘少奇、朱德、任弼时等中共中央领导人以及中共中央社会部部长李克农等均到会并作了重要指示。新四军军长兼山东军区司令员陈毅在华东警察学校第一批学员的毕业证上亲自题词"忠心革命事业,坚决保卫人民利益"。

1946 年 4 月,苏军撤离后的哈尔滨由东北抗日联军接管,建立了人民政府,成立了哈尔滨市公安局。1946 年 9 月,由中共领导的东北各省市行政联合办事机构成立公安总处。1949 年 1 月,东北公安总处改称东北公安部,下属各省设立公安厅。

1948 年 5 月,华北人民政府公安部和华北局社会部成立。1949 年 7 月,中央决定在华北公安部和华北局社会部的基础上组建中央军委公安部。随着解放战争的推进和对各地的接管,西北解放区、华东解放区中南和西南地区的人民政府公安厅(局)也陆续成立。

---

① 《陕甘宁边区法律法规汇编》,三秦出版社 2010 年版,第 174～178 页。

② 《陕甘宁边区法律法规汇编》,三秦出版社 2010 年版,第 174～178 页。

第四节　新中国现代警政的发展

一、新中国的“人民警察”诞生(1949～1966年)

1949年之前,红色解放区域已经相继组建了形式不同但是具有公安性质的部门,如社会部、公安处、保卫部、保安处,警务工作内容也不统一,缺乏系统性规划和安排。新中国成立之初的首要任务就是建立一支系统化的国家警察队伍。

1949年7月,党中央决定取消社会部,在原有基础上分别建立公安部。中共中央华北局社会部改为中央军委公安部。

10月1日,毛泽东宣布中华人民共和国成立,根据第一届全国政治协商会议和《共同纲领》的精神,中央人民政府在军委公安部的基础上组建国家公安部。全国各地公安领导被招至北京,召开了第一次全国公安工作会议,根据中国人民政治协商会议通过的《中央人民政府组织法》,设立中央人民政府公安部。10月9日,罗瑞卿被中央人民政府任命为公安部部长,杨奇清为副部长。

10月15日至11月1日,第一次全国公安会议在北京召开,会议确立了全国统一的公安机关和机构人员设置;研究了保卫党和巩固国家政权的任务和方针政策。周恩来在同代表们座谈时语重心长地说:“国家安危系于一半,国家安危你们担负了一半的责任,军队是备而不用的,你们是天天要用的。”①

罗瑞卿在会上提出“从中央公安部到全国各级公安部门,要在一年半到两年中,建设成为能适应今后斗争的规模”。②

1949年11月1日,中央人民政府公安部开始办公,机构建制为六局一厅,负责治安警务工作的主管部门为治安行政局,各省(直辖市、自治区)、各地区行政公署对应的公安机关也相继成立了治安行政处(科),其任务与职责是遵照人民政府的政策法令,发挥公安机关和警察管理的威力,以达到“保护社会治安、保护国家安全、巩固人民民主专政国家制度的目的”。

1950年,经周恩来总理核准,将全国的警察统一命名为中国人民警察,意思就是为“人民”服务的警察,简称“民警”。周恩来强调公安保卫工作必

① 罗瑞卿:《论人民公安工作》,北京群众出版社1994年版,第265页。
② 罗瑞卿:《论人民公安工作》,北京群众出版社1994年版,第14页。

须尽快进入角色,担当起城市管理和保卫工作,"我们是人民政府,是为人民服务的。今后,你们公安局的领导遇上大的案件、事件,必须亲自到场"。[①]

1950年4月,毛泽东强调指出,各级公安部门要重视党的领导作用,并在实际上接受党委的直接领导,事实上这也为"党委领导、分级管理、条块结合、以块为主"的公安管理体制的基本模式定了调子。[②]

1950年4月,朝鲜战争爆发,国内残存的反动势力认为"变天"时机到来了,杀害干部群众、破坏铁路设施、抢劫国家物资、损毁工厂机器、组织武装暴乱。此时保卫新中国的人民民主专政的国家政权成为各级公安机关的首要任务。

1950年7月,公安部召开首次全国治安行政工作会议,会议总结了新中国成立以来治安管理工作的经验,明确了治安行政部门的工作职责,通过了《城市治安条例草案》和《农村治安条例草案》,制定了《户籍工作条例》,草拟了特种行业管理条例、枪支管理条例、交通管理条例和违警罚则等规范。[③]

1950年12月,新成立的中央公安部作出《关于整编各级人民公安机关、各地人民警察、人民公安部队的决定》,将原来分散的警察力量整合成纵向有中央业务主管部门、横向有地方党委双重领导的国家规制与惩戒的机构。与此同时,各地对国民党的旧警察机构和人员进行了组织化接受和意识形态改造,北京、杭州和上海等大中城市不仅成功地改造了旧警察队伍,而且保留了大部分的机构设置。[④]

1951年2月,中央人民政府发布《惩治反革命条例》,在公安机关及全体干警在各级党委和政府的领导下,发动人民群众,开展了声势浩大的镇反运动,对土匪、恶霸、特务、反动会道门头子及反动党团骨干等进行了排查和清理。在"坦白从宽,抗拒从严"及"镇压与宽大相结合"等一系列政策攻势下,反动势力很快土崩瓦解,取得了镇反工作的巨大战果。在巩固政权、安定社会治安秩序等方面充分显现了公安机关强大的职能作用。只用了约一年的时间,全国便建立和形成统一的公安体制。以后,除各大行政区公安部一度改为公安局,并于1954年撤销外,其他并无大的结构上的

① 穆玉敏:《周总理给北京市公安局立规矩》,载《人民公安》2001年第14期。

② 魏永忠:《改革开放以来公安机关机构改革及其启示》,载《中国人民公安大学学报》(社会科学版)2008年第6期。

③ 朱旭东、于子建:《新中国警察制度现代化进程述评》,载《中国人民公安大学学报》2011年第4期。

④ 刘宋斌:《中国共产党对大城市的接管:1945~1952》,北京图书出版社1997年版。

变化。警察的来源主要是军队和地方武装部门，至今公安队伍也一直保持着半军事化管理的传统。当时，由于警力严重不足，公安派出所的工作很大程度上依靠基层民兵组织和街道居民自治委员会维护当地治安秩序，开展联户联防和对敌斗争。在农村的警力配置更加稀缺，一个大区或重要集镇只有一名公安特派员，完全依靠基层民兵组织和乡村治保委员会保卫维护广大农村的社会治安秩序。①

1951 年 8 月，公安部经中央人民政府政务院政治法律委员会批准，公布了《无线电器材管理暂行条例》《旅栈业暂行管理规则》《公共娱乐场所暂行管理规则》《印铸刻字业暂行管理规则》，这四项法规是新中国成立后警政最早的立法成果，由于部分行业和地点本身的特殊性，极易成为违法犯罪活动的温床，因而旅馆业、旧货业、刻字业、修理业等被公安机关列为特种行业进行治安管理。

1951 年 10 月，公安部召开了管制反革命工作会议，会后向各地公安机关发出了《关于加强对反革命分子管制工作的指示》；1952 年 7 月，公安部公布了《管制反革命分子暂行办法》，规定了管制的目的、对象和期限，明确了各地公安机关对于管制的批准权和实施权。1953 年 2 月，中共中央批转罗瑞卿《关于当前管制反革命分子情况和今后正确贯彻政策的几个问题的报告》，进一步对管制工作的政策、方针、范围予以明确，并提出要组织干部、民警认真学习有关规定，解决应管未管与错管乱管、放松管制与单纯惩罚、违反政策等现象。

1952 年，在经过三年镇反运动后，全国各地的城市街道居委会和农村村委会体制格局下均成立了治安保卫委员会，作为群众性的警务力量其任务职责是在基层政府和公安机关的领导下，协助政府和公安机关肃清反革命，防奸、防谍，保卫国家和维护社会治安，公安机关对治保组织及其人员有着领导、培训、整顿等职责，并在区、乡一级下设公安员或公安特派员，构成新中国基层警务机制的最初形态。这种由公安特派员与居委会、区乡，以及机关企事业单位治保会的综合体实际上成为公安机关警务运行的最基础的单位组织，它“适应了我国在社会主义改造和计划经济特定时期的社会治安行政管理客观要求，较好完成了这一时期的历史任务”。②

1954 年开始，随着改造生产资料所有制和开展社会主义大规模建设，混入中共党内和国家机关、人民团体内的暗藏反革命分子也紧锣密鼓地进

---

① 李勇：《公安基层基础工作思行录》，中国人民公安大学出版社 2007 年版，第 61 页。

② 郑李成、谭灵铃：《综合警务：中国现代警务的深刻变革》，载《公安研究》2012 年第 9 期。

行破坏活动，严重阻扰社会主义建设事业。为保障所有制改造顺利完成，公安机关开展同隐蔽敌人的斗争，加强了经济保卫和防范工作，朱德在1954 年中央人民公安学院普通班第一期毕业典礼上指出“资产阶级作为一个阶级要被消灭，有人一定会拼死反抗的。其次，对农业和手工业进行社会主义改造，富农会反抗，有一部分小私有者也会抗拒。因此，应当说今后公安工作的任务不是轻了，而是更加艰苦，至少也同过去一样繁重”。①

1954 年 9 月，政务院公布施行《劳动改造条例》和《劳动改造罪犯刑满释放及安置就业暂行处理办法》，对劳动改造机关、劳动改造和教育改造、劳动改造生产、管理犯人制度、监督管理委员会、奖惩等都作了具体规定。

1955 年 8 月，中共中央发出《关于彻底肃清暗藏的反革命分子的指示》，指示提出对运动清查出的反革命分子和其他反坏分子，根据以下两种情况进行处理：一种是对其判刑并进行劳动改造；另一种是不够判刑又不适合继续留用的，则对其进行劳动教养。指示还要求各省、市立即筹备建立劳动教养场所，全国性的劳动教养场所由内务部、公安部立即筹办。

1956 年社会主义基本制度初步建立，形成了中央集权体制，强化了中央政府和地方政府的集中统一领导，为中国警政的基本格局奠定了基调。就这一时期的政治权力来说，“从体制的横向运行来看，权力集中于‘议行合一’的政府；从体制的纵向运行来看，权力集中于中央；从政党与国家政权的关系看，权力集中于执政党”。②

当时社会复杂性程度较低，社会变动速度较缓，集权政府能够满足行政管理的需求。公安部作为政务院的直接下属机构，基本延续了新中国成立前军委公安部“六局一厅”的组织结构，确定了“统一领导、分级管理、条块结合、以块为主”的领导体制，成为警务运行的基础。警政在集权环境下具有天然的优势，如在迅速组织动员、应对严峻局势压力等方面，特别是在应对一些突发性事件时，“集中力量办大事”的优势表现非常明显。在以集权为特征的社会主义政治体制基本格局下，一些基本原则如加强意识形态管理、服从政治路线等也在警政中确立并得到充分贯彻，在当时的环境下为迅速平抑乱局、维护社会稳定发挥了积极的作用。③

1957 年 6 月 25 日，《人民警察条例》在全国人民代表大会常务委员会上通过，以立法的规范化方式对公安机关和人民警察的性质、职责、权限、任务等予以明确而具体的规定，标志着新中国人民警察制度的正式确立。

---

① 本书编写组：《建国以来公安工作大事要览》，群众出版社 2003 年版，第 66 页。

② 杨火林：《1949～1954 年的中国政治体制》，中共中央党校 2005 年博士学位论文。

③ 张陶然：《新中国治安制度变迁研究》，中国人民公安大学 2017 年博士学位论文。

1957 年 11 月，全国第八次公安会议提出公安机关的主要任务从主要是对敌斗争，开始转变为在继续加强对敌斗争的同时，保卫社会主义经济建设。

在中共八大以后，政治上的“左倾”路线使警政目标有点偏“左”。一方面，党和国家较为全面、深刻地总结了新中国民主政治建设所取得的成就以及我国肃反斗争胜利的主要经验；另一方面，1957 年以后严重的“左”的错误，使阶级斗争扩大化逐步从党外延伸至党内，群众性政治运动接连不断，民主法制建设受到削弱。在政治环境的影响下，警务工作与政治运动配合紧密，甚至成为政治运动的延伸。

1958 年，我国经济建设在反“右”斗争声中急于求成，开始了“大跃进”的步伐，同时伴随着出现了很多治安问题。人民公社在农村普遍建立，其指导方针是“一大二公”，各地普遍采用“平均主义和无偿调拨物资”的措施，否认农民的私有财产权，大搞平均主义，否定按劳分配。人民公社化运动是当时党的中心工作之一，为配合人民公社的生产建设，治安制度安排也发生了全方位的变化，特别是在警务内容和组织构建与设置上的变化最为强烈。1958 年 9 月 12 日，公安部批转了《河北省公安厅关于迅速加强人民公社化运动中的保卫工作的意见》，该意见针对开展人民公社化的实际情况提出了加强保卫工作的具体措施，并指出县以下的公安保卫组织从形式上和任务上也要随着人民公社的建立进行相应调整，如基层保卫组织的任务，已由较单纯的以保卫工农业生产为主，发展到了保卫工农商学兵更加全面的任务。①

1958 年 11 月，最高人民法院、最高人民检察院、公安部联合召开政法工作片会，讨论人民公社化后的政法公安工作。罗瑞卿在华北片会的发言中强调了人民公社化对于公安工作的意义，认为在社会主义的社会结构大变革下，实行组织军事化、行动战斗化、生活集体化、管理民主化的人民公社运动有利于动员人民同反革命作斗争，彻底肃清反革命分子。另外，他还提出要根据妨害社会安全的问题作为具体斗争目标，广泛在各人民公社内开展安全运动。②

1959 年 9 月，公安部发出《关于当前公安工作几个问题的通报》，通报指出全国公安机关当前的主要任务，就是坚决反对右倾松劲情绪，鼓起更大干劲，加强各项工作。特别要抓破案、抓安全大检查、抓社会改造、抓治

---

① 本书编写组：《建国以来公安工作大事要览》，群众出版社 2003 年版，第 158 页。

② 本书编写组：《建国以来公安工作大事要览》，群众出版社 2003 年版，第 160 页。

安管理工作。1959 年 12 月 18 日,公安部向中共中央作《关于公安部和公安系统开展反右倾斗争情况的报告》,报告指出“公安部党组书记挂帅,亲自掌握运动,主持会议,参加辩论,决心大,劲头足,运动猛,发展快。最近 20 天内迅速掀起一个群众性的反右倾斗争高潮……目前运动已进入重点批判阶段。全国公安机关的学习运动,大体和公安部一样”。①

1961 年 9 月,公安部发出《关于加强城市治安管理工作的通知》,通知要求在严格区别两类矛盾的原则下,切实加强治安管理工作,及时而有力地打击反革命分子、杀人犯、纵火犯、抢劫犯等犯罪分子,情节严重的,一律依法从严惩办。1961 年 11 月,中共中央批转公安部党组提出的《关于十项治安措施的报告》,具体包括:(1)有计划地大张旗鼓地镇压一批反坏分子。(2)严厉打击投机倒把活动。(3)坚决制止哄抢。(4)加强管制和监督改造工作。(5)制止小偷小摸。(6)严格户口管理。(7)加强公安派出所。(8)活跃治安保卫委员会的工作。(9)加强边境管理。(10)在公安人员中讲清形势,使他们鼓足干劲,做好工作。中央要求各地督促公安、民政及其他有关部门贯彻执行,并在批语中指出:“在今后的一定时间内,社会治安管理必须从严,以利于生产和克服暂时困难。公安政法部门必须全力以赴,各级党委也应当认真抓一下,动员全党和各方面的力量共同做好这一工作。在一手抓治安的同时,必须一手抓教育,向全体干部和群众进行社会主义教育和遵守纪律、遵守法律的教育,并注意整顿内部纪律,以维护正常的社会秩序。”②

1962 年中共八届十中全会将社会主义社会中仍在一定范围内存在的阶级斗争作了扩大化和绝对化的表述,提出“千万不要忘记阶级斗争”的号召,进一步发展了在阶级斗争问题上“左”的路线。在这些政策和决议的影响下,“左”倾错误逐渐在公安系统蔓延,阶级斗争、改造“四类分子”等政治性活动成为警务工作的重要内容。在工作机制上,追求规模大、势头足的运动思维,也使警务中出现了在今天看来过激的方式方法。③

由于自然灾害、苏联撕毁合同、“大跃进”和人民公社化运动中严重的“左”倾错误等共同因素导致粮食短缺和饥荒现象在各地农村和城市迅速蔓延。在 1958 ~ 1963 年,非正常死亡人口数以千万计。美国著名人口学家科尔教授在 1984 年出版的《从 1952 年到 1982 年中国人口的急剧变化》一书中,估算我国 1958 年至 1963 年非正常死亡人口约为 2680 万;前副委

① 本书编写组:《建国以长公安工作大事要览》,群众出版社 2003 年版,第 182 页。
② 本书编写组:《建国以来公安工作大事要览》,群众出版社 2003 年版,第 219 页。
③ 张陶然:《新中国治安制度变迁研究》,中国人民公安大学 2017 年博士学位论文。

员长蒋正华教授在1986年撰写的《中国人口动态估计的方法与结果》的专论和有关著作中，估算1958年至1963年我国非正常死亡人口约为1697万；国家统计局前局长李廊品对上述两位教授的研究结果作了比较并对科尔教授计算数字作技术性修订后认为我国1958年至1963年非正常死亡人口约为2158万。经济方面的极度困难也影响社会治安秩序，在三年自然灾害时期，一些群众外出乞讨，在市面偷摸、夺食事件不断发生，一些犯罪分子趁机作案，盗窃、诈骗、投机倒把等犯罪活动上升，封建迷信等社会丑恶现象开始回升。政府在加强收容救济灾民的同时，也组织力量对于警务工作的加强，使诸多治安问题逐渐得到缓解。1963年召开了全国城市治安管理工作会议，严厉打击趁经济困难之机进行犯罪活动的不法分子，铲除各种社会丑恶现象，同时强调正确区分两类不同性质的矛盾，协助有关部门妥善解决困难群众的生活问题，清查、收容、遣送盲目流入城市的人员。到1964年年底，调整任务基本完成，整个国民经济进入一个新的发展时期，由于治安工作的常抓不懈，各种刑事案件也开始下降，城乡治安秩序一度混乱的局面有所改变。①

总体而言，公安机关在党中央和国务院正确领导和全国人民群众的大力支持下，取得了“三反”和“五反”的胜利，粉碎了间谍特务的破坏阴谋，对罪犯和剥削阶级残余分子进行了社会主义改造，保障了国家政权和社会秩序的稳定。直至“文化大革命”爆发前，刑事案件年发案率仅占总人口的万分之三左右，取得了良好的治安秩序。

二、停滞与倒退：“文革”时期“军政警合一”警务模式

1966年至1976年的“文化大革命”给国家和人民带来了深重的灾难，也致使公安工作遭到极大的破坏。

“文革”初期，各级党委和政府受到了疯狂冲击，大批党政干部、专家学者民主人士被非法抄家、严刑拷打、残酷折磨，由于当时基层公安机关还存在，许多高级领导干部躲到公安部门避难，广大基层公安民警也能履行职责，阻止红卫兵与造反派的违法行为，便引发了冲击公安机关、砸烂公检法的狂潮。

打倒当权派之后，各地成立“革命委员会”替代地方政权机关的职能，党政一体化。公安机关作为“革命委员会”下设的人保组，行使维护社会治安的职能。

---

① 张陶然：《新中国治安制度变迁研究》，中国人民公安大学2017年博士学位论文。

“文革”造成社会治安控制失效，严重混乱现象迅速在全国蔓延。但是在当时的历史条件下，对社会治安秩序产生恶劣影响的“大串联”甚至“打砸抢”一类的社会行动，并不认为是社会治安问题，而是在革命感召下的光荣选择。根据极不完整的统计资料，仅上海市社会上的刑事案件就几乎以每年1000起的规模递增。十年中仅重大刑事案件就发生近7000起，其中杀人、流氓捅刀子等侵犯公民人身安全的案件占29.8%，强奸、侮辱妇女等性犯罪案件占59.7%，都是新中国成立以来各时期中比例最高的。①

总体而言，“文化大革命”对警务工作带来的冲击与教训是巨大的，有一个数据可以充分说明，在粉碎“四人帮”以后，公安机关在纠正自身遭受的冤假错案的同时，会同检察院和人民法院，密切协作复查了近79万起案件，平反纠正冤假错案37万多件，占复查案件数的46.1%。②

三、改革与开放：不断变革和进取中的中国警政

1978年12月的中共中央一届三中全会宣布工作“重点转向社会主义现代化”，这标志着中国开始摆脱革命年代。③

在改革开放新的历史时期，公安机关和警察队伍经过整顿得以逐渐恢复。为适应改革开放的需要，公安的工作重点从阶级斗争转到为经济建设服务上来，人民警察机构设置和体制相应发生了重大变革。坚持党对公安工作的领导，形成“统一领导，分级管理，条块结合，以块为主”的公安管理结构，我国公安机关在警察现代化发展的道路上迈出坚实的步伐。④

（一）人民警察领导管理体制改变

“文革”结束后，人民公安系统得到恢复并进行了调整。1977年12月31日召开的第十七次全国公安工作会议对公安机关的机构设置及其工作任务进行了部署，公安机关作为一类重要的国家治安组织进入快速重建时期。

1982年6月，重建中国人民武装警察部队，在公安部门原兵役制的边防、武装、消防三个警种的基础上，又接收了解放军的原内卫部队，合并组成新的武警部队，同时还设有警卫、黄金、水电、交通指挥、森林武警部队。1983年4月，中国人民武装警察部队总部正式成立，属国务院编制序列，

① 邓志伟：《邓志伟全集：社会学》卷(1)，上海大学出版社2013年版，第293页。

② 公安内部资料：《忠诚的道路解说词》第二集。

③ ［美］詹姆斯·R.汤森、布兰特利·沃马克：《中国政治》，顾速、董方译，江苏人民出版社2003年版，第96页。

④ 许新源：《我国公安机关和人民警察组织机构历史沿革》，载《公安研究》1999年第3期。

武警总部设在公安部,归国务院和中央军委统一领导。省、自治区、直辖市公安厅(局)对应成立武警总队和相应的支队与大队建制。

1983 年 4 月召开的全国公安工作会议,讨论通过了《关于加强和改革公安工作的若干问题》等文件,掀起了公安体制改革的浪潮,同时也使人民警察的领导和管理体制从过去的公安机关统一领导和管理,变为由公安机关、国家安全机关和司法行政部门等其他国家机关分别领导和管理的体制;反间谍等职能划归国家安全机关,劳改、劳教工作移交司法行政部门,使人民警察维护社会治安的体制机制更加专业和明确。1983 年 5 月,国家安全部组建,承担公安部原反间谍工作;1983 年 8 月,公安部原监狱管理和劳教工作移交司法部。

1984 年,根据党中央改革公安工作的精神,公安机关实行党组(委)集体领导下的行政首长负责制,既不同于以前的“集体决策、集体担责”的党组(委)领导下的集体分工负责制,也不同于其他行政机关的行政首长负责制。这一制度使公安机关的党组(委)具有决策权、指挥权,能够对本机关实行党的集体领导;同级公安机关内部首长分工负责,即正职首长主持全面工作并负主责,副职首长分工负责部门工作并承担相应责任;各级行政首长必须对所领导的机关工作承担行政责任,如果按集体决定执行所犯的错误由集体承担责任,但主要领导要承担领导责任,如属非集体决定所犯错误则由个人承担责任。①

1995 年 2 月,《人民警察法》以法律形式明确肯定了人民警察的五大组成部分的机构体系,改变了 1957 年人民警察条例的“人民警察受中华人民共和国公安部和地方各级公安机关的领导”的体制规定,至此,人民警察三十多年由公安机关统一管理和领导的体制,转变为分别隶属不同部门管理和领导的体制。

(二)公安机关专业化建设与机构的完善

1978 年 7 月 6 日,公安部办公室对国务院批准的公安部十余个局级机构设置发出通知。同年 12 月 7 日,公安部办公厅发出《关于公安部机构设置问题的补充通知》,交通部公安局、铁道部公安局列入公安部机构序列。

1980 年 7 月 9 日,国务院批准中国民航总局设立公安局,列入公安部编制序列,受公安部和民航总局双重领导。

---

① 公安部政治部:《公安管理与公安领导教程》,中国人民公安大学出版社 1995 年版,第 84 ~ 85 页。

1982 年 7 月,武警部队建立了反劫机等严重暴力犯罪的特种警察部队。

1982 年 11 月,公安部成立外国人管理、出入境管理局。

1984 年 5 月,在 50 年代至 80 年代初各地林区逐步建立林业公安机关的基础上,林业部公安局组建起来(发展至 2013 年已经拥有近 6 万的森林警察)。

1984 年以后,各级公安机关的刑事侦查部门从治安部门分离,使治安管理机构相对独立,治安管理的基本范围也更加专注于治安防范。对于派出所工作明确提出要“以治安管理为中心,以户口管理为基础”,强化派出所的治安管理职能。此后,公安派出所深入探索治安警务工作的改革路径,以适应不断变化的社会环境。

1986 年 10 月,交通部原公路交通管理职能移交公安部,与公安机关原城市交通管理警察合并,形成新的交警,公安部成立交通管理局。到 1987 年,公安部的机构设置已经拥有政治部、办公厅和 17 个公安专门业务局。

1987 年开始,全国公安机关在原有“110”匪警报警台的基础上扩大接警范围,逐步完善了“110”报警服务系统,并串联形成公安“110”指挥中心,建成快速反应机制。

1988 年 1 月,公安部批转三局《关于改革城市公安派出所工作若干问题的意见》,提出派出所是公安机关多功能的综合性战斗实体,要按属地原则,以块为主,切实担负起区内的治安管理任务;改革派出所民警的分工和勤务制度,调整户籍民警,增加治安民警,建立联勤组,分片包干等;适当扩大派出所的职权,加强对派出所工作的领导。

1988 年 12 月 10 日,在国家机构编制委员会的第十一次会议上,审议并通过《公安部“三定”方案》,同意公安部设立 14 个行政司、局和政治部,3 个武警现役局,另外按统一规定设置机关党委、监察局、审计室、纪委和老干部局。①

1991 年 10 月 31 日,经中央机构编制委员会同意,公安部增加行政编制 80 名,成立了技术侦察局和文化保卫局。

1991 年,第十八次全国公安会议指出:“对公安队伍的管理实行条块结合,以块为主的体制。”同年,中共中央《关于加强公安工作的决定》(中发〔1991〕19 号)进一步明确了公安机关“统一领导,分级管理,条块结合,

---

① 魏永忠:《改革开放以来公安机关机构改革及其启示》,载《中国人民公安大学学报》(社会科学版)2008 年第 6 期。

以块为主”的管理体制。

1992 年 4 月，根据中共中央《关于加强公安工作的决定》和落实第十八次全国公安会议精神，公安部在河南省开封市召开座谈会，讨论城市公安指挥中心建设工作，要求公安机关在各大中城市分别建立高效、权威的指挥中心和指挥系统。在同年 8 月召开的全国公安厅局长会议上，要求建立和完善大中城市民警巡逻体制和指挥系统，各地公安机关普遍建立了警察巡逻体制和防暴特警队伍。

1993 年 12 月，公安部发出《关于理顺公安派出所和分局管理体制的通知》，又一次掀起了公安机关机构改革的浪潮。通知规定由县(区)公安局(分局)和市公安局直接指挥和管理公安派出所的执法工作、人事任免、工资关系、勤务保障等，城市公安分局实行上级公安机关为主的管理体制，同时增加了各级公安机关的内设机构，促进治安管理机制更加完善，管理水平大幅提高。

1994 年国务院办公厅《关于印发公安部职能配置、内设机构和人员编制方案的通知》，重新核定了公安部的工作职能、机构设置和人员编制，经国务院批准，公安部内设机构和职能配置中新增了户政管理局和计算机管理监察司。

1997 年 6 月，根据人民警察法的相关规定，国务院发布实施了《公安机关督察条例》，各地公安机关对应组建了警务督察队伍，成为警察队伍内部加强监督管理的一个新警种。

1997 年 6 月，公安部正式提出侦审一体化改革，撤销预审机构，将预审工作并入刑侦工作中，实行侦审合一的刑事办案新模式。基层取消派出所的刑事侦查权，派出所不再承担案件侦破任务，设立兼跨数个派出所辖区的刑警中队，全面负责案件的侦查和预审工作。

1998 年 3 月，国务院机构改革方案得到第九届全国人大一次会议的批准，公安部于同年的 9 月完成了部机关定编定岗，重点解决机构设置与职能存在的交叉重叠问题，在公安部内设机构中，新增了禁毒局、经济犯罪侦查局和警务督察局。一些业务局在调整后也改变原有的名称，如公共信息网络安全监察局、国内安全保卫局、监所管理局。

1998 年 7 月在全国打击走私工作会议上确定了建立缉私警察，1999 年 1 月，国家海关总署走私犯罪侦查局成立，由海关总署和公安部双重领导，隶属海关总署直接领导，列入公安部业务管理序列。各地方也相继成立了相应的海关缉私警察。由此，警察除了地方公安外，还拥有森林、铁路、民航、海关缉私等四种专业警察。

1998 年 8 月,国务院批准《公安部职能配置、内设机构和人员编制的规定》,整合职能相近的部门,合理分配、划归职责权限。在这次公安机构改革中,治安管理局的业务管辖范围实现了重大调整,其承接了户政局和民用爆炸物品管理办公室,吸纳了经济保卫局、文化保卫局的部分职能,特别是扩大和加强了对社会治安防范的监督指导职能,使治安管理机构权责设置更加科学合理。

1999 年 12 月 9 日,中编办、公安部发出《关于省级公安机关机构改革的意见》,将建立进一步明晰事权,精干高效,运转协调,警令畅通,机构、职能、称谓、序列统一、职责、权限一致的公安机关组织机构作为改革的目标。

四、加入世贸组织:我国现代警政的国际化接轨

2001 年 12 月 11 日,中华人民共和国经过 15 年的谈判,正式加入世界贸易组织。

我国警察与国际化接轨的最重要举措就是推进社区警务战略。社区警务"是二十世纪六七十年代发端于英、美、加、澳等国家,随后又先后被德、法、日、新加坡等国家借鉴创新而兴起的一种以治本为主、治标为辅的警务发展战略"。①

世界各国面临的一个普遍问题就是公共安全服务有效供给不足的情况,而社区警务是警方在实际工作中逐渐发展出来的一种公共安全服务多元化供给的制度安排。这种警务制度的安排突破了过去以政府为中心提供安全产品的一元供给制度,突出了当地政府、警察、市场、社区成员等相关者之间的互动,是一种复合的多中心的公共安全服务的供给。

"伴随着我国加入 WTO,人民群众对公安工作的要求也愈来愈高,同时,'社区警务'正在世界范围内兴起。这种背景下,1997 年,公安部适时提出了'以防范和管理为主要职能和工作重点',以'发案少、秩序好、群众满意'为目标的公安派出所改革新思路。"②以公安部 1997 年苏州会议和石家庄会议的召开为标志,我国开始了为适应社会主义市场经济体制的社区警务战略,对我国派出所的职能进行新的定位,鉴于派出所在整个公安工作中的基础地位,其工作重心必然是管理与防范。同时面对日趋严峻的社会治安形势,公安部将评价和衡量公安工作成效的目标定位在"发案少"上,这一绩效评估方向的提出,从根本上扭转了过去的重打击、轻防范

① 李中信:《中国社区警务研究》,群众出版社 1999 年版,第 1 页。

② 胡建刚:《论社区警务理念下的公安派出所工作》,载《江西公安专科学校学报》2002 年第 6 期。

的工作安排,树立起"与其多破案不如少发案"的观念,应当说这是一种警务哲学的战略转变。

虽然对于警察的纪律监督机制一直都存在,但是我国公安纪检监察工作由各层级公安机关内部具体实施,即各级公安机关纪检监察机构对同级内部所发生的违法违纪情况进行监督。原则上,上级纪检监察部门对下级公安机关不具备查案权与处置权,即不能对下级警察机构进行直接的监督与干预,而纪检监察机构对同级公安机关的监督干预程度由于受到地方权力与利益关系的左右,其监督机制运行的权威性很差。2000 年 6 月,中共中央办公厅、国务院办公厅下发《关于印发〈中共中央纪律检查委员会、监察部派驻纪检、监察机构职能配置、机构调整和编制配备方案〉的通知》,方案规定,中央纪委、监察部派驻纪检、监察机构,受中央纪委、监察部和驻在部门、单位党组(党委)、行政的双重领导,以中央纪委、监察部领导为主。这次改革的核心在于,公安系统开始自上而下建立起完整的纪检、监察组织机构,配备相应的干部,形成了公安纪检、监察组织体系。①

从 2000 年开始,中央对于警察权力的规训进一步强化,并且通过"上访"和"下访"两个途径对警察权力进行严密的监控。从 2000 年 3 月 1 日开始,为了方便群众"上访","110"报警服务台履行接受群众监督投诉的新职能;凡群众发现公安机关、公安民警有违法违纪或失职行为的,可以直接拨打"110"进行监督投诉;上级公安机关通过每年的"倒查""暗访"等方式"下访","了解和掌握真实情况","严肃追究有关人员的责任"。②

2002 年,公安部发出了《关于改革和加强公安派出所工作的决定》,明确了公安派出所以"大力加强以人口管理为重点的治安防范和管理,积极实施社区警务战略,努力提高预防、发现、控制、打击违法犯罪活动的能力和服务群众的水平"为主要的工作任务。③

2002 年,公安部杭州会议上明确提出在全国推行社区警务战略的口号。同年,派出所等级化评定工作正式开始,对派出所的考核重点放在了人口管理和治安防范上,这一举措大大加快了城市社区警务在全国范围内的推广。

对于基层警察而言,尤其是那些老警察,2003 年注定有着一个不平凡的记忆。这一年刚刚过去没几天,公安部就出台了"五条禁令"。2003 年 1 月 22 日,公安部基于"一些地方公安机关民警违反枪支管理使用规定、携

---

① 樊鹏、汪卫华、王绍光:《改革时期的公安分权与集权》,载《研究报告》2008 年第 7 期。

② 《关于加强公安队伍建设的十二项措施》(2000 年)。

③ 姚伟章:《公安派出所执法》,群众出版社 2003 年版,第 4 页。

带枪支饮酒、酒后驾车肇事、酗酒滋事和参与赌博等问题还比较突出，特别是最近一个时期，个别地方接连发生民警开枪杀人、酒后驾车肇事等重大恶性案件和事故，严重侵犯人民群众的合法权益，败坏公安队伍的整体形象，造成了极为恶劣的社会政治影响。为维护公安队伍铁的纪律，公安部特制定了“五条禁令”。可以说，中国的警察执法规范化建设就是从这一年正式开始的。①

虽然此前也有关于公安执法规范化的要求，但是大都流于形式。2003年的“五条禁令”彻底打破了这一局面，把中央的决心以简明扼要的禁令强硬地摆在每个警察面前。接下来一系列严苛的惩戒行动证实了公安部雷厉风行并非虚言和表面文章。在“五条禁令”实施的第一年，全国公安机关就查处违令案件738起，查处违令公安民警988名，追究县、市局以上领导责任561人，开除、辞退公安民警387名，截至2006年年底，共处理违令公安民警2000多人。②

2003年2月21日，中共中央政治局召开会议，讨论了《关于深化行政管理体制和机构改革的意见》。

2003年2月24日，公安部提出“贯彻十六大，全面建小康，公安怎么办”的重点研讨题目，重点讨论和研究公安机关如何进一步深化警务改革，开拓创新，与时俱进，紧紧围绕党的十六大提出的全面建设小康社会的奋斗目标，建立与之相适应的社会治安防控体系和警务工作运行机制。

2003年3月6日，国务院机构改革方案由第十届全国人大一次会议审议并通过，拉开了新一轮政府机构改革的序幕。此次政府机构调整的宗旨是为了适应加入世贸组织的变革需求，目标和任务十分明确，行政管理体制要逐步达到“行为规范、运转协调、公正透明、廉洁高效”。改革的重点是进一步转变政府职能，建立适应社会主义市场经济规则要求的行政体系。党的十六大报告揭示其基本精神：“按照精简、统一、效能的原则和决策、执行、监督相协调的要求，继续推进政府机构改革。”在这种政治体制变革的历史背景下，进一步推动公安机关的机构改革向纵深发展。

上海不仅是我国经济改革的前沿阵地，而且在警务机制的创新上也成为全国的领航者。2003年4月，上海市公安局提出了进行现代警务机制创新的思路，通过警务改革，改变公安机关多年以来形成的各警种单兵作战和“朝八晚五”上下班模式，将社区民警、巡逻民警和治安民警“三警合

① 公安部：《公安部关于印发五条禁令的通知》（公通字〔2003〕4号），2003年1月22日。

② 李健和主编：《公安工作改革开放30年》，群众出版社2008年版，第16～17页。

一”，在全市推行网格化巡逻机制，让警力充实到社区。以普陀公安分局为例，在普陀区 58 平方公里的辖区内分布 15 个派出所，每个派出所有一台 GPS 定位的巡逻车，由分局统一指挥和调度，24 小时全时段巡逻值勤，巡逻重要时间段派出所治安民警加入街区巡逻和各警务区选择巡逻时间段派出社区民警，形成分局、派出所、警务区“三级巡逻”体系的架构，保证重点路段的路面上 24 小时都有民警在巡逻，随时可以对防控区内发生的各类案件进行快速处置。每个社区民警每周深入社区的时间不少于 30 小时，民警在社区里面开展走访、调查、访问，获取基础性的管理信息。

2003 年 11 月 18 日，中共中央下发了《关于进一步加强和改进公安工作的决定》（中发〔2003〕13 号）文件，明确回答了应对新阶段诸多公安战略问题。

2003 年 11 月 20～22 日，第二十次全国公安会议召开，胡锦涛总书记在同第二十次全国公安会议部分代表座谈时发表重要讲话。无论是中央文件、二十公会议文件，还是党和国家领导人的讲话，我们从中可以体会出关于公安改革的精神和具体要求。第二十次全国公安会议文件明确指出，公安队伍正规化建设的基本内容，是根据公安机关的特点，在组织机构、勤务方式、内务管理、教育训练、监督制约等方面实现规范化、标准化、科学化，使公安机关指挥畅通、内务规范、工作高效、保障有力。所谓公安机构规范，就是要有效整合警力资源，调整机构设置，切实解决公安机关分工过细、职责交叉、警力分散的问题。会议提出了维护稳定、机制建设、执法为民、警务保障和队伍建设五个方面的奋斗目标，提出要精简机构、减少层级，使警力向一线实战部门倾斜的方针。

2004 年 10 月 23 日，《公安部 2004～2008 年全国公安队伍正规化建设纲要》明确了公安机关机构改革的方向：“建立保障公安队伍依法履行职责的组织体系。上下级公安机关工作的领导指挥关系顺畅，政令警令畅通。内部管理体制完善，职能配置科学合理。机构设置规范统一，人员编制标准明确具体，人事管理制度健全落实。”

2006 年，公安部开始实施为期三年的“三基”活动，即“抓基层、打基础、苦练基本功”，目的仍在加强基层警务工作。

2006 年 9 月 19 日，公安部《关于实施社区和农村警务战略的决定》（公发〔2006〕5 号）发布，文件要求：“逐步建立与新型社区管理体制、社会主义新农村建设相适应的社区、农村警务工作新机制，为推进城市社区和社会主义新农村建设、全面建设小康社会、构建社会主义和谐社会创造良好的治安环境。”

2006 年 11 月 13 日,我国第一部规范公安机关组织管理的行政法规《公安机关组织管理条例》颁布,明确了上级公安机关对下级公安机关的领导、指挥关系,对公安机关派出机构、内设机构的设置进行了具体规范,对县级以上地方人民政府公安机关和公安分局内设机构采取分类管理和执法勤务统一队建制,以“队”和“室”作为统一的机构名称,并对编制、职级、名称进行统一规范。其中规定“县级以上地方人民政府公安机关公安分局内设机构分为综合管理机构和执法勤务机构”,将治安等实际业务部门划入执法勤务机构。治安执法勤务机构统一实行队建制,省、市、自治区设治安总队,市公安局设治安支队,县(区)公安局(分局)设治安大队,大队下设治安中队。

2007 年 12 月 8 日至 9 日,公安部在安徽省合肥市召开全国公安机关深化刑侦改革座谈会,全面总结十年刑侦改革取得的成效和经验,深入分析当前刑侦工作面临的形势和存在问题,研究部署当前和今后一个时期的刑侦工作。

2008 年 7 月 8 日,部分省市公安厅局政治部主任座谈会在北京召开,会议指出全国公安政工部门将重点推进四项改革:一是推进公安人事制度改革;二是推进县级公安机构改革;三是推进公安院校招录培养体制改革;四是加快推进人事制度改革。

2008 年,国务院批准公安部“三定”规定,对中央公安机关的主要职责、内设机构和人员编制作出规范性规定,为进一步推进公安机关机构改革提供了重要依据。

2009 年,公安部提出强化社区防控网、街面防控网、单位内部防控网、区域警务协作网、“虚拟社会”防控网、技术视频防控网等“六张网”建设,积极构建点线面结合、人防物防技防结合、打防管控结合、网上网下结合的社会治安防控网络,努力实现对动态社会的全方位、全天候、无缝隙、立体化覆盖。①

2012 年 6 月,公安部召开全国公安厅局长“苏州会议”,对加强动态化信息化条件下的治安管理做出部署,要求各地加强和改进应急处置工作,推进符合警务实战化要求的点对点、扁平化指挥模式,提高快速反应能力,提高处置重大突发事件能力。围绕维稳处突、打击犯罪、治安治理三项任务,强化实战引领,注重机制创新,推进一体化运作的情报指挥机制、合成

---

① 刘学刚:《中国警方:“亮剑”之后话“积淀”》,载 http://wwwcpdcomcn/n1695/n3553/c1866741/contenthtml,2011 年 5 月 21 日/2017 年 5 月 5 日。

作业的侦查办案机制、立体常态的巡逻防控机制和实用实效的警务保障体系建设。①

2015 年 1 月 15 日，公安部金盾二期工程顺利通过竣工验收，全国公安机关根据公安部总体部署，按照“统一领导、统一规划、统一标准”的原则完成各项建设任务。公安信息化基本实现横向到边、纵向到底的体系，覆盖主要警务领域，并提出要在公安部二期工程建设的基础上，全力打造公安信息化升级版，努力实现公安信息化与公安工作的深度融合，不断推动传统警务向现代警务的根本转变，全面提升公安机关维护社会和谐稳定的能力和水平。②

2014 年 9 月在杭州召开的全国厅局长座谈会上，公安部提出要健全完善信息资源连通共享、高效集成的系统平台。部、省两级公安机关要加速建设公安大数据云计算中心，健全信息资源共享服务平台，努力推动系统之间无缝对接。要健全完善情报信息研判应用机制，推动基础信息与情报研判、情报研判与打击防范有效对接，真正把基础工作信息化建设成果转化为现实战斗力。③

2015 年 4 月，中共中央办公厅、国务院办公厅印发了《关于加强社会治安防控体系建设的意见》，明确要求要着力提高动态化、信息化条件下驾驭社会治安局势能力，以突出治安问题为导向，以体制机制创新为动力，以信息化为引领，以基础建设为支撑，坚持系统治理、依法治理、综合治理、源头治理，健全点线面结合、网上网下结合、人防物防技防结合、打防管控结合的立体化社会治安防控体系。重点要加强治安防控网建设、加强信息资源互通共享和深度应用、完善社会治安防控运行机制、健全调处化解矛盾纠纷综合机制、严格落实综治领导责任制，建立健全社会治安防控体系工作格局。④

通过近 20 年的努力，“重基础”和“重防范”社区警务战略已经逐步成为基层公安机关的主要方针政策以及加强公共安全服务多元化供给的明确导向。

---

① 武胜伟：《转型期中国社会治安治理问题研究》，郑州大学 2016 年博士学位论文。

② 《杨焕宁在公安部金盾工程竣工验收会上要求：进一步巩固扩大成果，在新起点上提升公安信息化建设水平》，载《人民公安报》2015 年 1 月 16 日，第 1 版。

③ 张兆端：《智慧公安——大数据时代的警务模式》，中国人民公安大学出版社 2015 年版，第 15 页。

④ 武胜伟：《转型期中国社会治安治理问题研究》，郑州大学 2016 年博士学位论文。

第五节　新中国现代警政的特征与属性

一、中国现代警政的组织原则

在世界上,警察体制因国而异,从法理上分析,总体上讲不外乎大陆派系和海洋派系两大类。大陆派系的警察体制主要是法、德、意、西班牙等大陆法系国家,其体制上的特点是以集权制为主,全国有统一的警察组织结构,中央政府有权指挥地方警察机构。海洋派系的警察体制主要是英、美、加拿大等海洋法系国家,其体制上的特点是以分权制为主,全国没有统一的警察组织机构,中央政府无权指挥地方警察机构。虽然两大派系之间有融合交流的演变趋势,但至今大多数国家的警察体制仍然呈现较明显的界限。

中国现代警察制度来源于日本。1840 年鸦片战争以后,帝国主义列强侵入中国,中国沦为半殖民地半封建社会国家,民族矛盾和阶级矛盾日益突出、尖锐。清王朝为了维护其摇摇欲坠的封建统治,戊戌变法的资本主义改良主义者提出仿效外国建立警察制度。在这股"西化"思潮影响下,1898 年 6 月湖南按察史黄遵宪在巡抚陈宝箴的支持下,参照日本警视厅和上海租界的巡捕制度,在省城创立了湖南保卫局。1905 年 9 月,清政府为了统一全国警政,在中央设立巡警部,这是中国历史上最早的专职中央警察机关。

中国与日本一衣带水,自古以来相互影响,特别是中国儒家思想,直接成为日本封建治国的基础,也是日本警察机构建立的组织原则。在明治维新前,封建领主的武士可以讲就是日本最早的警察,他们保证社会统一,消除分歧,维持治安秩序的稳定,执行警察的职能。日本现代化的警察机构的发展,始自明治维新。幕府征战时代结束时,"锁国政策"亦同时被门户开放所取代,英国率先敲开了日本的大门。为便利通商贸易,日本乃在横滨商港划定英国领事馆范围,现代化的英国警察随着英商眷属登陆。其后,为维持横滨地区多国商户的治安,第一批着西式制服的日本警察于是诞生。

明治天皇随即派遣学者赴法国取经,返国后教育、训练现代化的警察,日本警察制度基本上是仿照法国警察体制的,以后又聘请多位德国警政学者到日本任教。因此,日本的警政可称为参考英、法、德制度,再融入本身的传统而成型,但基本上是属于大陆法系警察制度。

中国与日本有着相同的儒家意识形态和悠久的封建传统,因此,在最初引进警察制度时选择是日本模式也就丝毫不奇怪了。但在随后的演进过程中,由于中国共产党的执政,又融入马克思主义学说和中国现实的国家意志,使得现行中国内地的警察体制走向一条独立的发展轨道,特别是冷战时期,与西方各国的断交,使中国大陆警察制度的特征更为突出。相比较,中国大陆警察的组织原则有以下特点。

(一)马克思主义经典理论是中国大陆警察组织原则的思想基础

马克思主义国家学说和人民民主专政的理论是中国公安机关组织原则的思想基础。马克思主义国家学说科学地阐明了国家的本质、职能和无产阶级专政等问题,以此为指导,才能正确认识警察在国家中的地位和作用,才能划清无产阶级警察观与资产阶级警察观的界限。人民民主专政理论是我党和毛泽东同志对马克思主义无产阶级专政学说的发展。

马克思主义认为,国家是阶级统治的机器,任何一个执政党都要把国家机器掌握在自己手里,正如毛泽东同志所说:“军队、警察、法庭等项国家机器,是阶级压迫的工具。对于敌对的阶级,它是压迫的工具,它是暴力,并不是什么‘仁慈’的东西。”①

(二)坚持中国共产党的绝对领导

任何国家的武装力量总是必须忠实于代表统治阶级利益的政党。西方实行的军队、警察中立化带有很大的迷惑性,实质上是指在有资格执政的资产阶级政党之间军队和警察保持中立,但在这些党派和共产党之间,他们是不讲中立的。日本人松井茂在《警察学纲要》里写到:“赤化运动,必须严禁。”这充分表明资产阶级的警察学的反共立场。警察必须与国体一致,我国是人民民主专政的国家,工人阶级是领导阶级,中国共产党是代表工人阶级利益的唯一政党,公安机关必须坚持党的绝对领导。

(三)坚持走群众路线

马克思主义认为,人民是创造世界历史的动力。因此,从最初建立警察机构,我国公安工作就确立了党委领导下的专门机关与广大群众相结合的基本方针,完整地表述了公安工作中党的领导、警察机构和人民群众三者的关系,反映了我国警务工作的重要特色和优势。

对公安机关来说,走群众路线就是把全心全意为人民服务的思想与履行自己的职责统一起来,一方面有效打击违法犯罪,另一方面保障人民的权利和利益,同时充分相信群众和依靠群众,在党委和政府领导下,组织群众发动群众同违法犯罪和治安灾害事故作斗争,保障国家安全,维护社会治安。

---

① 《毛泽东选集》(第四卷),人民出版社 1991 年版,第 1413 页。

（四）属地管辖

我国宪法和法律明确规定了公安机关与党和政府的关系以及上下级公安机关的关系，现行的警察机构的行政领导体制，就是中央公安部与地方公安机关的关系，在坚持党对公安机关的绝对领导的原则下，实行"块与条相结合，以块为主"的制度。具体地讲，就是中央公安部接受党中央和国务院的领导。地方各级公安机关，一方面接受地方党委和政府的领导；另一方面又接受上级公安机关的领导，并以地方党政领导为主。地方公安工作的决策、干部的任免、经费的开支等由地方党政机关决定；上级公安机关和中央公安部实际上只负责公安业务的领导和指导。

由于我国最初就选择的是类似"大陆法系"的日本模式，体制上讲是集权主义，但在运作时却是分权主义和集体决策。在实际警务决策和指挥中，往往是在具有决策权的各级党委和政府及警察首脑的统一领导之下，按照少数服从多数的原则，集体作出决定。相比之下，采取分权制的警察体制，警务运作时更多取决于个人集权，在 1977 年版《警察行政》一书中，威尔逊把美国警察机构的组织原则的领导权归结为在目的、过程、方法或起诉中有相似或相近任务的警察单位，应该合并在一起，成立接受一人的统一领导和指挥，利于完成共同任务，这些任务是根据以下三点来区分的，即时间、执行任务的地区，为完成任务所必需的权限。每一个人、每一个单位和每一项工作都应归部门领导一人指挥和控制，只能是一人说了算。这样才能够做到指挥一致和步调一致，才能避免在指挥和监督工作中出现混乱和摩擦。这种集权和分权的辨证的统一，也体现了对正确使用这些权威、行政效率的弥补及对滥用权力负责的折衷。

二、中国现代警政政治性的深层基因

Skolnick 曾言，"警察是由政治过程所制造并赖以维系的组织"。[①] Brewer 则指出，"警务活动就是政治活动，而警察组织就是国家的一个政治组织"；"警察是国家独拥合法暴力的看护者，警察是国家的仆人"。[②]

在讨论警政的发展时，必须结合其所处的政治生态进行分析。不同的政治生态环境下，警政属性的本质以及权力运行机制都会有着迥异的内涵。

---

① 章光明：《警察与政治》，载王宽弘、朱金池等主编：《警察学》，五南图书出版公司民国 89 年版，第 286 页。

② J. D. Brewer, Some Observations on Policing and Politics: a South African Case Study, *Policing and Study*, Vol. 4.

新中国的警政发源于革命根据地时期，基于路径的依赖性，其从属政治的特征贯穿于整个警政的成长过程。在1931年11月，人民革命政权的第一个公安机关——国家政治保卫局正式成立。警政的职能定位于保障苏区革命政权、军队和社会秩序的安全。1941年后，中共中央颁发了《公安局组织纲要》，要求公安机关在各个革命根据地普遍建立，警政就是保卫抗日民主政权，坚决镇压敌特汉奸等的敌对分子，维护社会安宁，巩固抗日革命根据地。1949年后，随着新中国的成立，各级公安机关也相继诞生，鉴于当时的政治生态和治安形势，警政设计的首要职能被定格为政治任务——保障革命成果，实行人民民主专政，而非西方现代警政设计的“政治与行政二分”路径——警政的“去政治化”和警察的“价值中立”。

1950年5月，毛泽东同志在第一次全国经济保卫工作会议的总结报告上批示：“保卫工作必须特别强调党的领导作用，并在实际上受党委的直接领导，否则是危险的。”时至今日，这种将警政保持“政治与警务统一”、警察本质定位于人民民主专政的属性也始终未曾改变。“人民民主专政”比较完整地概括和反映了毛泽东考察政治问题兼顾的个基本维度中国本土色彩、世界潮流大势和社会主义特征。其中，“人民”带有很强的中国本土创新色彩，“民主”迎合了世界政治发展潮流的大趋势，“专政”则是无产阶级统治和社会主义社会的反映。①

1949～1956年，面对新中国成立之初复杂严峻的国内外形势，尤其是国内残余的旧势力疯狂反扑，按照《中国人民政治协商会议共同纲领》有关规定，公安机关的总任务就是学会同敌人作隐蔽斗争，镇压国内外敌人的一切捣乱和破坏，保卫国防、保卫建设，巩固人民民主专政，巩固新生政权，保障社会主义改造的顺利实现，当时在全国范围内开展了声势浩大的镇压反革命运动。1956年社会主义改造的完成，公安机关的中心任务由单纯的肃反斗争、巩固新生政权向进一步巩固无产阶级专政、努力为建设社会主义提供安全保障转变。②

1957年颁行的《人民警察条例》第1条规定：“中华人民共和国人民警察属于人民，是人民民主专政的重要工具之一，是武装性质的国家治安行政力量。”

第2条规定：“人民警察的任务是依照法律惩治反革命分子，预防、制止其他犯罪分子的破坏活动，维护公共秩序和社会治安，保护公共财产，保

① 陆永：《当代中国警政与现代国家成长》，南京大学2012年博士学位论文。

② 王少鹏：《公安思辨——哲学视角下的扬州警务实践》，广陵书社2011年版，第13页。

护公民的权利和合法利益，以保卫人民民主制度，保障国家的社会主义建设顺利进行。”从《派出所组织条例》的规定也可以看出，基层派出所除了承担法律所规定的各项法律规定的“显性任务”之外，更是承担着政治维护和监督敌对势力的“隐性任务”。

中共中央在《关于加强公安工作的决定》（中发〔1991〕19 号）文件中曾明确指出：“人民警察是人民民主专政的重要工具，公安队伍、公安工作的作用是其他部门、其他工作所无法替代的。公安机关是政府的一个职能部门，但又不同于一般的行政机关，在管理训练、机构设置、指挥监督、工作方式、装备保障等方面应当有与它的性质、任务相适应的体制和制度。”

1995 年《人民警察法》的出台无疑已经大大淡化“人民民主专政”的色彩，其工作重心转移到了社会秩序维护和预防、制止和惩治犯罪上。

根据陆永（2012）的研究，中国警政的话语关键词“斗争”“镇压”“专政”“革命”“保卫”等主要出现在新中国成立初期的第一、三、九、十七次全国公安会议上。这段时期的主要关键词还有“防左”“纪律”“整顿”“重心转移”“治安管理”“安定团结”等。“服务中心”“稳定”“防范”“改革”“从严治警”“依法治警”“科教强警”“警务保障”等词，主要出现在改革开放以后第十九、二十次全国公安会议上。这段时期的会议关键词比较丰富，主要的还有“十九公”提到的“突发事件”“安全感”“公安工作运行机制”“综合治理”等，“二十公”提到的“加强基层”“政治和社会责任”“队伍正规化建设”等。这表明新中国成立以来中国警政思想的叙事话语发生了比较明显的变迁，总体上呈现出由带有专政革命色彩的词汇，向带有执法服务色彩的词汇转换，反映出共产党由革命党向执政党转变后，更多地考虑适应经济转轨、社会转型的新形势，如何提高执政能力和水平的问题。①

三、中国现代警务权威的合法性基础

韦伯将合法性基础分为三种纯粹的类型，即个人魅力型（charismatic），建立在非凡的献身于一个人以及由他所默示和创立的制度的神圣性，或者英雄气概，或者楷模样板之上；传统型（traditional），建立在一般的相信历来适用的传统的神圣性和由传统授命实施权威的统治者的合法性之上；法理性（legal-rational），建立在相信统治者的章程所规定的制度和指令权利的合法性之上，他们是合法受命进行统治的。②

① 陆永：《当代中国警政与现代国家成长》，南京大学 2012 年博士学位论文。

② ［德］韦伯：《经济与社会》（上），林荣远译，商务印书馆 1997 年版，第 241 页。

海伍德对韦伯权威的分类给出了更简单的定义:魅力型权威(charismatic authority),源于人格力量;传统型权威(traditional traditional),根植于历史与传统;法理型权威(legal-rational authority),则是基于与某个职位有关的一整套非人格化规则,而与该职位的占有者无关。①

改革开放之前,中国现代警务合法性更多的是源自传统型权威,即来源于革命根据地时期形成的"群众警务"模式,依靠群众性的运动实现全民皆警根治犯罪的目标。

改革开放之后,随着依法行政话语的滥觞,我国警务在"合法性"层面上与西方国家的警务之间的差距已经越来越小了。随着《行政法》《行政诉讼法》《警察法》一系列法律规范的出台,标志着我国迈向依法治国、依法行政、依法治警、依法治安的道路,以 1995 年《警察法》为标志,纠正了《警察条例》中以"阶级斗争为纲"的观念,将警察任务限于秩序维护和预防、制止和惩治犯罪,同时明确规定:"人民警察对超越法律、法规规定的人民警察职责范围的指令,有权拒绝执行,并同时向上级机关报告。"这意味着法理型的合法性权威逐渐在累积中,但是由于路径的依赖性和中国政治传统的影响,作为唯一合法的执政党地位的不可动摇性,西方"政治与行政二分法"在中国没有存在的政治生态基础和必要,无法成为警察行政的构成原则,这与西方警察"唯法律是从"纯粹的法理型权威有很大差异。

陆永(2012)在对第一次至第二十次全国公安会议主要议题的研究发现,大致经历了"公安机关领导体制和目标任务→镇反运动→对敌斗争和打击犯罪阶级斗争→保卫改革开放和社会主义现代化建设→市场经济条件下公安工作目标任务→维护社会政治稳定和治安稳定"七次转换。十分明显,每次公安会议的主要议题都是围绕一个时期全党全国工作大局而展开,体现了公安工作坚持党的绝对领导,自觉服从服务于中央中心任务的特点。②

正如有的学者所指出的,中国的"去政治化"(de-politicization)以及对于社会主义法制的强调使得警察的性质和地位发生了变化。但是,改革者并无意图彻底驱除其政治性,因此,在中国警察改革过程中,"警察中立"并没有扮演重要的角色。③ 因此,中国现代警务合法性来源并不属于韦伯划定的三种典型的类型,更多呈现的是一种"集合式"的权威类型,在保持

① [英]安德鲁·海伍德:《政治学核心概念》,吴勇译,天津人民出版社 2008 年版,第 17 页。

② 陆永:《当代中国警政与现代国家成长》,南京大学 2012 年博士学位论文。

③ Hualing Fu, Police Accountability: The Case of The People's Repbulic of China, 14 Police Stud. *Int'l Rev. Police Dev.* 141 1991.

其传统政治权威的同时，又不断融入现代的法理权威体系。

四、中国现代警察角色定位

Angell 等人(1974)认为，警察角色之定位应该遵循下列标准：(1)警察最重要的责任是保障、维护人权。(2)警察不能借口秩序维护而对社会进行严格控制。警察旨在确保所有民众都能够以“自我”的方式行事，即使是贴上社会异端(socially deviant)的标签，只要其没有伤害他人或者没有侵害他人的权利，也要得到警察的这种保护。(3)警察机关地位比较特殊，可以提供某些特殊咨询。(4)执法是警察之重要功能，但是，逮捕仅仅是其中一种方式而已。(5)警察更多的应该是为民众服务，而不是政府。①

由于中国属于后发现代化国家，在国家能力成长过程不免深受传统路径依赖性的制约，警政的发展也同样如此。对于警察角色的定位，受着警察合法性来源的制约。改革开放前，警察完全符合“传送带模型”(transmission belt model)的定义，“行政法的传统模式将行政机关设想为一个纯粹的传送带，职责是在特定的案件中执行立法指令。在这种模式下，行政机关对于私人自由的侵入受命于一个合法的权力来源——立法机关”。② 警察的功能就是实现政策的“传送带”，公安部作为国务院的组成部门向总理负责，而地方各级公安机关则除了向各级政府负责之外，还要向上级公安机关负责。当时的警察执法既无法律规范，也缺乏专业技能，更不对所辖社区民众负责，这种制度设计直接导致警察无法有效回应现代警政之需求。

在现代警政背景下，警察角色转变为专业官僚模型(expert bureaucrat models)。专业官僚模型的基本逻辑就是，人们愿意将较为复杂的事项交给受过训练、有经验，或者比我们能作出更好决定的专家去处理。③ 公安机关有着处理治安问题重复性的经验，警察也是经过专门的职业训练和技术学习。较之司法机关和立法机关，公安机关更加具有警务专业技术特长。即使公安机关可能在最初并不具备作出最后裁决所必需的知识储备和经验积累，但是专业官僚模式认为由于公安机关日复一日的对同一治安问题的处置经历，其必然会逐渐积累足够正当性的判断和价值的取舍。警察通过“执法”来实现对“犯罪”的有效控制，正是基于这种专业角色定位，

---

① J. E. Angell, F. Hagedorn&S. A. Egger, Staff Report-Police Consolidation Project. Portland: Portland-Multnomash County, 1974.

② [美]理查德·B. 斯图尔特:《美国行政法的重构》，沈岿译，商务印书馆 2002 年版，第 37 页。

③ 叶俊荣:《面对行政程序法——转型台湾的程序建制》，元照出版公司 2002 年版，第 408 页。

“犯罪侦破”和“打击现行”一度成为整个“警察工作”的重心，并通过设立相应的指标体系（出警速度、立案数、破案率、逮捕率、犯罪率等）来对警察工作的进行绩效考核。但是，大量的实证研究表明，犯罪发生的根本原因在于社会生态的失衡，警察力量仅仅是影响治安生态平衡的一个因子，更多的是经济结构、文化冲突、社会保障、个人特质等深层原因引发的，警察对于犯罪率的降低并无实质性的影响。期望通过警察专业功能的强化来降低犯罪发生的做法显然是没有抓住事物之本质。①

Skogan（1990）认为，警察本身不能根本抑制犯罪的发生，但是警察却有能力改造治安生态降低犯罪发生的概率，消除犯罪发育的土壤。②

J. Q. Wilson 和 G. L. Kelling（1982）之“破窗理论”认为，一扇破烂的窗户任其破损而不加修理是人们不关心其财产的象征，特别是一些公共设施如教堂、学校或搬迁后的空房等容易被疏忽的建筑物。“一叶落而知天下秋”，长此以往，会使其他居民也不关心自己的财产和公共设施，进而造成恶性循环，路灯损坏无人修理、垃圾乱扔、道路泥泞坑洼不平、绿化苗木丛生不加修剪、杂草蔓延，居住环境逐渐变差，房主开始搬迁，居民楼变成了出租房，房屋由一户居住变成多户居住，房屋破损加重。有些房子甚至成鸡肋，空置直至遗弃。收入高的家庭逐渐离去，剩下的及不断进入的家庭多是低收入阶层，随着该地区的消费水准不断下降，商店销售额会降低，有些不得不面临关闭，周围资产也开始整体贬值。逐渐地，社区犯罪就会增加。他们指出，警察虽然已把工作重点放在了这一过程的最终结果——严重犯罪的打击上，但这已经是马后炮了，而且有证据表明，警察打击犯罪的效能是有局限性的。所以，警察应在社区状况变糟之初，也就是最早出现无秩序行为和邻里关系淡漠的迹象时，及时介入社区工作。③

J. Q. Wilson 和 G. L. Kelling 研究表明，建筑物的“破损窗户”能被迅速地修复，则该栋建筑物就不会成为进一步袭击的目标。但是，如果破损的窗户没有被修复，则更多的窗户可能遭到破坏。这意味着警察之工作重心可能并非是传统的犯罪侦缉，而是对失序行为的纠正以及社会秩序之维护，警察的角色与其说充当的是打击犯罪的战士，不如说是一个“破窗”的修理者。也就是说，警察的角色定位于“治安生态”的修复者。现实中，警

① 孟维德：《警察控制犯罪策略之反思》，载许春发主编：《警察行政概论》，三民书局民国87年增订版，第231页。

② W. G. Skogan，*Disorder and Decline*，New York：Free Press（1990）.

③ J. Q. Wilson，G. L. Kelling，Broken Windows：The Police and Neighborhood Safety *The Atlantic Monthly*（March 1982）：29 –38.

察的工作远非修理“破窗”这么简单,而是“警务前移”,通过日常治安信息和犯罪资讯的收集、整理,进行提前介入和干预。

“社区警务时代”,警察之角色定位就在执行法律的基础上承担了预防犯罪,解决犯罪之根源问题,最终提高社区之生活质量等任务。为适应这一根本性的转变,警察角色如何定位直接关系到整个警察之性质、职能、警察组织结构、警政策略、警察措施、警察裁量权理论等一系列问题。可以肯定的是,警察的角色可能并非是唯一、固定的;相反,警察角色的动态、多元应该是一个比较合理的趋势。①

① 徐文新:《警政革新与警察裁量权之规范》,中国人民政法大学 2007 年博士学位学位。

第三章　中国当代警务模式的嬗变

自1949年10月1日中华人民共和国宣布成立,当代中国警务模式的发展,历经“群众警务”模式、“综治警务”模式和“社区警务”模式三个阶段,分别对应改革开放前、改革开放至中国加入世贸组织前以及中国加入世贸组织后三个历史时期。

第一节　“群众路线警务”模式的延续

新中国行政管理体制的结构,是适应高度集权和计划经济体制的产物,是“马克思主义政府体制理论、苏联行政体制模式以及中国传统政治文化三者影响之下的调和结果”。① 中国在加强“党的绝对一元化领导”的口号下,国家权力高度集中,逐渐形成了政治、经济、行政一体化的中央高度集权的一元化领导的管理体制。与此相适应,形成以中央政策为指引、自上而下单向式行政权力为主导的管理模式。② 新中国警务模式的设立在此影响下,在继承根据地时期的警务实践基础上,进一步将“群众路线”警务模式推向极致。

一、“群众路线”警务模式的政治逻辑

中国共产党认为自己是群众利益的代言者,“群众利益高于一切”,因此,中共制定的政策,而非“现有法律,成为警察执行命令和执法的权威来源”。③ J. Brewer 等学者将这种中国特色政治形态的警务直接表述为“群众路线”警务(mass-line policing)。

“从群众中来,到群众中去”,是党的基本领导方法和工作方法,就是“将群众的意见(分散的无系统的意见)集中起来(经过研究,化为集中的系统的意见),又到群众中去作宣传解释,化为群众的意见,使群众坚持下

① 周志忍:《我国行政体制改革的回顾与前瞻》,载《新视野》1996年第4期。

② 周光辉:《从管制转向服务:中国政府的管理革命——中国行政管理改革30年》,载《吉林大学社会科学学报》2008年第3期。

③ [美]孙懿贤、吴瑜宁:《转型时期的中国警务:1978~2008——一个华人学者眼中的中国警务问题》,蔡雅奇译,载《江苏警官学院学报》2011年第6期。

去,见之于行动,并在群众行动中考验这些意见是否正确。然后再从群众中集中起来,再到群众中坚持下去。如此无限循环,一次比一次地更正确、更生动、更丰富”。[①]

毛泽东认为,群众的眼睛是雪亮的,群众路线的实施可以“减少行政官僚在政策制定中的作用,提高群众在政策制定中的直接参与度,以保证人民当家作主”。[②]

Dean Rojek(1989)认为,“群众路线”警务模式起源于中共政治领袖毛泽东思想,毛通读二十四史,对中国古代社会治理方略深有研究体会。新中国警政方针是毛泽东“群众路线”的直接产物,更深层次上可以被理解为是传统儒家思想与现代游击队理论结合的产物。[③]

晚清、北洋政府或国民政府等时期的政治精英普遍认为,中国社会必须要经历一个资产阶级革命、以民族工业崛起的商业社会为标志的现代转型,替代落后的农业社会。新旧秩序转换的过程中,最有效的办法是效仿西方建立国家化的正规警察队伍,并以此将国家的意志渗透到社会基层,同时维系可能因转型引发的社会动荡和犯罪。与这些代表资产阶级观点完全不同的是,革命根据地及延安执政的经验认为,社会主义治理下的中国靠着共产主义的道德规范可以保持较低的犯罪率,“人民群众是历史的创造者”,无须国家正规的警察力量作为社会治安控制的主体,只要发动群众,鼓励群众自己组织治保会,内部相互监督、共同分享共产主义价值观就可以让人民远离犯罪。

中国共产党领导的革命道路选择的是农村包围城市,武装夺取政权。从瑞金建立革命根据地时期到延安领导抗战期间,中共实际上仅仅在控制的农村地区建立起政权,而大中城市全部是国民党政权的势力范围,这种格局限制了中共政权的实践性经验积累:拥有农村社会成功的治安管理经验,缺乏城市治安的警务管理实践,这是理解中共主政北京后警政思想与警务体系的关键。

1931 年,中华苏维埃共和国中央临时政府成立了国家政治保卫局,在《国家政治保卫局工作原则》中规定,肃反之进行,是要依靠广大工农群众

---

① 毛泽东:《毛泽东选集》,人民出版社 1991 年版,第 899 页。

② Brewer, J., Guelke, A., Hume, I., Moxon-Browne, E., & Wilford, R., The Police, Public Order and the State, New York: St. Martin's. 1996.

③ Dean G. Rojek, Confucianism, Maoism, and the Coming of Delinquency to China, in Chinese Thinking about Crime and Social Control, eds. R. J. Troyer, J. P. Clark and D. G. Rojek, New York: Praeger, 1989.

为基础的，公开号召发动群众参加肃反工作，宣传教育群众。1938 年 9 月，中共六届六中全会指出，锄奸工作必须发动群众，依靠群众；锄奸工作“要唤起前线与后方一切军民人等的警惕性”，并在《反奸细斗争的决议》中进一步要求“有政权的地方，则要公开动员全体革命人民、学校学生进行锄奸运动”。根据这一精神，中央社会部在《群众锄奸组织纲要（草案）》中规定，锄奸工作不仅要依靠安全保卫机关的专门工作，而且必须贯彻党的群众路线。①

延安时期是中共上层建筑与意识形态的形成、发展乃至成熟的核心时期，也是造就“群众警务”模式的真正开端，新中国成立后至改革开放前的 30 年警务实践在意识形态上延续了延安时期积累的经验。

新中国成立初期，中央公安部的苏联顾问建议中国公安机关实行苏联式的垂直领导体制，但遭到了冷落。中国警察体制承接了延安时期由地方党委管理警察的路径依赖，这种中央—地方分权化的警察建制保证了灵活机动、因地制宜开展警务工作，但也导致新中国成立初期国家警察队伍发展的不均衡和松散状态。

新中国成立后，农村地区的公安工作延续了根据地时期警务模式，中共有着丰富成熟的农村治理经验，在历次减租减息、征收公粮、清锄奸剿匪、镇反和土改等运动中就在农民协会和乡公安特派员的领导下利用村群众治安组织开展各种工作。在各大城市，公安工作的重点在清查整顿户口人员、搜捕匪特、镇压反革命，这是检验一个政权是否具备应有管制能力的标杆。然而，新政府既缺乏城市治安管理的经验，又没有管制城市治安的足够警力，在缺乏可借鉴的治理模式和可提供的警察资源时，只能仰赖延安积累下的农村治理模式，在城市广泛动员群众和建立治安保卫组织，以街道为一级管理组织，动员工人和贫民，建立护厂队和巡逻队，在派出所及管段民警的领导下，开展“群众警务”模式的实践。

二、“群众警务”模式在中共夺取政权后的演化

夺取政权后，“群众警务”模式经历了“文化大革命”前（1949 ~ 1966 年）和“文化大革命”后（1967 ~ 1976 年）两个阶段的演进。

（一）“文化大革命”前（1949 ~ 1966 年）

1949 年 10 月 1 日，中共宣布成立中华人民共和国，随即 1949 年 10 月 9 日组建中央人民政府公安部，并任命罗瑞卿为公安部首任部长，杨奇清

---

① 罗锋、李健和主编：《中国警学理论》，中国人民公安大学出版社 2017 年版，第 118 ~ 119 页。

为副部长。1949 年 10 月 15 日至 11 月 1 日，在北京召开了全国第一次公安工作会议，大会讨论和明确了全国统一的公安机关和相应人员设置；研究了保卫中共和巩固国家政权的任务和方针政策，以达到“保护社会治安、保护国家安全、巩固人民民主专政国家制度的目的”。全国警察统一命名为中国人民警察，意思就是为“人民”服务的警察，简称“民警”。周恩来强调公安保卫工作必须尽快进入角色，担当起城市管理和保卫工作，“我们是人民政府，是为人民服务的。今后，你们公安局的领导遇上大的案件、事件，必须亲自到场。”①1950 年 4 月，随着朝鲜战争爆发，国内遗留的敌对势力认为“变天”时机到来了，暗杀党政领导、破坏生产设施、抢劫国家物资、组织武装暴乱、爆破交通要塞。此时，保卫新中国的人民民主专政的国家政权成为各级公安机关的首要任务。针对当时的国内政治和治安形势，中共中央决定在全国开展镇压反革命运动。毛泽东为镇反运动制定明确的工作路线：“党委领导，全党动员，群众动员，吸收各民主党派及各界人士参加，统一计划，统一行动，严格地审查捕人和杀人名单，注意各个时期的斗争策略，广泛地进行宣传教育工作召开各种代表会，干部会、座谈会、群众会、在会上举行苦主控诉，展览罪证，利用电影、幻灯、戏曲、报纸、小册子和传单做宣传，做到家喻户晓，人人明白，打破关门主义和神秘主义，坚决地反对草率从事的偏向。”②这为公安工作如何走群众路线做出具体指示，确定了基本路线和奠定了重要的思想基础。

1952 年，全国各地的城市街道居委会、机关事业单位、工厂企业和农村村委会体制格局下均成立了治安保卫委员会，作为群众性的警务力量。其任务职责是在基层党委的领导下，协助当地公安机关展开防火、防盗、防特、防灾害事故，以及肃清敌对分子。这种由公安机关与城乡居委会以及机关企事业单位的治保会相结合形式实际上成为公安机关警务运行的最基础的单位组织，它“适应了我国在社会主义改造和计划经济特定时期的社会治安行政管理客观要求，较好完成了这一时期的历史任务”。③ 这种格局一直延续到“文化大革命”爆发。

1951 年 5 月镇反运动时，毛泽东同志在审改《第三次全国公安会议决议》中提出了“普遍地组织群众的治安保卫委员会”的要求。根据毛主席的指示，公安部拟定了《治安保卫委员会暂行组织条例》（经政务院批准，1952 年 8 月 21 日由公安部公布施行），规定：“治安保卫委员会是群众性

---

① 穆玉敏：《周总理给北京市公安局立规矩》，载《人民公安》2001 年第 14 期。

② 《毛泽东选集》（第五卷），人民出版社 1977 年版，第 39 页。

③ 郑李成、谭灵铃：《综合警务：中国现代警务的深刻变革》，载《公安研究》2012 年第 9 期。

的治安保卫组织，在基层政府和公安保卫机关领导下负责进行工作。”

据此，治保会作为一种非正式警务力量在城乡的村小组、厂矿、企业、机关、学校等普遍建立起来。

依据《治安保卫委员会组织条例》的规定，治保会的职权有：(1)扭送违法犯罪嫌疑人。对现行刑事犯罪嫌疑人以及被公安机关通缉在逃的犯罪嫌疑人，治保会人员有报告或扭送公安机关之责，但无逮捕、拘留羁押、审讯和处理之权。(2)检举、揭发违法犯罪。对非现行的违法犯罪嫌疑人或违法犯罪线索，治保会人员有协助公安、检察等执法机关调查、监视、检举、报告之责，但无传讯、搜查、取缔之权。(3)保护现场和协助破案。对已经发生的刑事案件，治保会人员有保护现场、维护现场秩序、提供破案线索之责，但无变动现场、处理现场和勘查现场以及调查取证、查破案件之权。(4)监督考察。对被管制、假释、缓刑、监外执行和被剥夺政治权利的罪犯以及监视居住、取保候审的被告人，治保会有组织群众进行监视、考察和教育、改造之责，但无缩短和撤销管制、假释、缓刑期限之权。(5)制止违法行为。对有违反治安管理行为的人员，治保会人员有劝阻、制止和批评教育之责，但无收缴财物、罚款等治安处罚权。

成都和重庆两个城市，1950 年就建立了 5789 个治安小组，条例发布后，1952 年已经实现了 10002 个治保会、27004 个治保小组以及超过 162000 名治保成员的规模。① 广州市在新中国成立初期，以“人民治安，人民联防”为原则组织了七千多个居民安全小组以及七千多个群众岗哨。②

1957 年，我国第一部《治安管理处罚条例》颁布，中央希望“经过充分的群众工作，依靠广大农民的自觉自愿，依靠广大农民的支持来管理坏分子，依靠多数人的支持来约束少数人侵犯他人利益扰害公共秩序的行为”。中央要求各级公安机关“实行群众路线。在执行治安管理处罚条例的时候，必须依靠广大群众，对于要求人民遵守国家纪律这一部分说来，必须坚决贯彻说服教育的精神。为此目的，就应当在群众中广泛地进行宣传教育，通过报纸、广播、书刊、影片、戏曲、黑板报等形式，深入到机关、团体、学校、企业、街道和农村，向群众反复宣传治安管理处罚条例的意义……号召人民群众自觉遵守，不要违反，并且督促别人遵守。号召人民群众监督坏人，不容许坏人破坏秩序。各级公安机关应当经常听取人民群众的意见”。

至 20 世纪 60 年代中期，“群众警务”模式得到进一步加强，治保会从

---

① 四川省公安厅编：《四川省公安志》，四川人民出版社 1995 年版，第 132 页。

② 卢元波：《解放初期整顿金融和维护社会治安的回忆》，载《广州文史》2000 年第 57 期。

公社一级延伸到大队一级,并在各生产队成立治保小组。1963年,浙江枫桥的干部群众响应党的号召,在群防群治的实践中又创造了"依靠和发动群众,坚持矛盾不上交,就地解决,实现捕人少,治安好"的"枫桥经验"。这一实践经验适应我国计划经济时期封闭静态的社会形态,并在当时得到全面推广,对社会治安做出了巨大的贡献,使绝大多数纠纷都在基层解决,最大限度地消除了各种不稳定因素。①

(二)"文化大革命"后(1966~1976年)

1966年至1976年的"文化大革命"期间,中国公安工作和警务机制遭受很大的破坏。各级政府遭受了疯狂冲击,大批党政干部、专家学者民主人士被非法抄家、严刑拷打、残酷折磨。1966年12月,谢富治炮制出《公安六条》,即《关于在无产阶级文化大革命中加强公安工作的若干规定》。中共中央、国务院在1967年1月13日以正式文件的形式发布了《公安六条》,后造成大量的冤案。根据此文件的内容,凡是攻击毛泽东、林彪的,"以现行反革命论处"。在实际运用中,又扩展到了凡对江青、陈伯达、康生等有异议的,一律也按反动行为依法惩处。谢富治起草的《公安六条》,不仅使人们不敢对毛泽东和林彪有任何的疑虑,而且也不敢对中央文革小组的人有任何的不满,持有不同的看法便治以重罪。② 林彪和江青反革命集团出于篡党夺权的目的,极力叫嚣所谓的"两个否定、一个砸烂",即否定新中国成立后十年公安工作的成绩,否定绝大多数公安民警是好的和比较好的,以及砸烂公检法。1967年8月7日,谢富治在公安部召开的群众大会上,公然喊出"彻底砸烂公(安)、检(察)、法(院)"的口号,这股歪风迅速狂扫中华大地,公安机关受到打砸冲击,许多公安干警被逮捕入狱,治安积极分子被揪斗、档案卷宗受到损害和丢失、在押犯人被随意释放。③ 彻底砸烂公检法的结果,致使公安部8个副部长中的7个以及49个正副局长中的43个都被打成了叛徒、特务、反革命、走资派关进了监狱,1000多名干部连同家属子女均下放到劳改农场,从1968年开始,中央警察系统事实上已经无法制定警务政策和指令,而地方警察系统也陷于瘫痪状态和无法正常运行。公安部由原来的11个厅、局重新合并,形成5个职能性办公室,负责接待、政治、行政、治安、侦破等工作,1200名人员的编制仅剩下百

① 张兵:《新形势下加强和改进群防群治工作问题探析》,载《公安研究》2008年第8期。

② 何立波、宋凤英:《谢富治这个人》,载《文史精华》2004年第6期。

③ 刘雪屏:《论周恩来对我国公安工作的贡献》,载《福建党史月刊》2008年第8期。

余人。① 当时公安部只留了机关原来的40个造反派，基本上各级组织都是军代表掌权。地方公安机关也类似公安部的命运，警务工作遭到极大破坏。

1971年，各级公安机关贯彻第十五次全国公安会议精神，城市各革命委员会治保会和居民委治保会、农村公社各大队治保会及各单位内保组织由点到面逐步恢复。一些社、镇还配备专职保卫干部。这一时期，虽然治保会有所恢复，但所起作用有限，由于治保会成员心有余悸，实质性工作没能展开，多数农村基层治保组织基本处于瘫痪或半瘫痪状态，只有部分村庄成立夜间巡逻队，少数村治保干部自觉坚持工作。②

"文化大革命"给中国警务工作带来的冲击与教训是巨大的，有一个数据可以充分说明，在粉碎"四人帮"以后，公安机关在纠正自身遭受的冤假错案的同时，会同检察院和人民法院，密切协作复查了近79万起案件，平反纠正冤假错案37万多件，占复查案件数的46.1%。③

三、"群众警务"模式政治性的演绎

(一)巩固无产阶级专政

人民拥立的新生政权建立的初期，残留的敌对势力不甘心他们的失败，国民党100多万残余武装一部分退到西南地区，一部分逃往海南和台湾地区；大约200万土匪武装散布在广袤的农村；残留大陆的特务分子，包括隐姓埋名的潜伏特务达60多万；另有60多万反动党团骨干分散在全国各大中城市。为了维护城市和农村的治安秩序，公安机关实施的警务最重要的使命便是巩固新生的人民政权。

人民公安刚刚成立，警察便置身于复杂严重的敌情当中，据1950年上半年不完全的统计，西南地区被匪徒攻打和攻陷的县城有100多座，贵阳市被土匪武装进攻了5次；雅安市被土匪包围了7天；1950年1月至10月，全国共发生旨在颠覆新生政权的武装暴乱活动816起，绝大多数发生在农村。④

北平和平解放后，很多特务分子根据国民党的"应变计划"潜伏下来，或者是没有来得及跑掉，就地隐藏起来。根据掌握的情报，当时北平的特务和间谍组织多达110多个，仅国民党三大特务系统的国防部保密局、国

① 魏永忠：《改革开放以来公安机关机构改革及其启示》，载《中国人民公安大学学报》(社会科学版)2008年第6期。

② 罗锋、李健和主编：《中国警学理论》，中国人民公安大学出版社2017年版，第118~119页。

③ 内部资料《忠诚的道路解说词》第二集。

④ 内部资料《忠诚的道路解说词》第一集。

民党党通局和国防部二厅就有 7000 余名特务的潜伏，大量遗留下来的特务组织和特务分子不仅影响首都的社会治安，更是直接威胁着新生政权的稳固。[①]

警务首要任务，在城市是肃清国民党潜伏的特务，预防敌对分子的破坏活动；在农村和新解放区是镇压地主恶霸和取缔反动会道门；在偏远山区进行剿匪消灭国民党残余军队。政治直接领导和指挥警务运行，警务模式充斥着强烈的无产阶级专政色彩，以上海市卢湾区五里桥街道为例，在全街区 38000 余人中，有 1324 人被作为反革命分子和刑事犯罪分子逮捕，占居民总数的 3.2%。[②] 据当事人回忆："记得有几次大搜捕、大扫荡，当天逮捕的犯人临时集中在……大厂房里，犯人坐在地上满满一屋子。"这种强烈的冲击和震撼不仅让人瞬时麻木，更具有深远持久的威慑力。[③] 这种威慑力借助人民民主专政的名义动员规模宏大的群众参与而不断得到强化的叠加。"中华人民共和国人民警察属于人民，是人民民主专政的工具，是武装性质的国家治安行政力量"，[④]警务原始形态的政治属性表现得淋漓尽致。

（二）坚持走"群众路线"

高举群众路线的时期正是中国公安机关创立的初级阶段，一部分来源于军队，另一部分是国民党遗留下来的旧警察，"诸多警察和公安机关都从国民党时期直接接收过来，只不过将公安局门前牌子上的名称从'警察'换成了'公安'而已"。[⑤] 当时大多数的警察都缺乏警务技能和公安业务的培训，警务装备也落后，公安业务开展也是通过群众性动员来打击犯罪和治安防控，没有专业性警务巡逻和刑事政策，各种犯罪报告和记录也缺乏规范化和标准化。

1949～1965 年是群众路线警务开展的前半阶段，正值中国共产党政权建设期，中国警务的核心工作目标就是巩固政权，通过大规模的群众检举揭发镇压"反革命分子"和清除国民党潜伏特务，此起彼伏的全国性政治运动，如"反右"和"大跃进"都需要广大群众的参与和配合，这也使得群众路线警务的动员能力得到不断加强，反动异己势力遭到无情清洗，治保

---

① 穆玉敏：《北京警察百年》，中国人民公安大学出版社 2004 年版，第 672 页。

② 华伟：《单位制向社区制的回归》，载《战略与管理》2000 年第 1 期。

③ 华伟：《单位制向社区制的回归》，载《战略与管理》2000 年第 1 期。

④ 《人民警察条例》（1957 年 6 月 25 日）第 1 条。

⑤ Li, V., The Evolution and Development of the Chinese Legal System, In J. Lindbeck (eds.), *China: Management of a Revolutionary Society. Seattle*: University of Washington Press, 1971. pp. 221－255.

会和民兵是执行群众路线警务最重要的基层组织和骨干力量。

1966～1976年是群众路线警务开展的后半阶段，正值“文化大革命”风生云起的时期，军队实际控制了中国的公安机关和充任警务的指挥者，警服的样式也是军服的翻版，“文化大革命”期间的武斗加剧了政治和社会的动荡，也只有动用军队才能恢复社会的基本秩序了。军管体制下的警务运行处于不公开的神秘状态，几乎摆脱了任何司法性质的监督，更无从谈起程序性的控制，实际拥有任何刑事案件的侦查调查权、起诉权以及判决权于一体。

“文化大革命”运动中公检法机关虽然遭受彻底砸烂，但阶级专政的职能不仅没有淡化，而是以异化的形式更加强化，行使惩戒与规制职能的组织不再由国家正式的司法组织承担，而是由军管组织加上“群众”构成。① 一时间，“社会组织都成为监视罪犯并惩罚罪犯的组织。从正规的司法进机关到国家机关再到大队、民兵连、党支部、妇联、共青团、少先队、调解委员会、社员大会、学校、家庭等，这些机构和组织之间在惩罚的意义上并没有明确的不可逾越的分工”。整个社会到处弥散着一种惩罚的气氛，可以说，在“‘文化大革命’时代，各种各样的惩罚标准、纷繁复杂的惩罚机关、形形色色的惩罚手段、种种不同的惩罚对象相互重叠、相互配合、相互支持、相互交织成一个惩罚的网络”。②

（三）“以阶级斗争为纲”

根据马克思主义学说，警察是阶级专政的重要工具之一，是按照统治阶级的意志和利益，具有武装性质的国家行政力量，依靠强制和暴力等特殊手段维持社会治安秩序和公共安全。列宁说“常备军和警察是国家的主要强力工具”。③

警察权作为国家权力的重要组成部分，具有的暴力直接性是其最显著的特征，即无须借助国家其他行政机关的力量，而由警察机关直接施加于

① 包括各单位的保卫部门、运动中的专案组实际上在发挥司法机关的作用，而军队、革委会、党委作为运动的领导机构，也被赋予一定程度的司法权，积极参与司法活动。如在党委和革委会中设立专门机构来办理刑事案件和从事治安管理工作：“公检法军管会组”“保卫组”“政法工作组”“保卫部”“人保部”等名称不一。更有甚者如王洪文在上海提出“民兵、治保、消防”三位一体，宣扬民兵要“执法”“管法”“立法”，“要唱政法工作的主角”，民兵办案是“政法工作的大方向”。辽宁的毛远新推广五群经验，即“群侦、群审、群判、群定、群办”的群众专政。参见何鹏、高格：《林彪、“四人帮”实用主义法律观批判》，载《吉林大学学报》（社科版）1978年第5期。

② 强世功：《惩罚与法治》，法律出版社2009年版，第20～21页。

③ ［苏］列宁：《国家与革命》，中共中央马克思恩格斯列宁斯大林著作编译局译，人民出版社2001年版。

当事人人身及财产上的一种特殊的强制。① 正因为警察具有暴力性,才使其成为国家机器的重要组成部分。②

毛泽东在中国共产党的七届二中全会上阐述道:“如果我们不去注意这些问题,不去学会同这些人作斗争,并在斗争中取得胜利,我们就不能维持政权,我们就会站不住脚,我们就会失败。”③阶级斗争的理论是马克思主义的重要组成部分,构成了无产阶级革命和无产阶级专政的理论基础,坚信阶级斗争必然要导致无产阶级专政。④ 在非白即黑的毛泽东眼里,中国人自然被划分成人民与阶级敌人两大阵营。

事实上,自1949年新中国政权建立以来,社会的等级、人与人之间的关系、机会与机遇、资源分配等,都是以“阶级”的标识来划定的。“必须坚决地肃清一切危害人民的土匪、特务、恶霸及其他反革命分子。在这个问题上,必须实行镇压与宽大相结合的政策,即首恶者必办,胁从者不问,立功者受奖的政策,不可偏废。”⑤这种刑事政策贯彻于随后的“三反”和“五反”的运动中,标示着鲜明的政治斗争色彩。1950年7月23日,政务院、最高人民法院联合发布了《关于镇压反革命活动的指示》规定:“各级人民政府必须遵照共同纲领的规定,对一切反革命活动采取严厉的及时的镇压。”⑥

这一阶段,公安机关的主要职能定位为服务于阶级斗争。在1954年召开的第六次全国公安工作会议上,公安部部长罗瑞卿指出,“公安机关在过渡时期,要进一步加强公安机关,提高人民的革命警惕性,严厉镇压帝国主义和国民党的特务间谍分子及其他一切反革命分子的破坏活动,巩固人民民主专政,以保障国家社会主义经济建设和社会主义改造的顺利实现”。⑦

事实上,从政治意义上对警务乃至整个法律制度的解读,在下段论述中表露无遗:“我国刑法是对敌斗争的工具,它必须从阶级斗争的实际情况出发,为阶级斗争服务。”⑧

① 张盛国:《警察权力与警察职权初探》,载《公安研究》2003年第7期。

② 冯德文:《警察学概论》,中国人民公安大学出版社2005年版,第55页。

③ 《毛泽东选集》(第4卷),人民出版社1991年版,第19~31页。

④ 《马克思恩格斯选集》(第4卷),人民出版社1995年版,第332~333页。

⑤ 《毛泽东选集》(第5卷),人民出版社1977年版,第20页。

⑥ 陈兴良:《刑事法治视野中的刑事政策》,载《江苏社会科学》2004年第5期。

⑦ 罗瑞卿:《过渡时期公安机关的基本任务和几个具体政策问题》,载《论人民公安工作》,群众出版社1994年版,第207页。

⑧ 《中华人民共和国刑法是无产阶级专政的工具》,中国人民大学出版社1958年版,第7页。

第二节　“综治”警务模式的时代性变革

结束“文化大革命”运动后,中国共产党的工作重心从意识形态领域向市场经济领域转移,警务工作重点也随即为社会主义经济建设和改革开放事业保驾护航,打击一切敌对势力和刑事犯罪分子,搞好社会治安。

中共十一届三中全会决定停止使用“以阶级斗争为纲”的口号,作出“把全党工作的着重点和全国人民的注意力转移到社会主义现代化建设上来”的战略决策,从而确定了党在新的历史时期以经济建设为中心的政治路线。由此也导致我国公安机关从“群众路线”警务模式向“综治”警务模式的转变,这是在中国大陆改革开放后进行的专业性和法治性并举的警务改革时期——1979 ~ 2000 年。

自 1978 年以来,伴随着中国经济制度的改革,犯罪率也快速增长。[①]

虽然中国官方对犯罪率的统计数字人为操纵的痕迹比较明显,总体而言,改革开放之前的犯罪率是比较低的,基本维持在 5/10000 左右。[②]

1981 年,仅仅改革开放的两年时间,犯罪率上升至 8. 9/10000。[③] 从此,犯罪的势头一发不可收拾,1981 年至 2001 年,抢劫犯罪上升了 18 倍,从每年的 22266 起上升到 35221 起。[④]

面对严峻的社会犯罪现象,20 世纪 80 年代以来,中国当代犯罪学家采用科学研究方法和较少的意识形态去理解犯罪和惩罚。从单一的马克思主义理论约束中解放出来的中国的犯罪学家,开始以多重视角去看待犯罪产生的原因,即犯罪不仅是个人的现象,同时也是一个社会现象;不仅是一个个人问题,同时也是集体的问题。因此,对犯罪的充分解释和有效控制通过把它作为一个社会(结构、过程、存在、文化)以及个人(心理、生理、

---

① J. Liu, Social Transition and Crime in China: An Economic Motivation Thesis, *Australian and New Zealand Journal of Criminology*, Vol. 37: 122 - 138 (2004).

② He and Marshall, Social Production of Crime Data: A Critical Examination of Chinese Crime Statistics, *International Criminal Justice Review* Vol. 7(1): 46 - 64 (1997); Olivia Yu, Lening Zhang, The Under-recording of Crime by Police in China: a Case Study, *Policing: An International Journal of Police Strategies &Management* Vol. 22 (3): 252 - 264. (PRC Police Internal Survey in Late 1980s and Early 1990s Shoed That That the Police Grossly under Record Crimes.)

③ He Bingsong, "Crime and Control in China." In pp. 241 - 268. Hans-Günther Heiland, Louise I. Shelley, Hisao Katō, Crime and Control in Comparative Perspectives (Walter de Gruyter, 1992).

④ Chapter 2 "Comparative Perspectives on Crime in China." In Bakken Crime, Punishment and Policing in China (Rowen and Littlefield, 2004), pp. 64 - 103.

体验性、精神)问题。因此,任何控制和处置犯罪的措施,必须考虑所有的犯罪因子,这被赋予一个崭新的名词——治安综合治理(comprehensive crime control)。①

一、"社会综合治理"的政策导向性

"综治警务"是以"社会治安综合治理方针"为指导思想建构起来的警务模式。治安综合治理方针的提出是基于当时青少年的刑事犯罪高达总量的2/3以上,这迫使人们不得不寻求新的刑事政策。刚刚过去的"文化大革命"运动导致党的权威削弱,经济滑落,群众消极怠工,愤恨特权,不断上升的青少年犯罪日益困扰着主政者,社会变革的拐点已经开始出现。②

由"文化大革命"引起的犯罪问题带来的后遗症越发显现,原先满怀革命热情上山下乡的知识青年在失望之余开始陆续返城,但此时政府由于配置资源的匮乏难以安排就业,在失望之余又增添了怨恨,进一步恶化了大城市的犯罪问题。此时的国家新闻政策逐渐空松,对实施新刑法进行配套宣传的现实需要,已经允许对主要犯罪案情进行报道,但对案情的渲染加重了犯罪给人们带来的不安全感,人们已经普遍感到需要有一些特殊的手段改革来解决这些社会治安问题。"如何解决日益严峻的犯罪问题,是通过运动还是其他,这是困扰当局者的首要问题。但不能忽视的是,决策者总有迫切解决现实问题的压力,不能像理论者那样可以前后贯通以史学的眼光来看待一切,在治理资源没有根本改善的情况下,恢复与重建执政党的权力网络就成为'文化大革命'后社会转型与犯罪治理的关键命题。"③

1979年冬和1981年5月,在彭真的主持下,中共中央先后两次召开城市治安工作座谈会,明确提出了"全党动手,实行全面'综合治理'"的刑事政策,并作了详细的解读。1982年1月13日,中共中央下达了《关于加强政法工作的指示》,提出了我国改革开放初期较为完整的刑事政策,即在社会治安综合治理的框架下实施"重轻两极化"的措施,一方面从重从快对少数严重刑事犯罪分子依法予以惩处;另一方面以帮教对大量有轻微违法犯罪行为的人着眼于教育、感化、挽救,对他们既不判罪劳改,也不送去劳

---

① Kam C. Wong, Chinese Thinking on Crime and Punishment: Old and New, March 5, 2008, Paper under Publication Review with Justice Quarterly.

② [美]麦克法夸尔、费正清主编:《剑桥中华人民共和国史:中国革命内部的革命(1966—1982)》,中国社会科学出版社1998年版,第765~768页。

③ 黄石:《转型期犯罪治理模式变迁研究》,武汉大学2013年博士学位论文。

教，并在实践中予以执行。① 中央成立社会治安综合治理委员会，各级地方政府也相继成立与之对应的机构，经过十多年的探索与实践，中国社会治安综合治理的工作体系逐渐得到完善。

1991 年 3 月，中央成立社会治安综合治理委员会，乔石为主任，最高人民检察院检察长任建新、公安部部长王芳为副主任，各人民团体与党政军各部门负责人计 30 余人为委员。中央综合治理委员会作为常设机构，下设办公室，协助党中央、国务院领导全国社会治安综合治理工作，随后在全国范围内从省级到县级都设立了专门的对应机构。

1992 年 10 月，中共“十四大”召开，会议将“加强社会治安综合治理，保持社会长期稳定”写进修改后的党章总纲中。从此，社会治安综合治理在中国共产党党章和国家法律中被上升为全党全社会的总任务。

1993 年 7 月，中央决定在原成员单位基础上增加八个单位为中央综合治理委员会成员，分别是交通部、邮电部、人事部、人民银行、人民保险公司、民用航空局、旅游局和人民武装警察总部，进一步强化了中央综治委的组织建设。

1995 年 6 月，经中共中央批准，中纪委、监察部、全国政协法制委员会、国家计生委、海关总署被增补为中央综治委成员。

1996 年、1997 年、2001 年，中央综合治理委员会分别设立了刑释解教人员安置帮教工作协调小组、流动人口治安管理工作管理小组和预防青少年违法犯罪工作领导小组，以指导全国的专项工作。②

到 2003 年，中央办公 610 办公室③亦被增加为中央综治委成员单位，同时其内部的五大工作机构相继更名为五个工作领导小组，与中央综治委这些机构相对应，即中央综治委铁路护路工作领导小组、中央综治委预防青少年犯罪工作领导小组、中央综治委流动人口治安管理办公室、中央综治委学校及周边治安综合治理工作领导小组、中央综治委刑释帮教人员安置帮教工作人员领导小组，地方各级综合委也成立了上述机构。④

二、“群众警务”模式的路径依赖性

改革开放之初，中国的警察人数与人口的比例与世界其他各国相比依然很低，且当时的财政主要支持经济发展而不能大规模扩充警力，地方政

① 严励：《“严打”刑事政策的理性审读》，载《上海大学学报》（社会科学版）2004 年第 4 期。

② 中央综治委办公室：《长治久安之策（1991～2001）》，长安出版社 2001 年版，第 204～226 页。

③ 即防范和处理邪教问题领导小组办公室。

④ 中央综治委办公室：《中国社会治安综合治理年鉴》，长安出版社 2004 年版，第 11～29 页。

府碍于治安综合治理一票否决制的压力，不得不积极利用社会力量来替代警察，继续继承毛泽东时期重要的政治遗产，即重新落实走群众路线，这使得“综治警务”推进不时有“群众警务”模式的路径依赖和现实的需求。

“文化大革命”中，群众运动和政治斗争致使“砸烂公检法”，许多省份治保会名存实亡，直到改革开放时期，迫于治安的压力各地才重新试图恢复各级治保会工作和“群众警务”模式工作的一些方法措施。

十一届三中全会以后，中共整治了因“文化大革命”几乎瘫痪的治保会组织，城市的企事业单位和街道居委会分别建立治保会，农村因人民公社体制解体而以村为单位建立治保会。

时任全国人大常委会副委员长、中央政法委书记彭真在 1982 年 7 月 22 日关于《新时期的政法工作》讲话中指出：“居民委员会、调解委员会、治保委员会原来是有的，但在林彪、‘四人帮’砸烂公、检、法过程中被破坏了，需要恢复和健全。”同年 8 月 28 日，中共中央转发《全国政法工作会议纪要》，首次正式提出在农村要有计划地进行建立村民(或乡民)委员会的试点工作，发动群众制定乡规民约。①

我国 1982 年《宪法》明确规定治保会属于居民委员会和村民委员会这一基层群众性自治组织，治保会不再受公安机关领导，转变为与公安机关合作、配合的关系。这意味着“群众警务”模式的终结，因为群众不能直接执法了，只能配合警察做些治安防范工作。

但由于路径的依赖性以及正式警务模式的稀缺性，乡村治安很大程度上还延续着集体化时代的样态，“当时社会治安工作通常按照上级政府的部署，按五个步骤有序进行。第一步，武装骨干，提高认识。召开各级会议，尤其是在乡镇召开村干部会议，贯彻文件精神，初步摸清社情，明确重点队和重点人。第二步，发动群众，调查摸底。这个过程要召开很多会，包括公社书记直接向群众传达精神的公捕大会、小队群众大会、大队群众骨干座谈会。深入发动群众，采取打尖、戮窝、拆团伙的办法抓紧侦察破案，同时搞好检举揭发，进一步明确重点对象。第三步，组织专班，抓住重点，开展破案小战斗。对可疑人员和可疑物资进一步调查摸底。第四步，办好法制教育班。对重点违法人员和犯罪嫌疑分子在摸清和落实一两笔现行违法犯罪事实材料的基础上，组织他们学习，加强‘政策攻心’、分化瓦解工作。第五步，建立组织，订立合同。通过社会治安整顿，完善责任制，完善帮教制度。那时的治安工作中，村干部起着非常重要的作用，他们既是

① 施从美：《文件政治与乡村治理》，广东人民出版社 2014 年版，第 147 ~ 148 页。

村庄共同道德的维护者，也是上级政府的有效代理人。当时公安派出所的建制还不健全，‘专门工作’远远不到位，治安工作高度依赖乡村两级来完成，村庄在其中起着非常基础性的作用。那时的村庄甚至可以开办‘法制学习班’，‘帮教’有越轨倾向的青少年。而在‘严打’中，村干部简直成为公安机关的下级组织，在实践中享有扭送越轨分子去公安机关的权力。在荆州市的普兴村，1983 年‘严打’中，有十几个年轻人遭到了打击，其中大部分是村干部将他们扭送到公安机关的。在荆门市的新王村，当时的村干部将十来个年轻人扭送公安机关”。①

20 世纪 80 年代初期，一些地方政府将那些素质好、身体健康的离退休干部、职工、教师吸收进治保会，1988 年，这部分人员达到 87 万。天津市治保会成员中离退休干部职工占 25. 1% ，上海市高达 36. 6% 。

公安部在 1986 年下发了《关于组建城市治安巡逻网的意见》，国务院在 1988 年批准并印发了公安部的《关于继续加强群众性治安联防的请示》。截至 2002 年，全国已经建立了治安联防组织 46. 7 万个，253. 9 万余人，其中直接在公安派出所领导下有 100 余万人从事警务工作。②

1988 年 9 月，公安部向国务院提交了《关于继续加强群众性治安联防工作的请示》，彰显了国家对传统“群众警务”模式的深刻记忆，截至 1988 年，全国范围内有治安联防队员 190 多万人，这个数字远超出正规警察的数量。③

1988 年，国务院批准的公安部《关于继续加强群众性治安联防工作的请示》充分肯定了治安联防队伍对维护社会治安的作用：“治安问题是各种社会矛盾的综合反映，搞好社会治安要依靠社会的共同努力。街道居民、企业单位自己组织起来，集一点资，出一些人，用于维护本地或本单位治安，既服务于社会，自己也受益，这种取之于民、用之于民的做法，不应否定，应继续推行。”1989 年 11 月 11 日，公安部在北京召开了全国城乡治安保卫委员会、治安联防队工作经验交流会，会上表彰了 111 个治保会和治安联防队，授予 304 人为先进分子。④

1991 年，全国人大常委会和中共中央、国务院下发了全国人大常委会

---

① 陈柏峰：《群众路线三十年（1978 ~ 2008）——以乡村治安工作为中心》，载《北大法律评论》2010 年第 11 卷第 1 辑。

② 白景富：《在全国社会治安综合治理工作会议上的讲话，社会治安防范策略与实践》（第二辑），长安出版社 2003 年版，第 23 页。

③ 甘重斗主编：《中国法律年鉴》，法律出版社 1989 年版，第 18 页。

④ 甘重斗主编：《中国法律年鉴》，法律出版社 1990 年版，第 52 页。

《关于加强社会治安综合治理的决定》和中共中央国务院《关于加强社会治安综合治理的决定》。两个决定都明确要求各级政府动员和组织城镇居民、农村村民以及机关、企事业单位的职工和学生,在基层建立群众性自防自治的治安保卫组织,开展各种形式的治安防范活动和警民联防活动。治安联防制度的建设既是对群众路线的替代,又在相当程度上缓解了地方政府的财政约束和正式警力不足的状况。①

改革开放之前,中共倡导的社会主义意识形态、集体主义的理念和国家对生产资料的全方位控制在社会公共安全方面发挥了客观的作用,同时国家又通过运动式动员有效地调动了社会力量参与基层社会治安秩序的维护,这是毛泽东时期中国在社会治安方面取得突出成就的重要原因。②

而改革开放之后,随着农村土地承包制的实施、城市多元化经济组织结构的并存,原有的社会监视、规制与惩治能力均随治安生态的变化而下降,改革时期以一度恢复以"群众路线"为特征的治保会也由于市场经济的冲击而功能日趋式微。③

在此形势下,治安综治在多种复杂的思虑中得以出台:

一是对治安综合治理的技术需求。特别是在风险社会情境下,不断增生的非传统安全威胁存在高度的复杂性和相互依赖性,这使社会治安执行存在相当程度的如 Daniel Mazmanian 和 Paul Sbatier(1983)所谓的技术性困难。④ 社会治安综合治理作为一种简单易操作的政策工具,具有技术上的可操作性。具有打击力度大、成效快的特征,可以维护社会治安秩序、打击违法犯罪获取短期明显的收益,避免部分间职能交叉却又各自为政的情形,迎合了公共治理的现实需要。

二是对治安综合治理的经济考量。综治体制可充分发挥矩阵式国家治理结构的优势。矩阵式治理体系国家的纵向政治职能体系和横向技术职能体系组成的方形结构,实现政策的上传下达以及任务的最终完成。矩阵式治理结构通过综治委或综治办通过信息网络强化了纵向和横向的关系,加强各职能部门之间的配合,能够及时互通情况、交流意见,降低了决策成本。

---

① 黄石:《转型期犯罪治理模式变迁研究》,武汉大学 2013 年博士学位论文。

② He Bingsong, Crime and Control in China, in Crime and Control in Comparative Perspectives, eds. Hans-Gunther Heiland et al. New York: De Gruyter, 1992, p. 251.

③ Michael Dutton, The End of the (mass) Line? Chinese Policing in the Era of the Contract Social Justice. *Social Justice*, vol. 27, no. 2, 2000, pp. 61 – 102.

④ Daniel Mazmanian, Paul Sbatier. Implementation and Public Policy. Glenview: Scott, Foresman, 1983: 21.

三是复杂政治与行政生态的现实需求。由于我国复杂的政治现状、权力多层次和关系网络化，采用社会治安综合治理易于受政策规划主体的认可，使相关权力或利益集团的影响和干涉能降至最低；平时抹不开脸的人情关系在综治的语境下轻松得以化解。另外，"综治"成功实现了国家权力的生产与再生产，摆脱了在政策解读与工具选择上的困境，确保执法力度的一致性，确保治安秩序的合法性的延续和维系。行政生态作为一个复杂的系统，在事权分割原则下构成种种制约，综治的优势在于不同门类层级的行政人员配备能够实现及时到位，实现与当前执法需要的匹配和部门间的短暂亲密合作，减少了部门林立交叉职能沟通上的时间成本与精力付出，降低了执行成本。

三、"从重、从严、从快"的"严打"形态

"综治警务"从本质上讲已经非常接近管理型警务范式，因为已经具备专业性和法治性的特征，但由于路径的依赖性，仍然受政治性的强烈的影响而演化得不彻底。

"刑罚世轻世重"是中国古代的刑事政策，主张刑罚的轻重应当因时而异、因地制宜，简单而言就是"治平世用轻典，治乱世用重典"。出于"惩前毖后"犯罪预防的考虑和"杀一儆百"中国古代刑罚经验，"严打"所显现的要点，就是集中优势警力，动员其他政府部门和社会一切可以调动的治安资源，对某些特定的犯罪进行集中打击。① 严打的要求也促进基层派出所警务职能的改变：以往凭借"户口登记"控制人口流动的静态管控机构转变为"破案为主、打击现行"的动态防控组织，加上"110"报警系统和警察巡逻制度的推广，成为中国管控型警政范式的基本构成。②

20世纪80年代初，全国经过连续几年的不断整顿，社会治安管理取得了一定成效，但总体而言没有根本改观，全国刑事案件的发案数持续上升。③ 发生了一些恶性重大案件，如北海劫持轮奸女学生事件、北京姚锦云事件、上海控江路事件。许多地方公共场所秩序混乱，流氓团伙在光天

---

① Dutton, M., *Toward a Government of Contract: Policing in the Era of Reform*, In B. Bakken (eds.), Crime, Punishment, and Policing in China, Lanham, MD: Rowman & Littlefield, 2005. pp. 189－233; Ma, Y., Powers of the Police and the Rights of Suspects under the Amended Criminal Procedure law of China, Policing: An International Journal of Police Strategies & Management, 26, 2003. pp. 490－510.

② Fu, H., Patrol Police: A Recent Development in the People's Republic of China, *Police Studies*, 13, 1990. pp. 111－117.

③ 肖扬主编：《中国刑事政策和策略问题》，法律出版社1996年版，第154页。

化日之下公开侮辱妇女、劫持强奸女青年、结伙打砸抢和拦路抢劫。一时间妇女不敢上夜班，群众没有安全感，国内外反映十分强烈。①

邓小平指出："刑事案件、恶性案件大幅度增加，这种情况很不得人心。几年了，这股风不但没有压下去，反而发展了。原因在哪里？主要是下不了手，对犯罪分子打击不严、不快，判得很轻。对经济犯罪活动是这样，对抢劫、杀人等犯罪活动也是这样。"因此他建议："为什么不可以组织一次、二次、三次严厉打击刑事犯罪活动的战役？……一次战役打击他一大批，就这么干下去。""对严重刑事犯罪分子，包括杀人犯、抢劫犯、流氓犯罪团伙分子、教唆犯、在劳改劳教中继续传授犯罪技术的惯犯，以及人贩子、老鸨儿等，必须坚决逮捕、判刑，组织劳动改造，给予严厉的法律制裁。必须依法杀一批，有些要长期关起来。还要不断地打击，冒出一批抓一批。不然的话，犯罪的人无所畏惧，十年二十年也解决不了问题。"②

1983 年 8 月 25 日，中共中央作出《关于严厉打击刑事犯罪活动的决定》，展开了为期三年的"严打"斗争，试图使社会治安得到有效的控制。

随即"严打"的三大战役在全国各地发动和展开。1983 年 9 月至 1984 年 7 月为"严打"第一战役；1984 年 8 月至 1985 年年底为第二战役；1986 年 4 月上旬至国庆节为第三战役，猖獗一时的刑事犯罪活动得到了遏制。③ 1996 年，距离第一次"严打"过去了十年，针对部分地方严重危害社会治安的犯罪活动重新抬头的情况，中共中央再次部署开展了全国范围内的"严打"斗争。第二次"严打"最为明显的一个特点就是从实际斗争的现实需要出发，由各级党政领导挂帅推进，通过强化党政的组织行为，加大了"严打"的工作力度。④

具有明显的战役性和阶段性特点的"严打"这一刑事政策，决定了其成为中国警务控制的一种典型的运动化法治形式。其产生的深层次原因如下：(1)路径的依赖性。虽然时代变迁，已与改革开放之前相比有了较多改变，但传统思维方式依然根深蒂固。受"人治"行政的制约，常常使"权"凌驾于"法"之上，致使司法无法制约行政；同时，受"精英"决策的影响，政治精英的态度完全左右各种决策，也为"严打"的推动起到关键性的作用。(2)制度的价值偏好。中国处于转型期，其制度的运行机制必然也

① 田全华：《"严打"的社会背景分析》，载《公安大学学报》1998 年第 2 期。

② 邓小平：《邓小平文选》(第三卷)，人民出版社 1993 年版，第 33 页。

③ 周桂琴、沈惠章：《邓小平"严打"理论研究》，载《江苏公安专科学校学报》2001 年第 3 期。

④ 高德义：《"严打"斗争中的党政行为》，载 1996 年 12 月中国政法大学《神州之剑》论文集，第 30 页。

符合发展中国家的政治特征，“一个政党垄断了政治权力并渗入所有其他具有政治意义的组织，一个明确的官方意识形态使革命的目标合法化和神圣化，将全体公民政治化和动员起来的决定，其典型方式是通过党领导的群众运动来实现”。[①]（3）制度的理性选择模型，基于交易成本高低不同，提供的激励大小不一样，不同的制度安排必然产生不同的绩效，这是诺斯的命题。[②] 问题是我们需要的是什么样的绩效，是注重“正义与程序”还是关心“秩序与效率”，制度的选择是不一样的。相比而言，“运动的方式所具备的低成本和高效率利用起来比法治的方式更为便利和得心应手。这或许也是人们自觉或不自觉地选择了发动运动这种方式的根本原因”。[③]

中国的每次“严打”斗争均要事先经过严密部署，声势浩大地调集基层警力和发动群众，组织动用大量财力和物力，对执法机关进行军事化编成，公检法三位一体集中办公，联合办案。“严打”通常却被定义为“从重从快”通过运用刑法来维护社会秩序的一种刑事政策或手段，很少有人去思考它是否符合社会普适的价值观，也很少有人去评估它是否真的能促进社会的进步。工具理性完全凌驾于价值理性之上。严打“受到了法律工具主义的严重影响，暗含着运动治国的阴影”。[④]

四、法治性的导入

中国警务工作的法律属性最初显得异常薄弱，新中国成立初期法律一直为政策性文件所抑制，在“文化大革命”期间法律更是形同虚设，所谓“人权”“程序”都被当成资产阶级的意识形态而加以摒弃和批判，在“公检法”被砸烂以及军队接管公安机关的背景下，实质上极端地以政策完全取代法律、人治取代法治。中国法律体系从新中国的起始就服从于政治斗争的需要以及为政治斗争服务，政策成为控制社会的根本手段，而法律则被弃置一旁。从1949年到1979年的30年间，中国居然没有制定一部刑法典。

毛泽东的《关于正确处理人民内部矛盾的问题》是理解这一阶段中国社会治理的关键所在。根据这一重要文件精神，中共党内开始批判“法律

---

① 转引自[美]詹姆斯·K.汤森、布兰特利·沃马克：《中国政治》，顾速、董方译，江苏人民出版社1994年版，第21页。

② [美]道格拉斯·诺斯：《制度、制度变迁与经济绩效》，上海三联书店1994年版。

③ 周一平、周郴保：《“严打”的法理学探析》，载《甘肃政法成人教育学院学报》2002年第3期。

④ 冯玉军、贺小平：《“严打”的法律经济学分析》，载《兰州大学学报》（社会科学版）1997年第4期。

至上论”,法律虚无主义被奉为“马克思主义观点”而受到追捧,其结果是法治思想被完全否定,人治思潮占据绝对的主导。

1958 年 8 月 21 日,毛泽东在北戴河政治局扩大会议上谈论道:“法律这个东西没有不行,但我们有我们的一套。还是‘马青天’那一套好,调查研究就地解决问题。”“不能靠法律治多数,多数人要养成习惯。民法、刑法那么多条文谁记得住?宪法是我参加制定的,我也记不得了。韩非子是讲法制的,后来儒家是讲人治的。我们的规章制度,大多数,90% 是司局搞的,我们基本上不靠那些,主要靠决议、开会,一年搞四次,不靠民法、刑法来维持秩序。”“我们每个决议都是法,开会也是法,治安条例也养成习惯才能遵守。人民代表大会、国务院开会有他们那一套,我们还是靠我们这一套。”①

马青天即马锡五,1943 年任陕甘宁边区陇东分区专员兼边区高等法院陇东分庭庭长期间,创造了“马锡五审判方式”。其基本特点是:(1)深入基层,调查研究,查清案件真相;(2)坚持原则,坚决执行政府的政策法令,依靠群众,尊重群众意见,公正合理地处理案件;(3)手续从简,不拘泥于形式,便于人民诉讼。②

国家主席刘少奇也明确表态,到底是法治还是人治?看来还是靠人,法律只能作为办事的参考。正是中共党内政界这种主导的思潮,中央政法小组于 1958 年 12 月 20 日给中共中央、毛泽东的报告中提出:“刑法、民法、诉讼法,根据我国实际情况来看,已经没有必要制定了。”正在进行的刑法、民法、刑事诉讼法、民事诉讼法等基本法律的起草工作因此停滞,从而使中国法制建设的正常进程停顿。③

“文化大革命”以后,规模的政治运动告一段落,结束了无法无天的状态,阶级斗争学说被质疑,中国开始进入一个市场经济逐步取代计划经济的历史发展新时期。民主与法制开始被提上国家议事日程。有鉴于此,邓小平率先在国家治理模式方面突破了思想禁区。他认为:“解放以后,我们也没有自觉地系统地建立保障人民民主权利的各项制度,法制很不完备,也很不受重视。”“现在的问题是法律很不完备,很多法律还没有制定出来,往往把领导人说的话当作‘法’,不赞成领导人说的话就叫作‘违法’,领导人的话改变了,‘法’也就跟着改变。所以,应集中力量制定刑法、民法、诉讼法和其他各种必要的法律。加强检察机关和司法机关,做到有法

---

① 项淳一:《党的领导与法制建设》,载《中国法学》1991 年第 4 期。

② 王立民主编:《中国法制史》,上海人民出版社 2003 年版,第 533 页。

③ 段啸虎:《新中国宪政之路》,上海交通大学出版社 2000 年版,第 94 页。

可依,有法必依,执法必严,违法必究。"①

1979 年 7 月 1 日颁布了中国第一部《刑法》和《刑事诉讼法》,两法自 1980 年 1 月 1 日起正式实施,表明中国的刑事证据与刑事司法进入了一个有法可依的新时代。②

随着 1986 年《治安管理处罚条例》、1989 年《行政诉讼法》、1995 年《警察法》、1996 年《行政处罚法》等一系列法律规范的出台,法治建设日益得到重视和加强,标志着中国迈向依法行政、依法治国、依法治安、依法治警的道路。

1997 年秋天,"依法治国,建设社会主义法治国家"第一次写进了党的纲领性文件。在十五大报告的第四部分"社会主义初级阶段的基本路线和纲领"中,"依法治国"被确定为建设有中国特色的政治目标和基本政策之一;在报告的第六部分"政治体制改革和民主法制建设"中,被确定为党领导人民治理国家的基本方略。以十五大召开为标志,中国的"法制"与"法治"之争才算有了一个正式的结论。许多法律学者认为,"法制是将法仅当作统治和控制社会的工具,法治是将法提升到作为一种价值理念和治国方略。在英文里,法制是 rule by law,法治是 rule of law。两者是不能含混的"。法治以"法律至上"为要件,是民主政治的特征。③

截至 2000 年,由全国人大常委会通过的规范警察执法的法律已有 42 件,国务院制定的警察行政法规已有 82 件,省市地方政府和公安机关制定的规范性文件也有 1000 多件。可以说,中国的警察法律体系已逐步形成,中国警务工作的政策导向逐步向法治转化。

Lu,H. 和 Zhang,L.(2005)认为,有关警务工作的一系列法律和规章的出台,可以说是在后毛泽东时代的中国所进行依法治国运动的一部分,法治运动的目标在于,将过去非正式的和革命式的政策框架,转变为正式的和成文的法律框架。④ 过去依赖的群众路线及阶级斗争的理念等政策性纲领被弱化,转而强调法律治国的重要性。⑤ 强调法治化进程目的是双重的,不仅在于重建在"文化大革命"中被严重破坏的警察机构和刑事司法职能,更重要的是,为了能强化执法机构的权威和权力,以期增强他们能

---

① 《邓小平文选》(第 2 卷),人民出版社 1994 年版,第 140 ~ 147 页。

② 陈兴良:《严打利弊之议》,载《河南省政法管理干部学院学报》2004 年第 5 期。

③ 武胜伟:《转型期中国社会治安治理问题研究》,郑州大学 2016 年博士学位论文。

④ Lu,H.,& Zhang,L.,Death Penalty in China: The Law and the Practice, *Journal of Criminal Justice*,33,2005. pp. 367 – 376.

⑤ Lepp,A.,Note,the Death Penalty in Late Imperial,Modern,and Post-Tiananmen China, *Michigan Journal of International Law*,11,1990. pp. 987 – 1038.

够应对日益高涨的犯罪率和控制社会混乱状态的能力。①

Harold Tanner(1999)认为,中国在20世纪80年代初开始推进的"严打",表面应对的是犯罪持续高发的治安态势,但背后折射出一种传统意识形态的延续和诉求,既要通过改革开放的市场经济实现物质文明,同时也不能放弃意识形态的纯洁和道德层面的精神文明,中国警务正是在这一特殊背景下成为落实党的阶段性刑事政策的工具,这与西方的司法体系具有的法治现代化精神是不同的,并且缺乏韦伯式的官僚特征。②

Michael Dutton(1993)认为,中国警察实施的"严打"行动,并不能简单地看成是毛泽东时期意识形态的延续,更非中共威权政体必然选择,而是应对经济改革带来社会变化进行的一种保障。"严打"的目标性很明确,这种有选择性实际上结束了毛泽东时代进行的"警务控制所有"(all round policing)的政治生态。经济改革改变了单一的公有制,出现了多元经济结构,社会生活方式也发生了变化,流动人口的涌入使得建立在"户籍"制度之上管控人口的手段失去效力,单位制的解体弱化了警察原有的工作方法和策略,这些都是导致犯罪率急剧上升的重要因素。缺乏应对的经验,同时在民意、党政双向压力之下,公安机关不得不重新启用新的特殊的霹雳手段,以期取得短期速效的成果。③

Murray Scot Tanner(2005)认为,"严打"政策的执行对公安机关的建设带来非常不利的影响,由于采用的"运动式"的打击方式,使得警察停留在底端的职业水准和无暇顾及基层基础建设,短期成效高涨的背后牺牲的是长远警察职业化的进程。毛泽东时期公安机关依靠"群众路线"进行警务的渗透,而"严打"专项行动使得警察以"案件"为中心展开,而忽略了群众工作,直接的结果是淡化了警民关系。"严打"带来的一个后遗症是产生了一些本不该发生的冤案,中国的政法结构被设计为公、检、法三家,相互之间是制约监督的关系,这本来就是法治化建设的方向和目标,在"短平快"的压力下,检察院、法院与公安机关更多追求的是过分合作而非有效对

---

① Lepp, A, Note, the Death Penalty in Late Imperial, Modern, and Post-Tiananmen China, *Michigan Journal of International Law*, 11, 1990. pp. 987 - 1038; Zhang, L., & Liu, J, Official Status and the Swiftness of Criminal Arrest: A Chinese Case of the Impact of Social Position on Criminal Justice, Policing: *An International Journal of Police Strategies* and Management, 27, 2004, pp. 82 - 96.

② Harold M. Tanner, Strike Hand! Anti-Crime Campaigns and Chinese Criminal Justice, 1979 - 1985, *Ithaca, N. Y.*: *Cornell East Asian* Series, 1999.

③ Michael Dutton, Missing the Target? Policing Strategies in the Period of Economic Reform, *Crime & Delinquency* 39, No. 3.

抗,失去了制约警察权的制度性屏障。“严打”削弱了中央对地方的监管与控制。考核“严打”最简单的方式就是逮捕数量,逮捕数量越多意味着政绩越大,在这种激励机制下,下级党委为了向上级党委交上一份满意的考核数字,往往直接给公安机关按人口数量和比例下达逮捕指标,公安机关再分解下达给基层派出所,派出所再承包给民警个人,作为“理性人”的选择自然是避重就轻,宝贵的警力往往被用在围剿一些较轻的涉案人员,甚至进行重复多次逮捕、审讯,以增加整体的统计数字,放过了费时费力的大案要案。虚假报表无法使中央获得正确的治安信息,从而不能有效调整刑事政策,扭曲了中央—地方的委托代理关系。①

第三节　“社区警务”模式的“入世”性变革

2001 年 12 月 11 日,中国正式加入世界贸易组织(以下简称 WTO),成为其第 143 位成员。就 WTO 本身而言,它是一个涵盖货物贸易、服务贸易、与贸易相关联的知识产权开放性的多边贸易法律体系。WTO 的效用主要是通过严格制约政府对市场自主机制和自由贸易精神的扭曲来推进自由化贸易,因此会“直接推动各国经济行政法律制度的趋同”。②

中国的“入世”,表面上看是企业的“入世”,其实更要求的是政府的入世。世界经济一体化对中国最为根本的影响,就是要求中国政府的各级行政主体自觉遵守国际规则和国际信奉的理念。体现在公安机关执法领域,其中侵犯知识产权案件、公共安全产品及服务的行政许都直接受到 WTO 规则的调整,其他的警务工作或多或少通过间接方式受到 WTO 规则的影响。

在 WTO 法律体系下,中国的警务执法的理念必须由“控制、管理”转向“服务、治理”,WTO 基本法律原则所体现的公平、公正、自由、公开等价值取向,是整个现代法治的价值取向,要建设有中国特色的社会主义法律制度也需要吸纳和贯彻这些价值观念。表现为警察要始终坚持依法行政,以保护、保障公民权利为执法目的和宗旨,即从权力本位转为权利本位,管理主义转向服务,以社区警务战略的推进是中国“服务型警务”范式的肇始(2001 年至今)。

---

① Murray Scot Tanner, *Campaign-Style Policing in China and Its Critics*, in *Crime, Punishment, and Policing in China*, ed. Borge Bakken, Lanham: Rowman & Littlefield, 2005.

② 袁曙宏、宋功德:《WTO 与行政法》,北京大学出版社 2002 年版。

一、社区警务战略的推进

“社区警务是20世纪六七十年代发端于英、美、加、澳等国家，随后又先后被德、法、日、新加坡等国家借鉴创新而兴起的一种以治本为主、治标为辅的警务发展战略。”①中国警察国际化接轨的最重要举措就是推进社区警务战略。

20世纪末，全球政治、经济和科学技术等剧变引发了民主性的根本转变，“分权”（decentralization）、“责任”（accountability）、“善治”（good governnance）、“透明”（transparence）以及“参与”（participation）等议题引发了激烈的讨论。尤其在转型社会中，主权在民、公众参与、政府谦抑、社会治理等理念更是深入人心。警察作为政治生态的一个重要因子，也融入了相互影响的成分。“自由社会下的警察不仅要依法行政，同时要维护每一位民众的权益，以赢得该社区最多的尊重与最大的合作支持，如此才能履行自由社会中民主价值的真谛。”②

世界各国面临的一个普遍问题就是公共安全服务有效供给不足的情况，而社区警务是警方在实际工作中逐渐发展出来的一种公共安全服务多元化供给的制度安排，突破了以往以政府为中心一元供给安全产品的方式，形成在政府主导下，由警察机构、市场力量和社区自治等多元供给安全产品的联合结构。G. Wamsley 指出：“引发行政职能与规模扩张的主要原因是政府面对剧变社会环境和日益高涨的公民需求。但是，扩张后的官僚体系在效率与效能上并未明显提升，预算的支出与财政的负担却日益沉重，使得政权的合法性与正当性日趋式微。因此，各国政府都不约而同大力推行行政改革。整合机构、精简编制、民营化、市场导向等概念也是方兴未艾。”③

虽然“社区警务”这个词最先是由西方国家首创和命名，但亚洲的许多国家或地区，包括中国大陆、中国台湾地区、新加坡、日本等，几十年来实际上一直都遵循着社区警务的若干核心原则，诸如社区治安自治的提倡、

① 李中信：《中国社区警务研究》，群众出版社1999年版，第1页。

② 章光明、黄启宾：《现代警政——理论与实务》，扬智文化事业股份有限公司2003年版，第214～215页。

③ G. L. Wamsley, J. L. Wolf, Refounding Democratic Public Administration: Modern Paradoxes In Postmodern Challenges Thousand Oaks, CA: SAGE.

减少社区失序、培养警民之间亲密的关系。① 正是由于社区警务与中国公安工作的传统特点和优势具有高度的相似性，在警务理念、警务策略以及预防犯罪的措施均有共同的价值取向，故而社区警务获得了中国政府、警察机关及警务工作人员广泛的认同。

社区警务的核心概念应该包括以下几点：第一，社区警务追求的是更为积极前瞻性的治理，而不是消极"反应"式的行政；第二，社区警务要求警察机关不仅将其职责简单定位于执法，更应该承担创造安宁秩序和提供优质警务服务的职能；第三，社区警务强调的是警察在警务活动中所采取的手段应该多元化，而不能仅仅局限于警察强制措施的刚性手段，更应该适用替代性的其他柔性手段；第四，社区警务意味着警察权的合法性不仅来源于法律的授权、专业的精准，还来源于社区的支持，更来源于民众各种形式的直接互动和参与；第五，社区警务注重的是社区民主机制对于警察的考察与控制，而非仅限警察内部的监督。

20 世纪 90 年代末起，中国一些重要城市，如杭州、哈尔滨、南京和上海的公安机关就开始试行社区警务。随着中国社会单位制的解体，城市社区建设作为管理越来越多的"社会人"而日益受到重视，相应的警力配置也必须调整，要"按照'一区（社区）一警'的模式调整民警责任区，设立社区警务室"。② 2002 年 3 月，公安部召开全国公安派出所工作"杭州会议"，会上提出："全面加强派出所基础工作，实施社区警务，推进派出所规范化、正规化建设的工作措施和奋斗目标。"③

2006 年 9 月 19 日，公安部《关于实施社区和农村警务战略的决定》（公发〔2006〕5 号）下发各地，文件要求实现"发案少，秩序好，社会稳定，群众满意"的公安工作目标，优化警力配置，规范警务运作，切实做到警务前移，立足辖区，警力下沉，依靠群众，警民携手共保平安，"逐步建立与新型社区管理体制、社会主义新农村建设相适应的社区、农村警务工作新机制，为推进城市社区和社会主义新农村建设、全面建设小康社会、构建社会主义和谐社会创造良好的治安环境"。

---

① Bayley, D., Policing: The World Stage. In R. Mawby (eds.), *Policing Across the World: Issue for the Twenty-first Century.* London: University College London Press, 1999, pp. 3 – 12; Dutton, M, *Policing and Punishment in China: From Patriarchy to the People'*, New York: Cambridge University Press, 1992.

② "中办发〔2000〕23 号"文件转发《民政部关于在全国推进城市社区建设的意见》。

③ 谷福生、李斌杰、张先福等：《新时期公安派出所工作全书》（上），中国人民公安大学出版社 2005 年版，第 14 ~ 19 页。

二、清理公安机关行政审批权限

行政许可是指行政主体根据行政相对人的申请,依法赋予其可以从事法律一般禁止事项的具体行政行为。[①]

在中国,行政许可与行政计划、审批、命令等行政手段一起,构成了干预社会经济运行最常用和最有效的手段,在计划经济时代对政府配置资源起到重要作用。行政许可本身的权力扩张性不仅处处干预市场,而且还是"权力寻租"的腐败源头。[②]

2002年11月1日,国务院下发了《关于取消第一批行政审批项目的决定》(国发〔2002〕24号);[③]2003年2月27日,国务院下发了《关于取消第二批行政审批项目和改变一批行政审批项目管理方式的决定》(国发〔2003〕5号)。[④] 前后两次共取消1195项行政审批项目。公安机关有42个行政审批项目被取消,内容涉及行业场所、易燃易爆化学品、管制刀具、房屋租赁、消防管理等方面。[⑤]

行政权以其天然的扩张性介入市场经济的范围也极其广泛,不仅包括对市场主体的经济行为的影响,也同时涵盖对市场主体可能涉及其经济行为的相关身份、资格、许可等方面的干预。而在这两种情景的政府干预中,公安机关都有其法定的职责和身影。前者如危险物品的管制、消防监督审核、特种行业的经营许可以及对经济活动中隶属公安机关查处的违法行为;后者则更为广泛,包括户口管理、身份证颁发、出入境管理、流动人口暂住证管理、机动车驾驶证颁发等,权且统称为警察行政许可。

警察行政许可是政府众多行政许可中涉及国家安全和社会稳定的许可事项,在一定程度上会涉及市场准入等影响到经济的活动,所以必须遵循《行政许可法》和WTO规则等原则性的规定。以权利本位理念替代权力本位的传统,是在批判和否定计划经济时代国家"全能"干预主义,消除行政执法中的官僚主义,树立人权保障和服务理念,进而实现警察与公民之间的和谐互动,以民主、科学、理性构建警察权力与公民权利的平衡关

---

① 胡建淼主编:《行政法教程》,法律出版社1996年版,第129页。

② 杨海坤主编:《中国行政法基础理论》,中国人事出版社2000年版,第178~180页。

③ 丛玮、徐用兵:《对公安行政审批制度改革的思考》,载《吉林公安高等专科学校学报》2003年第4期。

④ 詹伟、丛玮:《公安行政审批制度改革与治安管理方式变革研究》,载《中国人民公安大学学报》2004年第2期。

⑤ 何银松、杨鸣:《行政审批制度改革后治安行政管理的创新》,载《上海公安高等专科学校学报》2004年第4期。

系，以治理取代管理，逐步接受WTO各项国际规则的洗练和适应国际化发展，最终融入全球经济一体化。

公安机关的行政审批改革应当遵循“不属于政府职能，或者不应当由政府直接管理的事项，必须取消行政审批，政府实行间接管理”的原则。公安机关实行间接行政将促使公民和法人在法律许可的范围内根据自身的需要进行自由的选择，公安机关的职能由直接行政向间接行政的转变意味着从管理到服务的脱胎换骨。例如，《行政许可法》实施以后，娱乐场所治安审批权被取消，警察机关对娱乐场所的治安管理就由原先的审批管理变为涉案管理，减少了治安部门对娱乐场所的直接控制，防止警察对经营者过多的干预和有助于公安服务型警务的建设。

三、以户籍改革提升警察服务

2000年6月13日，中共中央和国务院提出户籍改革的意见，要求“从2000年起，凡在县级市区、县级人民政府驻地镇及县以下小城镇有合法固定住所、固定职业或生活来源的农民，均可根据本人意愿转为城镇户口，并在子女入学、参军、就业等方面享受与城镇居民同等待遇，不得实行歧视性政策”。

广西于2001年5月开始试行用居民身份证替代户籍管理。随即成都市放宽农民进城落户的条件，用身份证制度代替户籍制度，取消进入中小城市和小城镇的户籍限制。2001年3月30日，在总结各地户籍改革试点经验的基础上，公安部制定出台了《关于推进小城镇户籍管理制度改革的意见》，提出全国范围内的小城镇入户的条件一是有合法收入；二是有合法固定住所。2001年10月1日，该意见得到国务院批转，从此拉开了加快两万多个小城镇的户籍制度改革序幕，横亘在中国城乡之间户籍的“樊篱”有望随着市场经济的发展和社会结构的转型而逐步拆除，在小城镇生活和工作的农民可望根据新政策而成为非农户口的“城里人”。

2003年6月28日，《居民身份证法》出台，不仅使公民的基本权利得到平等的法律保护，打破了城市居民和农业居民户口的分类管理所带来的附着利益，使农民也能共享城市的各种社会资源，公平竞争、平等地享受社会待遇，同时也促使中国的户籍管理开始向信息化时代迈进。

截至2008年年底，全国已有河北、广东、江苏、广西、福建、山东、浙江等14省区全面取消农业与非农业户口的二元户口性质划分，用“居民户口”的称谓统一了城乡户口登记,赋予公民平等的法律身份。①

第四节　中国警务模式嬗变的契机

改革开放之前的中国,以总体性社会(total society)的结构对生产资料以及其他社会资源的配置实行计划安排,政治、经济和文化在统一的意识形态下高度重叠,所形成的“政治型”警务模式靠着强大的政治动员能力维系着社会治安秩序的控制。改革开放以来,社会结构发生了根本变化,单位制的解体使得“政治型”警务模式的政治动员群众基础大大减弱;市场经济的发展和政府体制的改革更是要求警务变革从管制向服务变革。

一、社会结构调整:中国警务模式演化的基础

(一)单位制的社会

在中国历史上的社会结构,国家与社会的关系一直是“强国家—弱社会”形态。封建王朝时期,国家凭借家国同构的宗法制度,将国家和社会进行一体化整合,通过公权领域对私权境界的全方位吞并成功完成了国家对社会的同化,并塑造了根深蒂固的权力本位的民族心理。“在中国传统权力体系中不存在社会独立于国家之外,并获得不受国家干预的自主权利的观念和理论。”②

1949年新中国成立,虽然借助了西方的马克思主义,但传统的家国同构的意识形态并没有消失,在集体主义和社会主义的口号下继续扮演着历史的角色,只不过以另外一种改头换面的形式延续着。社会整合的方式,或是通过国家权力的政治整合,或是通过地方民间的社会整合,更多时候是两者共同作用的结果。在传统的中国古代社会中,社会整合的机制远远强过政治整合机制,依赖于“士绅—地主”这一阶层和道德宗族文化替代了权力向基层的渗透。1949年以后的中国,政治整合极为强劲有力,即使是基层社会的整合,也是依赖国家权力的行政手段来实现的。由于农村“士绅—地主”和城市资产阶级的完结,社会整合机制基本失效,重建基本上是一种自然演进的过程,需要相当长的时间才能完成,而从当时国家和政府所拥有的资源来看,政治整合的方式更为顺手和便利。

改革开放之前的中国,以总体性社会(total society)的结构对生产资料

① 李香梅:《转型期我国户籍制度改革新探》,载《山西警官高等专科学校学报》2012年第3期。

② 陶鹤山:《市民群体和制度创新——对中国现代化的批判与重建》,南京大学出版社2002年版,第194页。

以及其他社会资源的配置实行计划安排，政治、经济和文化在统一的意识形态下高度重叠，国家完全吞噬了社会。①

总体性社会的组织形式，在城市以单位制为基础、居民委员会为补充；在农村以人民公社为框架，以村委会为单元。总体性结构的实现，是以剥夺生产资料和再分配生存资源为基本手段，建立在全能行政框架下的对社会自组织形态完全扼杀的政治整合。

1958年后实行的户籍制度强化了单位社会的特征，城市与农村形成两种不同类型的单位：城市中的企事业是以工人为主体的第二产业结构，农村的人民公社是以农民为主体的第一产业结构。所有的社会成员都被置身于强有力的行政控制之下，通过基本生活资源的控制实现对人的控制，而对人成功的控制也就实现了国家行政目的，基层警务形成以"以户口管理为主"的公安工作目标，从终极的手段来看，正是通过户籍制度实现了社会资源的垄断和分配，进而实现对人的行为和社会活动的控制，最后实现秩序性的社会和越轨性的防范。

户籍制度将社会划分为城市与农村二元结构，国家所控制与垄断的资源就是通过城市的单位和农村的人民公社这两种总体性组织在社会成员中进行分配与再分配的。个体进入由国家控制的体系并获得国家资源配置的途径，要通过两个步骤，首先要有"户口"，或是城市户口或是农村户口，无户口则称为"黑户"，什么资源都得不到，连学都没得上。然后要加入总体性体制中的一员，成为城市单位的职工或者农村人民公社的社员，在城市意味着工资、住房、公费医疗、子女就学、副食补贴、退休养老等资源的获得，在农村意味着获得参加集体劳动的权力和获得年终粮食分配的权利。

单位是一种特殊形态的高度整合和低度分化的组织形式，在改革开放以前的中国，是一个独特的两极结构，一极是权力高度集中的国家和政府，另一极是大量相对分散和相对封闭的一个个独立的单位。国家并不直接面对民众，而是通过单位这样一种中介体。新中国成立后，有一段时间政府消灭市场关系并用行政手段组建各种单位并控制资源的调配，社会成员总是隶属于某一个单位，个人与单位的关系由于单位垄断所有的资本和利润分配的机制而变得异常紧密，人们从踏进社会一直到死亡都属于这个单位，工资、福利、住房、医疗、丧葬等全由单位包下来，单位承担起劳动者永

---

① 孙立平：《转型与断裂——改革以来中国社会结构的变迁》，清华大学出版社2004年版，第30页。

久性的就业和保障的责任,造成劳动者对就业场所的全面依附,其本质是个人对国家的依附,从而实现了国家对个人的全面控制。①

计划经济体制下的政府,不仅直接管理企业和统一组织社会生产,更重要的是,企业表现为国家行政组织的延伸,整个社会的运转依靠的是自上而下的行政权力。单位实际成为行政机构内部的组织方式。②

对于个人来说,单位的党、政组织是国家和政府的委托代理人,不仅是劳动过程的组织者与管理者,而且充当了党和政府在政治上的代言人。在国家行政权力全面控制和干预社会生活的条件下,离开单位党政当局的认可和证明,个人的存在和许多社会活动就无法进行(如户口登记、粮油关系、婚姻登记、工作调动)。③

在单位制的社会中,由于高度的一体化,国家的政治目标实现和行政管理在城市依赖着企事业单位党政组织的代理,而农村则依靠人民公社大队与队党政组织的代理。

发动群众进行治安保卫是来自根据地时期的经验,因为"群众的眼睛是雪亮的",因此毛泽东在1951年5月镇反运动时再次要求各地公安机关重视"治安保卫委员会"建设。1952年8月21日,经公安部拟定,由政务院批准实施《治安保卫委员会暂行组织条例》。治安保卫委员会在城市单位表现为内保组织,在农村表现为村治保会,一般由民兵营长兼任治保会主任。反映在治安管理领域,城市中基层警务运行机制为派出所——单位内保组织的结合体,农村基层警务运行机制为派出所(或公安特派员)——村治安保会的结合体。

单位的党政一体化的委托代理关系决定了单位权力与政府权力本质的一致性。事实上,每一个企事业单位都在党委领导下建立了保卫部门,内保组织被视为非正式警务力量具体落实单位内部的保卫工作,内保业务在公安机关的领导下开展。在"政企政事合一"的体制下,单位保卫机构可以行使公安机关的刑事侦查权和警告、罚款等治安管理处罚权,是一支维护治安的重要警务力量。

(二)单位制的解体

改革开放前,国家不仅对生产资料进行了垄断,在城市以单位的形式垄断了工厂与机器,在农村以人民公社的形式垄断了土地的经营权,而且也垄断了社会活动的空间,即人们不能随意选择从事社会性活动的具体场

① 李汉林:《中国单位社会》,上海人民出版社2004年版,第5~6页。

② 路风:《单位:一种特殊的社会组织》,载《中国社会科学》1989年第1期。

③ 华伟:《单位制向社区制的回归》,载《战略与管理》2000年第1期。

所和领域,人口的自由流动是被绝对禁止的,即使是大荒之年出外乞讨也必须持有当地政府开具的证明文件和介绍信。

改革开放带来的一个重要的结果是"生产资源的不同所有制"和"自由活动空间"得到发育,并酝酿出新的社会阶层。

20世纪70年代末80年代初,个体经济开始在我国城市中出现,至80年代末个体和私营经济进入迅速的发展阶段,国务院颁布的文件中允许带"学徒"和请"帮工",尽管对数量作出了限制性的规定,实际上是默许了私人"雇工"的存在,这意味着新的经济实体和经济关系的形成。邓小平的"南方谈话"进一步刺激了民间经济的发展,掀起了一轮"下海"大潮,政府官员弃官、知识分子弃学,在壮大民营经济的同时,也提高了民营团体的素质。与此同时,随着"三资"企业的发展,城市中生产资料所有制的结构越来越复杂和多元化,过去生产资料属于国家或集体性质的"单位"比例在不断下降,即使是遗存下来的单位,也已经从对于个人的全方位控制,转变为只是人们的职业场所,而过去,单位不仅是人们的职业场所,同时还是人们政治生活、社会生活和文化生活的场所。

中国经济结构从单一公有制转变为多种所有制形式的经济格局。2002年的资料显示,"江苏省国有大中型企业改制面为89%,全省私营个体工商户达157.3万户,私营企业达28.6万户,外资企业达2.3万户。2004年江苏GDP总额达到1.5万亿元,其中民营企业创造的数值为5000亿元。从全国范围来看,1989年民营经济仅占我国GDP的1%,而现在非公有制经济已经占到整个GDP的68%"。[①] 新生的非公有制企业没有充当政府的代理人,企业也不再有内保组织来充公安机关的"腿",遗存的单位基于政企分开的呼吁充当政府代理的功能也弱化,内保组织虽然依旧存在,但与公安机关的联系也仅仅是表面上的了。

农村人民公社解体后,恢复以家庭作为生产与生活基本单元,它标志着过去公社、大队、生产队纵向控制体系的瓦解,国家开始面对无数的个体小农,由于农村集体经济的退却导致公共事务管理的混乱,作为公安机关助手的村治保会再也无法充当公安机关的"腿"。

企业作为市场经济的自主组织,政企分开成为适应市场经济独立运行的必然选择。[②] 由此,中国原单位内部警务结构也随即转型,即"企事业单位不应设立公安机关,已设立的按照政企、政事分开的原则,从实际出发,

---

① 闵剑:《市场经济条件下单位内部治安保卫的新构想》,载《上海公安高等专科学校学报》2006年第1期。

② 1992年7月23日,国务院发布的《全民所有制工业企业转换经营机制条例》。

分别予以撤销和调整理顺关系”,而“企事业单位内部发生的属于公安机关管辖的违法犯罪案件,均由当地公安机关负责查处”。① 根据中国1995年颁布的警察法,公安机关解除了曾经赋予单位内保组织警察权的委托—代理机制。②

单位制的变迁意味着中国社会正从计划经济结构迈向市场经济结构,由此,中国的社会管理从静态管理模式转变为动态管理模式,与此相适应,公安机关放弃原有的“以户口管理为主”静态警务方式,转向新的治安策略。1988年1月15日,鉴于1954年《派出所组织条例》中规定的派出所的职责范围,在新的严峻治安形势下,已经难以适应现实斗争,公安部转发了《关于改革城市公安派出所工作若干问题的通知》,对派出所的职权、勤务制度、工作方法等方面的改革作出了六条具体规定。公安派出所的中心任务从过去“以户口管理为主”改革为“以治安管理为中心,以户口管理为基础”的工作方针,要求将派出所建成“多功能、综合性、保一方平安的战斗实体”。

(三)社区制的回归

20世纪八九十年代,随着单位制社会的萎缩与社区主导地位的回归,社区制重新获得社会确认并逐步被官方文献所采用。1986年,民政部率先倡导在城市基层开展社区服务,第一次将社区概念引入到政府工作当中,90年代初,政府主管部门正式提出了社区建设的思路来应对单位制社会的迅速瓦解,各项社区发展计划陆续提上官员的议事日程,社区建设越来越成为城市发展的重中之重,并对公安机关提出了对应的要求:“根据社区规模的调整,按照‘一区(社区)一警’的模式调整民警责任区,设立社区警务室,健全社会治安防范体系,实行群防群治。”③

正是由于由单位制向社区制的社会结构转型,公安机关紧紧抓住这一机遇,强力推行社区警务战略的实施。公安部提出了公安派出所改革新思路,要求从“以治安管理为中心,以户口管理为基础”转变为“以防范和管理为主要职能和工作重点”,实现“发案少、秩序好、群众满意、社会稳定”的警务工作目标。

社区警务工作的模式基本是:根据人口分布、社会基本面、治安复杂程度以地理环境、交通条件、警力状况及社区范围大小划定若干警务区,科学合理地划分责任区,使每个民警都有自己耕耘的一块“责任田”,实行“一

① 1994年,国务院批转的公安部《关于企业事业单位公安体制改革的意见》。

② 1995年《中华人民共和国人民警察法》。

③ 《民政部关于在全国推进城市社区建设的意见》,载《人民日报》2000年12月13日,第1版。

区一警、一警多能、责任到人、一包到底"的勤务方式。

公安机关在失去计划经济时代可以充当自己"腿"的单位内保组织和村治保会之后,必须寻找新的合作方式和警务运行机制来保证公共安全的实现。"'行政—社区'是一种与市场经济相适应的管理模式,与'行政—单位'这种纵向的、条块分割的单纯行政管理模式不同,它在保持纵向联系的同时,发展出了横向的市场联合、社团联系和居民联系。"①对于公安机关而言,也同样创建了自己与市场、社团和居民新的关联。

社区警务思想的根本内涵在于认识到,彻底控制和解决犯罪问题有待于动员全社会的力量,需要借助服从于市场机制的保安机构和社会机制的志愿者团体与个人,犯罪的减少不能单纯依赖警察的权力机制。

二、市场经济变革:中国警务模式变迁的催化

(一)市场机制的特征促使"服务型警务"的发展

市场经济是一种主体平等的经济形态,它要求公安机关以公正公平的管理方式保障其发展。在计划经济体制下,企业是政府的附属物,企业内保部门是公安机关的附属部门,行政机构和企业之间的关系是指令与服从的关系;职工依附于企业生存,公安机关通过对企业强化管理而较好地实现对人的控制。而市场经济体制下,职工依附企业生存的局面改变了,参与社会生活的各主体之间的关系是平等的,政府对企业的行政职能逐渐以引导替代了指令。依靠行业系统来抓企业单位的安全保卫工作失灵了,依赖企业内保组织参与管理重点人口与侦查破案等更加困难了。它要求公安机关在公正、公平的原则下,转变按行政级别进行管理,以管人者自居,过多干预经济领域的管控型警务模式,以"严格管理、热情服务"的服务型警务模式满足治安需求。

市场经济的自由发展决定了市场经济条件下全社会的人、财、物大流动,人的基本信息和人的活动空间也在不断变化之中,户籍坐标已无法将其准确定位。流动也使"熟人社会"解体,人与人之间的关系变得陌生和疏远,派出所民警传统的"串百家门、知百家情"的工作方式难以奏效。市场越活跃,公安机关的警务保障的压力也越大。公安机关必须以弹性的警务治理应对快速多变的市场经济。

市场经济在优胜劣汰的竞争机制中追求效率,不仅要求经营实体和从业者释放效率性,更重要的是要求一切行政组织、执法机构、社会中介组织

---

① 罗萍主编:《社区导论》,武汉大学出版社1995年版,第120页。

都要提高工作效率。公安机关要以快速高效的警务运行机制配合市场经济的发展。

市场经济倡导的是权利本位主义,在自我选择、自主经营、自负盈亏的状况下追逐利润的最大化,依靠有效的市场调控来经营运行。经济主体能独立行使权利,它不受行政的直接干预,但在其正当权利受到侵害时,能迅速得到充分的公共权力的保护。权利本位的时代诉求提出了更高的警务服务性,包容对待改革开放后出现的一些诸如歌舞厅、足疗按摩、桑拿洗浴场所、棋牌室等容易藏污纳垢的行业场所,只要法律没有明文禁止,应同样给予非歧视性的保护,积极为经济市场的繁荣创造一个宽松的环境。

市场经济本质上要求以法治的形式进行调整,这就要求一切警务活动必须做到"有法可依、有法必依、执法必严、违法必究",彻底改变过去靠行政政策、上级命令去解决社会治安问题的做法。

(二)市场经济的运行催生私有领域警务的发育

改革开放之后,以所有权结构的多元化和市场经济模式为基本内容的经济体制改革促成了一个与国家相并列的能提供资源和机会源泉的实体,市场成为提供与交换这些资源和机会的重要途径。①

这种变化挑战了政府包揽社会安全需求供给的方式,为市场提供社会安全服务创造了难得的机遇。中国第一家保安服务公司便是在这样的背景下发育成长的。在中国改革的试验区深圳,外资企业风起云涌,但外资所投资的企业在保障安全途径上,与我国传统的在企业内部成立受控于政府的安全保卫机构的方式产生了强烈的冲突。"中国的保安服务公司是在发展商品经济的过程中模仿西方保安业的结果,而并非是中国自身文化遗产的复兴。是资产所有者、外国管理人员与公安机关都可接受的、相互妥协的产物。"②

私人财产的积累事实上推动了保安业务的崛起。财产的所有者不希望政府过多干预私人财产的保护方式,遗存的国有企业和事业单位一般仍采用成立内部保卫机构的模式,而新生的私人企业则更希望采用聘请合同制保安人员的方式来保护私人财产的安全。越来越多的违法犯罪发生在私人所有权控制下的场所中,由于警察的非指定性服务的特点,公共警务的保护已不能满足其安全保障的需求时,非公有制经济企业内部安全和私有财产的保护就越来越多地仰赖私域警务的发展了。

---

① 郭太生:《社会结构的变化与保安业的发展》,载《中国人民公安大学学报》(社会科学版)2005年第5期。

② 郭太生:《保卫学》,中国人民公安大学出版社2000年版。

三、政府体制改革:中国警务模式演进的压力

林毅夫将制度变迁划分为诱致性制度变迁和强制性制度变迁两大类。诱致性制度变迁是自下而上的变迁,是不均衡的存在造成潜在获利机会时人们自发性地推动制度进行的变迁。例如,私人警务的需求和边际利润的存在刺激了保安业的诞生和非正式警务的崛起,市场的利益导向作用是诱致性制度变迁的内在动力。

诱致性变迁容易产生外部性的问题,单靠市场机制不一定能够建立起最有效的制度安排,而强制性制度变迁是一种自上而下的变迁方式,是通过执政者意识形态和政府政策导向进行推动。[①]

1978 年至 2012 年的 35 年间,中国政府行政机构经历了六次大的改革:1982 年官僚体系革命化、年轻化、知识化、专业化的"四化"改革,摆脱"臭老九"的知识精英开始问鼎政治领域;1988 年的政府转变职能改革,紧接着 1993 年深化的"政企分开",政府经济领域不断放权,经济管理部门由直接管理为主转变为间接管理为主,经济精英突起;1998 年"公务员"制度的完善,专业化的政治精英崛起;2003 年的行政机构按照"经济调节、市场监管、社会管理和公共服务"的政府职能改革,从政府行政到公共行政观念的转变;2008 年"大部制"行政改革,是从公共行政到公共管理又一次理念上的突破。

就基本的目标与定位而言,中国政府渐进式的行政体制改革,意蕴在现代国家的意义上建构一个既符合中国特色社会主义市场经济的价值取向,又适应于全球视野下时代客观变迁的"职能确定、权力关系明确、自律和自控机制健全、公共政策灵通而有效、公共行政管理坚强有力的政府行政体制"。[②] 据此提出了对公安机关改革的要求:"对职能交叉重叠或相近的部门、警种进行合理整合、归并,最大限度地精简警种机构,实现警力下沉、多警合一、一警多用。"[③]

第五节　中国转型时期警务模式变革的动因

广义的社会转型是指人类历史上通过社会革命而发生的社会形态的

① 林毅夫:《关于制度变迁的经济学理论:诱致性变迁与强制性变迁》,载[美]R. H. 科斯等:《财产权利与制度变迁——产权学派与新制度学派译文集》,上海人民出版社 1989 年版。

② 傅大友、袁勇志、芮国强:《行政改革制度创新》,上海三联书店 2004 年版,第 15 页。

③ 吴跃文:《整体治理:现代警务机制创新的必然逻辑》,载《福建警察学院学报》2011 年第 2 期。

转变。狭义的社会转型既包括社会制度(体制)的变革,也包括社会习俗的变化,既包括生产方式引起的社会演进,也包括民主改革所带来的社会变迁。当代中国社会转型是指:"中国从传统社会向现代社会、从农业社会向工业社会、从封闭性社会向开放性社会的变迁和发展。"①中国社会转型时期,异常严峻的治安形势将警务改革推向了风口浪尖,同时也暴露出"管控型"警务模式的种种不适应性,同时境外掀起的警务改革给中国警务模式的创新也带来新鲜的思想。

一、执法环境:中国转型时期异常严峻的治安生态

(一)治安秩序呈现"断裂"结构的特征

社会治安秩序是建立在经济基础之上的法律关系的表现形态,其发展变化及其表现特征是由经济基础所决定的,不同经济形态的治安秩序具有不同的特征。②

"断裂社会"的结构性呈现多层次跨时代表现,多种经济形态及其时代性特征并存于同一个社会中,在各自的区域内按照彼此的内在机理独自运行而缺乏互相对话。"断裂社会"的外在表现好像也是一种多元的社会,但与"多元社会"有着本质的区别。在多元社会中,尽管也存在不同社会的分层,也形成许多不同的利益集团,也有着不同的意识形态甚至是彼此对立的价值观,但由于有着一致性的经济基础,自组织的各个部分能够协同形成一个整体。在断裂社会中,自组织在不同的经济基础限制下,虽然在政治意义上是一个统一的社会,但由于有着各自的时代语境而无法形成一个彼此对话整体性场域。③

今天的中国,由于地缘优势和自然资源配置的不同,而呈现出不同的经济结构,也限定了文明的进程。沿海地区自古就有着对外交流的传统,江、浙、沪长三角经济区以及得益于改革开放特区优势的深圳、珠海、汕头珠三角经济区一直引领中国社会主义市场经济的发展,这些区域的城市化建设也走在全国的前列,当地居民已不愿从事农业的生产,耕地荒弃或是转包给外地人耕种,大量农业用地被征收而用于商业和贸易,被冠之以"新技术开发区",产品的开发以高科技商品为主导,软件开发、生物制药、基因技术、电子商务等知识经济为特征的后现代文明,符合托夫勒文明第三次

① 陆学艺、景天魁:《转型中的中国社会》,黑龙江人民出版社1994年版,第23页。

② 廖志恒:《不同经济形态治安秩序特征的分析》,载《武汉公安干部学院学报》2006年第1期。

③ 孙立平:《转型与断裂——改革以来中国社会结构的变迁》,清华大学出版社2004年版,第115~118页。

浪潮的时代的标准。以自然资源为优势而建立的工业基地，如山西的煤业、河北的钢业、大庆的油业、京津唐德机械化工、辽中南的汽车造船，洋溢着"第二次浪潮"的工业革命文明的信息——在轰鸣的机器声中，商品产出的同时也毫无惧色地向天空和大地排放废气废物，整个环境充斥的是灰蒙蒙的色调。到了内地广袤的农村，尤其是西部，则处处散发的是"农耕文明"——以家庭为基本生产单位的劳作，靠天吃饭，守着一小块农田，进行最原始的牛耕刀割的生产方式，收获自然性的出产，在自己消费掉其中的大部分相之后，已经所剩无几。微薄的收入，很难支付工业或后工业时代的生活。

不同时代性的特征共存于同一个话语体系中，带来的最大矛盾就是基本诉求的不同导致的冲突。在断裂的社会中，这样的情形经常可以见到，例如，西部农村基本生存、工业基地可持续发展和环境保护的关系；秩序稳定与自由流动的关系；效率与公平价值选择的问题等。断裂社会中，诉求的差异性一旦超越可以包容的程度，社会冲突就难以避免。由于社会转型需要一个调适的过程，这个过程取决于经济转型的方式和结果，不同价值取向的融合往往需要几代人的过渡，在某一特定的历史节点，交织的冲突性产生的社会涡流对主流文化的冲击侵蚀，社会张力逐渐增多并表面化，显性层面上我们看到的是社会心理的焦躁和群体性事件的频发。

(二)中国总体性社会结构的转型中出现"体制洞"现象

孙立平用总体性社会结构(total society structure)来描述改革开放之前的中国，国家不仅包揽所有的政治资源，而且深入到经济生产以及公民生活，国家对几乎所有的资源进行计划性配置，政治领域、经济领域和意识形态领域的高度重合叠加，公民与国家形成高度依附和全面控制的关系。①

中国的改革，又是选择"农村包围城市"的道路，表面上率先看是从农村实行联产承包责任制开始的，但这种改革本质上改变的正是政治权力从经济领域过度干预的撤退。当人民公社制度的解体，在农民交足国家、留够集体之后，所得到的不仅仅是剩余粮食的自由支配权，更重要的是对劳作时间和空间的自由选择权，这种自由选择权本质上使农村剩余劳动力摆脱了对土地的依附关系和成为流动大军中的农民工，农民有了自主经营权的同时也逐渐脱离了乡镇行政力量的控制。汇入城市的农民工，由于没有当地的户口、医疗、保险，实际也游离于城市正式体制的管理之外。城市的

① 孙立平：《转型与断裂——改革以来中国社会结构的变迁》，清华大学出版社2004年版，第30页。

国有或集体企业也尝试着承包制，随着传统单位制的解体和下岗工人的增多，中国总体性社会结构开始碎片化，政治资本撤离的同时，一旦社会资本没有跟上，在社会控制机制上便出现了盲区和管理上的"体制洞"。

（三）社会转型时期的治安秩序"失范"

在社会转型时期最大的挑战是治安秩序的不稳定。汤因比将社会转型时期出现的社会动荡不安的混乱称为"杂乱"和"杂乱感"，迪尔凯姆称之为"失范"或"脱序"。社会转型本身就是对失衡社会结构的一种现实否定，不仅仅是合法性受到严重挑战，规范的权威性也迅速丧失。新社会结构体系的完善往往存在一个滞后期，在转型社会的两极之间因无法兼容而导致冲突和无序。① 这与美国社会学家福山的"大分裂"概念是一致的，福山用它来描述社会转型时期的这种社会失序，他认为，"大分裂"使"犯罪与社会混乱的加剧，作为社会凝聚力源泉的家庭与亲属关系的衰落，以及信任的不断下降，构成了大分裂的特点"。② 从本质上讲，社会转型实际上意味着社会制度的更替和社会秩序控制模式的变迁。

自 1978 年以来，伴随着中国经济制度的改革，犯罪率也快速增长。③ 虽然中国官方对犯罪率的统计数字人为操纵的痕迹比较明显，总体而言，改革开放之前的犯罪率是比较低的，基本维持在 5/10000 左右。④

1981 年，仅仅改革开放的两年时间，犯罪率上升至 8.9/10000。⑤ 从此，犯罪的势头一发不可收拾，1981～2001 年，抢劫犯罪上升了 18 倍，从每年的 22266 起上升到 35221 起。⑥

面对严峻的社会犯罪现象，20 世纪 80 年代以来，中国当代犯罪学家采用科学研究方法和较少的意识形态去理解犯罪和惩罚。从单一的马克

① 廖志恒：《论我国社会转型时期治安控制》，载《湖北警官学院学报》2002 年第 3 期。

② ［美］福山：《大分裂——人类本性与社会秩序的重建》，刘榜离等译，中国社会科学出版社 2002 年版，第 67 页。

③ J. Liu, Social Transition and Crime in China: An Economic Motivation Thesis, *Australian and New Zealand Journal of Criminology*, Vol. 37: 122 – 38 (2004).

④ He and Marshall, Social Production of Crime Data: A Critical Examination of Chinese Crime Statistics, *International Criminal Justice Review* Vol. 7(1): 46 – 64 (1997); Olivia Yu, Lening Zhang, The Under-recording of Crime by Police in China: a Case Study, Policing: *An International Journal of Police Strategies & Management* Vol. 22 (3): 252 – 264 (PRC Police Internal Survey in Late 1980s and Early 1990s Shoed that the Police Grossly under Record Crimes.).

⑤ He Bingsong, Crime and Control in China. In pp. 241 – 268. Hans-Günther Heiland, Louise I. Shelley, Hisao Katō, Crime and Control in Comparative Perspectives (Walter de Gruyter, 1992).

⑥ Chapter 2 Comparative Perspectives on Crime in China. In Bakken Crime, Punishment and Policing in China (Rowen and Littlefield, 2004), pp. 64 – 103.

思主义理论约束中解放出来的中国的犯罪学家,开始多重视角去看待犯罪产生的原因,即犯罪不仅是个人的现象,同时也是一个社会现象;不仅是一个个人问题,同时也是集体的问题。因此对犯罪的充分解释和有效控制可以将它作为一个社会(结构、过程、存在、文化)以及个人(心理、生理、体验性、精神)问题去解决。因此,任何控制和处置犯罪的措施,必须考虑所有的犯罪因子,这被赋予一个崭新的名词——治安综合治理(comprehensive crime control)。①

中国转型时期出现的经济发展与犯罪同时增长的现象,一个很重要的原因就是由于后发型的现代化国家在发展的初期由于社会转型和加速发展而出现混乱局面。社会转型过程中的社会分化与社会整合的矛盾产生不稳定。高度传统的社会和高度现代化的社会,其运行都是稳定有序的,但处在传统向现代的转型过程却充满不稳定性即“现代性产生稳定性,而现代化却产生不稳定性”。②

我国在20世纪80年代之前在农村公安派出所还是相对比较少的,县公安局可以在需要的地方派驻一个公安员。但是,到了80年代初期,乡镇一级普遍设立派出机构——公安派出所,以解决两个问题。第一是地方政权的危机。人民公社解体导致了农村集体所有制的管理机制的失效、崩溃,农村干部被边缘化,并逐渐失去了权威和有效的基层管制能力。公安派出所的首要任务是重塑乡党委和人民政府的基层权威,在农村征收公粮、各种提留、计划生育政策的落实等背后仰仗的都是警察身影。农村派出所要解决的第二个问题是针对由于社会转型所导致的社会治安的恶化。农村基层政权的退缩给家族势力的崛起留下了成长的空间,这也是农村黑恶势力得以发展的社会基础,而派出所的布局正是达成治安生态平衡的必需。③

(四)中国正步入“风险社会”

根据世界发展进程的规律,中国目前的转型时期正是处于经济开始快速增长,这一阶段人均GDP达到1000美元至3000美元,既充满着经济发展的良机,也充斥着发展与环保、开发与保护、人口与资源、效率与公平等矛盾,也往往是“经济容易失调、社会容易失序、心理容易失衡、社会伦理需

---

① Kam C. Wong, Chinese Thinking on Crime and Punishment: Old and New, March 5, 2008, *Paper under Publication Review with Justice Quarterly.*

② [美]塞缪尔·亨廷顿:《变动社会的政治秩序》,三联书店1989年版,第217页。

③ 傅华伶:《从乡村法律制度的建设看法律与发展:纠纷的解决与经济的发展》,载吴敬琏、江平主编:《宏范评论》,中国政法大学出版社2005年版,第119页。

要调整重建”的关键时期。①

当代中国社会因巨大的社会变迁正步入风险社会,中国每年因公共安全问题造成损失,一是安全生产事故引发的损失共计 2500 亿元;二是社会治安事件造成的损失 1500 亿元;三是自然灾害造成的 2000 亿元损失;四是生物侵害导致的损失 500 亿元。②

中国的风险面临“双重挤压”的特征,即现代化还没有实现,“后现代”的种种问题接踵而来。一是东部沿海地区现代化快速推进的过程中,技术性风险成为主要源头之一,但是由于中西部地区农耕经济依然占主导地位,传统风险仍不容忽视;二是经济改革取得明显成效的同时,政治改革步伐缓慢,制度性风险既有过程中的博弈也有结构性不确定性;三是泛城市化造成的安全风险。快速的现代化大大提高了自然的“人化”程度,使本来就因为人口过多而脆弱的城市生态环境更容易被破坏,为风险发作埋下了种子。③

二、内部因素:中国警务存在的问题亟待解决

(一)陈旧的执法理念

1983 年与 1996 年的两次“严打”的 13 年中,基层警务运作陷入了左右摇摆不定的状态,一方面“依法治国、依法行政”要求不断强化公安法治化的建设,彰显的是程序与人权,在警务“合法性”的诉求刚刚起步的同时又追求“严打”和效率之上的“快速反应式”警务,在“严打就是专政”的理念指导下,④政治警务模式也并未弱化,严打中“从重从快、严厉打击强调以严惩手段震慑犯罪又夹杂原始形态的惩罚性警务的思想”。与此同时,社会治安综合治理方针又注重警务的基层基础建设,着重进行信息的收集和犯罪预防,警务理念和工作目标反复转移,不同的警务思想和价值理念在实际工作中来回对立和冲突,在顾此失彼的情况下,最终是以一种集合形态的调和模式指导警务运作,广大民警是疲惫不堪,无所适从。

新制度经济学认为,制度的变迁有着成本递减、收益递增的复制性机制,复制性促使制度一旦选择了某一变迁的方向,在随后的进程中会沿着这个方向不断发展,这条轨迹在持续的碾压中逐渐强化,即形成“路径依赖”性(path dependence)。在我国目前的权力框架下,如果不能消除“严

---

① 薛澜、张强、钟开斌:《危机管理》,清华大学出版社 2003 年版,第 6 页。

② 郭强、丁晓琴:《应对突发性公共安全事件的知识化策略》,载《中国科技论坛》2005 年第 1 期。

③ 薛晓源、刘国良:《全球风险世界:现在与未来》,载《马克思主义与现实》2005 年第 1 期。

④ 刘复之:《“严打”就是专政》,载《中国检察报》1992 年 1 月 13 日版。

打”所造成的基层警务的“路径依赖”,“基层领导和干警都存在‘重严打,轻防范;重破案,轻基础’的错误倾向”,就会自然而然地阻碍社区警务战略所强调的重点搞好防范、管理和服务工作。①

Michael Dutton(2005)认为,毛泽东时期,警察数量与人口的比例相对其他国家几乎是最低的,即使如此,但犯罪率很低,社会治安取得了令人瞩目的成效,这是因为毛泽东建立了一套群众性治安队伍,包括治保会、联防队及单位内保组织。这个阶段,国家依赖社会主义价值观的意识形态宣传和政治动员等精神层面的激励,维系着群众性治安防范。改革开放初期,毛泽东时期治保会在农村和城市则难以维持原有机制,毛泽东时代的社会动员方式在市场经济浪潮下遭受挑战,邓小平时代经济的“契约”思想取代了原有的道德标准,基于经济激励的各类契约为人们所接受,成为一个普遍性的行为准则,城市治保会只能采取经济手段、通过治安承包责任制的方式,激励群众参与社会治安防范。农村治保会由于集体公社解体、分田到户承包制实施、基层党组织弱化、缺乏公共财政的支持难以为继。20世纪80年代,城市治保组织数量迅速上升,与此同时,农村治保会则很快萎缩。②

经济激励的方式不仅用来提升群众参与社会治安防范的热情,而且还在公安机关内部进行尝试治安承包制(contract-based system for policing)。根据这一制度的设计,公安机关奖惩警察依据的是个人的绩效考核,而衡量的手段根据的是罚款的数额、案件的破案率和起诉犯罪嫌疑人的数量,这种激励机制造成了改革开放初期中国警察警务行为的扭曲,基层民警为了完成年初制定的考核指标,通常会选择那些罚款数额较大的黄、赌、毒的案件进行查处,或把精力放在容易侦破的小案,而忽视难破的案件,或是因办案技术落后而采取刑讯逼供、超期羁押,甚至采取对案件不破不立,以提高破案率,以获得个人单位漂亮的上报数字。有时为了应付集中“严打”必需的战果,在平时还采取“放水养鱼”的策略,即发现了违法犯罪苗头,但并不立即查办,而是等待上级布置严打专项行动时再进行“一网打尽”,以满足战果上报数字的需要。Dutton(2005)认为,这不仅腐蚀了国家基础权力在规制和惩戒方面的功能,同时孕育了警察滥权(torture)

---

① 张道华:《对“严打”实践中若干问题的思考》,载1997年广东省警察学会编:《市场经济与广东公安工作论文集》,第327页。

② Michael Dutton, *Toward A Government of Contract: Policing in the Era of Reform*, *Crime, Punishment, and Policing in China*, ed. Borge Bakken, Lanham: Rowman & Littlefield, 2005, p. 200.

与腐败的“温床”。①

(二)配置失当的辅警“权力”

我国的治安联防组织始于20世纪60年代初期,70年代末、80年代初在全国各地普遍发展起来。当时没有招聘制度,各地以派出所辖区或基层村为单位,根据有人出人、有钱出钱的精神,各单位派出自己的治安员到辖区派出所报到,大家在派出所干警的带领和指挥下,在本区域范围内开展治安防范工作。所以,最早的治安人员全部来自各个事业单位、厂矿及团体或属于本村村民,工资(工分)待遇全在原来单位。

从组建的目的来说,治安联防组织是协助公安机关预防和打击违法犯罪活动,维护社会治安秩序的重要辅警力量。治安联防组织的组建,无论其名称如何,其目的自始至终都是为了缓解警力和治安的压力以更好地维护本区域内的治安秩序;各地组建治安联防组织的规模与实力取向,主要依据也是警力与当地的治安形势;同时治安联防组织的工作必须在公安机关的指导或带领下开展。多年的联防实践也证明,治安联防制度是我国公安工作走群众路线的法宝。

但在实践中,治安联防队面临诸多困境。首先是经费保障问题。治安联防队最初在一些市区、城镇建立时,一般由企事业单位以“出人”的形式组建。到了20世纪80年代初期,企事业单位由“出人”转变为“出钱”,“治安联防费”也就逐渐顺理成章,“以费养队,自收自支”,成了治安联防队经费保障的源泉。农村乡镇自建立治安联防队时起,也沿袭了这种特色。这种收费制度本身具有内在扩张性,极容易导致乱收费,也确实导致了普遍乱收费。20世纪90年代初期,地方治安联防队在从事辅助警务活动中侵犯公民权利的事件时有发生,在社会上产生了很大的负面影响。乡镇一级政府往往借助治安联防费的名义向村民摊派,同时联防队经费“自筹”的性质造成其对乡镇政权的依赖,部分甚至演变成乡镇政府的施暴工具,从事非法羁押和审讯等活动。1992年12月5日,深圳市公安局罗湖分局刑警三分队派魏定球等3名治安联防队员在乘公共汽车执行反扒窃任务中,怀疑同车的上海市城市建设设计院助理工程师马惠良、蒋伟文有扒窃行为,即给他们戴上手铐押回刑警队,关入审查室,并报称马偷窃200元钱。刑警队既不深入审查,也不做讯问笔录,即认定为扒窃将二人送往收容站。且在关押二人时将他们随身携带的钱包和照相机收缴,后下落不明。1993年2月21日,安徽省利辛县纪王场乡路营村农民丁作明因与本

① Michael Dutton, *Policing Chinese Politics: A History*, *Durham*: Duke University Press, 2005.

村副村长丁延乐发生纠纷,被该乡派出所关进一间屋子里,3 名治安联防队员对丁拳打脚踢,并用电警棍、木棍毒打近两个小时,丁由于伤势过重于 22 日死亡。这两起事件性质恶劣,后果严重,败坏了公安机关的声誉,教训极其深刻。随即,1993 年 5 月 17 日,公安部下达了《关于加强治安联防队伍建设的通知》,要求各级公安机关对治安联防队进行统一整治,要求"农村原则上不再组织治安联防队",一律停办那些靠向农民集资维持生存的联防队,原则上农村治安问题主要通过强化当地派出所以及治保会来解决。联防队员不得行使公安机关的刑事侦查权和治安案件的查处权,对那些担负反扒窃等侦察任务的治安联防队,要一律撤销。

在深圳市宝安区固戍村治安员打死犯罪嫌疑人事件以及郑州市公安局蜜蜂张派出所治安员系列杀人案之后,公安部于 2004 年 9 月 3 日发布了《关于对公安机关治安员队伍进行专项清理的通知》,要求从发布通知之日起,各地公安机关一律不得从社会上招聘治安员。对于现有治安员,要按照"只出不进,逐年减少,彻底取消"的原则,用 3 年时间陆续从公安机关清退出去。2008 年 1 月 1 日以后,各级公安机关一律不得再以任何名义留用治安员。治安联防队的历史使命终结。

但是,由于我国公安机关基层警力确实严重不足,对辅助人员的需求始终没有减少,各地公安机关一方面根据公安部的要求逐步清理了治安员,另一方面以其他方式和名称招募辅助警力。全国各地对辅助警力使用较普遍的称呼有"辅警""协警""保安员""交通协管员"等。① "群众警务"模式再次显示其强大影响力和路径的依赖性。然而,辅警的法律地位目前仍未确定,作为非警务执法主体,客观上却行使着规制与惩戒的国家权力。

(三)僵化的组织结构

公安工作有一定的专业性,因此机构设置时,为了使业务对口,上级公安机关设置什么机构,下级公安机关对应也进行设置。国人的思维习惯必须是"名正言顺",开展一项工作,首先要有机构,有了机构就去添人,好像没有这个机构就没法念经。机构过多,导致人力浪费,摩擦增多,耗损严重,上下级事权划分不明,职能交叉,互相推诿扯皮。同一个区域一般设有三支警察力量:派出所、刑警中队、交警中队,但三者分别隶属不同的部门,出了警情,难以协调,造成警力浪费和执法效率低下。警力的配置应该根据警情的变化而相应调整,但是大多部门的警力是根据"编制"而定,一旦确立长期不变,任务少与任务多都是一样的人员,没有根据治安形势的变

① 沈瑞:《新中国辅助警察的发展历程》,载《江西公安专科学校学报》2009 年第 2 期。

化随时进行警力调整。警务运作的机关化表现为“早八晚六,按部就班”,没有针对犯罪的特点和高发时段加大防控力度。

由于中国长期以来奉行“管制行政”的思维和模式,导致公安机关对于社会的干预无处不在,最令百姓头痛的便是户籍政策作为政府意志在国家—社会关系中的体现,渗透典型的“管制行政”特征,构筑的一道“社会屏蔽”(social closure)的樊篱,“将社会资源或发展机会的可能性限定在特定的小群体内部,并当作自然的属性成为排斥他人的正当理由”。①

“管制行政”(regulated administration)最突出的特征就是“权力本位”,②造就的“行政国家”(administrative state),政府倾向于干预社会生活,灌输其意志和价值目标。③

(四)含混不清的职责职能

中国现行的公安组织结构是“统一领导,分级负责;条块结合,以块为主”,这种形式发轫于20世纪50年代,与计划经济的体制形成一脉相承的管理模式,一度较好地解决了集权和分权的关系,充分发挥了中央统一政策下的地方政府的积极性。但是,成长于特定的计划经济制度环境和传统人文遗产中的警务体制,处处凸显的是对政府的服从及“官本位”的权力崇拜。

“以块为主”对公安机关而言是强调以接受同级党委和政府的领导管理为优先。曾经一度,由于片面追求GDP和经济繁荣,基层政府放任娱乐场所的发展,要求公安机关予以配合。狭隘的地方保护主义抬头,阻碍外地商品的流入,为了保护本地的制假贩假,运用行政手段干预公安机关的正常执法;有的地方政府将公安机关的警力任意调动,如乡镇政府要求民警参与计划生育的落实、农副产品的收购、公粮的催交、集资的摊派;在城市则要求民警参与房屋的拆迁、商场的开业、彩票的发售等非警务活动。④

同级地方财政负责公安机关的办公费用,而经费严重不足已成为制约警务运行的普遍性问题。无法保障必要的办案经费,致使相当多的在逃犯罪嫌疑人得不到查证和追捕;基层民警落后的交通、通讯和设施装备不能

---

① Parkin Frank. *Marxism and Class Theory: A Bourgeois Critique*, New York: Columbia University Press, 1979, pp. 44-45.

② [美]戴维·H.罗森布鲁姆:《公共行政学:管理、政治和法律的途径》,张成福译,中国人民大学出版社2002年版,第83页。

③ Dwight Waldo. The Administrative State: Conclusion (1948). Classics of Public Administration (Fourth Edition). M. Shafritz & C. Hyde Edit. 中国人民大学出版社2004年版,第12页。

④ 谢飞云:《对现行公安管理体制的调查与思考》,载《吉林公安高等专科学校学报》2003年第2期。

应付日新月异的犯罪新手段。由于正常的经费不能充分保证，使基层警务执法活动中夹杂了大量的经济考量，“大利大干，小利小干，无利不干”，有的在查处治安案件中重罚轻教，甚至对一些刑事案件也作降格处理，搞以罚代刑、以罚代拘。“现在派出所还是要抓收入，办案子要钱，财政收入必须保障。我们有不成文的习惯，没钱的案子不打击，在办案时打‘擦边球’，该打击的不打击。这在老百姓看来，就是混混有钱就可以解决问题。其实法院、检察院也这样，交罚金就可以三年改一年。监狱也一样，交一两万就可以减刑，保外就医，这些都在社会上造成不良影响。”①

“但所里就这几个人，就这点经费，我们能怎么做。”为了应对财政困境，他们往往对案件进行筛选有钱的案件多办，无钱的案件少办，甚至尽量不办。因此派出所给人的印象是热衷于抓赌、罚款，而不是维护社会治安秩序。他们在法律边缘打“擦边球”，可拘留可罚款的，一般罚款够刑事案件的，罚款后就可以变成行政案件处理。乡镇派出所的这种选择性执法，显然导致了有限司法资源的人为非法分配，而这种分配并不是以化解治安工作的困境为出发点。在程序法治主义和财政困境面前，警察逐渐形成了自己的办案原则，即多一事不如少一事。这在实践中体现为对案件的筛选机制和对法律的选择性执行机制。②

如果严格地从法治社会的立场定位，当本应维护社会公共秩序的公权力自身也在不断越轨时，肯定与真正的法治社会相去甚远。警察拒绝非警务活动，实际上就是回归自身权力的规定和职责的约束，按照法治的精神对警察权力和工作职责的重新审视。唯有这样，才能真正使警察摆脱含混不清的职责职能，逐步实现其警务功用的最佳效能。③

Dutton（1983）认为，这种双重领导体制对改革开放初期公安机关正规化建设带来某些负面消极的影响。中国当时的改革目标，是提高警察职业化水平以及对警察权宏观监管的能力，从逻辑上考量，公安机关应当弱化横向的地方领导而强化其纵向的业务领导，从而成为一支专业化和职业化的执法主体，而非作为基层治理工具化的手段。但是“以块为主”的体制强化了专属国家暴力工具的公安机关与地方政府的利益联盟，在经费上表现为地方财政负担，人事管理上由地方党政任命，这两个命脉都掌握在地

---

① 陈柏峰：《群众路线三十年（1978～2008）——以乡村治安工作为中心》，载《北大法律评论》2010年第11卷第1辑。

② 陈柏峰：《群众路线三十年（1978～2008）——以乡村治安工作为中心》，载《北大法律评论》2010年第1辑。

③ 刘爽：《中国警察职业化，刻不容缓！》，载《法律与生活》2003年2月合刊。

方"块块"而非中央的"条条"之下。改革开放初期,中国几乎所有的地方都面临资金短缺、基层财政能力不足的问题,而对于财政尤为捉襟见肘的基层县域,乡镇党政需要利用对应领导和掌控的公安派出所帮助落实各项基层政策并从社会汲取资源,而派出所也需要通过参与这类活动从政府获取必要的经费来源,这也是整个 20 世纪 90 年代,基层警察大量参与乡镇政府集资、摊派、征收公粮、催缴提留以及执行计划生育政策等非警务行为。公安机关在经费严重短缺下,地方政府会许可警察向社会收取各类费税,最为常见的是经营商铺缴纳的治安联防费和流动人口管理费,而公安机关为了自身利益的最大化,在缺乏有效监控制度下,必然会产生腐败与滥权。①

Bakken(2005)从犯罪学的视角审视了"条块结合、以块为主"体制所带来的犯罪数据统计失真的问题,地方政府为了营造良好的投资环境和招商引资的需要,往往要求公安机关对某些犯罪现象视而不见,例如,宽容娱乐场所卖淫嫖娼行为的存在、制售假冒伪劣产品的经营活动,对于部分发生案件采取隐瞒虚报,地方警察犯罪资讯的造假行为影响了国家对全国治安形势的研判能力,弱化了国家政策调控手段的作用。中国必须从根本上调整中央—地方警察权的结构,降低地方警察对同级党委政府的依附程度,提高打击犯罪的成效,提高犯罪统计数据的准确性。②

(五)过分依赖警察机械维稳

基层民众在维权中一旦遇到司法救济失灵,就会采取上访甚至更为激烈的方式寻求自认的正义;政府在忽视司法平衡和整合社会利益的特有价值后,也会过于依赖暴力工具来保持社会稳定。在 2004 年因土地问题发生的 87 起警农冲突事件中,农民在被征地或被占土地阻止施工而引发的事件 48 起,占总数的 55.2%,地方派警力阻止农民上访而发生的事件 31 起,占总数的 35.6%,农民到市政府、铁路及高速公路或交通要道静坐、请愿而引发的事件 8 起,占总数的 9.2%。在这些警农冲突中,共造成数百名农民受伤,3 人死亡,160 多人被关押,有的村民被绑游街示众。有 12 起事件政府出动了特警或防暴警察。③

---

① Michael Dutton, Missing the Target? Policing Strategies in the Period of Economic Reform, *Crime & Delinquency* 39, No. 3.

② Borge Bakken, Comparative Perspectives on Crime in China, *Punishment, and Policing in China*, ed. Borge Bakken, Lanham: Rowman & Liitlefield, 2005.

③ 于建嵘:《农民土地维权抗争的调查》,载《改革内参》2004 年第 27 期。

三、外部因素:世界警务不断改革与创新

美国哈佛大学肯尼迪政府管理学院的伊莱恩·卡玛克博士在2001年上海行政学院作的题为“世界政府改革趋势”的演讲,总结了自20世纪80年代以来全球范围内的政府改革,其中的共同要素是“将传统的官僚政制模式改革成新型的21世纪模式”。[①] 作为政府重要职能部门的警察机构自然也成为改革的重点。

20世纪80年代中期开始,当时的英国内政大臣肯尼思·克拉克展现了一揽子旨在将新公共管理思想引入警察机构改革的措施,在过去的十年间,警察占有公共财政的份额逐年增加,但同一时期不断上升的犯罪率使人们对警察的工作表现提出了质疑。从1992年5月开始到1993年结束的希尔调查表明,警察机关的上层管理机构臃肿低效,内政部1993年发布的《警察改革白皮书》针对政府管理警察中的缺陷,重新界定了内政大臣、警察委员会和警察局各自的职能,以改进和增强警察的责任心和绩效,并提出强化皇家警队督察处的督导作用,赞同把警务决策权下放到基本勤务单位,保证一线警官在确定地方警务资源的调度和分配上有着更多的自主权。

白皮书的许多建议都强调引入市场机制和私人机构的管理模式、绩效评估以及财务控制的措施措施,这同政府看好的新公共管理相一致。这些建议被收入1993年12月公布的《警察与治安法庭法(草案)》中,并于1994年7月经女王签署后成为正式的法律,尽管遭受到议会的抨击,该法案还是将宏观的筹划决策权集中到中央,而把具体实施权下放到地方警察。

1993年年底,内政部成立了由英格丽德·波森领导的调查小组,来调查警察核心工作及其成本效益的分析,调查在财政部的推动下主要通过扩大公开竞标、对外承包和警察服务收费来进一步促进警务私有化的发展。1995年年底,由警察基金会和政策研究会共同主持下,进行了一个“卡尔斯调查”,调查的内容更为广泛。但无论是波森调查还是卡尔斯调查,都特别关注全球化对警务工作的影响,尤其是国家职能和政府管辖范围的收缩所带来的警察核心任务和附带任务的分离。

弗兰克·利什曼等人认为,一个警务新秩序正在出现,随着中央政府通过财政的控制来扩大自己对警务工作的宏观控制,警务工作的决策和领

① 傅大友、袁勇志、芮国强:《行政改革制度创新》,上海三联书店2004年版,第39页。

导集权化趋势已确证无疑,但基层警务运行机制不断被“私有化”和“欧洲化”。这些改革已经融入国家和欧盟的大结构体系中,即便政府换届和不同党派上台都无法改变警务改革的趋势和方向。①

在美国,纽约、奥克兰、洛杉矶、休斯敦等地区一些锐意改革的警察局经过深刻反省和积极探索,在 20 世纪 80 年代完成了从传统警务到社区警务战略的转移,引发划时代意义的第四次警务革命。过去的警察改革总是围绕着矫正警察组织中的缺陷打转转,但警察行政机构的调整常常会导致“手段压倒目的综合征”。警察管理人员更加注重打击犯罪的力度而忽视了警察的综合效力。警察毫无疑问是当局委派的执法人员,但更重要的是警察可以动员公众来解决“犯罪问题”的。

根据统计,美国实施社区警务战略十年来,美国的犯罪率平均下降了 40%(纽约下降了 63%)。尽管有不同观点认为,20 世纪 90 年代美国犯罪率的下降是美国经济发展、就业机会增加、年轻人的比例大幅度下降、监狱关押的人数增加(10 年前美国被监禁的罪犯只有 100 万,现已增加到 250 万)等多种因素造成的,但不容忽视的是,实施社区警务战略也是对犯罪率下降的重要贡献之一,特别是对抢劫、偷盗、暴力帮派团伙、毒品交易等多发性案件,社区警务战略起到了很好的预防作用。②

---

① [英]弗兰克·利什曼等主编:《警务工作之核心问题》,吴开清等译,群众出版社 2000 年版,第 20~25 页。

② Goldstein, Herman, Improving Policing: A Problem-Oriented Approach, *Crime and Delinquency* 25(1979):p. 236.

第四章 案例论析:国内若干警务创新的实践

本书精心选取三个地方公安机关实施的警务改革,其一为河南新乡的"局所合一"的警务模式,其创新之处是通过组织结构的改革,以"减少层级、一警多能、做大基层、扁平指挥"的体制设计,变三级管理结构为两级管理结构。减少了管理层,加强了基层警力,提高群众见警率,及时帮助群众解决纠纷,打击犯罪,让广大群众更有安全感。其二为镇江"大巡防"警务模式,这是引入市场机制解决农村公共物品供给不足的一种尝试。在广大农村地区开展了"契约式保险联防",按照市场化模式运作、责权利相结合的治安防范承包制,为农村治安防范产业化、警务市场化运作拓展了路径。其三是湖州"民意导向"警务模式,这是改善警民关系、保障公众的警情知晓权、推进警务决策的民主化的一种尝试。湖州警方充分利用公众经常聚集的公园、广场等公共空间和互联网、微信等传播新媒体,搭建了一个警民进行交流互动的平台,在沟通中听取民声,了解公众的需要,接受公众的意见,化解社会矛盾,疏导群众情绪。公众有了治安参与权、决策表达权、警务监督权,共同营造治安共同体,使警务处处表达民意,充分利用民力保障平安和谐。

第一节 新乡"局所合一"的警务改革

警力不足一直是困扰公安机关最突出的问题之一。根据统计数据,河南省民众与警察配置的比例为8‰,低于全国15‰的平均指标,更低于欧美国家35‰的标准。改革前的新乡,警察的配置率仅有5‰。在这有限的警力资源的配置上,还存在机关与基层警力严重倒挂的现象,呈"倒金字塔"形状。①

解决警力严重倒挂问题成为河南推动警务改革的主因之一。2010年3月,新乡市成立警务体制改革工作领导小组,新乡市委书记吴天君任组长,副市长、市公安局局长孟钢任副组长。2010年8月30日,河南省公安

---

① 王丽娜:《河南警改始末:改革提前 推进须防派出所机关化》,载腾讯网:http://news.qq.com/a/20101115/000069.htm,2010年11月30日访问。

机关警务机制改革暨社会管理创新工作会议在新乡市召开。

河南新乡以“减少层级、一警多能、做大基层、扁平指挥”为特色的警务体制改革，主导思想就是做大做强公安派出所：一是强化派出所职能；二是扩大派出所执法权限；三是加强派出所的技术力量；四是实行警民“零距离”。减少指挥层级，让更多警力投入到基层。在科学整合现有分局和派出所的基础上，把街面上的交警、巡警，原分局机关的刑警、治安警以及社区民警等主要力量进行重组，最大限度推动警力下沉，确保每一个派出所都有满足实战要求的各类充足的警力。改革后的派出所，仍然承担全部公安工作的基层基础，实行实战化的机制，同时又拥有县级公安机关的执法职能和权限。

一、减少层级：警务结构的扁平化

层级过多是中国很多政府机构设置的弊端，科层式的体制不但浪费了大量的人力、物力和财力，而且工作中容易产生推诿和扯皮，降低工作效率。河南新乡此次的警务改革遵循“整合警力资源、增强警务效能”的目标，围绕“减少层级、警力下沉、一警多能、综合执法、从优待警、严格奖惩、提高效率、强化保障”的方向，大刀阔斧地撤销了所有公安分局，将分局与派出所合并，原来的公安局—公安分局—派出所三级管理结构改变为公安局—派出所两级管理结构。

在过去三个层级组织结构中，公安局、分局作为管理机关沉淀了大量警力，一个公安分局有三十余个科室，每个科室办公人员少则几人，多则十余人，坐机关办公的民警有上百人之多，而每个基层派出所平均不足十人，警力配置严重失衡。而且滞留分局的警察由于长期坐机关，对基层治安形势并不是非常透析熟知，往往指挥不力。[①]

新乡市公安局警务改革的设想是在既定行政区划的基础上，考虑到与法院及检察院等政法系统的其他机构在执法环节上的配合，以及从区域范围、人口规模、交通秩序、社会治安、警力覆盖等基本面出发，打乱原有的警力部署，重新划分为12个派出所，原来6个公安分局及其管辖的23个派出所的所有警力按照新的结构进行安排。此次改革，不仅能够精简机构，优化资源配置，而且可以减少指挥层级，提高工作效率，有助于实现警力下沉。

① 《河南推动警务改革　撤销分局提高一线警力》，载 http://www.kaixin001.com/repaste/28964245_3455070913.html，2012年8月26日访问。

新乡市公安局局机关的各个部门也同时进行了撤并,取消原来的19个科室,合并为政治部、警令部、监督部、警务保障部4个综合管理部门,其他整合为犯罪侦查支队、治安管理服务支队、国内安全保卫与反恐怖、网络安全与技术侦察、交通管理、监所管理、特殊警务等执法勤务支队,这样由原先的33个内设机构变为目前的12个机构,减少了21个,压缩了64%。①

表4-1　新乡市改革前后警力对比②

新乡市	基层警力/总警力(%)	派出所民警/市区总警力(%)	社区民警(名)
改革前	25	42.71	135
改革后	70	60.1	280

河南地处中原,是全国第一人口大省,经济和社会发展相对处在一个中低的水平。警务装备水平大大低于全国平均水平,甚至低于中西部的相当一部分地区。省会城市郑州又是全国重要的交通枢纽,发达的交通网络成为各种犯罪分子流窜作案的中转站和多发地,治安形势十分复杂。据统计,2010年河南全省共破获严重影响群众安全感的"两抢一盗"案件就达15051起。③

河南的警务改革如果仅着眼一些方法或局部机制的改进,很难摆脱河南公安工作的被动局面。警力和装备的短缺面对复杂治安形势只靠小打小敲的改进是解决不了问题的。只有在机制和方法创新的同时,对涉及深层次的体制性问题进行改造,方能使河南公安工作走出困局。科层制结构存在固有的弊端,河南警方必须直接面对和尝试破除这些屏障,诸如层级多、信息传输失真、反应迟钝效率低下、墨守成规、缺乏弹性。科层制结构进行调整实际上是一个系统工程的重建,2009年年底时任河南省省委书记的卢展工在商丘进行调研时,提出公安的改革必须进行资源的整合,最大限度地将警力下放到基层。选择的突破口就是打破警务科层制的管理模式,"通过分局与派出所的整合,撤销分局建制,分流人员充实到派出所,以两级管理替代级层管理,并简化指挥流程、实现扁平指挥,推动警力下

① 《河南将撤全部公安分局成立大派出所》,载http://news.qq.com/a/20101109/001875.htm,2012年8月26日访问。

② 李亚芯:《"警力下沉"式警务改革述评——以河南警务改革为样本的分析》,载《四川警察学院学报》2011年第5期。

③ 郭柏林:《"河南公安精神"是河南警务改革的源动力》,载《河南警察学院学报》2011年第3期。

沉、实现重心下移”。[①]

河南的警务改革代表着公安部一直在推进的强化基层基础工作的努力。当传统公安分局这一层级取消后,做大做强派出所,赋予其与过去分局相同的职能,将具体警务的决策权下放至派出所,使之决策与执行一体化,更具有应急性和针对性。信息传递速度不仅快,而且失真少,有利于警务运行的高效率。[②]

推行两个多月的警务模式改革在河南新乡取得了明显成效:连续42天闹市区没有发生“双抢”案件,其他案件的发案率同比改革前下降了7.7%,而破案率却相应提高了10.5%。[③] 警务效能的增加表明改革选择的方向是对的,警力主动布置在街面和社区,缩短了接出警的时间,利用先进的科技手段来实现“110”指挥中心与基层一线处置警力直接对接,减少了调度警力的中间环节和程序,公共安全得到有力保障。改革之前的警力调度,“110”指挥中心接到报警后一般需要经过6个环节,才能将指令传递给一线执勤民警,极易错过警情的良机,而目前可以实现点对点的两级指挥,执勤民警接到指令到达现场的时间由过去的5分钟降低为3分钟。[④]

为了便于打击现行和提高出警速度,原有由特巡警支队调度的12辆防控车全部下放至派出所,在此基础上再新增24辆警车,有效地提高了对犯罪的防范和打击力度。[⑤] 在南环派出所的辖区内,根据地理犯罪信息系统的分析选择最宜发生案件的三个点分别放置三辆防控车,全天候待命,接到“110”指挥中心的警情后由就近点出警,只需2分钟便能到达现场进行前期处置,其余防空车保持警戒和随时支援。[⑥]

二、四警合一:警务职责的整合

改革后派出所的内部结构整合为“四队一室”的体系,按照业务划分为内设治安管理、社区警务、案件侦查、交通巡防四个大队和统一保障的一个警务综合室,改变了过去分局内部警种、部门设置过多的状况。治安大

① 河南省公安厅《关于全省警务机制改革创新试点试行意见》。

② 向党:《中国警务改革战略》,中国人民公安大学出版社2010年版,第299页。

③ 《新乡市公安机关大“瘦身”警务改革再次走向深入》,载http://www.cnr.cn/hnfw/zbzy/dscf/201011/t20101109_507290721.html,2012年8月26日访问。

④ 《警务机制改革提前省辖市公安分局月中全撤销》,载http://www.henan.gov.cn/jrhn/system/2010/11/09/010219296.shtml,2012年8月26日访问。

⑤ 南方都市报记者石玉:《河南警务改革续:新乡出警速度由5分钟缩为2分钟》,载http://news.sina.com.cn/c/2010-11-11/061021451464.shtml,2012年8月26日访问。

⑥ 王宪萍:《整合警力资源、增强警务效能》,载《新乡日报》2010年7月14日版。

队的职责是对复杂公共场所进行日常性治安检查以及查处治安案件和治安调解。社区民警从派出所值班和常规性勤务中解脱出来专事提供社区治安服务。在整合刑侦、经侦、禁毒等各个部门的基础上建构了新的案件侦查大队,职责是调查发生在辖区内的所有刑事案件,避免职能单一和分工过细造成的警力浪费。交通巡防大队负责交通安全、治安巡逻及城市管理的部分职能。警务综合室是在原办公室的基础上,整合指挥中心、警务保障室、原政工监督室和督察大队等管理机构,处理日常性事务管理,承担材料报送、文件起草、绩效考评、接待群众来访等业务。"四队一室"承担职权范围内的所有业务,重新对刑警、治安警、交警、巡特警四个警种的职能和任务进行了划分,打破警种分工,实施"四警合一"的一警多能,每名警察同时具备四个警种的综合执法权。①

公安机关内部一直存在各个警种之间独立运行,彼此之间缺乏沟通、配合和支援,治安警脱离社区、社区民警不管打击、刑侦破案忽视防控等现象,存在"社区之间警力搭配不均、信息不通、推诿扯皮和'空白地带'的管理问题"。② 河南尝试破除警种之间的壁垒,在未知案件性质的情况下实现所有警情都能在第一时间内得到受理。"一警多能",是指民警对公安基层基础类的业务都要熟悉。改革之前,警种划分过细,初次接触警方方面面的警察都要出警,巡警、社区民警、治安警察、刑事警察都要到场,这是因为警察内部职责设定的不同,各警种的案件处置权是不同的。一警多能的提出,就是要求出警时能快速处理案件,提高初次接警的办事效率。新型警务体制集人口管理、治安防控、情报信息、打击犯罪和服务群众为一体,一线警力由过去的25%上升至70%。派出所可以完成所有事务的办理,再无必要来回奔波于分局和派出所之间,这种便利对边远地区的派出所更为明显。③

通过改革,基层派出所的效能发生了变化。以往,交巡警遇到盗窃、打架斗殴事件直接把嫌疑人或当事者移送至派出所就算完事,而派出所在继续处理时因离开现场缺乏证人无法固定证据而影响定案。改革后,交巡警里数派出所领导,交巡警在遇到各类案件时除了控制人,还必须收集相关证据。一警多能对警察提出了更高的要求,每一名现场处置警情的警察都

① 李虎成、杨万东、李力:《警务改革的深度布局》,载《河南日报》2010年10月29日版。

② 舒毅:《浅谈公安派出所警力优化配置——以贵阳市公安局南明区分局油榨街派出所为例》,载《贵州警官职业学院学报》2006年第5期。

③ 徐志豪:《河南新型警务模式的学理探析》,载《公安学刊》(浙江警察学院学报)2011年第1期。

能独立和及时有效地进行分析判断,从警务效能提升来提高群众的满意度。工作内容的合并,对警力的配置必然带来更为弹性的要求。例如,交警与巡警合并后,早上是上班高峰时段,警力安排以疏通道路交通秩序为主;中午至傍晚是街面治安案事件高发的时段,警力主要进行治安防控;晚上9点至0点,主要查处交通酒驾;凌晨时分,是小区盗窃类案件高发时段,警力以社区巡逻为主。①

一警多能是通过提高民警的专业素质来实现"跨专业执法"的能力,这大大提高警察处置应急事件的软实力。2010年8月10日下午6时许,正值下班高峰时段,当地居民下班后也顺便买菜,处于交通要道的孟营菜市场一时间人满为患,也引起了周边道路堵塞。这时,隶属该辖区的一名社区民警下班刚好路过,立即清理占道经营的小商贩,同时戴上白手套进行交通疏导,很快解决了道路拥堵的问题。②

当然,对于"一警多能、综合执法"的河南警务改革,也有很多不同的看法。首先,是对执法质量的保证提出质疑,因为警察专业技能的养成需要长时间的培训,一警多能很难真正做到业务的"精通"。其次,在两级组织层级的结构下,过去集中在分局一级的警力被分散到派出所,某些特殊业务的警种也会面临一些问题,如侦查经济犯罪案件,不仅需要法学理论,而且还要具备较高的经济学素养,符合要求的警察数量本来就不多,分散之后更难形成合力。③

三、服务民生:警务职能的前移

在警务进化的谱系上,社区警务是继法治化、专业化、快速反应机制等警务模式之后的"第四次警务革命",其基本的认识是基于犯罪产生的根源在社会,因此预防和打击犯罪的主力军也在社会。中国的公安实践,派出所是最前沿的基层组织,而社区是人民群众生活最基本的社会活动场所,社区警务就是以社区作为警务运行的载体,把警力更多地向社区延伸,深入群众,挖掘社区治安资源,警民之间建立起战略伙伴关系,共同编织社区治安防控的警务网络。河南警务改革也汲取了社区警务的理念,在派出所专门组建了相应的管理机构和配备专职社区民警,同时在社区建立社区警务室,成为警民联系点和警务前移的坐标。城区按照公安部标准是每

---

① 郭柏林、宋平章:《河南省辖市城区警务改革中民警思想动态调查分析》,载《河南警察学院学报》2012年第2期。

② 李虎成、杨万东、李力:《警务改革的深度布局》,载《河南日报》2010年10月29日版。

③ 王世卿、徐志豪:《河南警务改革研究》,载《河北公安警察职业学院学报》2011年第2期。

1000户或3000人实有人口配备一名专职服务的社区警察，小社区实行“一区一警”，人口集中的大社区可以实行“一区多警”。由于警力资源的有限性，农村按照每4～5个行政村设置一个警务室，配备一名专职驻村民警。无论是城市社区民警还是农村的驻村民警都不再参加派出所的日常性值班和查处案件，每周要保证30个小时在社区服务群众，大大提高了见警率，也大大增加了安全感。社区警务围绕着群众性义务巡逻队建立、入户调查走访、收集社情民意和治安信息、调处各类矛盾纠纷、宣传法律法规和交通消防知识、管理实有人口和特种行业等展开。

长期以来，公安局和公安分局属于领导和决策部门，是警务管理机构，而派出所属于一线实战部门，是警务执行机构，处于一线的派出所不仅任务繁重而且充满危险，所以民警一般愿意进机关坐办公室而很少愿意到派出所工作，导致机关臃肿，人浮于事。河南新乡警务改革撤销了公安分局一级，实际上是裁减了警务管理人员，将大量警力充实一线执法，各个派出所的警力得到很大的充实，这样社区民警就能作为一块独立的业务专门分离出来，不必参与派出所日常值班，也不要参加临时性的“严打”和破案，可以一心一意在社区进行各项便民服务，同时围绕人口信息和治安防范做实基层基础工作，将警务阵地前移，成为维护社会稳定和秩序控制的主战场和服务群众的窗口。

改革前，基层警力紧张，无法配置社区民警，警方与社区之间缺乏经常性的沟通。脱离群众的警察得不到基层的治安信息，居民对警察工作也缺乏理解。河南警方的这次改革就是为了实现警察与民众之间形成一个良性的互动，改善警民关系，让警务工作透明化，让百姓明白警察工作的内容，当发现犯罪线索或治安隐患能及时向警察报告，最终实现警察与民众成为共同预防和打击犯罪的伙伴关系。据统计，河南改革后，当地公众安全感达到95.47%，对警察执法满意度达到92.74%。①

第二节　镇江“大巡防”警务改革

镇江市公安局以构建“大巡防”格局为切入点，提升现代警务快速反应机制和回应能力，在基层派出所根据警力配置及治安特点，分别落实了“四班三运转”“错时工作制”及值班制。对于治安防范比较薄弱的农村地

---

① 郭新生、乔祝哲、张波：《一场改革、十种变化——解读河南省新乡市警务体制改革》，载《人民公安报》2010年8月22日版。

区,则采取了“契约式保险联防”,这是按照市场化模式运作、责权利相结合的治安防范承包制,改变了公共服务完全由政府供给的模式,运用市场竞争机制和责权利相一致的警务承包,进行了尝试和探索。

一、大巡防格局:立体化治安防控体系的构建

(一)四级巡防体系

镇江市公安局以构建“大巡防”格局为切入点,进行现代警务机制改革,强化治安防控体系建设形成“市局负责主要街道,分局负责辖区街道,派出所负责街巷,社区民警负责住宅区”的四级巡防体系。同时派有便衣侦控队和流动综合执法队强化街面控制,一旦发生重大警情,城市 5 分钟内警力能够赶到现场处警控制,15 分钟内有人支援策应,全市半小时内关上城门,所有治安卡口可以进行堵截,形成强大的包围圈。①

为了配合大巡防格局的形成,镇江市从公安局到公安分局以及最基层的派出所都进行了机构改革。镇江市公安局将原设置在交巡警支队机动大队的“110”接处警人员全部下放到市区派出所,同时,撤并四个市区派出所和 6 个责任区刑警队,腾出的警力全部充实派出所,并在各派出所成立了 6 ~ 10 人巡逻处警队,由市局指挥中心实行一级指挥,有效增强了快速反应和打击街面犯罪能力。他们加强专业巡防力量,有机整合社会巡防资源。

市局对派出所巡逻处警队民警进行定员、定编;为了充实一线警力,每天从市局、分局机关抽调 15 名民警、调集 5 辆巡逻车共同参与下半夜的巡防。市局或分局机关的中青年民警每年必须深入派出所工作两个月,与派出所民警共同巡防,一起参与考核,按照一样的标准奖惩。为了弥补警力的不足,从两个方面着手:一是增加辅警数量,分局成立保安大队,派出所相应设立保安中队;二是挖掘社会治安防范资源,充分利用当地驻军和武警的防控力量,整合场所和企业聘任的保安,完善居民小区物业管理,动员党员干部义务巡逻,形成街面店铺治安联防、邻里看楼护院守望、夜间自我巡更等治安防范。整个市区划分为 156 个网格区(路段),共配备 860 名警察、2800 余名专职辅警以及 2000 余名治安志愿者,实行 24 小时定人员、全天候和动态化的“大巡防”格局,让“警力随着警情走”,增强公安机关对治安秩序的驾驭能力。②

---

① 周刚:《让犯罪分子不敢来,来了就逃不掉》,载《新华日报》2007 年 5 月 10 日版。

② 黄春林、董超标、郭江陵:《镇江:“大巡防”让老百姓安居乐业》,载《新华日报》2006 年 5 月 4 日版。

（二）网格承包联勤机制

在“大巡防”实践中，江苏省镇江市公安局逐步探索建立了三项工作机制。

一是社区巡逻网格化。学府路派出所共有民警 24 名，专职保安人员 32 名。该所按照区域分布的特点将辖区划分为三个大巡防区，每个大巡防区根据社区的规模划分为四个小巡防区。按照四班三运转进行警力配置，这样小巡防区至少有 1 名社区民警和 2 名专职辅警、整个大巡防区就共有 4 名社区民警和 8 名专职辅警。大、小巡区形成了一个个区域明确、职责明确、力量落实的巡逻网格。在大、小巡区内，社区民警积极整合和挖掘各种社会巡防资源，组织他们参与巡防。全所共整合社会巡防力量 18 支 530 人。

二是路段巡逻承包制。在对社区实行网格化巡防的同时，对主要路段和重点部位的巡逻实行治安承包制。在学府路派出所的辖区，有 5 条主要道路和 9 个重点部位，配置的警力有 7 名民警和 8 名专职辅警人员，对承包路段和重点部位的治安秩序实行动态化、全天候的防控。

三是片区巡防联勤制。为加强各网格化巡区、责任巡防路段的协作配合，形成打防拳头和作战整体，既保证“四班三运转”的正常运行，又保证民警每周有两天的休息时间，学府路派出所建立了巡区与巡区、巡区与巡逻处警队之间的联勤协作网络。正常情况下，巡防民警带领保安辅警在各自的巡区和路段上巡防，一旦发生重大警情，听从统一指挥，形成整体联动。民警轮休时，联勤网络内的巡防力量予以协防。

每天巡逻辅警队员在上岗巡逻前，由巡逻处警队的值班民警前往集中的治安执勤亭，结合近期的发案情况，明确巡防重点，对各分队进行简短的布置。每次巡防完毕，值班民警再次前往治安执勤亭，听取辅警队员的巡防情况，对存在隐患和疑点的情况，次日及时反馈给相关民警。为加强对巡逻辅警队员巡防工作的监督，该所实行电台点名与实地检查相结合的办法，加强对辅警队员考勤考核。将电台统一编号，明确各巡逻小组的台号，由巡逻处警队的值班民警负责用电台点名，2 分钟内无应答者，视为旷工；应答者必须报告方位，值班民警迅速赶赴现场，进行查看，若不在岗在位，同样视为旷工处理。

目前，镇江市区各派出所都如学府路一样，实行了网格化巡防、路段承包制巡防和片区联勤协作制巡防。全市区共划分巡防责任区、巡防路段 156 个，巡防责任分别落实到各派出所巡逻处警民警、社区民警和交巡警支队及各大队路段民警身上。

在把警力下沉社区、推向街面的同时,镇江市公安局以指挥中心为龙头,为巡逻车辆和民警装备350兆电台,对发生重大的案件,由指挥中心的统一发出指令,调度所有巡逻民警,各自以最快的速度落实自己的职责,一呼百应,形成整体作战优势,对犯罪分子形成围追堵截的合围之势。①

二、弹性工作制:警务效能的提高

(一)猫鼠同步:研判信息"四色布警"

决策的基础在于对信息的研读和判断,为了提高警力布置的合理性和警务效能,镇江市公安局在指挥中心专门组建了公安信息研判机构,选派高学历与专业背景的民警对各类案件和警务动态实行全天候跟踪研判,找寻刑事犯罪的发案规律和趋势,根据发案的数量和案情做出防范提示,红色预警表明治安状况非常严峻,橙色与黄色表明警情严重,绿色表明治安平稳。警察一到工作岗位,首先要做的就是打开电脑浏览治安信息,并将自己了解的警情发布到信息平台。警务执勤小组根据公安信息研判的预警提示,对案件多发及治安复杂的路段和时段开展有针对性的布防,力求"猫鼠同步",提高犯罪打击的精确度。

巡防民警夜间巡逻时,在21~22点时间段,主要防范学校周边、学生晚自习回家路经的河边、巷道等地抢夺、抢劫、敲诈学生案件;在24点左右,主要防范茶楼、棋牌室附近、路灯昏暗处或街巷交会处抢劫、抢夺娱乐、宵夜后回家群众案件,并重点对独自携包行走或虽结伴行走但人数少的女性群体加以防范提示;在凌晨3~5点时间段,主要防范在没有物业的居民楼、城郊出租屋、停车场和建筑工地的各类盗窃案件;在冬季早晨6点30分至7点30分时间段,主要防范在巷道和路灯昏暗处的敲诈、抢劫案件。

(二)警力随着警情走

为彻底改变基层民警机关化、坐班制等不适应现代警务机制的环节,公安分局自上而下进行了勤务机制改革,分层次结合工作特点推进不同模式的勤务工作机制。以新区公安分局为例,在机关及业务大队实行弹性工作制,按各自警令任务及侦查破案需要,合理灵活调配工作时间。在机关部门普遍实行了与派出所挂钩捆绑制,遇集中清查行动、派出所查办团伙案件等警力不足时,机关部门按挂钩分工到各所参加一线任务,弥补了基层警力的不足。

在基层派出所根据警力配置及治安特点,分别落实了"四班三运转"

① 黄春林:《镇江:"大巡防"巡出平安新天地》,载《江苏法制报》2006年5月31日版。

“错时工作制”及值班制。警力较多的通港路派出所,全面推进了“三队三组”“四班三运转”等现代警务运作机制,把民警按业务能力、工作经历、年龄结构进行合理编排,派出所4名副所长各兼任一个队(组)中队长,既分管具体业务,又承担基础及破案打击工作任务,实现一岗双职,最大限度地增加一线警力。该所巡逻处警队按照“四班三运转”的模式,在街头路面保持2组民警专业巡逻队、4组保安巡逻队,将有效警力全面投入巡防工作一线,保持对街面及重点地区多发案件的强大攻势。对警力相对较少的派出所,在落实巡逻处警队执行重点路段和时段路面巡逻任务的同时,在晚间将派出所领导和民警重新编排分为三组,分为上、下半夜时段,带领保安辅警队员开展巡逻防范勤务。在丁岗、大路、姚桥等农村派出所,则强化值班民警的巡逻处警作用,屯兵街头,有警出警,无警巡逻,提高对现行违法犯罪的快速处置能力。

三、契约化保险联防:警务运行机制的市场化

(一)“契约式治安联防保险”的市场机制

“契约式保险联防”是按照市场化模式运作、责权利相结合的治安防范承包制,主要运用于农村地区,村民在自愿的基础上交纳一定的治安保险费,由村委会统一向当地保险公司进行投保,三方之间签订盗抢补偿协议,如果发生入室盗抢给村民带来实际损失,由保险公司进行相应的赔偿。

镇江开展“契约式保险联防”的实践是在2002年。当时所属区域扬中市(县级市)已经连续第13年成为本省开展综治活动优秀地区,但还是存在三个问题:(1)随着不断深化的市场经济发展、社会结构的转型和家庭财富逐渐积累的背景下,如何将传统治安防范与当前的市场经济相结合。(2)由于取消了收取流动人口的暂住管理费,治安防范的经费如何落实。(3)一旦群众遭受盗抢后的财物损失无法补偿。

扬中综治委和公安机关选择农村地区进行了新的尝试。在经过反复商讨和辩论中,推出了“契约式保险联防”。根据“谁出钱,谁受益”的原则,通过村委会议事程序,讨论联防费用收取标准,交由村民代表大会进行表决,然后按标准向家庭、经营者和小商店进行收取,通过提取部分群防群治经费向保险公司投保,统一以村为单位与保险公司签订协议,投保人既不是家庭户主也非企业法人代表,而是行政村整体投保,行政村区域范围内的所有农户、经营者、小商店的室内财产、商品、存货和现金首饰等均纳入保险范围。在区域范围内的农户或单位发生了保险协议所确定的事项,保险公司的赔偿只对村里负责,保险公司只和村委会直接打交道,遇到损

失保险公司直接赔付给村委会,再由村委会进行二次补偿。简化了工作环节,提高运行效率。为支持群防群治工作,镇江保险公司首开先例,将附加险变为主险投保,同时降低了保费提高了保额。从首先进行契保联防的扬中市兴隆镇长江村的情况看,行政村所辖地域内的农户、企业、路边店,按规定投保的费用应交2万元左右,经协议压减为6500元,而保额原本只能达到200万元,现在可达700万元。不仅如此,各村还对配备的专职保安人员进行意外伤害保险,每人投保200元,一旦在巡逻中因公负伤,可获医疗赔偿最高额为2万元,死亡的则可获赔8万元,切实解决了保安人员的后顾之忧。

实行契保联防,是镇江市探索农村治安防范产业化、市场化运作的一项创新。镇江农户目前所缴纳的30元中,一半上交保险公司,一半支付联防队员费用。有的乡村采取“村里补贴一点、厂企赞助一点、群众交纳一点”的原则,并区分不同对象明确收费标准,例如,所属地的各类企业每年按销售额的5‰缴纳群防群治费;村民按每年100元、60元、30元三种不同的比例、分别经济状况予以收取;暂住人口按每人每年20元至60元标准收取,路边店按每年200元标准收取。所收费用存入专门账户,实行专款专用。在经费的使用支配上,镇江以村为单位逐步形成了一套规范的操作规程,即保险费一般为5500元左右,专职保安人员工资2人合计1.2万元左右,意外伤害险2人合计400元,剩余部分用于义务联防,保险公司赔偿与村委会补偿间的差额也用于义务联防。村委会根据本地实际制定并兑现被盗抢补偿办法,办法以财产损失2000元以下(契约上规定每户家里最多只存放2000元),按损失数与交款数百分比相乘的计算方法,实施补偿。

镇江市委、市政府认为扬中市进行的“契约式保险联防”是新形势下构建基层治安防范体系产业化运作的重要模式,构筑平安创建活动的有效措施。经过认真总结经验,镇江市在2004年5月市区及下辖的丹阳、丹徒、句容全面推广契约式保险联防工作。一年后,镇江市74个乡镇的941个行政村已有489个行政村参保,占52%,参保户数达194414户,占总户数的43.3%。其中扬中行政村参保数达100%,参保户达98.4%。①

截至2007年8月底,镇江市约有1/4的农户进行了参保,属于扬中地区的农户全部进行参保。农户每家每年上交村委会20元、小商店上交60元、村内企业上交300元,村委会拿出其中的一部分向保险公司买保险,剩

① 黄春林、冷其刚:《步入群防群治新天地》,载《人民公安报》2005年3月25日版。《调查镇江“契约式保险联防”》,载《江南时报》2005年4月2日,第18版。

下经费作为群防群治的联防支出。发生盗抢案件后,按照保险合同,家庭户和小商店能收到10000元财产损失和2000元现金首饰损失的补偿费;针对村内企业保险公司补偿受害者存货损失30000元;抢劫过程中有人员受伤,保险公司支付意外医疗费用2000元和补偿金8000元。为了让联防队员没有后顾之忧,村委会给每位联防队员购买了人身意外保险,一旦受伤,可以得到医疗费用20000元和80000元补偿金。①

(二)"契约式治安联防保险"的现实意义

开办契约联防保险制度的重要意义在于:一是改变了公共服务完全由政府供给的模式,针对农村地区公共警务投入不足的矛盾,采取多元主体供给的方式,缓解了治安防范的压力,群众有效地参与公共治理,充实了基层警务防范,对强化农村地区的治安管理发挥了重要作用。二是公共服务引入市场机制,以建立合同的方式,明确保险公司、村委会和投保者三方各自的义务和责任,运用市场竞争机制和责权利相一致的警务承包,进行了尝试和探索。三是以商业保险为保障,使投保户被盗抢后经济损失能够得到有效补偿,促进了农村社会经济发展。四是提高了村民参与其他保险的意识,村委会干部、联防队员和农民通过购买保险,在损失后及时得到保险公司的补偿,体会到保险在提供社会保障方面的重要作用,有利于保险制度在农村的推广。五是保险公司参与治安防范,从提高安全系数和降低风险的角度,必然会采取前瞻式的预防宣传,主动进行隐患和安全漏洞的排查,从而客观上维护了农村治安秩序。②

"契约式治安联防保险"通过提供有效的警务供给来维护农村的秩序稳定。建设新农村的一项重要内容就是为农村创造一种和谐、保障的社会环境。带有很强季节性生产的农村地区,在春秋各一次的农忙季节完结之后,大多数的青壮年会到经济发达地区打工,留在家中多为老人、妇女和未成年子女,防范能力较弱,而且农村的居住相对比较分散,容易发生偷盗耕牛、猪羊或粮食等,发生侵财案件以后,很难破案。契约式保险联防的优势在于,通过市场运行保险机制,降低了农民在遭受到不法侵害后的风险,偏远地区的农民年均收入往往只有几千元,家畜和粮食被盗带来的损失很大。利用保险机制,在发生侵财案件后,可以根据保险合同的规定获得一定的补偿,挽回部分损失,有利于恢复正常的生活和生产,给财产上了"保

---

① 《江苏省推行契约式联防保险,切实维护农村治安环境》,载 http://www.pahc.gov.cn/E_ReadNews.asp? NewsID =987,2011年12月1日访问。

② 《保险业参与平安建设系列之二——江苏省积极探索治安保险发展模式》,载 http://www.circ.gov.cn/web/site0/tab464/i35596.htm,2011年12月1日访问。

险”,在提高农民安全感的同时,也促进了农村的和谐与稳定。

契约联防保险的开办实现了保险业发展和治安防范的“双赢”。一方面,商业保险的有效发挥提升了农村地区社会治安管理的作用,成功地实现了行政管控和市场机制的对接;另一方面,保险公司在开展“契约式治安联防保”业务中,实现了社会效益和经济效益的“双丰收”。随着保险市场在农村的拓展,业务有了新的增长点,也提高了自身的社会责任,为强化农村治安防范工作的有效开展提供了可靠保证。

第三节　湖州“民意导向”警务改革

湖州“民意导向”警务改革主要通过“警务广场”“电子政务”和警务信息公开等措施,打造一个筑牢公安基层基础、构建和谐警民关系的新途径,“警务广场”不仅涵盖了传统公安“警民恳谈”“大走访”“平安和谐大家谈”等社区警务建设中的好经验,而且还蕴藏着警务理念与警务运行方式的变革。“警务 e 广场”的打造,是电子政务在公安领域的现实应用,通过互联网和手机等现代信息工具实现警务公开,使社会公众在日常生活中有效参与治安治理和对警务进行监督。警务信息公开、实施阳光警务,不仅是提高公安机关执法的公信力,而且是构建民意导向型警务改革的又一重大举措。

一、警务广场:建立警察、传媒及民意的互动机制

(一)“警务广场”的创设

浙江湖州市公安局创设“警务广场”的初衷,是为了探求构建和谐警民关系、筑牢公安基层基础的新途径。“警务广场”不仅涵盖了传统公安“警民恳谈”“大走访”“平安和谐大家谈”等社区警务建设中的好经验,而且还蕴藏着警务理念与警务运行方式的变革。曾经一度,“大走访”取得了警民互动良好的成效,但对社会的覆盖面不够广泛,也存在一定的局限性;“警民恳谈”是另外一种加强警民关系的形式,但参与座谈的往往是地方精英,如人大代表、政协委员、企业家、社区干部等知名人士,他们与公安机关沟通的渠道是不成问题的,而基层最广大的普通公众缺乏与公安机关交流和互动的平台。

2009 年 5 月,湖州市安吉县警方选择一些公共场所,在街头巷尾、公园广场,与公众进行开放式和面对面直接座谈,搭建了一个警民进行交流互动的平台,在沟通中听取民声,了解公众的需要,接受公众的意见,改善

警民关系、化解社会矛盾、疏导群众情绪、促进社会和谐。湖州市公安局在认真总结安吉县警方成功的经验，决定自2009年10月在全市范围内实施“警务广场”行动计划。

警务广场的创设，是湖州警方利用公园、广场等公共空间和互联网、微信等传播新媒体，创建了一个公众参与警事协商、刑事政策、治安议题、警务监督的场域，推进警务决策的民主化，保障公众的警情知晓权、治安参与权、决策表达权、警务监督权，共同营造治安共同体，使警务处处表达民意、充分利用民力、保障平安和谐。

很长时间内，湖州市每年平均有20000件上下的刑事发案，有四五十起命案，相对于治安相对复杂地区，从刑案发生的人口比率、发案总量、案件性质来看，治安秩序尚属平稳。但从实际调查的情况看，公众对社会的安全感和对公安工作的满意度并不是很高的。造成反差的原因在于警方与民众各自从不同的视角去看待社会治安。警方是以宏观的统计数字来衡量社会治安状况的，警察每天都要处理大量各种类型的案件，形成了固守成规的思维定式和习以为常的无动于衷；而公众的心理认知则不同，他们是以直觉的体验来感受安全感和评价公安工作。在警察眼里，一件最司空见惯的小事可能会对公众造成很大的心理伤害。特别是在治安环境一直平稳的情况下，公众对社会治安的好坏更敏感，心理承受力比较弱，对公安机关提供的警务服务质量也就要求越高。因此评价地方性社会治安状况，不仅要看实际发案的数据统计和公安业务指标，更要评估公众的主观认知和关心公众的心理感受。社会治安好不好，警察说了不算，归根结底要公众进行评价。

湖州市警方树立起“民警围绕百姓转，警务围绕民意转”的警务理念，以“民意领跑警务、以警务保障民生”为指导思想构建民意导向警务模式，通过创设“警务广场”的活动，集全民之智，举全民之力，推进警务民主化。中共湖州市委常委、市公安局局长金伯中阐述“警务广场”的内涵时用了三句话：“一是构建民意导向警务模式，二是推进警务民主化，三是营造警务共同体。”①

实现警务民主，就是要做到治安警务大家谈，平安和谐大家建，把公众的合理诉求作为警务工作的目标，把公众对社会安全和警务服务的期望转化为维护国家安全和社会稳定的共同行动，营造警民合作协商、平安和谐

① 蒋国长：《有关“警务广场”的几个理论与实践问题》，载《公安学刊——浙江警察学院学报》2010年第5期。

共建的警务共同体。实施民意导向型警务模式,构建"警务广场",把民意作为警察一切工作的出发点和落脚点,用公众的视角、群众的眼光审视公安工作,用公众的观点、群众的立场思考和处理警务问题,真正做到"让民意领跑警务,让警务保障民生"。

通过公安决策的民主化,让民意转化为警务行动;通过治安管理的民主化,让阳光照亮警察执法的每个环节,确保执法公正廉洁,公平正义得以维护;通过评价方式的民主化,让公众有足够的话语权来对警察满意度进行打分。所有这些,正是为了让公安工作更多地体现公众的意愿,真正实现由"为民做主"转变为"由民做主"。①

(二)"警务广场"蕴含着社会管理民主化的理念

湖州市警方创建的"警务广场"互动平台,为公众了解公安机关警务信息、参与政策制定、表达警务需求、监督警察执法提供了有效的途径,有力推动了治安民主化和警务社会化。社会治安的民主化管理,不仅是落实"以人为本"的管理理念,更重要的是必须符合民众的心理要求。"警务广场"是一种群众参与的社会治安管理民主化的创新实践,有助于唤醒公众的治安主体意识,弘扬公民的正义感,增强公众共建社会平安的责任意识,发挥公众维护社会治安秩序的主人翁精神,共同投入到预防和打击犯罪活动中。尤其在临近年终,容易发生入室盗窃,湖州市警方在警务广场的宣传中开展了如何加强治安防范的主题活动,并免费提供家庭用的简易报警器,吸引了大量群众前来咨询,很多热心市民志愿参与到创建平安社会的活动中,组建交通、禁毒、消防、巡逻等警务志愿者组织。目前,湖州市的治安信息员、治安巡防队、社区保安员、平安志愿者等群防群治力量总数达到1.2万余人。"警务广场"广泛动员公众参与,创造性地体现了"党委领导、政府负责、社会协同、公众参与"的社会管理创新总原则。

俞可平认为民意的表达是政治民主性的基础,从某种视角来看,民意表达的方式与渠道和利益表达的方式与渠道是一致的。如果没有畅通渠道来表达自身的利益诉求,总是要别人来代表,那是很荒唐的。民主政治要以民意为基础,民意的表达一定要有通畅的制度管道。"警务广场"的平台便搭建了沟通警民之间的联系。以民意为基础、以民意为导向的"警务广场",体现出执政为民的根本宗旨,"适应了新的历史条件下人民群众对公共治理的新需求,不仅是维护社会治安与社会稳定的新形式,也是公

① 金伯中:《围绕"五个一切"做到"五个必须"全面实施"警务广场"战略》,载《公安学刊——浙江警察学院学报》2011年第4期。

共治理的新形式,它体现了官民合作与官民共治的精神”。[①]

湖州市警方利用“警务广场”平台,不仅提供了警务服务,而且也将自己的执法过程展现在公众的面前。对于公众对警方的批评与建议,公安机关都立即做出回应。例如,当有网民反映看见警车接送小孩上学的现象,湖州市公安局立即开展警车使用的专项整治,并向社会公开,有效规范警务用车,得到了网民的称赞。[②]“警务广场”是促进政府与民众合作的重要渠道,它提高了政府的公信力,是警方取信于民的重要平台。警民关系是官民关系的一个晴雨表,如果说公众对警察感到满意,在很大程度上意味着人民对政府满意了。

(三)“警务广场”疏导了社会的矛盾

湖州市公安局的“警务广场”活动,作为一种社会安全阀机制的运用,为老百姓搭建一个自由发泄不满情绪的场所,及时化解矛盾纠纷,否则怨气只能越积越深,只有从源头上进行疏导才能消除冲突。2009 年公安信访减少 25.7%,2010 年第一季度涉警投诉减少 44.4%,成为浙江省公安信访量最少的地市之一;群众安全感、满意率达到 97.48%,位列全省前三甲。[③]

“警务广场”的活动,搭建了警务协商、治安参与、评价议警、民主监督的平台,公众不仅能够自由表达警务诉求、发泄不满情绪,还可以提出一些社会治安对策,参与到治安决策和监督警务活动。这种警务执法的开放模式,有着广泛参与的群众基础,是公众参与社会治理的一种方式,“警务广场”所透露出的信息可以让警方及时和准确地把握不同时期社会群体心理的变化,便于了解不同阶层的治安需求和调整各方面利益。“警务广场”不仅有利于警方在执法工作中得到公众的支持和配合,而且还能增强公安机关的社会动员和协调能力。

二、电子政务:提升警务的服务性

(一)“警务 e 广场”

当今社会是一个互联网主导传播的信息时代,任何沟通方式都无法回

---

① 俞可平:《造福于民是警务工作的根本——兼谈警务工作与社会管理创新》,载《公安学刊——浙江警察学院学报》2011 年第 4 期。

② 翁里:《转型期公安机关参与社会管理的创举——评湖州公安机关“警务广场”行动》,载《公安学刊——浙江警察学院学报》2010 年第 3 期。

③ 翁里:《转型期公安机关参与社会管理的创举——评湖州公安机关“警务广场”行动》,载《公安学刊——浙江警察学院学报》2010 年第 3 期。

避这一手段。2009 年 10 月,为了大幅提升网站的警民互动功能,湖州市警方改造了自身的公安局门户网站,定名为"警务 e 广场",在以往警务公开和办公指南等内容基础上进行内容升级,增加了警民互动、服务评价、公众留言、治安晴雨表等板块,形成网上警务公开体系。网络版的每日治安要情和湖州公安报道,成为湖州公安的电子政务一大亮点。"警务 e 广场"一经推出,便受到社会各界的普遍关注,网站浏览点击量迅速上升。湖州市警方根据"警民交流互动的实时平台、为民服务的便捷窗口、接受监督的重要渠道和公安宣传的重要阵地"的建设要求,开发了网上办事大厅,可以进行警务咨询、服务预约、网上审批;设计了民意窗口、网络举报、安全预警等栏目,方便公众表达意愿和进行监督;增设了行政、刑事案件信息公开系统和办证办事查询系统以及被盗"三车"与无主车公告认领的功能板块,更好地服务公众。网民可以利用互联网进行信息检索、下载表格、提出申请、查询结果等自助式服务,可以链接 96110 警务民生热线,与民警进行实时互动交流,了解警务政策。①

"警务 e 广场"利用在线调查栏目构建了更为便捷的民意表达方式,如警方设计了问卷的形式,收集公众对道路拥堵区域的分布和产生交通混乱原因的信息,收集整理后,统一部署采取相应的治安治理措施。湖州市开通了手机版"WAP 警务广场",与更广泛的人员实时互动。"警务 e 广场"的打造,是电子政务在公安领域的现实应用,通过互联网和手机等现代信息工具实现警务公开,使社会公众在日常生活中有效参与治安治理和对警务进行监督。②

(二)侦查网络共同体

湖州市警方从 2009 年开始探索实践侦查网络共同体建设,到 2011 年 3 月基本框架正式形成。侦查网络共同体由网上和网下两个部分组成。

网上建立以"菰城华生"命名的 QQ 群,吸纳不同专业知识背景的社会各界人士加入,利用资源服务警方侦查破案。2011 年,湖州市有一起杀人抛尸的刑事案件,警察在尸检中发现,体表附着了一种特殊的微生物,由于缺乏生物学专业知识,警方立刻利用"菰城华生"群进行求教,刚好群内一位网友是生物学方面的教师,向警方提供了该植物体学名、分布范围和生长条件,判断此植物非当地所有。根据植物专家提供的信息,警方判定出

① 金伯中:《推动公安工作科学发展的路径探求——"警务广场"的实践与思考》,载《公安学刊——浙江警察学院学报》2010 年第 1 期。

② 杨志云:《民主警务与治安治理新模式:湖州"警务广场"的理论透视》,载《天津行政学院学报》2011 年第 2 期。

发现尸体的地点非第一现场,而是抛尸地方,随后根据尸体身上的蝇蛆发育的成熟度,推断出受害人死亡的具体时间,从而为刑事证据的可靠性提供了科学上的支持。

网下则建立了"一呼百应"警用短信发布平台,即把对警方可能会有帮助的群体组织起来,把各类案件征集线索的信息或案件预警信息通过短信发布平台发送给相关行业的人员,形成"一呼百应"的连锁反应,扩大破案线索的征集范围,实现案件信息、线索收集社会化的要求,增强公安机关打击犯罪的能力。目前已建立三类群体:(1)出租车司机和三轮车从业人员;(2)牛奶工和环卫保洁人员;(3)医务从业人员,包括医院急诊室、私人诊所及乡镇和村级医疗点。这三类从业人员接触社会面比较广,警方详细采集其姓名、从事的工种、身份证号码、联系方式、住址、工作范围及时间。2011 年 3 月 27 ~ 29 日,湖州市吴兴区织里镇一度连续发生三起专门抢劫无营运证载客的黑出租车案件,警方马上利用警用短信平台向出租车从业人员通报了案情。两天后的下午,民警便获得信息,一名收到警方短信的司机向警方反映其发现了嫌疑人员和落脚点,警方立即出动进行了抓捕,在织里镇一出租房内抓获了犯罪嫌疑人吴某某等 4 人。

湖州市警方最初估计,QQ 群"菰城华生"的成员人数大约百人左右,警务短信接收规模在千人左右的一个群体范围。但侦查网络共同体运行后,得到了社会公众极高的支持,群众的参与警务合作的兴趣远远超出警方的预期。2012 年年初,"菰城华生"QQ 群便发展成员超过 200 名,警务平台短信发布接收群体已经发展成员八千余人,提供有效信息帮助警方查破的案件达到八十多起。[①]

三、信息公开:实现阳光警务的关键

湖州市公安局出台的《深化警务公开实施办法》,明确了当地警方警务信息公开的内容和办法。唯有过程公开才能实现执法公正,提高公安机关执法的公信力,实施阳光警务,是构建民意导向型警务改革的又一重大举措。

(一)警务信息公开的措施

警务信息公开是公安工作适应社会转型时期人民群众的必然要求,也是促进规范执法、反腐倡廉、构建和谐警民关系的有效途径。除涉及国家机密、警务秘密和依法受保护的个人隐私外,公安工作都要公开。不仅要

---

① 李泽福:《论"警务广场"战略下侦查共同体建设》,载《公安学刊——浙江警察学院学报》2012 年第 2 期。

公开警察执法的依据、具体执法流程和最终执法结果,还要全面落实警察执法告知、公开认定事故、疑难信访案件公开听证等;不断满足公众的知情权、监督权,扩大警务公开的深度、时效和覆盖面,凡是无法公开的事项必须规定具体标准,履行相关审批程序。

湖州市公安局以窗口服务为重点,细化警务信息公开工作。窗口服务硬件建设方面,统一规范服务公示板、警务公开栏、警务公开手册、警民联系卡、办公流程等,城区派出所、分局办证处、出入境管理处、交警及消防管理部门都设置有自动排号机、电脑触摸屏和电子屏幕墙;所有办事服务窗口都配置服务质量评价器。窗口服务软件建设方面,以规范促公开,从民警窗口服务最基本的言行举止抓起,始终微笑服务。借助互联网等新兴媒体,按顶层设计理念,建设集信息公开、公众服务、互动交流、监督评议为一体的网上警务,以出入境、交管、户政、治安、消防五个"服务大厅"以及综合办事服务、综合查询应用、场景式导航服务三大系统平台为契机,推进行政许可和审批事项网上办理和网上公开。

湖州市公安局通过广场警务活动,推进执法办案程序公开。在行政执法方面,公众可以网上查询公安行政审批、治安处罚等处理结果;在刑事执法方面,警方向当事人及时发布立案情况、刑事强制措施、司法鉴定结论等办案进度,"110"接处警录音录像、交通或治安视频资料等凡是与案件直接相关的都面向公众开放。利用短信提醒机动车车主进行机动车验审。娱乐场所的消防安全监管和危险物品治安管理中,违法单位、违法情节、处罚裁决、整改措施与执行结果都公布在网上,接受群众的公开监督,杜绝办人情案和权力"寻租"。

对于公众质疑的案件,则实行公开审理、公开质证、公开处理。对群众最关心的重大案件,进展程度和处理结果都要及时、准确地报道。例如,2009 年 5 月,湖州警方一派出所所长故意伤害致人死亡的案件,公安机关在第一时间发布了案情初步调查情况,把真相及时告诉了公众。公众跟帖超过了 3000 条,大多数网民对警方迅速立案查处和不偏袒不护短行为持正面肯定态度。该派出所所长被执行逮捕后,警方及时将处理结果在网上公布,网民跟帖只有 300 余条,网上舆论逐渐平息。"只要在第一时间把真实情况告诉群众,保障社会公众的知情权,才能够做到依法公正处理突发事件,缓解社会矛盾。"①

① 金伯中:《推动公安工作科学发展的路径探求——"警务广场"行动的实践与思考》,载《公安学刊》2010 年第 1 期。

（二）警务信息公开的意义

警务信息公开是民主政治的必然趋势。民主政治的本质就是人民真正参与到社会治理，人民对政府执政情况享有知情权，公安机关要推进警务民主化进程，必须首先从警务信息公开来实现人民群众参政议政的权利。警务信息公开是实现“人民满意”的内在要求，以人民是否满意作为警务的工作目标，警务信息不公开，老百姓就不了解实情，也就无法表达选择性的意愿。随着整个社会的不断开放，公众对参与公共管理的诉求非常强烈，要求政府披露信息和监督政府的行政，人们对警务信息公开的呼声也很高，普通警务信息公布已经无法满足公众的诉求。对治安状况的遮遮掩掩使得公众选择非正规途径去获取警方消息，不仅降低了公众对公安机关的信任度，也容易引发猜疑，导致警方与民众之间产生隔阂，影响社会的和谐。警务信息公开可以增强警民之间的信任感。从社会学视角来看，信任是社会资本构成的必要条件，信任的程度反映的是社会凝聚力；从政治学视角来看，信任是集体行为的基础，缺乏信任，个体之间、群体之间或组织之间就难以形成共识与进行合作。流言止于真相，疑惑化于公开，信任源自阳光。警方执法的公信力取决于警务信息公开的程度，办案过程越是公开透明，群众的质疑也就越少，警方就越有公信力。构建和谐警民关系的基础是互相信任。深化警务公开是公正廉洁执法的防腐剂。公正廉洁执法，不仅要落在实处，而且要让公众切实感受到。依托警务信息公开，警察的执法活动可以呈现在大庭广众之下，让公众对警察权力监督提供了制度上的保证。①

第四节　苏州创意警务改革

创意警务是“在科学发展观的指导下，广大警员学习先进的理念，掌握科学的思维方法，充分激发创意潜能，以科技手段为后盾，推进警务机制、警务手段的优化革新，最大限度地将智力成果转化为现实战斗力，以新思路解决警务难题，实现内涵式发展、无增长改善的警务活动”。②

苏州位于太湖之滨，长江南岸的入海口处，京沪铁路、京沪高铁、沪宁城际高铁和多条高速公路贯穿全境，是江苏省重要的经济中心、工商业和物流中心城市，也是重要的文化、艺术、教育和交通中心。在不到1‰的国

① 金伯中：《没有公开就没有公信力——谈深化警务公开》，载《公安学刊——浙江警察学院学报》2012年第1期。

② 张跃进：《创意警务论》，中国人民公安大学出版社2010年版，第7页。

土面积上创造着全国2%的经济总量,GDP位列全国大中城市第六。然而,快速发展的经济也给苏州带来了严峻的挑战,人财物流动大、警情量大,管控压力日益增加。苏州有占江苏省40%的外来人口、60%的境外人员,接处警量占全省22%,但总警力仅1.2万名,占全省13.9%。警力配比不到1‰,低于全国平均水平,警力紧缺的矛盾日益突出。在警力不可能大幅度增加的情况下,迫切需要用新的理念、思路和方法来有效应对新情况新挑战。2009年年初,苏州市公安局"越界"思考提出"创意警务"理念。①

一、"无增长改善":创意警务的孵化平台

(一)"创意警务之窗"

"创意"来源于英文creativity一词,有的学者翻译为"创造力",其拉丁文源自creapa,含义是"去创造";希腊文字源自kralnir,含义是"去实现"。百度百科将创意解释为具有新颖性和创造性的想法。创意警务是一个崭新的概念,有研究者把创意警务界定在警务操作层面,将创意警务的含义主要定位为警务机制、警务手段的设计革新。

苏州市公安局创意警务实践的基本做法是运用创意产业的相关理论和现代警务基本原理,按照科学发展观的要求,强化创意警务观念与意识,注重创意警务的生态建设,明确创意警务的攻坚方向,积极搭建创意警务平台,积极谋划创意警务的组织推进,通过警务创意"量"的聚集推动警务朝"质"的方向转变,实现警务的内涵式发展、无增长改善。钟云华认为,创意警务的内涵,可以概括为以下方面:(1)在警务观念上,创意警务是一种知识警务,建立警务知识仓库及其运作机制,进而发展出以知识为核心支持的警务反应机制和质态发展模式是创意警务的独有特质。(2)在警务机制上,创意警务是一种资源整合型警务。在基本不增加警务要素投入的前提下,对警务资源及其要素进行整合、重组、强化、再造,实现警务运行集约化。(3)警务操作上,创意警务是一种民意导向式警务。创意警务必须基于社会矛盾现实,强调民意在警务中的特殊主导地位,让民众"参警议警、警务协商、民主监督",构建警务共同体,在工作部署、问题解决、警务监督、绩效考核等方面更加及时准确地知晓民意、契合民意。②

作为创意警务概念提出者,张跃进(2010)认为,创意警务的平台构建

---

① 《苏州"创意警务"如今怎样了》,载http://epaper.gmw.cn/gmrb/html/2012-05/03/nw.D110000gmrb_20120503_2-05.htm,2017年3月11日访问。

② 钟云华:《创意警务:内涵、实质与评价维度》,载《江苏警官学院学报》2012年第3期。

取决于六大建设：(1)组建警察学术团体。警察学术团体是组织公安理论研究、开展学术交流、服务公安决策和加强警察公共关系的重要载体，是创意警务的重要平台。(2)开辟"金点子"论坛。苏州警局由两千多名警用逻辑学会会员组成基础创意团队，同时，市县两级创意警务办公室和二百多名骨干民警组成特约研究员队伍，每天对民警发布的"点子"进行引导、完善、补充，对好的"金点子"进行评估、推广。(3)建立与高等院校合作研究重点课题制度。地方公安机关与公安高等院校的合作应该是"双赢"的，地方公安机关可以借用公安大学、刑警学院的大脑库推动工作。(4)大力发展随岗培训基地，打造一批可信、可学的创意警务基地。通过实地学习、跟班作业，让广大民警切切实实感染先进典型单位的创意氛围。(5)启动疑难杂症会诊平台。基层民警在工作中碰到的疑难杂症，是创意攻坚的重要目标。除了鼓励民警自主创意外，还要组织全局的力量来攻坚克难。通过个案的逐一钻研破解，着力培养民警开展创意警务活动的积极性。同时，责成指挥中心、法制办等部门共同研究探讨，形成工作规范。(6)加强论坛建设。论坛就是所长、大队长、社区民警等业务相近的群体，按照自主组织、自愿参加的原则进行的交流讨论活动，每次一个主题，每人在规定时间内脱稿演讲，把自己的理念思路、做法成效与大家分享，最后由坛主自己点评。①

(二)无增长改善

英国德文郡前警察局局长约翰·安德逊于20世纪70年代提出了"无增长改善理论"。该理论的提出基于这样的背景：进入20世纪后，随着现代化的发展和科技水平的提高，犯罪率不断攀升，犯罪手段日益翻新，欧美国家尝试通过增加警力以应对这一局面，其结果是犯罪率未能得到有效遏制，却带来巨大的财政压力和社会信任危机。"无增长改善理论"的实质是对警力资源配置问题的反思。警力资源不仅应从"量"上的增加得以改善，更应从"质"的层面通过有效对警察的智力资源开发和高效使用实现警力资源的有效配置。我国当前经济发展转型时期，与"无增长改善理论"提出时期相类似，也面临着警力有限与社会治安局势日益严峻的局面，创意警务的提出通过对警务资源的统一调配和集约化配置，成为"无增长改善"目标的重要实践路径，主要表现在以下方面：创意警务提高领导决策的科学化水平以实现警力资源的科学调配和优化配置；创意警务通过制度化科学设计最大限度地激发民警潜能；创意警务改善警察管理机制以实现

---

① 张跃进：《关于开展创意警务的若干思考》，载《江苏警官学院学报》2010年第1期。

现有警力的再生产和功能倍增;创意警务通过充分调动社会力量提高基层公安机关驾驭治安局势的能力和水平。

二、弹性与权变:问题导向的精准治理

在工作部署、问题解决、警务监督、绩效考核等方面更加及时准确地知晓民意、契合民意。

实行了“警民恳谈日”制度,每月 9 日社区民警与群众面对面,梳理各种问题难题,属于自身职责范围的问题努力解决,其余问题帮助转递,并一一回复和公布工作进度。

问题导向警务建立在这样的假设之上,即通过发现和解决包括令人沮丧的人际关系和无序的环境在内的基本犯罪根源,犯罪是能够得到成功控制的。①

被称为“问题导向警务之父”的美国教授赫尔曼·戈德斯坦认为,问题导向警务要求警察以新的视角来理解其工作,实际上是为如何改进警务工作方式的一剂良方。“问题导向的警务管理模式需要警员从被动反应式的、事件驱动式的工作姿态转换到积极探求那些不断消耗公共资源的问题的态度上来。”②

问题导向警务以系统地审视社会环境为核心,以发现问题—管理资源—解决问题作为预防和打击犯罪的主线,特别强调运用警察才智“解决问题”。从这个意义上说,创意警务是问题导向警务在警务管理领域的探索。通过制度化设计引领、激发全警对警务工作的参与,努力主动寻找警务实践中出现的新问题或难题,并发挥个人或集体的智力、技能优势,将创意与警务工作紧密结合,创造性地解决问题,并通过网络平台的分享与推广实现功能倍增的效应。

苏州警方针对群众关心的治安秩序问题,如偷盗、诈骗、赌博、黑恶势力等影响人民群众安全感的突出问题开展创意攻坚,提高打防管控效能,为人民群众提供一个安居乐业、治安生态良好的环境。针对“城中村”等特殊区域,找准问题,开展治安综合治理。以吴中区红庄社区为例,常驻人口只有三千多人,但外来流动人员有 3.5 万人,黑摩的、黑三轮、黑中介大量存在,小贩摊点多而乱,派出所主动与街道加强沟通,最终在街道的牵头

---

① James A. Conser and Gregory D. Russell, *the United States*, *Gaithersburg*, MD: Aspen Law Enforcement in Publishers, 2000:279.

② Goldstein, H. (1979). ImprovingPolicing: A Problem - Oriented Approach. *Crime and Delinquency*, Vol. 25, p. 241.

下，成立了由公安、工商、城管、文化、卫生等部门参与的治安综治小组，建立了60人的长效联合执法队，加强综合治理。公安以出租户为切入点，对实有人口进行分层次管理，加强对高危人群的排查和管控，最终从根本上扭转了红庄社区的治安面貌。

对短信诈骗案件高发的态势也进行了创意应对。联合电信、金融单位开展工作，公安加强防范宣传和侦查破案，银行对大宗取款或转款加强提醒，电信对查实行骗的号码进行断线，多方有效预防打击此类犯罪。

对群众反映较大的扒窃案件，建立了“大反扒”机制，各个分局，包括公交分局都建有反扒专业力量，与民政和高危人群流出地加强合作，与周边城市甚至全国公安机关扒窃信息资源共享，防范、打击、挤压多管齐下。2008年12月，苏州警方开始运作“大反扒”机制，2009年以来，扒窃警情下降了39.7%、拎包警情下降了10.5%。

派出所接警的1/3是矛盾纠纷类警情，2008年下半年，苏州警方在充分调研和试点实践的基础上，由政法委牵头，在全市实行了镇司法人员进驻派出所进行共同调解的模式，既减轻了派出所民警的工作压力，又提高了调处效果、促进了社会和谐。

三、积极介入：社会服务职能的提升

苏州开展的创意警务紧紧围绕人民群众所关注的突出社会问题进行创意，全面梳理群众关心的治安秩序热点问题，认真回应群众的合理诉求，提升群众不断增长的新要求，积极改进公安工作，使警务服务更优化、更合理化、更切合社会安全需要和符合人民群众的利益。

钱洁（2012）认为，在创新社会管理的视角下，创意警务深化了“服务型政府”理念，是构建“服务型警务模式”的有效途径。（1）从警务管理的角度考察，创意警务通过开放性参与与对话促发合成警务与效能警务，实现为公众提供优质服务的目标。具体而言，创意警务一是着眼于建立警务对话的平台，实现警员、社会公众对警务管理的参与。创意警务努力完善社会公共服务管理措施，将“人民满意度”作为公安机关考评体系的重要组成部分，通过第三方专业机构、社会抽样调查、执法服务窗口回访和窗口服务满意度调查等多种形式建立以公众为主体的管理评价机制。这些都成为社会公众提供优质服务的有力保障。（2）在公民本位的理念中，“服务型政府”实践始终贯彻以公众为中心，为公众服务，以公众满意为目标，在“以人为本”的理念指导下实现为公众提供良好服务。创意警务创造性地通过强化与社会互动、合作实现警务工作的社会参与治理。将民意作为

公安工作的重要导向，在服务型政府理念指导下，通过强化与社会互动、合作实现警务工作的社会参与治理。通过警民恳谈、警营恳谈等定期恳谈机制等开放性参与对话促发合成警务与效能警务，完善社会公共服务管理措施，将“人民满意度”作为公安机关考评体系的重要组成部分，实现为公众提供优质服务的目标。①

第四次警务革命强调在完成传统预防和打击犯罪使命的同时，警察的社会服务功能不容忽视。现代社会利益和价值的高度分散性的特点决定了社会诉求的多元化发展，警察要改变以往打击犯罪的单一化“战士”角色，承担多元化角色和任务，特别是成为以为公众服务为重要使命的“服务者”，这一趋势要求以人民满意为主要目标建立新的警务模式，在打击犯罪问题上由“被动反应”转向“主动出击”，而在警务管理上则要由“被动任务”转向“主动使命”。创意警务通过创意网页、创意论坛、领导信箱、创意交流沟通会、难题征召等多种形式创意平台的建立，培育民警主动融入警务活动的使命感，通过创意论证和推广体系给予民警发挥潜能、自我实现的机会，这种通过激发民警主动参与加强主体使命感，加强行政服务中心的服务，全面推进行政许可归口管理，实行“一个窗口”对外、一个部门受理、一个领导审批，做好“绿色服务通道”服务、工作日延时服务、周六服务、周日预约服务等对外服务举措。2008 年 9 月 1 日以来，苏州公安机关启动了网上交流的平安民生服务台，运行一年便接受平安举报 1068 起，社会监督 144 起，平安意见和建言 205 条，大大拓宽了公安与民众的沟通渠道，成为警方倾听群众呼声的重要平台。与苏州电信、移动、联通公司建立了“警方提示”手机短信发布机制，自 2008 年 10 月以来，一年中向广大市民发布针对性预警提示短信五百余万条，有效提高了安全服务水平。②

第五节　成效与反思

新乡市公安局实行“四警合一”、一警多能的警察综合执法定位，镇江市公安局实行“四班三运转”的网格化巡防联勤制，都是试图在同一个操作单位的层面上同时架构三个层次的警务结构，调和先发预防式警务与快速反应式警务并行不悖的难题，既要能防得住，又能打得赢。警务理念和

① 钱洁：《警务管理革新中创意警务的理念溯源》，载《湖南警察学院学报》2012 年第 4 期。

② 张跃进：《关于开展创意警务的若干思考》，载《江苏警官学院学报》2010 年第 1 期。

目标来回调整，不同的价值理念在警务运行中冲突和对立，最终以一种调和的集合形态共同指导警务运行。改革初期有一定的显著效应，但长期运行的过程中，大多存在顾此失彼的情况，广大民警是疲惫不堪，无所适从的情况。警务信息公开可以增强警民之间的信任感和促进服务型警务的建设。从社会学视角来看，信任是社会资本构成的必要条件，信任的程度反映的是社会凝聚力；从政治学视角来看，信任是集体行为的基础，缺乏信任，个体之间、群体之间或组织之间就难以形成共识与进行合作。

一、“集合式”警务的现实与无奈

构成警务核心的警察行为，同时并存有政治性、法律性、专业性和社会性四种属性。政治属性受执政党政策方针的影响和控制；法律属性受法治的约束，即所谓宪法精神或依法行政；专业属性是彰显警察行业独有的不可替代的警务技能，如刑事侦查、鉴识科学、交通管理和治安防范；社会属性体现的是公共性与服务导向。

西方自 1829 年建立的伦敦大都市警察局，成为“新警察与旧警察的分水岭”，相继以专职性、法治性、专业性、回应性和服务性的警务理念，改变着警务模式属性的结构，产生了“警察现代化技术与警察哲学的理性结合”的四次警务革命。①

中国警务模式的嬗变过程并不像西方那样有着很清晰的阶段性，这是因为西方经过二百多年的孕育和发展来完成警务的历次创新，而新中国走过同样类似的历程仅仅只有短短的 60 年的时间，表现出来的是多种警务思想挤压在一起，形成“集合式”的混合警务理念，共同影响警务模式的运行。②

1949 年 10 月，新中国成立。中国警务的重要职能是保障新中国治安秩序和公共安全，具体措施是通过打击一切危及新生政权的所谓“反革命”和影响社会稳定的刑事犯罪。中共政策性纲领直接导引警察执法和警务理念，这种“无产阶级专政”的威慑力随着一场接一场的政治运动不断得到强化，到了“文化大革命”爆发时，政治挂帅的动能到了极致。1966 年 12 月，中共中央、国务院、中央军委、中央文革小组发出《关于公安机关实行军事管制的决定》，此时的中国警务基本上沦为政治斗争的工具，广大公安民警所表现出来的跟风、盲从和麻木都是空前的。

---

① 王大伟、付有志：《世界警察理论研究综述》，群众出版社 1998 年版，第 332～333 页。

② 王庆利、齐晓凡：《我国警务模式改革之思辨》，载《河南公安高等专科学校学报》2002 年第 1 期。

1978 年 11 月，结束“文化大革命”后的中国开始改革开放，中共的战略目标转入经济建设，中国警务的职能随即“从阶级斗争为纲”转向为社会主义市场经济保驾护航。基层警务模式的运行前后历经两次重大调整：第一次变革是在社会治安综合治理方针的框架下落实严打展开警务运行的；第二次变革是以社区警务战略的倡导为契机，以服务为宗旨得以推进。

1983 年 8 月，全国人大常委会通过了《关于从重从快严厉打击严重刑事犯罪的决定》，使公安派出所的警务工作逐渐由基础工作转向现实斗争，在治安问题相当突出的情况下，公安派出所在一场接一场的战役，一仗接一仗的“严打”斗争和专项治理中，为社会治安秩序明显好转做出了突出贡献。公安派出所的中心任务从过去“以户口管理为主”改革为“以治安管理为中心，以户口管理为基础”的工作方针，派出所成为“多功能、综合性、保一方平安的战斗实体”，实际上强调的是“战斗”，以“治”使之“安”，转向现实“严打”，主要转向侦查破案。在“严打就是专政”的情况下，政治模式以另一种形态得以强化，“严打”中从重从快、严厉打击强调以严惩手段震慑犯罪又夹杂着原始的惩罚性警务的思想。

1989 年 4 月 4 日，第七届全国人民代表大会第二次会议通过了《行政诉讼法》，标志着我国法制化进程加快，中国警务模式陷入了左右摇摆不定的状态，“依法行政、依法治国”要求不断强化公安法制化建设，加入了合法性警务成分，在合法性警务模式初步建立的同时又追求“严打”案件为导向的反应式警务模式，同时 1992 年社会治安综合治理方针又要求警务注重基层基础建设，着重进行治安防范，在顾此失彼的情况下，广大民警是疲惫不堪，无所适从。警务理念和目标反复转移，多种警务价值理念在实际工作中冲突和对立，最终是以一种集合形态的调和模式指导警务运作。

第二次变革是以 1997 年 4 月公安部在苏州召开全国公安派出所工作会议为标志，向服务与权变警务模式靠拢。1996 年的第二次“严打”战役才刚刚开始，1997 年 4 月，公安部在苏州召开的全国公安派出所工作上又进行新的部署，会上一改过去“从重从快”的“严打”方针，转而代替的是“以防范和管理为主要职能和工作重点”的社区警务改革新思路，以“发案少、秩序好、社会稳定、群众满意”为派出所的工作目标。全国公安机关根据会议精神，把派出所工作重点调整到管理和防范上来。经过十多年的“严打”，我国社会治安形势总体上进入良性运行的轨道。伴随着我国加入 WTO，人民群众对公安工作的要求也越来越高，同时，“社区警务”正在世界范围内兴起，对我国警务思想产生重大影响。这种背景下，1997 年，公安部适时提出了“以防范和管理为主要职能和工作重点”，以“发案少、秩序好、群众满意”为目标的公安派出所改革新思路。2002 年 3 月，公安部召开“杭州会议”，提出在全国范围内推广社区警务建设，实施社区警务改革，建立适应社会治安需要的警务机制。社区警务被赋予了极为重要的实践意义，成为对现行警务政策导向和警务模式确定具有重大影响作用的核心概念，成为新时期我国警务改革和运作的新命题。

与世界接轨的社区警务与传统的“群众路线”警务有着相同的价值取向，都是借助非正式的警务实现社会的控制，着重进行治安防范和完善基层基础建设，但是面对过快上升的犯罪压力，社区警务有点远水解不了近渴。因此，从 2000 年开始，中国警务提出“打防控一体化”的警务理念，此种思路我们从镇江“大巡防”警务模式的建构中便可发现其端倪：在这种警务运行的结构中，社区警务属于第一层次的警务设计，倡导的是非正式的社会治安控制，在预防和抑制犯罪等方面处于最前沿的阵地；快速反应机制属于第二层次的警务设计，以突发的接出警为导向，在紧急救助等方面大显身手，维持着公民紧急状态下的治安需求；严打与刑事侦查构成第三层次的警务设计，以破获案件为工作中心，缉捕犯罪嫌疑人，同时也从社区警务中获得信息并反馈给社区警务。这种情境有别于西方警务演化的历程，西方是在 20 世纪初随着专业化和现代化的运动伴生了快速反应式警务，并在 20 世纪 60 年代发现其弊端，继而转入社区警务模式的诉求之中。而目前中国警务现代化与专业化尚未完成，快速反应式警务正处于方兴未艾的发展之中，还远未达到出现弊端的程度。

我们看到，无论是新乡市公安局的实行“四警合一”、一警多能的警察综合执法定位，还是镇江市公安局实行“四班三运转”的网格化巡防联勤制，都是试图在同一个操作单位的层面上同时架构三个层次的警务结构，调和先发预防式警务与快速反应式警务并行不悖的难题，既要能防得住，又能打得赢。

警务理念和目标来回调整，不同的价值理念在警务运行中冲突和对立，最终以一种调和的集合形态共同指导警务运行。但在实际运行的过程中，大多存在顾此失彼的情况，广大民警是疲惫不堪，无所适从。在新乡警务的改革后出现了办案质量有所下降的现象，如新乡市红旗区检察院反映“案件的退补率增加了，这说明办案质量有所下降”。[①]

中国 60 年来的警务实践，由于历史和现实的特殊原因注定中国警务

① 李亚芯：《“警力下沉”式警务改革述评》，载《四川警察学院学报》2011 年第 5 期。

模式要走不同于西方警务模式阶梯性发展,西方四次警务革命是沿着层阶的轨迹依次进化,前一次革命是下一次革命的基础和准备。理念的转变必须靠时间的推移来消化,在西方,20 世纪 30 年代开始的现代化运动兴起反应式警务模式,随后 30 年的发展得以发育成熟,但物极必反,盛极必衰,于 20 世纪 60 年代在反应式警务的鼎盛时期恰恰暴露出其弊端,随即转入服务与权变的社区警务。在中国,由于现代化尚未实现,反应式警务不仅没有显现弊端,而且还凭借快速反应赢得赞誉,正处于方兴未艾的发展之中,尚未成熟就转入社区警务阶段的实施,因此,中国警务的实践将在相当长时期内同时要强调和并存反应式警务模式和社区警务模式。

二、市场机制与社会机制发展的“瓶颈”

人类社会主要通过三种途径来满足各种需求:一是公共途径,即设立公共部门如政府行政机构、事业单位或其他公共组织提供基本的服务;二是市场途径,即通过以私人营利性组织为核心的商业运行提供特定的消费服务;三是社会途径,即依靠介于政府和私人企业之间的非营利性组织提供的志愿性服务或来源于家庭、亲朋和邻里之间提供的互助性的生活服务。[①]

我国现代社会的转型本质上是从计划经济模式走向市场经济模式,也即增加由市场和社会提供各类物品的途径。为了适应这一变迁社会的必然诉求,政治体制的改革目标是使行政体制发挥相应的职能作用,从而使政府的行政与市场的经济形成良性的互动关系,实现政治体制为市场运行提供优质服务的承诺。我国政治体制改革有其自身的特点,这种特质决定了市场机制与社会机制发展的方式路径。

“以经济建设为中心”的“改革开放”有其基本的前提,即承认社会主义的制度框架以及原有权力结构的基本形式,推动的形式可以称为政府主导型社会渐变改革模式,这种制度变迁有别于“威尔逊震荡”(Wilson Shock)。[②] 路径的选择是坚持“四项基本原则”下的渐变模式,是承认社会主义宪法制度合理性的稳健型改革开放,其结果是在经济领域得到快速发展的同时,政治领域的改革跟不上形势的发展。中国警务的供给只能由政

---

① Hayes, Treasa (1996): *Management, Control and Accountability in Nonprofit/Voluntary Organizations*, Aldershot: Ashgate Publishing Limited.

② “威尔逊震荡”(Wilson Shock),即通过社会的巨变,停止现有社会制度的作用,“一揽子”解决社会存在的所有问题,从而达到上层建筑和经济基础之间的均衡和协调,实现从计划经济体制向市场经济的转轨。

府职能部门来承担,也没能用市场竞争机制来进行配置。在警察的性质定义为国家的刑事司法力量的意识形态下,公安机关垄断了执法和公共安全的提供,不准许出现私有性质的执法队伍或警务私有化,至今,中国的私人侦探仍然没能获得官方的认可。随着经济的高速发展,社会分层的多样性和利益的多元化促使公众对警务服务的需求量也越来越大,而对应的警察供给却明显不足。从社会进化的视角来看,市场机制优先的原则逐渐覆盖整个社会经济生活,而政府则是在市场失灵时发挥其作用。

三、服务型警务建设的障碍

从行政管理公共性嬗变的历程审视,由古至今的行政模式经历了递进发展的三个阶段:统治行政、管理行政和服务行政。统治行政通过自上而下单向度的压迫方式实现社会秩序的稳定,其公共性最为缺失;管理行政试图通过去政治化的官僚体系向社会全体成员提供公共产品,突出行政运行中的党派中立和科学性内涵,已经表现出明显的公共性的追求,但其运行机制尚缺乏人民的参政,其方式伦理考量相对不足,缺乏人文精神的维度,政府的"经济理性"往往不能完全避免自利性行为;而服务行政则是强调政府和社会之间的互动,它对政府组织的价值目标的公共性最为关注,它在管理行政科学性的基础之上,通过引入人文伦理的精神和协商互动的过程,实现科学性和人文性二者之间的合理张力。

在现代政治权力法治化的诉求下,作为执法者的警察首先服从的是法律的权威,但警务变革的趋势却表现出不断地突破以管理和强制为核心的威权主义,不断反思秩序的价值和公民权的正义之间的平衡,选择非强制性的软治理替代硬法,如利用行政指导代替行政指令,治安调解代替治安处罚,刑事和解代替刑事处罚,警察行政合同代替强制征用,凸显警察的服务职能。

但受中国行政管理体制的制约和千百年来人治观念的影响,自 1949 年新中国成立以来,政府更多的是将警察作为巩固政权的专政工具来认识的。对警务的属性认识存在偏差,注重其中的政治性而忽视其服务性,致使地方政府的部分领导"官本位"思想严重,缺乏法治意识和民主意识,习惯于以权管法,以令代法,或是以情扰法,把公安机关看成是政府手中的"刀把子"和"枪杆子",随意动用警力。

在"官本位"和"管理者自居"的意识形态下,谈及建设服务型警察机关,往往有着很强的逆反心理,认为搞服务型警察机关是要限制警察权力。"官本位"还导致评价机制的错位,警务工作是对上负责而无须向下负责的,这制约了向服务型警察机关的转型。公安机关属于纪律单位,警察行为受命于上级,警务工作多以命令、指示和指令等方式强制执行,公民对警察的工作状况缺乏基本的发言权。公安机关是对地方党委政府负责,其人事、经费、职务晋升等均取决于地方领导的好恶。对警察而言,服从地方政府和公安机关指示是最重要的,即使有时在某些方面会侵犯公民的权利。在这种状况下,建设以公民为本位的服务型警察机关难度是可想而知的。

第五章　境外警政实践考察

西方警察体系有两种基本类型：一种是大陆型（the continental model），或称大陆法系警察体制（civil law system）；另一种是盎格鲁—撒克逊型（the anglo-saxon model），或称海洋法系警察体制（common law system）。古罗马的警察制度是一种带有中央集权和军事色彩的警察，为后来的欧洲大陆型警察奠定了基础，并由法国发展至极。与古罗马警察制度相反，古代不列颠群岛创设的警察制度向地方自治分权制方向演化，为后来的海洋法系警察体制奠定了基础。进入近代社会，相对大陆法系的国家，英国比较重视公众自由、权利、地方社区的自治和制约国家权力，并随着英国开拓殖民地传播到其他海洋法系的国家，成为现代警察的发端。西方警务现代性的特征包括职业性、专业性、快速反应机制与法治性四个方面，这也构成现代警务演化的四个阶段。西方警务后现代性的表现包括多元性、开放性、社会化等方面。《2002 年英国警察改革法》已经使得现代警务结构发生了很大的变化，由于大众私有化财产的普及，同时产生了许多公共生活的社区空间，这种新的秩序维护不再完全依赖国家公域警务的力量，而是由商业化的私域警务所接管。

第一节　西方两大警察体系的渊源

学者中最先关注西方警察制度之间存在差异的是美国人 R. B. 福思迪克，他根据警察的法理渊源划分出两种基本类型：大陆型（the continental model）与盎格鲁—撒克逊型（the anglo-saxon model）。福思迪克发现，大陆型警察制度源于古罗马法，注重中央集权的政治统治，典型的国家有德国、意大利、法国等，警察被赋予很大职权，管辖事务也很庞杂；英国警察的基本职能在于维护地方社区的治安，为公众提供安全服务，警察的职责简单，权限也相对狭小，为典型的盎格鲁—撒克逊型。以后有关西方警察体系分类的研究，基本上是沿着福思迪克两分法为基础进行展开的。[①]

我国台湾地区学者邱华君在研究当代西方警察制度时，也是根据警察

① 酆裕坤：《都市警政学》，正中书局 1971 年版，第 9 页。

执法的法律体系来划分警察制度，现代警察起源于英国，通过英国的殖民统治将其制度进行克隆，美国、加拿大、澳洲、新西兰等曾经的殖民地都选择了海洋法系的立法结构，就用海洋法系警察体制（common law system）的名称代替盎格鲁—撒克逊型的称谓，而同时，德国、日本、意大利、法国的法律体系是大陆法系，就用大陆法系警察体制（civil law system）的名称代替大陆型的称谓。事实上由于警察体制本身就是抽象法律的具体外化，福思迪克与邱华君对西方警察体系的划分本质上是一致的。[①]

一、大陆法系警察体制的萌芽

早期的警务模式被称为宗亲警务模式（kin policing），由家庭、宗族及氏族维系着非正式制度、习惯法和常规性管理。对偏离集体性惯例的反应通常是激烈和残忍的，即使是小偷小摸往往也会导致断手的肉刑，实际上，每一个家族成员都负有一定的权力、责任和义务支撑着这种非正式系统。[②]

在希腊城邦崛起的时候，宗亲警务模式开始缓慢变化。大约公元前594年的希腊至公元前3世纪的罗马，公共秩序依赖经过任命但无报酬的治安推事（magistrates）来维护。拿薪酬的公共警务维护官员是城市执政官（praefectus urbi），这个职位大约在公元前27年至公元6年在罗马被创设出来，大量公共警务人员日夜在街道进行巡逻。

古希腊的警务结构由两部分组成：公民和奴隶，两者之间的分工是不同的。公民负责的是政治性内容，掌控着执法的核心权力，如犯罪的调查、公共政策；公有的奴隶被用于维持秩序，在雅典，一支由300名塞西亚奴隶（Scythian slaves）组成的队伍被用来维护公开会议的秩序和控制人群，协助抓捕罪犯、镇压囚犯。

古罗马帝国时期，威胁治安最严重的隐患是火灾，最初采取的是“Triumviri Nocturni”警务模式，也就是公民个人拥有的奴隶，被编成小组，来进行消防救火和夜巡。然而这种私立形式的队伍效率很低。

公元前27年，加伊乌斯·奥克塔维厄斯（Gaius Octavius）创造了守夜人（the Roman vigiles）这一警务模式，这是西方第一个非军事目的和商业目的的警务结构。在他的叔父朱利叶斯·恺撒（Julius Caesar）被暗杀后，他发誓要建立足够的力量来保证罗马社会的治安秩序，当他成为罗马第一位皇帝以后，改名奥古斯都（Augustus Caesar），在警备方式上奥古斯都建

---

① 邱华君：《警察学通论》，国立编译馆1991年版。

② Berg, B. L. 1992. *Law Enforcement: An introduction to Police in Society*, Boston: Allyn and Bacon.

立了与军队相分离的警察机构，分别是古罗马禁卫军（Praetorian Guard）和城市民团（urban cohorts）。古罗马禁卫军是政治警察，奥古斯都创建的目的来保卫他不被暗杀，9000 名人员被分为 9 个大队，每个大队 1000 人，其中 3 个大队是秘密警察，古罗马禁卫军后来自己成为暗杀的策划者而遭到解散或是并入军队。奥古斯都同时创建了一支由 600 名奴隶组成的消防队，来保护 14 个责任区白天的安全。虽然后来发现奴隶承担消防工作不合适而最终被解散，但这种分区而治的责任制形式因有成效而得以延续，并为一种新的机构——城市民团（urban cohorts）所取代，由古罗马长官直接领导，参加者为军队的挑剩者。

公元 6 年，奥古斯都向买卖奴隶征收 4% 的税，将收入用来组建新的警力。当时首都罗马有着近 100 万的人口规模，被划分为 14 个行政区，总指挥为保民官（tribune），下设 7 个军团，指挥为城市治安长官（praefectus vigilum）；每个军团再分 7 个百夫长，下管 70～80 个"维吉尔斯"（vigiles），人们称为古罗马守夜人或更夫，一律由自由民组成，他们的任务与职责是消防和打击犯罪，夜警队的长官拥有对轻微犯罪的处罚权，守夜人可以佩带棍棒及剑作武器。每个军团巡逻 2 个区，担任警戒、防范火灾和治安巡逻（nightwatchman），必要时，可以请求禁卫军（Praetoria Guard）增派警力。①

"维吉尔斯"的职责还包括守夜，留心窃贼和追捕逃跑的奴隶，并偶尔在街上维持秩序。公元 205 年，军团规模扩大了一倍。"维吉尔斯"还负责警戒奥斯蒂亚和博特斯的港口，每个城市由 2 个从罗马分兵的百夫长级军团一次停驻 4 个月。一开始很难招募到人参加军团，公元 24 年，制定了特别法来吸引人参加，"维吉尔斯"服务满 6 年后可以获得完整的公民权和一笔现金奖励。"维吉尔斯"驻扎在专门的营房，日夜巡逻，特别是晚上，警惕可能发生的火灾。每个营房配备灭火设备，每个"维吉尔斯"身上也装备了泵、水桶、钩子（向下拉燃烧材料）、挑钩、犁和斧头。他们也用弩炮击倒燃烧着的房屋和制造隔火带，为了防止意外事故，每个队还配备 4 个医生和牧师。

公元 300 年，罗马夜警队达到了鼎盛时期，建立了正规的巡逻警察与遍布全国的警察分局网络。守夜人整夜巡视和守卫着城市，密切关注和防范游民、流氓、移民、吉普赛人、小偷等群体。

中央集权警务由查理曼大帝（Charlemagne，742～814 年，世称 Charles

---

① Philip John Stead，The Rome Police，*Police Studies*，6：4（1983/1984：Winter），pp. 3－5.

the Great 或 Charles Ⅰ,768～814 年为法兰克王,800～814 年为西罗马帝国皇帝)进一步发展,他建立的宪兵体制(gendarme system),形成政治性中央集权的警务模式,宪兵被视作王室的代言人,可以巡视各地,并且有权力逮捕可疑人员,因此深受敬畏和尊重。

古罗马的警察制度是一种带有中央集权和军事色彩的警察,为后来的欧洲大陆型警察模式奠定了基础,并由法国发展至极。

14 世纪末,法语首先吸收了"La Police"一词,用以指当时在法国出现的用以稳定秩序的骑警和宪兵。1705 年,尼古拉斯·德拉马尔(Nicolas Delamare)在其著作《论警察》(*Treatise on the Police*)中首次使用"police"一词。在西方,法国是第一个建立起强大警察制度的国家。①

1661 年,路易十四就任国王,极力推行封建集权专制制度,作为巩固其残暴统治的重要措施之一是强化国家机器,并阐述了警察的任务:"在于确保公众和个人的安宁,清除所有可能引起混乱的因素,使每个人都按照他的身份和责任安居乐业,给社会带来繁荣。"警察的职责和任务是保障城市和市郊的秩序;防范非法集会游行、示威活动;管理卖淫业、旅馆业、赌博业;管理枪支弹药;对灾害性现场秩序的维护;监督媒体和公共出版物;管理卫生和食品;管理集市和物价;对违警律的越轨者进行调查和处罚等。②

宪兵队是骑警,维持法国地方乡村地区的治安,这支武装力量最早可以追溯到十字军东征时期法国国王的皇家卫队,到 16 世纪初期,骑警承担了保护乡村免遭王室军队掠扰。在 1720 年之前,骑警队的建设很不规范。1720 年,克劳德·雷·布兰克(Claude Le Blanc)对各骑警队进行了改革,发展成一种全国性的组织,由国防部部长(the minister of war)领导。③

此后,法国地方各行政区都有骑警队的建制,职责涵盖对道路、集市及开展庆典时治安秩序的维护,以及逮捕流浪者、逃兵及罪犯,对外国人进行监管。在 1789 年法国大革命前,骑警队总数维持在 3000 人至 5000 人,由老兵组成,携带武器,统一着装。1789 年法国大革命之后,新政府保留了这支警察力量,并于 1791 年将其更名为国家宪兵队(gendarmerie nationale),人数扩充至 11000 人。④

巴黎警察是另外一支警察力量,它可以追溯到 14 世纪初期国王菲利

---

① Clive Emsley, Policing and Its Context 1750－1870, London: Macmillan, 1983, p. 8.

② 马亚雄主编:《世界警察导论》,中国人民公安大学出版社 2003 年版,第 9 页。

③ Clive Emsley, Policing and Its Context 1750－1870. London: Macmillan, 1983, p. 13.

④ Stanley H. Palmer, *Police and Protest in* England and Ireland 1780－1850, p. 12.

普四世建立的警长(commissaire)。1667年,法国路易十四下诏,设立警察总监(Lieutenant de Police)专门统领,1708年增加40名督察(inspecteur),后增加到48名。1698年开始设立警局(police station),到18世纪20年代,每隔半英里就有一警局。18世纪初,这支队伍只有600人,到了18世纪80年代则增加到1100人。其职责包括照明、处理垃圾、征税、消防、检查房屋、监管集市交易及食品供应管理。到1788年,巴黎已有3100名警察,但只有1/3的警力维持着社会治安秩序,其余的承担调查、情报收集、勤务、审查、司法、行政及通信工作,此外,还承担着对书籍、报纸及剧院的审查工作,这种高度"警察国"的专制使得英国感到非常恐惧。①

1801年拿破仑执政时建立的巴黎警察总局是高度中央集权的警察体制,拿破仑保留了热月党与督政府统治时期创设的全国警察首脑机关——警务部(the ministry of police),并赋予了其更大的权力,地方首脑也必须向警务部部长进行工作上的汇报,尤其是涉及当地的治安状况。在首都巴黎,拿破仑设立警察厅,厅长直接对警务部部长负责和汇报工作。其他大中城镇均设警察机构,为了便于控制和监督,警察机构有一名警察特派员进驻,该特派员由警务部部长亲自任命。拿破仑通过这样一种中央到地方的警察组织建构,形成近代以来法国中央集权警察制度的基本框架,也成就了大陆法系警务体制的典型风格。

二、海洋法系警察体系的兴起

与罗马警察制度相反,古代不列颠群岛创设的警察制度向地方自治分权制方向演化,为后来的海洋法系警察体制奠定了基础。其政治性表现为地方贵族的代理。

在中世纪期间,欧洲各地创立的各种守望制度(the watch system)实际上都是义务性质的(vigilantes),是市民自发防范和控制犯罪的行为。这种组织性在结构上表现出类似中国古代的保甲制度——"太兴"(tythings),后来发展为十户连保制(frankpledge)及邻里守望制(watch system)。

公元5世纪中期,盎格鲁和撒克逊等日尔曼部落侵入不列颠群岛,他们定居在英格兰选择的是农村而非城镇,用自己民族传统的方式来保护族群和他们的财产。根据盎格鲁和撒克逊的习俗,如果有人违法犯罪,他损害的不仅仅是受害者本人,而是整个族群。违法犯罪会破坏社区正常秩序,既而影响整个社会正常秩序,直接威胁统治者政治秩序的稳定,这是国

① Sir William Mildmay, *The Police of France*, London: E. Owen and T. Harrison, 1763, pp. 65－69.

王所不愿看到的。当时的社会分为七个相对独立的王国。每个王国的结构都是相似的,最基层的组织是"太兴"(tying),即每十户人家组成一个太兴,其中年满12岁的成年男子都要进行宣誓,防范作奸犯科之事并对辖区内的治安秩序负有共同维护的责任。太兴官由区内的户主轮流担任,其职责主要是维持地方治安,一旦有事发生,负责击鼓鸣金(hue and cry),其余居民高呼口号,投入捕捉盗贼的行列。如果没有抓住犯罪人,则太兴会被处以罚金或者是向受害人提供补偿。十个太兴组成百户(hundred),若干个"十户区"形成一个"百户区",若干个百户区组成一个郡,而王国就是由若干个郡所组成。①

1066年,诺曼人征服不列颠后,他们采纳了盎格鲁和撒克逊传统的太兴制,以及十户长、百户长和郡的统治和管理的层级结构。"作为王家官员,郡长每年两次主持特殊的百户区法院(称为郡长巡回治安法院Sheriff's Tourn),审查确保所有应当加入、行为良好的人被纳入太兴制。"②

最初诺曼人对已经征服的撒克逊族臣民非常严厉,郡治安官将每一名成年男子纳入太兴里,让其一举一动都受到其他人的监督。依据1166年《克拉灵顿条令》(Assize of Clarendon,1166)的规定,太兴官要向郡长巡回法院汇报所有可疑的人和事,不仅要报告在他管辖的太兴里是否有犯罪,而且对可疑的现象也要汇报,如某人白天睡觉晚上出去,某人没有正当工作却整天能大鱼大肉、酒足饭饱。过了一段时间,诺曼人和撒克逊人和平共处相当好,因此诺曼人的法律也变得温和起来,逐渐把社会基层管理放手让撒克逊族本地领主来管理。这种中央控制的趋势并未持续,随着封建制的发展,地方封建领生实际掌握着地方管理的各项权力,撒克逊时期地方负责的治安控制得以强化和发展。当然,封建时期地方治安自治在一定程度上还是体现了"王者"统治色彩,不再是早期简单的村民自我防范了。

随着英国城镇迅速发展,在乡村原始形态的太兴制十户连保的结构便瓦解了,以誓约来自我约束和警务共同负责制也失去了效力。在这种情况下,一些城镇出现了更迭,进行治安巡逻、维护秩序和缉捕越轨者。

自12世纪至18世纪中期,英国的警务模式可概括为治安员(constable)在治安法官(justice of the peace)领导下负责维护地方治安。

---

① 张昭端:《中外社区警务的思想基础、历史渊源和现实背景》,载《江苏警官学院学报》2002年第5期。

② T. A. Critchley, *A History of Police in England and* Wales 900 – 1966, Constable and Company Ltd., 1967, p. 3.

这样一种体制并非某部法律人为性的规定,而是制度随着社会变化不断自我调适的结果。在这个过程中,治安员的出现具有标志性的历史意义,现代英国警察即是对治安员的继承。在乡村地区,当时警务职责是由未领薪的教区治安员(parish constable)承担,接受未领薪的治安法官(justice of the peace)的松散监督;在城市,教区治安员则有守夜人(watchman)协助,维护治安秩序。

治安法官是一个法庭官员,主要出身于当地的中小贵族、乡绅,依附于王室。它的起源可以追溯到12世纪。1195年,理查德一世(Richard)曾发布命令,由各郡选择一定数量的骑士负责当地的警务工作,这些骑士后来被称为和平卫士(keeper of the peace)。

教区治安员最早出现在1252年法令(The Writ of 1252)中,该法令规定在每个城镇,根据人口规模任命一名或几名治安官,负责检查武器和维护秩序。治安员每年由公众推选,全部是普通百姓,只有义务没有薪酬,属于志愿服务者,遇到紧急情况或发现犯罪,通过“鸣金呐喊”(hue and cry)的方式呼唤公众抓捕罪犯。①

“治安员”最初不是一个行政位阶的称谓,而是军事组织中的头衔。一般认为该词源于 comes stabuli,意为马夫长(master of the horse)。② Crichley认为,随着封建制的发展,封建领主拥有一定基层的司法权,将百户法院变成由其控制的领主治安法院(court leet),发展庄园法院(manorial court)处理庄园内的民事纠纷;同时通过领主治安法院,每年任命一批小吏,辅助领主管理地方事务和陪审案件,如品酒员(ale-taster)、面包过秤员(bread-weigher)、治安员。治安员作为领主的警务代表,要定期向领主治安法院报告当地的治安状况,或就具体案件做出陈述。与撒克逊时期的十户联保模式相契合的是,被任命为治安员的大都是原来就负有地区治安责任的太兴长或百户长。

Kent认为,治安员的产生则是王权介入地方治安管理的结果,事实上很难追溯治安员产生的具体年代。虽然最早有明确文字记载“治安员”的文件是1252年的一部制定法,但其实践毫无疑问在此之前就已经存在了。最初是王权赋予太兴长等社区领袖一定军事职责,如,“约翰王(John Lackland,1167~1216年在位)时期,百户长不仅要维护治安秩序,还增加

① T. A. Crichley, *A History of Police in England and Wales*, 900 - 1966, Constable and Company Ltd, 1967, p. 5.

② T. A. Crichley, *A History of Police in England and Wales*, 900 - 1966, Constable and Company Ltd, 1967, p. 1.

了征召本地武装人员的职责，他们亦被称为‘治安员’；亨利三世（Henry Ⅲ，1216～1272年位）时期，村民必须选举一至两名官吏，称为‘治安员’，其有责任集合民兵，检查其装备”。①

治安员警务体制不仅仅在乡村地区实施，而且覆盖了城市，但城市治安责任往往借助守夜人（watchman）的辅助来完成。城市治安不同于乡村，由于城市可以提供更多的生存机会，周边农村破产的农民或来自他乡的商人都流往城市，人员成分复杂，抢劫、盗窃等犯罪明显高于乡村。为了加强城市治安，减少罪案发生率，1233年、1242年和1253年的《守望条令》（Assize of the Watch）要求每一个镇和城市在夏季夜间设立守夜人，因为在这个季节，道路干燥，流浪人员更容易进入市镇。守夜人负责逮捕陌生人，如果他们逃跑，则要进行追捕。“守夜人”是治安员制度在城镇运作的补充，与治安员一起，共同承担维护城镇治安的责任。“守夜人”又称更夫，负责夜晚打更巡逻，同时缉捕盗贼，维护安宁。最初更夫是义务的，由各户户主轮流担当，但各户往往花钱雇人替代，于是付费雇用的更夫代替了义务，开始由居民集资，随后由教区付钱雇用。

1285年，爱德华一世颁布《温彻斯特法令》（The Status of Winchester），是19世纪以前英国颁布的一部最重要、最正规的治安法律，它总结了传统的警务经验，确立了英国警务体系的基本原则，警务方面的规定有：②

1. 建立日夜守卫制度（the system of watch and ward），城镇选用更夫进行巡夜，每个城市夜间要在各个城门分别布置一名更夫，进行巡逻值勤，遇有可疑人可以逮捕，每一位市民均有义务担任更夫，拒绝服役则处以枷刑。公众推选那些忠厚、健壮的人出任更夫，从傍晚开始直至次日早晨，主要职责是进行夜间巡逻，预防和制止犯罪，遇到四处游荡或陌生人员时要将其拘留，羁押直至弄明白其身份，并于翌日将疑犯移交给治安员，由治安员转交治安法官审判。

2. 重申“鸣金呐喊”（hue and cry）捕盗制度，城乡居民和更夫在发现和追捕罪犯时，如果疑犯拒捕，可以击鼓鸣金请其他居民协助。附近的市民听到呼喊必须积极加入到追捕队伍，不积极响应者将受到处罚。

3. 为了确保上述措施的实施，制定武器保有法令（assize of arms），每

① Joan R. Kent, The *English Village Constable* 1580－1642, Oxford University Press, 1986, p. 16.

② The Statute of Winchester (13Edw. 1), Owen Ruftheadad ed, The Statutes at Large, from the Magna Charta, to the End of the Reign of King Henry the Sixth, Vol. 1, London: Charles Eyre and Andrew Strahan, 1786, pp. 112－115.

个 15～60 岁成年男子，都要在家中备有一副铠甲和弓箭，经济条件好的家庭备置一套锁子甲、头盔、长矛、剑及马匹，以备应急追捕罪犯。每个百户区有两名高级治安员，每半年检查一次武器储备情况。

4. 创设“治安员”（constable）这一职位。按教区划分不同的责任区，每个责任区都要在那些最强壮的人中推选两位守法平民作为治安员。治安员的责任就是帮助地方官员维护国王的统治，治安员没有报酬，也不是专职的，其主要工作是向基层法庭报告每个居民的行为、捕捉罪犯、负责更夫的换班值勤和充当击鼓鸣金的吹号手。其中，高级治安员取代了百户长原有的职责，而低级治安员的角色类似于原来的十户长。十户区后被教区所取代，低级治安员又被称为教区治安员。这种以治安员为主的地方自治治安体制在英国本土一直延续到 19 世纪。①

这些由社区选举的官吏，本身就具有传统的维护地方治安的职责。之后，制定法又进一步将治安员的地方治安责任明确化。1328 年的一部制定法授权治安员执行该法有关打架等扰乱公共场所秩序行为的规定。1330 年的《威斯敏斯特法》（Statue of Westminster）规定，治安员负责抓捕盗贼并将他们交给郡长或监狱看守。第二年，法律进一步扩大治安员的职权，规定治安员负责抓捕和移送所有出现在当地的可疑人员。②

另一个警务法规是爱德华三世在 1361 年颁布《治安法官法》（Justice of the Peace Act 1361）。该法规定：“为了辖区的治安秩序稳定，英格兰国土下属的各个郡必须选拔一位贵族和数位地方名士作为治安法官，并挑选谙熟法律的人共同参与。治安法官有权羁押不法之徒和犯罪嫌疑人，并依据法律和习俗，对他们进行逮捕、查证、定罪和惩戒。”治安法官的法律地位确立，拥有审判郡内各类犯罪案件。③

治安法官源于 1195 年理查德一世（Richard Ⅰ，1189～1199 年在位）在 16 岁以上公民中所任命的骑士，其职责是采取措施维护和平。在 14 世纪，他们被授权处理轻罪。1327 年的制定法首次认可其地位，该法规定“每个郡都要任命一个品行良好、守法的人维护安宁”。④

1361 年之后，治安法官成为郡里集警务、司法与行政于一身的综合性职位。治安法官由王权挑选地方精英进行任命，其权力本源也来自王权，其主要职责在于维护国王权威和王国安宁。治安法官的出现，体现了中央

---

① ［英］菲利浦·约翰·斯特德：《英国警察》，何家弘、刘刚译，群众出版社 1989 年版。

② Joan R. Kent，*The English Village Constable* 1580－1642，Oxford University Press，1986，p. 16.

③ H. B. Simpson，The Office of Constable，*The English Historical Review*，1895（10）：630.

④ Philip Rawlings，*Policing-A Short History*，Willam Publishing，2002，p. 16.

权力对地方事务的控制,这是 11 世纪以后王权强大,对基层社会司法权扩张与治安控制强化的自然结果。

治安法官一个重要的职责就是制止违法者或聚众闹事者,必要时可以逮捕他们,对有充分理由相信的嫌疑人有权签署逮捕令,治安法官制度建立后,更夫和教区治安员都在治安法官的指挥监督下工作。治安法官同治安员一样都是不付工资的,后来演变为至今的地方法官(magistrates)。

在英国都铎王朝之前,世袭的封建贵族和教会非常富有和拥有权势,亨利七世和亨利八世统治着这块土地,进入英国都铎王朝和斯图亚特王朝(Tudor and Stuart Times)时期以后,社会基本面发生了较大变化,虽然9/10的人口仍然居住在农村,但实际的管理权已从地方政府的手里逐渐转移到教区委员会和治安法官身上。每年由教会赈济穷人和失业者等民政事务、管理道路桥梁等公用事业,由教区任命的治安员协助治安法官维持公共秩序,有的城镇是由镇管理委员会任命治安员。

更夫晚上在街道上巡逻,虽然他们年老体弱,但是几百年来他们却是唯一在夜间保护城镇居民不受犯罪侵扰的治安力量。治安员仍然没有报酬,也不穿制服,却承担公务执法。

治安员的职责在逐渐增加,但人们并不欢迎。他们工作的性质让市民讨厌,治安员不仅仅逮捕违法犯罪者,而且一些惩罚也要他们来执行,如对流浪者要鞭打直到他们背上出血为止、把骂人者投入池塘中、把冒犯者绑在树上示众。治安员还必须向法庭报告公众的抱怨和牢骚,大多数的治安员并不愿意打他们邻居的小报告,但如果不这样做,治安员就要受到惩罚。治安员有权让任何一个市民来帮他逮捕罪犯,有时在移送法庭之前不得不把罪犯关押在自己的家中。

治安员和治安法官都是无报酬的职务,治安员是治安法官的助手,监督守夜人巡逻执勤,协助治安法官进行犯罪侦查和逮捕罪犯,送达传票和管理人犯。抓住疑犯后就将其关在自家院子里,然后送至法官家中进行审判,法官在自己家里开庭。这种治安员和治安法官的体制,除了在克伦威尔当政时期中断两年左右(当时军管,军队一度取代治安员和治安法官执行警务事宜),维系了大约 500 年,一直持续到 19 世纪。英国传统的警务模式具有以下特点:(1)全民皆警,每一个社会成员均对社会治安负有责任和义务;(2)警务人员都不是专职人员,守夜人、治安员和治安法官都不是国家官员,身份都是百姓,工作是义务性质的,非酬薪制;(3)治安与警务的安排均由地方自治,中央政府只制定、颁布法令,形成以地方社会精英(治安法官、治安员)领导、广大民众参与的集体警务制度。埃瑞克·霍布斯鲍姆认为,在农业社会的历史中,真正管理乡村社群的政治力量与其说是来自国家倒不如说来自地方,村民们生活在地主的管制之下。[①]

1663 年,在查理二世统治期间的伦敦市第一次给夜巡的更夫发工资,随后更夫戏称为"查理的人"。但是微薄的薪水只能雇用到又老又弱的人来承担这项工作,他们许多还处于半饥饿状态,实际上也起不到什么作用。更夫携带一个铃铛、拿着一个灯笼、带着一个棍棒做武器。真正碰到小偷或强盗时,打也打不过、追又追不上,城里许多调皮的小青年把引诱更夫上当作为晚上的一项娱乐活动。虽然更夫显得如此无能,却是当时最有成效的夜间治安力量,而且一直维持到 18 世纪。

农耕文明时期的社会生活相对稳定,流动性不大,这种强调地方集体负责社会秩序的警务模式发挥了较好的作用。随着工业革命的展开,这种分散的、义务兼职型的警务模式已无法适应社会的变迁,主要体现在以下三个方面:

第一,治安员、守夜人与治安法官等警务工作者的无偿性让任职者不堪重负。趋利避害,大家争先恐后逃避治安员的任职,治安员的数量与质量呈不断下降态势。治安员由不领酬金的户主轮流担任,为期 1 年,其职责从解决个人争端、平息骚乱、参加庭审、发放传票,到执行逮捕、监督守夜人,无所不为,侵占个人大量时间和精力,普通民众难以承担。越来越多的人选择出钱找人替代自己。1721 年,丹尼尔 · 笛福(Daniel Defoe)须在 Stoke Newington 担任治安员一职,但是他选择支付 10 英镑从而使他免除了教区义务。他对治安员的表述是"不能忍受的苦难(之一)。它占据了一个人如此多的时间以至于他自己的事务往往被忽视了,这经常导致他的破产"。[②] 1796 年,帕特里克 · 科洪(Patrick Colquhoun)估计,在伦敦城的 243 名治安员中,只有 98 名是自己亲自担任的,其余都是花钱雇用的代理,这种情况在其他教区也非常普遍。[③] 在这种情况下,这个工作也就越来越不受欢迎。不愿承担这项义务的教区居民就付钱让别人代替他或者宁愿接受法院的罚金以免除担任治安员的义务。由此逐渐形成了一个职业的治安员阶层,他们往往服务好几年。而教区居民自然选择那些他们所能找到的最便宜的代替者,结果就形成这样的局面,教区里最贫穷、最不能胜任的人成了教区治安员,甚至收受贿赂,与犯罪贩子狼狈为奸,缺乏应有

---

① [英]埃瑞克 · 霍布斯鲍姆:《匪徒》,李立玮、谷晓静译,中国友谊出版社 2001 年版,第 17 页。

② *T. A. Critchley*,*A History of* Police in English and Wales,p. 18.

③ *Andre T. Harris*,*Policing the City*:*Crime and Legal Authority in London*,1780 – 1840. Columbus:The Ohio State University Press,2004,p. 17.

的品行,委派任务总是以私人利益为出发点,而不是从公共利益上考量。①守夜人的状况就更糟糕,以伦敦为例,“守夜人的报酬为每人每夜1先令或更少,各教区依情况而定。他们由教区委员会(vestry)雇用,由教区助理分工。如此低的报酬决定了所能招募的只能是那些最没有能力承担该项责任的人”。治安法官虽然在地位上高于治安员和守夜人,但其处境也不妙。“在伦敦,他们的工作是很辛苦。工作时间不仅长,而且环境差。由于和从监狱里出来的人接触,他们很容易被传染上监狱恶性伤寒……”②

1699年的一项法案规定,如果起诉一个重罪疑犯获得成功,起诉人可以获得一张不用充当治安员的“泰伯恩票证”(Tyburn ticket),这个票证甚至可以进行买卖流通,在报纸上公开登报拍卖。③

到18世纪末,伦敦、英格兰中部及北部地区的新工业中心的教区,文盲、地痞,甚至在逃罪犯都能跻身于治安员队伍中,造成警务队伍素质和效能的下降。

第二,警务工作者逐步腐化与堕落。1688年光荣革命之后,治安法官的任职条件和选任程序越来越宽松,某些经济地位卑微或品德瑕疵者也被选上。当时治安法官没有固定薪酬,靠的是发放令状或执照收取微薄收入,许多法官通过向犯人索取保证金进行敛财,因此被贴上“交易法官”(trading justice)的标签,贪污腐化成了常态,执法不再是个人奉献社会,而是成为捞取金钱的工具。④

治安员和治安法官这种工作辛苦而没有报酬的状况,自然导致腐败的滋生。治安员可以收取费用、赏钱,也可以获得对一些犯罪执行罚款的提成。“比如,容留开设赌场的罚金为200英镑,治安员如果办理此类案件,他可以获得三分之一。照理说,这会激励治安官去追诉容留赌场的人,但实际上双方都发现在庭外解决更为有利。”治安法官也可以收取赏金和费用,还收保护费,“英国的治安法官因‘在正义市场交易正义’而闻名”。⑤

第三,大量流动人口涌入城市,打破城市社区自我警务的社会基础。

---

① John Potter, Thought, Respecting the Origin of Treasonable Insurrection to which are Added, Hints for a Plan of Parochial Police, London, 1803, p. 29.

② Patrick Pringle, Hue and Cry—*The Birth of The British Police*, London Museum Press Limited, 1955, pp. 43 – 44.

③ T. A. Critchley, A History of Police in England and Wales, p. 18.

④ Robert Reiner, *The Politics of the Police*, New York and London: Havwster Wheatsheaf, 1992, p. 14.

⑤ Patrick Pringle, *Hue and Cry—The Birth of The British Police*, London Museum Press Limited, 1955, p. 44.

18 世纪之前实施的自我警务模式实际上是一种高度地方性警务制度的安排,它的实施在于把“家族关系、朋友关系及邻里关系的纽带联系起来”。治安员基于社区共同的道德价值观和认同感执法,更多的场合是通过劝说和调解以及警戒预防,达到社区的安宁与秩序稳定,执法比较随意和人情化。①

据统计,16 世纪 20 年代,英国每年的迁移人口大约占总人口的 15%,17 世纪上升到 30% 以上。② 在 17 世纪,一些乡村教区的人口每 12 年的变动率在 50%。③ 1780 年,大伦敦的居民已超过 800000 人,成为当时欧洲最大的城市,管理结构仍然由管辖范围很小、各自独立的政治行政单位组成,而没有形成统一行政体。教区是最基本的行政单位,伦敦大约有 200 个教区,教区承担自己的治安管理和警务安排。18 世纪末,大伦敦拥有 3000 ~ 4000 名治安员及更夫,其中 1000 人由小的店主组成,承担治安员、教区执事和狱吏,他们成为伦敦白天的警务力量,其余则是守夜人,在夜间巡逻守望。

流动人口的大量涌入,引发犯罪浪潮和公众骚乱,原有的警务模式从结构上难以适应社会的需要。

“太兴”警务模式随着英国工业革命的推进而不断受到挑战,罪犯对这套执法系统毫不畏惧,“守夜人”也睁一只眼闭一只眼,任由他们肆无忌惮地在街头晃来晃去。有钱的市民自己雇用仆人和私人警卫来保护身家安全,贫穷的市民无力购买安全服务,当盗窃发生时,只能依赖雇用一名盗贼捕手(thief catcher)帮助自己找回赃物。盗贼捕手经常是一些对黑道非常熟悉、曾经做过治安员的中介者,他们穿梭于失窃者和盗贼之间进行谈判,返回部分财物,失窃者付给盗贼捕手佣金,作为补偿,盗贼捕手从佣金中也拿出一部分给盗贼。盗贼捕手并不真正热衷于将罪犯绳之以法,而仅仅是为了追索部分失窃的财物和获得当事人的酬金。靠着这种利益的二次分配来维系秩序的平衡,任何一方不至于走向极端,公众从盗贼捕手和盗贼手中购买了暂时的安宁。当公共救济路径缺失时,个人也只能寻求私人救济的方式来降低损失和维系生存及再生产的可能。

---

① Joan R. Kent, *The English Village Constable: A Social and Administrative Study*, 1580 – 1642, New York: Oxford University Press, 1986, p. 46.

② Lucinda Beier, *The Problem of The Poor in Tudor and Early Stuart England*, London: Routledge, 1983, pp. 8 – 9.

③ R. A. Houston, *The Population History of Britain and Ireland*, 1500 – 1750, Cambridge: Cambridge University Press, 1995, p. 47.

早在18世纪30年代,有关警务模式变革的争论就已经悄然开始,1748年Henry Fielding写了《抢劫犯增长的原因探析》(*An Enquiry into the Cause of the Late Increase of Robbers*),1795年Patrick Colquhoun发表了《都市警察论》(*A Treatise on the Police of the Metropolis*),这两本专著均是讨论如何建立更有效的秩序维护执法体系。①

在这些论著中,像"Bow Street Horse"和"Foot Patrol"等警务模式被创设出来在一些区域展开执法。到了19世纪的早期,伦敦市至少有九种警务执法的类型,它们被设立的职能均是侦查和逮捕罪犯,但是其性质还仅仅是民间自发的组织形式,经常还处于不协调的竞争性状态。

三、西方两大警察体制演化的内在动力

政治生态是西方两大警察体系演化的内在动力。从古代到近代,大陆法系的国家如古罗马、法国、德国、意大利都是高度君主专制的国家,或是高度中央集权的国家,首都或大城市是大陆型警察体制发育和成长的摇篮,创建警察机构的最初动机就是保护皇帝或国王不受暗杀,如奥古斯都的古罗马禁卫军、查理曼大帝的宪兵体制、路易十四的骑警队,随后这些警察机构作为君主的代言人实施统治而得到完善。这些国家的统治者认为,强大的国家机器既是他们意志和利益的现实体现,又是他们得以生存和发展的前提。在这种政治制度和统治观念的影响下,作为强大国家机器的警察机关被看作统治者和国家的代表及其存在和发展的基础,这就是大陆型各国警察地位作用观的核心内容,大陆法系国家的警察才被赋予广泛的职责和权限,并由国家统一设立和领导警察机关来履行和实现国家意志。因此从权力来源的合法性分析,大陆型中央集权制合法性源于中央政府,来自皇帝或绝对的独裁者,其管理体制为中央领导,其性质为武装的军事力量,其作用强调政府与行政功能。

在古代,海洋法系警察体制的发源地英国的宗教势力和地方封建领主势力较为强大,君权始终较弱。中世纪,英国不断接收外来的移民,其中最后一批是盎格鲁和撒克逊等日尔曼部落,他们定居在英格兰选择的是农村而非城镇,用自己民族传统的方式即太兴制来保护族群和他们的财产。同时英国是从原始社会直接跨入到封建社会,其奴隶制度没有发达起来,原始社会公众的民主、自由以及自治等传统和观念在其封建社会中仍有很深的影响。

---

① Johnson, H., *History of Criminal Justice*. Cincinnati: Anderson Publishing Co., 1998.

由于农村远离城市,在农村很难形成统一的集权统治格局,君主的统治权难以直接抵达基层,统治者往往选择地方封建领主作为统治的代言人。1066 年,诺曼人征服不列颠后,他们采纳了盎格鲁和撒克逊传统的太兴制,以及十户长、百户长和郡的统治和管理的层级结构,并放手让撒克逊族本地领主来管理基层社会。由于宗教势力和地方封建领主势力一直制约君权,形成地方自治的统治格局。

海洋法系警察体制的合法性源于地方政府,来自社区的推举,其管理体制以地方管理为主,警察性质为非武装平民化(武器装备仅为棍棒),其作用强调的是基层社会的行政代理机制,秩序维护和打击犯罪均是由社区组织与民众实际负责,上层政府部门不直接管理社会,而是通过政策的供给和法律的颁布进行宏观治理。警员、治安法官、更夫这些担当警务执法者均为业余的兼职者,并不是政府正式的官员,其身份依旧是老百姓,其工作是没有报酬的,纯粹是义务性质的,这项工作完全是兼职的,他们都有自己的正当谋生职业,十户联保制度意味着全民皆警,所有社会成员都负有治安责任和义务,都是当时的“警察”。即使进入近代社会,相对大陆法系的国家,英国比较重视公众自由、权利、地方社区的自治和制约国家权力,并随着英国开拓殖民地传播到其他海洋法系的国家。在这种政治生态下发育成长的警察制度,是地方社区和居民利益的代表及实行自治的工具,成为海洋法系警察体制的核心思想。

第二节　西方警务现代性的发轫

西方警务现代性的特征包括职业性、专业性、快速反应机制与法治性四个方面,这也构成现代警务演化的四个阶段。在警务史上,英国率先孕育着一场警务革命,突破了警察镇压职能原始的单向惩戒选择。1829 年,当时担任英国内政大臣的罗伯特·比尔组建了伦敦大都市警察,成立的新警察体制影响了世界各国的警务发展,它标志着警务运行开始了职业性的阶段。随后美国的理查德·西尔威斯特和奥古斯特·沃尔默从不同的方面推进了警务的专业性的发展,由于他们的努力,公众和议院也逐渐认可了警务专业性。20 世纪上半叶,汽车、车载无线电台和电话这三项成果在警务工作中的应用与普及,建立起“公众报警求助——警察局接警并调度指挥——街区巡逻车及巡警快速赶往现场处置、解决”这一影响至今的警务快速反应机制。警察亚文化的负面影响在警察具体执法中更多地表现为集团腐败和滥用警察权力。20 世纪后半期,警察合法性不断削弱,警察权的使用越来越受到争议。20 世纪 80 年代以后警务改革的重点转向打击警察滥用警察权的执法犯法行为,试图加大对警察执法的监督控制,提升警察行为的合法性。

一、从镇压者到宝贝型警察:警务职业性的开始

"统治型警政"是警察制度的原始形态,警察最初设立最重要的功能就是充当统治者的暴力工具,这是统治者有效控制公民的国家机器。从最初创建的目的来看,无论是源自古罗马的大陆型中央集权警务模式,还是源自盎格鲁民族传统的太兴制的海洋法系地方自治警务模式,"警"是作为政府的代言人而存在的。产生于专制时期的警务,维护统治秩序、镇压异己和平定暴乱是其首要职能,警务的执行者维护的是国王、君主的统治而非人民的利益,是保护政府的奴才而非人民公仆。

在警务史上,英国率先孕育着一场警务革命,突破了警察镇压职能原始的单向惩戒选择。随着工业革命,英国从农业国转变为工业国,成千上万的农民背井离乡涌入城市寻找工作或机会,而城市却无法提供足够的住房、卫生医疗保障和社会福利,大量的人居住在贫民窟,缺乏食物、衣服和教育,很多人沦落为罪犯。18 世纪末 19 世纪初,英国因为参加了欧洲反法联盟,战争使得大量的财物被消耗,引发政府与民众、政治与宗教之间的矛盾爆发,地方上群体性骚乱频发,犯罪分子趁机作乱,当时英国城镇治安秩序的混乱令人难以想象,如何进行警务模式的改革与创新来维护社会治安秩序的稳定和保障新兴的资本主义发展是英国政府当局不得不面对的课题。

(一)早期改革

资产阶级革命期间,克伦威尔(Cromwell)为维持社会治安秩序,维护其执政地位,1655 年创设史无前例的宪兵警察制度,治安是稳定了,但由于对民众私人空间及宗教习惯的过分干预,引起素有自由传统的英国民众的强烈抵抗,宪兵警察制度莅年即告失败。[①] 地方自治与各自为警的传统警务观念再度伸张,且进一步加固。之后,无论是斯图亚特(Stuart)王朝复辟阶段,还是汉诺威(Hanoverian)王朝时期,中央政府均有动用军队平息国内动乱之举,但也全部遭致民众的批评和抵制,在其观念中,这种警务模式无异于克伦威尔的"暴政"。[②]

---

① 徐励:《英国警察制度之研究》,警风出版社 1946 年版,第 14 页。

② Clive Emsley, *The English Police*, Hemel Hempstead : Harvester Wheatsheaf, 1991, p. 13.

18世纪60年代初期,约翰·菲尔丁起草了一份建立大伦敦警察计划。他认为,在伦敦城及其周边抢劫案及群体骚乱频繁发生原因主要是伦敦城结构的分散性削弱了社会防控力量,同时伦敦附近地区的收税路口缺少一支合适的警务力量,以便追捕盗贼。解决的措施是,任命5~6名领薪地方法官,驻扎在城市的各个不同的机关里,接受设于博街的中央机关的统一指挥。伦敦的地方法官在伦敦周边的郡中也拥有司法权,及时处置有关的抢劫案及逃亡者。[①] 约翰·菲尔丁的计划旨在大伦敦建立统一的警察力量,这违背了英国传统的宪法原则,最后不了了之。

帕特里克·科洪(Patrick Colquhoun)1792年迁居伦敦,申请了带薪法官的职位并得到批准。首先是在沃希普大街(Worship Street)担任法官,1797年调任到女王广场(Queen Square),直至1818年退休。在担任大伦敦地方法官的25年期间,他致力于警察的改革,1795年,科洪出版了《论大伦敦警察》(*A Treatise on the Police of Metropolis*)。

他估计大约有115000人从事某种不法活动,而当时负责大伦敦警务管理的治安员、守夜人大约在1000人左右,他们负责近8000条街道的治安秩序的维护,这些警务力量并不统一,而是分散由70个不同的机构领导,受雇于不同的教区,彼此之间完全独立。科洪的思想旨在建立一支全国性、受内政部统一指挥的中央集中控制的预防警察力量,这与法国式的警察十分相似,其观点过于激进,并没有完全得到媒体的认可和支持。但是,科洪的论著出版后,进一步促进了人们对于在大伦敦地区建立政府警务力量的争论和思考。

1798年,在皮特政府默许商人们提供大部分经费的情况下,科洪在大伦敦组建了一支警察力量,一支包括8名警官、53名警员的队伍。这支警务力量总部设在韦平,下设四个科,其中预防科负责对码头及船只进行警戒,并对码头岸区总体监管;司法科负责对较小案件的直接查处以及向高级法院移交严重案件。两年后该警队归附于泰晤士河警察(the Thames river police),转由内务部管理,赋予双重的任务:英法战争期间,可以作为抵御外敌的防线;另外它有权对威胁伦敦航运中心的政治或犯罪活动,采取提前介入干预。到1815年,这支警务力量的人数不断增加,管辖范围不断扩大,有时还被调往控制整个大伦敦地区的群体性事件处置。[②]

沃登是一位拍卖商,同时也是贝德福德自治市的一名治安员,1821

① Abstract of Sir John Fielding's Plan of Police, in Leon Radzinowicz, *A History of English Criminal Law and Its Administration from* 1750, Vol. 3, pp. 477 – 499.

② Stanley H. Palmey, *Police and Protest in England and Ireland*, 1780 – 1850, pp. 144 – 145.

年,他给当地的地方法官草拟了一份报告,认为贝德福德的犯罪主要是由有组织犯罪团伙所引起的,这超出了兼职的教区治安员的能力范围,必须建立一支职业的警务力量来治理。他提议在每个郡的城镇至少应该有一名或两名职业警员,并且担当郡兼职治安员与伦敦警察局的领薪法官之间联络桥梁。当时贝德福德郡的各个城镇有三名职业警官,他希望他们能够成为全国治安网的一部分。但是,他的计划并没有得到当局的认可及采纳。①

1785 年 6 月 27 日,威廉·皮特政府的副检察长(Solicitor-General)阿奇博尔德·麦克唐纳爵士(Sir Archibald Macdonald)向议会提交了《伦敦及威斯敏斯特警察法案》(the London and Westminster Police Bill,1785),该议案是政府第一次试图建立一支摆脱地方当局及传统的兼职形式的专业警察力量来维护伦敦的社会治安。法案提议:(1)建立"大伦敦警区"(district of the metropolis),下设 9 个大区(divisions),每个大区将建立一支由徒步和骑兵组成的混合巡逻队伍,配备武器,可以随时调用逮捕疑犯。最高警察首长是三名警察厅厅长(commissioners of police),由国王提名,议会任命;每个大区设一名警察局局长(chief constable)。所有警员的待遇和管理均由警察厅厅长根据法律规定自由决定。(2)每个大区,国王将任命一位领薪地方法官常驻于大区警察局,对警察厅厅长直接负责,每周将所有事件的记录递交给警察厅厅长。地方法官在出现骚乱、非法集会及其他威胁公共秩序的事件发生时,必须亲自带领足够的警力,根据警察厅厅长的指示前往处理,所有罚款登记造册,建立固定账户,罚金必须用于执法,而且每周上报警察厅厅长。(3)警察将被赋予特殊权力,携带警察厅厅长签发的搜查令,可以进入任何场所。该法案赋予警察有权对城市边缘的下层社会人员进行预防性的管制,将夜间游荡者、白天闲逛而无正当职业者、有偷盗嫌疑及在公共街道、偏僻区域赌博之人定性为流浪者,将遭到警察的逮捕。为了切断盗贼的销赃路径,法案提议扩大警察对相关联行业经营者进行监管,包括典当行、钟表匠、银器匠、金属收购商、家具经营者、车马出租所等,从业者的姓名、常住地、职业及地址的变更都应以书面形式报告警察厅厅长。(4)大伦敦警区现有的治安员和守夜人这些社会性警务力量仍然继续保留,但他们的职责是协助正规警察,在一定程度上由警察厅厅长指挥。(5)警察厅厅长有权自由决定对帮助逮捕罪犯的任何人

---

① Robert D. Storch, Policing Rural Southern England before the Police: Opinion and Practice, 1830–1856, in Douglas Hay and Francis Snyder (eds.), *Policing and Prosecution in Britain* 1750–1850, Oxford: Clarendon Press, 1989, p. 217.

进行奖励。①

1785 年警察法案的提出引起伦敦上下一片争论，因为法案中提及的方案将改变现在的警务模式和旧的司法制度，警察被赋予广泛的搜查、抓捕和社会控制的权力，1785 年 7 月 6 日，在一片反对声中，该法案被否决，被认为是一项危险的改革，会侵犯到人们的权利及安全。②

1792 年 3 月 16 日，弗朗西斯 · 伯顿（Francis Burton）向议会提交了《米德尔塞克斯法官法案》（the Middlesex Justice Bill），涉及警察改革的三个方面：（1）除博街之外，在大伦敦再建 7 个警察局（public offices），在每个警察局将任命 3 名人员，分别成为米德尔塞克斯郡（county of Middlesex）和萨里郡（county of Surrey）的治安法官，执行治安法官的职责，这样的安排可以使警察局处理所有的司法事务；（2）每个警察局有一个小分队，警员人数控制在 6 人以内，薪金为一周 12 先令及法官批准执行警务时的额外补贴。法官认为警员不能胜任职位，可以随时解除警员的工作；（3）该法案授权警员有权在公共场所对犯罪嫌疑人及恶名昭著的窃贼进行拘捕，并解送至法官处置。即使嫌疑犯有不法企图但没有达成犯罪的情况，该法也赋予警察有权进行拘捕，法官也有权进行审判并判处监禁。③

《米德尔塞克斯法官法案》获得通过之后，政府立即将该法付诸实施。然而在预防和侦查犯罪方面，作用不甚明显，该法提议的警察体制，因人数相对有限，控制力度太小、缺乏合作，警务功能受到严重的限制。

1798 年 6 月，正当政府发布委员会调查报告建议设立一个“中央治安委员会”时，科洪建立的海事警察（the marine police）效果显著，码头上小偷明显减少，这支由私人企业建立的警务力量带来的成效，促使其他的商人们敦促政府建立一支统一的海事警察。1800 年 7 月，政府向议会提交了建立泰晤士河警察的议案，很快得到通过。根据该法，海事警务力量归泰晤士河警察局负责，其总部设在韦平（Wapping）。该警察局由 3 名地方法官、警督（不超过 30 名）及警员组成。1811 年，泰晤士河警察局有 5 名陆上警察，43 名水上警察。1827 年，陆上警察数量增加到 7 名，水上警察达到了 64 名。通常 3 名警察组成一队，每位警督担任队长。警察配有马

---

① Leon Radzinowicz, *A History of English Criminal Law and Its Administration from* 1750, vol. 3. pp. 110 – 116.

② Virginia Suzanne Balch-Lindsay, *An Orderly Metropolis: The Evolution of Criminal Justice in London*, 1750 – 1830, pp. 247 – 248.

③ Leon Radzinowicz, *A History of English Criminal Law and Its Administration from* 1750, vol. 3, pp. 126 – 127.

刀,但没有统一制服。①

在不断扩大规模的大伦敦,政府开始进行警察巡逻体制的改革。18世纪末19世纪初,博街徒步巡逻队的警员人数不过68人,在警长的带领下,4~5人一组执勤,8支队伍在通往伦敦的路上巡逻,5支队伍在伦敦中心的主要街道巡逻,警员不穿制服,手拿警棍,腰配马刀,警长配有一支手枪、一支卡宾枪及一把马刀。白天可以处理一般事务,黄昏到午夜从事巡逻。②

1811年12月,伦敦拉特克利夫公路连环杀人案(the Ratcliffe Highway murders)发生后,伦敦各教区安排更多的守夜人。1812年5月,政府草拟了一项守夜法案(a nightly watch bill),提议强化对分散教区警务力量的中央控制,治安法官有权解雇无能的教区守夜人。③

这项法案实际上旨在提高现有地方性警务力量的协同合作,但还是引起了普遍反对,最后没能通过。

1821年,内政大臣西德莫斯创立了由90名人员组成的"徒步骑兵巡逻队"(the dismounted horse patrol),分成4个组,分别由1名警督和2名警督助理领导,徒步巡逻队负责以伦敦为中心5公里的区域,骑兵巡逻队负责5~20公里的区域,在其最初成立的9个月期间,逮捕了大约350名犯罪嫌疑人。④

总之,面对18世纪以来社会治安的不断恶化以及传统警务模式的局限性,一部分治安法官和政府官员主张建立中央集中管理的专业性警察队伍,并进行了一定程度尝试性的实践,但由于受传统宪法精神的影响、对法国警察制度的恐惧、教区和地方政府的反对、财政经费问题等因素综合的制约,建立专业警察的探索没有取得实质性进展。

18世纪,更夫(the watch)通常由不能靠正常职业维持生计的贫民来担任,大部分更夫年老体弱,被视为满足居民个人需要的仆人,负责打更及街道照明。⑤

为了改善这种情况,《1735年威斯敏斯特更夫法案》(The Westminster Watch Act of 1735)规定,授权建立带薪的更夫制度,其费用由威斯敏斯特

---

① Stanley H. Palmer, *Police and Protest in England and Ireland* 1780 - 1850, p. 145.

② J. J. Tobias, *Crime and Police in England* 1700 - 1900, New York: St. Martin's Press, 1979, p. 50.

③ Leon Radzinowicz, *A History of English Criminal Law and Its Administration from* 1750, Vol. 3, pp. 323 - 332.

④ Stanley H. Palmer, *Police and Protest in England and Ireland* 1780 - 1850, pp. 171 - 172.

⑤ Ronald C. Sopenoff, *The Police of London: The Early History of the Metropolitan Police*, 1829 - 1856, p. 9.

居民共同承担。①

伦敦城外的其他教区的守夜人由自己负责,并且许多地方都采用了威斯敏斯特的经验,依照当地的议会条例建立一套带薪的守夜人警务模式。18 世纪早期的《更夫及照明法》(The Watching and Lighting Acts)规定了征收的地方税可以用于守夜人、照明、铺路机清扫街道等公共支出。

《1774 年威斯敏斯特更夫法令》(The Westminster Watch Act of 1774),规定每个守夜人每小时在其管区进行两次巡逻,并在整点报时时尽量提高声音。守夜人将检查门口,逮捕夜间行窃者、流浪汉、衣着不整、胡作非为等妨害治安秩序的人,治安员及教区执事对守夜人负有监督的责任,确保他们认真履职。②

1829 年建立新警察之前,有产者为了保护自己的人身财产安全,苦于政府警务力量的薄弱,他们自己采取一些自保的措施。1780 年戈登骚乱期间,治安员和地方法官完全不能有效控制社会治安秩序,因此伦敦居民自愿组成义务巡逻队,保护他们的社区及商行免遭街上四处游荡的不法分子的侵扰。伦敦步兵协会(The London Military Foot Association)及伦敦协会(The London Association)都组织了义务巡逻队。

(二)现代职业警察的创设

1. 伦敦大都市警察建立

1828 年 4 月,乔治・坎宁去世后,组成了以威灵顿勋爵为首的政府,罗伯特・比尔回到内政部,担任内政大臣,开始了新一轮的伦敦警察改革的探索。当时的伦敦,社会治安十分严峻。1828 年 2 月 28 日,皮尔敦促议会再次建立一个委员会调查大伦敦地区的治安状况。该委员会成员由 25 名代表组成,主席由牛津大学校长伊斯特科特(T. G. B. Estcout)担任。经过详细调研,委员会最终在 1828 年 7 月 11 日向下议院提交了调查报告。报告由两部分构成,第一部分是说明伦敦犯罪率增加的情况,结果表明,几乎所有的犯罪都增加了,尤其是偷窃牛和马,被定罪的总人数以年均 55% 的速度增加,去除人口增长因素,实际增长 36% 。第二部分是关于大伦敦警务实施。报告建议建立一支由内政大臣直接控制的警察厅,管理所有的警察和负责整个伦敦及城郊地区,解除地方法官负责的警务性工作,新建

① J. J. Tobias, Police and the Public in the United Kingdom, *Journal of Contemporary History*, 1972, (7), pp. 212 - 213.

② Ronald C. Sopenoff, *The Police of London: The Early History of the Metropolitan Police*, 1829 - 1856, p. 11.

立的警察费用一部分由公共财政支出，一部分由教区承担。①

在任命建立委员会的同时，比尔表达了以圣保罗（St Paul）大教堂为中心半径10英里的区域内实施警察改革的计划。1829年4月15日，比尔向下议院提交了他最终的议案。议案一读在下议院顺利通过，1829年6月5日，威灵顿公爵（Duke of Wellington）将这一法案提交上议院讨论，议案二读在上议院顺利通过。6月，国王乔治四世正式签署《改进大伦敦及附近地区警察法案》（Act for Improving the Police In and Near the Metropolis），简称《伦敦大都市警察法》，比尔多年致力于建立职业化警察体制终于迈出决定性的一步。

2. 1835年《市镇自治机关法》与各自治市警察建立

19世纪30年代，英国各城市的组织与行政仍然与中世纪时的情况类似。大多数城市政府由所谓的"限制自治团体"（close corporation）控制，这个团体由市长、市参议、市议员和自由民共同组成，有权处理一切城市事务。《市镇自治机关法》（The Municipal Corporations Act）1835年7月经下议院、9月经上议院反复辩论后通过。该法案第76条规定了各自治市建立与伦敦大都市警察类似的体制。在利物浦，建立了一支有360名警察的队伍，1848年增加到800多人。在曼彻斯特，建立了一支有360名警察的队伍，1848年增加到450人。布里斯托、伯明翰、谢菲尔德等也有类似的发展。②

3. 1839年《郡警察法》与各郡警察的初步建立

由于1835年法令只要求在享有自治权的城镇建立警察，而那些没有自治权的城镇不包括在内，而且很多郡也没有纳入其中，解决这一"瓶颈"得益于1839年出台的《郡警察法》（The County Police Act，1839～1840年）。

1836年10月，查德威克向首相墨尔本及内政大臣约翰·拉塞尔提议，任命一个皇家委员会调查乡村警察建设的方案，该调查委员会提交的报告认为：（1）大量流窜的小偷及流浪者从伦敦及其他大城市进入乡村地区，威胁乡村的治安秩序；（2）提议建立一支领薪的职业警察队伍进行治理。该报告认为，警察应该进行训练，或来自军队；招募的警察应该与服务地无任何私人联系；警察应定期在各地区进行轮岗；警察执行地方任务时必须服从地方指挥，打击跨区域流窜犯时必须服从最高负责行政当局的总体指挥。从交易成本来看，这样一支警察队伍每年费用低于50万英镑，而挽回

① Norman Gash, *Mr. Secretary Peel: The Life of Sir Robert Peel to* 1830, pp. 494－495.

② David Taylor, *The New Police in Nineteenth-Century England: Crime, Conflict and Control*, p. 32.

的直接经济损失超过200万英镑。①

《1839年郡警察法》与皇家委员会报告中所提的方案相比，有两个明显的不同：一是1839年法没有提及在警察委员会领导下建立单一、全国性的警察队伍，它只是一项选择性提议，如果各郡希望，允许它们各自建立单独的警察力量。二是关于常规警察的经费问题，鉴于19世纪30年代辉格党的财政困境及考虑到地方法官的认可度，该法规定建立及维护其正常工作的经费由郡独自承担。②

4.《1856年郡与自治市警察法》与英国地方警察的最后建立

1839年《郡警察法》的实施范围非常有限，《1856年郡与自治市警察法》(The County and Borough Act of 1856)规定所有郡和自治市都必须建立自己的警察组织，郡和自治市的警察组建与管理由地方政府和各郡、市警察局局长共同负责，中央对各郡和自治市警察没有直接指挥权，但有一定的监督和控制权。自此，从大伦敦警察厅到乡镇的警察机构逐渐形成统一的警察制度，中央和地方开始成为分管警察机构的共同伙伴，在中央政府一定程度的财政控制下，地方当局和警察局局长共同管理和指挥全国统一的正规警察机构，中央政府、地方政府和警察局局长三位一体的警察领导体制由此逐渐确立，该结构成为随后一百多年来英国警察制度的基石。

在当时，因为法国建立了一支队伍作为国王镇压人民的工具，英国民众担心建立起来的警察组织会破坏朝野力量的平衡而不利于人民。议会也害怕警察会增强执政者的中央控制能力。这两者恰好动摇了英国的基本信条：个人自由和地方自治。罗伯特·比尔也认可这种疑虑的价值。他同意边沁的观点，即“规制和惩戒自身就是一种罪过”“预防犯罪胜于惩罚罪犯”。在承认警察本身就是一种恶的同时，基于现实持续高涨的犯罪率，比尔认为，相比警察的恶，罪犯更可恨。如果不尽快组建警察，将无法遏制城市犯罪，公众将陆续变成犯罪的牺牲品。最终，在首相威灵顿公爵的支持下，他成功说服了国会，之所以能获得议员的支持是因为有目共睹的治安秩序混乱和对犯罪的恐惧。为了保证地方政府对警察的有效控制，对警务运行进行立法规范。英国成立的新警察体制影响了世界各国的警务发展，它标志着警务运行开始了职业性的阶段，英国警务模式成立与运行的

---

① Royal Commission on Constabulary Forces(1839), in G. M. Young and W. D. Handcock(ed.), *English Historical Document* 1833 - 1874, London and New York: Routledge, 1996, pp. 641 - 649.

② David Philips and Robert D. Storch, Policing Provincial England, 1829 - 1856: *The Politics of Reform*, pp. 140 - 141.

原则包括12个方面：

(1)警察应当像军队一样,成为一支独立的纪律性很强的专业执法队伍。

(2)政府必须能控制警察机构,对其进行有效的警务管理。

(3)对警察工作的绩效考核是看犯罪率的降低。

(4)警察必须定期公布犯罪信息。

(5)警力安排必须以犯罪发生的时空进行科学的配置。

(6)警察执法时必须彬彬有礼。

(7)警察要凭借形象来获取公众的尊重。

(8)为了保证警察执法的效果,注重优秀人才招募和进行警务技能的培训。

(9)警察执法时必须佩戴警号,这是为了便于公众的监督和投诉。

(10)警察机构必须接近公众。

(11)警察上岗之前必须接受培训和见习。

(12)警察队伍自身的犯罪情况必须向公众披露。

比尔提议,高级警官直接从下级警员和警官中选拔,而不是从上流社会知名人士中任命,这样可以避免警察队伍傲慢的态度和优越感,使之成为一支公民的服务者而非统治者。1829年"普通警务须知"对基层警员的要求是,"他应当态度和蔼、关心每一个人,而不管其地位、阶层……他应谨记:一个合格警官最重要的素质就是善于抑制情绪,不因任何语言与威胁而有丝毫撼动;这种平和的态度与坚韧的精神定会对旁观者产生感召力,而赢得其支持"。武装化的警察使民众愤怒和恐惧,从而割裂警民关系,使得警察孤立无援。"警察民众化,民众才会警察化",警民双方才能建立真正的互动型的合作关系。随着英国社会矛盾的日益复杂与尖锐,其社会治安状况也呈现出恶化趋势,这使得警察任务越来越危险,警察平民化的原则却几乎未有动摇,倒是那些警察武装化、军事化的提议经常受到社会甚至当局的谴责。19世纪中期,瓦丁顿(Horatio Waddington)代表内务部在一份首都警察武装化的建议书批示:"这是一个严肃问题,却似乎颇值得内阁研究。过去一直有这样的提议,却总是遭到拒绝。在我看来,其严重违宪。"路易斯爵士(Sir George Cornewall Lewis)则以"此人的想法太伟大了,但我倒希望那些警员们多想想如何使用木板,而非步枪"这样的嘲讽口吻回应一位警察局局长的"武装化"意见。①

① 孟庆超:《中国警制近代化研究——以法文化为视角》,中国政法大学2004年博士学位论文。

警察的首要目标是预防犯罪,警察应对所有阶层的民众给予同样的保护、关心。[①] 以此为共识,英国公众越来越强化这样一种理念:警察是法律的奴仆、自由的卫士,而非独裁政权以及维护其“正统”的工具。[②] 英国传统社会也认为,政府的秘密刺探与鼓励告密是对自由的重大侵害,故其现代警务中也强烈排斥秘密警察行径。1832 年,伦敦一名警官因欲以化装等秘密侦察手段来对付左翼的“全国政治联盟”,结果被议会调查,最终被当局开除。1848 年欧洲革命后,包括卡尔·马克思(Karl Marx)在内的欧洲大陆许多进步人士流亡英国寻求庇护,大陆国家欲借 1851 年伦敦博览会之机,派本国警察对这些政治异己者进行侦控,尽管伦敦警察采取了一些配合措施,英国当局却坚持这种行径须通过外交渠道,而反对警方私自行动。[③]

仅仅从时间上来看待近代警务模式的演化,法国要比英国起步早,但由于法国大革命对社会秩序的冲击太大,执政者当局为了恢复治安秩序和统治格局,将警察作为政府的控制工具,忽视了预防犯罪和服务公众,表现出来的完全是赤裸裸的惩罚性。因此,从贝力(Bay Ley,1985 年)提出了现代警察的三个特征:属于公众、专门化与职业化(public、specialized and professional)的标准分析,法国近代警察制度虽然在时间上早于英国,但在警务模式演进历程的坐标上,英国的警务实践更符合社会变革的诉求,因而被西方警学界公认为现代警察制度发轫的坐标,英国警察也因彬彬有礼的绅士形象而获得“宝贝”警察的美誉。

二、政治化与反政治化的博弈:走向专业性道路的警务

罗伯特·比尔创设的英国新警察开创了警务的职业性模式,在弱化原始警务的惩戒性职能的同时渗透了社会服务的思想,但由于路径的依赖性,直至 19 世纪末,警务的运行深深被政治所羁绊:任命警官、选择警察、晋升警衔等都要受制于执政党的干预,政治性因素甚至影响警察日常巡逻执勤和逮捕拘押的执法活动。

以美国为例,当时美国警察效率低下,缺乏训练、腐化成风。地方政治对警察以及警务产生诸多不良的影响,能够控制足够选票的集团都有可能控制地方政府,地方政府成了提供工作、结交权贵、贪污受贿和获得利润的

---

① Philip John Stead, *The Police of Britain*, *New York*: Macmillan Publishing Company, 1985, pp. 40 – 41.

② Philip John Stead, *The Police of Britain*, New York: Macmillan Publishing Company, 1985, p. 158.

③ Clive Emsley, *The English Police*, New York: St. Martin's Press, Inc., 1991, p. 158.

场所，当时美国地方政治实行所谓的“政治分肥制”（the spoils system），即将公职委派给获胜政党支持者的制度，因此，在经过民众选举后获胜一方，拥有很大的人事安排权，为了便于控制，不仅将该党成员安排在警察局的领导岗位，而且对普通警察也安插其支持者，致使日常警务的备勤都随着执政党的轮换更替而左右摇摆不定，也造成警察队伍的不稳定、招募标准低、人员素质差等问题。市长和警察局局长的权力极小，真正的实权控制在市政委员会成员和街区一级的警长手里。

当时根本就没有选拔警察人员的标准可言，个人的身体条件、年龄大小或是道德品质都不是成为警察的障碍，录用的唯一标准是是否隶属于该党。这样选拔出来的警察是政治恩惠的产物，因此警察队伍的组成完全是美国城市中集团政治的缩影，同时，警察的职位也成为各政治集团极力攫取的宝物，捍卫警察的职位不仅成为个人踏上社会阶梯的重要一步，更重要的是，穿上警服和代表法律同时意味着所隶属的集团的成功。为此，各个集团都在为取得警察职位而奋斗，当时美国大多数警察局为爱尔兰人所掌握，但美籍德国人在克利夫兰、辛辛那提、密尔沃基和圣·路易斯得到一席之位，黑人在共和党的政治支持下成功地在芝加哥和其他一些城市立足。早来的移民集团不遗余力地防止新来的移民集团取得警察职位，以阻止他们在社会阶层中的上升。

警察巡逻主要靠步行，由于没有有效的指挥和监督机制，警察局局长实际上无法有效地指挥和管理其属下，真正的控制权掌握在各个警区的警长手中，这不仅造成统一的警政思想难以全面贯彻实施，更为基层警察的腐化提供了便利条件。在许多城市，警察根本无法巡查城市的所有地方，时间一长，警察脱离工作岗位实际上已习以为常了，利用执勤的机会泡在沙龙和理发店里消磨时间，不仅如此，他们在接受贿赂后，允许赌博、卖淫嫖娼和非法经营酒业，定期受贿的钱由该地区的警察分享，长官也不例外。警察常为得到晋升而进行贿赂，为晋升而付出的代价将由更多的贪污来弥补。

19 世纪后期，政府当局也曾经尝试着提高警务运行的效率和警察执法的质量，但效果不是很显著，警察的工作状况一直没有多大改观，改变的不过是警察局的控制权从一个政党转移到另一个政党而已。警务运行的低效率以及警察权力的腐败真正根源在于党派之争带来的负面影响。事实上，这个问题如果从根本上解决，唯有“警察脱离政治（政党），政治（政党）脱离警察”，警察队伍在政党之间保持中立。

为了消除警察队伍中的裙带关系，1883 年通过了 The Pendleton Act，但直到1900年才有效实施,这标志着政治分肥制的结束。20世纪初,改革的新观念带来警务运行的新机制,管理主义思潮在探索警务如何适应社会现代化的变革过程中引入了警察专业性的概念,而推进美国警察专业性运动的两名最突出的领军人物是理查德·西尔威斯特(Richard Sylvester)和奥古斯特·沃尔默(August Vollmer)。

在20世纪以前,美国警察没有一个有效的专业性组织,在1871年曾举行过一次警长会议,但直到1893年全国警长联盟才正式成立,后改名为国际警长协会(International Association of Chiefs of Police,IACP),从1898年到1915年,西尔威斯特任哥伦比亚特区警察局局长,1901年到1915年任国际警长协会主席,作为警长协会的领导人,他把这个组织变成了倡导警察专业化的主要代言人和传播警务模式新思想的阵地。他主张:(1)引进军事化管理,树立尚武精神。在这之前,警察是毫无军事意识的,疲疲沓沓,纪律松懈,为了培养警察服务公众、保护公众、打击犯罪的使命感和职业信念,警察局开展了军事化训练并组建了军乐队,希望借助军事模式来给警察注入必要的纪律和加强警察的使命感,并向社会广泛宣传警察战士的形象,这种使命感意味着警察认真执行执法任务,它反过来又更加强调对打击犯罪的专门技术和单位的设立和培训。(2)增加新的专业性警务部门。原有的业务部门有巡逻和刑事犯罪调查,根据社会治安管理的需要,又增加了毒品犯罪、交通管理、犯罪帮派、犯罪情报信息、法庭科学、警察教育训练等新的部门。(3)提高入警选拔的条件,使警察真正成为高素质的执法力量。(4)警察局选用具有管理知识、经验和能力的人担任领导职务,并运用科学的行政管理理论、原则和方法对警察进行管理和指导警务工作,为了进一步削弱政治的影响,警察行政长官的职务应该相对稳定和有保障,保证若干年不变。(5)撤销、关闭原有街区和选区的警署,在警察局指挥部装置集中管理的档案系统,所有指挥、监督和管理警察、警务的权力集中到警察局局长的手中,采用这个办法是为了打破选区政客的政治权力的影响,避免各个街区各自为政。

奥古斯特·沃尔默比理查德·西尔威斯特更有名望,在推进警察专业性发展的初期,曾经做过洛杉矶市警察局局长,由于在警学理论和警务实践上的杰出成就,被美国警界尊为现代美国警察的奠基人。[1]

奥古斯特·沃尔默率先强调警察必须接受高等教育。在当时,大多数

---

① Gene Edward Carte, *August Vollmer and The Origin of Police Professionalism*, Police Administrative Issues, New York: Associated Faculty Press, Inc., 1986, pp. 3 – 5.

警察就连高中毕业文凭都没有,毫无疑问这是一个相当激进的建议,警察是否必须拥有学士学位的主张引起了广泛的争论,对高等教育是否是警察职业资格的必须人们有不同的看法。实际上,沃尔默真正关心的是警察的“高智商”,他的意图很明显,是想通过提高警察的整体素质和人文精神来改变传统警察木讷和呆滞的形象,用当时的智商测试的条件和方法来比较,底特律警察平均智商是55,而沃尔默选拔的警察智商平均是147。沃尔默大力提倡聘用女性当警察,因为他相信女性比男性智商高。他也是第一个聘用黑人来进行执法的人。

但是当时大学或学院不能提供警察所需的课程,不知道对社会学或犯罪学选择哪方面的内容才能符合警察工作的需要。1908年,沃尔默在伯克利市创办了美国警察史上第一所警察学校,他设计了警察教学的课程体系,有骑自行车、照相、法学、生物学和化学、统计学、演讲术、社会学、心理学、变态心理学、警察行政学等。由包括他在内的高级警官和从大学聘请的教授给新警员上课。在其影响之下,美国许多地方警察局相继建立了正规的警察学校,联邦调查局还建立了国家学院,一些社会大学也开办了警察行政学系或刑事司法学系。

在IACP会议上,沃尔默倡导一系列改革,其中最重要的是警察训练的标准化和执法的规范化。这样,通过建立和提高警员的录用标准,并对新警员进行严格正规的专业知识和专业化技能训练,使美国各地方警察局警察人员的各方面素质,尤其是专业执法的素质,有了非常显著的提高。他提出建立一个统一的犯罪报告制度(a uniform crime reporting system,UCR)来防止警察执法的随意性和腐败。

奥古斯特·沃尔默积极倡导将科技成果运用到警务工作中,1916年,他在伯克利市创建了美国第一个刑事科学实验室,由专业的刑事技术专家和法医对犯罪证据进行科学分析和鉴定。1921年,他又最先把测谎仪用于该局的犯罪侦查工作中,并始终坚信这是代替刑讯逼供的最佳科学侦查方法。

理查德·西尔威斯特和奥古斯特·沃尔默从不同的方面推进了警务的专业性发展,由于他们的努力,公众和议院也逐渐认可了警务专业性化,对警察在现代警务中的地位树立了三个方面的认识。第一,警察是警务运行的主体和打击罪犯的专家。第二,警务运行需要排除行政干预和政党的干涉。第三,要提升警务的运行效率必须通过提高专业性技术来实现。在崛起的中产阶层的支持下,不断推新的技术革命和卓有成效的领导也推动了警务运行机制的变革。这一时期,警务的专业性改革集中体现在内部的管理上，诸如调整内部结构、提高人员质量、不断更新设备、建立更多的经营式运作程序。

德国警察发展过程中也经历了类似的情况。一直以来，德国由于受到“警察国”理念的影响，警察任务相当广泛，不仅包括排除危害，也从事保护以及促进一般福祉。普鲁士一般邦法于1797年颁布，其规定警察任务不同于国家任务，将福利措施排除在警察任务之外，而将警察任务定义为“为维持公共安宁、安全与秩序，为排除对公众或个人现时之危害而设的营造物”。① 但由于路径的依赖性，德国警察职能广泛的扩张性在19世纪中叶之前依然存在。1848年“三月革命”后，现代意义上的“形式警察”才初显雏形，而到了20世才逐渐形成所谓的“专业警政”。

三、快速反应的警务机制：成就警察的机动性

1919年，The Volstead Act（俗称 The 18th Amendment or Prohibition）公布，紧接着1930年，美国经济大萧条，失业人数剧增，城市治安状况恶化，犯罪也逐渐有组织性，为了打击犯罪，警察必须更有效率。禁酒令在最初实施阶段一度使警察面临非常被动的局面。公众并不愿意放弃酒精的刺激，警察不得不凭借高压手段和诡计来保证 The Volstead Act 能正常地贯彻下去。每当警察看起来成功地禁止了酒精时，有组织的犯罪的动量也在增加，特别是许多酿造私酒者或走私酒类者组成团伙而对付警察。当警察疲于奔命、顾不暇及时，新的犯罪形式却层出不穷，如“飙车一族”的出现、枪战、绑架勒索、抢银行。公众渴望警察能成为打击犯罪的斗士。时势造就英雄，20世纪上半叶，汽车、车载无线电台和电话这三项成果在警务工作中的应用与普及，对警务模式的发展产生了很深的影响。事实上，第一次世界大战前夕，有些城市警察局已经尝试将汽车用于巡逻，20世纪20年代以后，使用汽车巡逻得到很大发展，奥古斯特·沃尔默的得意门生O. W. 威尔逊在任威奇塔市警察局局长期间（1928～1939年），撰写了一本很有影响的关于巡逻车巡逻的小册子《巡逻力量的布置》，论述如何运用巡逻车有效地进行巡逻勤务，将警察巡逻勤务引入科学理论的指导。

当警察巡逻车配备了无线电台以后，警务的运行更是机动灵活，警务的调度人员不仅能知道警车的巡逻位置和周边治安状况，还能在遇到紧急事件的发生时迅速调集警车前往出事地点，这样极大提高了警务覆盖的区

---

① 蔡震荣、黄翠纹：《现代警察概念与职能之发展趋势》，载王宽弘、朱金池等：《警察学总论》，五南图书出版公司2000年版，第213页。

域、机动性和快速反应能力。

当时，电话在美国日常生活中已相当普及了，但只有当警察的巡逻车上有了车载无线电台之后，警务的运行才真正能同时接受公众的报警求助和指挥中心的即时指挥，建立起"公众报警求助——警察局接警并调度指挥——街区巡逻车及巡警快速赶往现场处置、解决"这一影响深远的警务快速反应机制与模式，被誉为第三次警务革命。这次警务革命将警察作为打击犯罪的战士角色推向了鼎盛时期。机械化的巡逻成为警务日常执勤的主要方式，这种警务模式带来了两个方面的影响。第一，机械化巡逻促使了警察亚文化的发展；第二，机械化的巡逻恶化了警察与公众的关系。

堪萨斯市警察局的一项实验表明，大多数情况下，快速反应并不能真正从根本上解决犯罪问题。严重暴力犯罪不是靠快速反应机制可以阻止和消除的，统计数字表明，快速反应机制对 2/3 的案件没有成效。警察对犯罪的发生快速反应，若增加现场逮捕嫌疑犯的概率，很大程度上取决于公众是否能及时报警和警务指挥中心迅速调度警力赶赴现场。问题就在于公众是否有意识积极地去打报警电话。直接推论的结果就是唤醒公众打击犯罪的责任心有助于及时有效地通知警方，并为指挥中心调度警力赢得时间。正是由于市民报警时间，而不是警察部门的反应时间，对于现场抓获罪犯及当场确定目击证人具有决定性意义。在超过 90% 的犯罪案件中，市民往往要等待 5 ~ 10 分钟才会报警，从而使快速反应抓获罪犯的想法成为泡沫。①

同时，相比之下，对犯罪案件的快速反应，如果公众受到号召和得到良好的培训，周围社区成员要比警察来得迅速和有效。当犯罪发生时，在警察赶来之前，由社区成员首先做出快速反应，阻止犯罪的继续，减少进一步的损失，弥补警察做出快速反应之前的真空。因此，光靠警察快速反应是远远不够的，首先要发动公众进行有效的报警，并在警察赶到之前能有一些建设性的行动。

四、合法性的缘起：改变警察的亚文化

William A. Westley(1970)首先提出警察亚文化(police subculture)的概念。所谓亚文化，指某一文化群体所属次级团体的成员共有的独特信

① Kansas City Police Department. Response Time Analysis: Volume II, Part I—Crime Analysis. Washington, D. C.: U. S. Government Printing Office. 1989: p. iii.) The Study Revealed that a Large Portion of Serious Crimes are not Deterred by Rapid Response.

念、价值观和生活习惯，与社会主流文化相对应，一种亚文化有属于自己的独特的价值与观念，如同性恋亚文化、移民亚文化、青少年犯罪亚文化。Westley在研究印第安纳州警察时发现，73%的警察认为公众不信任他们。公众不理解警察，警察也无法获得大多数人的支持，即使是社会其他部门的工作人员，如检察官、律师、记者也对警察充满着怀疑和敌意。面对社会强大的压力，警察通过自我认同和增加内部的凝聚力来抵抗外界的质疑和不友好，这导致警察团体普遍存在强调保守秘密和采用暴力的亚文化倾向。“警察相互支持以谋求道义上的同情，他们认为，保守团体间的秘密是警察抵御外界最好的盾牌。”看到同伴执法犯法时，警察往往睁一只眼闭一只眼，即使是明知同伴贪污受贿，大多数警察选择了沉默，而滥用暴力更是警察宣泄自身压力最常选择的途径，尤其是个人自尊或自我实现受到挑战时。①

按照Inciardi(1990)的观点，警察亚文化倾向于把自己看作保护社会的“安全蓝色防线”，这样一种认知使得警察充满着抗衡强暴、匡扶正义的布道感，他们把打击犯罪看作工作中最重要的一环，是公众的守护神，是正义、智慧和道德的化身。然而这种布道的意识形态在给警察带来荣誉感的同时，也造就了警察多疑、玩世不恭和狂妄自大的负面性格。②

正如美国警察培训手册所强调的那样：“一定要保持警惕，猜疑是健康的警察态度。”猜疑是警察的职业病，源于不断搜寻问题、调查潜在危险，警察总是对一切持怀疑的态度和戴着有色眼镜看人，这种心理定式不仅仅是警察工作中自发的，而且经过长时间的职业生涯会不断得到强化。

由于总是处于接触社会的阴暗面，面对犯罪分子的狡诈和凶狠残暴，警察不得不变得冷漠无情和玩世不恭，并非所有的案件都能侦破，并非所有的罪犯都能被绳之以法，当一切成为流水作业的惯例时，神圣的布道感也就被彻底打破。抓住罪犯已经由社会的服务感逐渐转变为一种追逐猎物后的满足感和胜利感。对于案件破不了的无可奈何或是刑事司法体制的缺陷使得罪犯逍遥法外，警察洞察了人性中最黑暗的一面，大彻大悟之后，警察不仅不相信人性，甚至也不相信社会，玩世不恭

---

① William A. Westley. *Violence and the Police: A Sociological Study of Law, Custom, and Morality.* Cambridge, Mass: MIT Press, 1970.

② Inciardi, J. A. (1990). *Beyond the Limits of Law: Police Crime, Corruption and Brutality.* University of Delaware, Harcourt, Brace Jovanovich, Incorporated. Orlando, Fla. 3rd Edition. (p. 227).

成为警察得以心理平衡的挡箭牌:“落入法网的罪有应得,逃脱惩罚的也只能听天由命了。”

警察的专横、粗暴和狂妄自大源自职业化的定格,从1829年罗伯特·比尔创立伦敦大都市警察开始,警察就逐渐被塑造成执法的权威。在经历过专业化运动的洗礼后,警察工作不再是普通人可以胜任的,它需要融合法律、科学以及警务战术等多种知识技能,警务行为被建构成一项职业性极高的任务,警察不仅被视为控制犯罪的专家,而且是“打击犯罪”的战士。专业化推进的极致形成了警察相对独立甚至封闭的管理态势。①

Skolnick(1994)强调,内部的团结与外部的孤独感正是警察矛盾境界的写照。警察对外的孤独感来自过度专业化的政策所造成的恶果和必须付出的代价;而内部团结,一方面是对外部敌意的对抗,另一方面也需要用集体的合力来抵御。②

警察亚文化的负面影响在警察具体执法中更多地表现为集团腐败和滥用警察权力。20世纪后半期,警察合法性不断削弱,警察权的使用越来越受到争议。③

20世纪70年代中期,在伦敦警察厅内部的两起涉及警察腐败的大案,一起涉及毒品犯罪集团,侦探总督察Kelaher伪造大量的证据;另一起卷入淫秽出版集团,涉嫌贪污和受贿,两个案件都暴露出警察系统性的集体渎职行为,导致许多高级警官的入狱。

内政大臣Reginald Maudling任命素有“廉洁”著称的Robert Mark担任总监来发动对警察腐败的战斗。Mark随即开始了一系列激进的改革,他新组建一个专门部门来调查所有针对警察的投诉和控告;由专业警官来主管苏格兰场的刑侦部门;授权高级官员监管所有部门侦探;频繁安排侦探轮岗,并和媒体培养相互沟通和更开放的关系。在这一系列改革浪潮的冲击下,约有500名警察离开了警察机构。

毫无疑问,大量丑闻被揭露毁坏了警察作为公正无私、严明纪律执法者的传统形象,警察合法性受到前所未有的挑战,1960年皇家专门调查委员会调查显示有46.9%的民众认为警察不会有受贿行为的发生,而1981年政策研究机构对伦敦市民的调查数据表明这一数字下降到14%。

---

① Paoline, E. A., Ⅲ, Myers, S. M., &Worden, R. E. (2000). Police Culture, Individualism, and Community Policing: Evidence from two Police Departments, *Justice Quarterly*, 17, 575 - 605.

② Skolnick, J. H. (1994). Justice without Trial: Law Enforcement in Democratic Society (3rd ed.), New York: John Wiley.

③ Reiner, R. (1985). The Politics of the Police. New York: St. Martin's.

20 世纪 80 年代以后警务改革的重点转向打击警察滥用警察权的执法犯法行为。1984 年英国《警察与刑事案件证据法》(The Police and Criminal Evidence Act 1984)出台,它的颁布旨在控制警察执法的自由裁量权。事实上,由于陋习累积至深,80 年代后期至 90 年代前期之间警察滥用职权案件非但没有下降,反而上升了,这是因为对以往警察渎职案件的调查所致。1989 年 10 月,上诉法庭经过审理,推翻了 1974 年爱尔兰四青年被判终身监禁的案件 Guildford Four,重新调查到的证据表明,当时负责案件侦破的警察在审理过程中作了伪证。1990 年 3 月,上诉法庭宣布免除因 1974 年爆炸事件定罪 Maguire Seven 案件的罪责;1991 年 3 月,因 1975 年爆炸事件定罪的 Brirmingham Six 案件宣布无罪。最具悲剧性要数 Stefan Kiszko 一案,被告在 1976 年被判谋杀一名 11 岁女孩,办案警察隐瞒了被告不可能杀人的证据,导致 Kiszko 在狱中被关押了 16 年。

一系列冤案得以昭雪,民众的恐慌也随之加深,英国政府最后成立皇家刑事司法委员会(Royal Commission on Criminal Justice),由 Runciman 出任主席,试图加大对警察执法的监督控制,提升警察行为的合法性。

第三节　西方警政后现代性的思辨

西方警政后现代性的表现包括多元性、开放性、社会化等方面。社区警务的概念随着后现代社会的发展而得到复苏,其优势在于激活共同保护社区的集体责任,同时也增强了邻里之间的互动和改善警民之间的隔阂。与此同时,新公共管理的核心理念也影响着警务模式的改革,政府的机构规模追求小型化和灵活性,通过下放决策权与财政的支配权来增强基层单位的权责一体化,并将社会市场方法引入执法机构,借以增进警务效率,并逐渐剥离警察的边缘职能,让渡给社会或其他组织来承担。这也意味着原先被政府垄断的警察权开始由社会进行分享。

一、社群主义的归宿:走向社区警务的哲学基础

(一)从新自由主义到社群主义

20 世纪 70 年代,新自由主义的代表罗尔斯发表了《正义论》。由于不满《正义论》的理论前提,社群主义在批判新自由主义的过程中,形成了自己的基本主张。

有种观点认为,社群主义是杜威哲学思想的复苏。杜威认为,怀有强烈责任意识的个人经过互动联合形成自由的共同体,而共同体是个人成长

和发展的基石。[1] 对于两者之间的关系,杜威强调:"个人只有尝试性地参与到公共事务的行为之中,才能达到这种领悟和理解。"[2]

新自由主义是原子主义世界观,它以个人为逻辑起点来看待整个世界,个人是孤立的存在,世界就是由一个个单独的原子性个人所组成的集合体;社群主义则是整体主义的世界观,世界是一个统一的有机整体,个人处于社群的历史传统、文化习俗和各种复杂的关系之中。

Taylor(1991)认为,个体的人格特性的发现,只能依赖同周围的其他人的交流商谈,个人并不具备社会价值的优先性,自我的认知自始至终存在于社会语境之中。[3]

在 Sandel 看来,社群是先于个人的存在,它是构成人格个体特征的形成基本,社群关系是个人无法选择的实在。社群是一种"构成性的社群";自我是深植于社群生活中的"嵌入式的自我"。个人从诞生之日起就存在于某个特定的社群之中,离开社群的个人无法确认自己的价值目标、人生方向以及职责和义务。[4]

发达国家的工业化道路,通常都是以牺牲社区这个与人类生活一样悠久而且曾经占主要地位的社会结构形式为代价的。人口大量流动、城市急剧膨胀、社会的大型化,特别是市场机制以及市场的组织模式的扩展,加上大众传媒的普及等,必然导致一个个小社区的衰落和解体,社会成员越来越真实地直接从属于一个更大的社会,而不是具体地归属于一个与他更近、更可感、也更明确的社会共同体。由于丧失了熟悉的生活支撑体系而导致了人际关系的疏离和人们的孤立无助感。这种工业化带来的负面后果非但不符合人类的本性和需求,而且还导致了社会控制系统的失灵,对于治安弱化、道德败坏、生活堕落、贫富悬殊等问题,都负有不可推卸的责任。

人们开始理性地思考,要想避免社会的中空化,避免失去归属感和安全感,避免社会发展失掉人的发展这个中心,就要重视社区这个现代社会的细胞,经由社区发展获得社会发展,这就是全球人类对于工业化社会经验教训的总结。

---

① 孔祥田、刘畅:《自由主义与社群主义之争——论杜威政治哲学的归属定位问题》,载《江西社会科学》2012 年第 1 期。

② [美]杜威:《新旧个人主义——杜威文选》,孙有忠等译,上海社会科学院出版社 1996 年版,第 228 页。

③ Charles Taylor. *The Ethics of Authenticity*. Harvard:Harvard University Press,1991,pp. 47 – 48.

④ Sandel Michael. *Liberalism and the Limits of Justice*. *Cambridge*; Cambridge University Press, 1982,p. 150.

20世纪中叶，对于片面追求经济增长和城市建设的扩张所带来的弊端，联合国经济理事会试图采用“社区发展”的措施来解决一系列社会问题，并于1952年成立了“社区组织与社区发展小组”，具体落实和推进全球化的社区建设，刚刚起步时仅有7个国家制订了社区建设规划，而到了20世纪末，世界上已有70多个国家和地区启动了社区建设。

1957年，联合国开始研究社区发展计划在发达国家的应用，试图以此来解决发达国家城市化后所面临的一系列社会问题，并在美、英等国实施了这一计划。同年，联合国秘书长在联合国大会上发表了《社区发展的原理与概念》的重要讲话。1959年，联合国在英国举办“欧洲社区发展与都市社会福利”讨论会，最先讨论了在城市社区推行社区发展的可能性和必要性。1961年，联合国秘书长亲自提出《都市地区社区发展报告书》。1962年，在新加坡举行了“亚洲都市地区社区发展研讨会”。美国政府率先于1960年制订的“反贫困作战计划”中，将采用社区发展基本原则和方法的“社区行动方案”包括在内。随后，英、法、德等西欧国家，也都普遍开展了社区发展实践。社区发展就是这样从发展中国家扩展到发达国家，由农村扩展到城市。时至今日，说到社区发展，基本上已无所谓城乡之别。

20世纪80年代以来，美国等一些发达国家又提出社区主义(communitarianism)的思想，其直接目标是加强社区居民之间的交往以实现相互关怀。对此，著名社会学家安东尼·吉登斯指出，社区这一主题是新型政治的根本所在。全球化进程的推进使“以社区为重点”不仅成为可能而且变得十分重要，因为这一进程可以产生向下的压力，社区不仅意味着可以“重新找回已经失去的地方团结形式”，而且还是一种“促进街道、城镇和更大范围的地方区域的社会和物质复苏的可行办法”。

工业文明的进步，为人们提供了丰富的商品和物质上的享受，但也让人越来越感受到精神上的空虚。快速流动产生的无秩序感、拜金主义盛行、人际关系的功利主义、人情冷漠，丧失了传统富有人情关系的“社区”特质。[①] 社区的重新认识和兴起促使西方向后现代工业社会的转轨。社区警务的概念随着社区的发展而得到复苏，事实上，在整个警务演化的过程中，任何时候社区自发性的警务行为和预防犯罪的措施都可以视为社区警务。社区警务的优势在于恢复了古老的“邻里守望”制度，在英格兰的早期警务实践中，曾经一度将邻里居民每十户编成一个联保小组，建立了共同保护社区的集体责任，更重要的是增强了邻里之间的互动和改善了警

① 杨超：《西方社区建设的理论与实践》，载《社会学研究》2000年第12期。

民隔阂的关系。

(二)英国社区警务的实践

英国是个发达的资本主义国家。19 世纪,英国在向工业化、城市化快速迈进的过程中曾经经历过犯罪的剧增。到了 20 世纪,英国再度出现了犯罪大幅度增长。在英格兰和威尔士,据警察机关统计,20 世纪初,每年犯罪发案不足 10 万起,到 1992 年增至 559 万起,年递增 5% 以上。1993 年是英国犯罪发展趋势的一个转折点,从这一年到 1996 年,犯罪连年下降,四个年度分别比上年下降了 1%、5%、3% 和 1.3%,累计共下降了 10.3 个百分点,犯罪案件减少了 50 多万起。①

犯罪的明显下降归功于内政部不断调整犯罪预防政策,也得力于警方长期进行犯罪预防实践的持续不懈的探索,特别是 20 世纪 80 年代开始推行社区警务计划——警察重返社区计划,试图通过增加步巡以改善警民关系,在兼顾、加强司法预防和社会预防的同时,着力强化情景预防,对犯罪实行由多机构参与的、有广泛群众基础的治安防范。此后,又根据皇家治安委员会斯卡曼勋爵的警察工作报告,随即在种族动乱地区推行了社区警务。

英国目前所实施的社区警务战略的形成经过了一个漫长和痛苦的探索过程,有其复杂的实践背景,是一系列遏制犯罪的尝试之失败的反思。

首先是企图通过强化司法预防来遏制犯罪的增长。司法预防,即通过刑事法律的实施,防止犯罪者重新违法,并对其他人起到震慑作用,收到特殊预防和一般预防的效果,所谓乱世用重典。自 1945 年以后英国政府对刑事司法机构的投资大幅度增加,然而,得到的回报是,犯罪平均每年增长 5% ~7%,而且被处以监禁的犯罪者的重犯率也很高。这是因为犯罪的揭露、惩处率极低,以英国学者的调查研究分析结果,实际受到刑罚处罚的犯罪人不到 10%。即使如此,监狱却人满为患。1981 年,全英国在押犯人 4.3 万人,1991 年高达 5 万人,创欧洲在押犯人之最。1981 年,每名犯人一周要花费 120 英镑,一年则要耗费 5000 ~12000 英镑。英国每年通货膨胀为 9%,长期耗资更加惊人。撒切尔政府在 20 世纪 80 年代一直采取"在其他方面节省开支,在打击犯罪方面增加投入"的方针,1979 年的警务开支为 16 亿英镑,1992 年已增加到 56 亿英镑。

这样,刑事司法活动无论是对犯罪者本人还是对社会上的一般人都起不到应有的惩戒作用。监禁机构对服刑者的矫治措施也基本上没有效果,

---

① 郝宏奎:《评英国犯罪预防的理论、政策与实践》,载《公安大学学报》1998 年第 1 期。

同时重刑威慑政策还要承担巨大的国际谴责和内部压力,加上巨大的经费开支使得司法投入基本上达到了极限,因此人们认识到靠“严打”无济于事,不再把预防遏制犯罪增长的希望寄托在司法预防上。

利用扩大警察的权力来达到遏制犯罪也许是个立竿见影的措施,在英格兰和威尔士,警察可以根据14个法规行使盘查权力。事实上,盘查对警察而言的确是发现罪犯的一个有效手段,据英国政策研究所调查,伦敦警方每年拦阻嫌疑人达150万人次,从而发现犯罪者10人。另据英国内政部调查,伦敦警察总局每年通过盘查而逮捕的罪犯约占该局逮捕总数的一半。盘查确实能增加发现和逮捕罪犯的机会,但从15∶1的违法犯罪发现率来看,有相当多的无辜公民必须付出“人身自由”的代价以达到预防犯罪的目的,这与宪法精神传统是背道而驰的。因此,这一建议刚刚被采用,就引起公众极大的不满。专家学者引用美国著名犯罪学家达克海姆(Durkheims)的犯罪社会学来反驳,其“社会混乱论”主张,社会变革引起社会生态平衡的破坏,导致道德规范的多元化,从而犯罪增加。因此,抑制犯罪必须恢复社会生态平衡,只能依靠全社会的力量齐抓共管,单独扩大警察权,无助于社会生态的总体平衡,反而会导致警察违法乱纪的出现。威尔乐(Wilkins)指出:“如果执法部门(如警察)采用扩大权力的政策,对犯罪与罪犯表现出过分热情,势必导致守法公民态度的转变,由惧怕犯罪转向惧怕警察。”

不能增加警察的权力,就试试增加警察的数量。1966年,英国警察为8.6万人,1981年为11万人,1991年则上升到14万人。25年内全国警察人数平均上升了61%。警察是公务人员,靠公众的纳税养活。公众每人年收入的24%要交税,警察人员上升加重了纳税人的负担,引起公众的不满和指责。1967年发案120万起,1977年发案240万起,11年上升了一倍。在警察数量增加的同时,英国犯罪率同样处于上升较快的状态,这不能不说是个讽刺。警力与犯罪同步增长的现象使人们重新认识到单纯增加警察编制是无意义的。

在科学技术发达的西方,利用技术预防犯罪也一直在尝试着,主要采用电子设备、防盗锁和报警器。在这种试点中,家庭处处安装报警器和暗道机关,人人不离警犬。技术预防有三种不足:一是报警系统时常出错,枪械经常走火;二是技术预防只能转移犯罪,不能抑制与消灭犯罪,治标不治本;三是安装防盗设备使居民变得过分依赖科学技术,而丧失了传统的邻里守望互助,形成被动反应心态。

20世纪60年代,美国学者关于犯罪与社会解组及经济边缘化的理论在英国产生了极为重要的影响。这些理论将犯罪增多的原因归结于剥夺感、城市中心社区的社会解组及机会的不均等。为了消除或抑制这些原因,英国实施了许多旨在改善社会环境的措施,诸如健全社区机构、加强对青少年的教育、增加就业机会。从原理上讲,这是预防犯罪最根本、最好的措施,但社会预防项目依赖巨额资金的投入,同时又常常与其他社会发展目标价值取向相冲突,受制于诸多因素,往往难以超越社会总体发展状况和阶段取得一蹴而就的成效,尤其短期看不到成效。犯罪仍然大幅度地增长,英国人对社会预防所寄予的幻想也破灭了。

20 世纪 70 年代末,英国人在犯罪预防问题上陷入了一种悲观情绪,似乎没有任何一种措施可以抑制犯罪的增长。穷则思变,否极泰来,正当山重水复疑无路之时,返璞归真的“社区警务”思想带来柳暗花明。

社区警务的实施,是一种立足于社区自身、自发性的治安行为,社区警务的成功之处,就是最大限度地激活“邻里守望”制度及“联防巡逻”制度,充分利用了社会资源推行警务多元化和治安群体的多元化,实施混合警务。这不仅节约了政府对犯罪预防的经费投入,而且改善了警民关系和邻里感情。

英国的社区警务类似于我国 20 世纪 90 年代末的片警制,固定在一个警务区步行巡逻,综合执法。同时,他们也是改善警民关系的枢纽。约翰·安德逊将社区警察列为社区警务三要素之一(公众参与、社区警察、多机构齐抓共管)。自 20 世纪 70 年代以来,英国警方和内政部对如何发挥社区警察的功能越来越重视。根据剑桥大学犯罪研究所 1992 年一次全国性的调查,在英国有的地区,社区警察在巡警队伍中所占的比例高达 50%,最少的也达到 10%。

约翰·安德逊是英国社区警务改革的主要倡导者之一,他曾在英国艾克赛特市创建第一个社区警务实验区。约翰·安德逊在其《警务论》一书中阐述了社区警务的一些规则,这对我们理解早期英国开展社区警务实践和了解社区警务基本原理非常重要。

如同其他社会机构一样,警察部门也受到日新月异的社会变革和由此产生的社会问题的冲击,对现存警察制度工作模式产生了巨大的压力,因此,警察必须能适应这种变迁和迎接挑战。社会变迁造成区域发展的不平衡、人口流动速率加快、失业率高居不下、贫富两极分化加大、社区失去凝聚力、家庭离婚率增加、种族矛盾加深,变迁对警察冲击主要来自两个方面,其中一个是要求警察从被动反应的警务风格向主动提前的警务风格转变;另一个是要求警察提高服务质量,因为社会正从专制走向民主。

这两个问题得以解决的最终实现途径却是一致的，根据在艾克赛特市警察分局三年的实验，社区警务战略实现了警察制度的改革目标。

社区警务是一种日常的区域性警务。在所辖地区，公众与各种社会机关密切合作，通过社会与法律的形式共同预防犯罪，特别是青少年犯罪。警察不仅能够而且愿意以伙伴的关系与他们共同合作。

犯罪信息是警方与社区对话的基础，在各个社区，犯罪情况、分布与特点标注在社区的地形图上。各种信息应与地方公众见面，应组织经常性的社会各部门与单位的会议，与教师、社会工作者、缓刑官、住房管理员、计划人员、青少年工作者共同交流和讨论采取什么样的社会活动来减少犯罪，应在有条件的地方建立治安委员会。

建立社区警员制。社区警员一般由当地居民担任。在整个社区所共同关心与感兴趣的社会活动中起带头人的作用，并组织地方警务活动。

各级警官都必须对社区警务计划做出反应。领导应对本计划的实施与考察负责，一般警员应充分支持本计划。为使计划获得最佳效益，应事先组成讨论咨询组，并在每个分局组织具体实施方法细则的解答会。

（三）美国社区警务的实施

过去的警察改革总是围绕着矫正警察组织中的缺陷打转转。但警察行政机构的调整常常会导致“手段压倒目的综合征”。① 警察管理人员更加注重打击犯罪的力度而忽视了警察的综合效力。警察毫无疑问是当局委派的执法人员，但更重要的是警察可以动员公众来解决“犯罪问题”。戈德斯坦认为，过去为了反腐败，警局首脑逐步减小工作在第一线警员的权力。随着警察素质的不断提高，腐败问题的逐渐减少，美国警察当局应该赋予工作在第一线警员一定的自由度，以便他们发现解决街区难题的方法，而不是仅仅逮捕罪犯，其他什么事也不做。

美国警察的体制也同样适应的是分权的联邦制度，警察体系是由联邦警察、各个州警察和各个县警察组成。各种警察各有所司，工作相对简单。社区警务主要是指县市等地方警察的理论或实践。

在数以万计的美国警察部门之间，管理相对独立，各警察部门没有垂直隶属关系，但相互尊敬，极力协调。社区警务的开展与否直接取决于当地的警察局局长。有文献表明，在美国众多的警察部门中，有 50% ~70% 的警察局开设了社区警务，有的被冠以不同的称呼，但内容及手段基本符

---

① Goldstein，Herman. Improving Policing：A Problem-Oriented Approach. *Crime and Delinquency* 25（1979）：p. 236.

合社区警务的特征,例如,称社区警察为巡警(patrol officer)、区域巡逻警察(beat officer)、社区联络官(neighborhood liaison officer)、警察兼社区执法官(police and community enforcement officer)、区域巡逻协调官(beat coordinator),以及安全行动组警官(safety action team officer),但以社区警察(community-oriented police,COP)为最普通和常见。

美国社区警务开展以街区为中心的治安策略要求警察组织内部进行改革。其做法体现在以下几个方面:一是要求警察观念的更新。警察的首要任务不再是打击罪犯,而是帮助公众解决困难。打击罪犯是帮助公众分忧解难的一个重要组成部分,而不是唯一任务。提供服务和维护秩序也是警务工作的重要组成部分,绝不能顾此失彼。① 二是放权(decentralization of command)。取消警察组织的中层机构,把警员下放到基层第一线去做具体工作。有的学者更建议以街区为中心的治安策略要让警察"加强街区本身非正式、非官方的控制机能"以创造警民的互利关系,便于警察和公众携手解决街区的难题和忧患。② 三是市民化(civilization)、知识化。注重直接从社区中雇用警员,其优点是不仅减少开支,而且就地选用可以尽快进入角色;或是着重雇用少数民族和妇女,目的是增加亲和力,扩大服务范围;或是雇用高学历的警员,旨在提高交流素质,减少受腐蚀拉拢的概率。

在专业化警务实施中,警察管理部门因为担心基层警察会犯错误而倾向于只赋予其有限的独立自主权。社区警务战略则要求警察根据各个社区的不同情况,独立自主地决定相应的警务工作方式,并根据同一社区在不同阶段的特点随时调整预防和打击犯罪的重点和策略,有效调动社区警察的主观能动性。

一般说来,美国社区警务的开展,是以街区为中心的治安策略,也即警察方面为了改变以事件为中心的治安策略和与居民发展更好的合作关系所做的努力。以街区为中心的治安策略鼓励警察不仅要思考眼前面临的难题,还要追溯每一事件的历史缘由,并制定出相应的解决方案。这个方案可一劳永逸地解决某个反复出现在街区的实际问题。

在推行社区警务战略中,美国警察机关对巡逻警察的勤务方式和职责做了重大调整。一方面,除继续保留机动车巡逻外,更多地采用徒步巡逻和自行车巡逻,以增加市民的安全感和亲和力,方便公众与警察面对面地

---

① Wilson, James Q., and George L. Kelling, Making Neighborhoods Safe, *The Atlantic Monthly* 263 (2) (February 1989).

② Wilson, James Q. and George L. Kelling, Broken Windows, *The Atlantic Monthly* (March 1982).

沟通和交流。另一方面,要求巡逻警察和市民一起在巡逻中注意发现影响社区治安的问题,并同市民一道讨论首先该解决什么问题,应该制定什么样的行动计划,以有效地控制和减少犯罪。

这对警察局局长来讲是个挑战,他必须相信社区警务是一种重要的哲学理念和组织策略,同时他还要具备相应的管理技巧,号召警员从被动反应式的警务活动转向积极主动融入社区,成为解决问题者、犯罪预防者,并得到社区、当地官员、社区机构以及媒体的支持,与社区建立起相互信任的伙伴关系,让普通市民参与到警务活动中来,共同使社区成为一个良好的活动和工作场所。

在美国,警察局局长选择什么样的警察去从事具体的社区警务活动呢?首先,从事社区警务的警察应该会骑自行车。这对自行车王国的国民——中国人来说属于小儿科了,但对于“轮子上的国家”的国民——美国人来讲,此种技能并非人人具备。警察从巡逻车里走出来,步行、骑自行车、骑马巡逻,会使社区居民感到亲切,拉近警民关系,具有很强的亲和力。相比之下,骑自行车最简单效率也最高。同时,这种巡逻方式也会使居民感到一种安全感。有了安全感,社区居民也就不必待在家里,而是可以走出户外,从事一些邻里社交活动,增强邻里交往和社区的人气。此外,交际能力也是成为一名社区警察的必备条件。社区警察应该与社区居民成为朋友关系,而不是监督者与被监督者的关系。社区警察只有赢得社区居民的信任与帮助才能确保社区警务活动的成功。对于某些特定区域的社区,如少数民族和种族聚居区,警察局局长还要求社区警察具备“双语”能力。语言能力障碍是交际活动的一个严重阻碍,警察具备了这种双语能力就能更好地处理社区问题。有些警察局局长还要求社区警察具备咨询能力或应对环境问题的能力等。纪律涣散、受到过投诉的警察是没有资格做社区警察的。

除了选好社区警员之外,警察局局长还建立相应的激励机制,鼓励社区警察做好工作。这主要包括培训计划和提拔机制。警察局局长也常常下到基层,访问社区,为社区警察提供精神及物质支持。

美国如何对社区警察进行监督和控制呢?警察局局长在授予社区警察处理社区事务权力的同时,为保证这种权力不被滥用,也建立了相应的监督机制。这种监督机制主要包括公民的意见反馈、公民的满意度,也就是说,社区警务首先要受到公民的监督。同时,社区警察还要受到警察局管理阶层的监督。警察局管理阶层的监督并非简单粗暴,而是帮助社区警察处理他们面临的各种问题,包括为他们提供现代化科技设备的办公条件，以确保社区警察做好工作。同时，监督者认识到社区警察犯错误是在所难免的，重要的是要让他们从错误中学到知识，保证下次不犯同样的错误。监督者还认识到社区警察会遭到错误的投诉，特别是那些来自"麻烦制造者"的投诉，以避免冤枉任何一个社区警察。

蒙诺维亚市警察局是全美社区警务开展最好的警察局之一。他们解决社区问题的机制，由以下几个部分组成：(1)根据掌握的各种信息，分析和发现社区中存在的问题。(2)根据发现的问题，召集社区居民、民间组织等共同研究解决问题的办法。(3)综合分析评估提出解决问题的办法是否切实可行。(4)监督执行具体的解决问题的措施和办法，直至问题彻底解决。为了更好地实施社区警务战略，各部门还联合组织了社区警务行动队。主要组成单位有市议会、警察局、消防局、建筑与规划局、房产管理局、公园管理局、缓刑局、假释局、社会服务机构、卫生机构等。各部门的职责是：市长和市议会提供保障和支持，以保证社区警务的顺利进行；警察局是整个行动队的领导，负责协调指挥行动队的工作；消防局负责防火检查；建筑与规划局负责检查社区的破烂、荒废的建筑物，以消除安全隐患；公园管理局负责向青少年提供学习和娱乐的机会，引导他们在业余时间从事健康向上的活动；社会服务机构主要负责向老年人和有不良行为的青少年提供帮助；卫生机构负责解决社区中的卫生问题；假释和缓刑机构负责管理社区中被假释或缓刑的人员，减少他们对社区的负面影响。①

洛杉矶警察局将自己的警卫辖区按地理位置划分成18个警务区，并动员居民积极参与维护公共秩序和防止犯罪。居民成立了志愿者监督检查小组。该小组成员由警官负责培训并与社区警察共同工作。他们分布在各观察点，监管故意乱涂、破坏公物、盗窃汽车以及吸毒等犯罪行为，有六十多个这样的执法机构在维护洛杉矶市的社会治安。由于正式执法人员有限，成立志愿者协会是其有效的补充。港湾地区的警官在社区的支持与帮助下，挑选70人组成了第一个志愿者协会。实践证明，从案件的侦破到案件卷宗材料的整理，这个志愿者协会都给了执法人员极大的帮助，最重要的是发动了公众集体智慧和集体力量大幅度提高了该地区的办事效率，从而为警察腾出更多的时间关心整个社区工作。

在一个繁杂的城市社区，警员要处理的问题正日益增多，成立紧急救护队来处理紧急治安事件或重大灾害事故以及其他紧要时刻出现的伤员

① 张宏业：《我在美国当警察》，载《人民公安报》2002年2月22日版。

问题尤显必要。紧急救护队员必须接受特殊训练以有能力应付各种突发事件,并在最短时间内解决问题。

洛杉矶警察局在18个区都成立了"社区—警察"咨询委员会。委员会成员是当地受尊敬的居民,他们了解各社区的情况并乐意将咨询委员会的活动通知全社区。每个咨询委员会都按一定的模式构成,但根据各个社区的情况保留相当的灵活性。"社区—警察"咨询委员会成了巩固和加强警察与社区关系的纽带,为警察局的重点工作提供了大量信息,并提高了警察服务的质量和效率。并且每年召开10次"市政厅"会议,目的是社区成员面对面地讨论公共安全问题、警察服务质量问题以及其他相关问题。会议以讨论会形式召开,警察局挑选部分警官参加,警察局局长亲自带队,当场回答居民提出的问题。会后,对公众提出的不足之处还要逐一落实,争取立见成效。为了充分利用社区资源,警察与社区业主联合成立商业警卫队。在警卫队的指导下,商人们每月集中在一起开会,增强他们对自己管理好社区的信心。

最后我们来看一看美国最大的城市——纽约,如何开展社区警务战略的。纽约市警察局,其机构规模的庞大在西方仅次于伦敦警察总局,在这样一个庞大的机构中,从传统的应急反应型的警务转变为社区警务,必须进行大的手术。为了实施社区警务,将原有编制1989年的26550名增加到1992年的27150名,步行巡逻增加了4倍,从750名增加到3000名,并计划不断增加警力,最终实现增编23%。在计划增编的警员到位之前,警力继续向下倾斜,不断增加警察在社区的出现率。1996年的警力增加到三万多名,其中步行巡逻增加到5000名,文职人员在7600名的基础上再增加1600名。

警察是社区警务的推动者,必须能在社区开展警务工作,是社区的一部分。警局的每个成员,包括文职人员、侦探、业务组都要支援正在执行社区警务的巡警。每个街区或一组街区都将成为一名警员或一组警员的警务责任区。不仅如此,警局还要求实行"全局出动行动",要求所有科室的警官及其主管警官都要平均每周执行一天步行巡逻任务。警察院校毕业生上岗后,一律先当社区警察,参加步行巡逻。

纽约75个辖区的派出所,均按照主管巡逻业务的局长的指示,在各自的辖区成立了辖区管理小组,由社区成员和警察共同组成,其职能是在本辖区找出问题,确定重点任务,评价"解决问题战略"的实施结果。辖区管理小组是根据警察的报告、警长的意见、社区反映的问题以及管理小组会议上得到的信息去找出治安隐患,确定工作重点,采取相应行动。

找出问题之后,各辖区派出所所长同辖区管理小组一道制定根治问题的战略。然后由管理小组负责评价战略实施的效果。评价战略成败的一个参考指标是,当地是否还继续不断地出现同一类的投诉。其他途径包括警察和有关社区成员们的观察和体验。如果经综合评价后,认为该“问题”已经得以“解决”或“情况大有改善”,辖区派出所所长和管理小组即可转向另外一个重点问题。这种工作程序月复一月、年复一年地不断循环下去。

在第一个实施阶段结束后,每个辖区派出所所长从警察和社区共同找出的问题中,至少筛出五个重点问题,并针对这些问题制定干预计划,取得警局和外界的支持,而且要将“解决问题”战略实施情况和评价写入每年2月和8月的半年工作报告中。

总体而言,美国社区警务工作尽管开展得很不平衡,尽管美国理论和实践界部分学者对此仍然心存疑虑,但社区警务战略无疑是20世纪80年代最富有挑战性的警务革命,对美国传统的警务工作模式进行彻底改组,这场革命仍在进行,并不断取得成效。

1. 降低了打击犯罪的成本

在美国,全国社区因犯罪恶化所付出的代价高达500亿美元,一年之中,美国因犯罪所造成的损失有450亿美元,个人被害所付出的代价则高达1750亿美元。每年美国为监禁人犯要付出2000亿~3000亿美元,根据美国警察基金会的研究,机动化的预防性警察巡逻无法预防街头或家庭暴力的发生,却要花费每年2000亿~3000亿美元的经费。如果着力推行社区警务计划势必降低治理成本,例如,美国针对平民区未成年人实施的计划,单此项就降低了20%的犯罪率,而且节省了20%的社会福利和警政经费。另一个例子是一项以国民住宅政策为主的问题导向的警务工作,经由市政机关的动员,减少了50%的住宅盗窃案。

2. 有效地动员了全社会力量参与维护社会治安

专业化的警务模式强调警察对打击犯罪、维护社会治安负有全部责任,社会很少直接参与警务活动,在社区警务战略中,警察不再单纯地扮演“社会守护神”的角色,而是提供治安的服务者,提供整合社会治安资源的组织者,公众也不再是被动地接受警察的“保护”,而是接受警察“服务”的同时成为警察的治安合作伙伴。

成立警察和居民之间的联合组织是实现这一目的的有效途径,如根据芝加哥警察部门于1993年4月发布的一项特别命令而建立起来的芝加哥地区治安顾问委员会,就是协助警察机关发动社会资源解决社区治安问题的专门机构。这一机构不仅帮助警方确定社区的需要，找出存在的问题，而且同警方一起寻找解决问题的途径和策略，并对实施效果进行评估，将结论反馈给警方，便于警方及时调整自己的部署。同时，该委员会每月还与地方行政官员共同研究一次地区治安状况和解决治安问题的对策，协助警方取得地方政府的支持。

3. 在很大程度上有效遏制和减少了犯罪，增加了社区居民的安全感

根据统计，美国实施社区警务战略十年来，美国的犯罪率平均下降了40%（纽约下降了63%）。尽管有不同观点认为，20世纪90年代美国犯罪率的下降是美国经济发展、就业机会增加、年轻人的比例大幅度下降、监狱关押的人数增加（10年前美国被监禁的罪犯只有100万，先已增加到250万）等多种因素造成的，但不容忽视的是，实施社区警务战略也是对犯罪率下降的重要贡献之一，特别是对抢劫、偷盗、暴力帮派团伙、毒品交易等多发性案件，社区警务战略起到了很好的预防作用。

4. 密切了警民之间的关系

美国警察的形象在公众眼里一直不佳，英国麦肯西博士（K. Mckenzie）在其著作《制服背后美英两国警察制度比较》的首页引用了史密斯（Smith，1960）的一段名言："如果让英国警察到美国某城市工作，不出24小时，他们将会被全部绑架劫持。相反，如果美国警察到英国去工作，他们也许会被定为滥用警察权力罪。"这段名言从一个侧面生动地反映了英美两国警察的特点。麦肯西博士进一步总结道："大西洋的两岸，英国人与美国人在对于刑事司法制度的理解上有许多误解。两国警察在作用、法律与组织结构中有若干不同……美国警察充满进攻精神，腐化作风，武装到了牙齿，并深受政治的影响。而英国警察则温文尔雅，态度和善，相对独立，文职化并且没有武装。"

而实施社区警务，增进了美国警察与公众之间的沟通和理解，使警察得到社会的信任和支持，同时也为有效解决治安难题发挥了积极作用。根据在佛罗里达州的圣彼得博格市（St. Petersburg）的一项调查研究，85%的被调查者很满意或基本满意社区警察的工作，2/3的被调查者认为社区警察在解决社区治安问题方面是优秀或好的，相当一部分被调查者表示，警察24小时在社区工作，增加了他们的安全感。

二、决策与执行的重组：集中与分权的对立与统一

新公共管理（new public management）是缘于英国的一种对20世纪80年代以来的政府改革运动的一种提法，是一个松散的表述，它被用来描述

公共部门的管理实践向私有的工商管理方法的靠拢和借鉴这一现象,即强调以顾客为中心,强调对结果的管理等。

在20世纪70年代末和80年代初的英国政府,发动了轰轰烈烈的政府改革,强调政府试图在公共部门的管理实践中借鉴私有的工商管理方法。管理中的三E(economy, effectiveness, efficiency),即成本、效率、效益。到20世纪80年代,澳大利亚特别是新西兰也广泛采纳新公共管理的方法,而后它扩展到斯堪的纳维亚国家以及欧洲大陆。与此同时,经济合作与发展组织(OECD)设立了公共管理委员会和秘书处,用来推广公共管理的新实践。在90年代的时候,新公共管理成了前克林顿政府的主要政策之一,他和副总统戈尔发动了全国绩效评估运动并签署了政府绩效和结果法案,这是新公共管理在美国结出的两大果实。在这场轰轰烈烈的运动中,英国警方率先运用新公共管理理论对警务模式进行了改革,尤其是运用市场机制来提高警务运行的效率。

1966年,英国警察数量有8.6万人,该年度刑事案件120万起;1991年英国警察数量达到了14万人,而该年度刑事案件上升到550多万起。25年期间,警察数量增加了60%,与此同时刑事案件也增加了两倍。这引起了公众的强烈不满和指责。犯罪的脚步并没有因为警力的增长而止步,相反发案率上升得更快,这使得人们认识到单纯增加警力的局限性,同时也反映出警务的低效。新公共管理运动的先驱霍华德·戴维斯认为,警务的运行显示出“一个糟糕制度的所有特征,已到了非改不可的地步”。①

胡德总结了新公共管理理论体系的七大原则:(1)公共领域的职业化和职权相匹配原则。任何行政行为不仅要有相应的权力分配,而且要有其相应的责任配置。(2)绩效评估标准化原则。行政目标要清晰,并且各种考核指标能够量化。(3)注重结果控制原则。奖惩与资源的配置都与绩效挂钩,业绩评估注重结果而不再是看过程。(4)单位分散化原则。根据所提供公共服务的特点,将政府大的机构分解为许多小的组织。这些小型组织体进行单独的财政核算和自主决策运行,组织之间相互处于若隐若现的相对独立关系。(5)在政府机构内部引进竞争机制。通过公共服务的契约化管理和公开招投标制度,降低公共支出的成本、提高行政质量。(6)市场机制引入原则。在公共管理领域采用私营企业行之有效的方法,要求政府摆脱官僚行政的模式,采取更加灵活的激励措施和用工方式。

① [英]弗兰克·利什曼等主编:《警务工作之核心问题》,吴开清等译,群众出版社2000年版,第8页。

(7)强调成本原则。强调运营开支的节约,降低直接成本,限制公共管理部门的资源需求,花更少的钱做更多的事。[①]

毫无疑问,新公共管理的核心理念已经成为英国警务模式改革的标杆,紧缩与分权的思想显示出与以往政府扩张性举措截然不同的态势:政府的机构规模追求小型化和灵活性,通过下放决策权与财政的支配权来增强基层单位的权责一体化。

新公共管理理论的逻辑起点基于"消除公私成分"以及把"公共组织中做事的方法从遵守程序规定转移到讲求实效"两大原则,从组织的角度来看,新公共管理包含两种组织上的变化:一是减少组织内各种规章程序对行政裁量权的种种约束,特别是通过对各种市场机制的引入,促进了公共部门组织控制的分权化;二是公共部门和私有部门之间的界限逐渐模糊化。这样,就形成支撑警察制度再次创新的两大理念:紧缩与分权辩证理念和私有化与竞争理念。

紧缩与分权的理念代表了一种与以往政府不断扩张截然不同的趋势:政府组织规模不断缩小,追求更高的组织灵活性、更高程度的标准化、不断分权和下放的规划与预算责任、将更多的公共服务承包给非政府部门。私有化与竞争理念代表了在公共服务的提供方面由政府向私有部门的转移以及在政府运作中对市场力量的引入。

紧缩与分权的理念使警察机关经历着一个集权化和分权化并举的过程,警务工作的筹划和指导日益集权化,而管理和行动则日益分权化。英国警务模式的改革在紧缩与分权的思想下,将警务政策制定、警务监督和警务绩效评估不断向管理层集中,而警务政策的执行、警务运行和具体执法行为则日益授权给基层实战部门。

《警察改革白皮书》(1993 年)强调把管理上的决策权下放到基本勤务单位(BCUS)的原则,保证地方警察官员在确定地方警务重点和分配部署资源方面有更多的自主权。《警察和治安法庭法》(1994 年)进一步反映出新公共管理的权力分配原则的思想,将筹划指导权集中到中央,而把具体实施权下放到地方警察。警务改革涉及同一机构不同部门集权化和分权化这两个相互矛盾的方面。《警察和治安法庭法》(1994 年)改变了《1964 年警察法》的权力平衡,使决策权力天平由地方政府向中央政府倾斜,同时,在日益集权的政策和财政框架中,第一线警察享有更大的管理和行动

---

① Hood,C. ,A Public Management For All Seasons? *Public Administration*,1991,69(Spring)N1. 1:3 – 19.

自由权。

《警察和治安法庭法》(1994 年)加快了警务政策和资源集权化的过程,授权内政大臣制定全国警务工作的方针政策和配套的警察效绩评估标准,并要求地方警察委员会提交当地的警察工作报告,以保证地方警务工作和全国警务工作目标一致。为了达到集权化控制目的,内政大臣可以任命地方警察委员会成员,并且从经济上由中央负责地方警察委员会的开支,实质上《警察和治安法庭法》(1994 年)使地方警察委员会沦为中央内政部的直接代理人,尽管在名义上还保留了《1964 年警察法》确立的三方权力结构。

《警察和治安法庭法》(1994 年)要求地方警务工作由地方警察委员会和警察局局长一起制定,以保证地方警察的警务工作与全国警务工作目标一致,警察局局长需要考虑的是如何配置资源和选择人员来实现中央制定的治安方针政策。同时随着行动实施权的下放,警察内部越来越分权化,在基层,通过管片警务负责制和基本勤务单位计划,使地方警务的主要责任分解和落实到直接管辖当地社区的相关警察身上。这种警务责任区的运作模式与我国 20 世纪 90 年代实行的"一区一警、一警多能、一包到底"的警务责任区是一脉相承的,也是社区警务的雏形。

《警察改革白皮书》(1993 年)显示警务的政策目标和预算权力越来越集中在高层的核心官员手中,而把具体事务上的管理权下放给基层警察,让其有更多的自主权来配置警务资源和调集警力。警务改革在警察机构的不同部门分别进行集权化和分权化,这似乎很矛盾却涵盖对立与统一的辩证思想。《警察和治安法庭法》(1994 年)改变了《1964 年警察法》的权力结构,更是反映出权力双向变迁的特征对警察机构的影响,警务政策筹划指导权集中到了内政部,具体警务政策的落实则由地方警察局决定。《警察和治安法庭法》(1993 年)授权内政大臣来制定总体性的警务政策和警务效绩评估,中央内政部、地方警察委员会、警察局三方权力平衡被彻底改变。地方警务工作由地方警察委员会和警察局局长一起制定,以贯彻中央制定的警务工作目标。随着警务具体行动权的下放,警察内部也表现出权力不断被细分,在基层,通过区域性警务负责制,使警务责任被划分到直接管辖社区的警察身上。[①]

社区警务中,警察权得到了实质上的扩张。警察必须对各种失序行为

---

① [英]弗兰克·利什曼等主编:《警务工作之核心问题》,吴开清等译,群众出版社 2000 年版,第 19 页。

进行鉴别、对执法资源进行重新排序分配、对各种警务措施(尤其是替代性措施)进行选择等。社区警务中警察权表现出以下特征:

第一,由于警察角色定位的转变,造成警察任务的增加,进而形成警察权的实质性扩张。社区警务中,警察角色定位必须从原来的一元(执法)转为多元(执法、预防犯罪、提供服务等)。这种转变意味着"警务前移",不仅要做好犯罪发生后被动的"追诉"行动,更要做好辖区的流动人口管理、情报信息收集、治安隐患的排查、重点人员的帮教等一系列有关社会治安的问题,并采取适当的措施预防介入。警察扮演积极干预和对社区需求积极回应的角色,因此,警察任务扩展,这就必然导致警察权相应的扩增。

第二,由于社区警务强调的是对社区要求的积极回应,而社区的属性千变万化,警察必须针对社区的治安特点采取不同的备勤方式和警政策略,凸显其动态性和地方区别性,这就导致了原来对警察权行使作出"整齐划一"的法律规范必须在一定范围内做出调整。这一过程需要警察结合社区的实际情况,对治安形势进行有效的"鉴定、识别、判断、应对",调整主要通过立法机关对警察的授权形式达成,也包括社区民众参与社区治安事务从而达成一种协议,或是警察机关内部的权责划分的调整,带来的直接影响就是基层警察组织或者社区警察获得更多的警察权。

第三,社区警务不同于以往的"集权""刚性""垂直"组织结构,而是呈现出"分权""弹性""水平"。警察不再是僵化执行法律规范"命令—服从"机器式传输带,而是被广泛授权对多种事务拥有自主决策和治理权。

第四,执法—预防犯罪—社区服务的多元性表达出警务目标和警察权的增加。例如,调解宠物饲养的扰民事件,干预家庭纠纷,预防青少年犯罪,救助处于危难之中的民众。社区警察的目的性设置决定了其必须承担起较以往更多的任务。[①] 弗里德尔等人(2004)认为,"尽管执法对维持良好的统治是绝对必要的,但民主社会的警务要比这多。警察是实现社会有序必不可少的,他们不仅是联邦法律、州法律和地方法律的第一执行者,而且是行政的仲裁者、公共秩序的维护者和预防机构"。[②] Frank Remington (1965)指出"在社区中,警察应该在贯彻、塑造法律、执行政策方面扮演重

---

① Debra Livingston: Police, Community Caretaking, and the Forth Amendment, 1998 U. *Chi. Legal* F. 261.

② 转引自[美]罗伯特·兰沃西、劳伦斯·特拉维斯:《什么是警察——美国的经验》,尤小文译,群众出版社2004年版,第360页。

要的角色”。①

三、合作与共治：警察边缘职能的剥离

从谱系演进的过程来看，警务职能经由宽泛的政府管理到特殊机构职责的变化。大陆法系的国家，尤其注重警察职能的泛化，德国早期运用警察（polizei）这一概念时，将其设计为一种特殊的国家权力技术和管制的工具，“凡举人民的宗教活动、道德风俗、服饰与节庆活动的管制、疾病与健康的管理、贫穷与老弱妇幼的照养、教育与劳动力的培训，到度量衡的颁布、粮食与物资的调节生产、商业的规制，乃至于城市中房屋的修缮、土地规划、道路与桥梁的整修、河川的整治以及矿物的开采等，莫不属于警察权力作用的范围”。② 警察权过分干涉人民的日常生活，引起民众广泛的抗议，要求对警察权进行限制和减缩。公众的诉求最终在1794年被《普鲁士通用邦法典》所采纳，第2编第17章的第10条对警察机关的职能范围作了具体的规定，即维护公共安全、保障安宁与秩序；防止公民遭遇可能的危险。

海洋法系的英美各国，警察职能从国家任务中的分离是以警察职业性为向度的，罗伯特·比尔在1829年所创建的新警察制度，通过正式的立法来规范警察职责和警务运行机制：一是通过执法和治安防范来预防犯罪，保障社会的公共秩序安全；二是通过优质服务满足公众的需要。

警察职能与国家其他职能的分离的过程，是警察在国家机构系统中的定位逐渐清晰化的过程。从英国政府近二十年连续发表的声明和进行警察立法中可以看出，无论是1993年《警察改革白皮书》、1994年《警察与治安法庭法》，还是2002年《警察改革法》，其改革的重点是致力于警务效率和效果的提高。1993年《警察改革白皮书》显示出英国政府对警察工作的疑虑，政府认为警察部门“迷失了警务的方向”，忽略了政府所要求的首要任务，即打击犯罪，而这关系到警察的基本职能——预防和侦查犯罪，但是越来越多与犯罪无关的事情羁绊了警察的精力，致使警察最主要的工作被日益冲淡，内政部在1994年推出了警察的核心与附带职能的评论，旨在明确什么是警察的中心任务，什么是附带任务。“警察的主要工作就是捉住罪犯，而在正常情况下，呼警电话只有18%与犯罪有关，警察直接对付犯罪的时间仅占工作的40%。政府认为，减少对人身和财产损害的案件和

---

① Frank Remington, Police in a Democratic Society, *Journal of Criminal Law, Criminology and Police Science*(1965): 361.

② 江玉林：《近代初期的警察》，载《月旦法学教室》2005年第2期。

改善对公众的保护才是警察的首要任务，警察部门固然承担许多重要职能，但都比不上这项任务更为重要。因此，所有警局都应该重新确定自己工作的重点，与政府确立的警务工作重点目标相一致。”①

为了确保警察机构与政府对警务战略的期待不偏离，《警察与治安法庭法》第 15 条特别规定了内政大臣具备为英格兰和威尔士所有警察局制定警务目标的权力，内政大臣与警察局局长以及他所认定的可以代表地方的警政委员会协商讨论后，即可以命令的方式向各地警政委员会下达警务目标。同时授权内政大臣负责制定考核警务工作评价指标，以确保各地警局警务战略的一致性。第 20 条规定，各地警政委员会制定的本郡警务目标和评价指标必须与内政大臣下达的保持一致，并每年上交一份年报，汇报目标完成进度，皇家督察室则有权根据中央规定的目标对各郡警察局进行绩效考核和检查。

内政大臣所制定的全国性警务目标充分反映了“打击犯罪”是警察的中心职能，包括减少暴力性犯罪和提高入室盗窃案件的破案率。政府将警方的首要任务明确为打击犯罪、维护法律、使犯法者受到应有的惩罚、实现“成本效益”。尽管预防犯罪也是警察必须首先考虑的事宜，但政府显然对降低犯罪率更感兴趣，因为预防犯罪毕竟弹性很大，而且很难进行量化性的考核。但是 1993 年审计委员会关于警察的一份调查报告认为，鉴于犯罪率增长很快，警方必须采取“先发制人”的措施，来遏制犯罪率的上升势头和提高破案率，要做到这一点，必须明确警察的职责，将更多的警力集中到犯罪情报的收集和调查刑案上来。以逮捕罪犯为目标，采用新的绩效目标和管理技术，确定警务重点，三管齐下，既可预防犯罪，同时又能提高破案率。提高破案率本身就有助于威慑潜在的犯罪，警察也可最终获得荣誉。

审计委员会的报告敦促了政府将警务重点导向“打击犯罪”，促使警方放弃边缘性职能，将附带性任务所占用的警力资源集中用于核心职能。尽管过去的几年政府不断加大对警方的投入，但并没有达到减少犯罪的预期目标。1999～2000 年对刑事犯罪案件的侦破仅仅 1/4，成功定罪的不到 9%，公众对警务如此低效非常不满，同时也质疑刑事司法程序的效能。地方性警务运行缺乏统一的执法标准，由此造成很大的绩效性差异，如各个警局盗窃案件侦破率为 7.9%～43.5%，抢劫案件的侦破率为 15%～

---

① Home Office（1993）Police Reform：*a Police Service for the 21st Century*，Cmnd 2281，London，HMSO.

51%；各警察单位之间缺乏整体策略、一致性程序与标准。因此政府下决心将有限的警力资源集中在更有目的性的活动，并将社会市场方法引入执法机构，借以增进警务效率，并逐渐剥离警察的边缘职能，让渡给社会或其他组织来承担。

为了实现这种警务结构的调整，英国警方采取主要的策略：一是成立警务标准化制定小组，根据犯罪的特点和治安状况制定统一的警察法规、执法程序、警务战略、刑事政策、警务监督和绩效考核等，并从一线执法中发掘典型，建立最佳实务(best practice)的操作范例，并通过集训等方式，向基层单位全面推广，借以提升警察服务品质。二是扩大警察权。为了应对不断恶化的治安形势，对警察职权作适当的修正，扩大巡逻盘查的范围、增加对可疑人员的留置人数、加强对交通事故当事人的血检、加大超速醉驾等危害公共安全行为的查处权限等。三是加强辅警队伍的建设，扩大警务主体的范围。聘用文职人员处理内勤事务和社区治安防范、处理技术性的证据鉴识、羁押场所的监管等工作，协助警察做好预防犯罪和调查轻微犯罪，减轻宣誓警察的工作压力，使其能够专心投入侦破重大罪案的前沿阵地。四是积极挖掘社会性警务力量，对保安服务、私人侦探所等有着警务功能的行业，经过警察局一定时间的训练，经审核合格后，可以授予一定的警察权，可以调查违反公共秩序的行为和轻微的犯罪案件。积极帮助社区成立邻里守望互助组织，加强警方与社区的互动，整合社区治安资源，共同维护社区安全。五是放宽技术性科技人员的录用，提高刑事证据的鉴定实力，如信息技术、声纹鉴定、DNA 技术、微量物证技术、测谎技术，加强侦破刑事案件的能力，提供更弹性、优惠的待遇条件，以完成不同的警务工作的内容，留住优秀警务人才。

四、市场治理机制：警务私有化与竞争的理念

私有化与竞争理念主要体现效率意识，这是新公共管理最早涌现的理念，也是主导早期政府改造的精神原则，它代表了这样一种努力，即在效率这一概念指导下，公共服务越来越移往一种文化趋势，在这一文化当中，契约关系将代替传统的官僚关系而成为其核心。新公共管理在推进这一理念中产生两大原则：一是只要有可能，公共服务的提供者不要仅限于一个；二是只要有可能，在这些多个公共服务提供者之间要引入竞争机制，契约与合同这一方式刚好满足了这两大原则，因而成为管理新机制，也即层级制的管理变迁为合同制管理。

新公共管理理论的逻辑起点基于“消除公私之间界限”以及把行政管

理“从机械遵守程序的规定转向追求实际效果”,在组织结构上相应发生了两个改变:一是通过内部性规章制度的设立来控制管理行为减少了,取而代之的是利用市场机制对公共部门的行政权进行分解,分化后的权力部分向社会组织转移;二是公共组织和私有机构服务的领域越来越重合。在一些共同服务性产品的供给上形成了彼此竞争,原先由政府完全控制的公共服务,已经开始部分由私有机构承担,政府在实施公共管理中不断引入市场机制。

公共服务的市场化供给与引入竞争机制主要是解决成本控制和产出高效的问题,这是新公共管理最早的目的之一,即在效率诉求的导引下,公共服务越来越倾向于用市场化的契约来取代政府官僚的指令。

警务的私有化是通过成立大量的商业保安公司的途径来实现的,20 世纪 80 年代期间,英国保安从业人数并没有一个准确的数字,根据保安行业的工会组织的估计,人数应该在 10 万人左右,根据 Jones 的研究,至少应该超过 16 万。[①] 这个数字表明,私人保安企业的雇佣人数已经超过了正式在编的政府警察人数。Johnston(1992)的研究表明 1981 年的私人警务市场总规模为 3.57 亿英镑,到 1987 年已经增长到了 8.07 亿英镑,6 年的时间里年增长率达到了 9% ~22%。[②]

英国内政部 1995 年《警察核心与附带任务评论》认为,通过将“非重要”的警务职能承包给保安服务公司,警察部门每年有望节约 2 亿英镑。警察局局长协会和英国皇家警队督察处认为,至少可以概括出 37 项能够考虑“转包”给非警察机构的“附带任务”,其中大多数不会引起争议,如停车管理、护送超大型道路运输、寻找失踪者、看护猝死者、为大型公共活动担当保卫、签发持枪证以及提供预防犯罪方面的咨询,其中有一些可能会引发争论,如执行驱逐出境、管理全国罪犯记录系统。[③]

警务工作的契约化承包,其本质是“合同行政”,保安服务公司承担着原先由警察担负的一些非执法类的任务,通过政府以交易方式向保安服务公司购买,投入社会为公众提供安全服务,保安服务公司收取等值的报酬并维持私有警务的再生产。欧美警务结构调整的效应产生了三个变化:一是警务由市场提供,替代了政府部分公共警务的边缘职能,使

---

① Jones, T., Newburn, T. and Smith, D. J. (1994) Democracy and Policing, London: *Policy Studies* Institute.

② Johnston, L. (1992) *The Rebirth of Private Policing*, London: Routledge.

③ [英]弗兰克·利什曼等主编:《警务工作之核心问题》,吴开清等译,群众出版社 2000 年版,第 70 页。

警察组织不断膨胀得到了遏制进而为政府压缩正式警察编制和财政支出提供了可能;二是面对市场机制提供的警务服务质量和安全性保障的竞争压力,警察不得不进行类似的改革,提高正式警务运行的效率和服务的质量;三是商业化的多元警务产品可以满足不同阶层的安全需求,有支付能力的顾客可以从警务市场购买到更多的警务服务和治安防范的产品。

五、迈向新秩序:警察权由社会分享

(一)私域警务的业务范围

Jordan 和 Sons(1993)将私域警务业务范围归纳为静态警务和动态警务两大类,据 1994 年圆桌会议上的估计,将近 70% 的合同制保安人员从事静态警卫工作,20% 从事汽车巡逻和应急反应工作,10% 从事押运贵重物品工作,还有 1% 从事报警监控工作。①

Shearing,C. D.(1980)等②对加拿大和英国的私域警务研究以及 Jones 和 Newburn(1998)对英国保安服务业的调查都表明,③私域警务的客户对象包括当地政府部门、金融机构、零售商、建筑承包商以及个人。商业和零售企业对警务的需求构成了保安市场最大的份额,但政府也逐渐购买越来越多份额的私人警务用于公共领域。客户的变化对于保安业的未来发展有着非常重要的影响,通过特定保安业务和服务需求,决定着保安业的性质和功能。

McManus(1995)④和 Noaks(2000)⑤分别针对居民社区进行警务保障提供的研究,结果表明了一个共同点就是所有的居民毫无例外地都关注犯罪率的增长和社区治安秩序维护的问题,居民的共同关注产生了小区治安巡逻的需求。在 Noaks 的调查中发现,74% 的社区巡逻任务是由保安人员承担的,这也是保安人员重要的工作。

娱乐场所、度假村、购物中心及其他大型商业服务设施的所有者为了维护和控制经营场所中的秩序,通常雇用私营保安机构来提供警务保障,通过购买额外的安全服务产品,来创造一个更具安全感和秩序性的商业环

① Jordan and Sons(1993)*Britain's Security Industry*,London:Jordan and Sons Ltd.

② Shearing,C. D.,Famell,M. B. and Stenning,P. C.(1980)Contract Security in Ontaria,Toronto:Centre of Criminology,University of Toronto.

③ Jones,T. and Newburn,T.(1998)*Private Security and Public Policing*,Oxford:Clarendon.

④ Mcmanus,M(1995)From Fate to Choice:Private Bobbies,Public Beats,Aldershot:Avebury.

⑤ Noaks,L.(2000)Private Cops on the Block:a Review of the Role of Private Security in Residential Communities,*Policing and Society*,10:2.

境以吸引更多的客源。保安的存在传达了这样一种信息:随时提供帮助和支援,并能够在来访者的人身财产受到威胁时提供保障,这种快速的反应弥补了警察到来前的空白。①

(二)私域警务中的权力结构

迄今为止,保安人员并没有得到与警察拥有同样正式合法权力的制度环境,一般而言,保安仅仅是被授权在有限的条件下暂时扣押公民的权力,而在英国,每个公民都拥有这种权力。Stenning(2000)从美国的一些司法判例中引申出保安人员拥有的一些权力,如拘留店内可疑盗窃者。在加拿大,当刑事犯罪的对象涉及财产时,国家刑法典本身就赋予财产所有者扣留的权力。当作为维护私人财产所有者领域秩序的代理人时,保安人员拥有从该私人领地驱逐不受欢迎之客的权力。保安人员另外的一些权力来自工作场所警务、不动产租赁法、教育机构自治法、乘坐公共交通工具安检的规定以及私人合同的约定性授权。②

1998 年《犯罪与骚乱法》促使了公共警务和私域警务合作伙伴关系的发展,该法允许警察和地方政府机构在不违背 1984 年《数据保护法》和 1998 年《数据保护法(修订)》的前提下,为了预防和打击犯罪,可以和私营机构分享情报和交换信息。从立法的精神上看,这是扩大了私域警务占有犯罪情报的权力,在这种情况下,如果警察不透露信息,则有可能损害预防犯罪、侦查犯罪或逮捕犯罪嫌疑人的成效。在邻里守望计划中,警察也与义务巡逻队之间分享着有关社区犯罪的情报。③

Shearing 和 Stenning(1981)针对保安实际工作内容进行了研究,在其以预防为主特点的各种行为中,最典型的就是监视,与警察不同的是,保安人员执行任务时的监视范围扩展到那些可能会影响雇主经济利益的行为,那些虽然没有实施犯罪行为但却威胁到雇主获取可能利润、扰乱人们潜在的消费行为或是直接产生经济风险(如人身伤害导致的索赔)的行为都会遭受保安的人身干预,这也反映出保安业尽力减少犯罪和无秩序行为是为了排除对雇主获取利润的威胁,这与警察的价值取向存在很大的分歧,这

① Shapland, J. (1999) Private Worlds: Social Control and Security in Britain, in J. Shapland and L. van Outrive (eds.), Policing and Security: Social Control and the Public-Private Divide, Paris: UHarmattan.

② Stenning, P. (2000) Powers and Accountability of Private Police, *European Journal on Criminal Policy and Research*, 8.

③ Jacobson, J. and Saville, E. (1999) Neighbourhood Warden Schemes: An Overview, Crime Reduction Research Series Paper 2, London: Policing and Reducing Crime Unite, Home Office.

也导致保安权力滥用的可能性加大。①

Shapland(1999)对两家购物中心的保安人员的行为研究中发现,其中一家购物中心,如果发现有不良举止的青年和流浪者,保安人员会拒绝其进入;另一家则执行了更严格的规定,拒绝流浪者、宗教传道士、街道小商贩、政治示威者、参加慈善集会的人以及穿有不雅T恤衫的人员进入。显而易见,购物中心业主制定的行为标准比大众的公共场所更为严格。②

这些场所的保安拥有驱逐权的适当性受到Gray等人的质疑,虽然被驱逐的对象是流浪汉或酒鬼等具有破坏秩序可能的人员,但对其风险性的预期判断能否成为驱逐他们的理由尚存伦理上的考量,因为即使是这些不受欢迎的顾客,也有着不被歧视和在开放性社会空间不受限制的权利。③

(三)警察权的社会分享

在20世纪90年代早期至中期,随着保安业的迅速崛起,公共警察和私域警务之间的界限越来越模糊,私域警务所取得的成效以及在预防和打击犯罪上面的作用也逐渐得到警界的认可,这两个部门之间的警务合作以及专业化的联系越来越紧密。

20世纪90年代后期,当时的萨里郡警察局局长伊恩·布莱尔最先提出警察局可以采用经过论证的保安公司和邻里义务巡逻队的警务计划,这一观念已经为英国2002年《警察改革法》所吸收和采纳。布莱尔(1999)认为,警察虽然自己把自己放在核心的位置,但从来也没有真正垄断过巡逻业务,他的观点与警察既有的关于公共和私营部门角色分工的认识大不一样,无论是否得到警察的支持,私域警务都有可能得到发展,在可供选择的保安服务业被赋予越来越多的警务职责时,布莱尔认为警察的职能需要接受重新配置。④

这在警察界引起了激烈的辩论,争论的焦点在于警察是否应该从原有的警务范围撤回警力。当时的影子内政大臣安·威德库姆提出一项议案,在其重新审视警察的职责与任务后,认为警察不应当做人们要求警察去做的所有

---

① Shearing, C. D. and Stenning, P. C. (1981) Modern Private Security: Its Growth and Implications, M. Tonry and N. Morris(eds) Crime and Justice: An *Annual Review of Research Vol.* 3, Chicago: University of Chicago Press.

② Shapland, J. (1999) Private Worlds: Social Control and Security in Britain, in J. Shapland and L. van Outrive (eds), Policing and Security: Social Control and the Public-Private Divide, Paris: UHarmattan.

③ Gray, K. and Gray, S. F. (1999) Civil Right, Civil Wrongs and Quasi-public Space, *European Human Rights Law Review*, 1.

④ Blair, I(1999) Patrolling Provision, Policing Today, June.

事情，同时提出可以将一些警务活动承包给私营部门。这个观点早在1984年史密斯研究所以及1993年内政部《核心任务和从属任务》的评论中就得到类似的表达，这包括首先确定警察的核心功能，并将警力资源调配到警察服务的核心领域，其次是进一步推动警察部分岗位文职化的改革，使警察非核心岗位由无须警务专业技能培训的文职人员担当，最后应当将一部分警察工作承包出去，甚至可以将一部分非核心警务工作剥离出去。这三个步骤可以概括为合作、竞争和收缩核心业务，这是未来警务的发展趋势。①

英国《2002年警察改革法》已经使警务结构发生了根本性的变化，由于大众私有化财产的普及，同时产生了许多公共生活的社区空间，这种新的秩序维护不再完全依赖正式警务的力量，而是由商业化的私域警务所接管。从20世纪80年代开始，原本国家垄断的警务执法权已逐步分解并授权给私营机构和地方合作性组织，2002年的警察改革法加快了警务执法权分割的步伐，向平民授权的条款表现得十分激进，因为它将原本授予英格兰和威尔士警察的有限权力转移给了充当社区辅警的保安人员。在该法案中，警察局局长除了可以任命文职人员辅助行使警察权以外，还可以将一些较低层次的警务执法权委任给被授权的非正式警察，这些被授权行使警察权的辅警被称为“被委任的执法官”（accredited persons）。

在警察权回归社会的过程中，无法回避的一个新的问题是，即使警察机构将权力授予新的合作伙伴和警务代理机构要履行一定的审查程序，促使非正式警务力量参与本地的犯罪控制，使这些机构和国家警察一样有机会去负责社会秩序的管理，但是现有模式的正当性仍然值得探讨，其中所亟须解决的便是执法的伦理性因素，以确定非正式警务运行时的正义性以及如何纳入政府统一的“问责”体制。②

Shearing和Stenning（1981）认为，私人保安服务没有促进公共利益方面的法定义务，这是与警察本质的区别，警察必须在法定职责和普通法的框架下实现公共性的目的。对购买私人警务的商业客户而言，任何保安服务必须接受成本与效能的检验，因为商人绝不会采用高成本低效能的方案。与保护私人利益的需求相一致，保安的目标设定就是通过预防性的手段保全财产，实现雇主利益的最大化。③

---

① Murphy, J. (1999) William's Other Woman, Sunday Telegraph, 15 August.

② Garland, D. (1996) The Limits of the Sovereign State; Strategies of Crime Control in Contemporary Society, *British Journal of Criminology*, 36:4.

③ Shearing, C. D. and Stenning, P. C. (1981) Modern Private Security: Its Growth and Implications, M. Tonry and N. Morris (eds). *Crime and Justice: An Annual Review of Research* Vol. 3, Chicago: University of Chicago Press.

第六章　中国警政范式重构:建设服务型政府背景下的回应

服务型政府是在反思新公共管理运动之后兴起的一种新型治理范式,它体现了以政府为中心的管理主义向以公民为中心的服务理念的转变,这种转变在哲学层面上体现为工具理性向价值理性的转型。当前中国社会的变迁趋势,在由计划经济体制转向市场经济体制为主要特征的社会转型的同时,也发轫了政府管理范式嬗变。在先后经历了改革开放前的政治为本导向型和其后的经济为本导向型之后,我国的政府管理开始向以人为本的公共服务型转变,这种转变直接促使了警政范式的重构。①

第一节　当代公共管理的若干核心理念及其论析

20 世纪 80 年代以来的政府改革运动是在公共管理理论的指导下进行的,公共管理的若干核心理念,如政府、市场与社会三元结构理论、公共产品与公共服务理论、外部性理论等让我们重新认识了公共管理的本质,即通过分工与协作,充分发挥政府、市场、社会各自运行机制的优势,各负其责,明确它们在公共产品供给上的权责关系,在政府主导治理实践之下,实现政府、市场、社会对等合作的善治。

一、从一元到多元:政府、市场与社会之交集、互动与制衡②

(一)政府与市场的二元交集

在现代社会中,市场不可能完全脱离政府单纯地发挥作用,G. 霍奇逊认为,“一个纯粹的市场体系是无法正常运行的,一个市场系统必定渗透着国家的规章制度和政府的干预”,市场之所以能正常运行正是通过一张“制度网”来发挥作用,这些制度不可避免地将市场与政府纠缠在一起。③

---

① 黄健荣:《论公共管理之本质特征、时代性及其他》,载《公共管理学报》2005 年第 3 期。

② 黄健荣:《论现代社会之根本性和谐——基于公共管理的逻辑》,载《社会科学》2009 年第 11 期。

③ [英]G. 霍奇逊:《现代制度主义经济学宣言》,向以斌等译,北京大学出版社 1993 年版。

西方社会对政府与市场关系的争论可分为三个阶段:(1)早期古典自由经济阶段。政府仅仅充当“守夜人”的角色,“政府管得越少越好”,主张市场自由调节,亚当·斯密称其为“看不见的手”,完全由市场商品价值、供求关系和自由竞争来推动社会经济的发展。(2)政府干预下的凯恩斯主义。为了应对1929年世界性经济大萧条所暴露出的市场失灵,西方国家检讨了完全放任的自由市场经济体制的弊端,承认在市场主导下的政府管制的必要性。(3)20世纪70年代,西方经济再次出现危机,经济发展减缓,失业率上升,通货膨胀严重,这意味着凯恩斯主义面对后现代社会的局限性,社会经济发展的格局进入新自由主义市场经济时代。①

西方国家的发展过程,始终伴随政府机制与市场机制之间的博弈和调整,一是表现为制度层面的安排,即“自由主义”与“国家主义”之间的博弈,最终导致政府与市场两种机制的作用与功能趋于均衡。二是表现为“政府力量”与“市场力量”之间的博弈。通过这种双重博弈,最终导致政府与市场机制不同的结构组合。② 政府与市场之间必然是长期的、动态的博弈过程,博弈的均衡不断被社会的变化所打破,两者在重复性的博弈中会寻求一种新的均衡,“均衡—非均衡—均衡”构成两者博弈的基本轨迹。

市场在政府的适当规制与调节下,可以促使市场机制健康发展;市场机制在法治框架之下有序运行,促进经济发展,并由此增强政府的合法性;政府机构借鉴市场机制改善政府治理的绩效,提升公共服务的供给效能。历史和实践均已证明,政府的过度干预或纯粹的自由市场都不足以提供经济运行的理想化状态,现代经济是一种混合经济,政府与市场之间已经不是相互替代关系,而是互补关系。③

政府提供公共物品与公共服务的优势在于通过公共决策来确定公共物品的目标、数量、标准以及质量,并运用权力机制进行监管和公共财政进行补偿等方式保障其实施的顺利。并且通过政治过程和行政强制力,能够提供市场所无法也不愿生产的纯公共产品。市场提供公共服务的优势在于准公共物品的存在和满足多元化俱乐部产品的需求,并且可以提升公共服务生产上竞争所带来的市场回应能力、决策的分散性和服务的效率等问题。由于政府和市场具有不同的优势,沃尔夫就认为“在政府和市场间的

---

① 张志勇:《试论政府与市场相结合的中国发展模式》,载《内蒙古大学学报》(哲学社会科学版)2011年第4期。

② 刘祖云:《政府与市场的关系:双重博弈与伙伴相依》,载《江海学刊》2006年第2期。

③ 陈共主编:《财政学》,中国人民大学出版社2004年版,第15~16页。

选择是在两种不完善中的选择”。①

(二)政府与社会的二元交集

政府对社会提供公共服务,利用自身优势去实现公平正义,通过二次分配机制对弱势群体进行帮扶,保障了基本的民生和社会良好秩序;社会对政府行为积极的回应和认可是政府的合法性得以维系的基础,也是检验公共政策有效性的前提,社会对政府的期待与监督,促使政府恪尽职守服务社会,增进社会之公共福祉。

政府与社会关系的异化也是相互影响的。政府对社会公共生活的不适当介入,如在思想文化领域某些方面实施过度的干预、教育领域的行政办学,从而阻碍公民思想文化建设的繁荣,破坏甚至窒息社会的活力;社会成员对政府过度干预的抵制和不服从,不仅会降低政府的合法性,而且会导致社会秩序的破坏与混乱。公民社会对政治生活的冷漠则会使公共权力不能受到有效的监督制约,政府运行容易出现方向性的偏差和失误,最终损害到公共利益。

(三)市场与社会的二元交集

市场的繁荣昌盛是公民社会存在的土壤,市场机制的有效运行不仅能增进社会的活力,活跃经济发展和刺激商品的供给,而且也能引发社会文化思想的创新;公民社会对经济生活的参与不仅可以弥补部分公共物品供给的不足,而且对市场进行行业监督是克服市场失灵的有效途径之一,促使市场在正确的轨道上实现良性运行。

市场与社会关系的异化同样是相互作用的。市场机制一旦过度介入社会,会使唯利是图的价值观充斥社会,极端自私的行为准则取代社会公共道德伦理,抑制社会公共精神和公益精神,破坏了良好的社会风气。同样,社会对市场机制的认识存有不合理的偏见,会导致市场机制激励性的丧失。

(四)政府、市场与社会的三元交集

政府、市场与社会三者相辅相成,通过良性互动而实现有效制衡的三元交集,共同承担社会责任,促进与维护公共利益,实现经济社会的发展与和谐。

根据社会契约理论,政府的权力源于公民让渡的权利,这些权利以一种公共意志的形态得以表达,成为公共权力的基础。公民让渡自己最珍贵

---

① [美]查尔斯·沃尔夫:《市场与政府:权衡两种不完善的选择/兰德公司的一项研究》,谢旭译,中国发展出版社 1994 年版,第 34 页。

的权利,就是为了借助政府组织来保障个人的安全与生存,同时促进个人状态下无法达成的集体行动。政府存在的终极价值,只是公共意志表达与实现的一个载体,政府与社会之间的关系,第一个环节就是公民形成公共意志,第二个环节是国家把公共意志转换为政府的政策纲领,二者之间的关系是公民社会制衡政府。①

政府存在的价值就在于实现公共意志的表达,外在的表现就是向公民提供令他们满意的公共物品和服务。但是历史反复证明,完全由政府来提供所有的服务不仅成本很高而且可选择性很小,市场机制的优势就在于通过不断的竞争和自然淘汰,形成成本最低质量最高的物质供给链,成为资源配置的重要措施之一。但是,市场亦具有自身无法克服的缺陷,强烈的逐利动机如果放任其发展必然形成另一种失灵。此时,唯有代表公意的政府才具备制衡它的绝对力量。国家意志本质上是民众公共意志的表达,政府依法来规制市场实际上是公民的意志在规制市场。

因此,“公民社会监督政府—政府监督市场—市场向公民提供合格产品”,政府、市场与社会的三元交集相互制衡与良性互动关系的建立,是保障社会公平正义的原则实现的根本。

二、从矛盾、冲突到合作共治:三种机制的均衡

政府机制的动力来自权力驱动,借助官僚制实现自上而下的单向强制性,基于规制的等级控制,强调规则、程序、命令与遵从。政府通过公共权力的运行,在规制和公共政策的制定、基本公共服务的供给、外部效应的矫正、经营垄断的限制、维护正当竞争、提供相关信息、调整收入分配等方面都具有绝对的优势和不可替代的作用。政府机制的弊端在于难以直接应对微观经济活动,集权化和官僚制必然对复杂多变的社会需求反应迟钝;容易干预市场运行和损害经济主体的利益,引起市场动力不足和缺乏经济激励;容易偏离实际,不能反映民众价值偏好,造成公共资源的巨大浪费。在中国计划经济体制下,政府赋予了自身太强的机制,成为全能型政府。当前,中国政府把自己的职能界定为社会管理、公共服务、经济调节和市场监管,将很大一部分职能回归市场和社会。政府机制正确的治理方式既不能包办一切,也不能无所作为和放任自流,而是政府在充分发挥市场机制和社会机制的前提下,合理设定自己的职能和运行机制并有效履行。市场的运行动力来自欲望驱动,运行机制是借助交易市场实现双方互惠的等价

---

① 尹力:《国家与社会关系视角下的传媒运行机制探析》,载《求索》2011 年第 9 期。

交换,运行方式是竞争和自愿交易。市场秩序是以明晰的产权为基本制度,以价值与价格内在统一为资源配置的基本机制,以自由竞争为结构特点所呈现出来的稳定的交易运行状态。

市场经济的本质就是以商品的生产与交换为内容的自由活动,市场经济的运行依靠经济主体通过自主和自愿的协商所订立的合同。任何经济主体只能依靠遵循市场规则的基础上根据自己利益最大化指导自身的行为模式,适应市场秩序的行为模式,一方面是满足市场竞争的价格机制,另一方面是不侵犯他人合法利益边界在道德教化的协调下可以预期的行为。任何偏离这种轨道的运行都注定在市场竞争中处于不利的位置而遭受淘汰。通过平等自愿的交换来成就双方的利益需求,这个过程是互为满足的利益实现,对于整个社会系统而言,本质是一个资源配置的机制。契约精神所体现的社会关系,是在一种平等的人格基础之上进行链接和互动,对他人的支配必须在双方一致同意的条件下才成立,受领别人之财物或服务,必须基于一致性给予对方以对等的回报,当事人能够自由地进行判断和决断。

公民社会的运行动力来自道德共识与集体的自我约束,运行机制是借助公民社会的互动协商,运行方式是基于共同价值取向和道德伦理的诉求达成协商合作。强大的公民社会,凝聚公共意志的表达,公共利益的诉求也容易被政府所认识。政府机制的首要目标是保障基本公共服务的需求,确保利益分享的公平性;市场与社会机制的首要目标则是尽可能满足公共服务的差异性需求,尽量实现公共服务供给的多元性和可选择性。合作共治的最高境界是达到善治,通过分工与协作,充分发挥政府、市场、社会各自运行机制的优势,各负其责,明确它们在公共产品供给上的权责关系。在政府主导治理实践之下,善治要求政府、市场、社会对等合作,这种合作的实现有赖于政府权力向社会的回归,但是这种公共权力的转移并非纯粹地转移公共资源的配置权,而是通过多种机制的共同协作,来创设一种不同主体间的互补协同关系。

(一)矛盾、冲突——机制的失灵

政府维护社会公平公正的这一职能一直以来就是政治学、经济学和公共管理学等争论的主题。事实上,政府机制并非总是有效的,政府也存在失灵问题。政府的失灵具体表现在:(1)政府决策失误。在现实中,大量的公共政策是在信息不充分的情况下做出的,加上决策者能力不足导致政府决策失误。(2)政府角色错位。政府干预的范围和力度过大,超出了矫正市场失灵、维护市场机制顺畅运行的合理界限,“政府存在天然滥用权力的冲动”。[①]（3）官员腐败，政府俘获，政府增进自己经济利益的冲动。斯蒂格利茨在分析政府失灵的问题时指出，社会的二次分配不仅会导致不公平，而且还会产生不经济的寻租活动。[②]政府即使具有良善的供给意愿，在层级结构的僵固、外部监督机制的缺乏和内在自觉性丧失的情况下，很可能会基于狭隘的部门小集团利益或个人利益垄断公共物品供给，由此产生腐败的“寻租”行为。

美国麻省理工学院的巴托教授1958年在美国的《经济学季刊》秋季号上发表的《市场失灵分析》论文中，正式运用“市场失灵”（market failure）一词来讨论市场机制的问题，从此这个术语开始被广泛地使用。市场失灵被认为包括两种情况：“一是市场机制无法有效地配置社会资源；二是市场经济无法解决效率以外的非经济目标”。[③]市场失灵的具体表现有：（1）市场垄断的产生。市场的某些供给者可以控制市场价格，市场经济面临的是不完全的竞争和扭曲的定价，严重损害了市场机制的充分发挥，也导致强者更强、弱者更弱，制约规模较小的企业的活力和竞争力，从长远来看会影响社会整体发展的后劲和创造力。（2）市场经济的外部性。在外部效应存在的条件下，市场价格不能正确反映成本和收益，市场释放失真的信号从而导致了市场供给不足或过剩，发生市场调节的失灵。（3）彼此独立的市场供给者和需求者是依靠契约关系和诚信而联系在一起，他们中的任何一方为了自己的利益而破坏契约关系和失去信用，市场也会失灵。（4）对于公共产品的供给，市场本身就是失灵的。这是因为市场化的商品生产是为个体消费者量身定做的，公共物品（亦称公共产品）和服务在市场上无法得以准确地表达，市场难以进行资源的分配。

非政府组织作为构建公民社会的基础和重要的组织资源往往被视为政府和市场之外的第三种领域，承接了纯粹公共领域和纯粹私人领域之间的交叉空间的连续性。非政府组织也会因为内在性的缺陷而产生失灵现象，使公民社会在资源配置上产生功能性的低效和缺陷，无法有效地供给公共物品和服务来满足社会多元化需求，具体表现为：（1）营利化取向。非政府组织将大量的精力和资源投入到以赚取利润为目标的经营性项目，背离了非营利性的追求，损害了公益性的实现。（2）志愿性丧失。志愿行

① ［美］詹姆斯·M. 布坎南、戈登·塔洛克：《同意的计算——立宪民主的逻辑基础》，陈光金译，中国社会科学出版社2000年版，第17～33页。

② ［美］斯蒂格利茨：《政府为什么干预经济》，郑秉文译，中国物资出版社1998年版，第54～55页。

③ 杨风禄、冯淼：《市场失灵的迷思》，载《山东社会科学》2011年第6期。

为之所以高风亮节就在于无私的奉献,而不在乎个人利益的得失,一旦存在对个人荣誉、声望等非物质性的追逐,同样也是公共性的缺失。(3)效率低下。非政府组织规模越大,中间环节的管理成本就越高,单位资金的产出不高。(4)信任度下降。由于免税,非政府组织资金的使用难以监督和控制,不断披露出来的种种腐败现象,也招致公众强烈不满,降低公众信任度,削弱了公民社会担负的促进社会公平、正义等使命的神圣感。NGO的志愿服务机制最大的优势在于其具有良善的供给意愿,可以灵活机动地应对政府考虑不到或市场尚未满足的基本需求;最大的劣势是难以保证公共服务充足的供给能力,层级越高,涵盖的共同体越大,其能力不足的劣势就越明显。

(二)走向合作共治的均衡机制

黄健荣认为,政府、市场与社会三种机制都有其各自的存续与运行的合理空间,而且能在民主法治的框架中实现三者之间的良性互动与制衡,发挥其应有的作用。“实现这样的和谐是现代社会稳定与发展进步的根本保证。”①

其中任何一种力量或机制过于强大或柔弱,都会导致失衡,正如安东尼·吉登斯所表述的:“只要以上三者中有一者居于支配地位,社会秩序、民主和正义就不可能发展起来。一个多元社会若想维持,它们之间的平衡必不可少。”②

合作共治,就是在治理过程中打破政府对公共权力的垄断,将部分管理权让渡给社会,形成政府公共组织、私人经济实体、社会非营利组织和公民多元主体之间平等协商、协同互动的治理格局。合作共治改变了单中心权威秩序的思维方式,意味着政府为了有效地实现公共性目的,由多种行为主体基于一定的规则与制度,通过相互博弈、积极对话、平等协商、彼此调适等互动关系,形成多中心权威秩序的运作模式。合作共治促使私人经济实体、社会非营利组织和公民多元主体在同政府的良性互动中,可以对政府政策的制定和政策的执行进行有效制约,以遏制政府的寻租现象和自利性行为,提升政府行为的公正性与合法性,这也是迈向后工业社会公共治理方式的必然选择。

---

① 黄健荣:《论现代社会之根本性和谐——基于公共管理的逻辑》,载《社会科学》2009 年第 11 期。

② [英]安东尼·吉登斯:《第三条道路及其批评》,孙相东译,中央党校出版社 2002 年版,第 57 页。

三、公共物品与公共服务供给理论

公共物品（服务）理论的发展史，一般认为最早可以追溯到近代西方政治学的社会契约论。1651 年，托马斯·霍布斯在其名著《利维坦》中定义了国家的本质在于一大群人相互之间订立信约，每个人都将自己那部分的权利转让出来，"以便使它能够按其有利于大家的和平与共同防卫的方式运用全体的力量"。[①] 1662 年，英国经济学家威廉·配第在其专著《赋税论》中，论述了公共财政的主要开支包括军事、官吏俸禄、道德教化、教育、抚恤、公共事业等，论证了公共物品与服务存在的社会公益性。[②] 亚当·斯密认为政府的一项重要职能就是提供公共物品，对于国防工程、行政机构、公共事业等所需费用巨大，并且利润难以弥补成本，"不能期望个人或少数人来创办或维持"。[③]

早期的学者虽然已经直觉地认识到公共物品与公共服务的基本概念与命题，如存在的必要性、核心特质，但这种认识还仅仅局限于简单地用来分析国家理论或政府理论，尚未形成一个独立的理论体系与分析框架。

第一次正式提出"公共物品"（public goods）这一概念的是瑞典经济学家埃里克·R. 林达尔（Erik Robert Lindahl），1919 年其在博士论文《公平的赋税》中指出，公共物品是国家提供给人民的一般性给付，表现为个人或集团通过交纳赋税的方式进行购买，"并由此建立了林达尔模型，借以分析公共物品的供应问题"。[④]

经济学中对公共物品（服务）给出准确定义的第一人是保罗·A. 萨缪尔森，1954 年他在《公共支出的纯理论》中认为，公共物品是指"每个人对某种产品的消费，都不会导致别人对该产品消费的减少"。相对而言，私人物品是指"如果一种物品能够加以分割因而每一部分能够分别按竞争价格卖给不同的个人，而且对其他人没有产生外部效果"。因此，消费公共物品中就有了"非排他性"（non-excludability）和"非竞争性"（non-rivalry）的划分，并建立了一般均衡模型来分析公共物品的最佳供给。[⑤]

在萨缪尔森的基础上，马斯格雷夫 1959 年在《公共财政理论》一书中

---

① ［英］霍布斯：《利维坦》，黎思复译，商务印书馆 1985 年版，第 132 页。

② ［英］威廉·配第：《赋税论》，陈冬野译，商务印书馆 1978 年版，第 27～28 页。

③ ［英］亚当·斯密：《国民财富的性质和原因的研究》（下卷），郭大力、王亚南译，商务印书馆 1996 年版，第 248 页。

④ 赵成根：《新公共管理改革》，北京大学出版社 2007 年版，第 56 页。

⑤ P. A. Samuelson. The Pure Theory of Public Expenditure, *Review of Economics and Statistics*, 36 (November 1954), pp. 387－390.

对公共物品的定义引入了“价格排他原则的非适用性”，将消费的非竞争性与非排他性并列，同时作为界定公共物品的标准。在马斯格雷夫看来，公共物品之所以存在是因为该类物品本身所具有的消费的非竞争性和非排他性。①

布坎南（1965）认为，公共物品是由供给过程所决定的，与物品本身的消费特征无关，公共物品的内涵与外延非常广阔，由此提出“俱乐部理论”以弥补萨缪尔森的纯公共物品概念的缺陷。“任何组织不论何种原因决定通过集体方式提供的商品或服务，都将被定义为公共物品或服务，包括‘公共性’程度从 0 到 100% 的其他一些产品和服务。”②

按照布坎南的逻辑分析，某些公共物品并不一定具有典型的非竞争性和非排他性等传统公共物品定义认可的特征，但是只要具备集体组织部门供给的范畴，就可以认定为公共物品。正是基于供给过程中的公共组织视角，布坎南将公共物品扩展到了“俱乐部物品”，并将“俱乐部”（club）定义为“一种消费、所有权—会员之间的制度安排”，这样便顺利地涵盖了从萨缪尔森的纯私人物品到纯公共物品的所有连续性谱系。

井手文雄、曼瑟尔·奥尔森（Mancur Olson）、维尔·伊肯（Ver Eecke）、马莫洛（Marmolo）等人都对公共物品（服务）理论的研究倾注大量的心血。井手文雄认为凡是国家生产、供给的产品和服务都可以视为公共物品。休·史卓顿则认为，公共物品不是由个人的市场需求而是由集体的政治选择所决定的物品，政府决定免费或以低费用供给的所有物品和服务，都可以视作公共物品。③

四、外部性理论

1890 年，马歇尔提出了外部经济的概念，为外部性理论正式产生提供了思想源泉。在其《经济学原理》一书中，马歇尔分别用两种不同的类型来解释经济中出现的生产规模扩大的现象，即“生产的扩大一类是依赖于产业的普遍发展，另一类是来源于单个企业自身资源组织和管理的效率”，前一类是“外部经济”（external economies），而后一类为“内部经济”（internal economies）。④

---

① Musgrave, R. A. The Theory of Public Finance. New York: McGraw-Hill, 1959: 10.

② Buchannan, J. M. An Economic Theory of Clubs. Economica, 1965(32): 1 – 14.

③ 梁学平：《公共物品内涵的多角度诠释》，载《商业时代》2012 年第 3 期。

④ Marshall A. Principles of economics. London: Macmillan, 1920(6): 266. 转引自瞿翔：《中国农业上市公司投资风险问题研究》，华中农业大学 2010 年博士学位论文。

20世纪20年代，福利经济学的创始人庇古在《福利经济学》中进一步讨论了外部性问题。受马歇尔的启发，庇古正式提出和完善了外部性理论。庇古将“外部性”细分为外部经济（正的外部经济）和外部不经济（负的外部经济）两种情况。在经济活动中，如果某些组织给其他经营体或整个社会造成了损失而没有付出补偿价，就存在“外部不经济”，这种情况下，边际成本与边际收益对于私人和社会这两对分析变量存在价值背离。对于外部性的影响，仅仅依靠市场机制已经无法消除价值背离的存在，资源配置也不能达到帕累托最优状态，必须引入政府机制进行调整和干预，即“征收税额为边际外部成本（MEC）（边际私人成本与边际社会成本的差额）的税。同时为了鼓励正的外部经济，则给予额度为边际外部收益（MER）的奖励和津贴”。① 庇古对外部性理论从产生的原因、类型、影响，再到解决问题的理论逻辑就得以建构，形成了静态的、技术的外部性理论的基本分析框架。②

1952年，英国经济学家鲍莫尔（Baumol）出版《福利经济及国家理论》一书，进一步阐释了外部性理论。鲍莫尔继承了庇古的思想，即采用赋税制度和激励措施来解决外部性问题。鲍莫尔认为，过分采取政府机制来替代市场机制不一定会有更好的效果，同时也主张“如果社会成员自己创办的价值超过了用强制措施要求他出资的价值，他就会心甘情愿地服从这种强制措施”。③

20世纪60年代，科斯（Coase）在审视庇古理论中所提到的外部性问题的实质是侵害效应的相互性。要解决或避免侵害效应的发生，首先是要有明晰的产权界定，外部性问题并不一定是市场机制的必然结果，而是由于产权界定模糊。当交易费用为零以及产权明晰的状况下，私人之间通过自愿协商的契约关系完全可以解决外部性问题而无须公共权力干涉。科斯否定了庇古的逻辑起点，将外部性问题转变为产权问题，将外部性理论向前推进。④

科斯的外部性理论可以很好地解释中国实行的小区物业管理供给的公共安全。现代化的住宅区大多建设为封闭式的小区，物业管理者通过收取业主的物业费，对小区内的治安、卫生、绿化、道路交通进行统一的管护。特别是对小区的秩序与安全，通过摄像和监控设施进行技术防范；通过保

---

① 黄敬宝：《外部性理论的演进及其启示》，载《生产力研究》2006年第7期。

② ［英］A. C. Pigou：《福利经济学》，陆民仁译，台湾银行经济研究室1971年版，第111页。

③ ［美］鲍莫尔：《福利经济及国家理论》，郭家麟、郑孝齐译，商务印书馆1982年版，第9～16页。

④ ［美］科斯：《社会成本问题》，载《财产权利与制度变迁》，上海三联书店1994年版。

安巡视进行人力防范。这些措施有效地降低了小区的犯罪发案数量,具有外部的经济性。但另一方面,很多娱乐场所也聘请了保安"看场子",为了防止"黄、赌、毒"被查处,当警察进行治安检查时,保安利用隐藏的电铃向各个房间进行通风报信,让违法行为得以逃脱警方的打击,具有外部的不经济性。

第二节　公共管理运动的兴起与服务型政府的出现

全球化时代所需要的公共权威和公共管理,已经不可能完全由传统政府的官僚行政结构提供,这也为政府形成新的治理机制提供了机遇和空间,也提示着适应全球化的政府必须是一个能充分调动公民社会的积极性、协调不同利益群体的需求和推动不同主体间合作的服务型政府。

一、从统治、管理走向服务:公共管理演进的逻辑与范式转换

贝尔把社会的形态划分为前工业社会、工业社会和后工业社会三个互有联系递进发展的不同阶段。①

前工业社会是以农业、林业、牧业、渔业等为主要产业的社会,经济的运行来源于自然资源的消耗,依赖人力和牛马等生物能源为动力和靠天吃饭而体现出"对自然的博弈";工业社会则是以制造业、加工业、建筑业等构成社会的主要经济结构,经济的运行依靠大规模的机械化生产,依赖于煤炭石油等化学能源为动力和人定胜天而体现出"对自然的改造";后工业社会是一个信息化的知识经济社会,倡导太阳能、风能等生态能源为动力和天人合一而体现出"与自然的和谐"。

纵观数千年的人类文明史,公共事务的管理活动伴随着国家的出现而产生,"其主要发展进程历经前工业社会的统治主导型模式、工业社会的管理主导型模式,现在正转向服务主导型模式的治理"。②

统治型的社会治理模式以"权威—依附—遵从"为特征,管理型的社会治理以"契约—控制—服从"和"竞争—管理—协作"为特征,服务型社会治理模式则以"服务—信任—合作"为典型特征。③

在服务型社会治理模式下,政府不再是公权力的唯一行使主体,公共

---

① [美]丹尼尔·贝尔:《后工业社会的来临》,高铦等译,新华出版社1997年版,第138页。

② 黄健荣:《论现代社会之根本性和谐——基于公共管理的逻辑》,载《社会科学》2009年第11期。

③ 孔繁斌:《公共性的再生产》,江苏人民出版社2012年版,第61页。

权威建立在政府与社会合作、互动的基础上，公民社会（社区和非营利组织）、市场（私人部门）和公民也从事社会公共事务的治理，成为多元治理主体的一部分，社会治理呈现由政府单一权力中心向权力多中心化发展的趋势。

（一）统治型政府

前工业社会是农耕文明为主的以自给自足为特征的小农经济时代。国家、政府对社会的管理方式主要基于统治的逻辑，其行政是一种统治的行政，也就是说以统治型管理维系着公共事务。

1. 统治型政府的理论基础

统治行政的话语特征是以神秘主义为核心的思维模式的建构，为了支撑强权下的统治合法性，统治者尽可能地进行意识形态的粉饰和教化，"由此形成了统治型管理运行的支撑理论——差等正义论、君权神授论和国家至上论或王权至上论"。①

（1）差等正义论

差等正义论在柏拉图和亚里士多德的思想体系中都有所反映，他们极力论证不平等统治的合法性与合理性。柏拉图认为人们社会地位的不平等是命中的安排，是个人承接上天自然禀赋的结果。如果人是由黄金铸造并具有智慧的天性时，具备的是统治者的素质；如果人是由白银铸造并使其具备勇敢的天性时，则成为武士；如果人是由铜和铁来铸造并使其具备欲望的天性时，只能当农民或手工业者，成为被统治者。②

亚里士多德试图通过人的本性阐释来为政治等级制的合理性进行辩护，决定统治者与被统治者的因素是人的灵魂和身体存在差异，具备高智商的理性人拥有君主、主人或政治家的权威而成为统治者，体质俊美、适合于从事政治活动，天然成为主人；缺乏理性只有体能的人只能成为被统治者，体质健壮，适宜劳役，自然成为奴隶。等级制不仅是社会分工的必然，也是维护城邦生活的必需。只有从事粗鄙低贱的体力劳动提供物质生活资料的存在，才有自由人摆脱劳役有闲暇时间从事政治、军事和文化创造的可能。③

（2）君权神授论

君权神授论在前工业社会的农耕文明中是确立统治者执政合法性的

---

① 褚添有：《嬗变与重构：当代中国公共管理模式转型研究》，广西师范大学出版社 2008 年版，第 64 页。

② ［古希腊］柏拉图：《理想国》，郭斌和等译，商务印书馆 1986 年版，第 128 页。

③ ［古希腊］亚里士多德：《政治学》，吴寿彭译，商务印书馆 1981 年版，第 10～14 页。

主要信念工具，政教合一神赋权力的理念让人们确信这个世俗世界是受神意的控制，任何反抗神的意志行为都会在现世或来世受到报应性的惩罚，而自己就是神的代言人。通过神秘主义的观念操纵，统治者将世俗的欲望转变为神圣的要求，从而将服从变为对宗教的奉献。①

奥古斯丁试图通过“原罪说”来系统化和理论性地阐述君权神授的思想，人生来便附着“原罪”，这种烙印源自人类祖先亚当与夏娃受了蛇的蛊惑偷食了上帝的禁果，原罪存在于人的灵魂之中，并不断地化为欲念引诱着世人继续犯罪，因此上帝才设置国王维持社会秩序和对罪犯进行惩戒。② 人类始祖亚当的堕落导致被赶出上帝之城的伊甸园，另行开辟了地上之城。上帝之城是光明和永存的，容留的是圣者、谦卑和虔诚的信徒，过着美好的生活；地上之城是被上帝摒弃的，充斥的是不义、狂傲和伪善的遗弃者，由上帝派人进行惩罚性的统治。③

阿奎那通过比拟的手法阐述了他的君权神授的思想，国王是上帝的仆人，是代表上帝为民申冤、惩戒恶人；国王和上帝十分相像，上帝创造了世界并统治世界，国王建立了国家并管理国家；服从世俗国王乃是一种义务，即使对暴君也要服从，因为这是神的意志。“抗拒掌权的，就是抗拒神的命令。”④

(3)王权至上论

王权至上论来源于柏拉图和亚里士多德的整体主义国家思想。柏拉图认为，建立国家的目的是实现最高的“善”，国家不仅是正义的化身，而且是唯一的目的，个人只是为国家服务的工具，自身没有独立的意义和价值，个人只有献身于国家才能实现自己的价值，正如当代自由主义思想家卡尔·波普尔一针见血地指出，柏拉图的正义实质上是“极权主义的正义”。⑤ 亚里士多德师从柏拉图的思想，也强调国家高于任何个体，人要实现自己的价值，就必须成为城邦的成员，“任何公民都应为城邦所公有”，成为城邦的一部分。⑥

塞涅卡主张，国家的产生意味着人民将国家的治理权交给了帝王，人民的生活完全由帝王来安排，即使受到他的惩罚或暴政，人们也不能反对

① [美]乔纳森·哈斯：《史前国家的演进》，罗林平等译，求实出版社1988年版，第162页。
② 马啸原：《西方政治思想史纲》，高等教育出版社1997年版，第108页。
③ 徐大同主编：《西方政治思想史》，天津教育出版社2005年版，第85页。
④ 《阿奎那政治著作选》，马清槐译，商务印书馆1963年版，第65页。
⑤ [英]卡尔·波普尔：《开放社会及其敌人》，陆衡等译，中国社会科学出版社1999年版，第171页。
⑥ [古希腊]亚里士多德：《政治学》，吴寿彭译，商务印书馆1981年版，第7~9页。

他或有丝毫怨言。[①] 事实上，“皇帝的旨意具有法律效力，因为人民通过国王法把他们的全部权力授予了他”。[②] 乌尔比安这句名言不仅在罗马时代和王权兴盛的中世纪引申出极权主义的合法性，甚至也成为此后西方专制主义为自己辩护的潜台词。[③]

2. 统治型政府的运行机制

以农耕文明为主的前工业社会，由于社会生产力的局限，社会经济生活是以自给自足为核心的小农经济，需要政府进行管理和协调的社会事务不多而且简单，因而政府的主要职能主要体现在阶级统治。

由于统治者是神在世俗间的代言人，人们对统治者的服从就是对神的恭顺，国家的权力自然全部集中在统治者一人之手，集权与极权是其必然的结果和重要特征，在其周围，尚无任何平行的、相互制衡的分权机制和多元结构来监督制约统治者，统治者可以凭借主观的任意性自由地行使权力。[④]

统治者虽然集立法、行政、司法等大权于一身，但以一己之力还是无法有效管理一个国家，必须依赖一个庞大的官僚机构来实现管理国家的职能。恩荫制度下的权力的授予和转移首先建立在血缘的基础之上，其次推及族外对己的绝对忠诚者，来自族源内的官吏与非血缘的选拔性的官吏一起，与统治者构成一种私人性的隶属关系，行政官员实际上是国王的私人僚属。[⑤]

权力的世袭和恩荫则构成了统治型政府另一个重要特征，统治者根据自己的偏好，任意选拔和委任官僚集团的成员，也可以随意剥夺和罢免他们已有的权力和地位，同时建立庞大的监控体系以确保所有官员对他一人的绝对服从和效忠，官僚体系实际上是依附于统治者的延伸。同时，官僚体系内部的结构也是权力依附与人身依附关系的翻版，下级官员对上级官员只有唯命是从，依附于上级的意志方能仕途通达，步步高升。由此形成从基层到中央、从下级到上级的层层人身依附的官僚体系，最后整个行政系统又依附于君主一人之手，所构成的只是统治者私人支配的政府。

政府是统治者个人的政府，行政则成为统治者个人的行政。最高的决

---

① 高民政：《从柏拉图到约翰·密尔：西方传统政治思想评价》，西安出版社 1999 年版，第 135 页。

② 王哲：《西方政治法律学说史》，北京大学出版社 2001 年版，第 59 页。

③ 丛日云：《西方政治文化传统》，大连出版社 1996 年版，第 312 页。

④ 《韦伯作品集Ⅲ：支配社会学》，康乐、简惠美译，广西师范大学出版社 2004 年版，第 91 页。

⑤ [以]S. N. 爱森斯塔德：《帝国的政治体制》，沈原等译，江西人民出版社 1992 年版，第 23 页。

策出自统治者个人的偏好,法律的制定、制度的设立、政策的颁布,凡是涉及政治、经济、文化、军事等重大事务无不是在统治者个人独断的意志下产生和完成的,带有很强的主观任意性。决策执行也是贯穿着统治者的个人意志的专权,各级官吏必须严格遵行统治者的意愿办事,丝毫不能偏离。政府的整个行政运行过程充斥的是统治者个人的独断专行,君威不可测,表现为决策随意性、行政的强制性和结果的不可预见性,弥漫的是浓厚的人治色彩和蒙昧的神秘主义。

(二)管理型政府

工业文明时期的社会,是以商品交换为特征的市场经济时代,政府必须采取更科学的手段,才能对分工日趋繁细和组织日趋复杂的大工业经济实施有效的管理,社会的主导价值取向是对理性与效率的追求。

1. 管理型政府的哲学基础

对"科学真理"的孜孜不倦追求开启了现代社会的历程,点燃了基于深层人性的"理性主义"曙光,解放了神学蒙昧主义羁绊的枷锁,正如培根(1561~1626年)所说,"真理(它是只受本身底评判的)却教给我们说研究真理(就是向它求爱求婚),认识真理(就是与之同处),和相信真理(就是享受它)乃是人性中最高的美德"。[①] 如此,演绎了市民社会的"理性社会"及其治理的"理性政府"的管理型范式。

早期以牛顿力学为代表的科学精神和方法的传播,为18世纪英国的工业革命、法国的政治革命和德国的哲学革命奠定了思想方法的基础,从而使人类社会开始进入了"工业机械化和人类理性化"的伟大时代。而整个19世纪,可以说是一个"科学理性主义"滥觞的世纪。

无论是在洛克、霍布斯、卢梭、孟德斯鸠,还是在康德、黑格尔的政府论中,都渗透着古典力学的思想和方法、理性主义的光芒,甚至在马克思经典著作家的思想、联邦党人的辩论、巴黎公社的尝试、列宁的伟大创举、韦伯的"官僚制"理论中,都散发着古典力学的余韵。古典力学方法论的精髓就在于基于"人的理性"、与生俱来的"自然法则"和线性关系的"科学规律",一切结果都是可以预测和设计的。

正如卢梭所言:"使一个国家的体制真正得以巩固而持久的,就在于人们能够这样来因地制宜,以至于自然关系与法律在每一点上总是协调一致,并且可以这样说,法律只不过是在保障着、伴随着和矫正着自然关系

① [英]培根:《论真理》,载《培根论说文集》,水天同译,商务印书馆1983年版。

而已。”①

宪法在卢梭的设计中是作为“公共意志”成为至高无上权威性的“公共理性”，他把规划整个社会秩序、构成“政府形式”的法律叫作“政治法”或“根本法”，并且注意到了政治生态或行政文化对创造“政府形式”的现实意义，所有的法律规章“都只不过是穹隆顶上的拱梁，而唯有慢慢诞生的风尚才最后构成那个穹隆顶上的拱心石”。②

黑格尔将国家比作一个机器，“国家机器的管理工作则由少数公民承担，这些人的作用和小齿轮一样，只有和别的齿轮连接起来才获得意义”。但同时又看到机械论的局限性，“我们必须超越国家——因为每个国家都必须把自由人作为机械的齿轮装置来对待；而它是不应该这样对待自由人的，因此它应该消亡”。③

由此而见，管理型政府论在黑格尔辩证法的视野里已经被预料到注定失去魅力的结局，但是，由于时代的局限性，黑格尔的辩证法也难免陷入客观唯心主义的泥泞，没有也不可能获得超越现实的基础。

潘恩把管理型政府的逻辑表述得更加透彻，“既然一架机器的各个轮子都由一个轮子推动，我们还需要知道的，就是在这个政体中哪一种权力最为重要，因为那种权力将起着支配作用：虽然其他的权力，或其中的一部分，可以阻碍或所谓牵制它的运转的速度，但是，只要无法使它停止，它们的努力总是白费的：第一个动力终将为所欲为，而它在速度上感到不足的，在时间上可以得到弥补”。④

建立在自然主义基础上管理型政府的理论基础，是基于古典力学方法的“科学”理性主义构筑其政治社会和公共权力模式，在这个建筑的顶端是由“公意”构成的“公共理性”即“宪法”。管理型政府论者的伟大贡献在于，他们扬弃了君权神授的传统理念，把世俗权力的渊源和原动力归结为普通庶民以及他们的代表，确立了以“代议制”为基础和以“官僚制”为核心的公共管理范式。

康德继洛克之后发展了洛克关于自然社会和政治社会的观点，他在《道德形而上学》中一反自然法的传统论断，即“自然状态—文明状态（社会）”对立的模式，断言自然状态也是社会，与“自然状态相对应的不是社会状态，而是市民国家，因为在自然状态中，完全可以说是存在一种社会，

① ［法］卢梭：《社会契约论》，何兆武译，商务印书馆 1992 年版，第 71 页。

② ［法］卢梭：《社会契约论》，何兆武译，商务印书馆 1992 年版，第 74 页。

③ ［苏］阿尔森·古留加：《黑格尔小传》，商务印书馆 1980 年版，第 19～20 页。

④ 潘恩：《常识》，载《潘恩选集》，商务印书馆 1981 年版，第 8 页。

但不是市民社会”。“市民社会是普遍法治的公民社会……是文明进步的社会”渊源。①

黑格尔则把“市民社会”一词所包含的政治和经济含义剥离出，把“市民社会”专指社会经济关系领域，即“私人需要的体系”或“私人利益关系的总和”，国家则指社会政治关系领域，即政治利益的总和。②

潘恩直接把全部社会生活按照“公”与“私”的区别严格地分为两部分，其中，公共部分是指国家或政治社会领域，私人部分则被概括为市民社会，市民社会以个人活动和个人交往为内容。正是由于这种截然对立的二分法使政府垄断了所有的公共权力，管理型政府的成长过程就是一个不断集权的过程，直至服务型政府范式的出现，迫使公共权力不断回归社会。

马克思从历史唯物主义的高度把资本主义社会解释为人类历史上第一个真正的“市民社会”。马克思认为，市民社会包括各个个人在生产力发展的一定阶段上的一切物质交往，这些交往既包括起初作为市民社会的前提和基础，后来成为从属因素的家庭，也包括整个商业和工业生活及相应的社会组织。③

管理型政府论者全面否定了中世纪经院学者的君权神授说，断言政府这架“机器”的原动力不是上帝或其他任何神秘力量，而是来自市民社会中的法定居民即“公民”，并且借助于公民对虚拟共同体的“认同”或“同意”形成“公共理性”，在形式上把“公意”作为政府权力的唯一来源。

潘恩基于古典力学所提供的依据，认为，“既然一架机器的各个轮子都由一个轮子推动，我们还需要知道的，就是在这个政体中哪一种权力最为重要，因为那种权力将起着支配作用：虽然其他的权力，或其中的一部分，可以阻碍或所谓牵制它的运转的速度，但是，只要无法使它停止，它们的努力总是白费的：第一个动力终将为所欲为，而它在速度上感到不足的，在时间上可以得到弥补”。④

所以，诚如恩格斯所指出的那样，政府作为一种“必要的恶”，可以顺向推动社会发展，也可以阻碍社会的发展。一旦政府阻碍社会发展的力量时，政府管理范式的转型就在所难免。

经济基础决定上层建筑、上层建筑又反作用于经济基础的理论是马克思主义政府理论体系的基本理论支点之一。但是，作为马克思主义的创始

① ［德］康德：《道德形而上学原理》，苗力田译，上海人民出版社 1986 年版。

② ［德］黑格尔：《法哲学原理》，商务印书馆 1982 年版。

③ 《马克思恩格斯全集》（第四十六卷）（上），人民出版社 1980 年版，第 495 ~ 496 页。

④ 潘恩：《常识》，载《潘恩选集》，商务印书馆 1981 年版，第 8 页。

人的马克思对后来的“马克思主义者”的歪曲抱着极大的愤慨，甚至说“我播下的是龙种，收获的却是跳蚤”。①

实际上，在马克思开始关注东方社会亚细亚生产方式的时候，他就从哲学层面洞悉到从基于古典力学的管理型政府范式发展到基于现代力学和量子力学的后现代政府论的迹象，为服务型政府范式找到了一个理念和方法上的突破口。

2. 管理型政府的理论基础

管理行政的话语特征是以工具理性思维模式为核心的建构，通过伍得罗·威尔逊所倡导的政治与行政相分离、泰勒所主张的科学管理以及马克斯·韦伯所架构的理性官僚制，从而建构了一套行之有效的管理体系，主宰了过去一个世纪工业社会的公共行政。

(1)政治与行政二分理论

曾任美国总统的伍德罗·威尔逊以“学者总统”而著称，他不仅在实践上推动着行政机构的改革，而且在理论上也奠定了不朽的功绩，他的论文《行政学之研究》被认为是“行政学正式诞生标志”，他本人也被誉为“行政学的奠基人”。②

威尔逊的贡献在于将行政学作为一门相对独立的学科带出传统政治学的羁绊，他将史坦因的思想进行了升华，进一步阐述了政治与行政各自有着不同的展现舞台：“行政管理的问题并不属于政治问题。虽则行政管理的任务是由政治加以确定的，但政治却无须自找麻烦地去直接指挥行政管理机构。”③威尔逊认为，政治领域是政治家思想的展示空间，而行政领域则是纯粹的技术性执行。政策虽然依赖行政而得以贯彻，但行政并不由此决定政策。在此基础上，古德诺在他的《政治与行政》一书中，阐述了政治与行政本质的差异在于，政治是公共意志的表达，行政则是公共意志的执行；同时论证政治与行政不分是政党分赃制或裙带徇私制等腐败现象的温床，政治领域的政策制定与行政领域的政策执行相互分离，不仅消除了独断专行的危险性，而且减少了“政治分肥制”(the spoils system)的弊端。④

---

① 马敬仁：《政府新论——政府组织理论与公共管理模式研究》，吉林大学2006年博士学位论文。

② 吴春华主编：《西方政治思想史第四卷——19世纪至二战》，天津人民出版社2005年版，第502页。

③ [美]伍德罗·威尔逊：《行政学之研究》，李方译，载《国外政治学研究》1988年第1期。

④ [美]弗兰克·J. 古德诺：《政治与行政》，王元、杨百朋译，北京华夏出版社1987年版，第41页。

(2)泰勒科学管理理论

弗雷德里克·泰勒(Frederick Taylor)的科学管理思想促使了人类管理由经验主义走向科学的认知,表达了两个最基本的目的,一是谋求工作结果的最高效率,为此需要规范标准化的工作和程序;二是寻求工作过程的有效监督和控制,为此需要层级式的管理权威和结构。出于对科学原理和科学原则的信奉,科学管理的思想渗透到了公共行政的实践和政府研究之中,正如博兹曼(Bozeman)所评价:"科学管理在1910~1940年期间一直对公共行政起着支配作用,它使公共行政具体化为一个学术领域。"①

科学管理理论不仅在专业化分工上与政治—行政二分思想找到了内在的结合点,而且在结构层级的组织上与理性官僚理论一脉相承,有着相似的精神气质。一方面科学管理原理彻底颠覆了之前管理上的全能主义和经验主义,建立起专业化和普遍性的新特征,不仅与理性官僚制取代非专业、人格化的统治传统有着相同的功能与意义,而且在追求效率、标准化、程序化及强调等级控制等方面也有着一致的价值取向,可以说科学管理原理所塑造的层级管理就是理性官僚制的组织结构。②

(3)韦伯的官僚制理论

马克斯·韦伯(Max Weber)试图通过理性官僚制理论来分析行政组织模式科学化与技术化的设计,他在研究19世纪普鲁士军队的组织结构时发现,德国军队富有战斗力的一个重要原因是有着严格的科层结构、组织纪律和服从精神。在《经济与社会》一书中,马克斯·韦伯系统地阐述了官僚制组织产生、发展和运行的社会历史背景,采用社会科学抽象分析法对工业革命以后西方逐步建立的公共行政组织和产业组织进行了理论抽象,建构了理论模型,概括出官僚制组织的内在结构与逻辑。根据其理论,理性官僚制是建立在法理性权威基础之上的,与工业社会和民主政治相匹配的一种高度组织化的体系,凭借内部一致的法律规则以及经过授权的行政管理人员得以运行。

韦伯据此确立了现代理性官僚体系的六项原则:(1)管辖范围法定原则,一切权威来自法律的授权;(2)职位等级化原则,较高职位监督较低职位的行政;(3)文件化管理原则,书面文件的保存保障了组织的运行完全非人格化,即使行政人员调离,形成的文件仍然具备效力,只有文件化管

① 转引自[澳]欧文·休斯:《公共管理导论》(第二版),彭和平等译,中国人民大学出版社2001年版,第40页。

② 黄小勇:《现代化进程中的官僚制——韦伯官僚制理论研究》,黑龙江人民出版社2006年版,第200页。

理，组织在运用各种规定时才能保持一致；（4）专业化原则，行政是一种专业化技能性职业，它应当有全面的训练；（5）全身心投入原则，官僚制的工作是一种全职性投入，而不是一种业余的次要性工作；（6）一般性规定原则，公职管理遵循一般性的规定，是可以通过学习获得稳定和全面的管理知识和技能，无论是谁都将用同样的方式执行公务。①

3. 管理型政府的运行机制

与统治型政府充斥的人治色彩和蒙昧的神秘主义相比，管理型政府的运行则是非人格化的法治和工具理性主义。

管理型政府运行过程中占支配地位的是非人格化的规范和准则，官僚组织体系的运行摒弃了传统的人治，取而代之的是严格遵循法治，权力的大小、管辖的范围、职责的所在都由具体的规则予以明确。"它用以各种规定为基础的非人格化制度取代了人格化的行政。"②

泰勒在《科学管理原理》所引用的吉尔布雷斯的砌砖动作研究的案例表明，将操作动作分解为必要动作和冗余行为，剔除不必要的行为；将必要的行为进行规范化处理形成标准性动作；根据标准性动作所消耗的时间和精力来确定工作定额。通过这一系列的步骤，精确定量劳动生产率，管理主义来源于经济理性发展的结果，是在强调数理严密性的计算和论证基础之上的具备理性过程的工具。"所谓工具理性，就是通过实践的途径确认工具（手段）的有用性，从而追求事物的最大功效，为人的某种功利的实现服务。它是通过精确计算功利的方法最有效达至目的的理性，是一种以工具崇拜和技术主义为生存目标的价值观，所以又叫功效理性或效率理性。"③

追求实用主义的效能是工具理性的核心，在发展工业社会的整个过程中，衡量真理性的标准就是效率至上，这是一种时代的诉求，也是管理主义的理论得以存在的土壤，从逻辑递进和演化的视角来看，管理主义的现实存在目的和哲学基础就是工具理性。

（三）服务型政府的出现

1. 后工业社会的到来与管理行政的困境

管理行政以其非人格化的工具理性，强调职业主义的专业化和标准化，克服了"政党分肥制"所引发的政府行政的动荡和低效，一度适应工业

① ［澳］欧文·休斯：《公共管理导论》，彭和平等译，中国人民大学出版社 2001 年版，第 32～33 页。

② ［德］韦伯：《经济与社会》（下卷），林荣远译，商务印书馆 1997 年版，第 296 页。

③ 刘耀东、施雪华：《美国公共行政理论中的管理主义与宪政主义——价值回溯、体制追踪与轨迹探寻》，载《中国行政管理》2012 年第 2 期。

化生产所对应的政府管理职能的要求，在资本主义迅速发展的过程中，官僚体制在推进工业文明以及解决相应的经济、社会问题等方面取得了卓有成效的贡献，尤其是应对20世纪30年代的大萧条和第二次世界大战的严重危机的有效管理更显现其有效性，这些成就鼓励人们将官僚制行政的优势在实践中推至极致。

但是，到了20世纪六七十年代，西方发达国家率先进入后工业社会，发展到极致的官僚制行政体系面对瞬息万变的信息化社会显得僵硬呆滞，其原先的优势在逐步消失的同时甚至走向了它的反面，在工业社会得心应手的理性官僚制面对后工业社会的到来显然遭遇了它无法解决的困境。政府的合理职能和行为方式都源于社会的需求，伴随全球经济一体化、知识经济时代和信息化社会的到来，对管理行政能否回应这种变革引起广泛的质疑。

美国公共选择和新公共管理理论代表人物V.奥斯特罗姆，在分析“美国行政管理危机”时，将危机的原因归结为：(1)信念的危机降低了美国政府和官僚的选择能力。(2)单向度(monocratic)的官僚组织已不适应时代发展的需要。过去的行政管理无论在理论上还是在实践上，都试求通过一定的指挥体系和绝对服从系统去控制人们的组织联系，以达到对整个社会的统一控制和指挥。随着单向度官僚组织的完备和规模的扩大，政府的投入与产出的比值就越小，而耗费在管理上的成本就越高。奥斯特罗姆为美国政府走出危机所开的药方是多元化决策(multiple-decision)、权力分散和市场机制的完善。①

理性主义的管理型范式已经在悄然发生变化，如“绝对理性决策模式”基本上已为“有限理性决策模式”所取代，“以事为本”的效率观念已逐渐被“以人为本”的绩效管理所取代。威尔逊基于近代英国的政府理念所推崇的“普适性”行政管理模式，在第二次世界大战以后西方发达国家向新兴民族国家推销它们的管理模式的努力已经以失败而告终。②

从历史发展角度，管理型政府范式的理念、政府体制、行政管理和社会治理模式等并没有终结，依然为当今世界多数国家所采用，甚至在一些国家还处在行政管理和社会治理“现代化”的过程之中，贯穿着工具理性或

---

① [美]V.奥斯特罗姆：《美国行政管理危机》，江峰等译，北京工业大学出版社1994年版，第10～76页。

② [美]亨廷顿：《变化社会中的政治秩序》，王冠华等译，三联书店1989年版；罗荣渠主编：《现代化：理论与历史经验的再探讨》，上海译文出版社1993年版；《第三波——20世纪后期民主化浪潮》，刘军宁译，三联书店1998年版。

工业理性的思维方式，那么在牛顿力学等现代科学方法论之后，自然科学领域中已经取得了许多伟大的科学成就，分化出许多全新的科学分野，从电磁理论、相对论到量子力学，以及耗散结构学说、协同论、控制论、系统论、信息论等“横断学科”的发展，科学方法论已经进入后现代成长时期。

贝尔认为，后工业社会的主要特征，在经济领域表现为制造型经济转型为服务型经济；在职业的结构上，专业与技术精英取代企业主处于领导地位；理论知识处于中心地位，是社会变革创新与制定政策的源泉，科学家和研究人员通过技术力量来平衡政治权力；在未来的发展方向上，必须有计划地去推动技术变革，重视技术鉴别，控制技术发展，将经济发展纳入可控制的轨道；在决策上，基于计算机程序和自动化装置，运用现代系统理论为基础的新的“智能技术”，根据统计数据和数学模型的指令性规则系统，取代人的经验性判断而成为决策选择的支持系统。①

全球化促使后工业社会的发育。首先在经济上表现为“跨国商品与服务交易及国际资本流动规模和形式的增加，以及技术的广泛迅速传播，使世界各国经济的相互依赖增强”。② 经济的流动性增强了超国家组织和跨国集团的国际影响，使民族国家的主权和政府的权力手段受到牵制和削弱。在全球化的时代，纯粹的“国内”问题已经不多了，在一个相互依赖的世界里，政府自身需要对全球化做出联动反应，而不是局限于单边的行动。与此同时，个人行动的选择性增强，“处于全球市场影响下的公民信息灵通，他们不再消极地等待民族国家或文化导师给予他们生活方式的指引，而是想通过亲手建立或自己加入已经真正全球化的经济世界”。③ 国际社会和国内社会在全球化时代同样需要公共的权威和公共的管理，但它已经不可能完全由传统政府的官僚行政结构所提供，这也为政府形成新的治理机制提供了机遇和空间，也提示着适应全球化的政府必须能充分调动公民社会的积极性、协调不同利益群体的需求和推动不同主体间的合作。

知识经济时代的到来为政府的权力结构、职能和行为方式的革新提供了技术上的支撑，“西方国家行政改革之所以能够不约而同地背离了以前

---

① ［美］丹尼尔·贝尔：《后工业社会的来临——对社会预测的一项探索》，高铦等译，商务印书馆1984年版，第20页。

② 国际货币基金组织：《世界经济展望》，中国金融出版社1997年版，第45页。

③ Kenichi Ohmae, *The End of Nation State: The Rise of Regional Economies*, New York, The Free Press, 1995, p. 11.

行政改革的方向,是因为传统政府管理所依赖的社会技术基础改变了”。① 知识经济在后工业社会所占的比重越来越大,由于高新技术产品、信息咨询和证券金融为主的服务业逐渐成为整个经济的支柱产业,强制性的管理方式已不再适应于这种以脑力劳动为主的社会,这就需要政府营造一个宽松的适宜创造性人才发展的环境,采取诱导性和服务性的方式为经济快速发展提供全方位的优质服务。

信息化是后工业社会显现的另一个特征。信息化所带来的民主推进力量促使政府不断反省自己的行为方式,互联网的发展为人们的信息共享与参与提供了自由表达和开放的对话空间,打破了国家垄断信息和控制信息的局面,“个人通过它可以针对一定的问题自由地发表言论,并且通过一些个人化的方式来影响以致干扰对象”。② 事实上,新的信息技术不仅促使政府为社会提供更有效的社会服务,而且也在不断优化政府自身的管理,自 20 世纪 70 年代开始,美国政府在人事管理、采购系统管理和公共项目管理等各个领域引入运作绩效评估系统的信息技术,“使政府压平层级与放松规制成为可能”。③ 信息的广泛交流将促使社会结构原子化,也将促使组织结构的自治、互动和扁平化。约翰·奈斯比特认为,信息化社会的组织机构将从等级制度向网络化结构转变,僵硬的等级结构会使信息流程缓慢,而速度和弹性正是知识经济的后工业社会所迫切需要的。网络组织的建立促使决策结构的不断分散,也使决策权被更多地转移到那些能直接感受到需求的人那里。④

2. 公共管理改革运动的兴起

1979 年春天,英国保守党大选获胜,撒切尔夫人以尼斯坎南的新保守主义思想为指导,在政治、经济和行政领域随即展开“一揽子”的改革方案,在其继任的梅杰政府以及 1997 年托尼·布莱尔上台后的工党政府执政期间,一直推动着公共管理的改革。

英国改革是以公共服务的市场化来进行的,一是国有企业的私有化,通过股份制、拍卖甚至是赠送等方式,将交通、能源、通信、公房等领域的产业全部实行了私有化;二是契约外包,将城市卫生、学校后勤服务、法律服

① [美]卡尔·J. 达尔曼、让·艾立克·奥波特:《中国与知识经济:把握 21 世纪》,熊义志等译,北京大学出版社 2001 年版,第 25 页。

② [英]安东尼·吉登斯:《失控的世界》,周红云译,江西人民出版社 2001 年版,第 245 页。

③ 宋世明:《美国行政改革研究》,国家行政学院出版社 1999 年版,第 26 页。

④ [美]约翰·奈斯比特:《大趋势:改变我们生活的十个新方向》,梅艳译,中国社会科学出版社 1984 年版。

务、计算机服务、住房服务等公共服务项目，通过公开、透明的招投标方式，承包给能力更强、成本更低的私人供应商；三是鼓励私人资本进入公共服务领域，公共部门与民间供应商长期签订服务合同，来改善公共服务的规划、建设、营运和服务质量。与此同时，英国政府引入经营的管理思想改造英国政府行政管理的组织结构，降低政府管理的成本支出，提高行政管理的效率，如 1979 年以管理绩效评估为核心的“雷纳评估”、1983 年旨在提高公共部门绩效的“财政管理创新”、1988 年实施的“下一步行动”改革，都彰显了对现代官僚行政体制改革的决心。①

1997 年，托尼 · 布莱尔挫败保守党，以新工党的政治形象取得大选胜利，取代了连续 18 年的保守党的执政，但没有停止保守党执政期间所推行的改革。同时，针对保守党执政时期过分注重在公共服务领域的供给引入竞争性机制，忽视供给主体之间的有效协作，造成公共产品结构的碎片化状态，提出了推进协同政府构建的新概念。②

与英国一样，1981 年的春天，美国共和党大选获胜，里根政府以密尔顿 · 弗里德曼等人的新自由主义思想为指导，启动了美国政府行政管理的改革。里根政府主要采取的改革措施，一是公共产品和服务的契约外包，在联邦政府的层面上，设计数据处理、房屋维修、安全保卫、饮食服务等通过签订合同的方式外包给私人供应商，在州和地方政府层面上，外包的范围进一步扩大到街道卫生、垃圾处理、救援服务、公共绿地维护等公共服务领域。二是放松政府管制，撤除了大量行政管制的法规，精简管制机构和裁减管制人员，重新塑造以市场为导向的激励型管理模式，促进市场经济的运行，以彰显美国自由、开放、公正的充满活力的新秩序。三是改革政府管理体制，收缩公共服务范围，用企业成本和预算的方式来控制政府的开支。③ 克林顿政府从 1993 年开始进行的“重塑政府”，更是引入以奥斯本和盖布勒为代表的企业家精神的政府理论，官僚制政府供给公共物品的效率非常低下，导致了政府规模的膨胀及预算高涨不下，而解决困境的根本出路就是制度的重新安排。

在这场席卷世界的政府改革浪潮中，不能不提及新西兰。1984 年至 1990 年，工党执政的政府推行了激进的大刀阔斧的改革，使澳洲这个不大

① 赵成根：《新公共管理改革——不断塑造新的平衡》，北京大学出版社 2007 年版，绪论第 2 ~ 3 页。

② 解亚红：《“协同政府”：新公共管理改革的新阶段》，载《中国行政管理》2004 年第 5 期。

③ 赵成根：《新公共管理改革——不断塑造新的平衡》，北京大学出版社 2007 年版，绪论第 5 ~ 6 页。

的岛国迅速成为全球最抢眼的改革前沿阵地，受到学术界和政治家的普遍关注。通过《1988年国家部门法案》和《1989年公共财政法案》的实施，工党把工商企业的管理经验引入了公共部门中。大型政府部门被分散成决策机构和执行机构两大部分。决策机构的主管与所有的执行部门签订绩效框架协议，商定以特定的价格生产特定数量和质量的产品。①

"新西兰模式"的独特之处在于既强调加强合同管理，也注重产出责任制，成为重点解决政府失灵的一剂药方。行政部门的领导与他们的下属之间订立工作的绩效合同，规制者和投资者之间、投资者和购买者之间、购买者和提供商之间都签订相应的合同。这些合同的法律地位尽管不一样，但其考量的标准都尽可能精确地定额一方提供的资源以及另一方生产的绩效。②

英国、美国、新西兰无疑是20世纪80年代以来新公共管理改革的先锋，也代表着西方发达国家政治与行政改革的主流，但这绝不意味着世界各国都遵循的是同一种改革模式，由于各国文化历史传统的复杂、经济发展水平的不同、政治体制结构的差异，事实上造就了各国的改革模式呈现出趋异性的发展，从而构成了各具特色的多元化的路径选择。

波利特和鲍克尔特总结了十国公共管理改革的经验后，总结出四种不同的改革模式：(1)维持现状派。这是德国和欧盟所采用的改革战略，通过精简机构、压缩预算、加强财务预算等措施来缓减现存官僚制度面临的困境，采用保守的改良主义促使现行官僚体制更好地运作，尽可能维持现状。(2)现代化派。相对于维持现状派，加拿大、法国、芬兰、荷兰及瑞典等国采取的改革更具有冒险精神，通过强化绩效评估和适度放松人事管理制度来调整政府管理的结构。(3)市场化派。澳大利亚、新西兰和英国同属这一派，主张在公共部门引入更多的市场竞争机制，将更多的公共服务进行契约化外包和市场检验。(4)小政府派。美国的改革很难归类，但大抵具有小政府的特点，把任何可能私有化的部门全部推入社会，从而回归了守夜人的角色，仅仅承担一些私人部门不能或不愿承担的核心职能。③

---

① [美]戴维·奥斯本、特德·普拉斯特里克：《摒弃官僚制：政府再造的五项战略》，谭功荣、刘霞译，中国人民大学出版社2002年版，第85～87页。

② Joe Walls and Brian Dollery, Government Failure, Social Capital and the Appropriateness of the New Zealand Model for Public Sector Reform in Developing Countries, *World Development*, Vol. 29, No. 2.

③ [英]克利斯朵夫·波利特、[比]海尔特·鲍克尔特：《公共管理改革：比较分析》，夏镇平译，上海译文出版社2003年版，第二章至第四章。

二、服务型政府的理论基础与价值取向

当前对于"公共服务行政"以及"公共服务型政府"的理解，无论是在我国的学术界还是政府部门都尚存分歧，"认知上的歧义性与随意性已经成为实践混乱以及异化的主要根源"。①

其中的观点集中分为两大类：一类是基于具体的行政方式或行政职能的转变，例如，实践中出现的所谓"一站式"的综合行政服务，显然只是行政模式中的部分内容和部分特征的改变，这种定位的服务行政只是在原有行政格局上的某些量变，并没能超越变革传统的行政模式。另一类是基于整体的行政模式转换的层面，即认为服务行政是指具有公民本位、效率与正义并举的"价值理性"的治理实践，并将价值理性贯穿于政府制度安排、职责定位和职能实现等公共权力运行的所有环节。

黄健荣教授的服务行政构想显然是后一类的思路和观点代表，他按照历史与逻辑统一的方法论原则，从人类社会历史发展脉络的宏观视野中来定位"服务型政府"。他认为，人类社会的发展经历了由前工业社会的发展过渡到工业社会，再向后工业社会的变迁，相应地，其社会治理模式演变也经由统治型政府到管理型政府再到服务型政府的演变。②

（一）公共服务型政府的理论基础

1. 新公共行政理论

"新公共行政的观点源于20世纪60年代末70年代初公众关于社会公平与人权的价值观。"③代表人物有沃尔多、弗雷德里克森、奥斯特罗姆和万斯莱等学者，在对以效率取向的传统公共行政进行质疑的同时，提出公共行政不仅要考虑效率，更要关注民生和公平。

1968年，在德怀特·沃尔多（D. Waldo）的倡议下，在美国Syracuse大学的Minnowbrook会议中心研讨了公共行政所面临的困境和时代挑战，在对传统的官僚制行政进行彻底反思的基础上展望未来发展的方向和远景，这次会议，标志着新公共行政理论和学派的诞生。④

在这次会议上，弗雷德里克森发表了《走向新公共行政》的论文，对建

---

① 黄爱宝：《从后工业社会的服务行政构想看生态行政创新》，载《南京师大学报》（社会科学版）2010年第4期。

② 黄健荣：《论现代社会之根本性和谐——基于公共管理的逻辑》，载《社会科学》2009年第11期。

③ 黄健荣等：《公共管理新论》，社会科学文献出版社2005年版，第30页。

④ ［美］乔治·弗雷德里克森：《公共行政的精神》，张成福等译，中国人民大学出版社2003年版，译者前言第1～2页。

立在工具理性上的实证主义行政观进行了批评，传统的公共行政追求两个向度目标的实现：一是效率维度，我们如何以现有的资源提供更多的服务；二是效能维度，我们如何以最低的成本来维持服务的水准。新公共行政提出了另外一个问题：这种服务能促进社会公平吗？[①]

1980年，弗雷德里克森出版了《新公共行政》（*New Public Administration*）一书，全面阐述了新公共行政的思想。传统的公共行政将提高效率、降低成本和协调管理公共事务作为其首要目标，而公共行政将社会公平作为自己的核心价值。社会公平强调政府服务的公平性、强调政府决策责任和项目执行责任、强调政府要回应公民的需求而不是官僚体制本身的需要。弗雷德里克森质疑传统公共行政的政治—行政二分法的观点，认为行政并非是中立的，公共管理者除了要致力于实现效能管理的诉求，更要信奉和致力于实现社会公平的价值；要致力于消除那些阻碍实现社会公平的政策和结构；不仅要有效地执行立法机构的指令，更要关注旨在改善全体人民生活质量的政策；要致力于社会的变革，引入分权化、分散化、公民的参与等要素。与实证主义或行为主义方法论有所不同的是，新公共行政标榜的是后逻辑实证主义或后行为主义，强调的是公共行政的“公共性”。[②]

文森特·奥斯特罗姆1974年在《美国公共行政的思想危机》中指出，威尔逊与韦伯所建构的理性官僚制太过于注重行政过程的效率因子，为了追求效率而不惜通过集权与控制机制来实现这一目标，从而导致危机。解决这一困境的方法只有打破原有的体制，建立分权化和市场化的多元结构和多重组织形式的公共管理。[③]

1983年，由美国弗吉尼亚州立理工学院公共行政与政策中心的五位教授共同发起，以加里·万莱斯（Gary L. Wamsley）领衔撰稿，以头脑风暴会议的形式写出《公共行政与治理过程：转变政治对话》的论文，并以该学院所在地为名，成为著名的“黑堡宣言”。他们宣称，全体人民的福祉（公共利益）是公共政策的最高与最终裁决标准。美国社会的许多问题并不能完全归咎于公共行政，而是整个政治体系的缺陷所造成的。政府应提供一定的公共空间，让公民积极参与，谋求公共行政的制度重建。公共管理者的短期目标是营造出一个稳定且有效运作的政治体系，而终极目标则是增

① Fredrickson, H. G. Toward a New Public Administration. In F. Marini, Toward a New Public Administration: The Minnowbrook Perspective, Scranton, Pa: Chandler, 1971.

② Fredrickson, New *Public Administration*, *the University* of Alabama Press, 1980, pp. 1 – 12.

③ ［美］文森特·奥斯特罗姆：《美国公共行政的思想危机》，毛寿龙译，上海三联书店1999年版。

加机会、促进平等以及持续地提升全民的生活质量。既然是公共行政，就要有别于私人管理，必须彰显“公共性”，就要以民主宪制为指南，主张人民拥有一切权力、对公共权力分立制衡、给弱势群体平等的机会、主持公平正义、公共利益至上等价值理念。“公共行政不是简单的工具，也不是价值中立的手段，它应追求崇高的目标与道德承诺，应考虑长远的全民利益，应以改善人民的生活和追求公平、效率与民主为职责。”①

2. 公共管理理论与新公共管理运动

20 世纪 80 年代以来的政府改革运动是在公共管理理论指导下进行的，其中包括公共选择理论、交易成本理论、委托代理理论、新管理主义理论和治理理论。②

作为一个独立的理论体系，公共选择理论初始于 20 世纪 40 年代末至 60 年代初。在这个学术领域中，布莱克、阿罗、唐斯、布坎南、奥尔森等学者各自充实了该理论的基本思想。③ 发展至今，该理论体系逐步形成芝加哥、弗吉尼亚、罗彻斯特三个学派。④ 三个学派不约而同地将微观经济理论作为分析政治领域的框架，但关注点和结论也存在明显的差异性，其中弗吉尼亚学派代表了公共选择理论的最高成就。

公共选择理论采用的是个人主义的方法论，所有社会现象都是个人行为的结果，不论是经济行为，还是政治行为，都应从个体角度去寻找原因，个人的一切是所有社会行动的前提和基础。“一切行为都是人的行为，在个体成员的行为被排除在外后，就不会有社会团体的存在和现实性。”⑤作为分析方法的个人主义意味着，所有的分析和推理最终都是基于个体作为

---

① 段钢：《重建公共行政的思考——〈黑堡宣言〉首席作者万莱斯教授访谈录》，载《中国行政管理》2002 年第 10 期。

② 褚添有：《嬗变与重构：当代中国公共管理模式转型研究》，广西师范大学出版社 2008 年版，第 102 页。武磊：《县区级地方服务型政府建设研究》，华东师范大学 2011 年博士学位论文。

③ 参见布莱克：《论集体决策的理论基础》[*On the Rationale of Group Decision-Making*（1948），*Journal of Political Economy*，Vol. 56：23 – 34]；阿罗：《社会选择与个人价值》（*Social Choice and Individual Values*，NY：John Wiley & Sons，1951，2nd ed. 1963）；唐斯：《民主的经济理论》（*An Economic Theory of Democracy*，NY：Harper & Row，1957）；奥尔森：《集体行动的逻辑》（*The Logic of Collective Action*，Harvard University Press，1965）；Buchanan. J. M. *The Calculus of Consent*，The University of Michigan Press，1962；包万超：《公共选择理论与实证行政法学的分析基础》，载《比较法研究》2011 年第 5 期。

④ 劳利编：《公共选择理论》（第 1 卷）（*Public Choice Theory* I，pp. 10 – 15. Vermont：Edward Elgar Publishing Company，1991）。

⑤ 米赛斯：《人类行为的经济学分析》（*Human Action*：*A Treatise on Economics*，3rd edn.，Chicago：Regnery，1966，p. 42）。

决策者时所面临的考虑。[①]

公共选择理论的逻辑起点是“经济理性人”的假设。自亚当·斯密以来,将经济人假设用来解释经济市场上的个人行为时,很少受到质疑。但是,将经济理性人的假设应用在政治领域则一直不曾涉足,原因是政治家均有着非常人的理想抱负。公共选择理论的重大突破是正视了政治家也是普通人,从而在人的统一动机模型下将经济市场和政治领域进行综合性分析。这种经济理性人涵盖三个基本假设:(1)个体行为的基本动机是基于对自身利益的关注和追求;(2)经济人是理性的,能够根据设身处地和利益价值进行推理判断,同时通过“成本—收益”计算,在取舍中选择“更大”的效益;(3)在适当的法律和制度安排下,经济人在追求自身利益最大化的同时,也将在既定的约束下不自觉地增进社会公共利益。[②]

公共选择学派将个人行为的市场选择模式类推于政治活动的领域,从而使政治作为一种交易的互惠性存在,即个人参与政治的目的是寻求增进自己的利益所进行的正和博弈。“只有借助人类行为的经济人假设与作为交易模式的政治相结合,一种关于‘政治的经济理论’才会从传统的主流经济学的困惑中解析出来。”[③]

公共选择学派认为,政府在提供大多数公共物品和公共服务方面是低效的,当国家行动不能改善经济效率或当政府进行二次分配非公平或非正义时,政府失灵就产生了。[④]

出现政府失灵主要是因为:(1)政府也有着自身利益的需求。在公共选择的框架下,并不存在源自公共利益的选择过程,只是各种利益群体之间博弈和缔约的过程,并不存在追求纯粹的公共利益。(2)政府部门对权力的垄断性与独占性使政府具有扩张的倾向,这种倾向导致政府提供超额的公共产品和服务。(3)政府可能会利用其垄断信息资源的优势,隐瞒真实情况,向社会提供虚假或不完备的信息,导致政府失灵。

公共选择学者认为解决政府失灵最有效的途径是进行市场化和宪法改革:(1)政府提供公共物品的市场化,更多地采用私人企业承包公共服务的方法,引进市场机制,同时在政府各部门之间形成竞争机制,通过社会

---

① Buchanan. J. M. The *Calculus of Consent*, The University of Michigan Press, 1962, p. 315.

② 杨春学:《经济人与社会秩序分析》,上海三联书店1998年版,第11~12页;包万超:《公共选择理论与实证行政法学的分析基础》,载《比较法研究》2011年第5期。

③ Buchanan. J. M. The Public Choice Perspective (1983), *Journal of Public Finance and Public choice*, Vol. 1.

④ Buchanan. J. M. *Liberty, Market and State.* The Harvester Press, 1986.

与政府之间在公共物品提供与生产方面的彼此竞争来提高政府部门的运作效率；(2)进行宪法改革，要改善政治市场，必须先改革和完善政治博弈规则，尤其是改革公共决策规则，完善表达民主的方式以及发明新的政治技术。此外，公共选择学派还提出了一系列具体的改革措施，诸如对政府开支项目进行"成本—收益"分析，杜绝政府项目不计成本的习惯做法；遏制政府的扩张，将一些公共权力让渡给社会非营利组织；引进绩效奖励机制，允许官僚机构对因节约成本而形成的财政节余拥有部分自主处理权等。

新公共管理是关于应对如何管理公共部门的最新范式变革的理论，包含了从博弈论、法学和经济学所吸取的睿智思想。作为全世界涌动的管理革命的一部分，新公共管理影响了所有的国家。①

波利特(Pollitt)把新公共管理模式中的管理哲学称为"新泰勒主义"，在波利特看来，新公共管理不过是代表了泰勒科学管理思想在政府管理机构中的回归，即在公共管理中引入经营管理的理论、方法、技术。②

"新公共管理"理论的代表人物之一——胡德提出，新公共管理主要包括七个原则：(1)行政管理职业化和权责相匹配原则。政府部门行政管理的职业化意味着在公共领域由专业管理人士进行实际的控制，更多的处置权下放给一线机构和人员，任何行政行为都有相应的责任配置，并且给与支配行动明确的权力匹配。(2)绩效评估标准化原则。对绩效考核有清晰的指标标准，并且是量化了的定义和测量。(3)注重结果控制原则。新公共管理打破原有的集权式官僚管理体系，注重的是产出结果而非程序，这表明任何资源的配置和奖惩只与绩效挂钩。(4)单位分散化原则。公共部门内由聚合趋向分化，大的单位分解成为企业化的许多小单元，各自成为财政拨款的实体，在特有的专业基础上提供其擅长的公共服务。(5)引进竞争原则。公共部门内引入竞争性机制，使用契约化合同管理、引入投标制度加强公共程序监督，通过竞争来降低运行成本和提高服务质量。(6)对私营部门管理方式的重视。强调在政府部门内引入私营企业管理的风格和方法，摆脱官僚化的行政模式，使用灵活雇员和灵活奖励的方式。(7)强调成本控制原则。强调在资源使用注重节约，用更少的钱办

---

① 黄健荣等：《公共管理新论》，社会科学文献出版社2005年版，第18页。

② Pollitt. *Managerialism and the Public Services: The Anglo-American Experience*. Oxford: Basil Blackwell, 1990, p. 56.

更多的事,降低运行成本,削减行政开支,限制公共管理部门的资源扩张。[1]

1999年,国际经合组织(OECD)在其公共管理发展报告中从八个方面全面阐述了"新公共管理"主义的主要特征:(1)权威的转移;(2)明确责任,保证绩效控制;(3)引入竞争和选择;(4)增加灵活性;(5)人力资源管理的改善;(6)信息技术的优化;(7)改善管制质量;(8)强化高层权威的指导职能。[2] 英国学者E.费利耶(Ewan Ferlie)等人在《行动中的新管理》一书中对当今西方政府的改革运动进行了总结,至少存在效率驱动型、小型化与分权型、追求卓越型和公共服务型四种不同于传统的公共行政的新公共管理模式。[3]

从上述来看,新公共管理并不是一种学说或一种理论所能涵盖的,而是一种思潮在公共管理领域的体现,这场运动的主旨是公共产品(服务)的市场化,本质是将原来由政府提供的一些公共服务部分地转移给私营机构和非营利性社会组织来承担,通过引入市场交易和竞争机制,部分替代政府权力机制的运行,强调资源配置的优化和效能,达成公共财政的最节省、最有效地使用。

3. 新公共服务理论

新公共管理理论引进市场机制改造官僚组织,倡导三E精神(economy,effectiveness,efficiency),即成本、效率、效益的价值取向,用企业家精神改革政府、引入竞争机制以及将公众视为顾客等,掀起一场公共行政范式的革命,在运动之初,各国政府的改革确实取得了显著的成效。然而,新公共管理把公共部门等同于私人部门,把视野局限在操作层面上变革,为提高行政效率而寻求更强大的工具理性,其本质并没有摆脱传统公共行政的管理主义,这与公共管理所张扬的公共性的标准和要求南辕北辙,公共性内涵诉求的是民主、公平、公正。实用主义的工具理性容易将政府管理引入只追求效率而忽视公平,只追求竞争而不顾弱势群体的尴尬境地。

新公共服务理论产生于20世纪八九十年代,基于对新公共管理的理论基础、价值取向、制度结构等方面进行的反思,罗伯特·B.登哈特提出新公共服务(new public service)的理论体系,将公民置于整个治理体系的

---

① Hood, C. A Public Management For All Seasons?, *Public Administration*, 1991, 69(Spring) no. 1:3–19.

② 何文盛、王定峰:《"新公共管理"主义理论及其发展趋势》,载《兰州大学学报》(社会科学版)2006年第1期。

③ E. Ferlie, et al., *The New Management in Action*, Oxford: Oxford University Press.

中心地位；强调服务是公共管理的本质。新公共服务理论以公共服务精神取代管理主义，旨在重视公民身份与公民社会，重视政府与公民之间的沟通与合作共治。新公共服务表达了以下观点：

第一，政府职能是服务而不是"掌舵"。政府或公务员的首要任务是提升公共服务的尊严与价值，而非控制或驾驭社会，即"服务而非掌舵"。"在公共管理中，控制关系日渐式微，代之而起的是一种日益生成的服务关系，管理主体是服务者，而管理客体是服务的接受者。"①

第二，公共组织的目标是保障公共利益得以实现。新公共管理将"经济理性人"作为逻辑起点，简单地认为公共利益就是所有个体自我实现的叠加，政府存在的目的在于促使个体能追求自我价值，最终在市场机制的引领下调整公共和个体利益的关系。新公共服务理论认为公共利益的实现不是个体行为的简单累加，而必须基于协商合作的机制。在一个充斥着追求自我利益实现的社会中很可能引发对公共利益更大的破坏。帕特南指出，当个体与他人合作时，他将学着做一个公共人，所考虑的不仅仅是直接的自我利益，而是公共价值。②

第三，公民不是"顾客"。顾客仅仅是消费者，自利的顾客只是一个个分裂的自我，寻求的是个体不同方面的满足，以顾客为导向的政府最终只能对每个分散个体的自我利益做出短期回应。公民身份则不同，他们有参与公共事务的愿望和能力，能够整合自我形成公共诉求而超越个体存在，在互动中个体增强了对他人利益存在的理解，并转化为一种理性的认识从而以一种更广泛更包容的观点看待公共利益。公民地位不是市场的竞争关系所能确立的，也不是市场的交易机制所能提供的，而是公民社会的崛起所建构的。③

第四，公民权和公共服务比企业家精神更为重要。政府工作的目标不是效率和顾客满意，而是充分引导公民，使其成为参与治理的主体。"当公民能够根据公共利益去行动，社会的广泛利益才能从一个独立的、孤立的存在中脱离出来并转变成一种美德和完整的存在，向社会奉献的过程最终使个人变得完整。"④

---

① 张康之：《公共行政伦理学》，中国人民大学出版社 2003 年版，第 7 页。

② Paterman, Carole. *Participation and Democratic* Theory. Cambridge: Cambridge University Press, 1970.

③ Chapin, Linda and Robert B. Denhardt, Putting Citizens First in Orange Country Florida, *National Civic Review*, 1995, Vol. 84, No. 3.

④ [美]罗伯特·B. 登哈特：《公共组织理论》，扶松茂、丁力译，中国人民大学出版社 2003 年版，第 162 ~ 200 页。

第五,政府责任复杂化,决策者不能恣意妄为。行政官员的责任是综合性的,应关注宪法规定、民主规范、社区价值、公民需要、公共利益等。新公共管理只关注效率,造成了政府责任的单一化。试图模仿私营部门的种种努力实际上降低了政府的责任范围;“顾客导向”的隐喻狭隘性地减少公共行政部门的目标范围,不利于实现参与和表达公共利益的民主精神。相比之下,公共服务中的责任范围复杂得多,涉及公法与公民偏好的对话、控制网络中的竞争性规范、道德问题、外部性责任平衡以及最终的公共利益等。所以,新公共服务理论要求公共行政人员不要单独制定决策,应基于广泛的公民参与,通过对话互动、协商、公民的授权,解决存在的问题并制定政策。①

第六,政府应重视人,而不只是生产率重视人。新公共服务理论认为,行政管理固然要考虑行政效率和政策执行绩效,但如果仅仅为了追求生产率层面则大大偏离了公共行政活动的目标,由此萌发的行为完全掩盖了人本主义的价值,即便这些行为也可能达到某种结果,但它并不能培养公民的共同责任感、参与意识与献身公益行为。在新公共服务理念中,处于核心地位的不是仅仅对经济价值目标的追求,而是人的尊严、关爱他人、相互信任、归属感以及公共利益的公民意识,倡扬的是以人为本的价值理性。②

(二)服务型政府的价值取向

服务型政府是在反思新公共管理运动之后兴起的一种新型治理模式,它实现了以政府为中心的管理主义向以公民为中心的服务理念的转变,这种转变在哲学层面上体现为从工具理性向价值理性的转型。“以人为本、以服务为本、建构公共服务型政府成为当代世界各国政府改革的一个大趋势。”③

服务型政府是以人为本的政府。政治学意义上的人不是孤立的存在,而是具有相互的社会关系的存在,为维持社会秩序和协调社会生活,实现社会的共同利益和福祉,需要一个超越个体之上被公众认可的社会公共组织来进行管理,从而形成国家或政府。霍布斯、洛克、卢梭等社会契约论的先驱,论证了人们为了避免自然状态下的冲突所导致的社会混乱和无序,

---

① Robert B. Danhardt, Janet V. DanhardtLThe New Public Service: Putting Democracy First. *National Civic Review* (Winter), 2001, Vol. 90, Issue 4.

② [美]珍妮特·V. 登哈特、罗伯特·B. 登哈特:《新公共服务:服务而不是掌舵》,丁煌译,中国人民大学出版社2004年版。

③ 黄健荣:《论中国治道变革与建设以人为本的公共服务型政府》,载《公共管理高层论坛》第2辑。

通过订立契约，让渡自己的部分权利，于是，作为代理者的国家就这样产生了，由政府代替人们行使公共权力。因此，政府的一切权力来自人民。“社会契约论”所主张的“主权在民”学说的价值，就在于论证了政府存在的目的就是一切要“以人为本”。“在政府和人民这一特定的‘契约关系’中，公众的‘让渡’与‘支出’主要包括两方面的内容：一是通过纳税给予政府以经济支持；二是通过遵从使政府获得合法行使权力的基础。作为公民‘让渡’与‘支出’的对等反应，公众很自然地期望从政府那里得到相应的‘回报’，其中就包括以‘服务对象’的身份获得政府提供的良好服务。”①

服务型政府是谋求公共利益的政府。政府所拥有的公共权力，只能用于增进公共利益，而不是谋求某一阶层阶级、特殊的利益集团或群体，更不能“近水楼台先得月”谋求政府自身的利益。政府的权力是有界限的，只能作用于公共领域，政府所提供的公共服务主要解决个体、企业、市场无力解决或不愿承担的社会公共问题。不涉及外部性的公民自主经营活动和竞争性市场行为，政府不得任意干涉，以捍卫公民权利及市场自由机制。政府所提供的公共服务必须是基于公平和公正，即无偏私、无特权和无歧视。任何公民所享有的机会是平等的，不因出身、身份、地位、性别、种族、财产等不同而有所差别。②

服务型政府具有完善的公民参与机制。服务型政府必须通过有效的制度安排，广泛吸纳公民参与到公共政策的制定和公共事务的管理过程，只有广泛的公民参与，才能保证真正的民意表达传递给政府的行政官员，使公民的正当利益得到真正的满足。传统行政局限于政治精英单向度的管理，政治精英与公民缺乏基本的互动。公共服务型政府中的政治精英则是双向互动的治理，政治精英与公民之间是平等的对话，民主在公共服务型社会中能够得到实质的体现。“一个民主的国家不应只有民主的原则，还必须建立民主管理的模式，并且民主价值能直接体现在行政管理体制中。”③

服务型政府是问责制政府。“问责制政府就是指能对各级政府、政府各部门机构和政府官员的工作和言行实施责任追究机制的政府。”④服务

① 刘祖云：《论“服务型政府”的根据、内涵与宗旨》，载《江汉论坛》2005 年第 9 期。

② 黄健荣等：《公共管理新论》，社会科学文献出版社 2005 年版，第 517 ~ 518 页。

③ Levitan, David M. Political Ends and Administrative Means, *Public Administration Review*, Autumn, 1943, p. 9.

④ 黄健荣、梁莹：《建构我国的问责制政府：理论基石及路径选择》，载《江苏行政学院学报》2004 年第 5 期。

型政府重视对民众的回应。政府要以民众的诉求为宗旨,以解决民众的疾苦为己任,以完善民生服务体系为目标,及时地对公众的要求和期望做出反应,并在与社会其他部门积极合作的基础上尽快解决问题。作为一种制度的安排,问责意味着政府必须接受来自内部和外部的监督控制,内部的问责基于职业主义的规范性、行政伦理的考量和自由裁量的合理性;而外部的责任机制在现代政府体制中,至少包括行政控制、立法监督和司法争议的解决。①

三、中国服务型政府的建设

当前中国社会的变迁趋势,在由计划经济体制转向市场经济体制为主要特征的社会转型的同时,也发轫了政府管理模式嬗变。自 1949 年新政府执政以来,“在先后经历了改革开放前的政治为本导向型和其后的经济为本导向型之后,我国的政府管理终于开始向以人为本的公共服务型转变”。②

1998 年的《国务院机构改革方案》第一次提出政府的“公共服务”职能。2003 年 9 月 15 日,时任国家总理的温家宝指出:“经济调节、市场监管、社会管理和公共服务,是社会主义市场经济条件下政府的四项主要职能。”“非典疫情的发生和蔓延,给我们的一个重要启示,就是要在继续加强经济调节和市场监管职能的同时,更加重视政府的社会管理和公共服务职能。”③2004 年 2 月 21 日,温家宝总理又一次强调:“在社会主义市场经济条件下,政府的主要职能是经济调节、市场监管、社会管理和公共服务四个方面。落实科学发展观,必须加快政府职能转变,全面、正确地履行政府职能。”④

2004 年 3 月 8 日,温家宝总理在全国人大会议召开期间,提出服务型政府的改革目标:“我们要把政府办成一个服务型政府,为市场主体服务,为社会服务,最终是为人民服务。”⑤

---

① 张成福:《责任政府论》,载《中国人民大学学报》2000 年第 2 期。

② 黄健荣等:《公共管理新论》,社会科学文献出版社 2005 年版,前言第 3 页。

③ 2003 年 9 月 15 日,温家宝总理在国家行政学院省部级干部政府管理创新与电子政务专题研究班上的讲话,载 http://www. chinanews. com/news/2004year/2004 - 06 - 29/26/454013. shtml,2012 年 7 月 16 日访问。

④ 2004 年 2 月 21 日,温家宝总理在省部级主要领导干部“树立和落实科学发展观”专题研究班结业式上的讲话,载 http://www. chinanews. com/news/2004year/2004 - 06 - 29/26/454013. shtml,2012 年 7 月 16 日访问。

⑤ http://www. people. com. cn/GB/shizheng/1024/2381334. html,2012 年 7 月 16 日访问。

随后,建设服务型政府在 2005 年 3 月 5 日得到全国人大的批准而成为国家纲领性文件,[①]在 2007 年召开的中共十七大会议上也成为执政党的政策方针。[②]

服务型政府建设在中国范围内如火如荼开展起来。上海提出建设“社区服务超市”、南京提出了服务型政府建设的“六大发展战略”、重庆探索创新社会治理模式、成都力求建立规范化服务型政府、珠海实行了“万人评政府”活动、深圳要打造“没有围墙的政府”等。[③]

第三节　公共管理范式转换对应的警政演化轨迹

公共事务管理的主要发展进程历经前工业社会的统治主导型模式、工业社会的管理主导型模式,现在正转向服务主导型模式的治理。[④] 相对应的警政范式演化则表现为统治型警政范式、管控型警政范式和服务型警政范式。

一、统治型警政范式

按照马克思主义的观点,原始社会不存在警察。原始社会,社会系统结构简单,防卫、战争等社会秩序的维护以及艺术、宗教等文化生活均与生产活动融为一体。恩格斯在《家庭、私有制和国家的起源》中写道:“这种十分单纯质朴的氏族制度是一种多么美妙的制度,没有军队、宪兵和警察,没有贵族、国王、总督、地方官和法官,没有监狱,没有诉讼,而一切都是有条有理的。”[⑤]

史威姿(Schwaztz)和米勒(Milley,1964 年)考察了人类 51 个原始文明,其中 29 个没有警察萌芽和调解制;7 个有调解制;11 个有警察萌芽和调解制;4 个有警察萌芽但无调解制的。由此而见,51 个原始文明的发展并不均衡,也反映出警察并不构成原始社会的属性,只是原始社会演化到后期的结果。

---

① http://wenku.baidu.com/view/8f52c61752d380eb62946d38.html,2012 年 7 月 16 日访问。

② http://wenku.baidu.com/view/9e56c60d581b6bd97f19eac4.html,2012 年 7 月 16 日访问。

③ 韩磊等:《我国服务型政府构建研究综述》,载《云南行政学院学报》2010 年第 9 期。

④ 黄健荣:《论现代社会之根本性和谐——基于公共管理的逻辑》,载《社会科学》2009 年第 11 期。

⑤ 《马克思恩格斯选集》(第四卷),人民出版社 1995 年版,第 92 页。

存在于原始社会末期的警务方式，是建立在血亲基础之上，我们称为家族警务模式（kin policing），其功能是家族内部的秩序维护、氏族之间的血仇报复、抵御外敌的入侵等。长老的权威夹杂的迷信、禁忌和原始宗教控制着人们的行为及维护着社会的秩序，每一个家族中的成员对社区的安全都负有不可推卸的责任，由于随时存在战争爆发的可能，家族警务模式总是与军事功能和纠纷调解功能紧密相连，两者的组织方式也是一体化的，这事实揭示了古代军警合一的本质形态。

到了原始社会末期，警察随国家的产生而产生，恩格斯在《家庭、私有制和国家的起源》中写道："我们已经看到，国家的本质特征，是和人民大众分离的公共权力。——对于公民，这种公共权力起初只不过当作警察来使用，警察和国家一样是古老的，所以18世纪的质朴的法国人不讲文明民族而讲警察民族。这样，雅典人在创立他们国家的同时，也创立了警察，即由步行的和骑马的弓箭手组成的真正的宪兵队——国家是不能没有警察的。"①

原始社会的结束形成的是阶级统治的社会形态，统治型政府模式建立了人身依附、社会等级差别的差等正义秩序，并通过赤裸裸的暴力强化其统治的权力和强制性的压迫。此时的政府虽然也担负着一定的社会管理职能，但其规模与范围都极为有限，而且其行为的出发点也主要是出于维护其统治和强化其控制之政治目的，手段与方式的选择主要是依据统治者的个人意志。强烈的人治色彩、任意专断和高度集权成为这样的统治主导型政府管理的主要特征，追求的价值取向是服从与秩序。

统治型警政存在于君主制或独裁制的国家，警察的存在与执法只对君主或独裁政府负责，以惩罚性执法风格为导向，对社会施以恐怖和重型的刑事政策，杀一儆百。它缺乏人民的理解和支持，依靠武装暴力来维护统治。统治型警务无须关心人民的感受，只需要严格的纪律与军事化的管理。

统治者通过君权神授、王权至上为公共权力蒙上一层神魔化的诊释附会。而统治行政范式下的警政则充斥着以惩戒与控制为核心的思维模式，形成以古典犯罪惩罚理论为基础的惩戒性警务。惩罚的哲学基础似乎体现的是因果报应的现实演绎，惩罚的目的就在于对犯罪行为的惩戒，倡导惩罚性观点的理论认为，之所以施加惩罚是因为违法者罪有应得，同时功利主义者也附加了预防将来犯罪的威慑功能，不仅威慑了那些受到惩罚的

① 《马克思恩格斯选集》（第四卷），人民出版社1995年版。

个体,也同时威慑了群体中潜在的越轨行为者。

惩罚的实践不仅是对违法行为的应对,更重要的是充当了秩序化的仪式,传达了人们归属于一个特定的群体以及无法摆脱该群体的信仰体系的话语。惩戒性警务将犯人脸上进行烙印不仅仅是进行肉体的折磨和人格的侮辱,更功利的目的是日后监控的方便,无论是犯人逃脱或刑满释放混入人群,都很容易从脸上的痕印识别出来。

二、管控型警政范式

管控型警政范式充斥的是理性主义的话语特征,“通过伍得罗·威尔逊政治与行政二分法理论、泰勒的科学管理理论、马克斯·韦伯的官僚制理论形成了一套行之有效的管理体系,主宰了过去一个世纪包括警务实践的公共行政。”①威尔逊将史坦因的思想进行了升华,对政治与行政的区别进行了深入的阐述,最终使公共行政学摆脱了政治学的束缚而成为一门相对独立的学科。古德诺在其名著《政治与行政》中清晰地建构了政治—行政二分法的原则,终结了“政治分肥制”(the spoils system)的历史。

贝力(D. H. Bayley)提出现代警察的三个特征:公共性、专业性和职业性(public,specialized and professional)。② 罗伯特·比尔于1829年所创设的伦敦大都市警察被视为现代警察发轫的标志,改良原始惩戒性警务的暴力职能而注入法治化,但进程缓慢,直到20世纪初叶,警务仍旧完全受制于政治的羁绊,从警察官员的选择、警察职位的安排、晋升职务等都由政府官员决定,甚至警察日常性执法和警务服务都受其干预。通过竞选获得执政的政党有权对警察局这样重要的管理部门进行人事安排,将其支持者或其党员安插到任何岗位或担当任何职务,注重的不是其警务实战和执法的能力,而是看其是否对该党的忠诚。警察人员素质不高,工作效率低下,缺乏技能训练,警务指挥管理不畅,由于政党的更迭执政而使得警务执法左右摇摆不定,介于这些诸多不良的问题,19世纪后半叶英美等国试图通过改革来促进警察执法状况的改善,但成效不甚显著,因为对警察局的控制权不断地从一个政治派别转移到另一个派别,警务工作低效率和异化的真正根源在于党派的影响。问题最终的根除,取决于能否在政党之间保持警察队伍的稳定和保持中立,为此,美国警务改革者提出“警察脱离政治(政党),政治(政党)脱离警察”,这标志着警务的政治分肥制结束。

---

① 庄琳:《迈向社会建构的警务改革》,载《中国人民公安大学学报》2011年第6期。

② D. H. Bayley,Patterns of Policing,参见王大伟:《欧美警察科学原理》,中国人民公安大学出版社2007年版,第67页。

韦伯认为,官僚制是以专业分工、纪律和规范形成的层级组织结构,专业性使得整个过程有着因果关系的理性控制;纪律性意味着严格按照各自的职责范围行使职权,规范性是指整个内容都有着规章制度的指导和约束。管理主义带给警务运行机制三个方面的理念:(1)警察是警务运行的主体和从事打击罪犯的专业人员;(2)警务整个运行过程都自主独立,以案件为导向的执法,排除一切行政干预或政党、利益集团的干涉;(3)警察通过专业技能的培训和完善警务装备来提高执法效率。①

三、服务型警政范式

自 20 世纪 60 年代后期开始,警务的变化越来越融合了那些我们称为服务和权变模型的思想。专业化警务时代将警察的高效、专业、现代看成是对无效和腐败的批评,但警务上的实践造成了警察与公民分离。20 世纪 60 年代的问题引来新一轮的变革,这种变革涉及三个基本领域:政策发展、筛选与培训和组织与管理。政策领域涉及警官使用自裁权的方式,特别是涉及使用武力时。许多部门逐渐开始使用有关指导书,并提供使用适当方法的相关训练。在筛选方面,开始强调招聘妇女和少数民族成员,以提高有效性并减少敌意。在培训方面,一是时间加长;二是更强调人际关系问题,而且开发了许多新培训项目。在组织管理方面也做过许多努力,但成功的不多,其中重要的两个是发展社区关系和犯罪预防项目。社区关系项目的意图是改善警察和公民之间的关系,但却多数无效,因为许多警察部门将它用作向社区公民解释警察政策和实务,而不是去了解社区问题及公民对解决问题的要求,而且,许多警官认为社区关系不是他们的职责,故没有必要关心它。这一时期犯罪预防运动变得越来越重要。20 世纪 60 年代后期,警察经常将犯罪预防作为公共关系战术以改善其在公众中的形象,然而到了 70 年代,警察部门开始教育公众如何保护自己及其财产。随后几年,犯罪预防开始变为社区导向了,警察部门开始组织楼群瞭望组织,并鼓励居民成为自己的耳目。犯罪预防成了社区和问题导向警务中的警民共同控制犯罪的工作权变理论就是企图将警察的反应建立在对犯罪的系统分析之上,而不是对每一案件、每一事件做独立反应。这种分析有时导致警察进行非传统反应,即不是用巡逻和调查来解决问题。一旦使服务和权变模型联系起来,警察组织和警官的角

---

① Gene Edward Carte, *August Vollmer and The Origin of Police Professionalism*, Police Administrative Issues, New York: Associated Faculty Press, Inc. ,1986, pp. 3 – 5.

色便会发生翻天覆地的变化。

21 世纪,这是一个警务模式转化的时代,警务工作的核心——犯罪控制体系(systems of crime control)和执法(law enforcement)的演化已经突破原有的范式。这种变化发生在两个方面:警务的多元化(the pluralizing of policing)和警察职能的社会化转移。① 服务型警务模式,是以主动预防的执法风格为代表,强调动员社会所有力量齐抓共管以减少犯罪,旨在唤起公众与社会参与到治安防控中,以一系列先发制人的措施进行犯罪的预防。警务的中心放在社区,以公众的安全感和满意程度作为衡量警务绩效的尺度,强调的是合作、协调与平衡,注重的是增进社会各个组织与部门之间的彼此信任,改善警民之间的和谐关系。

第四节　社会建构:服务型警政范式转向的路径选择

作为一种哲学的理论范式,建构主义最早是对人类知识社会学的反思,但由于它代表的是一种认识论和方法论的视角转换,其影响力已经逐渐向各个研究领域渗透与扩张。在社会建构的公共行政视野里,公共组织的成员通过互动和话语体系创造了组织的真实,他们在认知自己和互动的环境中建构了实践知识。公共行政的社会建构思想支持社会组织或成员的自治,即通过协商、互动与合作来维持社会秩序的能力。在公安机关维护社会治安秩序和打击犯罪的执法实践中,一个最有成效的社会建构的尝试就是警察推进的社区警务模式。实践证明,公民参与的"群防群治"已经成为维护基层社会治安秩序不可或缺的力量。

一、建构主义与社会建构主义

(一)建构主义理论

建构主义有别于传统的认识论和思维方式,它认为人类不是被动地在静止状态下认识、发现外在的客体世界,而是经过主动地不断构造着新的现实世界。②

在谱系的位置中,从现代主义过渡到后现代主义之后,建构主义的思潮开始萌动,事实上,建构主义的肇始便与后现代主义交织在一起,它的视

① Shifts in the Nature of Police Activity(Bayley and Shearing1996:585)Bayley,D and Shearing,C(1996),The Future of Policing,*Law and Society Review*,30/3:585 - 606.

② 闫志刚:《社会建构论:社会问题理论研究的一种新视角》,载《社会》2006 年第 1 期。

角更多的是在现代主义与后现代主义争执的语境之下出现的。建构主义被视为全新的哲学方式而被寄予了厚望,甚至被认为可以“阻止后现代主义潮流的理念”。①

后现代主义的主要缺陷是它既不能回应后现代社会的基本规范问题,也无法回答知识的确定性问题,但后现代主义为激进的建构主义提供了重要的经验。②

“社会建构”(social construction)一词的明确提出始见于1966年由皮特·伯格(Peter Bergger)和托马斯·卢克曼(Thomas Luckmann)所著的《现实的社会建构》(*The Social Construction of Reality*)一书中。社会建构主义虽然有着不同流派,但有一个观点是共同的,都认为知识是人类社会实践和社会制度的产物,是人们互动和协商的结果。③

对于外部“实在”的知识绝不是存在于现实之中的事物的表象。相反,它是人类社会建构的产物。这种认识强调了社会建构主义所具有的两个特点:社会性和建构性,知识的本质来源于社会性与建构性的统一。社会建构主义、现代主义和后现代主义三者哲学基础的根本区别在于,现代主义虽然强调了主客体之间具有的建构性,但却因忽视建构所依赖的社会性而陷入绝对主义泥潭;后现代主义在强调主体在认识客体中所具有的社会性的同时却无视普适价值标准的建构而走进相对主义的胡同。只有社会建构主义通过整合,走向了社会性与建构性统一,至少在理论上克服了现代主义的绝对主义和摆脱了后现代主义的相对主义。④

(二)社会建构主义

只有在社会互动中创建的才是“实在”的,这实际上也是温奇指称的社会关系,对伯杰和拉克曼来讲,“实在”的含义得到了进一步的扩展,基于三大命题而得以成立:(1)实在是在社会互动中形成的;(2)在一定社会体系和社会制度中处于一定位置的个人是在社会互动中形成的;(3)对实在的认识,是在社会互动过程中建构的,所建构的知识对社会制度和个人

---

① R. Pettman. *Commonsense Constructivism, or, the Making of World Affairs.* Ireland: Sharpe Inc., 2000, p. 13.

② Gerard Delanty. *Social Science: Beyond Constructivism and Realism.* Minnesota: University of Minnesota Press, 1997, p. 108.

③ Robert Audi (edited). *The Cambridge Dictionary of Philosophy.* Cambridge University Press, 1999, p. 855.

④ 安维复、王佐林:《STS 对人的终极关怀——从社会建构主义的角度看》,载《科学学研究》2004年第3期。

的再建构中又发挥着重要作用。①

社会建构主义认为不能将一种思维逻辑强加于他人，反对工具理性的控制，强调人类之间应该彼此认知和关怀，只有充分理解个体的行动及其社会实践背景，才能在相互感知的体验之中建立互动合作的基础，这为摒弃韦伯官僚体系过分追求权威和理性之上的话语建构而忽视公民真正生活的体验提供了理论支撑，为重塑公共组织与民众关系指明了方向。

二、公共行政的社会建构

公共行政的社会建构采取了一种与理性建构完全不同的哲学基础，公共行政社会建构的方法论，基于认识论的解释主义，假定：(1)统一主义。外在世界与主观世界是辩证统一体，社会建构并不认为存在着主客体完全隔绝的、非此即彼的二元世界。(2)多元主义。人赋予了世界的"客观真实"，也赋予理解"客观真实"的图像、符号乃至观念的知识体系。每个人都是在具体的历史、区域、空间中去体验、感受"事实"，人们凭着个人的经验去认知、理解现象与事实，基于不同的体验，自然产生多元化和差异的存在，人们形成不同的观点便毫不奇怪了。(3)怀疑主义。主张用怀疑、批判和自我反省的态度审视自我和别人的认知，人们基于个体性的观点不可能是完全的绝对认知，只有相互沟通后才能接近"终极真实"。②

社会建构主义的公共行政理念拒绝把一种先验论的逻辑思维强加于被管理的对象，反对将民众视为当然的管控，倡导的是行政主体与行政相对方彼此沟通和关怀。它认为，只有充分读取和理解公众的行为及其支撑的信念，认知支持个体行动的内在动机和社会背景，才能在换位思考的相互体验中感知公民的需求和建立共信合作的基础。这种理念摒弃了工具理性的官僚科层制陶醉于自我想象的话语建构，转向对公民生活体验的关心，为公共组织结构以及重塑与民众的关系提供了方向。③

社会建构主义的公共行政观，并非否定理性的内在价值，而是抛弃其中纯粹的工具性追求，最终建立一种"实质理性"和人文关怀的主体责任。在尊重以理性为基础所架构的规则体系上，进一步回应现代社会的民主发展进程，建立以人为本的责任政府和协商民主的公共行政制度。公共行政社会构建的宗旨，是将公共行政视为行政主体和行政相对方互动的实践活

---

① Alexander Liebrucks. The Concept of Social Construction. *Theory & Psychology*, 2001, 11(3).

② Alexander Liebrucks. The Concept of Social Construction, *Theory & Psychology*. 2001, 11 (3).

③ 孙柏瑛：《反思公共行政的行动逻辑：理性建构与社会建构》，载《江苏行政学院学报》2010 年第 3 期。

动，而不是政府官员局限在自我封闭的官僚体系中进行的自我想象和自我叙述，它体现着对人类通过协商形成一致的话语和共识的尊重。①

社会建构主义是一个开放性的理论体系。社会是人的社会建构或“参与者的共识”，社会建构主义自身的开放性和反思性为行动者提供了重要的对话机会，这种社会建构过程的“对话”实践非常有利于不同行动者之间的交流与合作，体现了对个体价值的尊重，从而更有助于建立一个包容性的社会。这种包容性为建立公共行政的民主化奠定了坚实的基础。民主社会最重要的目标是要在公共领域内建立公民参与机制，使个体都有参与社会公共事务的平台。管制型政府将行政过程看作精英、专家而非民众的治理过程，导致了公共行政的组织化、工具化，公共行政成为政府行政的自我封闭运行。民主行政的社会建构则是通过社会建构让社会和公民参与公共问题讨论，以实现社会和公民的价值，通过把社会力量吸纳到行政过程中来、给公民提供参与的平台和制度安排，使行政更具有民主的倾向。②

安维复认为，在政治框架内，现代主义暗含着权威主义的理论预设，从社会建构主义的本质内涵来看，社会建构主义则是从根本上反对现代主义权威主义本质的，这实质是倡导“民主行政”建构中的民主主义，即参与的民主主义。③

民主行政社会建构的最突出特点就是寻求对话和协商，行政不再单纯的是政府部门的事情，合作治理是各种社会主体以相对平等的身份，就国家和社会公共事务而进行合作共治的社会治理模式。政府与社会通过协商与对话，对社会复杂现象和社会问题达成相互理解，即社会建构途径“承诺通过民主过程来实现变革和解决问题”。④

三、服务型警政的社会建构

社会建构主义认为社会现实以及人类的工作都是可以改进的，反对把社会现实以及人类的工作当作不可改变的假设。同样的逻辑，社会建构主义视角下的服务型警政也是在管控型警政质疑与批判基础上对社会需求

① 全钟燮：《公共行政的社会建构：解释与批判》，孙柏瑛等译，北京大学出版社 2008 年版，第 81 ~ 83 页。

② 公维友：《我国民主行政的社会建构研究——一个“治理共同体”的分析视角》，山东大学 2014 年博士学位论文。

③ 安维复：《社会建构主义：后现代知识论的“终结”》，载《哲学研究》2005 年第 9 期。

④ 全钟燮：《公共行政的社会建构：解释与批判》，孙柏瑛等译，北京大学出版社 2008 年版，第 82 页。

的积极回应,目的在于阐明管控型警政是可以改变的,多元协同参与式警务是可以社会建构的。警察制度本来就是在特定社会情境下、在回应特定社会问题过程中被建构而成的,或者说警政本身即具有被社会建构的性质。

吉登斯认为:“社会建构论(主义)不是假定社会事实客观存在,而是记录和分析社会现实被构造出来的过程,而这种构造有助于确认其本身作为社会现实的地位。”①

从社会建构主义的视角阐释警务模式的建构,并非臆创一个不存在的“问题”,而是因为警务本身就是一个建构性的存在。从警政范式的历史演变看,服务型警务范式的提出及其蕴含的价值观念本身就是警政历史建构的产物。

(一)警政的语境社会建构

社会建构主义视野下,人们对世界的认知是心物一体的,这意味着人们在认识外在的客观世界并获得知识和经验的过程中,也能够凭借自我赋予的隐喻、价值观念和内在人格改变世界现实,赋予社会以特定的定义,这个过程便是话语的建构。对个体而言,话语是一种先于个人的“客观存在”,表达了一定的概念、隐喻、意义和表征。但是,话语只有在“主观认知”下,由同一共同体中的“游戏者”共同参与建构才能被赋予现实的意义,人在话语的建构过程中实际上承接文本约定的建构,对概念和隐喻不同的定义,直接表现出截然不同的内容和结果。②

Shotter 认为,概念是通过社会实践和话语的设计而创造出来的,是人类协商互动的结果。被心理学家视为现存的认知实体——知觉、动机、意念、情绪、记忆等并不是终极的定格形态,而是处在不断地被主观进行建构的过程之中。③

用社会建构主义审视警务的定义与概念,我们发现,对警务概念的认知正从作为“警察工作”的警务转向作为“一种社会秩序控制功能”的警务。

英国警学专家约翰·安德逊在《警务自由》一书中说,“狭义警务是指

① [英]安东尼·吉登斯:《社会学》,赵旭东等译,北京大学出版社 2009 年版,第 123 页。

② 况志华:《社会建构论的人性观取向及其心理学意义》,载《南京师大学报》(社会科学版)2007 年第 2 期。

③ J. Shotter. The Social Construction of Our Inner Selves, *Journal of Constructivist Psychology*, 1997 (10).

警察队伍所干的事情"。① 也就是说,警务是警察队伍在警察科学研究和警务实践中,从不同的角度来理解,警务既可以指全部警察行为的综合,还可以指具体的某一项警察行为。总之,警务就是警察行为。

将警务解释为警察工作是最普通的一种理解,这种定义将警务活动的主体限定为警察群体。例如,Johnston 认为,将警务的概念与警察(一个特定人群构成的组织实体)结合在一起,导致了人们的视角集中在警察力量的功能和作用上,而忽视了参与警务活动的其他主体。②

Bittner 认为,由于警察属于"特定的公职人员"而且警察具有广泛的、历史性的作用,使人们倾向性地认为警务是内部的、执行禁止性法令的整个领域,或者说警务就是除了外交事务的全部内政,这种认识强化了警务工作是警察的专有化的理解。③

Reiner 将狭义的警务概念向前推进了一步,摆脱了"警察"定型的思维,将研究的视角集中在警务的"目的性"上。例如,通过监控来提供安全服务的做法,可以作为理解警务概念的一种辅助参考,他将警务定义为"凡是用于提供维护特定社会秩序和安全的活动"。④ Reiner 的努力实际上是突破警务的主体一元化的限制,在 Reiner 的框架下,警察仅仅是警务活动的一种提供者。

Jones 和 Newburn 认为,社会控制存在正式和非正式两种形式,警察是正式的社会控制组织,它的行为自然而然被视为警务活动,而一些社会组织或团体,确实在实际地实施维护秩序的活动,虽然是非正式的,也是警务活动。⑤

Shearing 和 Stenning 指出,当代保安业的迅速发展动摇了传统警务的结构,国家宣称对秩序管理的垄断受到了挑战,私人场所和空间越来越多,私人领域的社会秩序的维护便授权予私人警务机构了。⑥

---

① 廖志恒:《公安警务教程》,中国人民公安大学出版社 1999 年版,第 124 页。

② Les Johnston. Private Policing in Context. *European Journal on Criminal* Policy and Research,7:2.

③ Bittner,E. Florence Nightingale in Pursuit of Willie Sutton: a Theory of the Police. H. Jacob (eds),The Potential for Ream of Criminal Justice,London: Sage. 1974: 129.

④ Refiner,R.. *Policing and Police*. M. Maguir, R. Morganand R. Reiner (eds) Oxford, Oxford University Press,Handbook of Criminology 1997:910.

⑤ Jones,T. and Newburn,T. The Transformation of Policing: Understanding Current Trends in Policing Systems. *The British Journal of Criminology*,2002. 42 (1):129 – 146.

⑥ Shearing,C. D. and Stenning,P. C. Modern Private Security: Its Growth and Implication. M. Tonry and N. Morris(eds) Crime and Justice: An Annual Review of Research Vol. 3,Chicago: University of Chicago Press,1981:362.

Alison Wakefield 在分析了社会变迁带来的“不安全感、场所与控制”的变化后指出,在社会转型过程中,权力的形式和行为方式出现了多元化的趋势。因此,“当未来的几代人回望我们所处的时代时,我们已经达到了旧警务制度的终结和另一种警务制度走上历史舞台的时代”。“所有这些都说明国家警务机构对警务垄断的历史已经结束”。此时的“警务是一种结构复杂的,有许多旨在维护秩序的机构在一起工作的相互交织的体系”。①

Loader 指出新的警务发展趋势,“最终将导致一个松散连接的警务网络的系统,其中,由政府控制的警察机关所进行的活动只是这些多元化警务网络中的一个节点而已”。②

英国学者马丁·因尼斯在其《解读社会控制》一书中对警察和警务的概念作了比较:“警察是一个特殊的现代型组织,具有国家赋予的利用身体强制或威胁的法律权力,以确保法律在维护社会秩序的实施。相比之下,警务指的是由多种机构实施的范围广泛的命令和控制活动。”③

虽然这并不算是一个严格意义上的“警务”概念,但其暗含的深意已经表达出现代警务的社会建构内涵。④

(二)转换警察角色的定位

社会建构论者认为,人性并不是个体固有抽象的存在物,而是话语的建构,人格与自我不过是“关系的延续”“过程性互动”以及“历史的产物”。对个体而言,话语是一种先于个人的“存在”,表达了一定的概念、隐喻、意义和表征。但是,话语只有在特定的共同体中由同一文化中的“游戏者”共同参与建构才具有一定的价值,人在话语的建构过程中实际上承接的是社会关系的建构。每一个人在社会关系模式之中都有其特定的位置、身份和角色,单位中可能是领导的角色,家庭中可能是父亲的角色,医院中可能是病人的角色,火车上可能是乘客的角色,与扮演其他的角色或身份的人交织在一起构成多种社会关系,这种互动过程,基于角色文本约定的不同,

---

① [英]Alison Wakefield:《社会发展与警务变革》,郭太生等译,中国人民公安大学出版社 2009 年版,第 3~15 页。

② Loader,I. Plural Policing and Democratic Governance. *Social and Legal Studies*,2000(9):323-345.

③ [英]马丁·因尼斯:《解读社会控制》,陈天本译,中国人民公安大学出版社 2009 年版,第 80 页。

④ 庄琳等:《迈向社会建构的警务改革》,载《中国人民公安大学学报》2011 年第 6 期。

便可能表现出截然不同的内容和结果。①

肖特认为，意识是通过社会生活和话语的实践而创造出来的，是相互行动的结果。被心理学家当作现存的认知实体——知觉、意念、记忆、动机、情绪等并不是终极的客观形态，而是处在不断被主观建构的过程之中。②

从最初建构的目的来看，“警”是作为“民”对立面的规定而存在，警察作为国家机器的设计，首先被定义为暴力工具，产生于专制时代的警察扮演的是“平乱”“压迫”“治罪”的统治角色。

随着世界民主化进程的加快，警察的角色定位也逐渐发生了演变，最具警察专政色彩的暴力形象在逐渐退去，慢慢呈现柔性和平民化的特征，即向亲和性与友善的形象过渡。在20世纪中叶所呈现出来的警察形象，表现出公正、严肃和强硬的管理角色。20世纪60年代以后，随着社区警务的要求，警民关系定位在战略伙伴关系，此时的警察形象，表现出热情、主动以及柔和的服务角色。从统治的压迫角色过渡到管理的执法角色，最后演化为今天的治理的服务角色，警察形象的社会建构已随着时代的变迁而呈现崭新的内容。

目前我国公安机关所沿袭的一些体制，与警察服务型角色的建构是格格不入的，如“对上负责无须对下负责”的管理体制；“打击型”模式；警察的警力不足、经费短缺、体力透支和心理压力情况；服务训练不够等都难以保证公安机关开展服务型警察机关的建设，这必然影响警察服务型角色的转变。

(三)社会建构的警务实践

社会建构途径的一项令人感兴趣的应用，是以社区为基础的警务体系。③ 社区警务的成功实施，与警察组织文化的变革密不可分，通过“合作生产”，让警察局和社区邻里组织之间建立了独特的互动与积极的工作伙伴关系，协作的目标是：(1)通过合作和参与共同维护了邻里安全；(2)在社区邻里范围留心发现任何可疑行为并向警察报告，通过部分居民的参与可以成功降低犯罪率。

---

① 况志华：《社会建构论的人性观取向及其心理学意义》，载《南京师大学报》(社会科学版)2007年第2期。

② J. Shotter, The Social Construction of Our Inner Selves. *Journal of Constructivist*, Psychology, 1997(10).

③ W. Thurman, J. Zhao and A. Giacomazzi, Community Policing in a Community Era: An Introduction and Exploration. *Los Angeles*: Roxbury. 2001.

社区警务的实施,让公民直接感知到警察并与之密切联系,公民可以就社区面对的治安问题与警察共同商讨,这些事务包括犯罪预防、侦查逮捕罪犯、调解邻里纠纷、维护社区安全和降低居民对犯罪的恐惧感。至2000年,美国有50%的人口超过5万的城市建立了社区警务模式。社会建构是社区警务模式的基础。警察在与社区的互动中,从公民那里学习到很有价值的知识,因为这些公民正生活在犯罪活跃的地区。为了使公民与警方之间的合作更加顺畅,警察不能太注重自己的权威、强硬的职业形象和保守秘密的倾向,而应转向"服务性",它强调向居民提供服务,满足公民的需求。①

基层社会秩序的建构过程是社会结构性的安排与主体性行动双重作用的结果,在这一互动的过程中得以确认主体身份、结构中的位置、类别化,最终实现自我认同。

自我认同是主体对自己品性的知觉或自我意识的心理机制,在社会层级结构或话语框架下,社会分类或分类的知识选择性地被吸收、内化,完成主体自我身份建构,进而确认自我的社会位置,实现自我的社会认同,因此主体身份和社会地位的本质是在社会分类的基础上被社会建构的结果。

自我认同,必须考虑的是能否感知到"自我存在性"的结构安排,这是得以形成归属感的基本前提,在自己与社会互动的空间中是否拥有主导性地位。而流动人口在城市中被剥夺了资源分配以及社会保障的"城市市民权",他们有着同等的纳税义务却得不到与常住人口同等的福利,被边缘化并被排除在城市的政治、经济和文化生活之外,流动人口只能游离于城市社会系统主流的力量之外,只能在负面的社会结构下建构自我的意识与存在。

现实中的流动人口的社会建构是制度的结构性安排的结果,在制度层面上体现的是一种强加的排外"意识形态",经由流动人口在日常生活中被内化。常住人口和暂住人口作为一个特殊身份类别,是社会制度安排不断予以建构的结果,凭借城乡二元分割的户籍制度,警察机构、社会保障、公共教育、劳动部门等整个城市管理系统将流动人口排除在"城市市民"之外,规定暂住人口为"非城市市民",使流动人口作为一个特殊社会群体被人为地社会建构,直接导致流动人口在城市中无法获得一种"合法性的认同",成为"漂"的一族。中国的户籍政策决定了一个人的社会建构的轨

① [美]全钟燮:《公共行政的社会建构:解释与批判》,孙柏瑛等译,北京大学出版社2008年版,第81~83页。

迹、生活变迁和获取资源的能力，政府利用户籍制度将人口分为常住人口和暂住人口，决定了流动人口只能是一个“无根漂泊”的群体，这种畸形的社会身份结构带来了身份认同的困境，从而处于被剥夺集体表象的处境，这便是结构主义逻辑的结果。

暂住人口往往将城市市民称为“他们城里人”，而称自己为“我们外地人”，建构起来的是自卑、无价值感、孤独无助感、冷漠的人际交往观、焦虑无归属感、缺乏公共精神和不公平感。流动人口往往聚集在城郊结合处、老城区、城中村等环境最差的地段，住房破败，街区凋敝，通风、光线、排污设施和卫生条件极差；卖淫嫖娼、聚众斗殴等犯罪与社会问题也最突出。

近年来，各地公安机关大力推动流动人口服务管理创新，相继推出了居住证制度、实有人口管理、信息采集社会化以及规范出租房屋管理等一系列改革，但这些措施仅仅是治标不治本，必须从根本上打破城乡户籍分割壁垒和消除社会二元结构，才能为所有人提供一个公平公正的社会建构平台。①

社会建构论认为，我们描述与解释世界的方式是可以通过人们主动的协商与合作进行建构的，这实际意味着积极发挥人类互动与合作是富有建设性的，许多建构都是可能的存在，没有哪一种的建构是普适的，一种建构也许只对应某一特殊的地域或历史阶段，因此，我们不能仅限于现存的描述与理解世界的方式，可能性的创造依赖于新的看待世界的视角，新的行为模式会在新的理念下得以建构。

从20世纪70年代起，传统公共行政模式受到质疑，公共治理模式作为一种回应登上历史舞台，治理理论的提出实际上反映了公共事务治理的一种新的建构，新的思维理念摆脱了由政府主导公共事务管理的单一主体的传统，建立政府、市场、公民社会三者相互依赖与合作的公共事务治理模式，进行资源优化配置，努力寻求政府、市场和第三部门治理社会的互补机制，以更有效地提供公共物品和公共服务。这种社会建构将以往的政府自上而下的单向度运行模式转变为由政府部门、企业、非营利组织和公民个人等各方面共同参与的多向度运行的协商互动合作体系。

作为政府行政的重要组成部分，现代警务的社会建构思想同样也支持公众的自我治理能力和维持社会治安秩序的能力，只要有民众、企业或其他非政府力量参与到社会治安防控之中，警务的社会建构便发轫，但是否能够发育完善直至成熟，则取决于私人警务市场的培育以及辅警制度的

---

① 庄琳：《社会建构理论对我国警务改革的指导意义》，载《探索与争鸣》2011年第11期。

建立。

目前,政府性公共警务供给与市场性私人警务供给并行的二元供给格局是欧美国家警务的发展潮流,也是我国警务改革的一个方向。

西方各国成立大量的商业性保安服务公司,承担了原有的警察履行的部分职责,以商业化运行的方式为个人、企业甚至政府提供安全保卫服务,政府将押运犯人、看守监狱、守卫核电设施、保卫军事基地、大使馆警卫等安全保卫工作以契约的方式承包给保安公司,这些领域在过去一度被政府所垄断。

政府必须有所为有所不为,正确理解政府与社会、政府与市场的差别和联系,只有涉及国家主权和追诉行为的强正义性质的警务工作,如治安检查、刑事侦查、拘留逮捕、羁押看守、讯问、处罚等执法活动和强制措施,政府才能根据法律赋予的权力,坚决地掌控在自己手里。对于一般性质的巡防、看护、救助、押运、维护公共场所秩序等治安服务,为文体娱乐活动提供的安全保卫服务,保安公司的开办、经营等,要坚决从警察职责职能中剥离开来,转移给市场、社会去完成。拓展警务供给市场的范围,以市场需求为逻辑起点分配责、权、利,使社会警务资源得到合理的配置和利用。

社会警务资源的有效整合,必须借助完善的辅警制度。辅警是独立于正式警察组织的组织,它的职能是辅助或者部分替代正式警察来维护社会治安秩序及预防犯罪。“除国家警察外,协助警方或民众自用的合乎法律规定的防范组织或人员,都可称之为辅助警力。”①

目前,我国辅警的构成主要有三大类:一是直接受雇于警察的辅警队伍,如交通协管员、治安员;二是受雇于企业的辅警队伍,如保安;三是社会志愿服务者提供义务的警务服务。辅助警力最显著的特征就是市场化运行,但实际上,我国的辅警从未具备过市场化的功能,即使是保安服务公司,也是笼罩在警察行政化的管控之下,没能独立地按市场规律去发育成长。辅警制度比较发达的英、法等国都是通过专门的立法来完善辅警队伍的建设和运行的。我国由于立法上的欠缺,辅警的来源比较随意,整体素质不高、职能职责不清晰,辅警业务呈现出有需求但无标准、有市场但不规范的特点。辅警建设游离于规范化之外,不但影响警务市场化的培育,而且最终会影响辅警自身的生存甚至发展。

---

① 徐志林:《辅助警力的若干思考》,载《上海公安高等专科学校学报》2003 年第 1 期。

第七章　服务型警政建构的内在逻辑

服务型警政必须摒弃原先一元社会结构格局下的权力本位，树立多元化社会结构格局的权利本位和服务意识。社会结构的多元化要求警务供给主体也应多元化，警务运行机制应导入市场化理念。服务型警政的多元治理组织网络不同于传统的单质统治结构，它在互动的基础上促使所有参与者形成自主性治理，在特定公共安全领域中与政府形成协同合作，分担一定的治安管理职能。

第一节　服务型警政建构的目标定位

警察作为提供公共安全和警务服务的主体，长期以来未能严格区分其执法性职能和社会服务性工作，警务实际运行中非核心工作过多，占用大量本应用于核心职能开展的警力。正确界定公共警务的职能，把长期以来由警察机构垄断的保护性警务服务从警察职能中剥离一部分让渡给市场、社会去完成。对那些涉及打击犯罪等刑事执法和强制措施，警察应根据法律赋予的权力，坚决地掌握和控制在自己手中。

一、警务属性转向：公共服务与公共产品的视角

（一）公共物品理论

公共物品是公共经济学领域一个最基本的核心概念，它是相对于私人物品而言的。私人物品是谁付费谁占有，一旦某人根据其价格付费之后便完成了交易，实现该物品所有权的转移，除非得到物主的许可，其他任何人无权使用该物品。[①]

公共物品则与此完全不同，按照萨缪尔森的解释，公共物品具有非排他性和非竞争性两个基本特征，即"在增加一个人对它分享时，并不导致成本的增长，而排除任何个人对它的分享都要花费巨大成本"。[②]

非排他性，是指某种公共物品或公共服务一旦得到供给，可以同时供

---

① ［澳］休斯：《公共管理导论》，彭和平等译，中国人民大学出版社 2001 年版，第 114 页。

② ［美］斯蒂格利茨：《经济学》，姚开建等译，中国人民大学出版社 1997 年版，第 147 页。

一个以上的人同时消费，即使是没有对该物品支付费用的“搭便车”者也一样能够享有益处，要排除他人消费这种公共产品是不可能的或交易成本很高。例如，城市投入大量的巡逻警察，提供良好的治安环境，既保护了该城市纳税的市民，同时也保护了短暂停留的流动人口。

非竞争性，是指对公共物品的个人消费，并不影响其他人同时对该公共物品的消费，也不会因此而减少其他人享用这种公共物品的数量或质量。这意味着当消费数额增加时，并不增加公共物品的边际社会成本或机会成本。

公共物品的这两个特征意味着以竞争性的市场机制难以达到公共物品供给的帕累托最优的状态。一方面，非排他性的存在，激励了理性的个人在期待着公共物品产出的同时又不愿付费享用，盼望着“搭便车”的可能性，所以任何个人或私人组织都没有内在的动力自愿提供公共物品。另一方面，非竞争性的存在，公共产品的边际成本为零，也就是说这些物品在消费时是没有收益的，这对于以追求额外利润为目的的经济实体来说显然是无法接受的。

因此，按照经济学的解释，政府是公共物品的主要提供者，休谟在其《人性论》中阐述到，为了共同在一片草地上排水，两个邻居容易达成协议，但无法在 1000 人之间达成，因为每个人都企图由别人承担成本。亚当·斯密在其《国富论》中也论证了诸如法庭、国防、警察等制度和一些公共工程必须由君主来提供。

继萨缪尔森之后，随着公共物品理论研究的深入，争论也日渐激烈，矛盾焦点主要集中在公共物品的分类和公共物品供给方式两个方面。

布坎南认为，萨缪尔森的定义缺乏弹性，①现实中僵硬地区分“纯公共物品”与“纯私人物品”是没有意义的，因为纯公共物品实际上数量不多，更多表现出来的是介于纯公共物品和纯私人物品之间的准公共物品，或称混合物品。②

对于准公共物品的认识，大体可以分成两大类：(1)俱乐部物品，其特点是消费上具有非竞争性，但是从技术上或者通过较低的成本即可以排除他人共同享用，如公共桥梁、高速公路；(2)公共池塘物品，在消费上具有竞争性，但无法从技术上排除他人共同享用，如公共池塘水源、天然牧场、公共应急避难场所。准公共物品具有显著的拥挤性特征，当消费者的数目

---

① M. Buehanan, An Economic Theory Level of Clubs. *Economics*. 32(Freb.). 1965.

② 陆永：《论作为一种公共产品的社会治安》，载《中国人民公安大学学报》(社会科学版)2007 年第 6 期。

增加到一定程度，就会导致边际成本为正，继续向上增加将会达到拥挤点，在达到拥挤点之前，增加额外的消费者不会产生竞争，也就是消费者之间并无不良之影响；而当超过拥挤点之后，每增加一个消费者将会减少全体消费者的效用，此时消费者之间已经感受到拥挤带来的不良影响。

(二)警务的公共物品属性分析

1.纯公共物品的“警务”

稳定的秩序既是人类生存发展的保障，也是政府执政的重要目标。治安秩序是保证人们生产秩序、日常生活秩序和市场交易秩序正常运行的根本，维护社会治安的稳定也因此成为国家最基本的职能之一。

为了实现治安秩序的可控性，政府作为公共意志的执行主体利用公共财政，设置了法院、警察和监狱等规制机构，配备了预防越轨行为的警务人员和进行追诉行为的司法人员。无论是治安管理或刑事侦查，其结果均来自公共权力所垄断的警务机制的运行。

为社会所有的公众所提供的警务是一种比较典型的纯公共物品。“110”接处警服务、警察的巡逻盘查、侦查破案、消防监督、公共场所的监控、特种行业的治安检查、危险物品的规制等，都属于纯公共物品范畴的“警务”。

良好的治安秩序一旦产生，辖区内所有人员都能感受到警务运行所带来的安全保障，这是一个无法分割的整体性空间，无法不让“免费搭车者”享受同样的环境。在对公共警务所惠及的安全服务，公众各自的消费量不是此消彼长的对立关系而是共享关系。

2.准公共物品的“警务”

良好的社会治安秩序，如果警务保障持续不断，将保护辖区内所有的居民。反之，犯罪的频发则会损害社区的生命财产的安全。受到来自警务的保护就是作为公共安全的直接消费，区域范围的覆盖面和惠及程度，决定了该警务服务的最终的性质。

有明确界限的安全性保障在服务对象上可以实现排他性和非竞争性，封闭住宅小区的物业管理所配置的安防监控和保安巡逻，其警务服务覆盖范围和安全受益者相对固定不变，收益的外部性溢出一般不大，通过俱乐部产品的付费方式动员相关安全受益人，实现受益的内在化和一体化。

还有一些安全保障能够惠及一定范围内的成员，不仅技术上可以进行排他，同时为此支出的成本也不高。如“110”报警，在一定范围内线路会保持畅通，接处警也能够从容安排，警务服务不存在竞争性，每增加一个报警服务的边际成本为零。但警察接处警的能力是有限的，大量非紧急性救助服务也占用“110”报警资源和警察的出警服务，一旦出现拥挤效应，排在后面的报警者将打不进求助电话,即使接通电话也没有备勤的警察出警,这时边际拥挤成本不再为零,只有增加接处警的投入才能应付拥挤的局面。"110"报警服务具有资源配置的竞争性,非紧急状态下报警求助会妨碍到他人在同一时间对该服务的真正需求。

3. 私人物品的"警务"

萨缪尔森曾经利用数学模型来阐释私人物品和公共物品的区别,私人物品在消费前可以分割,产品的总量等于所有消费该产品的数量总和;公共产品是无法进行分割的,每一个消费者实际占有的公共物品就是该公共物品的总量。

表 7-1　警务服务的类型

	可竞争性(私益性)	非竞争性(公益性)
排他性(低成本)	纯粹私人安全警务服务:私人保镖服务、家庭防盗系统安装设计、贵重物品或钱款的押运;私家侦探	俱乐部型治安警务服务:如大型文体活动警务服务、娱乐业保安服务等;联网报警服务
非排他性(高成本)	公共池塘资源型治安警务服务:社区保安服务、单位保安服务等	纯公共治安、警务服务:"110"报警、打击犯罪、道路交通管理、治安案件查处、刑事案件调查等

对特定经营场所进行安全防范和为家庭或个人提供的保护则是一种典型的私人属性的物品。首先,这种警务服务在消费上具有排他性。例如,对于付费购买保安服务的经营场所,保安公司为其提供监控、巡逻、守卫和值班等警务服务,保安公司没有义务为没有付费的单位提供警务服务。经营性的警务服务都具有竞争性,增加一定数量的私人警务服务供给,就需增加相应的成本支出。在总量不变的情况下,每增加一名顾客,就会降低其他顾客享用私人警务服务的质量,如巡防不到位。

二、警务责任重组:核心职能与边缘职能的分离

现代警政的肇始,被公认为产生于 1829 年的英国伦敦大都市警察制度,与传统警政的最大一个不同点在于警务运行受《伦敦大都市警察法》的制约,对警察机构的设立、警务人员的选拔、警务的日常管理等进行了法律的规定,同时也明确了警务的目标:通过治安防范和刑事执法来维护社会公共安全和秩序稳定以及警务必须回应来自公众的求助,第 1 条规定的警察职能看起来很清楚,但第 2 条的要求在实践操作的层面却是边界模糊的,可宽可窄。

美国律师协会所制定的《关于城市警察职能的标准》,对警务功能性描述有11项,其中与打击犯罪直接相关的只有两项:一是鉴别哪些属于刑事执法问题,哪些属于行政管理问题;二是进行案件侦破,收集犯罪证据,在证据确凿或条件成熟时逮捕犯罪嫌疑人,并进行讯问和继续调查,直至法庭诉讼指证程序,这两项警务职能均带有司法的性质,具有较强法律性和程序性,必须经过宣誓和专业培训,并非普通人员可以担任的。其他9项警务内容为:通过巡逻盘查或其他预防性措施来降低犯罪发生的概率;对遇到危及人身安全的人员实施救助;维护公民的宪法权利;维护交通秩序;对生活难以自理的群体进行援助;调处矛盾纠纷;为社区提供安宁的秩序感;维护公共安全和秩序稳定;提供紧急情况下的其他服务。事实上,安全保护性质的警务工作占其中较多比重。[①] 由此,我们看到警务的功能可以分为执法性职能与服务性职能两大类。对于警察而言,不可替代性的核心职能是执法性工作,可以替代的边缘职能是服务性保护工作。随着公民社会的成熟和市场经济的发展,警察应该大幅度收缩其职责和功能,在集中精力加强其"必需性"的核心职能的同时,把边缘职能推向社会。

警察作为提供公共安全和警务服务的主体,长期以来未能严格区分其执法性职能和社会服务性工作,警务实际运行中非核心工作过多,占用大量本应用于核心职能开展的警力。刑事证据调查涉及的缉捕、羁押、现场勘验、讯问等执法活动,属于典型的纯公共产品,必须由属于政府机构的警察部门提供。场所的秩序维护、人员救助和安全保卫等不涉及法律性认知的行为,其维护安全的效用很大程度上取决于所服务的群体规模,当覆盖范围增大时,安全性的需求会上升,治安防范的效果必然降低。因此保护类的警务行为具有明显的拥挤性,类型上可以划分为俱乐部物品或公共池塘类物品,其供给可以借助于市场机制或社会机制。

应正确界定公共警务的职能,把长期以来由警察机构提供的保护性警务服务,如为各种娱乐活动或大型体育赛事提供的安保工作、商贸场所的巡防守卫,为社区、单位提供的巡逻服务,要坚决从警察职能中剥离出去,让渡给市场、社会去完成。只有那些涉及打击犯罪等刑事执法和强制措施,警察才应根据法律赋予的权力,坚决地掌握和控制在自己手中。

《警察法》第2条规定:"人民警察的任务是维护国家安全,维护社会治安秩序,保护公民的人身安全、人身自由和合法财产,保护公共财产,预防、制止和惩治违法犯罪活动。"对于国家安全和社会治安秩序等高度抽象

---

① [美]沃克:《美国警察》,公共安全研究所译,群众出版社1987年版。

性的法律概念具有相对的语义不确定性，若对条款仅从语义上解释，就会发现涉及国家安全和治安秩序的范畴太过宽泛，如果将这项规定视为警察任务，那么我国警察机关职能范围不仅涵盖所有行政领域，且几乎可以全然替代政府了。因此，需要进一步明晰警察任务的外部边界和廓清警察核心职能的范围。

中国警察体制更接近大陆法系，崇尚集权，警察不仅拥有刑事侦查权，而且具有广泛的行政执法权。有着几千年封建文化的中国，对属于政府范畴的警察权力有着特殊的敬畏，同时也期待着警察无所不能，遇到难管的事务都希望借助警察的强制力来实现，有困难找警察便是这种心态的集中体现。就公安机关内部而言，一些警察未能正确理解严格执法和为民服务的内涵，进行了过度宣传或实施超出职权范围的服务活动，也导致警力被大量占用。热情服务是公安机关的价值取向，但警察要克服警务与非警务活动界限模糊的现状。公安机关必须从"有困难找警察"转变为"有危难找警察"。厘清警察的核心职能与边缘职能，将边缘职能转移给市场与社会，专心打造核心职能，使警察的警务供给真正具有公共性；拓展私人警务市场的规模，按照企业法人、社会团体和公民等各自拥有的警务资源，以他们的安全需求为逻辑起点，使社会警务资源得到最大限度的利用与最优化的配置，进而达成社会警务服务多方需求与多方供给的均衡。

三、警务结构调整：层级的减少与扁平化

中国警察的组织结构层级之间有着严格分工和明确的隶属关系。警务内部管理的权力配置呈现出"倒金字塔"的形态，层级越高，警务管理权限越大；层级越低，警务管理权力就越小。对外执法权正好相反，权力配置呈现"正金字塔"的形态，层级和职位越高，其对外行使的警察权就越小；层级越低，其对外行使的警察权就越大。这种组织结构带来的缺陷在于内部管理成本较高，影响警务决策的质量，方案层层审批，有决策权的警官高高在上脱离实务，了解情况有实际处置能力的一线警官又缺乏自决权。一个警情从基层上传给决策层，形成警务指令后又从决策层反馈到一线警察，要经过多次反复的协调，不仅影响信息传递速度，也导致信息失真。处于中间层的警务人员还可能会揣摩不同领导的偏好操纵警务信息。新公共管理理念下的权力配置按照"政策的制定和财政日益向上集权化，同时管理和行动向基层分权化"。警察组织内部权力结构相应转变将呈现为"哑铃"状，即刑事政策制定与绩效评估标准向层级顶层集中，具体警务指挥决断自决权向一线倾斜。

扁平化警务结构有利于适应后现代警务部署的非线性化。古德(Gould)曾提出一个“时间之箭”的概念,将时间表示为一个相似和线性的事件序列,它以未来作为终极参考点。[①] 在这种情况下,时间似乎可以按比例等量划分为任何的阶段和间隔。远期、中期和短期的时间框架,可以随管理者的意愿来任意分割,这构成现代警务线性化警务的结构,在相对有序的、分门别类的警种岗位上和管辖范围内,警力呈梯次配置,有相对明确的机关和基层、后方与前方、指挥与前线之分,警务有明确的起始、发展、结束等阶段,一切需要可以按照理性、计划按部就班进行。而后现代警务往往是非线性警务活动,运用由各警种按一定比例编成的联合或综合性警队,实施立体化治安防控或警务打击。它要求警务运行机制必须具备很强的机动能力,保证随时向任何地域实施警务机动的高度准确和有效协调的精准应急反应。

欧美各国城市警务组织形式是由市警察局和分局组成的二级管理结构,警务管理是垂直体系。相比之下,中国现行的警务组织形式是由市公安局、分局、派出所组成的三级管理结构,警务管理是既有来自垂直体系的上级公安机关,也有来自横向体系的地方政府,公安分局相对应区政府管辖,公安派出所相对应的是街道办事处管辖。这种三级管理结构不利于警力调动和警务应急,作为一线执法的民警在接警后向派出所所长报告,派出所所长向分局局长汇报,分局局长再向市局局长请示,同时重大案件还要汇报给相应管辖区域的地方党委和政府首长,经过层层汇报,等待警务指令的反馈使得快速反应机制的应急成效丧失殆尽。在未来中国警务组织结构的设计中,是否能够借鉴新公共管理的组织哲学和西方警务的经验,大幅度减少警务管理层级,由垂直式警务三级管理结构变为扁平式警务二级组织结构,取消中间层级,将取消后的分局警力充实到基层派出所,在警务管理体制上加大市局统一的指挥和调度,警务指令直接下达一线警察。

四、警务功能转移:趋向社会化与市场化

经济全球一体化,在改变中国经济结构的同时,也促进了中国社会结构的转型,受其影响,警察机构的职责和警务运行的机制必须摒弃原先一元社会结构格局下的权力本位,树立多元化社会结构格局的权利本位和服务意识。

---

① 王少鹏:《公安思辨——哲学视角下的扬州警务实践》,广陵书社 2011 年版,第 113 页。

社会结构的多元化要求警务供给主体也应多元化，警务运行机制应导入市场化理念，市场化的本质就是经济资本日益成为强势资本，市场成为配置资源的重要途径之一。商品在市场以等价和自愿实现自由交换，市场不仅是商品的总和，也代表了权利的总和，商品的供给越多，私人可以选择的范围也就越大，市场对资源的配置功能就越显著。一元化的社会格局，资源配置方式主要是由政府机制所决定的，通过权力的强制来达成调整结果。多元化的社会结构，由于市场机制对利益的自由获取与交换，资源的配置方式是通过利益的自由交换来实现的。

警务在本质上是对社会越轨行为的规制和惩戒，在成效上是为社会提供一个良好秩序的安全保障，因此惠及整个社会的警务须由政府提供。但经济实体和个人的安全需求有着很强的针对性，其警务行为的目的和标底都是实现个体性的利益，具有明显的消费竞争性和排他性，此类警务便是典型的私人物品，应由市场来提供，这就要求政府放松对保安服务和技防公司经营的管制，形成警务供给的市场化产业，满足不同消费群体的安全需要。

多元化的社会发展，要求注重政府与市场之间关系的同时，还要调整政府与社会非营利性组织之间的平衡发展。服务型政府不仅扩展市场机制对资源的配置作用，而且更注意对社会中介机制的培育，使之成为公共管理的一个重要载体。“由社会的多元化，随之出现了权力多元化。”①因此，“在民主浪潮的推动下，国家行政逐渐向社会行政的方向转变，公共行政作为对国家行政的不足的补充方式被推向了前台”。②

服务型警务的多元治理组织网络不同于传统的单质统治结构，它在互动的基础上促使所有参与者形成自主性治理，在特定公共安全领域中与政府形成协同合作，分担一定的治安管理职能。但是由于市场自身强烈的逐利性，私域警务往往与公共警务追求的价值取向存在很大的不同，甚至在利益的吸引下成为犯罪的保护伞。因此，非营利的社会中介组织成为公共安全领域中非政府配置资源的更可靠的机制，如中国工会、共青团、妇联等群众团体组织，在调解矛盾纠纷、防范家庭暴力、实施社会帮教、落实治安防范等方面起到重要的安全性服务。服务型警务试图通过政治国家与市民社会的协作、政府与非营利性组织的合作，形成强制机制与自愿机制相互交融的社会多元化治理机制，来弥补国家能力局限和市场机制缺陷。

---

① 郭道晖：《多元社会法的本质与功能——第二次亚洲法哲学大会述评》，载《中外法学》1999 年第 3 期。

② 牛凯、毕洪涛：《论行政的演变及其对行政法的影响》，载《法学家》2000 年第 3 期。

第二节　服务型警政实现的政治生态

随着现代化进程和市场经济的发展,中国当前公共领域正经历着孕育和成长,部分公共权力也回归了社会,公共领域的公共性正在显著提高。在政府职能转变过程中,很多公共管理职能逐渐由社会承担,这为公民有组织的自我管理和自我服务体系的成长提供了难得的机遇,经济市场化和社会多元化的进程中,公民参与的热情越来越高,公民自由、自主、自治和志愿服务的意识逐步觉醒,这也为社会自治、向服务型警务模式的转型奠定了基础。

一、核心理念之源泉:民主制的参与和协商

参与和协商机制是在对新公共管理运动成效的反思基础之上提出的,Eran Vigoda(2004)认为,这是公共行政从回应型转向协作型的开始,无论是官僚驱动型(bureaucracy-driven)、私人部门驱使型(private-sector-driven)、草根驱动型(grass-roots-driven),还是公民驱动型(citizen-driven)的协作型模式都是有益的实践。[①]

协作型公共管理至关重要的一个环节必须引入公民参与机制,决策与协作治理过程中的公民参与基于所有参与者之间紧密的相互依赖性,无论是来自横向或者纵向方面联系,依赖关系一旦建立,协调的作用就越重要,通过彼此沟通和商讨促使社区的问题能被政府当局和居民共同认识,并达成分歧解决的一致性,所形成的公共政策因此而容易实行。[②]

公共管理的协作性意涵价值,已经成了公共行政学者检视协作治理的民主实践程度。Jack Blaney(2001)认为,官僚行政管理的决策制定是通过"自上而下"的方式完成的,拥有决策权的高层并不完全了解基层的实际情况,政策的表达忽视了决策可能产生的不利影响。[③] 协作治理提供了决策达成的新途径,它克服了官僚单方面决策的局限,把所有涉及决策影响的利益群体聚集在一个平等、包容、互相尊重的对话平台上共同协商,打破了决策过程中由于"孤岛现象"而形成的障碍。

---

① Eran Vigoda-Gadot, Collaborative Public Administration: Some Lessons from the Israeli Experience. *Managerial Auditing Journal*, 2004, Vol. 19 No. 6, pp. 700 – 711.

② 秦长江:《协作性公共管理:理念、结构与过程》,上海交通大学2012年博士学位论文。

③ Jack Blaney. *Collaborative Governance for River Basin Management.* Greenwood Publishing, 2001.

二、动力机制:利益的共享性

交易成本理论(transaction cost theory)认为,治理模式选择时一个最重要的考量因素是支付的成本,而协同合作能让所有参与者获得各自收益的最大化,因为这是一种相互依存的利益关系,其效率性表现为减少组织间协商的各种成本,包括谈判成本、信息成本、缔约成本、监督成本和机会成本。以政府为核心的公共组织不管是为了增强执政的合法性还是为了交换稀缺资源,最终的出发点是减少相关的交易成本。选择协作伙伴一般出于三个方面的考虑:降低交易成本、获取实用资源和提高组织的合法性。有效的伙伴关系不仅减少机会主义的威胁,而且降低相关的监督成本,公共组织应该寻求与其有共同使命的伙伴,目标性不同的组织间难以建立和维持伙伴关系。具有合作经历的伙伴更能增加组织间建立伙伴关系的意愿,这不仅降低交易成本,还有助于提高组织的合法性,当它们有着共同的价值取向时,一般都能达成有效率的协同合作,这要比独自行动获得更大的价值。①

公共部门、私营组织和非营利性组织之间相互协作共同提供公共服务能够解决很多社会复杂问题,实现协作优势(collaborative advantage),当单个组织不能达成某项目标,但通过协作却能够实现,其优势表现在:(1)获取稀缺资源。协作网络最大的有利之处在于能形成优势互补,例如,对于青少年犯罪的预防和帮教,警察的资源优势在于威慑力、学校的资源优势在于心理教育、家长的资源优势在于亲情、法律专家的资源优势在于帮教、邻里组织和青年志愿者的资源优势在于感化。现实中,很少有组织可以独自拥有足够的资源,其他部门也可能有着能帮助自己实现目标的资源,资源稀缺性是实现自愿交易的直接动机,这种自愿活动与其目标的达成存在着强烈的预期。② (2)提升效率。在公共服务的生产方面,商业组织不仅比政府组织有更高的效率,而且还增加服务的类别。政府通过推进警务社会化,让更多的保安服务公司和治安志愿者参与治安防范和打击犯罪,弥补的正是警务供给的不足。协作有利于规模经济,从而节约成本,例如,消防安全服务,通过协作可以让相同的投入为更广范围的民众服务,降低运行成本。

---

① Mark T. Imperial. Using Collaboration as a Governance Strategy: Lessons From Six Watershed Management Programs. *Administration & Society*, 2005, 37(3), p. 88.

② Levine, S. and White, P. E. Exchange as a Conceptual Framework for the Study of International Relationships, *Administrative Science Quarterly*, 1962, vol. 5, p. 588.

Himmelman(1996)认为,合作的过程转变了社会中的权力结构,权力意味着有能力实现预定的目标,不同利益群体只有共享权力方能达到各自的预期结果,如此才是真正实现公平和正义。

权力共享可以通过合作性改善(collaborative betterment)或者合作性授权(collaborative empowerment)两种方式实现。合作性改善,是来自社区外部的管理部门启动合作,并控制社区互动的进程,虽然可以提升公共服务的质量,但是很难增强社区自治能力和长期治理。合作性授权,是来自社区内部的管理部门启动合作,提升社区自主行动能力,由内向外逐渐吸引参加合作共治的边缘性公、私机构。①

Emerson(1962)提出的资源依赖理论(resource dependence theory)认为,社会关系的存系必须通过互相依赖才能共享资源,由于资源的稀缺性,组织之间并不完全拥有所有资源,只有互相借助对方掌控的资源才能实现预期目标。② 依赖的关系有两种情境,一种是竞争性资源依赖,同一市场中运行的组织,相互竞争稀缺资源而共同成长,如保安服务公司之间的市场安全服务;另一种是共生性资源依赖,主要是指组织之间有共同利益,当一个组织面临不利也会影响另一个组织,如保安队伍出现问题,也会影响警察机构对治安秩序维护的成效。任何一个组织体都不可能拥有足够的资源实现完全的自给自足,必须不断与周围的其他组织进行资源交换。即使是政府组织间也有资源不充分的现象,不同行政部门也必须相互借助对方的资源才能顺利提供公共服务,这也正是中国政府倡导的治安综合治理政策的写照,在每次"扫黄打非"的行动中,除了警方出动大量警力,还有文化部门负责鉴定非法出版物、工商行政管理部门负责清理经营非法出版物的店铺、城管部门负责清理街面流动商贩。

随着面临处置的问题越来越复杂,政府开始转向为外部合作伙伴提供机会性资源,形成的协作关系降低了未来公共服务提供的不确定性,在公共领域,公私部门结成伙伴关系共同提供服务正在取代由公共机构直接生产的传统模式。Thompson 和 Grahame(2003)认为,组织之间构成的协作网络,既不等同官僚科层机制,也不完全属于市场机制,而是在自身逻辑系

---

① Himmelman, A. T. On the Theory and Practice of Transformational Collaboration: From Social Service to Social Justice. In Huxham, C. (ed.) *Creating Collaborative Advantage*. London: Sage. 1996, p. 22.

② Emerson, R. M. Power Dependence Relations, *American Socialogical Review*. 1962, vol. 49, pp. 31 – 40.

统演绎下的协同机制。[①] 网络可以被认为是众多社会行动者参与的,并由各行动者之间组成的关系集合。[②] 新制度经济学派从交易成本可以降低来分析协作网络的效用,地方性公共资源在配置时最大的问题就是存在集体行动的逻辑悖论,这会导致两个极端,要不是无人问津,要不就是过分开采,最后导致所有利益集团都无法实现潜在的收益。结成协同网络,是行动者通过自行演绎的承诺性契约,使地方公共资源进行配置时关联方的一切集体行动交易成本最小化。

公共管理本质就是一种协作性网络,公共、私人和非营利组织共同投向公共服务。[③] 治理主体形成协作的网络性结构主要是为了解决单个组织不能或无法有效解决的问题。[④] 交通堵塞历来是警察机构最为头痛的难题之一,Logsdon(1991)在对加利福尼亚硅谷交通拥塞的研究中发现,只有当商业社团、地方官员及警察形成协作网络,开始理解共识的重要性,才有可能将集体利益和私人利益结合起来解决问题。[⑤]

三、政治空间:政府角色转换

“作为一项制度,政府职能是对政府的角色定位,是对其行为的规定和限制”,[⑥]即“政府在实施政治统治、社会管理和公共服务过程中所承担的职责和发挥的作用”[⑦]是政府对社会承担的责任和法定的管理权限。“任何政府都有政治统治、社会管理和社会服务等项职能。”[⑧]“政府职能结构重心位移理论”认为,传统农业社会是统治型政府,重心在于阶级统治职能;现代工业社会是管制型(或管理型)政府,重心在于社会管理职能;后工业社会是服务型政府,重心在于社会服务职能。[⑨] 随着社会的转型,政

① Thompson, Grahame. *Between Hierarchies and Markets: the Logic and Limits of Network Forms of organization.* Oxford: Oxford University Press. 2003, pp. 28 – 29.

② Carey Hill, MA. *Network Literature Review: Conceptualizing and Evaluating Networks.* Calgary: Southern Alberta Child & Youth Health Network. 2002, p. 5.

③ Toole, Laurence J. Treating Networks Seriously: Practical and Research-based Agendas in Public Administration. *Public Administration Review*, 1997, 57(1), pp. 45 – 52.

④ Acar Muhittin, Guo Chao, and Saxton Gregory D.. Managing Effectively in a Networked World. The *Public Manager*, 2007, 36(2), p. 23.

⑤ Logsdon, Jeanne M. Interests and Interdependence in the Formation of Problem Solving Collaborations. *Journal of Applied Behavioral Science.* 1991, 27(1), pp. 23 – 37.

⑥ 汪玮:《我国政府职能转变的动因和路径——新制度主义的视角》,载《云南行政学院学报》2007 年第 5 期。

⑦ 沈亚平、王骚:《社会转型与行政发展》,南开大学出版社 2005 年版,第 72 页。

⑧ 施雪华:《“服务型政府”的基本涵义、理论基础和建构条件》,载《社会科学》2010 年第 2 期。

⑨ 施雪华:《政府权能理论》,浙江人民出版社 1998 年版。

府职能的重心必然从某个职能转向另外一个职能。“中国行政管理体制改革,从 1982 年起在全国范围内已进行了 5 次,当前以‘大部制’为突破口的第六次行政体制改革正在拉开序幕。”①

1978 年 12 月,十一届三中全会的召开标志着政府职能转变率先从经济管理职能的重新定位开始破茧,针对政府全能主义和计划管理的弊端,中国政府提出了“实现四个现代化,要求大幅度地提高生产力,也就必然要求多方面地改变同生产力发展不适应的生产关系和上层建筑,改变一切不适应的管理方式、活动方式和思想方式”。②

1982 年 9 月十二大的召开,随着“历史性伟大转变的胜利实现”,③中共和国家的中心工作转到了经济建设上,政府职能的重点投向也从巩固统治转移到了发展经济,政府也逐渐从统治型的政府演变为管制(或管理)型的政府,拉开了中国政府第一轮职能转变进程序幕。

1984 年的中共中央《关于经济体制改革的决议》提出政府要“实行政企职责分开,正确发挥政府管理经济的职能”。④

1987 年 10 月召开的十三大强化了这种转变,大会确立加快和深化改革,提出“离不开市场的发育和完善”。随后,针对当时政府机构臃肿、庞大、职责不清和互相扯皮的官僚主义现象(当时国务院有部委 45 个、直属机构 22 个、非常设机构 75 个,共计 142 个),提出改革政府的工作机构的思路,即“避免重走过去‘精简—膨胀—再精简—再膨胀’的老路……抓住转变职能这个关键”,使政府“对企业由直接管理为主转变到间接管理为主”。⑤

十四大至今,“服务职能”话语在政府文件中频频出现,政府除了加强“市场制度和法规建设,坚决打破条条块块的分割、封锁和垄断,促进和保护公平竞争”,履行宏观调控管理职能外,还必须“提供服务和监督检

---

① 束锦:《“深化行政管理体制改革推进政府职能转变”研究综述》,载《云南社会科学》2008 年第 3 期。

② 《中国共产党第十一届中央委员会第三次全体会议公报》,载《人民日报》1978 年 12 月 24 日版。

③ 《全面开创社会主义现代化建设的新局面,十二大以来重要文献选编》(上),人民出版社 1986 年版。

④ 《十一届三中全会以来党的历次全国代表大会中央全会重要文件选编》(上),中央文献出版社 1997 年版。

⑤ 赵紫阳:《沿着有中国特色的社会主义道路前进,十三大以来重要文献选编》(上),人民出版社 1991 年版。

查”,[1]切实把政府经济管理职能转移到“为市场主体服务和创造良好发展环境上来”。[2]

2004 年,温家宝总理首次正式提出服务型政府的建设目标,要求更加注重公共服务职能,[3]为此要“创新政府管理方式,寓管理于服务之中,更好地为基层、企业和社会公众服务”,把“财力物力等公共资源更多地向社会管理和公共服务倾斜”。[4]

2007 年 10 月十七大的召开,提出要“加快行政管理体制改革,建设服务型政府”,[5]通过政府行政体制进一步改革,不断完善公共服务体系,不断强化政府的服务职能。

2012 年 11 月的十八大报告再次重申政府改革的目标:“深入推进政企分开、政资分开、政事分开、政社分开,建设职能科学、结构优化、廉洁高效、人民满意的服务型政府。”[6]

四、时代背景:公共领域的拓展与公民精神的弘扬

作为一种理念和政治实践,早在古希腊时期就存在公共领域的意识形态,公民可以针对公共问题通过实践话语方式达成共识。实践包括了政治、伦理和道德意义之总和。政策出台不是通过强权来制定,而是通过公民间的辩论、探讨和投票来实现。对公民而言,政治生活比经济生活更为重要,个人只有融入政治共同体才有意义。亚里士多德的《政治学》中,“城邦”就亦然包含了公共领域的精神,这是“平等的自由公民在合法界定的法律体系之下缔结的伦理政治共同体”。[7]

黑格尔认为市民社会是“现代世界中形成的”,个人自我的思虑从宗教、政治、伦理中得到了解脱,得到充分自由的表现。但相对于国家和家庭,市民社会只是一个异质的组织形态,它偏离了伦理层面的目标。一方面,市民社会只是满足集群的需要,缺乏更广泛的道德关怀,在市民社会中

---

① 江泽民:《加快改革开放和现代化建设步伐,夺取有中国特色社会主义事业的更大胜利》,载《江泽民文选》(第一卷),人民出版社 2006 年版。

② 《中共中央关于完善社会主义市场经济体制若干问题的决定》,人民出版社 2003 年版。

③ 温家宝:《政府工作报告(2004)》,人民出版社 2004 年版。

④ 温家宝:《政府工作报告(2005)》,人民出版社 2005 年版。

⑤ 胡锦涛:《高举中国特色社会主义伟大旗帜,为夺取全面建设小康社会新胜利而奋斗——在中国共产党第十七次全国代表大会上的报告》,人民出版社 2007 年版。

⑥ 《十八大报告解读:如何建设人民满意的服务型政府》,载 http://www.gov.cn/jrzg/2013-01/23/content_2318122.htm,2013 年 6 月 18 日访问。

⑦ Jean L. Cohen, Andrew Arato, *Civil Society and Political Theory*, Massachusetts: the MIT Press, 1992, p. 84.

形成的公共领域只不过是对私利的关注，形成的公众舆论只是主观意志碎片化的表达，缺乏法律源泉的公共性。另一方面，市民社会又是家庭与国家伦理之间不可缺少的中介，市民社会中的声音反映的是现实真正的需要。黑格尔把市民社会的公共领域视为一个独立的领域存在，不再依附于国家公共权力。

从批判黑格尔法哲学开始，马克思对市民社会作了新的阐释。在马克思看来，市民社会是以私人利益的特殊与公共利益的普遍相分离作为自己的立足平台。虽然与国家相分离，市民社会中的经济基础决定了其他所有关系。这意味着市民社会与国家权力是同一社会的两个方面，“市民社会就是政治社会，因为市民社会的有机原则就是国家的原则”。[①] 并且“真正的市民社会只是随同资产阶级发展起来的”。[②] “市民社会的成员，就是政治国家的基础、前提。国家通过人权承认的正是这样的人。”[③]

马克思和黑格尔都把市民社会作为社会交往活动中的经济领域来认知。但黑格尔强调国家高于市民社会，马克思则主张市民社会高于国家。自由存在的公民是国家的基础和有机组成，其政治哲学的中心点是阐释民主制的合理性，并揭示市民社会作为实现人的全面自由发展的意义。[④]

阿伦特(Hannah Arendt)则是第一位对“公共领域”进行系统研究的哲学家，具体思想集中在 1958 年出版的 *Human Condition*。[⑤] 阿伦特将人的基本活动分为劳动、工作和行动，这三种活动对应三种活动领域，即私人生活领域、社会领域和公共政治领域。劳动和工作只是满足人的生命延续，只有行动和作为行动的公共领域才是人所特有的政治性表达。劳动或工作一旦作为人的活动目标，实际上将自身交付给了私人领域，那个本身自由的人也就丧失了自我，最终导致接受极权统治的控制和摆布，作为道德的人沦入堕落和毁灭。[⑥]

阿伦特把她的公共领域概念与表象空间中的行动联系在一起，在此基础上，哈贝马斯对阿伦特政治行动公共领域进行了新的释解，公共领域的

---

① 《马克思恩格斯全集》(第 3 卷)，人民出版社 2002 年版，第 90 页。

② 《马克思恩格斯选集》(第 1 卷)，人民出版社 1995 年版，第 130 页。

③ 《马克思恩格斯全集》(第 3 卷)，人民出版社 2002 年版，第 187 页。

④ 何萍：《人的全面而自由发展与市民社会》，载《武汉大学学报》(人文科学版)2002 年第 3 期。

⑤ [德]尤尔根·哈贝马斯：《公共领域的结构转型》，曹卫东等译，学林出版社 1999 年版，第 242 页。

⑥ Hannah Arendt, What is Extenz Philosophy, Partisan Review XVIII/I, 1946. Quotes are from "What is Existential Philosophy," in Hannah Arendt, *Essays in Understanding*: 1930 – 1954, *New York.*: *Harcourt Brace*, 1994, p. 171.

自主表达实际上是一个通过公共性审议而得以自治的结果，另辟蹊径地试图解决民主合法性的问题。在哈贝马斯看来，是马克思发现了市民社会中公共领域的真正秘密。“马克思的批判摧毁了资产阶级公共领域所依靠的一切虚构。”①

国家与市民社会分离的经典理论成为哈贝马斯理解公共领域的出发点，哈贝马斯对资本主义晚期社会结构进行剖析时，把市民社会从经济领域中进行了剥离，与公共权力机制和市场机制相并列，作为一种新的社会调整机制。“组成市民社会的是那些或多或少自发地出现的社团、组织和运动，它们对私人生活领域中形成共鸣的那些问题加以感受、选择、浓缩，并经过放大后引入公共领域。旨在讨论并解决公众普遍关切之问题的那些商谈，需要在有组织公共领域的框架中加以建制化，而实现这种建制化的那些联合体，就构成了市民社会的核心。”②公共领域的实践话语是伦理与道德的结合，通过一系列的社会自发性动员和参与机制，使公共意志的形成在包容的基础上通过理性的论辩达成集体共识。

现代的中国，市民社会的发育仅仅在改革开放之后，“国家通过变革体制而在某种程度上改变了其原有的全权性，正是这种变革本身在很大程度上推进了市民社会建构空间的出现”。③

新中国的历史虽短，却经历了社会国家化和国家社会化进程的反复。1949 年至 1978 年，与计划体制相适应，中国建立了高度集权贯通上下一致性政治意识形态的社会结构。④ 单极的国家实体完全吞没社会，自组织性、自治性的社会几乎荡然无存。1979 年之后，中国进行了政治体制改革，进入国家社会化阶段，政府职能的转变，更多的事务交由社会自主管理，各种社会组织也逐渐发展起来，市民社会获得发展的机会和空间。中国的社会结构虽然发生了较大的转型，但“强国家弱社会”的特征并没有根本改变。中国悠久的家国同构和封建集权传统对市民社会的发育造成了很大的障碍。在社会与国家没有完全分离，市民社会还未形成的状态下，中国却发育这样一种力量，它来自公共权力之外，以个人、群体或社团等为基本形态，通过多种方式的行动，自我管理并参与国家政治和公共生

① ［德］尤尔根·哈贝马斯：《公共领域的结构转型》，曹卫东等译，学林出版社 1999 年版，第 142 页。

② ［德］尤尔根·哈贝马斯：《在事实与规范之间》，童世骏译，三联书店 2003 年版，第 454 页。

③ 邓正来：《国家与社会——中国市民社会研究的研究》，复旦大学出版社 1996 年版。

④ 王如鹏：《论社会的稳定结构——中国公共领域建设研究》，载《社会科学战线》2013 年第 1 期。

活,以此实现对公共权力的制约、监督和影响。[①] 总体而言,随着现代化进程和市场经济的发展,中国当前公共领域正经历着孕育和成长,部分公共权力也回归了社会,公共领域的公共性正在显著提高。[②]

2003 年 3 月 17 日,广州一服装公司的职员大学生孙志刚逛街时遭受警察盘查,未携带身份证被广州黄村街派出所予以收容,理由是没有暂住证。3 月 18 日,孙被送往广州收容遣送中转站,后又被送往广州收容人员救治站,两天后死亡。中山大学中山医学院法医鉴定中心的鉴定表明孙志刚死于毒打。4 月《南方都市报》率先报道,然后引起全国媒体联动报道,多家网站展开讨论,并形成强大舆论监督以促使政府相关职能部门深入调查并严厉查处。"孙志刚事件"后,公安部先后做了七次重要批示,广东省及时召开了全省公安会议,通报了有关情况,要求改进公安工作,提高警察服务和执法水平,开展"以民为本、执法为民"的专题教育活动。[③] 5 月 14 日,三位法学博士以普通公民身份向全国人大常委会提出《城市流浪乞讨人员收容遣送办法》违宪审查,最终致使该法规被废止。

公安部还决定,从 2003 年 7 月下旬到年底,以端正执法思想、坚持执法为民为主题,用整风的精神,分期分批对县级公安部门(含城市公安分局)和基层所队领导干部进行为期 10 天的集中轮训,以端正公安队伍执法思想,规范执法行为。8 月初,公安部从人民群众最普遍关心的、涉及人民群众切身利益的户籍、交通、出入境、消防四个方面推出 30 条便民利民的措施,受到了社会的广泛赞誉。[④] 这些均充分表明中国公共领域的存在并已经起到监督公共权力的作用。

五、社会基础:第三部门的成长

第三部门(the third sector)组织作为公民社会的重要构成部分,其存在和活动体现着一定量的社会资本,对促进社会经济发展具有多方面的积极作用。[⑤] 第三部门的概念最早是由 Levitt 于 1973 年提出的,在这之前人们往往将社会组织一分为二。莱维特认为非公即私的社会组织二分法太过粗糙,事实上存在一大批处于政府的公共权力部门与以营利为目的的私

---

① 赵红全:《论我国公共领域的现代生长》,载《理论与改革》2004 年第 3 期。

② 胡忠青、邹华华:《公共领域视角下的"华南虎事件"》,载《新闻界》2008 年第 1 期。

③ 公安部:《孙志刚案件的处理是迅速、坚决和严肃的》,载 http://news.xinhu.net,2003-08-07,2013 年 2 月 18 日访问。

④ 李涛:《从"孙志刚事件"看警察危机公关》,载《中国人民公安大学学报》2003 年第 6 期。

⑤ 梁莹、黄健荣:《论我国第三部门的成长与社会资本的建构》,载《学海》2004 年第 4 期。

人部门之间的社会组织,运行的驱动力既不是权力又非源自利益,而是道德感。[①]《联合国宪章》第 71 条给出一个列举性的定义,包括各种宗教团体、合作协会、援助组织、慈善机构、工会、青少年团体、经营者协会等。[②]

在西方,第三部门代表着不同于公—私领域运行机制的一种社会中介机制,发挥着社会事务管理功能,同时又提供着社会性服务,由于第三部门不是以牟利为目的,比起坐拥权力、伺机寻租的政府更具有公正性;比起逐利的商业经营,其社会性服务在福利上也更具人性化,同时对弱势者需要的反应更为敏感和积极,它成为维护社会公正和建立公民秩序的重要来源。20 世纪 70 年代以来,"在全球范围内,第三部门的机构迎来一个新的繁荣期的证据是无可置疑的"。[③]

第三部门的存在大致有三个原因:(1)历史原因,即国家形成之前与形成之后人们都有自愿集结的传统;(2)政府缺陷,克服政府机制提供公共物品的内在局限性;(3)市场缺陷,个人结成的群体将他们的资源集中以解决无法得到市场支持的公共物品。正是第三部门的强力发展,解构了二元化的"国家—社会"的形态,形成了"政府—经济—社会"的三元化结构。第三部门社会志愿活动的开展,反映了社会自发追求公共性的价值取向,虽是建立在私人性的行动却对公共物品产生由衷的关怀。

尽管第三部门概念的提出时间不长,但在中国自古就有类似于第三部门的组织形态,中国文化中素有助人和互助的慈善举措,包括各种"会馆""行会"民间结社的历史也源远流长,近代更有被蒙上一层神秘面纱的"会党"或秘密结社,如哥老会、青洪帮。新中国成立初期,出于巩固政权,政府对反动会道门进行了取缔,1956 年以后,计划经济体制逐步成熟,由政府包办一切挤压了第三部门存在的空间,至"文化大革命"的开始,原先的社团几乎停滞,也没有新的社团成立。党的十一届三中全会以后,计划经济逐步向社会主义市场经济过渡,政府不断地解除国家对社会经济生活的控制,第三部门也开始迎来发展的良机,1989 年,全国性第三部门增加到 1600 个,地方性第三部门达到二十多万个。[④]

2001 年至 2009 年,中国第三部门总数年均增长 9%,截至 2009 年年底,中国依法登记的第三部门总数大约 43.1 万个,其中有 1843 个基金会,

---

① 王绍光:《多元与统一——第三部门国际比较研究》,浙江人民出版社 1999 年版,第 6 页。

② 吴忠泽:《发达国家非政府组织管理制度》,时事出版社 2001 年版,第 3 页。

③ 莱斯特·萨拉蒙:《非营利部门的兴起》,转引自何增科编:《公民社会与第三部门》,社会科学文献出版社 2000 年版,第 245 页。

④ 吴东民、董西明主编:《非营利组织管理》,中国人民大学出版社 2003 年版,第 98 页。

23.87万个社会团体,19.04万个民办非企业单位;拥有540万的专职工作人员,五百多万兼职工作人员,还有二千五百多万注册的各类志愿者;固定资产总值约1089亿元,收入1247亿元,增加值约500亿元。[①]

就中国国情而言,第三部门的蓬勃发展,“始于1978年的经济体制改革释放了散落在中国社会各个层面的巨大的能量和多样化的需求”,在政府职能转变过程中,很多公共管理职能逐渐由社会承担,这为公民有组织的自我管理和自我服务体系的成长提供了难得的机遇,经济市场化和社会多元化的进程中,公民参与的热情越来越高,公民自由、自主、自治和志愿服务的意识逐步觉醒,这也为社会自治向多元治理模式的转型奠定了文化基础。[②] “对于21世纪的中国来说,第三部门的独立发展就带有决定性的作用,其独立程度和发展水平,在很大程度上就成为中国社会进步和现代化的标志。”[③]

第三节　服务型警政的价值取向

在不同的社会发展历史阶段,政府履行职能的侧重点是不同的。前工业社会总体表现出统治的职能,工业社会阶段更多地要求政府管理,而后工业社会更多地要求政府注重服务。警务模式的发展方向,必须从“控制式”管理向服务型管理进行转变。法治社会警察权的运行中,警察执法一端维系着秩序,另一端联系着自由,既能保障警察机关职能的实现,又能保护公民的合法权益。只有在服务行政中,公共性才得到应有的尊重,真正落实公共行政主张的公平正义,因此服务型警务模式的最高标准是公众是否满意。对于犯罪和治安问题的解决不能仅靠政府,需要政府、市场以及社会共同努力,发挥各自特点,优化治安资源整合。

一、效率与正义的权衡

人类行政的模式有三类:统治行政、管理行政和服务行政。[④] 少数人得利的统治行政已经为民主国家所抛弃,现代社会崇尚的是管理行政和服

① 周岑茗:《我国第三部门发展的困局与破解》,载《中国地质大学学报》(社会科学版)2011年第6期。

② 王晋:《第三部门:市场与政府的非零和产物——兼论我国第三部门的现状及发展趋势》,载《政治学研究》2004年第3期。

③ 梁莹:《政府善治与我国第三部门的发展》,载《南京师大学报》(社会科学版)2003年第3期。

④ 闫平:《服务型政府的公共性特征与公共文化服务体系建设》,载《理论学刊》2008年第12期。

务行政。管理行政服务对象明确指向社会与公众,尽管可归入公共行政的范畴,但它只是人类行政模式总体转换的一个过渡阶段,尚存各种各样的问题和缺陷,不是真正意义上的公共行政。[①]

只有在服务行政中,公共性才得到应有的尊重,真正落实公共行政主张的公平正义。服务行政的最高标准是公众是否满意。“如果说管理行政是以效率的追求为主要导向的话,那么服务行政将把这种效率的追求附加到服务对象所获得的服务质量上来,从而带动整个行政行为系统为公众利益服务或提供安全利益保障……”[②]

管理行政的建构是基于对工具理性的欣赏和追求。以马克斯·韦伯为代表的工具理性主义者认为目的和手段的有效契合可以增加组织在“设计、选择和影响那些为达到清晰而始终如一的目的而采用必要手段的能力”。[③] 工具理性成功地嵌入官僚制组织的架构中,不仅存在于国家的政权建设和政府部门的运行之中,而且广泛地应用于各类私人部门的体制设计,成为整个社会最为广泛的组织结构形式。[④]

作为对官僚体制的修正而兴起的新公共管理,进一步强化对“管理主义”的推崇和对“效率”的热衷。以效率为核心价值追求的管理主义重塑了公共领域的行为逻辑,但是“把整个社会都推向了让人窒息的生存价值与正义,排斥人类的价值判断和道德自觉”。[⑤] 美国经济学家阿瑟·奥肯(1975)提出著名的平等效率观,即在平等与效率之间存在此消彼长的替代关系。[⑥] 管理主义对公共性的损害表现在以下三个方面:(1)管理主义模糊了公共部门和私人领域的界限。管理主义断言,“公共部门的管理与私营机构的管理在基本程序和追求的目标上都惊人的相似”,[⑦]主张用私营机构的管理模式重塑政府。(2)管理主义将效率视为公共行政的终极目标。实际上效率并非是公共行政唯一的价值追求,更不是其终极目标,公共行政不仅意味着公共目的的执行,同时也是公共目的的实现。公共行政很大程度上在于促进公民社会的形成和张扬公民社会的基本价值,如公

---

① 刘祖云:《当代中国公共行政的伦理审视》,人民出版社 2006 年版,第 33 页。

② 张康之:《寻找公共行政的伦理视角》,中国人民大学出版社 2002 年版,第 186 页。

③ [澳]约翰·S. 德雷克泽:《协商民主及其超越:自由与批判的视角》,丁开杰等译,中央编译出版社 2006 年版,第 14 页。

④ [德]马克斯·韦伯:《经济与社会》(下卷),林荣远译,商务印书馆 1997 年版,第 324 页。

⑤ 张康之:《寻找公共行政的伦理视角》,中国人民大学出版社 2002 年版,第 99 页。

⑥ Arthur Okun: *Equality and Efficiency: The Big Trade off*, The Brookings Press, 1975.

⑦ David L. Dillman, *Leadership in the American Civil Service*, *Reform*, *Ethnics and leadership in public service*, Alder shot: Ash gate Publishing Ltd, 1998, p. 152.

平和正义的实现。显然,以效率为取向的工具理性只会促使人们对达成既定目标手段的重视,而忽略对目的本身的关注,致使公共行政的诸如民主、公平、正义等精神性价值被市场的诸如成本、收益、竞争等物化性价值所取代。(3)管理主义冲击政府的公共责任。政府合法性的取得来自相应公共责任的承担,这种公共责任表现为对全体公民的价值偏好和追求的回应。但信奉“政治—行政”二分法原则的理性官僚制,责任的焦点在于确定和遵守体制所确定的标准和程序,而非对公民的回应。虽然新公共管理也强调公务员的职业伦理与服务意识,但其“市场导向”的理念却混淆了顾客与公民之间的地位和意义。

现代化的实现过程需要一个有效率的强政府加以组织和推进。城市化和工业化的发展均是以效率和速度为成果的基本衡量指标。为了推进现代化进程,往往以满足政府以权威执行政策、以牺牲程序降低时间成本、以限制社会民主和公民权利为代价。然而,随着工业社会向后工业社会的过渡,政府对效率和发展速度的追求与社会对公民权利的诉求之间关系出现了新的矛盾。经过工业社会的积累,社会资源总量已有较大的增长,后工业社会在这种较高的起点上要再保持工业化时期那种高速发展和较快积累是很难的,低增长是后工业社会的正常现象,尤其是第一产业、第二产业的拓展空间已经非常有限,唯有第三产业的服务是后工业社会新的增长点,后工业社会在社会资源分配量增长的同时,更注重质的变化,即更追求社会资源分配的公平和公共服务的品质。“从现代工业社会向后工业社会转型过程中,实现政府职能从社会管理逐渐向社会服务的内涵式重心位移,一个重要困难和障碍是处理好低发展速度下的政府效率和社会民主关系的重构问题。”①

二、权力与权利的制衡

现代社会的权力与权利之间的本质是宪法命题。理想的宪法是在人民主权的原则下,依赖于人民天赋人权的让渡转化为国家权力,国家权力有效运转和保障公民权利的充分实现。权力的善治是权利的保护伞,权力的专横则是权利的威胁;权利的正当诉求是权力运行的动力,权利的滥用则抵消权力的实效。“权利和权力的关系,是以利益为纽带的辩证统一的关系。人类社会的发展史,可以说是一部权利和权力资源在不同的社会阶

---

① 施雪华:《论社会转型与政府职能转变》,载《天津社会科学》1995 年第 2 期。

层间按不同的比例而组合的历史。”①

自然法认为，权力并不是人类的最初存在，无论从人的个体还是作为人类的种群，作为万物之灵的人最先拥有的是对自身和地球的占有资格，以此为逻辑起点派生出天赋人权的概念，神圣不可侵犯的生命所天然拥有的不言自明、无须论证的道德共识。社会之前自然状态下的人类，流露出的是自私自利且充满恶意的自然本性，人们为了维护各自的生命权和争夺稀缺的生存资源不断处于“人对人是狼”的战争状态，这种威胁到所有人生命的状态违反了作为人的存在伦理，结束威胁和平共处只能通过一个契约的形式来实现，独立的个体都同意放弃等量的权利，并因此而获得等量的利益，这意味着将自己的权利转让给一个人或一个组织，由其代理这些权利，以保全缔约者的生存。因此，权力作为权利的让渡就产生了，契约者同意让渡权利，接受契约便形成国家权力进行权利代理。

最糟糕的政府，也比没有政府的无秩序状态要有利于人类的生存，在人类永无止境的欲望面前，一个具有强制力的公共权威是避免冲突“必需的恶”，通过强制性的安排，使生存资源得到合理配置。但权力经权利让渡而存在之后，必须将自身定位为权利服务方是其合法性存在的基础，权力自身是维系权利的工具而非目的；权力是人类的维权手段，而非价值主体。

权利虽然是权力的目的，但权利的行使也并非是没有限制的任意，对权利保障的同时，对其进行必要的约束和控制。既要有利于自己，又不能妨碍他人权利的实现和损害公共利益。权利的绝对化带来的是公共责任的迷失，“由于责任话语能力的近乎缺失，在不承担相应的个人和市民义务的情况下，笑纳一个民主的社会福利共和国所带来的利益似乎成了意见合理合法的事情”。② 正当权利是受到国家权力所保护的，但是如果只讲国家、社会对个人权利的保障，而不讲对国家、社会的公共责任，最终必然导致对权利行使的孤立性和不确定性。权利的合理定位是权利的价值取向是个人利益最大化同时又要维护公共利益。

权力的天然扩张性导致其极易被滥用。“有权力的人往往使用权力一直到遇有界限的地方才休止。”③如何平衡权力和权利，成为从古至今的不断探索，以权力制约权力，虽然可以监督权力的滥用，但是难以从根本上制

① 吕艳红：《权力与权利之错位及其矫正》，载《科学社会主义》2007 年第 4 期。

② ［美］玛丽．安・格伦顿：《权利话语——穷途末路的政治言辞》，周威译，北京大学出版社 2006 年版，（前言）第 3 页。

③ ［法］孟德斯鸠：《论法的精神》（上册），张雁深译，商务印书馆 1982 年版，第 154 页。

约权力，唯有以权利制衡权力，才能从根源上杜绝。“一个发达的法律制度经常试图阻碍压制性权力结构的出现，其依赖的一个重要手段便是通过在个人和群体中广泛分配权利以达到权力的分散与平衡。当这样一种权利结构建立起来时，法律将努力保护它，使其免受严重的干扰和破坏。”①

警察权的运行时刻存在对公民的人身、财产等权利的威胁。“警察权力与公民权利在一定条件下成反比例关系，即警察权的扩大意味着公民权的缩小，警察权的滥用往往使公民权化为乌有。”②

法治社会警察权的运行中，既能保障警察机关职能的实现，又能保护公民的合法权益。宪制框架下就警察权力与公民权利逐渐形成这样的一种认知：(1)警察权运行范围的“有限性”，警察对社会事务的管理应该有明确的界限，对个人和民间组织的发展和活动应该留有一定自由空间。过分动用警力只能造成对强权更多的依赖性，不利于社会自主性机制的发育和成长，也容易发生警察权侵害私人领域。(2)抑制警察权滥用的关键是促使其真正认识其公共性和终极的目的，激励警察权力积极行使以增进公共利益和福利的正作用，而不是片面地限制其对社会领域及经济领域的干预程度。(3)公民权利是一种政治性承诺，警察权应当保障公民权利的正当行使并不断促进其有序扩大与发展。(4)公民权利也存在被滥用的可能，由于具体主体表达公民权利的独立性，一些需要集体行动实现的公共利益很难通过个体性权利的行使而充分达成。若公民权利“放任自由”的话，社会关系就会发生一定程度的无序，警察权必须予以适度控制。③

三、管理与服务的均衡

在不同的社会发展历史阶段，政府履行职能的侧重点是不同的。前工业社会总体表现出统治的职能，工业社会阶段更多地要求政府管理，而后工业社会更多地要求政府注重服务。

工业社会的中后期，通过市场机制实现经济总量的增大，政府对社会管理事务总体规模也相应增多，美国1929年经济大萧条带来的经验教训就是政府不能任由市场经济自由发展，必须进行一定的国家干预和管理，由此政府管理职能被迫全方位扩张。从工业社会向后工业社会的转型，社

---

① [美]E. 博登海默：《法理学——法哲学及其方法》，邓正来译，华夏出版社1987年版，第344页。

② 陈兴良：《限权与分权：刑事法治视野中的警察权》，载《法律科学》2002年第1期。

③ 裴东波：《法治脚步声中的中国警察权》，吉林大学2006年博士学位论文；沈岿：《平衡论——一种行政法认知模式》，北京大学出版社1999年版，第184页。

会经济结构发生很大变化，由原来靠投资和密集型劳动拉动的外延式经济增长逐渐转向靠知识产业和服务业拉动的内涵式经济增长。随着产业结构的调整，第一产业和第二产业将有所压缩，而第三产业须大力发展。社会多元化和异质性带来更加复杂和庞大的社会管理事务，要遏制政府职能的总体规模，只能靠改变职能的运行机制，从管理型政府转变为服务型政府：从直接提供管理转变为间接管理，从直接提供公共物品转变为购买或转包。

服务型政府寓管理于服务之中，“服务行政必然会继承管理行政中的全部社会管理职能，但在实施这种管理时，公共权力与行政职位的结合，是从属于管理的需要的。这种管理与以往的管理不同，它是建立在为社会服务的原则基础上的，管理是手段，服务是目的”。[①]

传统的警察集权体制，以管制树立威权，忽视应有的服务，每当“出台重大工作举措时，往往从方便管理、方便执法的角度考虑问题，较少从方便群众的角度考虑问题。公安立法往往是对自身的权力强调得多、规定得比较具体，对应承担的责任规定得比较抽象，而对涉及公民、法人和其他组织的权利却规定得比较原则，义务规定得很具体；对公安机关设定的管理程序简便，给公民设置的一些办事条件、办事程序、办事时限不便民、不利民甚至扰民”。[②]

在警务实际运行中，多使用强制力的控制，要求对权威的遵从，把公民当作任意支配的对象，公安机关在治安检查时，随意责令企业、场所停业整顿；为了消除治安隐患，常常对出租房屋进行检查或对路人进行盘查，不仅扰民，而且引起群众逆反心理。我们的公安机关未来的发展方向，必须从“控制式”管理向服务型管理转变。

四、秩序与自由的平衡

自由是自然法赋予人的与生俱来的不可剥夺的神圣权利，是其他一切权利的基础，自由的丧失，也就意味着生命权和财产权的被剥夺，“凡在自然状态中想夺去处在那个状态中的任何人的自由的人，必然被假设为夺去其他一切东西的企图，这是因为自由是其余一切的基础”。[③] 在洛克眼中，自由境界是人类的最根本的追求，是作为人的本性而具有的终极价值。但

① 张康之：《行政道德的制度保障》，载《浙江社会科学》1998 年第 4 期。

② 公安部加强和改革公安工作调研小组编著：《第 20 次全国公安会议专题研究报告》，中国人民公安大学出版社 2003 年版，第 85 页。

③ ［英］洛克：《政府论》，叶启芳、瞿菊农译，商务印书馆 2003 年版，第 13 页。

随着人们放弃自然状态权利，通过契约缔结形成政府，在权力的庇护下拥有社会权利，建构了权力与权利的关系。

在显性的层面上表现为两者既对立又统一的辩证关系。对立性意味着自由是社会主体对自身行为的选择性，而秩序是对社会主体行为的限制。[①] 统一性意味着秩序是实现自由的基础和保障，“自由只有通过社会秩序或在社会秩序中才能存在，而且只有当社会秩序得到健康的发展，自由才可能增长”。[②]

在隐性的层面上表现为两者具有共同的价值取向。自由是人类社会秩序建立的目的所在，自由的实现和保障是秩序的本质要求，人类社会的一切秩序维护的最终目的是实现人类共同的自由。秩序不是静止的秩序，维稳也不是机械的维稳。如果是为了片面地追求政治稳定和僵硬秩序，那是“最完全的奴役状态，它不外是合法征服者和被征服者之间的战争状态的继续”。[③]

秩序对于自由的意义在于秩序状态下的可预见性，在有序的环境下，无论是对自己还是对别人的行为都能获得一定的预期，人们才能够感受到安全和憧憬着未来。“所谓社会的秩序，在本质上便意味着个人的行动是由成功的预见所指导的，这也就是说人们不仅可以有效地运用他们的知识，而且还能够极有信心地预见到他们能从其他人那里所获得的合作。”[④]

总之，秩序应是保障人类自由发展的基础，缺乏自由的秩序是窒息人类活力的枷锁；自由是有序状态下的可选择性，没有秩序的自由是偏离常态发展、威胁人类自身发展的任意性。

警察是维护社会治安秩序最常态化的力量。曾经一度，我们的警察制度过分强调对自由的限制和对公民的控制为目的。例如，收容遣送制度就是这种思维的产物。收容遣送制度起初的设计目标就是限制人口自由流动和治安管理。1961 年，中共中央批转了公安部《关于制止人口自由流动的报告》，于是在大中城市设立了“收容遣送站”，由民政部门负责收容盲目流入城市的人员遣送回原籍；由公安机关对收容对象进行身份的审查鉴别。1982 年《城市流浪乞讨人员收容遣送办法》出台，略显进步的是，该规定在原有的城市秩序和社会治安两个目标外，又增加了社会救助的维度。

---

① 麻美英：《规范、秩序与自由》，载《浙江大学学报》（人文社会科学版）2000 年第 12 期。

② ［美］库利：《人类本性和社会秩序》，包凡一、王源译，华夏出版社 1999 年版，第 300 ~ 301 页。

③ ［英］洛克：《政府论》，叶启芳、瞿菊农译，商务印书馆 2003 年版，第 17 页。

④ ［英］哈耶克：《自由秩序原理》（上册），邓正来译，生活 · 读书 · 新知三联书店 1997 年版，第 199 ~ 200 页。

但对人口限制自由流动和治安管理的强调仍然是主要的，最终还是湮没了救济功能。“公安机关为了防范控制极少数违法犯罪分子可能的犯罪活动，不惜限制大多数人的自由。”[①]1991年，国务院又发布了《关于收容遣送工作改革问题的意见》，对“三证”（身份证、暂住证、务工证）不全的流动人员纳入到收容遣送的对象。在这样的以管控为目标的警察体制下，“一些地方任意扩大收容遣送范围，粗暴剥夺务工农民的人身权利和就业权利”。[②]

黑格尔对警察处理秩序与自由的关系曾有这样的表述：“现在流行着两种看法。一种看法主张警察应对一切事物实行监督；另一种看法以为警察在这里没有什么可以规定的；因为每个人会按照别人的需要来指导自己的行动。的确，个人必须有权用这种或那种方式谋生；但另一方面，公众也有权要求必需的事物按照适当的方式去完成。”[③]黑格尔阐释了法治社会与专制社会下的警察权价值取向的差异，专制社会注重的是统治秩序，警察为了秩序稳定而不惜牺牲个人的自由。法治社会注重的是保障公民对幸福生活的自由追求，警察执法目的表面看仍然是以秩序为起点，但内容发生了质的变化，警察行为的最终目的是维护自由，秩序的价值是手段，实现共同自由的目标。

警察执法处于两极的中间，其中一端维系着秩序，另一端保障着自由。自由与秩序之间是动态的对立统一，为了个人权利和自由实现，不仅要防范侵害公共秩序，还要注意不侵犯他人的权利和自由。[④] 秩序存在的目的就是保障自由的实现，只有秩序中的自由才是一种可实现的自由。在普通民众的价值观中，如果说警察执法是秩序的象征，那么公民权利的基本表征就是自由，警察权的权限就是自由与秩序的界限，警察稍有不慎，就有可能造成对自由的侵犯。警察在保持自由与秩序关系的平衡中，应特别注意以下几方面：（1）在实现秩序的同时，警察的执法不仅要合法，还要注意强制手段以克减人权的最低为选择；（2）如果出现超越法律的界限的行为实现秩序，必须有救济的途径；（3）警察在控制秩序和实现社会规范的过程中，应避免机械维稳的思维，同时强制力也不是唯一的选择，仅靠外在强制

---

① 公安部加强和改革公安工作调研小组编著：《第20次全国公安会议专题研究报告》，中国人民公安大学出版社2003年版，第10页。

② 公安部加强和改革公安工作调研小组编著：《第20次全国公安会议专题研究报告》，中国人民公安大学出版社2003年版，第123页。

③ ［德］黑格尔：《法哲学原理》，范扬、张企泰译，商务印书馆1961年版，第240页。

④ 程华、战帅：《警察执法权限的法哲学思考——1991年美国罗德尼·金案件的启示》，载《中国人民公安大学学报》（社会科学版）2007年第6期。

力所形成的稳定秩序不仅短暂而且很脆弱，付出的成本和代价也是最高的。

五、合作与共治的连衡[①]

后现代社会要求社会多元主体之间以更多的协作来实现公共管理，在21世纪，边界清晰、领域分明的官僚治理方法已经难以为继，取而代之的是合作与共治的网络途径，这是一种边界模糊、跨组织、跨部门的协作治理的设计。[②]

公共管理中协作精神的培育得益于参与式民主和协商式民主的社会行动，与代议制民主不同的是，公民通过参与和对话直接融入政治民主文化中，在解构科层官僚制的同时建构了新的民主合作治理结构，实现由全能性政府包办替代的管制型模式转变为有限性政府主导下多元主体参与的治理型模式，这不仅缓解了政府与社会、公众之间的政治紧张关系，而且通过互动共同解决社会问题，有助于降低竞争性利益之间冲突的成本，有助于建构一种更好的方式就未来可能的冲突进行谈判协商。[③] 协作是现代民主制度必不可少的部分。[④]

社会管理的协作主张共享治权，秩序必须靠"合作共治"，社会问题的解决不能仅靠政府，需要政府、市场以及社会共同努力，发挥各自特点，优化资源整合。社会秩序的维护不仅取决于社会管理制度化程度，而且取决于社会组织参与社会事务管理和公众被动员起来的程度。社会力量参与社会管理意味着公权力的分化，并部分向社会转移，权力由高度集中单一的结构转向适度分散多中心的结构，形成的治理体制是民主、包容与合作，而非垄断、排斥与对抗。公共治理目标的实现，在很大程度上依赖于国家与社会公民的积极合作，每一方都应当同时充当另一方的支持者和监督者。[⑤]

---

① "连衡"一词取于"以能合从，又善连衡"——《荀子·赋》。

② Kettl, Donald F., Managing Boundaries in American Administration: The Collaborative Imperative. *Public Administration Review*, 2006, 66 (s1), pp. 10 – 19.

③ Chrislip, David D. *The Collaborative Leadership Fieldbook: A Guide for Citizens and Civic Leaders.* California, San Francisco: Jossey-Bass, 2002, p. 28.

④ Gadot, Eran Vigoda. *Managing Collaboration in Public Administration: The promise of Alliance among Governance, Citizens, and Businesses.* Westport, Connecticut: Praeger, 2003, p. 45.

⑤ [英]安东尼·吉登斯：《第三条道路：社会民主主义的复兴》，郑戈译，北京大学出版社2000年版，第83页。

第四节　服务型警政的内涵与运行机制

服务型警政从管控型警政的“应急反应式”警务转变到“先发预防式”警务,以加强民生为本,创新各项便民服务措施。服务型警政是以人民是否满意为标准和是否满足公众安全需求为本位的警务多元供给模式,是通过政府、市场与公民社会三个方面的相互配合,协同供给警务产品来实现社会基本的公共秩序和满足不同阶层民众的多元安全需求。公民对警务的参与,实际上反映了警察职能所经历的后现代解构,政府控制的正式警务不再是公共安全唯一的供给者,警务供给结构的完整性仰赖警务服务的多元化与社会化格局。

一、服务型警政的概念

服务型警政是从后工业社会转型的现实出发,顺应全球经济一体化发展的趋势,在民主化运动的深入和公民社会崛起的背景下,通过对公共管理革命成果的吸纳,积极变革警务运行机制和警务供给方式,警察与公众之间建立的是良性互动的战略性伙伴关系,实行管理与服务并重,吸纳社会力量共同参与公共安全的供给,以人民是否满意为标准和是否满足公众安全需求为本位的警务多元供给模式。

这取决于政府、市场与公民社会三个方面的相互配合,政府通过其职能部门的警察提供的警务服务保证良好的社会治安秩序和公共安全;市场通过保安服务公司等私人机构提供的警务产品满足社会不同群体对安全消费的需求;公民社会通过志愿服务和奉献精神实现社会治安的自主维护。

人民是否满意是任何一个现代政府能否存续的合法性基础。中国执政者提出服务型政府的建设,首先,源于新中国内生的执政理念。从毛泽东提出“全心全意为人民服务”的口号,到科学发展观的倡导者胡锦涛在党的十七大报告中的指示,中国政府必然选择“加快行政管理体制改革,建设服务型政府”。[①] 其次,服务型政府随着西方的新公共服务改革和新公共管理运动而成为政府改革的导向性潮流,以服务精神引领改革也同样是中国政府的目标。突出强调政府的有限性和承认政府存在失灵性,通过政

① 胡锦涛:《高举中国特色社会主义伟大旗帜　为夺取全面建设小康社会新胜利而奋斗》,在中国共产党第十七次全国代表大会上的报告,2007 年。

府、市场和社会协同供给公共产品和公共服务来满足不同阶层民众的多元需求。警察的职能取向和政府的使命密切相关,服务性警务正是在服务型政府框架下的进一步拓展,强化了警察是为人民服务的定位。

关于服务型警政的设计必须对警察传统性职能进行批判性反思,毫无疑问警察已经不能仅仅满足单一的执法性功能,必须在有效打击违法犯罪的同时,兼顾一些社会性服务,但泛化的服务论也给警察带来相当的困惑,"有警必接、有难必帮、有险必救、有求必应"曾经一度作为公安机关对加强警察服务社会的承诺而获得赞誉,但在客观的警务实践中不得不面临警察行为的规定性的职业伦理冲突和法律风险,警察的服务仍然不可能摆脱有限性的魔咒,必须精确定位警察的服务职能或服务型警政的内涵。

知识的不足、理性的有限以及资源的稀缺始终是人类难以超越的现状,由个人掌控的政府运行也必然受制于这种局限性,警察机构同样应该破除全能警察的理想主义,在反思现代警察缔造的三次警务革命所积累的经验与教训的基础上进行重构,从目前服务性警政发展的进程来看,对警察职能有限性的承认与警务社会化的推进是核心问题,并渐进地围绕着两个核心问题展开和深入。

二、服务型警政的内涵

(一)服务性

服务型警政必然会继承管理型警政中的全部治安管理职能,在实际执法时,警察职权的行使必须"建立在为社会服务的原则基础上的,管理是手段,服务是目的"。①

"管理就是服务,政府的存在是为了满足社会的需要,政府应该尽可能地为社会提供满意的公共物品。"②服务型警政以公众是否满意为目标,它改变了过去依赖警察主导型警务服务供给的单一模式,警察与公众的关系从管理与被管理转变为服务与消费的关系,由"我为治安管人民"向"我为人民管治安"转变。市县层面的警务供给实行"110""119""122"的联网,提供集户籍、交通、消防、出入境以及特种行业等多项公安行政审批的警务服务"一站式"服务,让其真正成为便民服务的窗口和改善警民关系的桥梁。居民区的警务供给,要推进社区警务室的建设,使其真正成为社区民警直接为群众办事、解决困难的服务点和联系点。

---

① 张康之:《行政道德的制度保障》,载《浙江社会科学》1998 年第 4 期。

② 詹国彬:《从管制型政府到服务型政府——中国行政改革的新取向》,载《江西社会科学》2003 年第 6 期。

服务型警政改变了管控型警政中警察的角色，警察不再单纯是打击犯罪的“战士形象”，而是刚柔并济的“活雷锋”；警察的工作重心不仅是发生罪案后去及时侦查破案，更重要的是防患于未然的预防和控制犯罪。服务型警政工作从管控型警政的“应急反应式”警务模式转变到“先发预防式”警务模式，以往的警务风格是警力被动地跟着警情走，警察忙于接处警，对社区民众而言，警察是神秘与冷漠的，仅仅是法律的执行者，公众和警察之间有着一堵无形的墙。服务型警务以加强民生为本，创新各项便民服务措施。例如，利用一切资源加强治安防范宣传，增强居民自我防范意识。积极开展救助危难群众，帮助迷失人员找寻。主动提供法律咨询、证件办理、防范指导、邻里矛盾调处等服务。进一步加大道路监控建设和报警器的推广使用，做到银行网点、重点企业、财会部门、仓库、居民小区等重点要害部位技防全覆盖，深入开展居民住宅安全隐患排查和整改活动。着力服务百姓民生的日常警务需求，大城市普遍存在路上行车难的问题，公安机关凭借科学技术提高警务管理效率，通过智能交通诱导系统自动调节红绿灯等待时间，利用潮汐式信号调整上下班进城出城的车流量。对于小区停车难的问题，协调周围单位，科学调整停车管理格局，确保停车安全。同时注重服务地方经济发展，为企业经营活动保驾护航，强化安保人员的培训。

中国一直延续的户籍制度，通过行政手段人为地将人口区分为常住人口和暂住人口，这种有失公平的人口管理政策往往决定了一个人获取社会资源能力和自我发展的空间，尤其在大城市，严格的户籍准入壁垒使得流动人口只能是一个“无根漂泊”的二类公民：因为身份的不同，被限制购买商品房；因为没有常住户口，不能就近入学，只能通过缴纳高额赞助费获取就近入学的资格。城中村或城郊接合处等区域由于房租低廉，成为流动人口的集聚地，存在大量的治安隐患，卖淫嫖娼、制假贩假等社会问题也最突出。长期以来，无论是观念还是举措上，公安机关对流动人口的管理一直陷入防范心理和控制措施，以机械维稳的理念对流动人口采取简单的管控，甚至赶、堵和遣送，而忽略了对他们的服务和保障，导致流动人口缺乏归属感和认同感，造成对公安工作的不配合。公安机关必须换位思考，从流动人口最现实的利益入手，从根本上打破城乡户籍分割壁垒和消除社会二元结构，为所有人提供一个公平公正的社会建构平台。

公安机关对保障经济建设的重点项目负有警务服务的职责，既要保证常规性警务工作不受影响，又要供给应急需要的警务。2004 年 6 月，沪宁高速公路扩建和大修，全线施工中需要逐段进行安排借道通行，为了同时照顾施工进度和车辆通行不受大的影响，保障江苏省政府重大项目建设顺利进行，无锡市公安局交警大队在对交警工作进行深入调查，发现晚上 11 点以后到第二天早晨 7 点之前车流量相对较小，安排 4 名民警就可完成值勤任务，而原来配有 6 名夜班民警。这样，交警大队在不影响晚上执勤效果基础上抽调出警力，白天可以配合施工单位进行交通疏导。通过合理配置警力，在不改变原有模式，不需要警察加班加点的情况下，出色地履行服务施工的任务。①

（二）有限性

服务型警政也有限制：首先，服务产品有限，不是所有的社会安全服务都要让政府提供，警察服务必须定位在尽可能覆盖面广的纯公共产品和公共服务上；其次，服务主体有限，不能把警察看作是公共服务的唯一提供者，各种非政府组织、保安服务公司和公民个人也是公共服务的有效提供者；再次，政府支出有限，要防范警察机构以公共服务为名，提高公共预算和公共支出水平，片面地追求部门扩张的自利行为；最后，服务管制有限，服务型警政并不意味着警察职能仅是提供公共服务，服务型警政同样承担着对提供公共产品的其他主体进行管制的职责。服务型警政的基本目标定位是普遍地满足公共安全的底线需求，社会安全的高端需求则应由市场和社会提供。

1989 年，公安部总结了漳州“110”报警服务中心的经验，提出在全国范围内推广“有警必接、有难必帮、有险必救、有求必应”的四有四必，有事找警察成为普通公民最直接的选择，“110”接警处的数量远远超出其承载的能力，其中大部分都是日常生活矛盾纠纷和普通救助，涉及紧急求助或违法犯罪仅占很小的比例。警察提供的服务具有公共、免费、开放、无限期等特点，因此警察的服务在很多时候会成为人们主动自觉的选择。同时警察是公众可以接触到的最广泛和最普遍的公务人员，因而成为人们碰到困难时最理想的救助主体。泛社会化服务带来非警务活动内容的大量增加，牵扯了一大批警力，让基层民警苦不堪言。钥匙忘在房内进不去了、汽车没有油开不动了、有人在公园里遛狗了等都打“110”。并不是说，不是警情剩下的都不管了，警察在日常巡逻中，发现需要帮助的事情，就要帮助，国家、地区发生大的自然灾害，警察义不容辞地冲在前面。但像钥匙锁在屋里这样的事情，自己通过付费找个开锁的师傅就可以完全解决问题。把

① 朱混、张干：《关于沪宁高速无锡大队努力实现警务效能最大化的调查报告》，载《公安教育》2006 年第 1 期。

警察"有难必帮"的承诺视为一种可以随意支配的廉价资源，两女为了满足浅薄的一己之私，竟然荒唐可笑地采用"报假案"自称被拐的方式，试图得到一次"免费乘车"让警察开车送回家。不料被民警戳穿，闹剧在尴尬与羞惭中草草收场。随后民警们对两名既无知又无畏的女子进行了严厉的批评教育，并通知其家长将她们领回，但警方已经投入了大量的时间与精力。①

有限性意味着正式警察提供的公共服务有一定的范围和界限，这不仅来源于有限政府的理念，而且来源于"警察无增长改善论"。警察的运行来源于公共财政的经费支持，警力的投向必须考虑效益的最大化，寄希望于依靠纳税人养活的无限膨胀的机构来反哺纳税人只能造成更大的浪费，必须将正式警务的规模和服务投向用立法的方式进行规定，这不仅会提升警务的严肃性和警察的使命感，而且会增强单位投入的警务效益。在私权彰显的后现代社会保障体系中，本人不仅负有自我保护和防卫的责任，而且永远是自身利益的首选维护者，遇到威胁和困难，自力救济应该最先得到肯定、鼓励和提倡，而作为公权力的警察服务则是在公民自力救济难以实现情况下的一个补充。警察的服务性应该体现在消除危险性的威胁，同时这种威胁是自力救济无法处置的、必须由无可替代的警察专业性解决的。依据这一原则，"110"指挥中心在接到求助电话时必须进行甄别处理，根据情况紧迫性和警务专业性的需求进行调度警力，劫持人质、爆炸案件等紧急状态直接调用特警，一般性案件命令巡警出警，执勤警察到达现场时同样做出类似的甄别，治安案件移交辖区派出所查处，刑事案件移交刑警大队调查，民事纠纷交由社区民警调解，非警察权力范围内的事项协调其他职能机构、社会组织解决。有限性认可了这样一种观点，即"警力有限，民力无穷"。警察不能随人口增长和经济发展而比例性扩充，有限警察必须寻求无穷民力的助益，民事纠纷调解可以充分利用社区组织和行业协会团体；营业场所的治安防控通过市场机制购买保安公司的警务服务；社区可以采取结合义务巡逻的方式激活传统的邻里守望制度，也可以结合多种形式的治安承包，这种有限性不是对警察自身职责的推卸，而是通过激活社会治安资源，通过社会和民间实现日常秩序常态性地防控，避免正式警务资源无谓的浪费。

（三）合法性

现代法治的精神在形式上表现为人们信任宪法和法律，并认为其具有

---

① 《两"时髦女"为蹭警车报假案》，载 http://hb.people.com.cn/n/2012/1216/c192237-17870806.html，2013 年 7 月 22 日访问。

最高的权威而普遍遵循；在内容上表现对宪法和法律正义性的信仰，具备保障自由、平等、权利等基本人权普适价值，体现人民主权原则。① 库珀在《公共行政的民主道德》一书中指出，公共行政官员地位和合法性根源于其作为职业公民的角色，是“代替我们其余人员的公民；具有共同的根本性”。②

服务性警政的合法性不是对法律条文的机械理解，也不是僵硬地完成警察任务，而是在正确领会宪制意义和立法精神基础上，依据公开的成文法并在德治的行政伦理指引下进行执法。

首先，服务性警政必须能够透彻理解法律条文，准确判断情势，合理运用法律赋予的自由裁量权。法律具备的工具理性强调的是对越轨行为的规制，这既是警察核心职能实现的方式，也是警察保有武力最根本的理由；自由裁量侧重于法律的价值理性，突出教育规劝，尽可能减轻武力干预和人身侵害来获取最大的警务成效，警察自由裁量的灵活运用体现着公民社会德治的实现，必须充分予以重视。

其次，服务性警政必须充分把握政府领导和法律主导的双重向度。作为后现代社会德治行政伦理的倡导，警察具有代表政府道德价值体现不可替代的地位。弗雷德里克森在其《论新公共行政学》中提到“行政管理者不是中性的。应责成他们承担起责任，把出色的管理和社会公平作为社会准则、需要完成的事情或者基本原理”。③ 同时，警察作为政府重要的一支暴力性执法力量，是政府及其他行政部门正常运行的辅助力量，在行政遇到阻力时往往希望警察联合加入进行综合执法，如房屋拆迁、水利整治、市场管理，政府各职能部门都希望警察能维护和促进其一切行政活动，而行政职能的规定则要求警察必须在法律授权范围内执法，其他行政部门在执法时遇到暴力抗法或强制执行时，可以请求警察部门提供协助，但要在正式立法的框架之下，根据公务员法和人民警察法正确理解政府部门与公安机关之间的关系，正确对待政府的命令与法律的服从。

最后，服务性警政必须正确处理政策与法律、硬法与软法、长效机制与运动式“严打”之间的关系。延续战争年代形成的“党指挥枪”的惯例，中共形成的方针政策始终是警务工作的纲领，坚持中共的领导是中国宪法的

---

① 黄稻主编：《社会主义法治意识》，人民出版社 1995 年版，第 124 ~ 125 页。

② Cooper, Terry L. 1991. *An Ethic of Citizenship for Public Administration*. Englewood Cliffs, NJ: Prentice-Hall, p. 139.

③ ［英］H. 乔治 · 弗雷德里克森：《论新公共行政学》，载《国外公共行政理论精选》，彭和平等编译，中共中央党校出版社 1997 年版，第 301 页。

规定，但为了避免过去个人崇拜性质引发的极“左”，在坚持集体领导的同时，不断将科学决策和法治性导入中共政策的制定当中。政策性规定因为内部性的文件或者有着难以言明的理由不便公开给警务运行蒙上一层神秘的色彩，从而阻碍警察执法的透明度，也导致公众对警方却缺乏足够的了解。因此应该不断减少政策性文件，在条件成熟时将之制定为面向公众的成文法。软法的治理是适应后现代社会弹性执法的必然选择，但是在当下的中国，由于地域发展的不均衡性，实施软法治理看起来只是法治跨越的理想主义，因此在完善国家制定法的进程中应渐进推进软法治理。

（四）参与性

公民对警务的参与，实际上反映了警察职能所经历的后现代解构，政府控制的正式警务不再是公共安全唯一的供给者，警务供给结构完整性仰赖警务服务的多元化与社会化格局。随着中国中产阶级队伍的不断壮大，对安全产品的需求必然越来越高，政府应通过公共政策的制定来激励市场机制的介入和志愿者参与警务的供给。警察无疑是正式警务的中坚力量，围绕着警察工作的开展，既要坚持传统的群众路线下吸纳社会一切治安资源融入到治安综合治理的网络，同时还要开辟新的协警队伍分担警察的非核心工作和负担。例如，正确引导民间反扒队伍的建设和管理，使之成为警察打击盗窃犯罪的有力帮手。治安承包是对警务市场化机制的一个补充，如同对提供破案线索的悬赏以及对见义勇为的公民予以奖赏一样，治安承包体现的是激励机制被进一步扩展至公共安全领域。近几年西方的警务创新也是非常注重将社会力量纳入警务的供给，例如，英国政府提出的《警察改革法草案》，分别在2002年4月与7月获得上、下议院的通过，并经英国女皇签署公布于2002年7月24日施行。其中，对具备警务功能的相关行业，经过专业培训与警察的审核后，可以接受警察机构授予的部分警察权，以帮助警察维护公共秩序和制止犯罪行为的发生。同时要不断开拓保安服务产品的开发，在公共警务无法完全覆盖公民的需求时，依据自力救济的法理，认可私人保镖和私人侦探存在的合理性与合法性。

（五）回应性

“回应”即对某种行为、诉求、建议的反映与反馈。警政的回应要求公安机关在执法中对公众正当的安全诉求和秩序需求给予积极应答，能解决的给出时间表，不能解决的解释原因。近年来，中国警方在回应方面做了很多有益的尝试，如警务承诺制度、警察行政首长固定时间接待、交通信号设置进行听证，但仍有一些问题，主要是：（1）警方缺乏回应动力。受中国传统政治文化的影响,一些警察错误地认为公民无权干涉警察执法,片面夸大警察执法的保密要求,将警务工作神秘化;(2)警方回应方式落伍,回应效率低下。特别是经济落后地区的公安机关,“官本位”现象依然很严重,一般仍然依赖信访、媒体报道等传统方式了解群众的诉求,回应周期很长,难以取得令人满意的效果;(3)回应向度上,重视上级公安机关或政府的批示,轻视广大社会公众的诉求。

20世纪90年代,“110”报警服务中心首先在福建漳州市公安局得到应用,这是中国警方实施警务快速反应的典范。随后在公安部的要求下,各地警察部门相继推广“110”报警服务,成立了专业巡警机构。“110”指挥中心在接到公民报警求助电话后,在警用地理信息平台上定位警情所在地周边最近的治安巡逻民警,直接下达处警指令,赶赴现场处置,实现点对点扁平指挥和快速反应,同时通知该辖区派出所值班民警赶赴现场进行案件移交,“110”报警服务中心的投入使用,有效地回应了群众的报警和求助。

回应性要求警察主动走访联系群众,深入了解社情民意,全面掌握社会治安动态,帮助反映群众的合理诉求,经常性地组织开展矛盾纠纷排查活动,尤其着重加强对征地拆迁、劳资纠纷、医患纠纷、企业破产、环境污染、社会保障等重点领域的矛盾排查,做到底数清、情况明,对排查出来的矛盾纠纷,积极会同有关部门展开针对性的化解处置工作。通过设立咨询电话、服务信箱、网上互动平台等,畅通社情民意表达渠道,避免不满情绪过度压抑,进而聚集爆发,形成群体性事件。

回应性要求不断完善公安信访工作长效机制。严格落实市、县、派出所三级领导接访制度,主动上门走访、预约接访、网上接访等多渠道解决信访问题,积极开展公安信访积案的集中清理,围绕历年来专项整治活动中尚未停访息诉的案件组织开展化解攻坚,及时化解信访积案。拓展刑侦基础工作服务领域。对所有刑事立案情况实行电话及短信告知,加强与群众的沟通,打消群众的顾虑。

(六)公开性

管制型政府在运行过程中很大的一个特点便是自我封闭性,工作的内容和程序不公开;广大公众缺乏知情权,信息的获取成为一种特权。一些公务人员正是利用占有公共信息的不对称性来进行寻租,以权谋私、欺上瞒下,严重地损害了公共利益。中国政府行政中传统的“法不可知,则威不可测”观念依然根深蒂固,顽强的路径依赖性制约了政府及其职能部门行政公开与信息开放,对于主张自己权利的公民千方百计地施加阻挠,严重制约了公民知情权和阻碍了政府公共服务的改革。[①]

知情权作为一种宪法性权利,兼具人格权与自由权的属性,“其制度的发达与否,直接反映出一个国家的民主宪制水平。知情权制度越发达,表明政府透明度越强,民主参与程度越高。政府公开化程度决定了知情权的实现程度”。[②] 西方发达国家对行政信息公开的立法也曾经有着一个曲折的过程。最早的是1766年瑞典制定的《出版自由法》,其中允许市民能够自由地获得行政文书,但颁布后不久就被废除过。美国在第二次世界大战前就想通过立法手段解决行政信息公开问题,到1946年制定的《行政手续法》,该法律不仅没能解决这个问题,反而成为行政部门拒绝向民众公开行政信息的依据,直到1966年出台的《信息自由法》才初步破除了这一困境。《信息自由法》于1996年进行了第四次修订,并作出规定,1996年11月1日以后必须公开的政府信息,在该日以后一年内,该文件必须可以通过网络形式获得。[③]

克林顿总统曾经在1993年10月4日向下属的各政府部门发布了一个白宫备忘录,敦促各机构负责人要以服务顾客般友好态度对待公众基于《信息自由法》的申请,并且减少不必要的限制。同日,首席检察官Janet Reno通知各政府机构的负责人,司法部将采取“推定公开原则”,如果向公众公开信息导致的“可预见的损害”必须由被要求公开信息的机构加以证明。[④]

基于警察职能和司法机构的特殊性,往往由最高司法部门出台专门的文件或者立法机构颁布法律来规范案件信息与媒体的关系。例如,1971年联邦司法部专门颁布了《处理媒体关系》的指南(MEDIA RELATIONS)(1975年修订),信息披露应当平衡三种利益:公众知情权、个人获得公正审判权利、政府对司法进行规制的责任。执法部门有着信息公开的义务,同时新闻媒体对信息的发布也有着一定的限制。“为了实现执法的目的,包括犯罪预防和公众信心的提高,司法部门在获得联邦检察署批准后,可以协助新闻媒体对执法过程进行记录、拍照、录音和录像。联邦检察官将考察对个人造成不合理的危险性、对当事人和其他个人造成的偏见以及其

---

① 陈维:《论我国公民知情权保障体系的完善》,载《法制与社会》2010年第8期。

② 杜建刚:《知情权制度比较研究》,载《中国法学》1993年第2期。

③ 余凯:《美国国会与政府信息公开》,载《人大研究》2008年第5期。

④ [美]唐纳德·M.吉尔摩:《美国大众传播法:判例评析》,梁宁等译,清华大学出版社2002年版,第390页。

他法律规定不批准的情况来决定是否批准。”①

“公众要想成为自己的主人，就必须用习得的知识中隐含的权利来武装自己；政府如果不能为公众提供充分的信息，或者公众缺乏畅通的信息渠道，那么所谓的面向公众的政府，也就沦为一场滑稽剧或悲剧或悲喜剧的序幕。”②行政公开体现了对公民参政权的保障，体现的是政治文明的进步，它不仅使颠倒的主仆关系得以复归，而且使公民真正感受到作为文明社会的人格尊严与力量。承认并给予公民对行政活动过程的知情权，对政府而言无疑是一场深刻的革命和严峻的挑战。公开政府行政信息，归还公民的知情权，不仅体现了政府对公民宪法地位的确认，而且是公民参与管理国家事务的基础。开放的时代要求政府行政过程增强透明性和公开度，这是服务型政府的形象选择。“政府如果想取信于公众，取悦于民，最省事、最少耗费的途径就是开放政府信息，开放公众参与政府政策制定过程的渠道。”③

在政府诸多职能部门中，警察机构与公众的生活有着极为广泛和频繁的接触，肩负着维护公共安全和社会秩序稳定的重要使命。长期以来，警察工作被人为地蒙上了一层神秘的色彩，导致了警察组织不断脱离群众，警民关系逐渐疏远，违背了警察组织走群众路线的工作宗旨。随着后现代社会的到来，信息技术的迅速发展、日益膨胀的社会信息量、不断增强的公众自身权利意识使警察掌握的犯罪信息和公共安全指标越来越为社会公众所关注，警务信息已经不再可能被警察组织所垄断，社会治安状况公开成为必然选择。

警务执法所承载的职责和公众所期望的秩序安全有着最终的一致性，必然要求警察与公众建立起相互认同的和谐关系，而警务信息公开则是获得公众信任和支持的重要基础，通过透明的执法，公众能理解法律的规范、管理的尺度、案件查处的过程，从而减少对警察执法猜疑和误解。警务信息公开也是彰显“法律面前人人平等”的正义原则。警务信息由警察所掌握，如果不向公众开放，就会使行政相对方出现严重的信息失衡而处于不对等的法律地位。同时，通过警务执法的标准性示范，可以指引公众在自身权利受到侵害时寻求合法的救济。

---

① 28U. S. C. 509(Order No. 469 －71,367 F. 21028,No. 3. 1971. Amended by Order No. 602 －75,40 FR22119,May 20,1975).

② ［美］斯蒂格利茨：《自由、知情权和公共话语——透明化在公共生活中的作用》，宋华琳译，载《环球法律评论》2002年秋季号。

③ 张维迎：《产权、政府与信誉》，生活·读书·新知三联书店2001年版，第347页。

中国公安机关于1999年在原有的“两公开一监督”的警务公开基础上，根据《人民警察法》第44条的规定，出台了公安部《关于在全国公安机关普遍实行警务公开制度的通知》(公通字〔1999〕43号)，实行警务公开制度，增强警务工作的透明度，推动公安机关的廉政建设，警务公开的内容包括：(1)公开执法依据和制度、程序，如公安机关的任务、职责和权限；公开法律、行政法规和公安机关制定的文件；(2)公开刑事执法，如公安机关管辖刑事案件的范围、执法职权、立案标准和办案程序；(3)公开行政执法，如公安机关行政执法的范围和职权，如办理户口、居民身份证、车辆牌证和机动车驾驶证、边境通行证和出入境证件；(4)警务工作纪律，如公安机关和人民警察的执法、管理、服务的纪律规范等；(5)公安队伍的建设情况。①

警务信息的公开涉及一个重大的问题就是对公民隐私权的保护。个案层面的详细内容，很多都是有关涉案人员的基本信息和个人隐私资料。对个案警务内容的披露和使用，既决定了公民基本人权的现实保护，也影响到警方内部以及与其他国家机构之间信息的交换和共享。② 在警务内容披露中，应当确立以下原则，对公民的隐私权进行公平、合理和必要的限制，以平衡保障必要的警务知情权的实现：社会公共利益需要原则。例如，一般公民的桃色新闻可以作为隐私权的保护对象不能披露，但报刊披露一位官员或政界要人过去或现在的桃色事件不能认为其隐私权受到侵犯。有学者认为，政府官员放弃部分隐私权或甘愿受到限制，是可以从社会那里得到回报的，即可以从社会的普遍尊重、实现抱负、成就感和物质待遇四个方面体会到与普通人的不同。从利益平衡的角度，对政府官员的隐私给予限制是公平合理的。③

警察机关向新闻媒体公开信息应避免使犯罪嫌疑人陷入舆论审判。刑事诉讼遵循的无罪推定原则认为，犯罪嫌疑人在未经法定程序审判之前均应假定为无罪，虽然应当向社会公开犯罪嫌疑人的涉案信息，但此项公开不应当使犯罪嫌疑人陷入舆论审判的境地，防止侵害犯罪嫌疑人行使无罪推定原则之权利。

借助于互联网、博客和微博等新媒体、新手段的运用，警务信息有了更广阔的发布平台，厦门市公安局在2010年12月制定了《加强网上警民互动平台建设的工作意见》和《厦门市公安局官方微博管理制度》，建立了以

---

① 《公安部关于在全国公安机关普遍实行警务公开制度的通知》(公通字〔1999〕43号)。

② 张超、杜小丽：《警务公开的基本理论》，载《当代法学》2002年第12期。

③ 肖玉英：《试论隐私权与知情权》，载《法学杂志》2001年第4期。

官方微博为引领，以分局、所队和民警个人微博为主体的厦门警务微博群，对警务信息上报、博文的书写、意见的转办、每月的通报和负面舆情的预警引导等制度进行了规范，正是这些举措成就了公安微博的“厦门模式”。2010 年，厦门警方利用“微博”发布“相信网友的力量，您知道的任何线索，请告诉我们！”的求助信息，7 天被转发 10000 次，评论 2000 条，最终利用网友提供的线索成功侦破“11 · 14”幼女死亡案。2011 年以来，公安部围绕“春运安保”“查处酒驾”“清明文明出行”“缅怀公安英烈”等多次组织公安微博直播联动，这些实践为警务信息的公开积累了丰富的经验。2013 年 2 月 18 日，深圳一名女警“飙车炫照”在微博上登出。深圳市交管局当晚就做出了回应，证实该女警原属梅观交警大队，对其在一年前涉嫌超速行驶进行依法扣罚并通报全局。2013 年 2 月 25 日，“皖 K1910 警车横冲收费站”的微博曝光，安徽省阜南县公安局在查明情况下立即责令驾驶员写出书面检查，并通过阜阳市公安局官方微博向公众致歉，感谢网友的监督批评。①

（七）有效性

现代社会是由高度分化的职业构成，任何一个职业存在的价值，只能基于本职工作和分内事务，既不能扩大更不能懈怠。某项职业必须准确定位才能实现其服务的有效性，突破自己的职责范围，必定影响自己最必须完成的本职目标。警政的有效性是指警务供给对实现警务目标所显示的效率、效果、效益的综合反映，是衡量和评价警务服务的重要标准和尺度。

服务型警政的有效性首先表现为公安机关治安管理和刑事司法职能的实现。警察集中精力打击违法犯罪活动，提供良好的治安秩序，增加公众的安全感，这是公安机关的根本任务，也是对社会的最好服务。警政提供的服务必须体现在法定的预防犯罪、治安管理和刑事追诉的本职工作中，通过营造“发案少，秩序好，社会稳定、群众满意”的良好治安秩序，实现警察警务服务的有效性。作为公共权力的代理者，还负有通过制度的供给改善服务效能的职责。例如，在城市车辆不断增多、交通堵塞日益严重的情况下，交警提供的警务服务的有效性就是进行改革，推行快速处置道路交通事故制度。一些小碰擦、车辆能够移动的交通事故，如果事实清楚、双方无争议，可以自行拍照留证据，当事人双方自行协商处理，及时将各自车辆开走而不必等待交警赶来，让交通在更短时间内恢复畅通。这就是警

① 《微博监督：让公安执法更规范更透明》，载 http://www.southen. com/jsfw/zxdt/content/2013 - 03/07content. 65100808. htm，2013 年 7 月 24 日访问。

察通过制度的供给提高警务效能的例子。

服务型警政的有效性反映在对公民紧急求助的警务服务供给能力上,这分为公共警务和私域警务两个不同的层面。公共警务要求警察无论在任何场合和任何时间,一旦接到公众的报警,都必须立即出警,然后按照职责权限进行案件移交,刑事案件移交刑侦部门,治安案件移交当地派出所,民事案件告知当事人向法院起诉。对处于危难的公众积极救助,包括交通事故、火灾、落水、工业事故等人为灾害或自然灾害。公安机关在为个人提供服务时,应只是求助者确实力所不及,并且为“急、危、难、险”的情况。因为只有公安部门才具有全天候的警力以及快速反应的机制,所以公安机关承担这类“急、危、难、险”的求助服务是理所当然的。但是,由于公共警务资源的稀缺性,在满足“有求必应”的紧急性服务时,警察主要围绕维护公民人身和财产安全这个主流任务,而不是对“私权”的某些满足和服务,只有当公民私力救济无法实现时,求助公共警务才是合理的。例如,某些“私权”的紧急性服务可以通过市场机制求助保安服务公司提供的私域警务来得到满足。

管控型警政将警务运行视为一种维稳手段,往往只追求打击效果,不计算投入的成本,警察执法只算政治账而不算经济账。自 1983 年中国开展第一轮“严打”统一行动以来,各种形式的集中整治已经成了经常性的警务活动。一年四季或是“春雷行动”或是“冬季攻势”,一律采取动员式地投入大量警力和物力去办一件事,从派出所、交警部门抽调大量警察去投入“统一行动”。采用“地毯式”“拉网式”排查,并在主街道拉过街横幅或用宣传车进行大张声势地宣传,群众将此称为“展览式执法”,即形式重于内容。每次“行动”结束后,将投入多少警力、动用多少警车、设置多少卡点、排查多少出租房屋、抓捕多少人员作为评估指标,常常是声势大于效果,“雨过地皮湿”,违法犯罪活动在“严打”期间马上转入蛰伏期,风头一过立即反弹,警务运行缺乏对违法犯罪的主动性控制和适时性打击,过分依赖上级公安机关的统一部署,平时放水养鱼,统一行动时一网打尽,陷入治标不治本的恶性循环。

一方面,服务型警政不做表面文章、不搞形式主义,平时针对各类刑案的发生特点与规律进行预防控制和对症用警,提高打击精度,对犯罪动态进行科学研判,真正做到合理用警。另一方面,从制度层面促进警务配置的科学性。涉及大型警务活动,必须从任务目标、方案选择到效果分析等方面进行综合评估和论证,使警务运行实现效率和效益的统一。

服务型警政的开展对警务专业水准要求更高,无论是警察部门提供的警务服务还是保安服务公司提供的警务,都需要在法律知识和警务技能方面加强。只有通过加强警务供给的专业化建设,通过警务主体过硬的专业技能来体现警务服务的水准,以实现公平正义价值追求,真正把法律和科技作为警务活动专业化的两大支柱。公安机关是公域警务的供给主体,兼有行政执法和刑事侦查的双重职能,由此决定公域警务既在行政法律框架下运行又接受刑事法律的制约。行政执法关系到社会生产秩序和生活秩序的正常进行,刑事执法更是直接影响当事人的荣辱祸福和生杀予夺。故警察执法水平的高低,影响着公民的合法权益的实现。保安服务公司是私域警务的供给主体,接受民法的调整,保安服务公司按照市场机制与市场主体按照合同规定提供专业性的安全服务,保安服务公司的专业水平高低直接关系到购买警务产品客户的利益。

三、服务型警政的运行机制

所谓机制,是指系统内各子系统、各要素之间相互作用、相互联系、相互依存、相互制约的关系,以及它们之间协调运转,针对系统外界环境变化进行内部运作的方式。"机制"(mechanism)一词,原意是指机器、机械的构造和工作原理,以后逐渐应用于生物学和医学,用来表示生命有机体的构造、功能和相互关系,从而维持生命有机体的正常活动。该词后来在经济学、社会学、管理学和系统科学等学科领域被广泛引用,泛指一个复杂系统的内在构造和功能的内在联系,以及保持系统正常运行的规律或工作原理。①

《韦伯斯特大词典》对机制(regimes)有三个解释:"(1)一种现象或行为的固定模式(如季节性降水);(2)一种统治或管理的方法:一种行政管理方式;(3)一种政府或管理机关的形式。"②

从三种解释来看,"机制"是事物的内在规律,而不是单纯的现象;它是系统事物内部的相互关系、作用和影响的过程,这构成了系统运作的动力,在管理活动中,机制一经形成便具有自动性、约束性和强制性。

服务型警政运行机制,指的是警务实施过程中,警务自身及其与警务实施过程密切相关的组织之间相互作用的方式,其整个过程包括警情分析——警务决策——警务实施——绩效评估,根据服务型警政内涵要求来看,应作以下的理解与把握。

---

① 蒋牧宸:《地方政府公共服务供给机制改革研究——基于公共治理的视角》,武汉大学 2014 年博士学位论文。

② Webster's Third *New International Dictionary*, Springfield; Merriam-Websterine Publishers. 1993.

（一）警情分析

服务型警政的警情分析要做到科学化，避免管控型警政靠经验进行分析。警情分析是由警察机构的情报信息中心来实现的，情报中心负责对警务情报系统建设、治安信息整理、情报数据存储进行统筹管理。在对基层警察采集的治安信息进行整理和分析，形成两类情报：一类是综合性情报。对各类犯罪活动的规律特点进行总结，为制定警务战略和部署全局工作提供依据。另一类是行动性情报。对基层警察采集的情报信息进行逐条分析，从中发现指向性明确的串并案和个案情报，为侦查破案提供依据。情报信息中心除了处理本地辖区的治安信息，还负责不同辖区警局之间情报的交换和共享。警察在工作和生活中应采集各种信息，结合案件侦查、巡逻盘查、治安检查、群众投诉等日常工作，并通过社会各阶层、政府各部门的支持，特别是争取法院、监狱等司法部门的帮助，畅通治安信息获取的通道，在破案过程中，警方经常会用到手机通话记录、银行交易明细以及网络购物聊天等网上联系信息，通过计算机软件处理这些信息，可以直观地勾画出资金流向和涉及的社会关系，从而锁定嫌疑对象。获取这些社会信息必须有专门的立法保障，如果警察为了执法需要，当地行政部门和企业必须协助提供。在全警采集信息方面，英国警方特别制定了规范性制度，虽然各警察局的具体做法不同。伯明翰警局规定警察在下班前必须将自己当天获取的治安信息存入计算机系统；剑桥警局则让警察把获取的治安信息填入表格，交由情报中心统一整理后录入计算机系统。① 服务型警政的警情分析既可以由警方自己完成，也可以采取市场化机制，将部分信息采集、整理和分析研判外包给专业调查公司完成。由警方自行建立的情报信息库，一般有常住人口、犯罪人员、重点人口、驾照、护照、机动车、指纹识别系统、人像识别系统、车牌识别系统、“110”警情、刑事发案总量、危害严重刑事犯罪发案比例、侵财犯罪发案比例、治安案件数、交通事故数、火灾事故数等信息。推进标准化警情共享机制，警情数据库除了供警察内部机构使用外，必须向社会化警务供给主体开放，尤其是盗窃、抢劫、抢夺、诈骗、黄赌毒等可防性案件必须主动向私域警务进行通报。

（二）警政决策

警政决策是公安机关根据社会治安状况和人民群众对安全秩序的需求所制定的工作目标和行动策略。服务型警政决策既是警察机构不同部门进行联动协调达成共识的过程，同时又是警察机构与外部利益群体互动

① 杨广安：《英国警方情报信息工作考察》，载《公安研究》2008 年第 6 期。

共同进行警政决策获取认同的努力。宪制思想主张一切国家权力来源于公民的授权,顺应民意是政治文明最基本的要求。公安机关拥有警政决策的权力必须在民意的指引下实现合法性。中国社会的转型促使形成多元化的利益群体,不同利益群体诉求差异很大,民意无法顺畅表达,就有可能以非正式方式进行宣泄,成为社会冲突的根源。服务型警政决策的过程中,必须有着健全、稳定和制度化的民意表达机制,使各个阶层的民意能够充分地表达,让每一个公民的诉愿能有积极的回应。正式警务必须维护每个具体民众的利益,才能实现民众整体利益的价值。如果借口维护治安秩序的稳定而压制民众的言论自由和游行示威的权利,不仅损害的是个别民众的利益,而且也伤害了公共利益的价值。

公安机关凭借制度、权力、公共财政等国家资源的支持进行的警务决策,具有垄断的稀缺性。社会各阶层表达的民意,其领域之广泛、知识之渊博、信息之丰富、人力之无限,具有高度的不可替代性。两者都有其自身的优势和不足。公安机关警务决策必须集思广益,广泛听取公众的意见和建议才能全面周到。民意要成为警务决策的重要源泉,必须在公安机关的支持下建立健全民意调查和公开听证等制度性设计。公安机关在进行警力配置和警令下达时,不但要对区域人口分布、案件发生规律和警务力量进行定量分析,还要深入调查公众安全感和满意度,把警政决策建立在对民意的高度认知上。

警务多元化决策主体的结构,必须包括核心组成、专家学者和民意主体三个部分。核心组成应该由各级公安机关的警察首长、部门领导以及情报信息中心组成,其作用是从全局性和整体性考虑,通过方案设计、意见征集、权衡得失等流程,形成最后决议。专家学者是指警政决策所涉及的社会学、治安学、犯罪学、心理学等领域和学科的专家学者,从理论层面揭示治安秩序的客观规律,为警务决策提供专业支持。民意主体是受到警政决策影响的社会群体和个人。在警务决策过程中,必须让利益相关者广泛参与决策过程,绝不能由公安机关进行包办代替。

(三)警政实施

服务型警政采取多元化供给的途径,根据警务的性质进行不同的安排。对于治安管理性质的警务,诸如户口登记、消防监督、交通管理、暂住人口管理、行业场所、危险物品管理等需要由警察部门供给,涉及公安审批的特种行业和证照办理事项要推进警务公示,办证办照程序过程公开,简化办事程序,提高办事效率,完善"一站式"综合服务,方便群众提高效率。做好网上警务门户维护工作,方便群众上网查询,为群众提供高效的网上服务。对于安全防范性质的警务可以委托保安服务公司供给或由政府向保安服务公司购买后交由警察部门统一配置。对于公诉性刑事案件,案情的调查证据的收集由警察刑侦部门负责,对于自诉性刑事案件,案情的调查证据的收集可以交由私人侦探所完成。无论是警察刑侦部门收集的证据还是私人侦探收集的证据在法律上都平等,其可采性与合法性的认定交由法官审核。服务型警政弱化了警务供给的主体和过程,强化的是结果管理。

实行服务型警政后,警察的警务供给要紧跟警情的变化,警察需要调整警务工作的重心,建立灵活的警务配置方式。特别是要求社区警察将更多的时间投入到社区的治安防范和服务上,要求一线民警独立决断的机会必然增加,原有管理型警务模式下,决断权在上级,遇事先汇报,等待上级的指示再进行处置,往往错过处理的最佳时机,难以适应服务型警政的回应性要求。应授权一线警察有足够的自由裁量权创造性地自主进行处置。民警对警务内容的安排有一定的自主权,结合辖区治安现状和服务群众的需要,灵活调整作息时间。社区民警必须按照每周不低于 20 个小时巡逻警务区安排工作,按照“警力跟着警情走”的原则,采取夜勤制、错时制、弹性制来供给警务,警务部署与犯罪规律相匹配,把警力安排到治安复杂的街头、案件多发地段以及群众最需要的时段,“真正做到群众最需要保护的时候就是民警出现的时候、群众最容易受到侵害的地方就是民警经常出现的地方”。①

如果在治安秩序和安全防范的警务服务供给中仍然把警察作为服务型警政的中坚力量,那么与管控型警政模式并无多大的本质区别。服务型警政所积极实践的,就在于分割了“警务服务”这块蛋糕,并且把最大的一块给了市场和社会。公共管理理念注重市场机制和社会机制对公共物品的供给,以促进公共物品的供给效率的提高和公共服务适应范围的扩大。在公共服务绩效评估的压力下,政府必须在提高社会服务质量的同时还要降低支出的行政成本,因此政府的一部分的服务性职能向社会力量进行了转移。后工业化社会转型过程中,安全问题越来越复杂,而警察部门得到的公共财政是有限的,所以要充分利用市场机制和社会资源,推行警务服务的多元化供给,实施警务的协同合作。

协同合作的实现要求警察内部各警种建立协作制度。派出所之间、派出所与警务业务部门之间、各警种之间、警局之间往往由于分工上的差别、

---

① 刘继敏:《积极警务下的群众工作方法研究》,载《公安研究》2012 年第 4 期。

管辖区域不同、职能定位差异,影响整体合力的形成,特别是处置突发事件时,要求警力配置、信息报告、情报研判、通信指挥、图像传输、情况反馈等方面要相互沟通。常规性备勤时,城际社区民警、交巡警之间要加强工作的协作配合,努力形成区域工作合力,交巡警要进一步加大设卡检查力度,严密盘查过往城际卡口的车辆和行人,发现可疑人员,及时交由社区民警查证落实。协同合作的实现必须打破政府对警察权的垄断,使维护社会治安的多元主体平等共治。在社会治安防范和打击犯罪的过程中,警察与其他治安主体建立信任合作的伙伴关系,实现一个由政府、市场、社会、公民个体形成的一个"多中心"互动的社会治安防范协作体系。

(四)绩效评估

管控型警政强调的是对上级命令的服从,绩效评估的标准由上级制定,评价的整个过程在公安机关内部进行,外部的民意被漠视和屏蔽掉了。警务决策效益低下或导致负收益时,无须向公众公布和解释,更得不到问责和受到民意的追究,致使基层警官和警察在警务运行中只听从上级指示而无须对社会公众负责。管控型警政只用狭隘的量化数字去评价警察工作的绩效,如到达现场的时间、刑案侦破率、逮捕判刑和劳教人员的多少,评价体系几乎全部是围绕犯罪而制定的。

服务型警政衡量的指标应该是围绕公众的反应而制定的。服务型警政的绩效考核,评价的整个过程是开放的,除了公安机关内部进行考核之外,更多的评价来自于社会各阶层或利益群体,学校、居民区、社团、企事业、公众等都参与这项工作,社会学、管理学、统计学、犯罪学、治安学、心理学等有关专家组成的联合评估组,对警察是否有效和经济地运用公共治安资源、对社区治安质量以及民众对警察的认同度等系统指标做出科学评估。

第八章　服务型警政实现路径之一：基于宪制平台警察权之控权结构

“警察权力与公民权利在一定条件下成反比关系，即警察权的扩大意味着公民权的缩小，警察权的滥用往往会使公民权化为乌有。”①这就是警察权与公民权关系的一种基本的自然状态。犹如桀骜不驯的洪水猛兽，权力一旦肆虐起来常常随意侵害公民权利，经过漫长的实践，人们逐渐认识到，唯有将公权力纳入法治羁束，才能得到有力地控制，这是对规制的规制。警察权在限制私权的同时，法律也同样对警察权进行了约束，警察权与公民权之间形成了一定程度的折中与平衡。这种约束的机制，就政治结构上而言中西方有着本质的不同，西方选择的是“三权分立”宪政，而我们选择的是“一府两院”的宪制；但从法律形式上来看，中西方的一致性在于都选择了以“宪法”为主导的控权方式。西方强调的是司法权对警察权的直接对抗，而中国更注重的是“以宪治国、以宪执政”的宏观治理与理念制约。中国人大根据民主集中制原则，集中统一行使主权者权力，以此为基础产生的中央政权是全国唯一的主权性单位，这是我国采取单一制的根本标志。与西方“三权分立”不同的是，中国在政权配置体系中都贯彻了统一原则：首先，中国人大常委会通过对下一级权力机关行使立法监督权，保证了立法权体系的统一。其次，国务院作为中央政府，统一领导全国行政权体系。最后，最高人民法院统一行使终审权，最高人民检察院领导全国检察院实行法律监督，共同保障了全国法治运行的统一。②

无论是西方的“宪政”还是中国的“宪制”，在对警察治理的层面上，最终的目的都是试图调整警察权与公民权的关系，使之处于和谐与平衡的状态，两者之间不是管理与压制的关系，而是一种服务与被服务、保护与被保护的关系。

① 陈兴良：《限权与分权：刑事法治视野中的警察权》，载《法律科学》2002 年第 1 期。

② 张颖：《论中国单一制宪制的“大一统”特色》，载《武汉大学学报》2012 年第 3 期。

第一节　西方宪政理论中的国家主义和自由主义

无论是国家主义还是自由主义都必须在一定程度上包容对方,只有二者和谐地融合,才能达到世界的大同。这种和谐体现在宪法的价值取向即为平衡性,平衡性是指“宪政的各组成部分或者构成宪政的各方面在运作过程中依据既定的制度设置和程序原则在相互对峙、制约的基础上呈现出的相对稳定共存的状态”。①

一、自由主义:从洛克、卢梭到孟德斯鸠

“自由主义”(liberalism)一词,是指“在政治学或神学中坚持自由观点,或者指一个自由党人特有的政治信条”。②

早期的自由主义思想家借助“自然原始状态”概念来还原国家的本质。在“自然原始状态”下,人被抽象为一个个孤立的个体,社会被还原到无政治权力的原初水平,国家权力被层层剥去约减为零度状态。这种假设仅仅是一种逻辑推论的工具,它试图回答的是国家(或政府)权力是在“自然状态”的基础上形成的人为的社会建构,它的权力和权利来源于个人固有的权利,是人民的委托。

霍布斯所建构的社会契约论,试图用自然状态下人的直觉理性阐释国家的形成和发展,完全颠覆了中世纪主导的“君权神授”思想,奠定了西方“社会契约论”的理论,此后的社会契约论持有者都是在这基础上发展的。洛克所倡导的社会契约论思想摒弃了霍布斯理论体系中的绝对王权,树立了民主政治的观念,以人民的自由权为上位。洛克的思想影响了美国的独立战争和法国大革命。法国大革命的“自由思想正是从美国输入法国的。洛克是这种自由思想的始祖”。卢梭缔造的社会契约论则赞成普通民众的自由权和平等主义,卢梭用“公共意志”的概念表达了普遍自由与绝对意志的关系,直接影响了康德的自由观和“善良意志”的思想。③

自由主义对西方宪政思想最早、最重要的贡献之一,就是提出了分权思想。④ 古典自由主义追求的首要目标是免除暴政,洛克在《政府论(下

---

① 谢维雁:《从宪法到宪政》,山东人民出版社 2004 年版,第 234 页。

② 高放:《对自由主义要全面认识和正确对应》,载《探索与争鸣》2010 年第 1 期。

③ 刘歆立:《三种典型的西方社会契约论异同探析》,载《中国集体经济》2008 年第 4 期。

④ 徐友渔:《自由主义还是社会民主主义——浅议宪政原理》,载《江苏社会科学》2003 年第 6 期。

篇）》中明确提出，为了保护个人权利，应当限制政府的权力，为此，应当划分政治权力，使立法权和执行权得以分立。① 孟德斯鸠明确提出了三权分立原则，他认为，立法、行政、司法权如果不分别由不同的机关和人来掌握，公民的自由就完了。②

自由主义的最终诉求并非只是宪政，而是以宪政形式来表现的法治。法治是将政府与个人的行为规范都平等地置于普遍性的规则之下，而非特殊的命令和指导统治之下。

在自由主义者看来，宪政之所以是一种良好的制度，就在于其力主分权制衡措施，在政府有限的框架下尽量扩展社会的自主性治理。自由主义国家观的核心思想是严格地界定政府职能的边界，清晰的边界将围成一个明确的、公共权威不得任意干预的"私域"。③ "个人必须保留某些基本权利，国家在任何情况下都不得侵越这些权利。"④

自由主义认为，在国家、社会和个人的三者关系中，个人自由的选择权永远是放在首位的，而国家和社会是手段，是保障权利实现的途径。⑤ 在国家层面上，由政府成立相关职能部门对保护公民的自由和财产进行制度性的安排和处理，公共权力的必要性在保障每一个人的人身和财产安全的同时，不能扩张到超出公众福祉的实际需要。在社会层面上，个人拥有契约自由，雇主和从业者之间的关系不受国家干涉，这隐含一种内在的逻辑，即个人为了实现人身和财产安全可以拥有私人的警卫力量，这种安全性需求是依赖市场机制的契约来实现的，与政府存在的目的性是一致的，这也是西方保安公司和私人警卫力量存在的合法性渊源。自由主义高度强调个人至上，重视自我支配，不受外来的控制和约束，个人本身就是价值的目的，一切的价值标准均以人的体验为参照，政府与社会只是实现个人选择的手段，一切个人具有道义上的平等性，即任何生活方式的选择具有非歧视性的尊重和权利。有一个典型的案例反映出个人生活方式不愿接受政府行政权力干预的诉求，这就是个人流浪乞讨的自由权。纽约有大量的无家可归或有家不愿回的流浪人员，冬季气温低至零下 10 度时，为了使露宿街头的流浪者免受饥寒，纽约市政府出台了一个法规，将流浪人员集中收

---

① ［英］洛克：《政府论》（下篇），叶启芳、瞿菊农译，商务印书馆 1996 年版，第 89 ~ 90 页。

② ［法］孟德斯鸠：《论法的精神》（上册），许明龙译，商务印书馆 1997 年版，第 156 页。

③ 史献芝、刘建明：《自由主义与社群主义之争：国家观的视角》，载《湖北社会科学》2010 年第 7 期。

④ 李强：《自由主义》，中国社会科学出版社 1998 年版，第 255 页。

⑤ ［英］洛克：《政府论》（下篇），叶启芳、瞿菊农译，商务印书馆 1964 年版，第 5 页。

容,安置到指定地点,并授权警察在受到抵制时可采取强迫措施。政府的出发点或许是好的,但却引起部分流浪者的不满,他们有的就想过这样的生活。①

二、国家主义:从马基雅维利、让·布丹到黑格尔

国家主义这一范畴迄今为止并无确切而公认的内涵,不同语境下可能会有不同的含义,但一般是针对两个参照系而言的。其一,以个人为参照系,指的是在主权国家内个人与国家的关系要以国家为中轴;其二,以全球为参照系,强调的是在国际社会中主权国家与人类共同体的关系要以国家为中心。② 本书将其限定于国内政治意义,即以个人为参照系,在个人与国家的关系上以"权力至上"为价值基础的观念体系。

西方近代最早从人性及其经验观察政治和国家源自马基雅维利,他以"性恶论"为基础分析国家起源,认为人类最初与动物无异,是分散活动的自私者,追求权力和财富是人类最基本的欲望和本能。当人们以无穷尽的欲望去追求有限资源的权力和财富时,其行为是充满虚假和伪善,甚至是忘恩负义的。如果任凭人的原始本性滥觞,必定会造成互相残杀和争夺的战争局面。为防止人类无休止的争斗,国家应运而生,人们从群体中选择了最有力的强者担任领袖,服从他的领导,颁布刑律,约束邪恶,建立秩序。国家是人性邪恶的产物。他认为,一个国家要达到强盛,必须从各种形式的奴役状态下解放出来:"一旦暴政在一个自由的共同体中产生,引发的第一个恶果便是城市不再进步;力量和财富不再增长。事实上大多数情况下总是走向衰退和没落。"③

一个城邦要保持强盛,成就伟大事业,公民必须将公共利益置于个人利益之上:"他们为之准备奋斗的,不是自己的利益,而是公共的利益;不是个人的传承,而是共同的祖国。"④维护国家安全和强盛是公民最大的美德和要求,它高于公民个人的一切,也高于一般的行为准则。

让·布丹的国家起源论处于亚里士多德的国家学说向近代社会契约论思想转变的过程之间。⑤ 布丹生活的时代刚好是封建制度瓦解、资本主

---

① NewYork Times, Nov. 15, 1985, B1.

② 蔡招:《全球主义与国家主义》,载《中国社会科学》2000 年第 3 期。

③ Machiavelli, The chief Work and others, Trans. by Allan Gilbert, p. 329.

④ Machiavelli, The chief Work and others, Trans. by Allan Gilbert, p. 218.

⑤ William Archibald Dunning, *A History of Political Theories: From Luther to Montesquieu*, Macmillam Company, 1923, p. 87.

义产生和发展及民族国家建立的年代，政治立场属于当时的“政治家派别”。英国学者朱里安等人认为，布丹属于“开明保皇党”。① 其主要观点是希望恢复和平，主张建立强有力的君主制，以实现国家统一，认为君主拥有至高无上的权力。布丹主张国家起源于家庭，借助于罗马法的观点，将家庭解释为“共同生活的人们利益的合法安排，这些人服从家庭首领，家庭首领也关心着这些人的利益”。②

当家庭的数量扩充到无法在一个地方找到充足的生活必需品时，家庭开始被迫向外迁移，村庄扩展为城镇。许多家庭和部落被一个至上的权力统一到了一起，便形成了国家，国家主权则是一个国家超乎公民与居民之上，不受法律限制的最高权力。

在马基雅维利、让·布丹等人的眼里，国家理性是独立的存在体，国家权威是不言而喻和不证自明的，一切政治举措都是为了维护国家的利益，国家权力是至高无上的，可以不受任何限制和约束，甚至可以不择手段。

其后，以黑格尔为代表的绝对主义国家观将这一思想推向极致，在他看来，国家本身就是目的，个人（乃至社会）是为国家而存在的，国家是个人生命的本质与生存意义之所在。③

“正义不仅存在于个人身上，也存在于整个国家中。而国家大于个人，在国家层面考察正义更方便。”④在这里，柏拉图以国家作为伦理实体，以利他主义、集体主义的整体普遍性原则为正义的本源，认为正义就是共性高过个性，是个性复归到共性的哲学统一以及社会伦理实践的统一。⑤ 黑格尔给予了高度的评价：“这个伟大的见解把古代哲学家引导到了真理。柏拉图在这里说得好像平淡无奇，实际上已接触到事情的本性了。因为正义的实在性和真理性只表现在国家里。”⑥

在黑格尔看来，“为承认所进行的斗争和对统治的服从是政治生活的起点，也是国家的开端”。⑦ 黑格尔认为，国家与社会是分裂的，国家代表的是人类活动的理性普遍原则。国家作为一种“客观的”力量，具有普遍

---

① ［英］博丹：《论主权》，中国政法大学出版社2003年版，第10页。

② J. C. Laire, Six Books of *Commonwealth*, City of Oxford the Alaen Press, 1775, p. 6.

③ 高中建、于庆生：《国家主义法律观与村民自治》，载《河南师范大学学报》（哲学社会科学版）2001年第2期。

④ Plato: Republic, John Llewelyn Davies David James Vaughan，外语教学与研究出版社1998年版，第49页。

⑤ 白岩：《从国家主义的正义观到人本主义的正义观》，载《前沿》2010年第15期。

⑥ ［德］黑格尔：《哲学史讲演录》，贺麟、王太庆译，商务印书馆1997年版，第264页。

⑦ ［德］黑格尔：《法哲学原理》，尹建军、王哲编译，北京出版社2007年版，第1页。

优先的地位,是决定社会形成和发展的创造性因素,是家庭、市民社会发展的逻辑结果,家庭和市民社会不过是国家从自身分化出的两个规定,是国家的异化形式。黑格尔所说的“伦理”指的是精神性的社会整体。国家直接存在于风俗习惯中,而间接存在于单个人的自我意识和认知中。单个人的自我意识由于它具有政治情绪而在国家中,即在它自己的实质中,在它自己活动的目的和成果中,获得了自己的实体性自由。[①] 国家是个人的“实体”,个人只有成为国家的成员才能获得自己的实体性自由。个人利益也只有在“符合国家利益”的前提下,才能得到承认。

国家主义的警务理念的形成是以权力本位为基础、以机械维护秩序或片面维稳为价值追求,为此,必然将警察视为国家机器随心所欲地处置所谓的越轨者而没有任何外部准则的限制,凡是违反国家利益的行为都纳入规制的范围,使民众绝对服从统治规范是警务的目标和任务。黑格尔将国家置于市民社会之上形成的一个逻辑推导便是国家具有至上的地位,同时一切问题的解决都可以凭借国家的力量,这暗示着国家必须具备无所不及的国家权力的渗透能力和途径,同时依赖强大的警察系统来保障国家的威权。国家垄断了秩序与安全的供给,以实现对秩序的强制整合。在国家主义理念的支配下,治安秩序的维护表现出强烈的泛道德倾向,利用其处于上层建筑的优势,使其所倡导的“大公无私”的“集体主义”成为社会道德的主流而蔑视“个人主义”的“自私自利”行为,并将一切违反主流道德的行为视为越轨而不惜采用极端的警务规制。

三、公民社会的崛起:国家主义与自由主义的对立统一

马克思的市民社会理论是在批判自由主义理论和黑格尔国家主义理论的基础上建立起来的。[②] 对于黑格尔的国家主义,马克思认为这是思辨的思维倒置了本末关系。黑格尔把国家视为外显伦理理念的、具有绝对理性和普遍意义的概念,而把家庭和市民社会当成国家概念附属领域。马克思正是通过批判黑格尔的唯心主义辩证法,重置了国家与市民社会的关系,认为市民社会决定国家,而不是国家决定市民社会。

对于自由主义,马克思同样予以批判性的阐释。在马克思看来,以人权为核心的自由主义并没有克服市民社会的局限性,它仅仅实现了政治解

---

① 蔡美丽:《黑格尔》,广西师范大学出版社2004年版,第24页。

② 林夏波:《马克思对国家主义和自由主义的双重批判》,载《求实》2009年第1期。

放。市民社会与政治国家的二重化，使人不仅在思想和意识中，而且在现实生活中，都过着双重的生活——天国的生活和尘世的生活。前一种是政治共同体中的生活，人把自己看作社会存在物；后一种是市民社会中的生活，人作为私人进行活动，把别人看作工具的同时自己也降为了工具。

自由主义认为，国家应持中立的态度对待个人的价值选择，即使是在参与社会公共政治事务时，国家也应该消极地处理。与此截然相反的立场，社群主义秉承的则是一种“强国家”观。[①] 不同于市民社会的消极立场，公民社会是一种积极的“入世”态度。

自由主义不主张公民积极参与社会公共政治事务，一个合乎正义要求的自由主义社会不必存在任何友情及爱的关联，人们可以不加入任何政党组织和商业团体，也不参加社团活动或邻里聚会。社群主义则倡导公民积极参与社会的公共政治事务，公民只有热情地投身于社区的公共事务，才能提升公民的政治主体性，具备公共性意识，提高价值理性的判断能力，成为真正意义上的公民。“对自由的平等权利和自我发展只能在参与性的社会中才能实现，这个社会培植政治效率感，增加对集体问题的关心，有助于形成一种有足够知识能力的公民，他们对统治过程保持持久的兴趣。”[②]当个体很少参加公共事务时，容易淡忘义务感和社区责任，忽视了公共精神，久而久之就会造成“虚弱民主”。[③]

自由主义思想体系处处都弥漫着个人主义精神，个人是它的出发点和归宿，尤其突出的是它将个人的权利视为天赋而不证自明，国家（政府）的权力则是让渡而需要证明的。诺齐克在《无政府、国家与乌托邦》中将古典自由主义的这一特征表达得非常清晰和鲜明，他的政治哲学聚焦于一个问题：“我们为什么及在何种限度内需要国家？”“个人拥有权利”这个命题构成诺齐克政治哲学的逻辑起点，他不是疑惑国家权力为个人权利留下了多大活动余地，而是追问个人权利为国家留下了多大活动余地。毫无疑问的答案是：个人权利是不证自明的，而国家权力的性质和范围则需要证明，特别是需要从个人权利出发去证明。[④]

个人主义无情地解构了群体意识，成为埋葬公共性和引发社群分裂最

---

① 史献芝、刘建明：《自由主义与社群主义之争：国家观的视角》，载《湖北社会科学》2010 年第 7 期。

② ［英］戴维·赫尔德：《民主的模式》，燕继荣等译，中央编译出版社 1998 年版，第 340 页。

③ Sinopoli, R. C., *The Foundations of American Citizenship and Civic Virtue*. New York: Oxford University Press, 1992, p. 160.

④ ［美］罗伯特·诺齐克：《无政府、国家与乌托邦》，何怀宏译，中国社会科学出版社 1991 年版，第 1 页。

具冲动的因素,引发深刻而持久社会精神层面的分裂,社群主义坚持个人只有融入以情感为纽带联结起来的社区,才能形成终极的归属感。实际上,自由主义和社群主义是以一种微妙的辩证关系相互依存的,二者之间保持一定的张力,虽然充满着矛盾和紧张,但谁也无法替代对方。[①] 社群主义弥补了个人主义的不足,其价值体现在对绝对自由主义和极端膨胀的个人主义的一种修复。只有在自由主义发展到一定阶段才有社群主义复醒,脱离自由主义片面讨论社群主义就会颠倒时代的顺序。[②]

社群主义者认为个人权利是实践活动和社会交往的产物,并不具有优先于其他各种社会价值的性质。[③] 社群主义者的任务并不是要取代自由主义,而在于对个人的自由予以适当的限制,为个人权利划定适当的界限。突出的是集体共享的利益在个人价值追求中的地位,其立场是"自由,但也须注意公共利益"。[④] 市民社会崛起主要体现在私人事务的组织化、民间各种联合会的发展、居于国家和私人之间的公共领域的扩大、多元讨论和公共舆论平台的形成、社会运动的完善。对警务的影响主要表现为私有领域安全多元化需求,尤其是中产阶级聚集的高档小区对优质的安全环境的诉求促进了保安市场的繁荣;同时维护治安志愿者团体的发展,不仅有各种义务巡逻队的组织,而且还出现了义务反扒队、社区矫正帮教等非政府警务组织。

四、和谐理念:本书的价值取向

国家权力与个人权利之间存在内在的张力:西方自由主义宪政从一开始就面临着选择一个"强国家"还是"弱国家"的两难境地,主要表现为限制国家权力与扩大国家职能的矛盾,也表现为议会制国家向行政国家转变过程中所带来的矛盾。"强国家"在促成自由主义宪政之价值的同时,也使得公民权利面临着国家之"恶"。

个体拒绝群体对自身的异化,坚持了个人独有的主体性;而在个体和群体之间存在的张力,也正是维系群体进化的动力。正如雅斯贝尔斯所说,国家在这个世界中的独特地位,迫使它增强自己的权力而牺牲它内在

① 史献芝、刘建明:《自由主义与社群主义之争:国家观的视角》,载《湖北社会科学》2010 年第 7 期。

② 俞可平:《社群主义》,中国社会科学出版社 2005 年版,第 163 页。

③ 林育川:《自由主义中的价值冲突》,载《中山大学学报》(社会科学版)2001 年第 3 期。

④ 韩震:《后自由主义的一种话语》,载《自由与社群(公共论丛)》,生活·读书·新知三联书店 1998 年版,第 22 页。

人性的发展。反过来，人的实存则压抑它，以限制其权力的增长，不然的话，人的最高可能的发展就会受到阻碍。①

人的个性的一面永远是鲜明和张扬的，但他又无法摆脱社会属性的制约，个体性和群体性的两重属性之间，与其说是一种结构性的结合，不如说是一种功能性的依赖，忽视任何一极都注定是一个悲剧。杜威认为，极端的个人主义导致严重的文化分裂和社会道德危机，这种缺陷推动了个人主义向新个人主义的转变，新个人主义并没有改变对个人与自由的关怀，但其内涵却发生了变化，原来处于孤立状态的个人开始倾向于通过合作追求共同的利益。杜威断言，美国已从早期的"拓荒者的个人主义"的时代发展到"合作占统治地位"的时代。②

因此，无论是国家主义还是自由主义都必须在一定程度上包容对方，只有二者的和谐和融合，才能达到世界的大同。这种和谐体现在宪法的价值取向即为平衡性，平衡性是指"宪政的各组成部分或者构成宪政的各方面在运作过程中依据既定的制度设置和程序原则在相互对峙、制约的基础上呈现出的相对稳定共存的状态"。③

平衡存在于多方或至少双方之间，且各方具有对等性。罗马共和国吸纳了希腊政府频繁更迭的经验，在执政实践中采用了二元政治结构，并兼顾多方的利益。波里比乌斯认为，在罗马共和政体中，代表王制的执政官，代表贵族制的元老院制以及代表民主制的平民大会，这三者既有分工又彼此制衡，使国家政权处于各方势力的均衡，免除了政体的动荡。④

英格兰是近代西方宪政思想的发源地，这得益于多元政治势力达成的平衡。1215 年的《自由大宪章》协调王权与封建领主的矛盾；1689 年的《权利法案》解决了国王与国会的分歧；1832 年的议会改革又调和了封建贵族与新生资产阶级的关系；1867 年的选举改革确立了不断壮大的工人阶级的参政权，多元权力结构不断进行平衡与调整。⑤

在 20 世纪，随着"行政国家"的出现，市民社会受到了压抑和排挤，呈现出萎缩的景象，这也是国家主义极端化的表现。然而，到了 20 世纪 80 年代，市民社会开始再度中兴。在这一次市民社会的兴起中，却出现了新

---

① ［德］卡尔·雅斯贝尔斯：《时代的精神状况》，王德峰译，上海译文出版社 1997 年版，第 33 页。
② Jonh Dewey, *Individualism Old* and New. London: G. Allenb & Unwin Ltd. ,1931, p. 91.
③ 谢维雁：《从宪法到宪政》，山东人民出版社 2004 年版，第 234 页。
④ 高宝琴：《论宪政的平衡性》，载《山东师范大学学报》（人文社会科学版）2007 年第 2 期。
⑤ 高宝琴：《论宪政的平衡性》，载《山东师范大学学报》（人文社会科学版）2007 年第 2 期。

的迹象,那就是国家主义的消解,这意味着人类将进入后国家主义的时代。①

西方自由主义的宪政首要目标便是解决合法性的问题,在日益世俗化的今天,自由主义抛弃了以上帝为代表的神权论,提出一切权力属于人民作为现代国家合法性的基础,民主制成为唯一具有合法性的政府体制。在自由主义宪政理论的发展过程中无法回避的是价值观上的困境,因为一个政治制度的适存性除了取决于其合法性,还要检视其运行的效率。② 宪制平衡的深层根源在于国家与社会的二元分离,古代国家由于没有这种分离和对立,终不免走向专制。在美国立宪过程中,西方宪政主义者同样表达了这种思想,“所有各方都会承认,我们的宪法并不是什么抽象理论的产物,而是我们政治形势特点所不可或缺的互相尊重忍让、友好敦睦精神的产物”。③

新宪制原则追求平衡与和谐,既不欣赏强政府主义,也不采取无政府主义,而是主张国家与社会的平衡发展。后现代社会充斥着非传统的风险性,政府不可能再成为唯一的社会治理主体,政府、社会、公民的共同治理已成为当代重要的治理模式。④ 和谐的核心是以人为中心,它主张警务服务应以维护和确保每一民众的合法权益为终极目标。机械维稳或片面维持治安秩序并不是警务的根本目的,警务的根本目标是充分保障人权,并在可控秩序中使人人获享最大限度的安宁和自由。据此,警察管辖事务并非越多越好,警察权应以维系不同利益主体之间的最基本的安全保障为限,为私权运行留出足够的空间,否则难免会导致秩序“过剩”和公法干预私域。

第二节　宪制理念下警察权与公民权的辩证关系

在政治国家中,警察权是维护统治的一项涉及面最广的国家基本权力,可以在很大范围内直接剥夺财产和限制人身自由。警察通过执法来实

---

① 张康之:《论“后国家主义”时代的社会治理》,载《江海学刊》2007 年第 1 期。

② 刘丽:《论西方自由主义宪政理论及其困境》,载《河南师范大学学报》(哲学社会科学版)2009 年第 4 期。

③ [美]汉密尔顿:《联邦党人文集》,程逢如译,商务印书馆 1995 年版,第 314 页。

④ 顾昕:《以社会制约权力——托克维尔、达尔的理论与公民社会》,载刘军宁等编:《市场逻辑与国家观念》,三联书店 1995 年版,第 164 页。

现人民权益的最大化，政府提供给公民最值得拥有的就是安全和秩序。公民权属于私人权利，是人们与国家缔约后自己保留的由国家权力庇护的那部分。警察权的运行必须符合公平、正义和保护人权的理念，能充分地保障公民权利，富有效率地处理各种案件，在合法与公正的基础上处置违法的公民，切实保障法律上规定的公民权利得到充分的实现。

一、宪制基本思想

从结构上看，宪制是指包括人民民主原则、法治主义精神、人权保障措施在内的现代政治制度，其表现形式在各国依其政治、经济、传统文化的不同而具有特殊性。[①] 西方国家主要采用的是宪政，例如美国学者丹·莱夫就认为，“宪政意指法律化的政治秩序，即限制和钳制政治权力的公共规则和制度”。[②] 中国则选择的是全国人大立法的宪制。

历史文化传统不同，各国宪法体制中有关权力结构形态的核心理念也有所不同，据此可将国家分成三类：第一类以英、美为代表，以个人自由为核心理念；它们对积极的国家权力始终保持警惕，将地方作为个人自由直接实现的场所，赋予其发达的自治权能。第二类则以“人的尊严”为核心理念，要求国家积极承担责任，以德国的联邦制为代表。第三类是以东亚政治为代表的“解放学说型”政权，它和前两类国家相比，构建政权的起点不是个体权利，而是作为主权者的人民整体。个体权利必须依赖整体中产生的代表才能得到表达和实现，其权力及其结构形态的正当性植根于代表的正当性，它所蕴含的核心理念是人民具有统一的权利需求。[③]

（一）有限政府

宪制“意味着一种有限政府”。[④] 宪制的产生必须确定国家权力的边界并限制国家的管理者。[⑤] “在个人、社会与国家三者的关系中，有限政府指向一套确立和维持对政治行为和政府活动的有效控制的技术，旨在保障人的权利和自由。”[⑥]

西方宪政与法治的人性基础的思想是立足于双重的人性假定，即人性有恶的一面，因而权力成为必要。作为“必要的恶”，权力仅仅是一种手

---

① 林喆：《宪政概念的辨析》，载《中国法学杂志》1993 年第 2 期。

② 张文显、信春鹰：《民主 + 宪政 = 理想的政制》，载《比较法研究》1990 年第 1 期。

③ 张颖：《论中国单一制宪制的“大一统”特色》，载《武汉大学学报》2012 年第 3 期。

④ [美]路易斯·亨金：《宪政·民主·对外事务》，邓正来译，三联书店 1996 年版，第 11 页。

⑤ [美]丹尼尔·S. 勒夫：《宪法比较研究文集》，山东人民出版社 1993 年版，第 274 页。

⑥ 陈端洪：《宪政初论》，载《比较法研究》1992 年第 4 期。

段,对权力的执行者,权力也必须加以限制。另一方面,人性又有善的一面,人是终极目的,应当维护他们作为人所应有的尊严,去保障他们的生命、自由与财产等基本权利。①

(二)保护人权

宪法最基本的目的就是保护人权,控制国家权力对公民个人自由的侵害,对私人领域的国家干预必须得到法律的授权:"只有当所有的行政机关——特别是警察机关——受制于法律规定的条件和程序,并且,只能根据法律才得对个人自由领域进行干预的时候,一个国家才可以称为法治国。"②

人权宪法保障的正当性依据,不仅是权利哲学的道德基础,而且是成文宪法的原则,各国纷纷将其植入宪法典中予以明确。以美国和法国等为代表的近代宪法体系中,郑重其事地表明了人权的来源:或是源自自然法,或是得到上帝的恩赐。美国在《独立宣言》中宣称:"所有人类,均平等地被创造出来,由造物主赋予生命、自由以及幸福追求等不得侵害之权利。"③

(三)主持正义

在亚里士多德的观念中,人的本性属于政治性的存在,这意味着最终人类的选择是一种至善或正义的生活方式。④ 与家庭、村落等初级形态的聚集体相比,城邦是唯一可以提供正义的生存平台,这取决于城邦的两个功能:一是人天性的"求善"规定了城邦内在的意义就是建立一种正义的环境,"政治学上的善就是'正义',正义以公共利益为依归、按照一般的认识,正义是某种事物的'平等'(均等)观念"。⑤ 二是城邦的政治结构必然是共和的宪政,为公民获取正义的支持予以保障。法律的制定是在宪法的逻辑框架下的推导,"那么符合于正宗政体所制定的法律就一定合乎正义,而符合于变态和乖戾政体所制定的法律就不合乎正义"。⑥

罗尔斯认为,一个组织良好的社会也是一个由它的公开的正义观念来

---

① 杜承铭:《论宪政的人性基础》,载《法学》2000 年第 4 期;王瑞君:《论罪刑法定的宪政背景与追寻》,载《东岳论丛》2006 年第 12 期。

② [美]埃尔斯特、[挪]斯莱格斯塔德:《宪政与民主》,潘勒、谢鹏程译,生活·读书·新知三联书店 1997 年版,第 120 ~ 121 页。

③ 朱孔武:《人权的内核——兼论"以人为本"的宪法涵义》,载《西南政法大学学报》2005 年第 6 期。

④ 杨亮军:《论宪政视域下社会公正观的建构》,载《学术探索》2010 年第 10 期。

⑤ [希腊]亚里士多德:《政治学》,吴寿彭译,商务印书馆 1965 年版,第 3 页。

⑥ [希腊]亚里士多德:《政治学》,吴寿彭译,商务印书馆 1965 年版,第 169 页。

调节的社会，构成这个社会的成员有一种按照正义原则的要求行动的强烈欲望。由于组织良好的社会是持久的，它的正义观就可能稳定而有效，当制度公正时，那些参与这些制度安排的人就获得一种相应的正义感和努力维持这种制度的欲望。①

对权利进行伦理上的正义性反思在法律实证主义逐渐强势的情景下日益式微。出于功能性，法律实证主义对"法治"建构提供了理论上的支撑，但也会走上另外一个极端，即导致专制体制的可能。德国的宪政便是得益于法律实证主义的支持，即使缺失了资产阶级革命这一环节，也推演出"法治国"这一颇具特色的理论，完成了第一部民主宪法"魏玛宪法"的建构。然而，魏玛宪法直视纳粹党"合法"地登上执政的舞台却无能为力，导演了践踏正义和蔑视人权的惨痛一幕。基于对历史的反省，联邦《德国基本法》规定，"人的尊严不可侵犯，尊重及保护此项尊严为所有国家机关之义务"，"人的尊严"成为拘束国家权力的原则，正义应该是所有人的尊严，而非本族的优先权，尤其是保障弱者的尊严。②

中国现行《宪法》第 38 条规定："中华人民共和国公民的人格尊严不受侵犯。禁止用任何方法对公民进行侮辱、诽谤和诬告陷害。"中国宪法文本中的"人格尊严"与《德国基本法》的类似表达自然很难一致，但并非截然不同。其"人格主义最为适合于作为建构或诠释我国宪法权利规范的核心原理，甚至可借鉴来作为当代我国法秩序整体的哲学基础"。③

值得注意的是，中国在 2004 年的宪法修正案中第一次提出"国家尊重和保障人权"的表达，这说明中国宪法已开始实务性地推进，也表明中国对公民权利的保护已突破过去成分的划分。

二、警察权与公民权的内涵解析

警察权属于公共权力的范畴，是实现国家管制与惩戒职能，维护公共安全和社会治安秩序的强制性力量，它随着国家的出现而产生，并随着社会发展的阶段性不同而赋予时代的特征。现代意义上的警察权是指"由宪法和法律赋予警察机关执行法律、法规，实施警务活动的权力"。④ 警察权伴随着国家权力一同演进，两者有着内在的一致性，police 这个词，来源于

---

① ［美］约翰·罗尔斯：《正义论》，何怀宏等译，中国社会科学出版社 1988 年版，第 456 页。

② 朱孔武：《"以人为本"是人权的宪政基础》，载《社会主义研究》2005 年第 6 期。

③ 林来梵：《从宪法规范到规范宪法——规范宪法学的一种前言》，法律出版社 2001 年版，第 173 ~ 176 页。

④ 惠生武：《警察法学教程》，中国政法大学出版社 2000 年版，第 121 页。

希腊语“Politeria”(城市国家),最初的含义是指在城邦中促使市民遵纪守法与和平共处所设置的一种制度。随后经历了三个阶段的演变,从原先的“城邦制度”,转化成“城市执法”,最后定格为“警察”。亚里士多德认为,“人是城邦的动物”,而“城邦的一般含义就是为了要维持自给生活而具有足够人数的一个公民集团”。[①] 在其思想中透露出了这样一种理念,即在共和制的秩序下,法律代表了公意,警察通过执法来实现人民最大化的权益,政府提供给公民最值得拥有的就是安全和秩序。在中世纪以前,警察权作为公权力的象征用来泛指国家一切行政、司法和军事。随着时代的发展,公权力也开始出现分工,军事、外交、财政等公共权力从综合体的警察权中剥离开来,警察权作为内务行政权维持治安秩序与保障社会公共福利。18 世纪后,随着人权意识的觉醒和对人权的尊重,警察权注入法治的理念,警察被设定为个人权利实现的必要保障。

从现代政治学视角,公民权被定义为公民的政治权利,“是指公民得参与法律秩序的创立”。[②] 公民权属于私人权利,是人们与国家缔约后自己保留的由国家权力庇护的那部分。在公民权利与国家权力的关系中,是由宪法确认的,包括人身权、财产权、安全保护权、教育权、思想信仰自由、言论自由、自我发展权、劳动就业和休息权、集会、结社、出版、对政府的选举权、监督权、批评权及控告权、游行示威自由等。[③]

三、宪制框架下警察权与公民权的重新定位

保障公民权利并不是法律唯一的价值,事实上仅为其中的不可或缺的一个部分,社会总是在一种动态的平衡中向前变迁,这种平衡具体表现在公共秩序和个人自由之间的调和,即使是高举个人自由至上的英、美等国,也存在公共秩序的价值认可。向往自由固然重要,但自由必须得到秩序的规制才有可靠的保障。

个人私权的自由行使使私权与私权之间以及私权与公权之间存在相互冲突的可能,对于产生的纷争需要中立的公意机构来裁定。在权力与私利的冲突中,表现最为激烈的便是警察权力和公民权利之间的博弈。在国家的政治舞台中,警察权是管理社会的一项涉及面最广的国家基本权力,

---

① [古希腊]亚里士多德:《政治学》,吴寿彭译,商务印书馆 1983 年版,第 109 页。

② [奥]凯尔森:《法律与国家》。转引自《西方法律思想史资料汇编》,北京大学出版社 1983 年版,第 625 页。

③ 葛大勇、杨海燕:《警察权与公民权关系的法理学思考》,载《吉林公安高等专科学校学报》2006 年第 6 期。

可以在很大范围内直接剥夺财产和限制人身自由。“警察权力与公民权利在一定条件下成反比关系，即警察权的扩大意味着公民权的缩小，警察权的滥用往往会使公民权化为乌有”。[①] 这就是警察权与公民权关系的一种基本的自然状态。

犹如桀骜不驯的洪水猛兽，权力一旦肆虐起来常常随意侵害公民权利，经过漫长的实践，人们逐渐认识到，唯有将公权力纳入法治羁束，才能得到最有力的控制。其协调的逻辑过程是：面对公权力可能侵害公民权利并有不断膨胀危险的情况出现时，就需要运用法治的手段对其进行规制，这是对规制的规制。这种规制既要防止公民间的意志抵触，又要制止无政府状态，法律限制了私人权利，警察权发挥着限制私权的作用，同时为了防止警察权的任意行使，法律同样对警察权进行了更为严格的约束，这样就使得警察权与公民权形成了一种折中与平衡。具体而言，“通过一个行之有效的私法制度，它可以界定出私人或私人主体的行动领域，以防止或反对相互侵犯行为，避免或阻止严重妨碍他人自由或所有权的冲突。通过一个行之有效的公法制度，它可以努力约束、限制警察权，以防止或救济这种权力对已得到保障的私人权利领域的不法侵害”。[②]

警察权在限制私权的同时，法律也同样对警察权进行了约束，警察权与公民权达成一定程度的妥协与平衡。在制度上通过公法的健全和私法的完善，划分出具体明晰的公权与私权主体各自运行的空间，避免相互的干扰和影响，尤其是要防范和阻止警察权对公民人身财产的侵害。

四、宪制框架下警察权属性的嬗变

综观警察制度演化的历史，警察权性质在政治属性、法律属性、专业属性和服务属性四个方面得以或多或少地凸显。不同理念下，警察权性质的彰显及其与公民权的关系有着迥异的表现。

政治性实际上是构成最初警察权的一个强势属性，为政治服务是警察制度最初建立的目的和原动力。简而言之，就是为统治者有效控制公民的暴力机器。警察作为国家机器的一个重要组成部分决定了最初警务采取的是“政治警务模式”，警察在维护社会治安时是作为君主、皇帝、集权者和中央政府的代表，是政治的奴才而非人民公仆，靠着欺骗和神话愚昧人们、用暴力来遏制一切的越轨。以惩罚、恐惧来抑制犯罪实现治安目的，是

---

① 陈兴良：《限权与分权：刑事法治视野中的警察权》，载《法律科学》2002 年第 1 期。

② ［美］E. 博登海默：《法理学——法哲学及其方法》，邓正来译，中国政法大学出版社 2004 年版，第 335 页。

警察权政治属性赤裸裸的极端表现。在个人专权的专制社会里,法律是奴役与压制的手段,披着法律外衣的警察权作为统治者的御用工具随处可见,大量的禁止性、命令性义务强加于公民身上,公民是统治者奴役的对象,成为任人宰割的羔羊,警察权越是高效行使,人们的不安全感和危险感就越会随之增加。

在警察制度上法治主义的觉醒始于1829年英国内政大臣罗伯特·比尔建立的伦敦大都市警察制度,由于存在法国和意大利的警察作为国王消灭异己和镇压人民的先例,英国公众一直担心建立的新警察成为政府压制国民自由的工具,议会也担心新警察会加大政府的集权控制力,损害英国的基本信条:地方自治和个人自由。为了消除公众的疑虑,罗伯特·比尔制定了《伦敦大都市警察法》来规范警察机构的设立和警察权的实施,英国的警察法对世界各国警察制度的发展具有深远的影响,它标志着警察的行为被纳入法治的轨道,法律属性的注入成为新旧警察体系"分水岭"的标志。

20世纪初期,"管理主义"在美国的发轫导致对警察专业化属性的强调和突出。专业化属性是警务工作中最具魅力的行业特质,如巡逻盘查、交通运输、犯罪现场勘验、群体性事件处置、安全防范技术、法庭科学鉴识,它渗透着公共管理精神的同时,吸纳了科学技术手段和运行于法治的轨道之上,形成了有别于其他行政权力的警务技能专业属性,它不仅凝聚着现代管理学的精髓,而且是科学技术高层次的融合与交汇,同时运作于法律授权的框架之下。20世纪30年代至60年代,由于科学技术最新成果不断引入警察工作中,建立警用计算机信息系统,如指纹识别系统、犯罪情报系统、人像合成系统、交通控制指挥系统、地理犯罪信息情报系统,大大提高了警察对信息的分析处理、储存、应用的能力,将警察权的专业属性发展到了极致。

相对于专制时代的"统治型"模式,"管理主义"所奉行的科学态度和专业精神毫无疑问是前进了一大步,但由于把秩序作为警务的首要目标、将效率作为绩效的标准,导致警察仍旧没能完全摆脱"权力本位"的魔咒,依然将公民视为被管理的对象。这种理念必然导致公民权利的保障被放在次要的考量,极端情况下甚至会牺牲公民权利来保证维稳的价值目标。[①]

与"管理主义"理念形成鲜明对比的是"服务与权变"的理念。随着宪制精神的发展和"行政服务论"在行政法学界的流行,宪制国家中的警察

① 葛大勇、杨海燕:《警察权与公民权关系的法理学思考》,载《吉林公安高等专科学校学报》2006年第6期。

权性质也逐步由过去的公共管制向公共服务转变和倾斜，开始从公法优位向私法优位转化，"权力本位"向"权利本位"让位，从管制型行政向服务型行政发展，行政机关越来越强调其服务性职能，管理不仅是行政的组成部分，也包括如何为社会服务的问题。新警察制度虽然沿袭传统强调执法的合法性、专业性以及重视打击罪犯的快速反应，但受新公共管理思潮的左右却不断强调多元化社会意识形态格局下的宽容，重视服务与权变。

按照宪制的理想来调整警察权与公民权的关系，使之处于和谐与平衡的状态，两者之间不是管理与压制的关系，而是一种服务与被服务、保护与被保护的关系。警察权的运行必须符合公平、正义和保护人权的理念，能充分地保障公民权利，富有效率地处理各种案件，在合法与公正的基础上处置违法的公民，切实保护法律上规定的公民权利得到充分的实现。

第三节　宪制理念下警察权构建的原则

警察拥有过大的权力容易形成集权专制，更是警察腐败的深层原因。在宪政理念下，对警察的授权用缩微和分散两个措施进行控制。警察法只能原则性地规定执法者权衡处理具体实务，这就给警察留有一定的自由裁量权，控制警察自由裁量权的有效途径是比例原则的运用。公共性原则要求警察的执法必须以公共利益为目的，其权力运行的界限不能随意触及私人领域，只有在明确的授权下才能干预民事。警察权的强制性非常容易限制公民的自由和正当权利，更需要用程序来制约。司法权作为保障社会正义的最后防线，裁决警察权行使是否合乎宪政的要求，已经成为各国执法的实践趋势。

一、法定原则：警察权设置的规范性

早期的警察作为强权和阶级统治的工具，可以任意侵犯公民权利，不受法律限制。1882 年，普鲁士最高法院通过了"克劳茨伯格判决"，成为限制警察权的开端，并确立了依法行政原则，在其后形成了一系列完备的警察法。[①]

依法治国从根本上要求国家的一切政治生活必须以法律为依据，并且受法律制约。警察权作为一项十分重要的国家政治权力，它的来源和基础是国家宪法和其他法律的相关规定，所以必须依靠法律来确认和设定。如

① 陆晶：《依法行政与警察权》，载《中国人民公安大学学报》2003 年第 5 期。

果没有法律依据,警察权就失去了存在和实施的合理基础。

警察权法定原则要求以立法的形式规制警察权的种类、警察行为样态、采用的实体和程序要件。公民权利不是法律价值的全部,而仅是一个方面。社会的发展永远都是在个人自由与公共安全之间寻求某种平衡。法律在保护公民个人自由等私权的同时也赋予了警察对公民个人进行干预的公权力,以维护大多数人的社会公共安全和秩序,强制权的理由或许可以从这里得出。特别是在当前犯罪态势呈职业化、组织化、智能化、暴力化、国际化的现实下,警察机关需要有适应现代化复杂的犯罪态势所需要的警察强制权,以实现对犯罪的有效控制和打击。从法治国家的立法实践看,警察行使强制权在其法律体系中都非常明确。这一方面反映了立法对司法现实诉求的回应,另一方面也反映了各国法律价值理念在个人自由与公共安全之间的不断平衡。

从我国当前的警察法律体系来看,仍存在一定的立法缺陷,使得一些具有目的正当性的警察权在实践中,由于立法的缺陷而导致程序的非正当性。突出表现在我国警察法律体系对警察权中有关强制权的立法规制严重不足,导致警察权在实践中存在目的正当性与程序正当性的剧烈冲突,使警察在行使警察权时,特别是行使刑事强制权时无法可依,进而出现“无法即无违法”的心理状态,以致滥用警察权,对公民的权利造成了一定程度的侵害。而对于相对人而言,由于缺乏相关的法律规定,导致其无法获得权益的救济。因此,无论从警察权的实践需要,还是从公民的个人权益保障出发,都应当完善我国警察权的有关立法。

二、分权原则:警察权配置的制衡性

弗里德里希指出,“分权乃是文明政府之基础,宪政主义之内涵”,“通过分权,宪政主义对政府行动提供了一套有效制衡的体制……它是一套保证公平运作的规则,从而迫使政府(对人民)负责”。[①]

“在传统上,西方宪政思想的突出主题是要设计一些政治制度来限制政治权力的行使。”[②]作为一种捍卫人权的政治学说,宪制以有限政府、分权制衡以及法治主义为其主要内容和基本的制度安排。

有限政府的精髓就是强调政府拥有的权力或职能定位必须是有限的。

---

① 陆晶:《依法行政与警察权》,载《中国人民公安大学学报》2003 年第 5 期。

② [美]斯蒂芬·L.埃尔金、卡罗尔·爱德华·索乌:《新宪政论——为美好的社会设计政治制度》,周叶谦译,生活·读书·新知三联书店 1997 年版,第 27 页。

“在过去的200年中,有限政府一直是宪政主义者们最基本的要求。”①作为控制权力运行基本文件的宪法,不仅是建构宪政制度化的法律形式,而且被选择用来限制政府行为的任意性,使政府受制于法。明确以宪制对政府权力进行限制起始于美国的制宪会议(1787年),它对政府权力明确宣示了制约。公民的政治自由和基本权利保障是宪制追求的一种核心价值和法律正义,而政府权力的限制成为宪制追求的另一种核心价值和法律正义。②

分权制衡的理念是达到有限政府的工具性手段。“宪政设计的一般问题就是构造出一些手段,通过这些手段,领导人能够彼此制约,下属能够制约上级,追随者能够制约领导者。”③弗里德里希也认为,分权是制宪主义的内涵和文明政府的基础,分权有效地对政府的行动提供了一套制衡的体制,从而迫使政府公平地运作,对人民负责。④

法治,是依据法律进行主治,是一种严格依法办事贯彻法律至上的治国方式,它赋予作为社会主体共同意志的法律至高无上的权威,并在全社会各个领域得到普遍的遵守和有效的实施。⑤ 通过法治达到有限政府的实现,法治的难点不在于“治民”,而在于“治政”“治权”和“治官”;法治的重心在于规范政府权力的行使和杜绝权力行使的随意性,而预防其滥用造成对公民权利的损害,正如哈耶克所言:“法治所限制的只是政府的强制性活动。”⑥

曾经历史上的警察国带来的经验教训表明,警察拥有过大的权力容易形成集权专制,更是警察腐败的深层原因。法治程度相对较高的国家,对警察的授权用两个措施进行控制:一是缩微。立法部门严格规定警察权界限,涉及公共安全事项才能授权给警察,严格按照三权分立的思想配置警察权,将证据调查权赋予警察的同时,将证据可采性的评判交给了司法审定。二是分散。避免警察权的高度集中,按照权力分设原则对其进行解构,安排不同的警察部门拥有甚至部分让渡给社会,用制度制衡警察权的

---

① 张千帆:《自由的魂魄所在,美国宪法与政府体制》,中国社会科学出版社2000年版,第149页。

② 刘军宁:《市场逻辑与国家观念》,生活·读书·新知三联书店1995年版,第128页。

③ 斯蒂芬·L.埃尔金、卡罗尔·爱德华·索乌:《新宪政论——为美好的社会设计政治制度》,周叶谦译,生活·读书·新知三联书店1997年版,第31页。

④ 张千帆:《自由的魂魄所在,美国宪法与政府体制》,中国社会科学出版社2000年版,第149页。

⑤ 文正邦:《论法治文明》,载《现代法学》1998年第2期。

⑥ [英]哈耶克:《自由秩序原理》(上),邓正来译,生活·读书·新知三联书店1997年版,第262页。

过大。①

秉承“分权制衡”的宪制原则，一般将警察权划分为警察行政权与警察刑事权，分别建立治安与刑侦部门。治安部门设立的目的在于事前预防犯罪，以行政权进行常规性管理，如登记审批、巡逻防控、日常检查等勤务活动，对公民基本权利干预不大，受行政诉讼法的调整，无须经由司法令状进行规范；刑侦部门设立的目的在于事后的追诉犯罪，以刑事强制措施进行应急性管制，如拘留、逮捕、搜查、羁押、讯问等人身约束和物质扣押，涉及公民基本权利的侵害，受刑事诉讼法的调整，必须接受司法令状的约束和控制。②

与国外警察机构不同的是，中国的公安机关身兼双职，既是治安行政机构，同时又掌控刑事侦查，其警察权的组成是典型的二元结构的一体化。中国警察在执法时，无法回避的一个问题便是行政行为与刑侦行为混淆使用。警察权的二元结构一体化提高了中国警察控制社会的效率，但两种不同性质的警察权由同一主体来实施，难以进行类型化的监督和救济。警察行政权力必须通过行政复议或者行政诉讼的途径来获得救济，警察刑侦权力是不可诉的，只能在警察进行犯罪侦查前对其刑事职权行为进行审查或是通过刑事诉讼法进行非法证据的排除。为了消除警察用行政手段获取罪案证据或是用侦查措施达到治安的目的，有必要将警察的行政权和刑事侦查权授予不同的执法机构。在美国，地方和州警察的职责是负责行政事务和轻罪案件的调查，重大刑事案件则由联邦调查局负责。同时，调整警察侦查机制，如实行现场侦查与证据鉴定分离、侦查讯问与羁押场所分离，以加强权力的相互制约。

三、比例原则：警察权运用的合理性

由于公安工作面临事务的多元性、复杂性和可变性，立法者不可能预见社会生活的全部以及执法活动可能发生的所有影响，法律规定也不可能总揽一切情形。因此，法律不得不授权警察根据具体情况斟酌权衡从而采取适当的措施；同时，法律对警察执法的规定也不可能详尽无遗，它也没有必要深入细枝末节，而必须给警察留出裁量的空间、留下一定灵活处理的权力。所以，自由裁量权成为发挥警察主动性、创造性和提高工作效率必不可少的条件之一。

---

① 毛志斌：《警察权的支解与让渡》，载《公安研究》2002 年第 10 期。

② 林山田：《刑事诉讼法改革对案》，台湾元照出版有限公司 2000 年版，第 477 页。

但是由于警察权具有较大的裁量余地和空间，这种被喻为“行政法上的特洛伊木马”的裁量权，一旦失去控制，就会“蝼蚁溃堤”颠覆法治主义的统治。更为关键的是，警察权在个案之中的行使常常是处在上级和公众的视野之外，事实上很难为上级、律师或者法院所监控，是一种“低能见度”的权力。①

比例原则“乃导源于依法治国原则的一个宪法原则，包括适当性、必要性与相当比例性三个原则，认为国家机关行使公权力，其所采行之手段，必须是达成目的之适当手段与造成侵害最小之必要手段，而且手段与目的，或方法与目的之间，或国家公权力之干预强度与有益于公益之间，必须成相当比例”。②

比例原则是指警察功能仅止于维持公共秩序必要的最低限度。其条件与状态，与秩序违反行为产生的障碍应成比例。③ 如果说法定原则要解决的是警察权设定的外在界限问题，那么比例原则则要解决警察权设定的内在界限问题。警察权是行政权的一种，其内容的广泛性以及面临情况的突发性等特点决定了警察拥有更大的自由裁量权。比例原则正是对自由裁量权的控制和评价标准。警察权的设置与行使，目的都是要维护社会秩序和公共安全。因此，警察权限应当与此形成比例关系，即如果维护的公共利益重大，则赋予警察的权限就应相应大一些，反之则应小一些。

比例原则的基本精神可具体从以下三个方面体现出来：(1)适当性，即警察权的权限范围与警察权的目的成比例。警察权的权限范围是指法律对警察权实施的内容、手段等所做的限制。警察权的目的在于维护国家安全和社会治安秩序。如上所述，警察权维护的社会利益越重大，对警察权的限制就应当越小；警察权维护的社会利益越小，对警察权的限制就应当越大。同时，权力的行使、手段的采用，必须是为了达到法定的目的，适合于所追求的法律目标的实现。这就要求警察机关在采取警务措施时进行综合判断，确保所采取的措施是达到法定目的的最佳手段。比如在解救人质使用枪支时，要根据当时所处的环境、光线强弱、对象的暴力程度、自身的使用枪支能力等进行综合考虑，并做出判断。(2)必要性，即警察行为应尽可能地使对相对人的损害保持在最小的范围内，不得超越实现目的的必要程度，亦即要对所追求的目的和所采取的手段之间的相当比例进行判断，保证所要采取的手段在诸种可供选择的手段中是最温和的、侵害最

① 余凌云：《亟待法制建构的警察裁量权》，载《法学家》2003年第3期。

② 林山田：《论刑事程序原则》，载《台湾大学法学论丛》第28卷第2期。

③ [日]田口守一：《刑事诉讼法》，刘迪等译，法律出版社2000年版，第37页。

小的。[①] 这也是西方所称的“最小动用武力原则”。具体要求有：不使用不必要的武力。即使可以使用武力，也不能超过必要限度，特别是不能因有合法的理由而滥施武力，造成暴力执法。如可以用擒拿格斗制服犯罪嫌疑人的，就绝不用警械；用警械可以制服的，就绝不用枪支。（3）相称性，即行政权力所采取的措施和所造成的损害必须与其所要达到的目的保持合适的比例或相称。相称性要求在行使警察权时，必须对所要达到的目的和可能造成的损害进行权衡。警察机关所采取的警务措施的种类和轻重必须和违法犯罪行为的性质及危害程度相适应。对于危害性较小的，应采取较轻的强制措施；对于危害性较大的，应采取较重的强制措施。如拘留、逮捕措施不能适用于轻微犯罪，取保候审不能适用于强奸、杀人等暴力性犯罪。

比例原则起源于 19 世纪前后的德国。[②] 当时的德国处于四分五裂的状态，有三百多个大小不等的公国，实行严厉的专制主义“警察国家”体制，“警察”包揽当时全部内务行政，国家直接干预社会和经济，控制了大部分经济生活并干涉私人生活，政府行使权力任意专横，几乎不受法律的控制。1802 年，德国学者贝格在《德国警察法手册》一书中，明确提出“警察权力惟在必要时可以实行之”，不仅赋予警察行使维持公共安全和秩序安宁等一切防御危害行为，而且包括了所谓“促进福祉”的举措。[③]

1882 年 7 月 14 日，“十字架山”案件由普鲁士高等法院作出裁决，对警察部门根据“促进福祉”所制定的“建筑禁令”不予认可，判决该法令无效。[④] 该案的判决揭示以下法意：（1）国家仅限于“守夜人”的职能，警察权力从原先被扩张的“促进福祉”回归到法定的“危害防御”的角色；（2）实行法律保留制度，即国家必须得到法律的授权才能对公民自由和社会经济进行干预；（3）警察以美学的协调性颁布禁令，比例原则由此获得运用；（4）确立了司法审查原则，由独立的行政法院对行政权行使的合法性进行审查。[⑤]

1931 年 6 月 1 日，德国颁布了《普鲁士警察行政法》，其中强调了警察

---

① 林山田：《刑事诉讼法改革对案》，台湾元照出版有限公司 2000 年版，第 477 页。

② 陈新民：《论宪法人民基本权利之限制/宪法基本权利之基本理论》，三民书局 1996 年版，第 186 页。

③ 余凌云：《警察行政权力的规范与救济——警察行政法若干前沿性问题研究》，中国人民公安大学出版社 2002 年版，第 25 页。

④ 城仲模：《行政法之一般法律原则》（一），三民书局 2000 年版，第 146 ~ 149 页。

⑤ 李军、蒋兰香：《宪政视阈下比例原则的演进》，载《湖南科技大学学报》（社会科学版）2009 年第 6 期。

权的合法运用必须符合“必要性”，并在该法的第14条对“必要性”进行了解释：警察机关维持公共安全和秩序或预防犯罪，有多种方法可以选择时，应尽可能选择对当事人和其他相关者造成最小损害的方式。比例原则由此而彰显，犹如母法般被各州、邦所纷纷效仿。①

警察接触的是最基层社会面，遇到的问题不仅复杂而且多变，立法者很难穷尽可能发生的一切，法律也不可能详尽无遗和总揽一切，警察法只能原则性地规定执法者权衡处理具体实务，这就给警察留有一定的自由裁量权。“法治所要求的并不是消除广泛的自由裁量权，而是法律应当能够控制它的行使。”②

警察自由裁量权控制的有效途径正是比例原则的选择。从比例原则的内涵上考察警察的检查权：一是目的性。检查权只能在维护公共安全和治安秩序以及警察在调查行政案件中行使，不能作为刑事调查的目的使用或被不良警察用作寻租的手段。二是必要性。当警察在收集证据时，有其他非强制方法选择时，尽量避免使用检查的手段。三是有限性。警察在行使检查权时，必须充分评估涉案的危害性，避免用侵权程度较大的检查手段处置相当轻微的行政案件，如脱衣检查只有在有证据表明存在较大的社会危险性情况下才能运用。警察在紧急状态下也同样受这一原则的约束，“法律在规定紧急状态下人权保护的最低标准的同时，还应明确政府在行使行政紧急权力做出对公民权利限制的决定时，必须遵守行政法治所要求的比例原则”。③ 对于紧急事件处置，需要警察在短时间内做出反应，法律赋予了警察更大的即时强制权，必须依赖比例原则为其设置一定的轨道，即要求警察在实现公共安全、恢复社会秩序的同时，选择侵害最小的手段。

四、公共原则：警察权行使的正当性

公共原则是指警察权的行使具有一定的边界，这就是以维护公共秩序为必要，除此以外警察权不得干涉。④

警察权这一特定的行使范围是由警察权的性质和特定的作用对象所决定的。国家为完成自己不同的职能和使命分设了不同的国家机关，并通过法律赋予其相应的权力。警察权产生和存在的前提与基础是维护国家安全和社会治安秩序，警察权的行使必须紧紧围绕这一根本主旨进行，否

---

① 王名扬：《法国行政法》，中国政法大学出版社1988年版，第95页。

② ［英］威廉·韦德：《行政法》，徐炳等译，中国大百科全书出版社1997年版，第55页。

③ 姜明安：《紧急权力行使要规范》，载《法制日报》2003年5月17日版。

④ 陈兴良：《限权与分权：刑事法治视野中的警察权》，载《法律科学》2002年第1期。

则将违背国家设置警察权的初衷。

公共原则在实际生活中派生出三种具体情况,即不可侵犯私人生活、不可侵犯私人住所以及不干涉民事。只有出于公共需要,才能行使警察权。而对于私人领域,警察权不得介入,这是警察权行使的首要原则。黑格尔认为,犯罪是作为恶的任性的那种偶然性,普遍权力必须防止它或把它送交法院处理。除犯罪以外,在本身合法的行动方面和在所有物的私人使用方面被容许的任性,也跟其他个别的人以及跟法院以外实现共同目的的其他公共机关发生外在联系。通过这一普遍的方面,私人行动就成为一种偶然性,这种偶然性越出主体权力控制之外,而对别人造成或可能造成损害。问题是这些行为含有不法的方面,从而是警察监督和刑事审判的最后根据。①

根据黑格尔的观点,警察权的使命在于消除阻挠任何一个目的的偶然性,维持一种外部秩序。

随着社会主义市场经济体制的建立,我国将逐步形成政治国家和市民社会二元分立的格局。政治国家的中心是国家权力,而市民社会的中心是公民的权利。只要公民未侵犯国家的政治安全,未违反社会公共秩序,他们就可以按"意思自治"原则处理自己的事务。国家公共权力的触角不应该伸入这一部分社会生活中来,这是切实保障"私权利"的要求,也是人类文明进步的必然结果。②

哈贝马斯认为,在清晰的产权制度下,出现了"私人领域"和"公共领域"的划分,事务的属性划分就有了私人与公共的不同。③ 新公共管理理论将政府职能进一步限定为提供核心公共产品,重新界定了公共领域与私人领域的疆界。"警察权的目的是维持社会公共秩序,实施警察权必须遵守警察公共原则,即不可侵犯私人生活原则、不可侵犯私人住所原则以及不干涉民事原则。"④这种规定则要求警察的执法必须以公共利益为目的,其权力运行的界限不能随意触及私人领域,只有在明确的授权下才能干预民事。"当警察在采用社会控制手段时,他们会经常并乐意跳出社会控制的概念束缚,进入到市民生活领域。"⑤公共权力均有扩张的倾向性,借助自身拥有强制力的优势非常乐意干预私人领域的生活,主要存在以下情况:

---

① [德]黑格尔:《法哲学原理》,范扬、张企泰译,商务印书馆1961年版,第238页。

② 梁晶蕊、卢建军:《论法治社会中的警察权》,载《甘肃政法学院学报》2003年第1期。

③ [德]哈贝马斯:《公共领域的结构转型》,曹卫东等译,学林出版社1999年版,第2页。

④ [日]田口守一:《刑事诉讼法》,刘迪译,法律出版社2000年版,第37页。

⑤ [德]黑格尔:《法哲学原理》,张企泰、范扬译,商务印书馆1961年版,第238页。

一是警察权运行时的越界。2002 年 8 月的一个夜晚，陕西省延安市一户人家夫妻两人在家里看“黄碟”，突然有警察闯进，在查处并扣压黄碟和影碟机过程中发生了一些冲突。后张某被带走并刑事拘留。妻子李某将延安宝塔公安分局告上法庭，最终当地警方经与当事人调解，由警方向当事人赔礼道歉，对办理案件的有关责任人进行了处理，一名警察被清除出公安队伍，并一次性赔偿 29137 元。[①] 二是警察具体执法时的越权。警察面临的一些具体性事务，往往处于行政领域和刑事领域之间的过渡地带，法律对此的规定也很模糊，警察基本上是依赖个人的经验来判断是采用一般治安行政手段还是选择更严厉的刑事打击手段，由于侦查行为的司法性质而具有诉讼的豁免性，警察喜欢借助于刑事措施来达到行政目的同时又躲避行政诉讼的制约；同时也倾向于用行政的手段收集刑事证据。三是警察权的扩展，即警务运行的空间渗透到其他行政部门。目前警察可以启动治安检查的法规非常混乱，其中很多是公安机关自行制定的部门规章，检查的内容泛化，甚至脱离其警察职能而将其作为管理整个社会的手段，使得治安检查多如牛毛。警察的临检行为应根据具体情况配置不同的法律程序来规范。对于公共领域的治安检查，警察适用比较宽松的法律控制，赋予警察灵活而机动的处置权；警察对私人领域进行治安检查时，应当受到严格的法律控制，以保护公民私权利为主。

五、程序原则：警察权运行的合法性

警察权的行使应当严格遵守法定的程序。程序从本质上讲是对权力的一种制约。警察权行使的主动性和强制性往往会对公民自由和权利带来限制，因此，更需要程序制约。从总体上看，程序原则已渗透到警务制度中，无论是现代刑事警务制度，还是现代行政警务制度，都凸显出程序化的特征。[②]

正当程序的历史渊源可以追溯到古罗马时代，“任何人不能充当自己案件的法官”以及“应当听取双方当事人的意见”被视为自然正义的两个基本要求。[③]

颁布于中世纪时期的康得拉二世法令规定：“不依帝国法律以及同等地位贵族的审判，不得剥夺任何人的封邑。”[④]即使是封建社会，正当法律

---

① 朱达志：《“夫妻看黄碟”责任仅在派出所？》，载《江南时报》2003 年 1 月 16 日版。
② 朱达志：《“夫妻看黄碟”责任仅在派出所？》，载《江南时报》2003 年 1 月 16 日版。
③ 谢维雁：《程序与宪政》，载《四川师范大学学报》（社会科学版）2000 年第 4 期。
④ 焦宏昌、李树忠：《宪法教学案例》，中国政法大学出版社 1999 年版，第 62 页。

程序也得到普遍的认同。同样，英国在1215年出台的《自由大宪章》第39条规定："凡自由民除经其贵族依法判决或遵照国内法律之规定外，不得加以放逐、伤害、搜索或者逮捕。"①1354年爱德华三世的第二十八号法令规定："未经法律的正当程序进行答辩，对任何财产和身份的拥有者一律不得剥夺其土地或住所，不得逮捕或监禁，不得剥夺其继承权和生命。"②

美国宪法第一次对"正当法律程序"作出规定是1791年12月25日通过的《权利法案》的第五条修正案："除非经过正当的法律程序，任何机构不得剥夺人的自由、生命或财产。"但该法案仅仅针对联邦政府。1867年，美国宪法再次立法表示了立场，这一规定直接适用于州政府和地方政府，扩大了公民权利的保护范围。③ 程序的作用就是通过层层制约性设计来规范权力的行使。警察权的强制性非常容易限制公民自由和正当权利，更需要用程序来制约。

程序原则的具体要求是：警察机关必须依照法定程序行使警察权，不得违反法定程序。只有经过法定程序，才能保证警察权行使的正当性。实施具体警察职权，应符合与其相应的程序要求，如审查、审议、传唤、讯问、取证、裁决；要按照法定程序的一般要求，如说明理由、表明身份。除了应当遵守警察机关内部行使权力的程序制度，如审批制度、证明文件制度，还应遵循行使权力时的法定程序，如调查、取证、告诫、询问、裁决、执行等程序的规定，并对警察权的行使实行监督、申诉、复议、诉讼等制约制度。这不仅有利于保障相对人的合法权益，也有助于警察机关正确地行使权力。④ 可以说，法定程序是对警察权行使的一种法律限制。防止警察权滥用与扩张的最好办法是将警察权纳入程序的轨道。

六、司法控制原则：警察权监督的效能性

警察的职责定位在于公共安全和治安秩序的维护，承担着预防犯罪和代表国家追诉犯罪的职能，在履行职能的过程中，警察调查和收集违法犯罪证据时，处于主动和积极的态势，而处于被追诉的地位的犯罪嫌疑人，无论是刑事拘留或临时羁押，处于隔绝社会的环境，容易受到不公正的对待。司法权作为保障社会正义的最后防线，裁决警察权行使是否合乎宪政的要求，已经成为各国执法实践趋势。警察权应当受到司法权的控制是宪政的

---

① 荆长岭：《现代国际警务制度特征初探》，载《政法学刊》2002年第3期。

② 孙笑侠：《法律对行政的控制》，山东人民出版社1999年版，第123页。

③ 焦宏昌、李树忠：《宪法教学案例》，中国政法大学出版社1999年版，第168页。

④ 惠生武：《警察法论纲》，中国政法大学出版社2000年版，第144页。

必然要求，已经成为社会发展的时代潮流和趋势，世界上许多国家和地区的宪法及相关法律文件都对此作出了明确规定。英美是实行司法令状的典型国家。在美国，逮捕令需要由治安法官签发。根据联邦刑事诉讼规则授权而进行的搜查，搜查令由联邦治安法官或者在联邦管辖区内的州法院签发。在英国，除了法定紧急情况下的无证搜查、无证逮捕外，警察进行搜查或者逮捕时，必须向治安法官提出书面申请以获取治安法官签发的授权令状。在德国，警察扣押信件、邮件、电报，对电信往来进行监视、录制以及搜查等，只允许由法官做出决定。逮捕令须由法官签发。在法国，搜查、扣押物品和文件，截留电信及签发传唤通知书、拘传通知书、拘留证、逮捕证由预审法官决定。①

警察权的使命在于维持公共秩序，这种公共秩序主要是人们在社会生活中自发形成的，而不是人为地建构的。因此，只有在这种公共秩序遭受破坏的情况下，才有动用警察权之必要。司法控制原则实质是通过对警察权力主体的约束来达到约束警察权的目的。明确警察机关及人民警察违法执法所必须承担的法律后果，有助于形成对警察权的制约，有助于人民警察合法、适度、谨慎地行使警察权。

但是目前，我国在落实上还存在如下缺陷：一是责任状态不周全，即警察权的可监督性不够，还存在只有权力而无责任的状态，存在责任的空白点。如对执法中违反法定程序的行为大多没有规定相应的责任。二是责任承担设置不合理，导致责任实际上没有承担者或起不到应有的监督作用：(1)集体责任多，个人责任少。很多责任都由警察机关集体承担，个人不承担责任，这实际上是任何人都不承担责任。(2)下级责任多，上级责任少，责任多由下级承担。对于上级下达的不科学、不正确的警令甚至上级的非法干预行为没有进行应有的责任追究。(3)直接责任多，间接责任少。责任往往由具体执行者承担，对领导者、指挥者很少追究责任或只追究较轻责任，导致责任分配不公。三是责任追究较难落实。在法律监督上，由于受程序不完备、情节轻重以及受案范围等因素的限制，很多责任较难进入法律追究渠道。在大多数情况下，责任是由警察机关内部来确认和追究的。这种“自己追究自己的责任”的制度存在的内在缺陷，可能导致怠于追究或未能追究的后果。②

根据政府责任理论及目前我国警察权行使的实际情况，我们可以从以

① 陈卫东、石献智：《警察权的配置原则及其控制》，载《山东公安专科学校学报》2003 年第 5 期。
② 赵义兵：《略论警察权的行使原则》，载《江西公安专科学校学报》2003 年第 5 期。

下几个方面入手健全责任制度：

一是要完善法律规定，特别是要将每项警察权力和相应的责任联系起来，确保警察权力处于责任状态。目前值得考虑的是将警察机关内部的一些成熟的责任追究制度法律化。

二是要合理设置责任的承担。具体而言：(1)要将集体责任和个人责任相结合，突出个人责任，避免用警察机关的集体责任来取代警察个人责任。只有将责任分配给每个执行职务的警察个人，才能从总体上确保警察权依法行使。(2)要将上级责任和下级责任结合起来，在追究下级责任的同时，也应追究负有领导、指导和监督职责的上级机关的责任，以此来规范上级警察机关的行为。(3)要将直接责任与间接责任结合起来，在追究直接责任者的同时，注意追究指挥者、下达命令者的责任以及负有监督、领导职责的个人的责任，以减少领导者对执行具体公务警察的不当干预。同时明确警察机关领导对其失职行为、滥用职权行为和重大决策失误行为应承担的法律责任，如引咎辞职的政治责任制度、行政责任制度和刑事责任制度。

三是要健全对警察机关的越权或滥用职权行为的变更或撤销的法律制度，完善对警察机关违法失职的追究制度，对他人合法权益造成损害的应给予国家赔偿。

四是要健全并完善针对警察个人的失职、滥用职权、贪赃枉法、徇私枉法行为的行政责任制度、刑事责任制度以及因其违法行为引起国家赔偿的追偿制度。

构建中国的警察权司法审查制度，可以从刑事诉讼的整体构造上入手，使法院更大范围更大程度上介入对警察权的审查，并确立司法最终裁决的地位。在法院设立相应的治安法官，负责对警察强制权和警察行为进行审查。所有涉及个人人身自由、公私财产和个人隐私的事项，无论是属于实体性的还是程序性的，都必须由司法机构通过亲自“聆训”或“听审”作出裁判，而且这种司法程序性和实体性的裁判具有终极的权威性。

现阶段，我国法律关于司法权对警察权的控制和监督机制尚不完善，有必要进行更深入、更大力度的改革和调整。坚持和加强我国原来公、检、法三者互相制衡的宪政设计，参照一些宪政国家的先进经验，适当提高检察机关的地位，以约束和监督警察权的行使；确立司法审查原则，将警察权纳入司法权的控制之下。

具体而言：(1)公安机关所拥有的一系列治安行政处罚权，如行政拘留权应当纳入司法权之中，使公安机关变成一种申请权机关而由法官最终决定处罚与否。(2)对于刑事拘留、监视居住、取保候审、搜查、扣押、窃听等一系列涉及在刑事侦查领域中限制个人财产、自由等基本人权的措施，贯彻司法令状主义，由公安机关自行决定变为法官令状主义，使其纳入司法权控制之中。(3)对于法定紧急情况下的无证逮捕、搜查、扣押等强制处分行为，事后应由司法权予以审查，以确认是否合法。

第四节　现代警察自由裁量权的规范化运用[①]

一、警察自由裁量权问题提出

警察在处理刚性问题，如杀人、抢劫银行、爆炸等严重刑事案件的过程中，会即刻出警、勘验现场、缜密侦查、收集证据，尽力侦破案件，法律规定清晰而明确，自由裁量的空间很小。但是，这种刚性问题的处置仅仅是警察日常工作的很小一部分，并且主要由刑事警察承担。而与我们日常生活更为密切的行政警察，遇到的更多的是柔性问题，如邻里纠纷、偷盗扒窃、飞车党、扰乱公共秩序、家庭暴力、醉酒驾车、噪声污染等“违法行为或轻微犯罪”，警察具有自由裁量权，其往往自行决定执法之优先次序、是否启动立案调查程序、是否进行处罚以及采用何种方式进行处罚等。

虽然大多数的学者尤其是行政法学者依然坚持警察在处理这些事件的过程中应该严格遵循法律的规定，但警察行政实践之复杂性远远超出我们的想象，“依法办事”在实践中依然会遭遇到相当的挑战。

警察自由裁量权如何有效地控制和规范，实际上学者分歧很大。

一部分学者认为，根本不可能控制警察自由裁量权的运用，一味控制甚至会适得其反。

J. Goldestein(1960)认为，解决警察自由裁量权问题的根本在于彻底取消警察裁量权，警察应该公正、全面地执行刑事法律的规定，对刑事法律规定的弹性思量不应该由警察“瞬间的考虑”所决定，应该全面取消警察的裁量权的授予。[②]

K. C. Davis(1974)则认为，警察在处理相关事项时，由于情势复杂，在

---

① 徐文新:《警政革新与警察裁量权之规范》，中国政法大学2007年博士学位论文。

② Joseph Goldestein, Police Discretion Not to Invoke the Criminal Process: Low-Visibility Decision in the Administration of Justice. *Yale Law Journal* 69(4)(1960): p. 587; Eugene Doleschal, The Dangers of Criminal Justice Reform, Criminal Justice Abstracts 14 (March 1982).

其控制秩序以及执行强制措施中必须是以一种积极的角色介入,这就决定了其必然需要运用警察自由裁量权进行相应的度量。根本的问题不是全面消除或者减少裁量权,而是裁除“不需要”的裁量权,强化“必需的”裁量权。这些警察自由裁量权必须得到控制,即应该通过制定执法政策来规范警察自由裁量权。

他在进行了长期的实证研究后发现,警察自由裁量权行使主要存在以下问题:(1)相当部分警察执法过程中存在违法嫌疑;(2)总体性政策(overall policy)主要由基层警官制定;(3)信息不对称,公众并不知晓和熟悉大多数的执法政策;(4)随意性太大,绝大多数执法政策的出台是凭空设想,缺乏系统的调查和科学实证研究,同时制定法律的人员素质也不配套;(5)执法政策的内容几乎不受任何形式的审查。①

K. C. Davis 认为,警察实践中大量的自由裁量权其实“并非都是必须的”,其完全可以由确定的规则来替代。警察应该享有执法政策的制定权,如果警察在执法或者完成警察任务时必须拥有这些自由裁量权,无论法律是否授权,各级警察机关都可以通过一定的程序,制定相关的执法政策。同时应该对警察自由裁量权进行分类管理,对于“总体性执法政策”(overall enforcement policy)应该由较高级别的、具备专业知识的上层警官通过一定程序做出,而不是基层警察根据自己的需要制定,以降低滥用的可能。

造成立法机关的法律与警察执法的实际需求不相一致的原因,是立法机关控制了所有的话语权,司法审查承担着两方面的任务:一方面是对抽象行为的审查,即通过“授权明确性原则”对法律规范进行合宪性审查,这就要求立法机关必须在一定的“标准”下进行授权;另一方面是对具体行为的审查,即根据法律规范对行政机关行为之合法性进行审查。但是,这种控制模式在规范警察自由裁量权时遇到了困难。

主要原因是立法机关面对日益复杂的社会治安形势,很难预先提出指导警察自由裁量权行使的“标准”,而审查标准的欠缺导致了司法机关的无所适从。因为司法审查所能做的只是一种形式审查而做不到实质审查。而“目前对裁量权的多数批评却都是针对实质的内容,而非形式;而且,僵化的形式正义要求可能会使资源消耗殆尽,并给予反对者以新的诉讼武器,从而削弱行政机关的效率等”。②

---

① K. C. Davis, An Approach to Legal Control of the Police, *Texas Law Review*, Vol. 52, 703, 1974.

② 阿诺德:《战斗式的审判与新政》,载《哈佛法律评论》第 47 卷,第 913 页。转引自[美]理查德·B. 斯图尔特:《美国行政法的重构》,沈岿译,商务印书馆 2002 年版,第 46~47 页。

在 K. C. Davis 看来，警察在执法过程中，对“行政不作为”“无被害人”等涉及警察自由裁量权的行使时，“能见度”（low-visibility）相当低，这使得立法机关或者司法机关根本无法认清警察自由裁量权之本质，更不要说对其进行规范了。因此，最具有成效的规范方案既不是立法规范也不是司法规范，而是警察机关自己的规范。

警察自由裁量权出现的种种问题的根源，是警察机关“没有及时地”将立法机关所需要的抽象的、模糊的行使标准结合自身之特殊情况予以精确化、具体化、型式化。

二、现代警察制度的表现形式

现代警察制度的形成主要是由于传统的“统治型警务模式”无法适应工业社会带来的急剧变迁，而且，根植于农耕文明的“统治型警务模式”仅仅服从政治的需求而无法有效回应现代文明带来的更多诉求。因此，现代警察制度从一开始就以强调组织建构上的“合法性”、警务执法上的“专业自主性”、勤务回应上的“快速反应性”等为其存在和发展之根本。无论是在警政哲学、警察组织结构、警察管理方式、备勤制度等方面都贯彻着这一理念。现代警察职业化运动的核心就在于，按照警务从业标准来遴选警员和警官，提升警察之专业自主性；在警察局内部集中指挥权和管理权，打破辖区政客的政治权力干涉；警察内部设置专门的业务部门，贯彻“分工负责”的原则。警察专业自主性得到提升的同时，警察任务也从原来的主动预防转为消极的法律执行。具体表现为：

第一，在警察任务方面，其迥异于“统治型警务模式”。统治型警务对政治性需求往往过度积极响应，甚至是从属。相反，管理型警务强调警察职能的法定化、任务的明确化。除非有法律的专门规定，警察不再从事其他非警务活动，这就是所谓的“警察任务法定原则”。通过限定“无限警察”的理念，有效地控制了警察权对民众日常和社会秩序不必要的干预，也在根本上缩小了警察自由裁量权的范围。在管理型警务模式下，警察职责任务就是强调秩序控制、打击犯罪和危机处置。

第二，在警察权的运行机制上，基于“法定原则”以及“公共原则”等，对警察权的行使制定了专门的《警察职权行使法》，明确了“警察任务”与“警察职权”的关联与区别。在此基础上，进一步从实体和程序两方面对警察执法进行有效的规范，使警务执行不仅需要任务法上的依据，更需要得到行为法上的授权。在警察强制措施使用过程中，运用“比例原则”“程序原则”进行调适。通过复杂的制度设计，对警察自由裁量权进行约束，进而达成“治安维护”与“人权保障”的有机平衡。不仅从程序上限制了警察自由裁量权的任意性,也从实体上规范了警察自由裁量权的幅度与空间,更从立法的源头控制了“过度授权”的可能。

第三,在警察组织上,现代警察制度采用“科层官僚制”的组织形态,突出警察组织的准军事化特征。这种组织形态犹如金字塔的结构,强调上下级之间的命令与服从关系;最高级别的警察部门通过警务政策的设置、执法标准的统一制定、勤务与支援的指定、行政指令的发布控制着所有的警察权力的资源配置。简而言之,下级警察机关的任务就是执行上级机关之命令。这种金字塔组织垂直结构强调中央警察机关通过颁布全国统一适用的法律规范控制自由裁量权的行使,而下级警察机关则只需严格服从法律或者上级机关制定的规范,从而使地方性各级警察组织自由裁量权大大压缩。

第四,在勤务取向上,现代警察制度追求的是效率至上,但这种效率的衡量标准却是非常机械的,因为只能简单以出警之速度为评价基础,侧重的是对车巡和机动化快速反应机制的追求,最终导致的是消极等待报案,然后快速出警,形成以个案侦查、追缉作为整个警察工作之重心的“消防救火式”的反应式勤务。

第五,与社区关系方面,现代警察制度通过将警察角色定位于法律的执行,树立“有限警察”的理念,从而阻断了警察权向基层社区的进一步渗透和干预,这种做法有益于警察专业自主性的提升,但是警务工作也充满了不透明和神秘感,阻断了社区民众对警政事务的了解和积极参与的热情。

在现代警察制度下,警察权正当性的来源是法律授权而不是其他。任何与法律规则所不容的事项,都会被认为是对警察权正当性的侵害。正是在这种背景下,原来统治警务模式下大量存在的警察自由裁量权在管理型警务模式下被视为“恣意、滥权”,被视为“人治”的表现。警察自由裁量权的总体定位是消极和不鼓励的,其重要性根本没有得到正面的认可。

三、现代警察自由裁量权的特征

在现代警察制度中的警察自由裁量权的定位上,法治与法律实证主义、严格法治主义以及形式法治有着天然的联系,它们具有以下特征:

第一,在神治、人治、法治、德治的演化谱系中,法治的核心就是让政府及其职能部门的权力受到法律规范的约束和控制。强调法律规则至上而否认人的主观能动性,与此相对应,必然严厉反对警察自由裁量权,也反对执法者在整个警务执法中的创造性,警察既不能充当立法的重任,也不能担当解释法律的角色，只能是不打折扣地严格执法，在绝对法律至上的眼中，任何警察自由裁量权的出现都意味着对法治的侵害，法治就是法律规则之治，就是规则取代人判断、裁量的过程。而自由裁量权就是人治的表现。例如，哈耶克就认为，“撇开所有技术细节不论，法治的意思就是指政府在一切行动中都受到事前规定并宣布的规则的约束……法治的基本点是很清楚的：留给执掌权力的执行机构的行动自由应该减少到最低限度”。①

这种理论的逻辑在于将法律规则神圣化，法治就是依照确定无疑的法律规则行事，而不能质疑其实质正义是否受到玷污。这种严格按照法律规则授权进行执法的思想，起源于启蒙时期形成的一个基本观念：在政治领域中的多元化，在法律领域中的一元化，即法律出台之前应当允许多种声音的存在，大家都有权利发表各自不同的意见。而一旦法律制定、颁行，每个人都应该严格照此办理，不得违背。

第二，法治就是形式正义的实现。② 管理型警务模式与法律实证主义的兴起有着直接的关联。警察首先是作为法律职业执行者身份出现的，这是“更夫”这种业余执法者最直接的替代，对法治的价值追求被限定在法律制度的框架之内，“合法性”简单而直接转变成“合法律性”，强调严格遵循法律条文的确定性和逻辑的严密性。由于法律的“稳定性”（stability）和时代的变迁性，法治在某些领域的实现只能是一种形式正义，而无法达到实质正义。

第三，法治就是“依法律行政”，而非“依法行政”。在管理型警务模式中，法治就等同于法制，就是按照一套形式的话语规则行事。在这套自洽、完善的话语规则体系中，警察仅须按照构成条文的标准执行即可，注重的是形式理性，缺失的是实体标准或者价值理性的考量。

第四，法治就意味着“法院中心主义”，以及通过适用预先公布的规则进行裁判的行为。现代警察自由裁量权的认定取决于法院而不是警察机关，法院才具有裁判“权利”之权力。

现代警察自由裁量的理论基础是启蒙式的理性主义，认为经过缜密、精细、科学的逻辑演绎，人的理性可以把握世间的一切真理和事物。而具体到警察执法而言，如果整个法律体系建立得完美无缺，将所有的可能性以条文的形式全部予以涵盖，则就不需要警察自由裁量权，按照法律的规

---

① ［英］哈耶克：《通向奴役之路》，王明毅、冯兴元等译，中国社会科学出版社 1997 年版，第 73 ~ 74 页。

② 张文显：《二十世纪西方法哲学思潮研究》，法律出版社 2006 年版，第 523 页。

则对照实施天下便可以大治了。

四、现代警察自由裁量权控权学说的理论基础

(一)现代警察自由裁量权的控权思想

现代警察自由裁量权控权思想来源于洛克林所谓的“规范主义”公法传统,如果继续溯源而上的话,“规范主义”可以在保守主义和自由主义的政治意识形态中找到影子。作为一种政治思潮和政治运动,保守主义在18世纪就已经出现了。保守主义主张经验的首要性,经验是唯一的现实。理性试图将经验的复杂性化为规则或者技术知识,但忽视了实践知识的重要地位。规范主义者将法律规则视为自主、独立、理性的,在此基础上运用语义分析和推理来定义裁量权。“法律作为一种学说和专业活动通常被认为可以借助于自身内在的分类来分析、理解,而无须参考它所赖以发展的社会环境……这种法律观建立于假设的、理性的、教条的法学结构之上,并得到了实证主义法学思想的支持……”①

自由主义的理论出发点就是个人优先于社会的假设,古典自由主义的核心价值包括个人自由的首要性以及在法治原则下政府的有限性,现代自由主义则对原子式和理性主义进行了重新界定。在其代表人物哈耶克看来,法治与自由之间存在紧密的关系。除强调法治的政治理想之外,还需要建立一套制度保障政府权力的行使不会损害个人的自由。行政自由裁量权从本质上来说是与法律的稳定性和确定性相违背的,也是与“权利”理论相违背的。

在规范主义看来,警察的种种问题都源于规则本身,主要是规则的模糊不清或不健全。就如 Brogden 等(1988)所言:“他们将整个警察组织视为一部‘机器’,只要制定完善的规则,机器就能良好的运行。只要对规则进行了修改,警察的行为也就能够自然改变。”②

(二)现代警察自由裁量权控权的制度安排

现代警察自由裁量权理论中整个制度设计都是以“规范主义模式”为其理论基础的。即使警察机关不得不拥有自由裁量权,但是必须将这种裁量权限定在“必需的范围”之内。而且,这种裁量权的最终审查权只能是在法院。具体而言,其整个制度的安排都是从立法机关完善的、详细的规

① [英]柯特威尔:《法律社会学导论》,潘大松等译,华夏出版社 1989 年版,第 18 ~ 19 页。转引自赵震江主编:《法律社会学》,北京大学出版社 1998 年版,第 5 页。

② M. Brogden, T. JetTerson, S. Walklate (1988), *Introducing Police work* (London: Unwin Hyman), p. 164.

则制定，以及法院通过个案的裁判确保警察行为符合立法机关的法律规范。

1. 限定警察的职责与任务

在前现代社会，由于警察所掌握之强制力完全服从其政治属性而成为“警察国”，军警不分，行刑合一，动辄适用警察手段，并赋予警察相当大之公权力，造成警察职能泛滥。

进入现代社会后，为了防止警察权对社会的不当干预，规范主义者们通过警察任务法之明确规定，实现对警察自由裁量权范围的压缩。同时，将原来集中于警察机关之“警察职能”进行分解，一部分转移至其他行政机关，如“卫生”等部门，而警察机关之任务仅仅限于对治安秩序与公共安全的维护。

在警察具体职责和任务分配上，遵循两条标准：一是某威胁的制止在时间上是否具有不可迟延性；二是该危害的解除是否经常使用强制力。只有在这两个标准同时满足的前提下，才能将此职责交付警察机关，除此之外，原则上交由一般行政机关负责，只有当一般行政机关在执行上确实有困难，或者威胁达到质的变化时，再由警察机关介入。简言之，警察任务之定位就是“打击犯罪”和“保障法律尊严”。

2. 警察权启动的实体与程序的规定

通过规定警察权启动之实体来规范警察自由裁量权，防止其恣意滥行。例如警察盘查权之启动必须符合：第一，防止“具体危害”。对“具体危害”的理解不得任意扩张，而是指“在具体案件中之行为或者状况，依照一般生活经验客观判断，预料短期内极可能形成伤害的一种状况”。第二，防止潜在危害。在某些特殊领域，警察应该致力于预防工作，在危害可能产生之前期阶段就提前介入。①

英国历史上第一部警察法——《伦敦大都市警察法》[The Metropolitan Police Act 1829 (10 Geo. 4, C. 44)]第7节以成文法的形式对警察在公共场所的盘查权作了规定：警察被授权逮捕“当他认为扰乱公共治安秩序的所有松散、闲逛和骚乱无序人员，或者他有正当理由去怀疑任何邪恶计划的人，以及他发现的在日落和第二天早上8点之间躺在任何公路、庭院或其他地方，或在那里游荡，并且无法给出一个令人满意的解释的所有人……”

---

① 李震山：《论行政管束与人身自由之保障——兼论警察盘查权》，载李震山：《人性尊严与人权保障》，元照出版有限公司2001年版，第261～265页。

除了通过实体要件规范警察裁量权之外，还通过一些程序要件来规范警察自由裁量权的行使。美国盘查制度采取双重立法模式，一是制定《联邦统一逮捕法》，赋予警察在“合理怀疑”时的盘查启动权；二是通过大量判例，形成“特里”规则、“一目了然”规则、“立即控制”规则、“较少隐私权期待”规则、“综合考量”规则和“最小侵害”规则等盘查附带搜查的具体规则。为了约束警察的自由裁量权，将警察的盘查行为视为“犯罪侦查前阶段”行为，引入司法权加以规制。

美国早期的普通法认为，警察对公共场所有着与生俱来的盘查权力，这是由警察的职能所决定的。鉴于各州警察执法的混乱，1942 年美国制定了《联邦统一逮捕法》，明确了盘查与逮捕不同的启动标准：警察盘查权的启动基于“合理怀疑”（reasonable suspicion）即可，而实施逮捕必须具有“相当理由”（probable cause）。1968 年，美国联邦最高法院在 Terry v. Ohio 案判决中确立了“特里”规则，警察如有合理怀疑，相信某人已经犯罪或者正在犯罪，警察得拦阻以辨识其身份、短暂询问问题甚至短暂留置以收集更多的资讯。

为防止警察滥用盘查启动权，无端干预民众自由，美国引入司法权加以规制。美国对盘查的司法权规制是在《刑事诉讼法》框架下展开的，盘查启动标准的解释权掌握在法官手中。美国警察可以根据“合理怀疑”标准扩大盘查的范围，但受到法院非法证据排除的司法权的干预和规制，在造成实际损害时给予司法救济，以寻求公共管理需要与个人利益妨碍之间的平衡。

第五节　美国盘查制度研究

一、美国盘查的启动标准

（一）盘查与逮捕的启动标准

早期的普通法认为，警察对公共场所有着与生俱来的盘查权力，这是由警察本身的职能所决定的，美国多数州的判例都表明，对可疑人员的阻留及盘问（stop and question）是警察天然的权力，并且警察行使盘查权时无须具备任何实质性理由。[1]

盘查是针对不确定的人或车辆进行的拦截、盘问与检查。这与刑事强

① 王兆鹏：《路检、盘查与人权》，元照出版有限公司 2003 年版，第 94 页。

制措施的逮捕和搜查有所不同，因为刑事强制措施针对的目标已经很明确，即已经有相当的证据证明其具备犯罪嫌疑的可能。可以这样认为，盘查行为是警察决定是否予以刑事强制措施的前置过程，并借此确定对刑事案件的启动。时间上的先后顺序就表明了盘查所处的法律地位，盘查的对象仍然还是正常的公民身份，而刑事强制措施的对象则已经是犯罪嫌疑人的身份。从普通公民到犯罪嫌疑人，再由刑事追诉的被告人直至宣判为罪犯，这种身份从含混不清到不断被确认的过程，蕴含着公权干预公民自由的强制措施逐步上升的态势。

鉴于各州警察执法的混乱，1942 年，美国制定《联邦统一逮捕法》，该法以成文的方式区别了盘查与逮捕启动标准的不同：警察盘查权的启动标准只要求基于“合理怀疑”（reasonable suspicion）的标准，而逮捕必须达到“相当理由”（probable cause）的程度。

警察在公共场所发现的可疑情况如果达到“合理怀疑”的程度，警察就可以对行人进行拦截，并且可以以问询的方式调查其身份、外出的原因以及前往地。犯罪嫌疑人如果无法出示有效的文件证明自己身份或无法合理解释自己的行为，警察可以临时拘押犯罪嫌疑人并带至警察局继续盘问，在警局临时拘押的时间不能超过两个小时，在这个期限内，警察必须完成对嫌疑人的调查，结果可能是两种情况，一种是查无实据，立即释放，而且不可以留下任何官方记录，盘查到此结束。另一种可能是发现嫌疑人更多疑点，上升到“相当理由”的犯罪可能，警察立即向法院申请令状，对嫌疑人进行正式逮捕，随即进入刑事司法调查程序，获得足够证据后进入诉讼阶段。当然，如果警察在公共场所的现场就获得“相当理由”的证据，警察可以立即实施无令状的逮捕，带至警察局，再申请令状进行正式逮捕。

由此而见，盘查行为与逮捕行为的区别在于行为启动的标准不同，分别对应于“合理怀疑”及“相当理由”，两者的证据效力的考量取决于对证据肯定性把握的差异程度。如果按照对证据把握的确信度与相应的司法措施做成一个谱系排列，美国学者 Del Carmen 认为大致形成这样的比例：绝对的确定（absolute certainty）100%、毋庸置疑（guilty beyond reasonable doubt）95%、确切的证据（clear and convincing evidence）80%、相当理由（probable cause）超过 50%、合理的怀疑（reasonable suspicion）20%、怀疑（suspicion）10%、合理的疑虑（reasonable doubt）5%、征兆（hunch）0%、无证据(no information)0%。①

但是,这种量化的标准只能作为学术上的讨论,很难在现实中对证据进行数字化的定量,在美国警察实际执法中,盘查行为与逮捕行为一直交织在一起,困惑着整个司法系统。因为盘查行为属于刑事执法的前置阶段,本质上还是行政行为,无须令状制约,而逮捕行为属于刑事执法,临时羁押也构成事实上的逮捕,只不过是宪法修正案第 4 条规定的例外,必须符合无令状逮捕的必要前提。例如,在 Herry v. United States (1959)的案件中,美国联邦最高法院认为当公民的人身自由遭到警察的限制,而不能基于本人自由意志离去时,即构成逮捕。这种理解上的含糊不能很好地区别同样是限制人身自由的盘查行为。②

直到在 Terry v. Ohio (1968)的案件判决,美国联邦最高法院修改了逮捕的定义,不再单单仅凭个人人身自由是否受到警察的限制作为逮捕的判断依据,而是综合拘押约束人身自由时间的长短作为判断标准,对于短暂拘束人身自由的行为视作盘查。Terry v. Ohio 的意义不仅在于区别了逮捕和盘查定义上的不同,更重要的是以判例的解读方式确立了盘查启动的标准和附带搜查人身的强度。③

(二)"合理怀疑"的实证解读

1."平衡法则"(balancing test)

在 Terry v. Ohio 案件中,一名有着 39 年执法经历的警察在一个治安混乱的街区巡逻时,发现三个青年的形迹很可疑,其中两人从商店窗子外面向里窥视,并且交头接耳,逗留后又走开,如此往返重复了 12 次,另外一个同伙已经靠近商店的窗前。警察对该区域很熟悉,判断三人的行为表明可能即将对商店进行抢劫,于是他表明自己警察执法的身份后,将三人带至商店内进行了询问,并轻拍触摸了他们的外衣,发现其中两人携带枪支,于是这两人遭到警察的逮捕,另外一人没有发现携带武器被立即释放。

最高联邦法院审理后认为,本案中警察抓住犯罪嫌疑人并且"拍触"其身体的行为,事实上构成了"扣押"和"搜查",也毫无疑问造成了对犯罪嫌疑人人身自由权的剥夺。但法院同时要考虑有效防止和侦查犯罪的公

---

① 蔡庭榕:《论美国拦停与检查之职权行使》,载蔡庭榕:《警察职权行使法周年之理论与实务探讨学术研讨会论文集》,中央警察大学出版社 2004 年版,第 168 页;艾明:《比较法视野下我国盘查措施启动标准:缺陷分析与完善理路》,载《证据科学》2010 年第 6 期;王剑虹:《比较法视野下的盘查制度研究》,载《当代法学》2008 年第 2 期。

② Herry v. United States361 U.S. 98 (1959).

③ Terry v. Ohio392U.S.1(1968).

共利益。警察在特殊场合下，即便缺乏正式逮捕所必需的“相当理由”的证据确信度，也应当有权以调查犯罪为目的，以适当的方式拦阻公民。当警察有“合理怀疑”的证据确信度，就可以进行附带搜查，对其进行“拍触”搜寻武器，消除嫌疑人的潜在威胁。

至于“合理怀疑”的认知程度，要求警察具有特殊而清晰的事实，足以让一个理性慎重之人处于同样情景下，经合理的推论认为，嫌疑人有犯罪的可能，但这种可能性又不必达到足以构成逮捕之相当理由的程度。同时法院强调，仅凭预感、猜测和无特定目标的怀疑是不够的，合理怀疑必须基于警察的执法经验综合当时的情景做出合理的推论或推理，在衡量比较事实背后的公共安全与个人自由权之间的冲突后做出综合的价值判断，这就是构成合理怀疑的“平衡法则”（balancing test）。

“平衡法则”的优势在于，必须兼顾公共秩序与个人自由的平衡，须斟酌使用的强制性及对人民的侵害，同时还尊重了现场执法警察个人的直觉反应及行为表现。平衡法则最大的缺陷便在于其最大的优点。运用该法则时必须衡量事实背后诸多彼此相互冲突的价值和利益，警察在盘查中，由于情势的局限性，所进行的估量更多的是个人一种主观成分。这就必然要求在对这些利益进行比较、取舍时有一个客观的令人信服的一致性的标准。[①]

不幸的是，最高联邦法院不仅没有给出一致性的解释，也拒绝作出明确的定义，而只是通过随后的一系列判例，不同判例揭示了对“合理”理解只能置身于具体的执法环境中加以考量，根据不同背景和情景委诸个案斟酌判断。事实上对合理性“缺乏比较客观、科学或数学的方式的理解，几乎是法官在个案中自我主观价值的判断及相互之间的较劲”。[②]

2. 无身份证明文件可以构成“合理怀疑”的基础

警察在盘查时，可否要求被盘查者出示其身份证件来证明其身份，美国联邦最高法院尚无统一认识。但下级法院有认可的趋势。例如，在States v. Flynn（2010）的案件中，法院认为警察盘查时可以要求被盘查者出示身份证件。查验身份证明，可以更有效地发挥盘查的功能，行人配合也可打消警察的怀疑程度。无法出示有效身份证件，会增加受警察启动附带搜查的可能。[③]

---

① Wasserstrom & Louis Michael Seidman. The 4th Amendment as Constitutional Theory. 77 *Geo. 19*, 49（1988）.

② See Scott E. Sundby. A Return to the Fourth Amendment Basics：Undoing the Mischief of Camara and Terry. Vol. 72 *Minn. L.* Rev. 1988.

③ State v. Flynn，2010 – Ohio – 3191.

在 Michigan v. Defillippo(1979)案件中,一名 Detroit 的警察晚上 10 点钟,在一条小巷发现一名可疑女子,警察拦截后进行盘查,要求出示合法有效的证件,嫌疑人言辞闪烁,前后矛盾,而且无法提供确认其身份的证明文件。随后警察进行了附带搜索,发现了毒品。警察扣押了毒品,并作为起诉的证据。最高法院审理后认为,警察的启动盘查合乎"合理怀疑"的标准,附带的搜索自然合法。①

3."通缉令"可以成为合理怀疑的根据

在 United States v. Hensley(1985)案件中,两名持枪歹徒在 St. Bernard 的 Cincinnati 郊区抢了一家酒店,六天后,St. Bernard 的一名警察 Kenneth Davis 会见一名线人,提供了被告 Hensley 抢劫后逃跑的线索,警察 Kenneth Davis 在得到线人的书面陈述后,立即向周围区域发布"通缉令"缉拿 Hensley。Covington 警察局也收到了通缉令。一些 Covington 的警察非常熟悉 Hensley,在 Hensley 经常出没的地方发现他的踪迹,警察拦截了他的汽车,并让 Hensley 和同车的一名乘客下车,随即警察附带搜查了汽车,发现了两把手枪,警察逮捕了 Hensley。地方法院一审判决警察盘查行为合法,判处 Hensley 有罪,上诉法院逆转了判决,认为通缉令不足以构成"合理怀疑"。联邦最高法院经过审理后,否定了上诉法院的判决,支持了一审法院。警察知晓通缉令内容后,对于与通缉内容相符之人,即可视为"合理怀疑"而启动盘查,无须再根据其他客观事实予以佐证。②

4.符合"毒品贩运者轮廓"的特征可以形成有限的"合理怀疑"

在 United States v. Sokolow(1989)案件中,被告 Sokolow 在夏威夷檀香山国际机场被警察拦截,启动附带搜查后从他携带的包内发现 1063 克可卡因。警察的怀疑是基于被告的以下行为:(1)用一卷 20 美元面额的现钞支付 2100 美元的飞机票。在美国,公民通常用信用卡或支票支付,很少用大量小面额的现金;(2)购买飞机票用的名字与他登记电话用的名字不一致,这意味着用假名购买机票;(3)出发地点是毒品猖獗的迈阿密;(4)他在迈阿密仅停留 48 小时,而从檀香山飞到迈阿密的航程需要 20 小时。正常情况下,夏威夷的居民很少在 7 月去迈阿密,更何况在迈阿密只作短暂停留;(5)神态紧张;(6)无托运行李。以上六点特征,每一点都不足以使警察形成合理怀疑,但将所有疑点综合考量,警察就有足够的理由形成"合理怀疑"。③

---

① Michigan v. DeFillippo 443 U. S. 31 (1979).

② United States v. Hensley 469 U. S. 221(1985).

③ United States v Sokolow - 490 U. S. 1 (1989).

"毒品贩运者轮廓"（drug courier profile）是毒品管理机构（drug enforcement administration）通过多年的执法经验，总结出的毒品贩运者的一些特征。并不是说，只要符合"毒品贩运者轮廓"的特点，警察就有"合理怀疑"的必然，警察还是要综合个案的具体情景进行判断。

在Reid v. Georgia (1980)案件中，被告Reid乘坐商业航班在凌晨抵达亚特兰大机场，乘客排成一列纵队离开飞机，被告Reid没有携带旅行箱，仅背着一个背包。一名缉毒警察正观察着周围的情况，这时警察注意到紧跟被告Reid身后的一名男乘客也没有携带行李箱，同样背着背包。在走过托运行李的自领处，被告Reid突然慢了一步，结果两人就形成了并排，一样装束的两人引起警察的怀疑与推测：被告来自毒品泛滥区；到达目的地时是警戒松懈的早晨；被告及其同伙只有背包没有其他托运行李。警察拦截了两人，出示了执法证件，要求两人出示飞机票存根和身份证件，被告Reid飞机票存根显示机票是用信用卡支付的，而且显示只在劳德代尔堡停留一天。警察随即征得两人同意，两人均表示可以去候机厅进行附带搜查，刚进候机厅，被告Reid就开始狂跑，在被警察逮捕前就扔掉了背包，警察随后找到这个包，经检查里面藏有可卡因。被告Reid辩解警察的盘查缺乏"合理怀疑"，取得的证据不具有可采性。联邦最高法院经过审理后支持了被告Reid的主张，只有第一点可疑，其他各项均与一般旅行者相近似，综合特征不足以形成"合理怀疑"。因此，判决警察盘查行为不合法。①

5. 匿名"举报"可以构成有限的"合理怀疑"

根据Adams v. Williams(1972)判例，最高联邦法院认可了根据他人的举报和线人提供的消息。在此案件中，警察Connolly接到自己认识的一个线人举报，对坐在车上的Williams进行了盘查，并从Williams的腰间取出一支手枪。随即警察拘押了Williams，并因非法拥有枪支逮捕了他，接着又在被告的车内发现了毒品。Williams抗辩，警察盘查行为侵犯了他的人权。最高联邦法院审理后认为警察的盘查行为合法，警察认识的线民提供的信息，虽不能成为逮捕和搜查的相当理由，但可以使警察对被告的盘查行为产生合理怀疑，线民举报的信息具有很强的可靠性，根据法律，举报不实会遭受被警察逮捕的风险。②

法院也提醒执法者注意，有明确个人信息的举报要比匿名举报更具有

---

① Reid v. Georgia448 U.S. 438 (1980).

② Adams v. Williams – 407 U.S. 143 (1972).

可靠性和证据效力,对匿名举报能否形成合理怀疑,必须结合案件具体情况,在实践中有着不同的判决结果。

在 Alabama v. White 496U. S. 325(1990)案件中,警察接到匿名电话,被告 White 被举报携带可卡因正准备离开,举报者详细描述了具体的时间、具体离开的公寓、具体上的车辆、具体准备前往的汽车旅馆。警察立即赶到举报者描述的公寓,看见符合举报特征的汽车,此时 White 正离开公寓跨进汽车。警察跟踪了汽车,犯罪嫌疑人驾驶车辆径直开往所描述的汽车旅馆,在离该旅馆不远处警察拦截了车辆,在盘查中发现一个包,并经被告同意后打开检查,发现包内的大麻。于是警察以非法持有毒品对被告 White 进行了起诉。White 抗辩警察仅凭匿名电话举报,不能构成"合理怀疑"的基础,附带搜查所获得的毒品证据无效。最高联邦法院审理后认为,警察虽然接到的是匿名电话举报,但是举报内容的描述很详细,警察经过随后的一一核实,根据举报内容得到印证和综合考量之后,如果足以认为有犯罪嫌疑存在时,可以构成"合理怀疑"的基础,附带搜查获得的大麻毒品证据是合法证据而无须排除。①

但是在 Florida v. J. L. (2000) 案件中,警察 Miami-Dade 接到一个匿名的电话,站在某公共汽车站旁身着格子花呢上衣的黑人携带手枪。两名警察被派往前去调查,发现有三名黑人站在那里,其中一名穿着格子花呢上衣,结果发现他身上的确有枪。但最高联邦法院审理后认为,仅凭匿名电话不足以使警察形成合理怀疑,即使事后证明那个男子的确非法拥有枪支。对于匿名举报,警察无法核实信息的真实性及可靠性。而且,匿名举报容易被造假,警察在未形成合理怀疑前,对当事人进行拦阻与轻拍,在发现违法证据后,可以谎称得到匿名举报,容易使非法证据合法化,这也是匿名举报的可信度降低的原因。②

这两个匿名举报的案件不同审判的结果,表明了美国最高法院对于匿名举报的慎重态度,如果举报详尽并能进行核实,在具体情景下仍然具备"合理怀疑"的基础。

6. 单纯的神色慌张不能成为"合理怀疑"的理由

美国法中绝对不允许警察利用特定少数裔族群的肤色和佩戴装饰的风格作为盘查的判断依据。但是,在调查非法毒品交易情形时,允许警察根据紧张的表情外貌和穿着打扮综合其他情形作为判断的依据。单纯的

---

① Alabama v. White496U. S. 325(1990).

② Alabama v. White496U. S. 325(1990).

神色慌张不能构成“合理怀疑”。

在 Illinois v. Wardlow (2000)案件中警察 Nolan 和 Harvey 在芝加哥一个毒品交易泛滥的地区巡逻,被告 Wardlow 一看见警察立即逃离,两名警察追上后对他进行了盘查,并以轻拍方式进行了附带搜查,结果发现了一把手枪,警察随即逮捕了 Wardlow。地方一审法院判决警察盘查有效,Wardlow 被判有罪。州上诉法院逆转了判决,认为警察盘查的启动缺乏“合理怀疑”,盘查获得的手枪证据无效。联邦最高法院审理后肯定了州上诉法院的判决,仅仅因“毒品高发地区”和“看见警察就跑”不足以构成“合理怀疑”的基础,因为老百姓看见警察就闪躲或逃逸,并不是必然担心犯罪被发现,也许仅仅是因为不愿和警察打交道而进行的避让。①

二、美国盘查附带搜查的规则

(一)Terry 原则

在 Terry v. Ohio(1968)案件中所确立的盘查附带搜查仅限于“轻拍”的方式和发现武器为目的搜寻,超出这个范围是违法的。例如,在 Minnesota v. Dickerson (1993)案件中,两名警察在一个毒品高发地区进行执法巡逻,大约晚上 8 点一刻的时候,警察发现被告 Dickerson 在看见他们的警车以及和一名警察对视了一下后突然停止前进,同时向相反方向行走。两名警察追上 Dickerson 对他进行拦截,并以轻拍方式进行附带搜查,发现有硬物后取出,随后证明是可卡因,警察于是以非法持有毒品进行起诉。美国联邦法院审理后认为,警察启动盘查并以轻拍方式进行附带搜查是合法有效的,但是以轻拍方式进行的附带搜查仅仅是为了发现嫌疑人是否藏有武器,而此案中拍查发现的硬物从直觉就能感知不是武器,但警察仍然将之掏出,虽然最终认定为可卡因,但背离了 Terry 原则,所发现的毒品作为非法证据予以排除。②

(二)“一目了然”原则

“一目了然”原则在 Harris v. United States (1968)案件中得以确立。该案中,警察按照正常程序,对一辆被扣押的用于抢劫的汽车进行检查,检查完成后,警察打开汽车车门准备摇上车窗来保护车子和车内物品,打开车门的时候,警察“一目了然”地看见受害者的汽车登记卡,该登记卡被警察用来作为诉讼的证据起诉被告 Harris。Harris 进行了抗辩,汽车登记卡

---

① Illinois v. Wardlow528U. S. 119(2000).

② Minnesota v. Dickerson508. U. S. 366(1993).

是在无令状情况下被搜查出来的,是属于非法证据。美国联邦最高法院认为,只要警察合法地处于适当位置进行观察,警察一目了然可看见的物品,警察都可以搜查,并且搜查获得的证据是合法有效的。"一目了然"原则在警察盘查中主要应用在机场和路检中进行的无令状附带搜查。①

一目了然意味着视线直接所及,不能借助手进行翻动找寻证据。但可以借助手电光的帮助,以保持清晰的视线。

在 Texas v. Brown (1983)案件中,在 Fort Worth 市的一个固定的驾驶证检查站,一名警察在晚上拦阻了被告 Brown 的车辆进行例行检查。警察用手电筒照射车内,当被告 Brown 伸手到杂物箱内取驾照时,从手上带落了一个"不透明绿色气球泡"于前排座椅上,警察根据多年的执法经验知道,麻醉毒品通常是用这样的气球泡来包装的,在得到被告 Brown 的允许下,警察用手电筒照射了被告取驾照的杂物箱,警察移动身体获得了更佳的观察位置,一目了然注意到几个塑料小瓶、一些散状白色粉末和开封的一整包气球泡。随后被告 Brown 说他没有驾照,并遵从警察的要求下了车,警察扣押了气球泡,事后经检验气球泡所装的粉末确为毒品海洛因。警察以非法拥有毒品起诉了 Brown。Brown 抗辩道,警察扣押该气球泡不符合"一目了然"原则,因为从气球泡外观不能直接证明是毒品。美国联邦最高法院认为,警察根据多年的执法经验知道此种包装的气球泡内通常装有麻醉毒品,故从其外包装可以合理判断气球泡内的物质是毒品,该证据合法有效。该案也同时确认了"一目了然"原则可以借助手电筒的照明来辅助视觉。②

(三)"立即可控制"原则

美国联邦最高法院在 Chimel v. California(1969)案件中认为,附带搜查的范围仅限于"犯罪嫌疑人立即可控制的范围",并进一步解释,"是指犯罪嫌疑人可能取得武器或接触到证据的范围"。确立这个范围,是在最低程度上减少对犯罪嫌疑人隐私权的侵害,同时兼顾保护警察和周围公民的安全以及避免证据的毁损和灭失。③

在 New York v. Belton (1981)案件中,确定了对汽车的拦截盘查附带搜查的"立即控制范围"的界限。一名纽约州警察拦截了一辆超速的汽车,警察在盘查中闻到了明显的大麻味道,同时看见一个可能装大麻的信封落在车厢底层。警察命令乘客下车,附带搜查了车厢内部,包括信封袋

---

① Harris v. United States 390 U. S. 234 (1968).

② Texas v. Brown460 U. S. 730 (1983).

③ Chimel v. California 395 U. S. 752 (1969).

和车后座上被告 Belton 的夹克衫，警察在 Belton 夹克中发现了毒品可卡因。随后警察以非法拥有毒品起诉了 Belton，Belton 抗辩称，警察附带搜查违法，所取得的证据应予以排除。但美国联邦最高法院支持了警察的盘查行为，明确指出对车子附带搜查的立即可控制范围包括“整个汽车的内部”，其车内所有容器无论打开或是封闭的均相同，“容器”指的是可以容纳其他物品的物体。但是联邦最高法院也明确指出“汽车后备箱”不属于立即可控制范围。①

但在随后不久的 United States v. Ross（1982）案件中，联邦最高法院也认可了“汽车后备箱”属于立即可控制范围。华盛顿特区的警察接到线人的可靠情报，被告 Ross 刚刚完成毒品交易，并将剩余毒品放在汽车后备箱。线人给出车辆停靠的具体位置，警察找到了这辆车，并将该车的车牌传给指挥中心进行车主的查询，结果符合线人提供的情报。不久，警察观察到该车由符合描述的男子驾驶，警察拦截了车辆，并命驾驶员下车。在注意到前排座位上有一粒子弹后，他们开始附带搜查汽车前排的置物箱，在里面发现了一把手枪。警察逮捕了被告，并立即继续附带搜查了汽车后备箱，在里面发现了一个牛皮纸袋和一只红色拉链皮包。在牛皮纸袋里发现很多装着白色粉末的小袋，后经检验是海洛因。红包内装有 3200 美元的现金。最高法院支持了警察的盘查行为，线人提供的情报构成启动盘查的“合理怀疑”，在拦截车辆后一目了然发现子弹，则上升为“相当理由”，只要有相当理由怀疑可发现违禁品的存在，警察便可对汽车内部，包括后备箱进行附带搜查。②

（四）同乘人员“较少隐私权期待”原则

该原则规定了警察可以对汽车内同乘人员进行附带搜查。

在 Wyoming v. Houghton（1999）案件中，警察因驾驶员错误的刹车灯而拦截了车辆，在一瞥中，警察一目了然看见了驾驶员的衬衣口袋里有一个注射器。根据执法经验，警察有合理怀疑驾驶员注射毒品，面对警察盘问，驾驶员也承认用注射器注射毒品。在后援警察赶到后，命令同乘人员下车，并进行盘查。被告 Houghton 报了一个假名，当检查钱袋时，一名警察看到 Houghton 的驾照，发现了她的真名。通过随后的附带搜查，警察在包内发现装有 60 ccs 甲基苯丙胺的注射器，这是人工合成的非法毒品，同时警察注意到 Houghton 手臂上有新的针眼，警察随即逮捕了乘客

---

① New York v. Belton453U. S. 454（1981）.

② United States v. Ross456 U. S. 798（1982）.

Houghton,警察以非法持有毒品进行起诉。Houghton 抗辩称,警察逮捕的是驾驶员,却对她也进行了盘查,并进行附带搜查,这是不合法的行为,所取得的毒品证据应排除。美国最高法院支持了警察的盘查行为,并提出三点支持意见:(1)如果要求警察在相当理由的情况下确信驾驶员和乘客共同犯罪,然后启动附带搜查,则会大量减少发现犯罪证据和扣押犯罪证据的机会;(2)乘客既然愿意和驾驶员坐同一辆车,其当然需要承担同驾驶员一样的“较少隐私权期待”的情形;(3)从警察盘查的公共利益和乘客隐私权利益相比较,公共利益应该高于乘客隐私权利益。①

在 Maryland v. Wilson (1997)案件中,法院认为,警察对车辆进行拦截盘查时,有权要求驾驶员下车接受附带搜查,同时警察即使没有怀疑乘客的依据,也有权要求乘客下车接受同样的检查,这是出于对警察人身安全的考虑。②

在 Brendlin v. California(2007)案件中,法官 Justice Souter 也认为:“当警察拦截车辆时,车辆的驾驶员无疑是被盘查的对象,问题是乘客是否也成为被盘查的对象。在这种情况下,我们认为乘客与驾驶员一视同仁地应该受到盘查。”③

(五)综合考量原则

单一的“征兆”并不是警察发动盘查的绝对理由,必须结合个案的一切情状综合进行考虑,“合理怀疑”不能建立在仅凭预感推定的猜测以及无特定目标的怀疑基础之上,必须依据一定量的客观事实综合其执法经验对当时的情景合理地做出推论或推理。

在 Sibron v. Newyork(1968)案件中,警察 Anthony Martinez 跟踪被告 Sibron 已有数小时,从下午 4 点至午夜期间,被告 Sibron 与数位警察知悉的瘾君子在窃窃私语,但警察未听到交谈的内容,亦未见其有其他异常的举动,但警察 Martinez 仍对被告 Sibron 实施拦阻,Sibron 一边嚷嚷着一边将手伸进口袋,警察 Martinez 立即抢先将手伸进 Sibron 口袋,拉出数包装有海洛因的信封,警察遂以非法持有毒品起诉 Sibron。最高联邦法院审理后认为,被告 Sibron 仅与毒犯交谈,警察也未听到实际交谈的内容,警察的怀疑是基于主观猜测,不足以构成警察发动盘查的“合理怀疑”,判决警察盘查行为非法。④

---

① Wyoming v. Houghton 526 U. S. 295.

② Maryland v. Wilson519 U. S. 408 (1997).

③ Brendlin v. California551 U. S. at 249(2007).

④ Sibron v. Newyork,392 U. S. 40 (1968).

在 United States v. Cortez (1981)案件中，基于他们在沙漠中发现了一系列独特鞋印的足迹，边境巡逻人员就推论，大概是由一个人领着 8 ~ 20 人的一个小团队从墨西哥非法入境，然后穿越亚利桑那州的沙漠，进入美国的腹地。这条线路正是偷渡的主要路线。根据经验，非法偷渡者潜入后会在某一处集聚，然后由汽车进行二次运送。警察根据估计的人数推测应该是一辆带篷的卡车，根据足迹的方向警察推测卡车由东向西去接人，接到人后仍在东面。警察非常坚信一定会守候到蛇头和偷渡者。几个小时后，警察“果然”看到一辆符合自己“猜想”的卡车，而且这个时间段只有这一辆卡车通行，警察立即上前拦阻盘查。被告 Cortez 主动打开车子，警察果然“发现”车上有十几名乘客，经盘问确认为偷渡者。被告 Cortez 认为警察并没有足够的理由构成“合理怀疑”进行拦阻检查，地方法院认为警察盘查行为合法，判决被告有罪。

联邦上诉法院逆转了判决，认为警察仅凭自己的想象猜测拦截目标，随意性太大。缺乏足够的客观根据，构成不了“合理怀疑”进行拦截盘查，侵害了被告的宪法权利，警察盘查行为属于违法，所获得的证据不具有可采性。首席大法官 Burger 认为，法院使用一系列的术语来理解和把握盘查这个难以捉摸的概念，实际上授权警方可以随意拦截。这些术语，诸如有根据的怀疑(founded suspicion)、清晰的理由(articulable reasons)等并不是自定义的概念，面对无数可能出现的情况而无法提供明确的指导，必须结合整个过程和环境，警察对所怀疑的对象能够进行列举和客观性描述，而不是建立在主观猜测之上。①

(六)盘查强度和时间应合乎“最小侵害原则”

美国联邦最高法院认为，警察盘查不应局限于时间长短的僵硬限制。长短固然是判断盘查强度是否合理的重要因素，但拦阻的目的、实现该目的所需的时间，应依常情常理及一般经验来判断。盘查中的扣留物品毕竟也不等同于扣押，盘查虽然允许暂时强制扣留物品，但在时间上也应受一定的限制。

在 United States v. Sharpe (1985)的案件中，美国联邦最高法院认为，警察的盘查活动必须以谨慎、合理的方式进行，要在最短的时间内确认对当事者的怀疑是否有合理根据，留置的时间不能超过为实现拦阻目的所需的必要时间，在该案件中，20 分钟的拦阻虽然比较长，但综合而定仍属于

① United States v. Cortez, 449 U. S. (1981).

合法。①

盘查的时间原则上不得过长,应当控制在20分钟以内,否则过长的现场留置会使得盘查成为事实上的逮捕。该观点在美国法律委员会(American Law Institute)制定的《传讯前程序法则》(Model Code Of Pre-Arraignment Procedure)中得到进一步的体现,该法则明确规定拦阻的时间不得超过20分钟。②

在United States v. Place (1983)的案件中,被告Place在迈阿密国际机场排队购买去纽约拉瓜地亚机场机票,这时一名缉毒警察怀疑Place行李内有毒品,警察让Place出示了身份证件,Place也同意警察搜查已经安检过的两个手提箱。因为他购买的班机即将起飞,警察虽然在行李留下的标签上发现有点端倪,但还是让Place上了飞机,但警察也把怀疑汇报给了毒品管理局。当Place到达纽约拉瓜地亚机场,刚下飞机,两名警察已经在等着他。Place拒绝让警察搜查包,但警察扣留Place的手提箱送往肯尼迪机场进行警犬侦测,警犬反应显示有毒品,警察于是申请搜查证对行李进行搜查,此时手提箱被扣留90分钟。美国联邦最高法院审理后认为,如警察基于"合理怀疑",认为手提箱内有毒品,为了证实此怀疑,可以无令状暂时扣留行李。但是,在本案中扣留时间长达90分钟,已超过必要的程度,法院因此判决警察盘查时间太长而非法。③

三、美国盘查制度的比较分析

(一)美国盘查制度的双重立法模式

美国一向倡导正当程序和人权保障,因此将警察的盘查行为视为"犯罪侦查前阶段"行为,准予司法权加以控制,并且将盘查中附带搜查纳入刑事诉讼法进行规范。警察盘查获得的刑事证据法院有权进行可采性审查,如果存在启动标准或盘查强度的瑕疵,法院可以认定为非法证据而予以排除。美国借助诸多判例的形式将调整警察盘查行为的法律规范汇成体系,形成具体的盘查原则对警察盘查行为权限加以规制。同时,通过这些判例,形成能够为法院所接受的裁量标准,"形成一个尽管不是很清晰却颇为感性的认识轮廓,从而达成对裁量标准所具有的客观性

① United States v. Sharpe,470 U. S. 675(1985).

② 王兆鹏:《美国刑事诉讼法》,北京大学出版社2005年版,第55页。

③ United States v. Place,462 U.S. 696 (1983).

的共识”。①

相比较，我国《刑事诉讼法》没有确认盘查措施，盘查在我国的法律渊源仅为《人民警察法》，该法采用组织法与作用法一体的模式，条文概括简陋，警察具体操作方式并未得到明确的授权，而是以警察执行任务为由，笼统被授予。同时又将盘查与继续盘问捆绑而成所谓的留置，延伸了盘查的职权，与传唤、强制传唤、刑事拘留强制措施等构成较多重合之处。《人民警察法》明文规定的盘查措施限于盘问、检查、继续盘问和暂行扣押四种，而相关的附带搜查、路检、临检等存在立法缺失。对“有违法犯罪嫌疑”的定义，法律没有给出明确解释，造成一线执法工作中的混乱，警察没有可参照的启动标准而对行人随意行使盘查权。

导致这种模糊性的直接原因是我国公安机关身兼双重职能，既享有行政权，是行政主体，又同时享有刑事侦查权。根据行政权做出的行为是行政行为，根据司法权做出的行为是司法行为。因此《人民警察法》第9条没有涉及盘查行为性质的规定。②

鉴于我国国情和公安机关双重职能的结构设计，正视警察盘查实践的需要，可以构建规范盘查行为的双重立法模式。一是通过警察法的修订，在警察相关的行政职能中完善盘查的具体行为规范，如拦截、路检、临检，并纳入行政复议或行政诉讼的调整范围。二是通过刑事诉讼法的修订将盘查附带搜查纳入调整范围，法院在审理刑事案件中通过排除警察非法盘查所获取的证据来对警察的盘查行为加以监督。

（二）美国盘查启动标准考量的实用主义导向

美国是典型的实用主义的信徒，我们经常可以看到相似案件的不同判决结果，这是司法过程中所运用的“平衡法则”的结果，在兼顾打击违法犯罪公共利益和保护个人基本人权的双重价值取向中，还必须将警察执法安全考虑在内。警察盘查时所采的合理怀疑标准即是这三种因素的混合产物。从严格的意义上来讲，美国警察启动盘查所必需的“合理怀疑”标准并不是一种证明标准，因为“合理性”标准的理解是基于警察单向的主观判断，仅考虑警察的盘查行为在当时是否合理，并不是以相对人可疑的举动为基础，在某些特殊情况下，如边境卡点、公路定点检查站和严重犯罪发生以后设置的路障，这些对相关区域不特定人或车辆的任意性盘查，采用

---

① 余凌云：《对不确定的法律概念予以确定化之途径——以警察盘查权的启动条件为例》，载《法商研究》2009年第2期。

② 高文英：《我国警察盘查权运行及其理论研究现状》，载《中国人民公安大学学报》（社会科学版）2006年第4期。

的还是“合理性”标准。这种“合理”只要求警察有20%的确定力就可发动盘查。如果立法上对警察盘查启动设置过高的门槛，无疑会抑制警察发现违法犯罪的积极性。

反思我国，盘查启动奉行的是单一标准模式，无论针对何种情势的盘查，都遵循“有违法犯罪嫌疑”这一含混不清的定义。这种静止、封闭的单一标准模式，与千变万化的盘查实践存在相当的疏远。由于缺乏“合理性”标准的关照，警察只能以执行任务、统一行动等为借口提升盘查行为的合理性，争取民众的理解支持，每一个公民在被盘查时都会理直气壮地质问警察凭什么认定自己是“犯罪嫌疑人”。“有违法犯罪嫌疑”在事实上要求警察必须达到50%的确信程度才敢发动盘查，才不至于受到群众的指责和不满。

(三)美国盘查在刑事诉讼法框架下进行司法权的规制

为防止警察滥用盘查启动标准，无端干预人民自由，美国引入司法权加以控制，并且是在刑事诉讼法的框架下展开。盘查启动标准的解释权不是掌握在警察手中，而是掌握在法官手中。法律给了美国警察一个很低的“合理怀疑”这个并不确定的标准来扩大盘查的范围，同时借助法院非法证据排除的司法权的干预来调整警察的盘查，在实际造成损害时又能给予司法救济。“合理”性定义的背后意欲发挥作用的是要寻求公共管理需要与对个人利益妨碍之间的平衡，对这个平衡的判断权既不掌握在公众手中，也不是由警察说了算，最终的决断是由第三方的法院根据个案的具体情形，紧密结合一系列的事实与细节来具体分析。

我国对盘查行为也有司法权的控制，有所不同的是在行政诉讼法框架下展开的。首先，公民对盘查不服可提起行政复议。最高人民法院行政审判庭也认可对当事人不服公安机关采取的留置措施提起的诉讼属于人民法院行政诉讼受案范围。在司法实践中，也开始出现法院受理公民不服公安机关人民警察盘查行为的案件，且有具体的判例。2003年2月17日23时，上海某博士后贾先生骑自行车经过上海市漕溪北路时，遭警察盘查，因未带身份证，被带至警署留置盘问，至次日9时贾被释放。贾提请行政复议，公安局徐汇分局作出裁决，对警察行政强制措施不予确认违法。贾遂向徐汇区法院提起诉讼。法院经审理判决徐家汇警察署对贾先生的留置盘问具体行政行为违法。[①]

---

① 《博士后未带身份证被警察扣押　状告警署获胜诉》，载 http://news.sina.com.cn/c/2003-12-02/07512257289.shtml，2017年2月10日访问。

我们看到，我国法院仅审查警察具体行政行为是否合法，没有在诉讼中论及如何理解、界定"盘查启动标准"。而美国则不同，几乎在每一起涉及盘查的诉讼中，"盘查启动标准"的争论都会成为诉讼最核心的焦点，美国联邦最高法院也正是通过一系列的判例，通过反复的法庭辩论，逐步厘清了"合理怀疑"的价值取向，使警察正确理解该标准所赋予自由裁量权的尺度，为警察一线执法提供了可操作性的指导。

在我国，由于司法权在审查盘查启动标准的缺位，给警察解读"犯罪嫌疑人"提供了极大的裁量空间，借助这种极易扩张和不受制约的裁量权，警察频频突破底线，给公民的合法权益带来极大的侵扰。从美国的判例来看，仅凭单一因素，警察是不能形成"合理怀疑"的，如果没有综合的因素来启动盘查，法院往往认为是违法行为，但在我国，警察仅凭单一因素甚至什么征兆都没有就能够发动盘查的案例比比皆是。

由于我国将盘查仅仅定位为行政措施，警察盘查中的附带搜查的强度实际上达到了刑事强制措施的程度，规避了《刑事诉讼法》的调整。例如，在酒吧、夜总会等特定营业场所进行临检时，借口可能涉嫌服食毒品，而将在场所有的人带至公安机关做采样检查。街头盘查中，警察对看不顺眼的公民借口核查身份而进行强制拘押，而留置的时间又远超核查身份真正需要的限度，任意侵犯公民的自由权。借口入户进行身份核查时，对住宅进行附带搜查找寻犯罪证据。警察为规避犯罪调查的令状约束，借盘查之名而行侦查之实的现象极为普遍，而且难以制约。

我们现在的盘查已然成为一种无特定目标（无怀疑目标）的搜查行动。这种无怀疑目标的盘查被马歇尔大法官在 Florida v. Bostick (1991) 中称为"拉大网式"的大检查。①

我国立法没有根据盘查的附带搜查范围与强度而设定不同的限制，实践中警察为了追求打击犯罪的效能，往往不加区别一并进行"扫荡式"盘查，同时具有行政执法、犯罪侦查、案犯缉捕等多种目的，对出租屋的彻底清查历来都是整个盘查工作的重中之重。入户盘查的具体措施并不限于核查户口和检查暂住证、身份证，而是彻头彻尾地变成了刑事搜查、刑事扣押。

---

① Florida v. Bostick, 501 U.S. 429 (1991).

第六节 英国警察盘查制度研究

一、英国警察盘查权的历史传承

(一)古代“太兴制”的盘查惯例

英国警察的职责来源于普通法(common law)的传统,其权力是自源性(original),而非委任(delegated),因此警察在公共场所的盘查行为被视为警务属性的自然延伸,维护社会治安秩序的职能赋予警察有任意拦阻及询问(stop and question)户外行人的权力而无须具备任何实质性的理由。

英国警察盘查制度的肇始可以追溯到盎格鲁和撒克逊等日尔曼部落的“太兴制”(tything),这是一种以预防犯罪为目的、以治安秩序控制为核心的、集体内成员共同承担连带责任的居民自治警务制度。1066 年,诺曼人征服不列颠后,沿袭了当地传统的太兴制:每十户组成的一个“太兴”、十个“太兴”形成一个“百户”、若干“百户”形成一个郡的层级行政基本管理结构。一个“太兴”中的十户内,凡是 12 ~ 60 岁的自由民男子均应宣誓遵纪守法,并对十户内的违法犯罪行为承担共同连带责任,其中任何一人犯罪,十家连坐。十户长由区内的户主轮流担任,其职责主要是通过夜间巡逻维持地方治安,警惕陌生人和游荡者的侵扰,一旦有事发生,负责击鼓鸣金(hue and cry),其余居民一起呐喊,共同加入捕捉盗贼的队伍。①

随着英国社会的发展和城镇的迅速扩大,加快的人口的迁移与流动打破了原来那种以誓约和连带赔偿责任为基础的十户联防连保制。于是,一些城镇开始尝试选用专人来进行维护治安、巡查守夜与抓捕罪犯。1253 年的国王御令和 1285 年的《温彻斯特法令》(The Statute of Winchester)都试图通过在传统居民自治警务制度的基础上创造新的治安规则来解决日益增加的犯罪问题,城镇居民必须推举一些诚实、能干的人担任更夫,从太阳落山一直到次日太阳升起,负责夜间巡逻,遇到陌生人或游荡者要将他逮捕,羁押到天明,身份清楚者予以释放,可疑者交给治安官(constable)带到郡法庭进行审理。②

试行的初始,巡夜人由各户的户主轮流担任,但随即许多户主为逃避这一职责而寻找替身。于是,各区就渐渐地开始花钱雇用巡夜人,负责维

---

① 王大伟:《欧美警察科学原理》,中国人民公安大学出版社 2007 年版,第 437 页。

② John Benyon and Colin Bourn. *The Police: Power, Procedures and Proprieties*. University of Lercester, Pergamon Press. 1986, 5.

持社会秩序和预防犯罪。这种雇佣性质的警务模式一开始只是在伦敦市实行，其方法是将伦敦市分为若干个区，每区分配巡查六名，统属于市长监督领导。①

（二）早期成文法对警察盘查权的规定

英国历史上第一部警察法——《伦敦大都市警察法》[The Metropolitan Police Act 1829（10 Geo. 4, C. 44）]第7节以成文法的形式对警察在公共场所的盘查权作了规定：警察被授权逮捕"当他认为扰乱公共治安秩序的所有松散、闲逛和骚乱无序人员，或者他有正当理由去怀疑任何邪恶计划的人，以及他发现的在日落和第二天早上8点之间躺在任何公路、庭院或其他地方，或在那里游荡，并且无法给出一个令人满意的解释的所有人……"

《1824年流浪法》[Vagrancy Act 1824（5 Geo. 4. c. 83）]设立的主要目的是应对拿破仑战争后带来的社会问题，即一些既无工作又无住所的退伍士兵混杂着大量来自爱尔兰和苏格兰的经济移民一起涌入英格兰地区，特别是滞留于伦敦寻求工作机会。现有的法律已经无法处置不断增加的无家可归和身无分文的城市赤贫者，流浪法的出台正是为了应对这个特殊的局面。

该法案授予了警察在室外公共场所的盘查权：法律禁止任何人在室外徘徊或住宿在车库及披棚；住宿在遗弃的建筑物内；露宿野外或帐篷内；住宿在马车或货车内。流浪法旨在通过关押来控制流浪汉、流氓、妓女以及没有营业执照的小商贩。同时授权警察可以逮捕被怀疑有犯罪企图的人。为了证明逮捕行为具有合法性，必须由两名目击者来证明指控的证据是否存在，事实上目击者通常为一起巡逻的两名警察，两人各自从自己的视角观察到被指控者实施两种独立的行为：一种行为证明嫌疑人受到怀疑，另一种行为证明嫌疑人企图实施可予逮捕的事实。这类案件由治安法官直接裁决，没有陪审团出庭参与审判，罪行从本质上是属于即决的轻罪，最高处罚100英镑或拘押三个月。法案中"受到怀疑""企图犯罪"和"闲散人员"等措辞，实际上赋予了警察更多的自由裁量权。

1839年，英国议会通过了《郡警察法》（County Police Act），该法案授权各郡组建自己的警察机构，威尔特当年便根据该法成立了第一支郡警察队伍。

同一年，英国议会出台了修订后的《伦敦大都市警察法》（The

---

① ［英］菲利浦·约翰·斯特德：《英国警察》，何家弘、刘刚译，群众出版社1989年版，第28页。

Metropolitan Police Act 1839,2&3 Vict. c. 47),该法扩大了首都警察厅管辖的区域和权力。该法案第2节允许首都警察厅在以查林十字(Charing Cross)为圆点半径15英里(24公里)的范围进行警务执法。第5节授予首都警察厅在伯克郡(Berkshire)和白金汉郡(Buckinghamshire)以及米德尔塞克斯(Middlesex)、萨里(Surrey)、伯克郡(Berkshire)、艾塞克斯(Essex)、肯特(Kent)和伦敦城(City of London)以内或毗邻的泰晤士河区域行使"警察的权力和特权"(powers and privileges of constabulary)。该法案授予警察有权对抵达伦敦港的船只进行检查。权力包括对船体进行检查以防止走私;扣押非法数量的火药;没收装有子弹的枪支。该法案对首都警察厅管辖范围内的公共治安秩序作了规定:定期集会只能在规定的时间内开放;酒吧在周日关闭,圣诞节和耶稣受难日可以营业到下午1点;16岁以下青年不能购买酒精饮料;警察有权进入没有许可证的剧院;警察有权进入利用斗鸡或逗熊游戏进行赌博押注的经营场所,可以对参与者罚款5英镑;警察有权进入赌场进行临检;警察有权制定防止游行阻塞道路交通的条例。

第54节规定了警察对损害公共秩序的人员可予以拘留和罚款:疯狂驾驶行为;在人行道上开车;销售或分发淫秽色情书籍、文件、印刷品、素描、图画和画像,以及用唱歌或语言的方式向路人或乘客令人作呕地表达淫秽色情内容;有恐吓或辱骂的行为、言语;鸣放喇叭(除了警卫和邮政总局的邮差);开枪、燃放烟花爆竹、点燃篝火;通过按门铃、敲门,或非法关闭路灯来恣意扰乱他人;因放风筝或玩游戏烦扰他人;在冰雪上滑行危及行人安全。该法案也禁止使用狗车,允许警察驱赶街头艺人,允许警察监禁醉酒或举止不得体的人。

二、英国警察盘查权的现代改革

(一)《法官规则》对警察盘查权的制约

随着现代警察的诞生,人们对警察权的不断扩张产生了担忧,尤其是警察在没有任何监督的环境下进行盘查、逮捕和羁押很容易侵犯公民权。警察行为合法性具有很大的不确定性,这显然对警察、公民以及整个法律制度都不利。

1912年法官共同的努力促使《法官规则》的问世,这套规则虽然并不具备制定法的效力,但是可以在一定程度上规范警察权的行使:若遵守规则的指导,警察从犯罪嫌疑人处所获得的证据就具有合法性和可采性;若违背这些规则,主审法官就有可能裁定警察行为违法,所获得的证据不具可采性。问题在于《法官规则》并非议会表决的制定法，但主审法官却可以依据《法官规则》审查警察执法所获得的证据的可采性。在任何个案中，警察违反《法官规则》所获得的刑事证据，在审判时将被采纳还是被排除完全取决于法官运用《法官规则》所赋予的裁量权。《法官规则》在 1930 年和 1964 年被两次修订。警察的执法行为在某种程度上得到了统一的规范，但缺陷在于《法官规则》仅仅是法官审判时所依据的判断标准，无法控制警察的巡逻、盘查以及进一步的侦查活动。

（二）在单行法中规定警察具体盘查权的行使

《1862 年反盗猎法》（The Poaching Prevention Act 1862）第 2 节规定警察基于正当理由（good cause）怀疑来自非法狩猎区域或实施非法狩猎行为，可以针对任何人及任何车辆在任何高速公路、街道和公共场所进行盘查，搜寻用来非法狩猎的枪支、枪支配件、网或引擎以及非法猎取的动物。

《1875 年公共仓储法》（Public Stores Act 1875）第 6 节规定警察如果有理由怀疑政府的财物被盗窃，可以在相关地点针对相关的人员、船只或者车辆进行盘查。

《1968 年火器法》（The Firearms Act 1968，s. 47）第三部分《执法和违法的惩罚》第 47 节规定了警察的盘查权：警察如果基于合理怀疑（reasonable cause），认为某人在公共场所携带枪支，无论里面有或没有弹药，或者正在或准备在公共场所以外的地方实施犯罪，可以要求嫌疑人把枪支或弹药交给警察检查，如果当事人没有按照上述的要求将枪支或弹药交给警察检查即构成犯罪。此时警察有权对嫌疑人拘押和进行搜查。如果警察基于合理怀疑，认为公共场所的某辆车子里面有枪支弹药，或者正准备在公共场所以外的地方实施相关联的犯罪，警察有权对车辆进行拦截并进行搜查。

《1970 年保护海豹法》（Conservation of Seals Act 1970）第 4 节规定警察基于合理怀疑可以对涉嫌违反该法案罪名的任何车辆、船只进行盘查。

《1971 年滥用管制药品法》（The Misuse of Drugs Act 1971，s. 23）第 23 节警察基于合理理由怀疑嫌疑人或车辆内的嫌疑人携带管制药品，可以对嫌疑人或车辆进行盘查。

《1979 年海关及税收管理法》（Customs and Excise Management Act 1979）第 163 节规定警察基于合理怀疑可以对任何地方涉嫌走私的车辆、船只或非航空动力的飞行器进行盘查。

《1982 年航空安全法》（The Aviation Security Act 1982）第 24 节 B 规

定警察基于合理怀疑可以在机场对涉嫌被盗物品或违禁品的任何人、车辆、飞机或其中的任何物品进行盘查。第 27 节规定警察无需任何理由在机场的货物区域对车辆、飞机和人们携带的物品(不包括对人)进行盘查。

《1991 年行动法》(The Deer Act 1991)第 12 节规定警察基于合理怀疑(reasonable cause)可以对涉嫌违反该法案罪名的任何车辆、动物、武器或其他物品进行盘查。

《1992 年保护野生獾法》(Protection of Badgers Act 1992)第 11 节规定警察基于合理理由(reasonable grounds)可以对涉嫌违反该法案罪名的任何人、车辆或物品进行盘查。

(三)废除《1824 年流浪法》第 4 节(SUS)对黑人盘查的歧视性

《1824 年流浪法》第 4 节(SUS)特别规定了警察可以在无须给出任何理由的情况下对年轻黑人男子进行拦截和搜查。这条法案带有很大的歧视性,在实践中因此被盘查和被逮捕的黑人比例过高,“无疑恶化了种族关系,尤其是警察和年轻黑人之间高度敏感的关系”。[①]

1979 年,内务部的一份研究报告指出,记录在案、可予起诉的犯罪总的来说并没有与少数族群或肤色相关联,这意味着 SUS 对青年黑人的怀疑是没有根据的。[②]

这增加了人们对警察盘查权的关注,尤其是对少数族群和有色人种不公平的拦截搜查的待遇逐渐演化为政治问题。[③]

1981 年 4 月 6 日至 11 日,英国警方在布里克斯顿地区实施了一场“81 号沼泽行动”(Operation Swamp 81),不断升温的街头“两抢”给警察带来压力,警察试图通过街面大规模地拦截和搜查黑人青年来迫使高居不下的犯罪率有显著的降低,警察在这次盘查行动中共拦阻 943 人次,其中一半以上是黑人,1/3 年龄不满 21 周岁,逮捕了 118 名可疑者,75 名被捕者受到警方指控。行动造成了警察和黑人之间的关系高度紧张,导致 5 天后爆发了骚乱。骚乱发生后,英国政府任命 Lord Scarman 主持了调查,一方面,Lord Scarman 坚持了警察的公正性不容受到质疑:“警察的决定应该像医生或者律师一样,具有独立地行使其职业判断力,否则便会给无论是出于

① Home Affairs Committee, Race Relations and Immigration Sub-Committee. Session 1979 – 1980. Race Relations and the SUS Law, 21 Feb. 1980, pp. 1 – 60.

② Philip Stevens and Carole F. Willis. Race, Crime and Arrests. Home office Research and Planning Unite. Paper 15. London: HMSO, 1983.

③ D. J. Smith, and J. Gray, Police and People in London: The PSI Report. London: Policy Study Institute, 1983.

政治目的还是个人目的的操纵打开滥用法律的方便之门”。另一方面，也坚持认为“维护公共安宁”应该优先于警察执行法律的权力，警察有时需要压抑自己的执法来维持公众的安宁，同时批评警察“毫无想象力与僵硬”的警察战术使情况雪上加霜，警方的拦截与搜查行动导致了更加恶化的敌对情绪。①

Scarman 在调查报告中虽然仅仅指责了少数警察缺乏经验，否认了警察队伍中存在的对有色人种的体制性种族歧视现象。即便如此，该报告对废除《1824 年流浪法》第 4 节（SUS）对黑人盘查的歧视还是功不可没的。

（四）《1984 年警察与刑事证据法》对警察盘查权的改革

1975 年的 Maxwell Confait 案件再一次成为对警察权监督进行改革的诱因，并导致成立刑事诉讼皇家委员会来对英格兰和威尔士警察机构进行刑事调查程序的审查。②

皇家委员会在 1981 年提交了调查报告，对于警察权的制约，提出构建一个“公正、公开、可行”的警察执法与刑事司法体制，使“公共利益与公民权利之间”达成“适度平衡”，强调警察权的适用必须在“已知或者在合理怀疑的基础上确信嫌疑人实施了具体的罪行”，并最终孕育了《1984 年警察与刑事证据法》。

在《1984 年警察与刑事证据法》的开篇便规定了警察盘查权启动的标准必须基于“合理怀疑”（reasonable grounds for suspecting），警察在公共场所如有合理理由怀疑行人或车辆藏匿违禁品及涉嫌被盗物品，可以对其进行拦截，对人或车辆进行暂时扣留并进行附带搜查，如果发现违禁品或被盗物品，则予以没收。

对“公共场所”的理解，指的是公众免费或者通过付费可以自由出入的地方，但不涵盖住宅以及住宅附属的院落或花园等私人空间。未得到住宅主人许可的可疑人员，擅自走进或驾车驶入私人领域，警察亦有权进行盘查。

违禁物品包括入室盗窃或偷盗的机动车辆、诈骗等非法获得的财物；非法交易的物品，如可卡因、大麻等毒品；攻击性武器，除了枪支、弹药、爆炸物等，还包括匕首、砍刀等锐利类管制刀具（刀锋不足 3 英寸的、随身携带可折叠的水果刀不在此范围）。

---

① Lord Scarman. The Scarman Report：The Brixton Disorder. Cmnd. 8427. London：H. M. Stationery Office，1981.

② ［英］麦高伟、杰弗里·威尔逊：《英国刑事司法程序》，姚永吉等译，法律出版社 2003 年版，第 46 页。

(五)警察盘查权的合理扩张

“9·11 事件”之后,基于对恐怖事件的防范以及对绑架等暴力犯罪的控制,英国刑事司法政策不断强化对社会治安秩序的控制,表现在盘查制度上,英国警察拦截与搜查权得到一系列重要的修正与扩张。[①]

《1994 年刑事司法与公共秩序法》得以通过,为了打击足球流氓、绑架等暴力犯罪行为,在第 60 条确立了新的盘查规定,即基于“合理根据”的情报或兆头显示辖区内可能会发生严重的暴力事件,急需运用警察盘查权加以控制和阻止时,警监(superintendent)及以上级别的警官可以授权警察在着装情况下对行人和车辆进行拦截和附带搜查。该授权必须采用书面形式,授权书上应载明盘查的地点以及时间(最长不得超过 24 小时)。对于迫在眉睫一触即发的严重暴力事件,如果警监等更高级别的警官无法及时授权,可先由警督(inspector) 等较低警衔的警官先行下达命令,开展盘查,并且在最短时间内补充书面形式。如果暴力事件确已发生,或被怀疑征兆已经出现,并认为有必要继续使用盘查的手段进行处理,则可再延长 6 小时的拦截与搜查期限。在这种紧急状态下,即便警察不具备“合理理由”怀疑的基础,也可以启动拦截和搜查行为。

《1994 年刑事司法与公共秩序法》第 81 条确立了紧急状态下为了防止恐怖主义行为发生,可以由大都市警察厅、伦敦市警察总局、其他警察局下令执行拦截与搜查权来阻止恐怖活动,命令下达后,着装警察即使无任何合理根据,也可以对任何车辆、司机和乘客启动盘查行动,来搜查可能用于恐怖活动的器具。

《1996 年预防恐怖活动(补充权力)法》以独立立法的形式肯定了“反恐”形势下的警察盘查措施,同时做了新的补充,警察当局授权后,必须根据情势在规定的期限内向内政部部长进行汇报,在内政部部长做出答复期间该授权仍然有效,但内政部部长在 48 小时内没有对其进行确认,则该授权自动失效;内政部部长在接到授权具体报告后,拥有确认、取消或修改授权的权力。

《1997 年管制刀具法案》(Knives Act 1997)第 8 条规定:(1)当有根据相信辖区内可能发生携带管制刀具的事件,可授权警察启动盘查行动。(2)允许警督级别的警官授权盘查行动,但事后应尽快汇报给警监及以上级别的警官。(3)盘查权的最长期限可再延长 24 小时,但必须得到警监及以上级别警官的授权。(4)授权书必须载明时间、地点和授权的根据。

① 刘海鸥:《英国警察拦截与搜查权的发展变化》,载《河北法学》2006 年第 8 期。

(5)凡是跨区的暴力行为，只要嫌疑人携带了攻击性武器或危险器具，哪怕只是通过本辖区到另外的管辖地，亦可行使盘查权进行阻止。

《1998年犯罪与骚乱法案》(Crime and Disorder Act 1998)第25条规定，当警察基于合理根据相信嫌疑人故意蒙上面罩来掩盖其真实身份时，有权要求嫌疑人摘除面罩，露出脸部。修订后配套的《警察工作规程A》同时也规定，面罩本身不能成为警察启动盘查权的理由，但在发生骚乱时，警方使用摄像机面对蒙面歹徒进行取证，这一强制性手段还是必需的。对于一些特殊习俗的群体，如穆斯林妇女是出于宗教信仰佩戴面罩，警察行使这项权力有可能太过敏感，警察必须允许被盘查对象在非公共场合摘下面罩，条件允许时必须有女性警察在场操作，并避开任何男性警察的视线。

2000年实施的《2000年反恐行动法案》(Terrorism Act 2000)规定，在得到紧急状态指令后，着装警察并不需要基于合理怀疑就可以启动盘查权，在授权执行盘查的区域内拦截任意行人和车辆，对其携带的任何物品可以进行附带搜查。

2003年《刑事司法法案》(Criminal Justice Act 2003)对英国刑事程序和刑罚制度的相关内容进行了全面修订，该法第1条对违禁品进行了扩大性解释，将“用于破坏、毁坏财物等犯罪行为的物品”列为违禁品。显然，该法进一步扩大了警察的盘查权。

三、对英国警察盘查制度的思考

(一)警察盘查权启动的合理性原则

将“合理怀疑”作为盘查启动的标准，其优点在于，赋予警察很强的灵活性，可以根据具体的情境和个人经验解决具体的问题，对社会公共秩序的控制适应性较强。其缺点在于，“合理性”的判断取决于警察个人的认知能力，不同的警察由于不同的文化背景和执法经验可能会对同一情景作出不同的判断，导致法律适用标准的主观性太强，使得法律的规范作用难以统一。

“合理怀疑”的标准实际上是扩大了警察的自由裁量权，此种标准设立的前提是假设每一个警察在执法时能够做到客观、公正，但警察权在运行时极易膨胀，公民的合法权益时刻受到威胁。

实施“合理怀疑”的标准，除了要有良好的法治传统和较高素质的警察之外，还必须要建立完备的配套机制方能保障盘查权的规范行使，英国通过严格的成文法对盘查权作出详细的执法指南，除《警察与刑事证据法》之外,内政部还出台与之配套的《警察工作规程 A》,对盘查启动的“合理怀疑”进行了详细的规定。①

(二)警察盘查目的公共性原则

公共性原则要求盘查应当以维护公共秩序为目标。现实中,警察需要执行大量的巡逻和执勤任务,是最直接面对公众的政府公权力的执行者。当警察觉察到可能即将发生或正在进行的违法犯罪时,及时启动拦阻和搜查可以使警察有效地控制犯罪发展的态势,阻止危害后果进一步扩大,防止犯罪嫌疑人逃脱,避免公共安全利益遭受更大的损失;可以及时固定证据,为后续的侦查工作提供线索;可以防患于未然,遏制违法犯罪的发生,消除公共安全的隐患。

公共秩序是一种外显的事实状态,不道德的观念或精神状态如果没有表现为外部行为并对社会秩序造成破坏,即不受国家权力的直接干预。同样,个人私生活范围之内的事件如果没有影响到外部秩序,国家权力也不能介入。公共性原则要求警察盘查权只能在公共区域行使,原则上在私人生活领域、住宅及附属的院落都不能动用盘查权。

(三)警察盘查权纳入刑事诉讼法的制约

警察盘查权的启动标准在英国实践中有不断降低的趋势。这无疑扩大了警察权的适用,以适应打击恐怖主义活动和暴力犯罪的需要。警察权的配置,应根据现实的需要,以有效维持公共秩序、控制违法犯罪为前提。英国是通过不断进行新的立法来扩大警察的拦截与搜查权。对于控制涉嫌恐怖活动、暴力犯罪而实施的盘查行动,警察即使没有“合理怀疑理由”也可以进行拦截和搜查,必要时可采取让对方摘去面罩或脱去帽子、袜子等侵害性更大的搜查措施。

警察盘查权有着很强的自由裁量性,其运用的频繁程度和检查强度在很大程度上取决于警察个人的判断和观念,尤其是由于盘查行为的发生常常是游离在公众和警务监督部门视线之外,盘查过程事实上很难被监控。盘查虽然被定义成警察的行政职能,主要目的是进行预防性控制,但具体到个体的拦截与搜查的行为又兼具刑事侦查的部分特征,涉及事实上的人身强制,从中外警务实践上看,都不可避免地存在滥用权力、侵犯人权的现象。

英国一向标榜正当程序和人权保障,为了防止警察启动盘查的主观任

① 参见中国法学会:《英国警察与刑事证据法:警察工作规程》,沈根明等译,金城出版社 2001 年版,第 2~3 页。

意性，将盘查纳入刑事诉讼法进行规范，将警察的盘查行为理解为“犯罪侦查前阶段”，盘查附带搜查所获得的刑事证据纳入司法权审查，法院有权进行可采性判断，如果存在启动标准或盘查强度的违规，法院可以予以排除，借此进行公民合法权益的救济。

第九章　服务型警政实现路径之二：多中心治理框架下警务的多元化供给

随着社会的转型，世界变得日趋民主化，警察角色也随之渐渐地改变，警察的专政职能逐渐消退，向社会服务职能转移，慢慢呈现平民化与亲和性的特征。目前，政府性公共警务供给与市场性私人警务供给并行的二元供给格局，是西方各国警务发展潮流，也是我国警务改革的一个参照。多中心理论对中国警务实践的价值在于，警务工作完全可以走社会化的道路，即将部分警察权委托或授权给其他社会组织。警务供给的多元化发展，是打破警察单一供给模式，不断完善政府行政机制、市场交易机制和社会志愿机制协同合作供给体系的过程。

第一节　多中心治理理论

随着全球经济的一体化、公民社会的崛起和后现代主义思潮的出场，"多中心"概念已突破经济话语的表达，向更广阔的政治、社会等领域空间拓展，被看作"一种审视政治、经济以及社会秩序的独特方法"。[①] 多中心体制意味着承认地方性公共产品和公共服务的供给中存在独立的社会力量和公民参与。

一、多中心理论的假设

"多中心"的话语表达最初得见于英国自由主义思想家迈克尔·博兰尼的著作《自由的逻辑》，该书体现了作者对经济自发秩序的认识和理想秩序的概括，同时也阐明了社会自我管理的限度。博兰尼从人类技术的发展历史和对市场经济与计划经济运行的比较中，归纳出"指令秩序"(directed)和"自发秩序"(spontaneous)两种制度安排的形式。指令秩序是单中心的社会秩序，依赖一个终极的权力中心通过科层制的金字塔结构进行控制和协调；自发秩序是多中心的社会秩序，在其中，许多组织者的行为

① ［美］迈克尔·麦金尼斯：《多中心治道与发展》，王文章等译，上海三联书店2000年版，第2～3页。

彼此独立,存在不同的决策中心,但能够相互调适,在一般的规则体系中承认各自的关系。决策者在自己的一套规则内可自由地追逐他们的自我利益,但其利益受制于被执行规则的固有制约。①

美国学者奥斯特罗姆夫妇的贡献在于把多中心秩序的概念进一步扩展到了政府公共治理领域。“多中心”意味着存在许多独立的决策中心,可以自由地追求各自不同的利益并能相互调适。无论它们是否真的独立运作,还是构成了一个相互依赖的共生体系,在竞争性的关系中都不能不考虑对方的存在和利益表达,并通过多种契约性与合作性机制来化解相互的冲突。“在这一意义上大城市地区各种各样的政治管辖单位可以以连续的、可预见的互动行为模式前后一致地运作。也在这一意义上,可以说它们是作为一个体制运作的。”②

多中心体制意味着承认地方性公共产品和公共服务的供给中存在独立的社会力量和公民参与,不同性质的公共产品和公共服务可以通过多种制度的安排来供给。多种选择将打破传统的单中心垄断局面,以自我治理为基础,由多个组织体共同治理公共事务,相互竞争的结果是迫使各治理主体的自我约束,强化相互沟通和协调,从而更有效地提供公共服务。

多中心治理围绕集体行动必须通过解决三个问题即规则、信任及监督来探讨公共产品供给过程中的“搭便车”、规避责任等机会主义困境。③ 而治理的本身内涵就是:“各种公共的或私人的个人和机构管理其共同事务的诸多方式的总和。它是使相互冲突或不同的利益得以调和并且采取联合行动的持续过程。”④正如罗西瑙在《没有政府的治理》中阐释:“治理是一种内涵更为丰富的现象。它既包括政府机制,同时也包含非正式、非政府的机制,随着治理范围的扩大,各色人等和各类组织得以借助这些机制满足各自的需要,并实现各自的愿望。”⑤

二、多元化警务主体的培育

奥斯特罗姆等美国学者在其合著的《公共服务的制度建构》中,选择

---

① 参见[英]迈克尔·博兰尼:《自由的逻辑》,冯银江、李雪茹译,吉林人民出版社 2002 年版,第142 页。

② [美]奥斯特罗姆、帕克斯、惠特克:《公共服务的制度建构》,宋全喜、任睿译,上海三联书店2000 年版,第 11 页。

③ 参见[美]埃莉诺·奥斯特罗姆:《公共事物的治理之道》,余逊达、陈旭东译,上海三联书店2000 年版,第 144 页。

④ 闫健:《民主是个好东西——俞可平访谈录》,社会科学文献出版社 2006 年版,第 45 页。

⑤ [美]詹姆斯·N. 罗西瑙:《没有政府的治理》,张胜军、刘小林等译,江西人民出版社 2001 年版,第 5 页。

公共经济学的分析框架,对美国大都市警察制度展开了实证研究,得出了三点结论:(1)中小规模的警察单位在直接服务的供给方面是比较有效的;(2)规模小的警察单位可以从规模大的警察单位获得间接服务;(3)大都市区域的警察单位数量多有利于提高警察绩效。① 这意味着警务工作是可以由独立的多元主体来完成的,当多个主体之间存在竞争、并存、互补的关系时可以提高警察的绩效。推论甚至可以更进一步,警务执法不仅可以由警察机构来实现,也可以由其他组织来承担部分工作。

公共服务供给的制度性安排,是指通过政策制定,对公共产品或公共服务的供给者、数量和质量、生产与融资方式、管制方式等问题作出决策,即对公共产品或服务的安排和监管。公共安全服务供给链中有三大要素,分别是消费者、生产者、制度性安排。消费者可以直接获得或接受警务服务,他们可以是个人、特定地理区域的所有人、政府机构、私人组织、拥有共同特征的社会阶层或者获得辅助性服务的政府机构。警务服务的生产者,直接生产或者直接向消费者提供服务。警务生产者可以是政府组织、特别行政区、市民的自愿组织、私营公司、非营利组织,或者在某种意义上的消费者本身。制度性安排,是对公共安全服务的安排,生产者生产的警务产品如何提供给消费者,消费者如何索求适合自己的警务产品的一个机制的安排,这是警务服务流通运转的核心。

中国古代的警务以政治秩序的稳定为宗旨,因此,无论是崇尚严刑峻法的法家,还是倡导德主刑辅的儒家,都视民众为警务的相对方而非警务主体,这显然是一种权力优位于权利的思维。当代警务以公民需求为宗旨,以权利优位于权力的思维为主导,公民既是警务的相对方,更是警务的主体。

马克思主义认为,警察体现的是国家政权中统治阶级的意志,使用暴力性、强制性等特殊的手段来维护社会治安秩序和公共安全,具有国家垄断的武装性质的强制力。以往维护社会治安工作被视为公安机关一家的职责,因此治安工作就是警务工作。多中心理论对中国警务实践的理论价值在于,警务工作完全可以走社会化的道路,即将部分警察权委托或授权给其他社会组织。

在市场机制调节下的社会管理中,用公共财政无限扩充警察力量来满足社会对警务的需求的手段无法得到纳税人的支持;公共管理的新思潮注

① 参见[美]奥斯特罗姆、帕克斯、惠特克:《公共服务的制度建构》,宋全喜、任睿译,上海三联书店2000年版,第20~23页。

重将市场机制引入政府管理,以促进绩效的提高,政府必须考虑社会管理的行政成本,鼓励社会力量来承担部分公共产品的供给。社会现代化的进程中,犯罪变得复杂与多元,政府提供给警察机构的经费是有限的,人们越来越感觉到,应充分利用社会资源来预防和打击犯罪,实现警务主体的多元化和治安群体的社会化,实行混合警务。

Loader(2000)认为,除政府体系提供的警务服务外,警务来源还可以向以下四个方面扩展:(1)通过政府授权的警务,被政府认可,但执行者并非政府人员;(2)居于政府之上的警务,包括各个国家之间或超越国家之上的机构或组织,如欧洲共同体或国际警察组织,这些机构正发挥着越来越重要的警务作用;(3)居于政府之外的警务,包括在商业市场运作之下与安全和安保系统有关的服务公司;(4)居于政府之下的警务,包括一些居民基于自身安全保护产生的一些警务活动,如"邻里守望""义务巡逻"。①

中国多元化的警务主体主要由三部分构成:一是,依靠公共财政支出的政府部门,包括公安机关的人民警察、武警部队和海关、边防管理的专门力量;二是,利用市场机制提供有偿警务和安全服务的主体,主要包括保安服务公司、武装押运公司、物业管理公司等;三是,社会性警务防范力量,包括治安志愿者和各种治安联防队等义务性质组织和企事业单位内保部门。政府、市场和社会组织三元一体,共同构建了现代社会的治安防范体系。而且,中国的公安工作本身就有走群众路线和专群结合的优良传统,调动和组织了广泛的群防群治来维护社会治安。1984 年,深圳蛇口成立了新中国第一家保安服务公司,开拓了警务有偿提供的尝试,社会力量成为公共安全市场机制中重要的警务主体。

中国传统警务实践一直奉行的是国家主义,将警务视为政府通过警察机构对治安秩序和公共安全的严密控制和全方位管理。该体系最典型的表象是全能警察的行政,社会性的警务力量只是警察系统的附随性补充。其运行机制和组织过程将国家与公民、政府与市场、警察治安管理与社会自主治理视为截然不同的范畴和领域,片面地强调警务体系各要素之间是统治与被统治、管理与被管理、控制与被控制的关系,忽视了社会公共安全实际上应该由政府警察机构与社会治安自治组织等多元警务主体合作共治。

---

① Loader, Plural Policing and Democratic Governance, *Social and Legal Studies*, 2000, vol. 9, No. 3, pp. 323 – 345.

多元化警务主体的形成取决于市场介入公共安全及公众参与治安防范的深度和广度，取决于警务自治权力授予范围及其运行的质量、效率和保障，取决于多元警务主体之间互动的方式、频率和效能。市场与公众究竟有多大程度参与到警务规划、公共安全政策制定、警务执行和监督等方面，焦点集中于警察权能否回归社会及其回归的力度和方式。

多元化警务主体之间如何形成良性互动决定了治安防范的成效。警务主体之间通过协商谈判，将他们各自拥有的警务资源和治安目标进行融合，共同构成警务联合实体，每个成员在警务实践中都享有平等的政治权利，他们在警务实践中的主导地位和领导权的确立和形成，并不来源于警察权的行政分割，而是来源于通过良性竞争所产生的具有更大民主基础或政治合法性的警察权的合理配置。

将市场机制引入警务与公共安全就是要让市场在治安资源的配置中起一定作用，但市场在某些方面存在自身无法克服的缺陷，这使得政府成为警务监管必要的机构；然而政府的天然扩张性，又使得政府也未必就能处理得好某些市场无法解决的问题，社会非营利性警务组织作为有利于实现政府与市场平衡的调节机制出现。社会多元化的发展要求我们在调整政府与市场之间关系的同时，注重社会中介性机制的运用，社会中介机制成为了公共部门配置资源的另一个重要机制。

将公共行政限定为以政府为主体的管理活动的传统理念，已经远远不能适应当前迅猛发展的社会了，公共事务的增加和繁杂、人权意识和民主能力的提高、社团组织规模不断增大，都使公共权力表现出不同的层次性和多样化，“由社会的多元化，随之出现了权力多元化”。① 因此，“在民主浪潮的推动下，国家行政逐渐向社会行政的方向转变，公共行政作为对国家行政的不足的补充方式被推向了前台”。②

新公共管理试图消除政治国家与市民社会的严格界限，打破政府与非政府组织的对立，将强制机制与自愿机制相统一，形成共同合作的多元化社会治理，弥补政府能力的局限性和市场机制自身的缺陷。新公共管理的组织网络迥然有异于传统行政的单质网络，它以互动的方式形成异质的自主性组织网络结构，这一自主性的网络在公共安全领域中与政府警察机构进行合作，分担政府的警务责任。

---

① 郭道晖：《多元社会中法的本质与功能——第二次亚洲法哲学大会述评》，载《中外法学》1999年第3期。

② 牛凯、毕洪海：《论行政的演变及其对行政法的影响》，载《法学家》2000年第3期。

三、多中心秩序的优势

孔繁斌认为，"中心—边缘"治理结构在现代与后现代的转向中逐渐向"多中心"的治理共同体过渡。"中心—边缘"统治秩序框架下的命令、强制与服从的话语体系，与多中心结构体系中平等治理主体之间势必形成冲突和紧张。"中心—边缘"的治理结构向多中心的转移，是原先结构中的边缘地带逐渐迁移至公共治理的中心位置。传统的政府不仅要适应中心角色让渡的转换，并且还要包容一度被边缘化的其他角色，承认彼此共同拥有治理的权力。"多元治理主体时代，治理者身份的认同和包容，构成理解治理革命的一个正当性视角。"①

从历史的视角审视政府管理模式的发展历程，我们看到无论是统治型还是管理型的行政模式，都注重单中心治理结构中的权力机制，但交易成本也很高昂，其"逐渐丧失了公共行政中的公共性"。② 在这种批判性的认识中，首要的价值路标便是恢复"公共性"。弗雷德里克森（H. George Frederickson）对"公共性"有四点标示，即"与陌生人之间的交往；解决公共空间和公共关系问题；非人情化关系的有效性；发展当代相互依存的公共关系"。③ 一个共同体内，如果政府与公众之间形成不了有效的互动，公共生活不会真正存在。

行政的目的从看重合法性到追求公共性，体现的是"公共的善"的政治性认知，实现普适幸福的价值高于维护政府的统治。注重公共服务的提供和公共组织的有效管理，体现了后现代社会对行政伦理的期待和彼此的包容。"正是在这一意义上，治理结构的转换需要以公共性颠覆合法性，需要政府角色成为多中心治理体系和公共性价值的他者。"④

扁平的网络结构构成多中心治理的权力结构模式，多中心就意味着每一方都具有不可替代性。不同于垂直的"金字塔"式的权力结构模式，扁平网状的结构各方之间不存在支配和控制的等级关系，在这种情况下，多中心的秩序将自主地发育，即"在其中许多因素的行为相互独立，但能够作相互调适，以在一般的规则体系中归置其相互关系"。多中心秩序不能完

---

① 孔繁斌：《多中心治理诠释——基于承认政治的视角》，载《南京大学学报》2007 年第 6 期。

② ［美］乔治·弗雷德里克森：《公共行政的精神》，张成福等译，中国人民大学出版社 2003 年版，第 4 页。

③ ［美］乔治·弗雷德里克森：《公共行政的精神》，张成福等译，中国人民大学出版社 2003 年版，第 43 页。

④ 孔繁斌：《社会治理的多中心场域构建——基于共和主义的一项理论解释》，载《湘潭大学学报》（哲学社会科学版）2009 年第 2 期。

全摆脱权威的存在,不同的是权威的形成不是源自暴力和集权的方式,而是达成共识的认同。[①] 因为"在一组规则之内,个人决策者可自由地追求其自己的利益,但其利益受实施这些决策规则所固有的约束"。[②]

多中心治理的内涵包括:一是治理主体的多元。构成治理的主体不仅有公共部门和私人机构,还可以是公私共建的联合组织。二是自组织的完善发展及有效的参与。在管理系统内通过管理对象的有效参与,形成一个自组织网络,自组织互动形成的一致性认识,可以弥补政府自上而下权力不及的空洞。三是治理手段多样性。理性官僚制是传统公共行政运行的基本结构,在其基础上采用工商管理方法和技术予以改造,以提高公共部门的运行效能。四是公共产品和公共服务供给的多元。公共服务的生产者可能是政府单位、非营利机构、志愿组织、私人企业,甚至是消费者自身。[③] 改变政府直接生产和供给公共服务,更多地引入私人投资者和市场机制来提供公共产品,公共部门民营化是当代世界范围内的主导力量。[④]

多中心通过消解垄断性权威推动了多元主体的形成,并建构一种新的系统结构及相应的运行机制。多中心的结构不仅体现社会行动主体的多元化,而且支持社会行动的权力结构也相应分化,行动主体在得到授权的同时也受到结构性的约束。新的系统结构追求的目标突出了社会与公共利益,这超越了原先各自为政的价值冲突的局限而形成新的利益平台,追求共治和共赢,政府更好地提供公共服务,企业承担更大的社会责任,公众更多地奉献爱心。

格里·斯托克关于"治理"主要有五个论点:一是,治理是治理主体构成的超出政府组织的体系;二是,治理明确指出在为社会和经济问题寻求解答的过程中存在的界限和责任方面的模糊点;三是,治理明确肯定涉及集体行为的各个社会公共机构之间存在的权力依赖;四是,治理指行为者网络的自主自治;五是,治理认定,办好事情的能力并不在于政府的权力,不在于政府下命令或运用其权威。政府可以动用新的工具和技术来控制和指引,而政府的能力和责任均在于此。[⑤]

---

① 参见吴瑞财:《多中心治理视野下的社区治理模式初探》,载《内蒙古社会科学》(汉文版)2010年第1期。

② 张洪武:《多中心秩序与社区治理模式选择》,载《求实》2005年第6期。

③ 参见吴光芸:《城市公用事业的民营化与政府治理结构转型》,载《湖北大学成人教育学院学报》2003年第3期。

④ 参见赵奉军:《论公共产品供给方式的变革》,载《中国发展》2003年第4期。

⑤ 参见[英]格里·斯托克:《作为理论的治理:五个论点》,华夏风译,载俞可平:《治理与善治》,社会科学文献出版社2000年版,第4~35页。

多中心治理结构的运行机制体现的是平等和民主，建立在契约之上的平等主体通过协商与互动建立合作共治的关系。政府的优势在于拥有强势的政治资源，但缺乏市场机制的高效。市场是一种高效率的社会运行方式和价值增值途径，但是其追求自我利益最大化的局限性常常带来较高的负外部性。无论是政治主体还是市场主体，都在平等的互动中各尽其能，相互弥补各自的不足。

第二节　公共安全服务的市场供给

宋世明（2000）认为："应把公共服务的市场化纳入到中国行政改革的实践框架中，这是符合配置政府权威制度与市场交换制度的功能优势的需要，这是遵循公共服务供给规律的客观需要，同样是提高政府能力的必然选择。"①

毛寿龙（1998）则指出："公共服务市场化对于实现从无限政府走向有限政府的治道变革，是非常重要的。没有这一领域的改革，就不可能实现政府职能的治道变革，也不可能改善公共服务。"②

一、私域警务发展的条件

（一）开放性私人领域的维护

现代社会的公共秩序都是以一定的空间区域为平台展开。警察公共警务的运行尤其规定了明确的领域，这个领域的限定是以公共秩序的维护为边界，警察权不得越界行使。公共空间的存在无疑意味着公民不需付费便能自由出入，如公共道路、公共广场、免费的公共绿地，每个公众有法定的权利随意进入这样的场所；或者是收费后可以自由出入的场所，如公园、展览馆、公共交通工具；或是半开放的公共空间，如机场、车站的候车室。事实上，警察常态性的管理便是以公共领域为界限或以公共空间为平台展开。

私有空间则是只有符合特定身份的人才能进入的场所，如家庭院落、封闭的社区。私有领域的绝对性意味着公权力的止步，即使是一个四面通风的破屋子，却"风可进，雨可进，国王不可进"。警察如果没有授权的搜查证也同样不得进入私有领域执法。

---

① 宋世明：《工业化国家公共服务市场化对中国行政改革的启示》，载《政治学研究》2000年第2期。

② 毛寿龙等：《西方政府的治道变革》，中国人民大学出版社1998年版，第8～12页。

20世纪后期,随着资本主义的发展,私人财产大量积累,尤其是开放性的私人领域大量出现,如购物中心、超市、娱乐场所、休闲中心,这类空间本质上是属于私有领域,场所运作的主要目的是商业用途,到访者可能认为他没有法定的权利进入该领域,但这类空间事实上对任何新的来访者都是免费进入的场所。这些开放的私有空间显然包含了相互矛盾的社会关系:私人财产所有权与公众相对不受限制进入的矛盾。Shearing 和 Stenning(1981)认为,公共警务的起源是为了更好地保护私人财产,而私域警务的出现则是对个人占有“大量私有财产”的一种本能反应。私人警务的职能便是解决这一矛盾的方案:提供安全保障以吸引更多的公众自由进入,而与此同时,限制那些可能破坏商场秩序的人进入,比如衣冠不整的流浪汉、进入商场的小偷、乞丐、醉鬼以及无赖青少年。①

Alison Wakefield(2003)曾对开放性私人领域的安全保卫工作做了详细研究,分别选取了娱乐场所、购物中心和综合性购物广场三个典型的公共场所进行私有警务实证研究。在这三个场所中,前两个是合同外包给专业的保安服务公司,后一个是由自己聘用的人员进行安全保卫。②

娱乐场所受娱乐开业许可证条款的限制,必须安排一个消防官员和一个医护人员在开放时间内值班,同时必须安排门卫。娱乐场所周围有住户、酒吧、饭店、零售店和许多办公楼,与外界完全进行隔离是很困难的。当地警察的公共警务计划优先考虑的是打击恐怖主义犯罪、暴力犯罪组织和维护社区安全,犯罪类型主要是侵财类案件,如盗窃商店物品、顺手牵羊的小偷,街头掏包小贼,而娱乐场所受到的治安威胁主要来自醉酒闹事、打架斗殴,还有一些暴露狂或是在厕所里搞性窥视,当然娱乐场所本身也是小偷的天堂。困难的是保安人员无法采取有效措施对潜在威胁人员或伺机作案人员进行阻止,只能借助电子保安设备系统进行监视。

购物中心或购物广场虽然在顾客群方面有别于娱乐场所,但是作为经营性的需求还是首先考虑顾客的到访量。在商品摆放区很容易接触到零售物品,这使得犯罪机会大增,商家则主要依靠监视措施减少盗窃。对购物场所更大的秩序威胁来自当地青年的集聚,他们将购物广场作为流行时尚的集会场所,并不在此购物,这会引起一系列恶性循环,年轻人越聚越

---

① Shearing, C. D. and Stenning, P. C. (1981) Modern Private Security: Its Growth and Implicationg, M. Tonry and N. Morris(eds), Crime and Justice: An Annual Review of Research Vol. 3, Chicago: University of Chicago Press.

② Alison Wakefield (2003), *Selling Security: The Private Policing of Public Space.* Willan Publishing Limited.

多,正常购物的人认为秩序不好而转移到其他地方进行购物。

无论是娱乐场所还是购物中心,它们组织体制的各个方面都印证了私有领域作为公共开放空间的特殊性,这些场所与它们之外的那些公共开放区域,如公共道路、城市广场、街头绿地有着显著的不同。

(二)国家的公共财政危机

Kakalik 和 Wildhorn(1977)认为,私域警务的发展是因为 20 世纪中叶以来经济持续繁荣,而政府所提供的警务工作能力无法满足社会日益增长的公共安全需要。①

Spitzer 和 Scull (1977)从历史发展的视角来看待公共财政危机引发的警务变革,提出私域警务发展的三部曲:首先,18 世纪资本主义的发展使得私人和社区形式的警务供给均显不足;其次,19 世纪至 20 世纪中叶,发达资本主义的高速发展也促使政府加强在公共警务的投资,因为对资本家来说,他们更需要公共执法来维护治安秩序,强化警察执法不仅更具有合法性,而且成本低;最后,20 世纪后期发生的公共财政危机使“警务工作不得不考虑成本和效益”。②

(三)社会结构的转型

伴随后工业社会的到来,社会结构的转型体现在经济结构、文化结构和国家结构的改组,在结构转型的大背景下,我们发现警务私有化的变革正是这一思潮在警务领域的外现。

经济结构的转型是从“福特主义”到“后福特主义”的转变,福特主义代表着以自上而下的组织结构为特征的现代化大生产;而后福特主义则优先考虑“创新、品质、权变”,追求顾客至上的理念、劳动灵活性的提高及组织结构的分散化等。③ 尽管这些变化肇始于私人公司,但这种思潮很快扩展到公共组织,也随即影响了警察部门。例如,明确划分高报酬的警务“核心”工作和低报酬的警务“边缘”工作;服务功能的“物质化”,将警务工作变成一种可以在市场进行交易的商品;契约化外包,将边缘性警务工作转包给开价较低的保安服务公司;更加灵活机动,集权与分权的双向驱动,集权体现在宏观规划上,确保有关内阁大臣授予更大权力来控制警察机构,

---

① Kakalik,J. S. and Wildhorn,S. (1977),*The Private Police: Security and Danger*,New York: Crane Russak.

② Spitaer,S. and A. Scull (1977), Privatization and Capitalist Development: The Case of Private Police. *Social Problems* 25,1: 18 –29.

③ Murray,R. (1991) Fordism and Post-Fordism. ln G. Esland (ed.) Education,Training and Employment. Volume 1: Educated Labour-the Changing Basis of Industrial Demand. Wokingham: Addison-Wesley.

分权体现在对具体业务部门的授权，将工作责任适当下放给基层。

文化改组也同样充满了多样性和复杂性。社会各阶层分化导致社会文化呈现多元发展的态势，由于种族、性别、国籍、民族、地域、年龄、宗教等不同更加剧了这种差异性，这种差异性不可避免地提出这样的一个挑战：一个一元化的警务体系能否满足日益分化和多元建构的社会体系的需求。

国家结构的改组虽然不是那么明显，却也在全球化的冲击下悄然进行着，在政治上超国家趋势，如欧盟的影响，削弱了民族国家构成的主权地位；民族性逐渐被国际化的资本流动侵蚀，空间和时间被超音速旅行和网络通讯压缩，全球商品大流通导致文化多样性受到威胁。与此同时，全球化本身也加剧相反的趋势，即超国家的政治发展引起敌对的民族主义的抗拒，全球流通的商品在导致文化同一性的同时，也遭受特定形式的地方文化的抵制。这种矛盾的统一体造成各种不稳定的组合：国际化和民族主义、同一性和多元化、联合性和分散性。这个过程引发了国家结构的“分解”和“延伸”，同样也动摇了传统警察职能的概念。警察实际上凭借其合法的暴力垄断而成为国家在街头巷尾的化身和标志，当国家在职能和司法管辖范围上“分解”和“延伸”，并且合法性的暴力遭受私有化削弱时，警察结构的改组也就水到渠成了。

二、私域警务的市场发育

Shearing(1992)通过三个连续的阶段论述了私域警务的演进历程：以国家为中心的公共警务发展时期、以市场为中心的私有警务发展时期和以合作为中心的多元警务发展时期。①

以国家为中心的公共警务发展阶段以罗伯特·比尔 1829 年创建的伦敦大都市警察为标志，警务工作主要由国家承担，警务责任完成从个人向警察部门的转移，私有警务虽然也存在，但是并不被鼓励。这种公共警务被 Cunningham 和 Taylor(1985)视为“一个大的警察机构将社会纳入纪律性轨道”的模式。②

警务系统被视为一个对立统一的整体：一方面警务系统是对市民社会

① Shearing, C. D. The Relation between Public and Private Policing, Crime and Justice: *A Review of Research*, 15(1992), 399 – 434.

② Cunningham, W. C and Taylor(1985) Private Security and Police in America: The Hallcrest Report I, Stoneham, MA; Butterworth-Heinemann.

和国家的良性整合,另一方面警务系统是对公民自由的限制。①

当经营性活动对警务保障提出更多要求而公共警务无法满足时,私有警务便开始缓慢发展了。近代世界第一家保安服务公司是 1850 年诞生于美国的平克顿侦探社,现称平克顿保安公司。② 当时的美国,产业工人的数量已近百万,经济总量仅次英、法、德三国而位居第四,人口增多和财富聚集的同时,抢劫与盗窃等犯罪也急剧增加,美国洲际铁路运输线联网为流窜作案提供了便利,当时跨地区的警察机构尚未成立,警察局都是地方自治性质的,装备又差,根本无法遏制犯罪势头。依靠公共警务显然无法保护跨区域的铁路商业运营,1855 年,铁路运营商雇用了平克顿侦探社,让他们负责 5 个州 6 条铁路线的安全保卫工作。1858 年,埃德温·霍姆斯借助无线电技术创设了第一个防盗警报系统,并建立了霍姆斯保安公司,专业提供防盗服务。1859 年,佩里·布林克成立了美国第一家装甲运输公司,专业提供押运钞票和贵重物品的服务。

早期的私域警务发展还是比较缓慢的,英国直到 20 世纪 20 年代才出现私人保安,欧洲和北美保安的扩展主要出现在 20 世纪 70 年代。具体的发展很难量化,因为这方面法律规章的缺乏使人很难了解到具体经营的私人公司及从业人员数量。20 世纪 80 年代末,估计当时法国保安从业人员达到 9.6 万名,西班牙近 7 万名,德国则有 19 万名,英国则估计在 10 万~25 万名。③

在英国,有关警务私有化的思想有三种类型:一是无政府主义型,该理论认为,在提供安全服务方面,所有的警务服务均应私有化,公共警务与私域警务就像任何其他商品一样,在市场上可以自由购买。二是国家有限功能学说,国家应通过法律或其他方式保证其按市场规律发展。国家与政府可以进入市场,也可以有一定的强制行为,但不应当对警务市场进行垄断。三是公众选择理论,无论在市场上提供的是安全服务还是其他商品,也无论是由国家提供还是由个人提供的,都必须按照市场机制,由公众进行选择。警务工作和安全产品从组织形式到服务方式都应向多样化发展,满足不同公众选择的需要。这些观点对英国私人保安业的发展产生了一定的影响。人们都普遍地把安全服务看成是一种在市场上可供买卖的特殊商

① Flavel, M. (1973) Research into Private Security, Paper Presented at the Second Bristol Seminar on the Sociology of the Police, Bristol, April.

② 参见李晓明:《中国保安学》(修订版),警官教育出版社 1998 年版,第 38 页。

③ 参见[英]弗兰克·利什曼、巴里·洛夫迪、斯蒂芬 P. 萨维奇主编:《警务工作之核心问题》,吴开清等译,群众出版社 2000 年版,第 69 页。

品,市场的需求已成为保安业发展的主要驱动力。①

根据英国经济与社会研究委员会1994年的统计结果,英国至1994年年末人口为5900余万,从事保安业的公司有7842家,从业人员约有160200人(不包括单位内部安保部门的128230名职员),而警察只有129000人,可见英国民间保安业的规模已超过公共警察机关,而且仍在继续增长中。1994年产值已超过25亿英镑,并且估计每年的增长率在9% ~22%。以1935年创立、后改名为Securicor的英国最大保安公司为例,1999年,该公司在英国本土及海外雇有员工7万余名,当年营业额超过13.54亿英镑,约合人民币170多亿元。②

私域警务作为公共警务的补充和协作伙伴,尤其是在以满足经济持续繁荣的市场需求基础上得以自由放任地发展,发展更为迅猛和庞大的私人警务力量不断挑战着公共警务的地位和作用,但此时,警务责任的重担依旧由警察部门来承担,私营部门起到辅助警察的作用。③

进入21世纪,私域警务的从业人员已经数倍于公共警务的警察,目前美国已拥有私人保安服务公司4000多家,成立了自己的行业协会——美国工业安全协会(A.S.I.S),拥有会员两万多个,从业人员上百万人,年经费近千亿美元,执法力量超过美国联邦、州、地方三级的3倍,成为维护美国社会治安秩序的一支不可或缺的警务力量。警务责任不断地从国家向企业与个人的方向转移,不得不重新界定两者之间的关系。正如Shearing,C.D和Stenning,P.C(1983)所言,这种变化呈现出这样一个场景,即在一个多元主体的治安防控体系中,政府警察部门和私人保安机构都是社会治安秩序的维护者,两种机构既相互合作同时又各自保持着相对独立和自主管理的状态。④

从目前市场性私域警务机构运行的情况来看,至少产生三个方面的回应:一是警务的市场化成功替代了公共警务部分的社会服务性职能,使警察机构及其人员能够集中力量做好其核心警务职能,同时也使警察机构不断膨胀的趋势得以遏制,削减了公共财政的支出;二是市场运行遵循着优胜劣汰的竞争机制,迫使商业化提供的警务服务质量和态度都在不断提

① 参见郭太生:《英国私人保安业研究》,载《公安大学学报》1997年第3期。

② 参见陆燕乃:《中英两国保安业之比较研究》,载《湖南公安高等专科学校学报》2002年第6期。

③ Kakalik,J.S. and Wildhorn,S.(1977)The Private Police:Security and Danger,New York:Crane Russak.

④ Shearing,C.D and Stenning,P.C(1983) Private Security:Implications for Social Control,*Social Problems*,30:5.

高，这也给公共警务运行带来了参照，迫使警察机构不得不进行工作的改进，提高警务工作效率和服务水准；三是警务作为一种可以交易的商品，更加灵活地满足了不同层次的公民对警务的需求，客户可以根据自身的支付能力和安全需要进行选择，富有的人可以通过更多付出来得到更多更优质的警务服务。

目前，政府性公共警务供给与市场性私人警务供给并行的二元供给格局，是西方各国警务发展的潮流，也是我国警务改革的一个参照。大量的商业性保安服务公司的崛起，按照市场机制提供警务服务并获得收益，而且提供了大量就业机会。承担了大量从警察职能转移出来的业务，不仅为个人或企业提供安全防范的保障性服务，而且还以契约化外包的方式为政府所购买，政府部门广泛使用保安公司的警务力量进行巡逻、押解运送犯人、管理监狱、保护核电设施、守卫军事基地与警戒大使馆。亚洲的日本目前也拥有4000多家保安服务公司，最为著名的是西科姆公司，在世界各地拥有14万家客户、10多万条通讯线路和8000余名雇员，承包了1964年第18届东京奥运会的安保工作，业务范围从防盗、防抢、防火、防灾扩展到老、残、病人紧急呼救等综合性安全服务。在美国，保安的数量已经是公共警察数量的3倍，承担了越来越多的安全保卫和警戒事务，客观上维护了社会治安秩序的稳定，降低了违法犯罪案件的发生概率。

在当代中国，警务的供给也存在日益短缺的问题，制度上的一个重要原因就是目前中国政府部门单一主体供给警务的特征比较突出，尚未形成市场有效供给的多元格局。随着市场经济的纵深发展，社会各阶层的分化越来越复杂，公民的安全期待和警务需求也会相应不同，只有加快警务市场的开放，才能满足社会日益增长的安保需求。

三、中国保安业的发展

（一）第一家保安服务公司

中国大陆保安业的发展是随着改革开放而兴起的，1984年4月，国务院决定开放14个沿海城市和海南岛，建立经济开发区。以深圳蛇口为例，这个濒临海边的荒滩仅仅几年时间便拥有了400余家三资企业，随即而来的是社会治安问题的显现和体制上的制约。三资企业与工业区只有执行合同的承租关系，行政上不受当地政府和工业区党委的领导，职工来源复杂，流动性强，内地国营和集体企业中的保卫部门和群众性治安联防组织根本无法组建，三资企业老板又不愿与代表执法机关的警察打交道，这使得当地公安机关在新的格局中陷入了前所未有的困境。深圳市公安局会同蛇口工业区经过实地走访，借鉴西方经验，大胆拍板在特区组建一个企业性质的机构，为三资企业提供有偿性的安全保卫服务，既能为外商提供可以接受的警务服务，同时又能接受公安机关的业务指导。1984 年 12 月 18 日，中国当代第一家企业性质的“保安服务公司”在深圳蛇口工业区成立，有偿地为三资企业提供守门卫、巡逻、押运等安全保卫的警务服务工作。

经中央批准的全国政法工作会议文件（中办发〔1985〕13 号文件）提出，“借鉴国外经验，在大中城市创办保安服务公司。承担大型营业性展销、展览和文娱体育等活动以及外商独资、合资企业的保安业务。建立这样一个在公安部门直接指导下的保安公司，既有利于加强治安管理，又有利于缓和警力不足的困难”。

2000 年 2 月，公安部印发了《关于保安服务公司规范管理的若干规定》。规定明确了保安服务公司是为社会提供专业化、有偿安全防范服务的特殊性企业，在组织上只能由公安机关组建并进行统一领导和管理，作为独立的法人实体进行经营。公安机关与保安服务公司在经济上彻底脱钩的规定强化了保安公司独立自主经营、自负盈亏、独立承担民事责任的社会化治安主体定位，但是规定保安服务公司“只能由公安机关组建”则仍旧是行政垄断的表现。公安机关直接领导的体制设计不可能实现真正的政企分开，这也决定了保安服务公司的所有制结构、管理模式、经营方式和运行机制等方面仍保留了浓厚的计划经济特征。公安机关“管办合一”下现代企业管理制度的欠缺是保安服务业滞后发展的重要原因。①

2007 年 1 月，《保安员国家职业标准（试行）》发布实施。将保安员分为五大类，明确了职业标准和职业等级晋升的条件和程序，加速保安服务的职业化建设。

2009 年 9 月，国务院通过了《保安服务管理条例》，这是规范中国保安行业的现行“最高法”，为保安行业的市场化、社会化提供了制度保障。这部条例在一定程度上改善了无法可依的局面，彻底实现了公安机关与保安服务公司的脱节，是“促使我国保安服务行业进一步规范发展和有序开放的客观需要，也是缓解乃至解决我国保安服务行业出现的各种矛盾的现实需要，更是遏制我国保安服务行业暴露出来的各类突出问题和违法犯罪现象进一步恶化的迫切需要”。②

---

① 参见张陶然：《新中国治安制度变迁研究》，中国人民公安大学 2017 年博士学位论文。

② 苗伟明：《困惑与选择——上海市保安服务市场规范发展研究》，上海人民出版社 2013 年版，第 129 页。

(二)服务范围

根据国务院批准的公安部《关于组建保安服务公司的报告》(公发〔1988〕14 号文件),我国保安服务公司的业务范围是:提供守护、门卫、内部巡逻、押运贵重财物和危险品等保安服务;提供保护财产或人身安全的服务;提供展览、展销及文娱、体育、旅游活动的保安服务;按照国家有关规定,经营防盗、防火、报警等安全技术防范设备的设计、安装、咨询和维修服务;应客户要求并有能力承担的其他安全服务项目。①

由于最后一条"其他安全服务项目"不甚明确,公安部在 2000 年发布了《公安部关于保安服务公司规范管理的若干规定》(以下简称《若干规定》),进一步规定了保安服务公司经营的业务范围,规范了我国的保安市场。《若干规定》对保安服务公司经营范围的具体划定是:

(1)企事业单位、机关团体、居民住宅区、公共场所的安全守护;

(2)货币、有价证券、金银珠宝、文物、艺术品及其他贵重物资和爆炸、化学等危险物品的押运;

(3)展览、展销、文体、商业等活动的安全保卫;

(4)研制开发、推广应用各类安全技术防范产品,承接各类安全技术防范系统工程,并提供相应的技术服务;

(5)安全防范咨询服务。

在规定保安服务公司经营业务范围的基础上,《若干规定》又提出了不得从事的业务活动:

(1)提供个人人身保安服务;

(2)经营各类枪支、弹药、管制刀具等器械;

(3)经营人民警察的警用标志、制式服装和警械。

此外,保安服务公司不得从事非保安业务,不得从事生产和商贸活动,不得接受企业挂靠,不得延伸办企业。

《若干规定》取消了 1988 年公安部作出的业务范围规定中"应客户要求并有能力承担的其他安全服务项目"的兜底条款,并且将保安业的业务经营范围更加细化,还明确规定了保安服务公司不得从事的业务。总体来说,《若干规定》比 1988 年规定的范围更加细化、具体,对现实更具有指导意义。

"可以看出,10 多年来其经营范围基本上没有新的进展,而且一直在

---

① 参见陆燕乃:《中英两国保安业之比较研究》,载《湖南公安高等专科学校学报》2002 年第 6 期。

较低层次上徘徊,基本局限在人工看护、押运、参与文体、商业等较大型活动的安全保卫等方面。而规定中没有的经营项目,一方面一些地方的保安服务公司不敢越雷池半步开展经营,另一方面由于现有的合法经营范围满足不了社会的多种安全需要,又导致了其他非法经营现象的存在,而且有日益扩大蔓延之势。比如说私人侦探的问题,我们的政府历来持排斥态度,但在西方国家,私人侦探与公共执法部门之间相互补充,已成为国家与政府的一种情报体制,一种国策,得到社会的普遍认同。不仅民事危机需要求助于私人侦探,就是律师、工商企业、政府组织与国家的情报机关有时也会求助于私人侦探。"①

胡晓东(2005)研究表明,在英国,保安组织替代了一些警察部门的职能,如警卫安全保安,负责建筑物和财产的安全防护、定点门卫、巡逻;资讯安全保安,负责各项电脑安全监测、预防资讯被盗或程序被修改、破坏;还有定点岗哨(static guarding)、工资处理(wage protection)、控制流动人口(mobile control)、便衣跟踪(undercover surveillance)、警卫服务(guarding service)、危机处理(risk management)、诈骗调查(fraud investigation)等。其中,保安组织还替代原来本由警察部门来承担的非警务职能,如人事安全保安,负责公司员工安全查核、社会背景调查,有时还包括贴身护卫;还有现金运送(cash in transit)、贵宾保护(VIP protection)、商业护卫(business protection)、安全顾问(consultative work)等。②

(三)发展前景

保安人员经过一定的专业技能训练,相比以往的治安员和联防队员而言,具有一定的法律素养、防卫能力,纪律也强。政府部门在公安机关的警力短缺时也开始从保安服务公司购买"警务"来协助警察的工作。例如,广东省深圳市宝安区,区政府出资"购买"当地保安服务公司培训的保安,然后分配给每个派出所使用,派出所配置的辅警数量可以达到在编民警人数的 2.5 倍,如果民警有 40 名,则可以有 100 名辅警分配给派出所。保安服务公司派驻的辅警,除了配合民警进行巡逻防范,一些学历高的辅警还能够帮助民警处理内勤事务,如计算机管理、文件整理、保管档案和存储信息。③

南宁市政府在 2006 年 8 月作出了一项决定,由公共财政付费向保安服务公司购买"巡逻产品",由专业的保安人员组建一支巡防队伍,在公安机关的统一指挥下,配合警察实施"网格式治安巡逻",包括治安卡点的设

---

① 郭太生:《中国保安业发展的条件分析》,载《中国保安》2004 年第 21 期。
② 胡晓东:《我国保安业发展与警务结构的重建》,载《中国人民公安大学学报》2005 年第 6 期。
③ 载 http://dadao.net/php/dadao/temp_news.php? ArticleID = 32730,2012 年 1 月 25 日访问。

防布控、重要街道巡逻盘查和公共场所的秩序维护。①

《保安服务管理条例》经2009年9月28日国务院第82次常务会议通过,自2010年1月1日起实行,这意味着原先由公安机关经办和管理的保安服务公司可以单独由社会资源开办,公安机关的职责从直接管理变为监管,这将大大推动保安服务公司的市场化运作。

第三节 公共安全服务的社区供给

一、社区治安治理的结构

(一)社区治安自组织实现的基础

1.社群主义的价值回归

自霍布斯及洛克理论性建构自由主义思潮以来,西方便不断奠基着自由社会的哲学基础,自由主义思潮长期以来霸居欧美国家学术的主流地位,成为民主国家引以为傲的义理基础,同时也是西方世界推销的普适价值观的凭借。然而,自由主义的理论建构却一直受到马克思主义论者的质疑及20世纪80年代开始至今的社群主义的挑战。

社群主义的批判主张来自三方面:(1)在理论层次上,自由主义对个体与社区的看法是存在偏差的,个体并非像自由主义理论中的个体主义所描绘的先于社会而可以独立存在的;(2)在经验层次上,在自由主义的社会中,真正的社区是无法建立的,自由主义的社会充其量只是基于工具性价值形成的一种协会(association)式组织,像一个"无舵的集合体"(a collection of rudderless),久之必将面临自我解构的危机;(3)在实践层次上,虽然自由主义长期支配公共论述的空间,却不见增进实质民主的参与。②

新的社群主义,以"回应性"社群主义(the responsive communitarianism)为主要代表,以社区精神激发公民对公共事务的热忱与参与,以公民参与为圆心,公共事务为半径,描绘出基于人性价值所组成的公民社会,以复古的方式建构过去以家庭、宗亲、邻里或种族为生活重心的时代,但也并非如同自由主义论者质疑的同质过高的传统性社区,会成为威权主义滋生的"温床"。他们注重的是一种平衡的状态,包括社会制约与个人、社区与自主(autonomy)、共善(common good)与自由,以及社会责任与个人权利。

---

① 参见廖日辉:《构建保安辅警新的长城》,载《中国保安》2007年第6期。

② 参见石元康:《当代自由主义理论》,联经出版公司1995年版,第94~99页。

Etzioni(1998)认为一个好的公民社会养成离不开良好的公民社区。只有通过公民的自愿参与以及公民的个人自主的有限性才能达成社区的善治。在他看来一个"善治"的社区离不开公共精神、共识、对话、沟通。①

社群主义在公共事务中的实际内涵,可以从三个部分加以说明:(1)叙述性的社区(descriptive community),对社区进行"实然面"的剖析。社区是指具有归属感的一群人所构成的人际网络关系,基于分享共同的生活方式与公共设施,拥有相同的文化认同感,以产生一种息息相关的命运共同体之意识。(2)价值性的社区(valuative community),对社区"应然面"的阐述。一个健全的社区至少可以扮演凝聚性(solidarity)、参与性(participation)与共识性(coherence)的功能价值;社群主义能否成立,亦必须视社区本身可否实现前述三种价值目标。(3)主动性的社区(active community),从"实践层面"诠释现代社区的意义。社区成员在互动中扮演的是积极主动参与性角色(participative role)。②

2.社区赋权

Paul Florin(1990)选取 the Block Booster Project 与 Neighborhood Participation Project 为平台,试图回答公民参与社区发展的五大重要问题:(1)公民是否参与的影响因子;(2)公民之间的互动过程和环境氛围对公民参与进程的影响;(3)公民在社区志愿组织中获得的成就感的评估;(4)影响社区之间关系的关键因素;(5)政府应当如何面对社区治理中比较活跃的志愿组织和不活跃的志愿组织。从结果上看,社区赋权(enpowerment)是建构公民、政府、社区组织之间积极合作关系的最好的处方。③

公民直接参与社区公共服务提供的主要方式包括:一是经由地方政府授权,社区公民组织采取协议、契约、志愿者等方式,直接提供某一方面的公共服务;二是与政府联系、合作解决社区的重大问题,分担政府的社区公共事务管理职能;三是监督、控制公共部门提供社区公共服务的质量状况,与政府共同改进公共服务的品质标准。④

---

① Amitai Etzioni, *The New Golden Rule: Community and Morality in a Democratic Dociety*, New York: Basic Book, 1998, pp. 77 – 97.

② 参见丘昌泰:《公共政策:当代政策科学理论之研究》,巨流图书公司1995年版,第368~369页。

③ Paul, Abraham Wandersman. An Introduction to Citizen Participation, Voluntary Organizations, and Community Development: Insights for Bmpowerment Through Research. Vo1. 18(1), 1990, pp. 41 – 52.

④ 参见杨丹华:《工具理性与价值理性的冲突及其调适》,武汉大学2009年博士学位论文。

3. 协商民主

首次使用"协商民主"一词的是美国政治学家约瑟夫·毕塞特,他在1980年发表的《协商民主:共和政府的多数原则》一文中首次在学术意义上使用了"协商民主"(deliberative democracy)一词。在其中,他主张公民参与,反对精英主义。但是,真正赋予协商民主动力的是伯纳德·曼宁和乔舒亚·科恩。1987年,曼宁在《政治理论》第15期上发表了《论合法性与政治协商》,科恩则在1989年发表了文章《协商与民主合法性》,这两篇文章给予协商民主以高度评价,协商民主理论开始引起很多学者的关注。总体来看,协商民主具有以下几个特征:(1)合法性,协商结果的政治合法性是基于多数人的理性反思基础上;(2)公开性,过程公开、观点公开、建议公开、结果公开;(3)程序性,协商民主尊重程序并将程序看作决策获得合法性的规范性要求;(4)平等性,协商的核心是非强制性地提出或接受合理的观点;(5)参与性,协商民主鼓励利益相关的公民积极参与公共协商,在参与过程中公开自己的偏好和理由,尊重他人的意见;(6)责任性,协商过程的参与者在协商对话过程中,知道自身的偏好,了解他人的看法,更知道促进公共利益的政策建议来自各方的共识;(7)公共理性,除了对于公共利益的责任和协商过程公正,协商过程的实质性特征应该是以公共理性为基础。①

Fearon(1988)认为,社区的人们在作出集体决策之前进行协商和讨论,有助于了解个人偏好、克服有限理性的不利,有助于促进决策实施的监督、提高参与者的道德素养和知识水平。②

(二)治安共同体

"共同体"(community)最初来源于德国社会学家F. 滕尼斯1887年所发表的著作《社区与社会》,用来表示一种由具有共同习俗和价值观念的同质人口所组成的、关系密切、守望相助、存在一种富有人情味的社会关系的社会团体。燕京大学一些大学生1933年介绍美国芝加哥学派创始人帕克的社会学时,将"community"一词翻译成社区,是指以地区为范围,人们在地缘基础上结成的互相合作的群体,用以区别在血缘基础上结成的互助合作的亲属群体(家庭、氏族、民族),后来更多的运用显然突破了实体地域的范畴,我们用"共同体"用语来强调人与人之间基于情感、恋念和内心倾向的紧密关系而形成的具有共同精神、具有很强归属感、认同感的社会

---

① 参见杨丹华:《工具理性与价值理性的冲突及其调适》,武汉大学2009年博士学位论文。

② James D. Fearon, Deliberation as Discussion, elected from Jon Elster Edited, *Deliberative Democracy*, *Cambridge*: Cambridge University Press, 1988, p. 97.

团体。按照马克思主义的观点，人生来是社会的动物，社会总是以各种共同体的形式存在，如社会共同体、安全共同体、交往共同体、利益共同体、经济共同体、文化共同体、学习共同体，所谓“人的本质是人的真正的共同体”。①

马克思认为，人类社会存在三类共同体，“冒充的共同体”“虚构的共同体”“真正的共同体”，又称为“共同体”“资产阶级社会”“自由人的联合体”。②

“共同体”是指在特定共同性基础上结成的多元主体共在共处的类组织形式，一般具有共在性、共同性、共通性、稳定性和闭合性等特点。③

这一概念可以追溯到古希腊的“城邦共同体”，正如亚里士多德所言：“所有城邦都是某种共同体，所有共同体都是为着某种共同的善而建立的……所有共同体中最崇高、最有权威，并且包含了一切其他共同体的共同体，所追求的一定是善。这种共同体就是所谓的城邦或政治共同体。”④

在现代政治生态语境中或者说在“善治”时代，“治安共同体”是指在按照公共性规范和民主治理建构起来的多元治安治理主体之间的制度性安排下，形成的价值共同体、目标共同体和利益共同体。“治安共同体”包含四个层面的要素：警务主体、治理空间、治安规则和安全目标。

第一，多元的治安主体。治安共同体由政府、公民社会（社区治保组织和非营利组织）、市场（保安服务公司、私人部门）和公民等多元治安主体共同组成，他们通过对话、协商、谈判、合作等集体选择和集体行动，形成警务资源共享、彼此依赖、互惠合作的机制与组织结构，以实现共同的安宁目标。警务共同治理的过程就是以公安机关为主导、以社区治安自治为基础、以市场经济规律为机制、动员社区居民积极参与警务互动和治安防范。

这种运作模式不再是传统的“中心—边缘结构”，⑤而是一种基于信任与合作的网络结构。中心—边缘治理结构模式支配下，社会管理体制构建

---

① ［德］马克思、恩格斯：《马克思恩格斯全集》（第3卷），人民出版社2002年版，第394页。

② 参见王虎学、万资姿：《“共同体”、“资产阶级社会”、“自由人联合体”——从人与社会的关系嬗变看马克思的社会“三形态”》，载《湖北社会科学》2009年第1期。

③ 参见胡群英：《社会共同体公共性建构》，知识产权出版社2013年版，第22页。

④ 苗力田主编：《亚里士多德全集》（第9卷），颜一、秦典华译，中国人民大学出版社2003年版，第1页。转引自胡群英：《社会共同体公共性建构》，知识产权出版社2013年版，第25页。

⑤ 参见孔繁斌：《社会管理体制的包容性改革——从思想基础到行动方案》，载《学术前沿》2013年第1期。

趋向于控制—干预的逻辑，而这种网络结构中，社会管理体制构建趋向于协同—合作。

多元治安主体形成了以公安机关为主导的多元警务结构，不同的治安主体，有着不同的角色定位，承担不同的治安任务。公安机关是公共安全的推进者与服务者，发挥"元治理"的作用；公民社会（社区治安保会与非营利组织）和市场（保安服务公司和经济实体）自主参与公共安全的治理，公民是关心和参与公共安全的积极公民。

第二，必需的公共空间。"治安共同体"的社会建构必须以一定的公共空间为依托。公共空间中公共观点的表达和呈现、公共话语的形成、公共行动的动员和组织及公共议程的设置成为实现"治安共同体"社会建构的基本条件。治安共同体是多元治安主体与所居住的区域空间互动的结果，形成的治安能量场是治安共同体的场域和载体。

第三，严格的治安规则。价值上的相互认同、伦理上的相互信任、职责上的权责明确和利益上的相互协调是治安共同体的运作规则。

第四，共同的安全目标。治安共同体的目标就是推进公安机关、社区和非营利组织、市场和公民在社区治安事务中的共同治理，从而达到优化警务服务、提升治安的公共性的效果。

（三）社区集体行动的逻辑

Smith（1997）认为，公民参与社区集体事务，有助于个人意愿的表达，提升熟练参与公共事务的技能，学会尊重与调适社区集体的利益，适应彼此对立的冲突性的利益诉求继而转化为集体的共识，学会如何处理个人和志愿组织之间的关系。作者认为有效的社区集体行动离不开六个关键性的因素：(1)有合适的组织形式；(2)公民可以获得良好的参与效能感；(3)公民感受到切身利益遭受某种外部威胁；(4)公民必须具有一定的责任心和义务感；(5)参与的公民必须符合"知的要求"；(6)公民在参与的过程中获得较为舒适的成就感。[①]

被称为"人本心理学之父"的马斯洛认为人的需要分为五个层次，从低级到高级依次为生理需要、安全需要、归属需要、自尊需要及自我实现需要，安全需要是仅次于生理需要的基础性需要。只有先满足低级需要后，才有可能追求高级需要，即追求更深刻的幸福感、安详感以及内心生活的丰富感。从社区警务的产生历程来看，其旨在建立一种警方和社区之间的

---

① Keith L. Smith. Citizen Participation In Community Development, *Ohia State University Fact Sheet*, 1997. pp. 1 – 5.

联盟,目的是通过双方的努力来减少侵犯人身和财产案件的发生及提升公众安全感。因此,社区警务工作的核心就在于最大限度地挖掘社区民众资源,使之成为社会治安的轴心,构筑社区防范网络,把社区犯罪控制的力量回归社区民众,减少犯罪主体对社区生活环境构成的危险及破坏力,增加社区民众的安全感,创造更美好的邻里生活。

二、社区治安供给的经济学模型

从公共经济学视角考察社区治安需求和警务供给,必须综合看待消费群体——社区成员的人性假设。社会个体虽然是自利的理性人,决策的判断考量成本—效益比较,但作为生活在一定地域上同质性的社会群体,由于累积的社会资本和经常性的互动,在涉及个体和群体利益的警务生产和消费时,社区成员既有经济人本性,也会表现出社会人特性。因此,社区的警务供给不是单纯的市场供给行为。作为社会基本构成单元组织,社区的安全对社会安定乃至国家稳定都具有重大价值,带有很强的外部性,社区的警务供给又部分具有公共产品特性。

公共产品的范围与边界实际上很难准确划分,大多数的公共产品只有在某一特定平台上讨论才有意义,公共产品必定是某个区域或范围内的公共产品,在另外一个区域则可能成为私人产品。Ver Eecke(1999)认为,并不存在任何客观标准来划分公共产品与私人产品,同一个产品可以同时为公共产品和私人产品。① 考虑到私人物品的正外部性的效应,大部分公共物品实际上介于纯公共物品和纯私人产品之间。②

社区是指在一定地理区域上具有某种共同文化和互动关系维系的社会群体。③ 对社区的认识虽然颇为不同,但有存在共识的三个基本观点:第一,都主张从地域的角度来把握和确定"社区"概念的基本内涵,把社区视为一种相对独立的地域共同体;第二,构成社区的基本要素至少涵盖四个方面,即人口因子、地域环境、相对完整的社会关系、内在的文化与心理特征;第三,社区是一种复合体,其规模没有大小限制,若干小社区往往构成更大的社区。④

---

① Ver Eecke, W. Public Goods: An Ideal Concept. *Journal of Socio-Economics*, 1999, 28(2).

② Steiner, P. O. The Public Interest and the Public Sector[M]//Haveman, R. H., and Margolis, J., eds. Public Expenditures and Policy Acnysis, Chicago: Rand McNally, 1977. 30 – 31.

③ 参见王均平:《社区治安体系理论选择及模式研判》,中国人民公安大学出版社 2010 年版,第 122 页。

④ 参见吴鹏森:《社区:具有相对独立性的地域社会——与丁元竹、江汛清同志商榷》,载《社会学研究》1992 年第 2 期。

McManus(1995)在三个居民小区进行了以社区巡逻为核心的研究，其中两个小区的巡逻由社区组织给予资助，另一个则是当地政府迫于商会承租协会的压力提供经费。McManus 发现，三个社区的居民对社区秩序的稳定与社区犯罪率增长等问题普遍关心，居民共同的关注产生了对社区巡逻一致性的需求。[①] Noaks(2000)的一项研究也表明，犯罪预防被再一次证明是社区居民压倒一切的要求，对犯罪的恐惧使居民自己筹备资金组织社区巡逻。[②]

当公共产品能够排他时便可认定为一种俱乐部产品。[③] 最早对俱乐部产品进行经济学分析的 Buchanan(1965)认为，运用俱乐部理论可以诠释从纯私人产品到纯公共产品的所有情况，纯私人产品的最优会员数量为1，而纯公共产品最优会员数量可以无穷大。局部区域的公共产品则是典型的俱乐部物品，其范围包括社区以及邻里协会组织。[④] 人类之所以群居，建构了社区这个活动的基本地域，就是为了更好地排除潜在或现实中的危险和隐患，寻求安全是社区成员的共同需求，也是面临的共同问题。社区不仅是治安产品的消费者，地域的排他性也使社区成为治安产品最有激励性质的提供者。

三、社区治安的政府性供给

以社会公共产品形态出现的政府供给的警务服务，在供应之初是计划覆盖任何区域的。最理想的情况是，即便没有另外主体供给，所有社区已然拥有一定份额的警务服务。同时，社区作为开展各种社会性活动一个重要的载体，保障基本的安全秩序是政府的职责，因此，政府性警务供给是维持社区治安的最基本的供给途径。

政府性警务的组织方式取决于各地警力、警察的素质和能力、地理环境、人口状况、文化背景、治安复杂程度等诸多因素，没有固定的模式。目前流行的社区警务是个复杂的系统工程，它要求警察机关自身产生一系列的构成与调整。毕竟警察是实施社区警务战略的主导者，对警察的素质要求可能更倾向于综合处理问题的能力，特别是组织协调能力。

---

① McManus, M. (1995), From Fate to Choice: Private Bobbies, Public Beats, Aldershot: Avebury.

② Noaks, L. (2000) Private Cops on the Block: A Review of the Role of Private Security in Residential Communities, *Policing and Society*, 10:2.

③ McNutt, Patrick (1996), The Economics of Public Choice, Cheltenham, Edward Elgar.

④ Buchanan, James M. (1965), An Economic Theory of Clubs, 32 *Economica*, 1 – 14. 转引自王廷惠：《公共物品边界的变化与公共物品的私人供给》，载《华中师范大学学报》(人文社会科学版)2007 年第 7 期。

警察机构在社区的警务推进主要就通过地方水平战略(local level)来实现,它有两个主要方略:一是社区公安员;二是警察小店。

社区公安员(constable)是一种警官,他们的工作范围固定于特别的区域,通常是一个单独巡区,这类似于我国推行社区警务中的责任区民警。

警察小店(police shop),通常安置于居民区之中,旨在增进警民联系与沟通。新加坡建立的是"邻里警察站",日本实行的是"岗亭",我国实践中称之为警务室。其主要职责有三:一是进行预防犯罪的宣传;二是开展预防犯罪的群众运动;三是便于更直接接触社会面,聆听居民的反映。

我们来观察一下美国最大的城市——纽约是如何开展社区警务战略的。纽约市警察局机构规模庞大,在西方仅次于伦敦警察总局,在这样一个庞大的机构中,要从传统的应急反应型的警务转变为社区警务,必须进行大的手术。为了实施社区警务,将原有编制从 1989 年的 26550 名增加到 1992 年的 27150 名;步行巡逻增加至 4 倍,从 750 名增加到 3000 名;并计划不断增加警力,最终实现增编 23%。在计划增编的警员到位之前,警力继续向下倾斜,不断增加警察在社区的出现率。1996 年的警力增加到 30000 多名,其中步行巡逻增加到 5000 名,文职人员在 7600 名的基础上再增加 1600 名。警察是社区警务的推动者,警察必须成为一个能在社区开展工作的警察机构,警察必须是社区一部分。警局的每个成员,包括文职人员、侦探、业务组都要支援正在执行社区警务的巡警。每个街区或一组街区都将成为一名警员或一组警员的警务责任区。不仅如此,警局还要求实行"全局出动行动",要求所有科室的警官及其主管警官都要平均每周执行一天步行巡逻任务。警察院校毕业生上岗后,一律先当社区警察,参加步行巡逻。

纽约 75 个辖区的派出所,均按照主管巡逻业务的局长的指示,在各自的辖区成立了辖区管理小组,由社区成员和警察共同组成,其职能是在本辖区找出问题,确定重点任务,评价"解决问题战略"的实施结果。辖区管理小组是根据警察的报告、警长的意见、社区反映的问题以及管理小组会议上得到的信息去找出治安隐患,确定工作重点,采取相应行动。

找出问题之后,各辖区派出所所长同辖区管理小组一道制定根治问题的战略,然后由管理小组负责评价战略实施的效果。评价战略成败的一个参考指标是,当地是否还继续不断地出现同一类的投诉。其他途径包括警察和有关社区成员们的观察和体验。如果经综合评价后,认为该"问题"已经得以"解决"或"情况大有改善",辖区派出所所长和管理小组即可转向另外一个重点问题。这种工作程序日复一日,年复一年地不断循环下去。

在第一个实施阶段结束后，每个辖区派出所所长从警察和社区共同找出的问题中，至少找出五个重点问题，并针对这些问题制订干预计划，取得警局和外界的支持，而且要将“解决问题战略”实施情况和评价写入每年2月和8月的半年度工作报告中。

社区获得的政府性治安产品是作为统一的社会性保障出现的，稀缺的警务资源需要面面俱到，而且在较大范围内存在非排他性。在实际的警务运行时，这种行政性警务供给并不能真正有效满足所有社区的安全需求，有些社区，特别是处于偏远的交界地带的社区，甚至无法享受公共警务的覆盖。政府提供警务保障的关键是其对真实治安偏好的表达，在理解社区治安偏好时，大多从政治性影响考虑，并不完全从属于经济学原理。即使是在同一个社区中，不同的居民对安全的需求程度也不同。所以，社区治安的政府性供给是相当有限的，自行进行警务产品生产或寻求其他警务供给是社区的必然选择。

四、社区治安的产前契约式供给

早在1975年，布鲁贝克尔(Brubaker)将选择性偏好作为论证的逻辑起点，阐述了契约前的排他性可以有效地针对社区的范围来解决公共产品的“搭便车”问题，为社区产前契约式警务供给奠定了理论根据。①

社区治安供给的产前契约，就是在社区缺乏某项治安服务而该服务又为社区成员所需要时，警务供给一方和接受安全保卫一方在提供治安服务之前进行商谈，若大家表达的需要程度符合要求，则以契约化的形式订立治安供给合同；若双方没有谈拢，则资金仍旧属于社区成员。②

对于产前契约式供给方式，社区成员会表现出三种态度：一是完全由别人出资，自己免费搭车；二是个体根据比例支付相应资金以保证获得预期一致的收益；三是无人出资，整个社区成员都想免费搭车，导致全体被排除的结果。因此，社区在实际警务供给中存在一定的博弈，产前契约决策一旦陷入困境，则需要一定的权威对总收益和总成本进行相关评估，从而对治安需求和警务供给作出最终的决策。布鲁贝克尔认为，关键性的权威对产前契约式警务供给具有决定性的作用，如若缺失，将导致该模式的供给无效。

---

① W. F. Brubaker, Free Ride, Free Revelation, or Golden Rule?, in *Journal of Law and Economics* Vol. 18 (April), 1975. 转引自俞秋明：《社区治安供给的经济学分析》，载《新西部》(下半月)2008年第11期。

② 参见俞秋明：《社区治安供给的经济学分析》，载《新西部》(下半月)2008年第11期。

在我国大多数地区的产前契约式警务供给的实践中，政府往往充当了关键性的权威而进行了推动。河南省长期以来警力严重不足，每 10000 人仅有 6 名警察提供警务服务，西方国家的警力配置一般是每 10000 人 30 名警察以上，北京出于特殊的政治文化地位，目前警力配置可以达到每 10000 人 40 名警察。面对警力不足的困境，河南省方城县政府自 1999 年开始进行“治安有偿承包”的探索。县、乡两级治安综合治理办公室具体牵头，警方进行部署和落实，将明确范围的社区治安维护承包给个人或小组，并支付相应的报酬。为了公平公正，所有程序均公开竞标，根据权、责、利相统一的原则，与中标者签订警务供给的合同，用契约的形式明确治安防范的职责。方城县警方根据各乡镇和各社区治安的特点，推出“区域承包”“专业承包”“属地承包”“楼院承包”“时段承包”“内部承包”等多种具体承包形式。①

方城县政府颁发了《治安承包合同管理办法》，对契约的总则、发包与承包、合同的签订、合同的确认、合同变更与解除、违约责任、调解与仲裁等内容作了详细规定。在实行治安承包前，方城县仅在 1998 年就发生了上百起耕牛被盗案件；犯罪受害最严重的小史店镇发生盗窃、抢劫案件上百起，造成 20 人死亡。在县里召开的人大、政协会议上，仅社会治安问题的议案占了 1/3 之多，当地老百姓用顺口溜“方城农村治安乱、家禽被盗牛被牵、没人巡逻没人管、晚上睡觉不得安”来表达对当地社会治安的严重不满。该县决定先从治安最乱的小史镇开始试点。在农村，以自然村或经济作业区为单位落实治安承包。全镇 21 个村的治安防范被分解后，以 1000 元至 1800 元不等的价格，分别进行承包。结果在试点的 2001 年，小史镇仅发生刑事案件 11 起，同比下降了 60%，成为全县犯罪率最低的乡镇。俱乐部理论下的准公共产品的特征，可以利用一些技术性措施或制度设计解决公共物品消费的排他性。通过排除部分公共成员参与和“搭便车”，俱乐部能以私人自愿方式提供公共物品。② 只要排他机制的成本低于获取的收益，俱乐部就有效率性质。例如，该县供销社集资新建的 3 处 12 栋楼房出让后，由于警务没有跟上，盗窃案件不断发生，居民很有意见。在城关河东派出所主持下，协调动员该区域推行治安承包，组织每家住户出资 10

① 参见刘海霞、马兢：《对我国治安承包的解读：特征、模式及思考》，载《江西公安专科学校学报》2004 年第 3 期。

② 参见王廷惠：《公共物品边界的变化与公共物品的私人供给》，载《华中师范大学学报》（人文社会科学版）2007 年第 4 期。

元,聘请6名保安,在进行巡逻防卫的同时,也负责楼层的卫生。①

2002年12月,浙江省宁波市鄞州区五乡镇也进行了类似的警务实践。在五乡镇治安综合治理办公室的倡导下,五乡镇辖区的明伦村2003年度的治安防范工作向社会公开招标,由五乡镇派出所负责监督此项工作的开展。有20多位村民报名参加,最终村民张某以2.52万元的价格竞标成功。承包协议如下:该村本年度违法犯罪发生的案件基数定为12起。在此基础之上,每超出1起案件则罚款1000元,每降低1起案件则奖200元;出租房屋管理不到位或流动人口暂住证办理不规范,一旦发现根据情节罚款5~50元;没有按照规定进行晚上巡逻,发现一次罚款20元。作为绩效评估的两个指标的安全感及满意率,也有一个参考标准,每高于标准一个点奖励100元,每低于标准一个点则罚款100元。承包人必须协助派出所工作,经过派出所的相关审核,治安承包人可以自行组建警务队伍。②

五、社区邻里守望制度

Smith(1997)分析了公民参与社区治理的定义、重要性、需要的环境因素,并认为有效的公民参与社区治理离不开六个关键性的因素:一是有合适的组织形式;二是公民在参与过程中能够获得良好的参与效能感;三是公民的日常切身利益受到了某种外部势力的威胁;四是公民必须具有一定的责任心和义务感;五是参与的公民必须符合"知的要求";六是公民在参与的过程中获得较为舒适的满足感。③

公民与社区之间的互动,形成的是一种文化上的表现。社区文化是对一种情感的沉淀,其中"邻里守望"便是存在于社区居民之间的互相援助的体现,最能体现社区治安自主经营的意识,它源自美国,后在英国广泛推行起来。英国普利毛斯港是世界著名的军港,许多海军妻子因惧怕犯罪的侵害而自发组织起来,守望相助,定期组织各种活动,出版自己编的小报,不仅有效打击和预防了犯罪的发生,同时增进了整个社区居民的彼此了解。社区治安意识是个人对社区公共安全防范主动性参与的态度,参与不仅有助于防范外界带来的治安压力,也能有效地削减社区内部之间的冲

---

① 参见黎津平:《治安承包是社会治安综合治理的一种新的形式》,载《新疆警官高等专科学校学报》2004年第3期。

② 参见崔小明:《安全防范实行承包制　鄞州区明伦村此举在我市尚属首次》,载《宁波日报》2003年1月1日版;邱煜:《治安承包的理论与实践》,载《中国人民公安大学学报》2003年第5期。

③ Keith L. Smith, Citizen Participation In Community Development, *Ohia State University Fact Sheet*, 1997, pp. 1-5.

突。在增加社会资本积累的同时,更可以凝聚社区集体行动的能力,共同维护社区的治安防范。

Florin(1990)选取 Block Booster Project 与 Neighborhood Participation Project 为案例,从社区志愿组织视角,分析了公民参与、志愿组织以及社区发展的关系,提出了社区参与中公民参与五大重要问题:(1)谁参与,谁不参与,为什么?(2)公民之间的互动过程和环境氛围如何影响公民参与的进程?(3)如何评价公民在社区志愿组织中获取的参与效能感?(4)影响社区之间关系的关键因素有哪些?(5)政府应当如何面对社区治理中比较活跃的志愿组织和不活跃的志愿组织。①

同一个社区中,不配合的态度会引发小区居民的戒备,在社区邻里守望活动中,负选择激励(negative selective incentives)被制度化为一种社会压力(social pressures)发挥作用。② 负选择激励所生成的有限范围内的秩序,制约着社区成员在共用资源(社区治安秩序维护)博弈中的"搭便车"行为。

为建立团结、友善的邻里关系,有效维护农村社会治安稳定,积极创建居住环境舒适、人民群众满意的和谐社会,牟定县以创建"平安牟定"活动为载体,由县综治委牵头,在全县范围内推行村户联防"邻里守望"新模式,收到了较好的社会效果。该县在村(居)委会成立"邻里守望"群防群治工作领导小组,由1~3名派出所社区民警、村(居)委会治保调解员、自然村(社)小组组长、党员群众及政治觉悟高且威信高的人员组成,通过召开自然村社户长会议,由群众推选出政治觉悟高、责任意识强、与邻里关系和睦、具有一定文化素质和组织能力、在群众中有较高的威信、愿意为群众服务、能够积极协助社区民警工作的住户或农户作为"邻里守望员"。然后,以自然村为基础,按照每片由15户左右农户组成,每片由一名守望员负责的模式,划片组织农户实行"邻里守望"。每村义务守望户轮流值守,按照职责要求,负责对外来人员的登记、盘查、防火、防盗等安全工作,及时掌握警情、险情、民情,直接与社区民警联系,发现可疑人员及时报告,并配合公安、司法机关调处化解社会矛盾纠纷。社区民警通过深入邻里守望户走访,倾听群众呼声,掌握农村(社区)不稳定信息和治安动向,落实各项

① Paul, Abraham Wandersman. An Introduction to Citizen Participation, Voluntary Organizations, and Community Development: Insights for *Bmpowerment Through Research*. Vo1. 18(1), 1990, pp. 41-52.

② Wintrobe, R., Taxing Altruism. *Economic Inquiry*, 1983, 21(2). 转引自王廷惠:《公共物品边界的变化与公共物品的私人供给》,载《华中师范大学学报》(人文社会科学版)2007年第7期。

综治措施,开展治安防范工作。

常言道:众人拾柴火焰高。在推行"邻里守望"村户联防工作中,该县除积极调动社会各界力量参与外,公安机关充分发挥大学生村官的优势,发放聘书聘请大学生村官为治安联络员,协助收集各村的社会治安情况,及时提供各村流动人口信息,为民警掌握辖区动态提供有效信息。全面推行"邻里守望"群防群治措施,每一户农户都是邻里守望户,每一名群众都是治安联防员,让邻里互帮互助的良好风尚得以传承,在治安防控中发挥作用,让违法犯罪人员成为过街老鼠,无处藏身。2012 年 1 月 4 日,牟定县蟠猫乡朵苴村委会凹古本村村民何光发到派出所报称:"自家关在羊厩内的价值达 2850 元的 3 只黑山羊被盗,请求公安机关调查处理。"民警反复调查一无所获。正当案件侦破陷入困境之时,守望员非某某向民警反映称,近段时间有两名外地青年经常在村中闲逛,形迹十分可疑,办案民警按照守望员提供的相关线索,跟踪追击,经过缜密侦查,一举破获了自 2011 年 12 月以来发生在共和镇、江坡镇、凤屯镇等地的 16 起入室盗窃案,抓获犯罪嫌疑人 5 名,缴获被盗摩托车一辆、现金 8000 余元及部分首饰。2012 年 1 月 29 日,牟定县蟠猫乡龙泉村委会小古岩村邓光时家商店内的 700 元现金被盗,案发后,民警迅速展开调查。走访中,该村守望户邓某向民警提供重要线索,民警顺藤摸瓜,最终成功破获此案。诸如此类,由守望户提供线索破获案件的事例不胜枚举。

警力有限,民力无穷。通过推行"邻里守望"村户联防,不仅强化了社会治安防范管理,缓解了警力不足的矛盾,解除了外出群众的后顾之忧,更使派出所民警有了"千里眼""顺风耳",使邻里关系更加融洽。

第四节　公共安全服务的志愿者

一、公共物品志愿供给的动机

公共物品的志愿供给与公共物品的私人供给具有本质的不同,志愿供给实际上构成了自主组织与自主治理的过程。Young(1982)认为,个人做出志愿行为往往基于三大动机:一是经济利益的考量,二是物质利益的获取,三是精神层面的升华。①

Falkinger(2000)等人也指出,现实生活中志愿合作提供公共物品的案

① D. J. Young, Voluntary Purchase of Public Goods, *Public Choice*, Vol. 38, No. 1 (1982), pp. 73 – 85.

例也不胜枚举。① 志愿者的奉献精神所彰显的价值,或许并不在于供给本身,而是在于在同一信念下所共同缔结的信任、网络与规则,更重要的是提升了市民的道德境界。基于利他动机,非盈利行为取向下的警务志愿供给,是警务供给的重要补充形式。②

二、警务志愿者的法律关系

美国学者 Siegel 和 Sundeen(1986)的研究认为,警察机关与警务志愿者(police volunteer)形成的关系从法律的角度来看,应该属于行政合同。警务志愿者由当地警察部门进行项目设计和过程管理。警察当局根据社会治安形势和警力状况,会推出一些警务志愿者项目,执行部分警察职能,如“预备警官项目”(programs using reserve officers)、“邻里守望项目”(neighborhood watch program)、“治安巡逻项目”(programs using explorer scouts)。对这些志愿警务项目,联邦或者州政府都拿出专门经费给予帮助。美国《国内志愿者服务法》(Domestic Volunteer Service Act)规定,项目资金由“国家与社区服务社团”(The Corporation for National and Community Service)统筹。警察机构提出申请后,经由“国家与社区服务社团”审核,以下拨资金方式或者签订合同的形式向警察机构提供经费,警察机构在招募警务志愿者时也同样与参加者签订合同。③

例如,2008 年“警务志愿者”项目(VIPS, Volunteers in Police Service)得到美国司法部的立项(编号 No. 2008 - DD - BX - 0671),志愿者人数超过了 224000 人,提供的警务服务有:(1)警务管理服务,如登记数据、打印报告、接警电话。(2)治安巡逻服务,如社区公园骑自行车巡逻;节假日大型商品交易中心执勤巡逻,指挥机动车停放或寻找走丢的儿童;参加水上巡逻;照看无人居住的房屋;疏导交通。(3)社区警务联络服务,如社区警务室的日常接待,治安防范宣传等。(4)邻里守望。

---

① J. Falkinger, E. Fehr & S. Gachter, et al, A Simple Mechanism for the Efficient Provision of Public Goods: Experimental Evidence, *The American Economic Review*, Vol. 90, No. 1 (2000), pp. 247 - 264. 转引自王廷惠:《公共物品边界的变化与公共物品的私人供》,载《华中师范大学学报》(人文社会科学版)2007 年第 7 期。

② 参见[日]青木昌彦:《比较制度分析》,周黎安译,上海远东出版社 2001 年版,第 56 页;王廷惠:《公共物品边界的变化与公共物品的私人供给》,载《华中师范大学学报》(人文社会科学版)2007 年第 7 期。

③ Gilbert B. Siegel, Richard A. Sundeen. Volunteering in Municipal Police Departments: Some Hypotheses on Performance Impacts. *Public Productivity Review*, 1986 (10): 77 - 92. 转引自左袖阳:《治安志愿者法律关系模式研究》,载《中国人民公安大学学报》(社会科学版)2009 年第 3 期。

(5)调查研究活动,如对特殊区域进行犯罪数据分析。编制犯罪案件地理信息图。

西方将警务志愿者与组织者之间定位为合同关系主要基于下列考虑:第一,警察机构和警务志愿者之间不存在上下级的行政隶属关系,警察机构虽然是出面招募人员的组织者,但整个过程均是以平等的民事主体身份进行的;第二,并非所有的志愿者都能被警察部门挑中,最终是否留用是双方合意的结果;第三,整个招募是在公开进行的要约和具体的承诺导引下完成的。

中国警务志愿者与组织者是以事实行政的方式建立法律关系的,由于中国公安机关正式警察编制数量受到限制,面对警力严重不足的困境,必须动员更多的社会治安资源投入最基本的公共安全维护中。社会治安资源除了市场机制的保安服务公司供给之外,就是靠广大警务志愿者承担,其承担了部分原本应由警察承担的治安性事务。这种职责事务的转移有着社会动员性质,这也充分表明由政府进行分派、基层组织动员的警务志愿者不能用简单的民事合同关系来概括,其实质是包含了劳役性质的转移与委派,是一种对税收支付不足的人力替代,这在二十世纪八九十年代非常普遍。按照国家权利与义务的关系,公民和经济实体交纳各项税费之后,这种公共警务服务应主要由政府公共财政的支出来供给,但在税费不足以支撑庞大的正规警察组织时,溢出的警务需求便寻找替代。在警务市场机制尚不健全的情况下,只能采取对基层组织政治层面的动员。承担动员组织任务的基层自治组织如治保会,实际上是基层政府行政职能延伸的代理,基层自治组织往往也不认同与警务志愿者之间的合同关系。作为平等主体的警务志愿者协会在现实中也不存在,因此,警务志愿者与警察机构之间不存在单质的合同关系。

据统计,浙江省湖州市现在有警务志愿者两万多人,分别属于不同的警种。当地警方建立了一呼百应机制,尤其发展出租车司机、环卫保洁人员等特殊的志愿者群体。疑犯作案后往往选择出租车逃跑,警方把出租车司机的手机号码连在公安的信息库里,案子一旦发生,警方将短信群发过去,几分钟后出租车司机就能将相关信息反馈回来。环卫保洁人员也是经常见证犯罪的少数人群之一。有一个典型的案子,某小区的保洁人员每天打扫卫生时,在同一个地方扫出很多改装后的可乐罐,上面插着两根吸管,起初保洁人员只是好奇但没在意。后来,社区民警定期请保洁人员座谈,传授一些治安防范要点,保洁人员才恍然明白那种插有两根吸管的可乐罐是用来吸毒的工具。就这样,警方根据保洁人员反映的情况抓获了以贩养吸的贩毒团伙。[①]

江苏省于2002年10月颁布了《江苏省治安志愿者队伍建设管理规定(试行)》,通过广泛组织治安志愿者队伍,有力地提高了群众义务防范活动的组织性,共同参与平安创建活动。2002年11月,公安部、共青团中央开始共同实施“维护社会治安志愿者筑城行动”,充分调动和发挥广大群众尤其是青年维护社会治安的积极性,推动群防群治工作的深入开展。[②]

2008年北京奥运会以后,治安志愿者模式延续下来,特别是在城市开展大型活动时往往借鉴这种模式。各地根据实际广泛建立社会治安志愿服务队,越来越多的民众成为治安志愿者,无偿参与到维护治安秩序工作中,并形成了一种新型的民间警务工作机制。北京市为强化规范制定了《北京治安志愿者章程》《治安志愿者实名制管理办法》《举报奖励办法》《星级评比考核意见》等内部管理制度。同时,各地在提升治安志愿者能力上逐级开展治安防范技能培训和实战演练,在物资保障上将群防群治工作经费纳入各级财政预算,积极争取社会资金投入。政府部门协助组建治安志愿者协会、开设治安志愿者网站,积极促进治安志愿者制度的成熟发展。在复杂的治安环境下,治安志愿者组织是充分挖掘和运用社会资源维护治安、探索新形势下专门工作与群众路线相结合的有效实现形式。[③] 截至2015年12月,北京实名注册的治安志愿者已突破85万人。[④]

第五节　警务运行多重协调机制的完善

多元化的警务供给主体均具有不同的价值取向,警察保障公共安全,保安服务公司追求收益,治安志愿组织寻求精神世界的平衡;虽然三者在维护社会治安防范的成效上具有一致性,但是公众与社会利益团体的需求非常复杂,任何单方警务主体都无法覆盖到安全供给的全部。路径的依赖性也使各主体在警务的供给中沿袭固有的模式,[⑤]而难以采取一致的协

① 参见胡玥:《金伯中访谈录:从“枫桥经验”到“警务广场”》,载《法律与生活》2011年第12期(上)。

② 参见共青团中央:《中国共青团年鉴1998~2002》(下册),中国青年出版社2004年版,第1280页。

③ 参见张陶然:《新中国治安制度变迁研究》,中国人民公安大学2014年博士学位论文。

④ 据时任北京市政法委副书记、首都综治办主任闫满成2015年12月18日在北京举行的中国志愿服务联合会第一届理事会第五次会议上介绍包括“朝阳群众”“西城大妈”“海淀网友”等在内的北京实名注册的治安志愿者数量已突破85万人。

⑤ 参见程恩富、胡乐明:《新制度主义经济学》,经济日报出版社2005年版,第203页。

作来应对社会整体的需求。在警务公共服务供给中,政府在创造条件发挥保安服务市场的资源配置功能的同时,也要注重警务规制对保安服务市场权力依赖性的作用,不断完善政府行政机制、市场交易机制和社会志愿机制协同合作供给体系。

一、多元化警务供给的潜在问题

警务供给的多元化发展,打破了警察垄断的局面,通过整合政府行政机制、市场交易机制和社会志愿机制,实现协同合作的供给体系。异质化供给主体具有不同的组织方式、服务标准和目标定位,可以相互弥补不足。警察部门的有限理性、警察个体的"经济人"假定以及保安服务公司、非政府志愿组织本身所固有的缺陷,造成警务公共性缺失和供给效率降低。[①]

(一)多元化结构下的效率损失

对于警务的供给效率的评价一般注重的是最大化的社会治安效益,在治安资源得到优化配置的基础上实现警务供求的平衡。追求效率是警务多元化供给模式的目标,并最终影响到警务供给主体在结构中的地位。警务效益的特殊性在于其反映的是社会治安环境,难以用市场价格来衡量这种收益,其供给效率主要取决于警务供给的协作制度。

迈克尔·麦金尼斯认为,多元化供给的效率取决于三个因素:(1)供给主体与公共产品的效应规模需要一致;(2)具有合作性的制度安排,不同供给主体之间可以采取共同行动来实现互利共赢;(3)当不同供给主体之间产生冲突时,有一定的调整措施来解决。[②]

警务多元化供给中,政府的重要性是显而易见的,根据对警务需求的互补性来统一配置不同机制的比例,调整治安防范和警务产品的结构类型,满足社会多元群体对不同安全服务的需求,同时能够以公正的方式和符合社会普适的价值观去处理不同治安维护者的矛盾纠纷。在现实中,由于政府掌控国家暴力和政策制定的绝对权力,"是在有关约束条件确立的限制下追求自利的行动者"。[③] 同时也"是在追求私利中创生制度的自身

---

① 参见尚海涛、任宗哲:《公共性和效率性观点下公共产品供给模式多元化及其潜在问题》,载《青海社会科学》2010年第9期。

② 参见[美]迈克尔·麦金尼斯:《多中心治理体制与地方公共经济》,上海三联书店2000年版,第25页。

③ [美]埃瑞克·G.菲吕博顿、[德]鲁道夫·瑞切特:《新制度经济学》,孙经纬译,上海财经大学出版社1998年版,第424页。

利益最大化的自私的行为人”，[①]无法完全摆脱理性经济人行为动机模型的政府必定不会浪费自己垄断的优势，试图获取更多控制，在警务供给的配置中总是倾向于从警察部门自身角度考虑，不仅使警察机构不断膨胀，而且导致各警务主体之间的不平等地位，效率损失难以避免。

多中心治理机制的最大特征是原发性的自主治理，麦金尼斯认为自主性具备多中心秩序概念性特质，“其中许多因素的行为相互独立，但能够作相互调适，以在一般的规则体系中归置其相互关系”。[②] 多中心治理强调秩序的原发形成，决策、执行和监督都必须以自主治理为基本运行机制，破除唯一最高权势的统治格局，各主体均成为治理的权威，通过有序竞争下的相互协作和冲突的调适解决使不同利益群体的诉求得以实现。但是，由于权威性的分散，如果存在制度性的缺失或缺乏协同性，多中心治理必然会成为碎片化的权力结构，即权力越分散就越不负责任，多权力中心的治理格局失效，势必造成各主体在公共产品供给上互相推诿，这种碎片化的结构也必然会导致效率损失。

正如政府和市场会“失灵”，社会非营利组织也常常会偏离志愿的性质，出现萨拉蒙（1987）所说的经费不足、活动领域不广泛等造成的“失灵”问题。[③] 当志愿者组织因为民间捐赠下降或得不到政府公共财政的支持时，为了维持本组织体的继续运行，可能从事某些营利性的活动而丧失其初旨，[④]甚至从事非法活动。

（二）多元化结构下的公共性缺失

警务的供给，控制成本及提升效能是必需的，更为重要的是整个过程有助于公共精神的凝聚和公共目标的实现，社会的治安秩序的稳定与和谐是警务服务的终极目的，即必须最大限度地满足社会公共利益的诉求。

从警务多元化供给的发展方向来看，其核心是基于契约形式的市场化供应机制。警务的种类、规模、质量等要素是以政府规范性文件的形式进行安排，具有公共治理的政治性特征，但从保安市场发展的趋势来看，警务供给已经成为一种典型的市场竞争下的营利行为。Savas（1992）认为，政

---

① ［美］安德鲁·肖特：《社会制度的经济理论》，陆铭、陈钊译，上海财经大学出版社 2003 年版，第 215 页。

② ［美］迈克尔·麦金尼斯：《多中心治理体制与地方公共经济》，上海三联书店 2000 年版，第 76 页。

③ Gidron B，KramerR，Salmon L. M.，Government and The Third Sector，San Francisco：*Jossey Bass Publishers*，1992.

④ 参见虞维华：《从“志愿失灵”到危机——萨拉蒙非营利组织研究疏议》，载《公共行政》2006 年第 8 期。

府通过委托、撤资及替代三种途径促成私人部门进入公共服务领域，减少行政性干预、增加私有化，提供不同层次的公共产品，通过权力下放、打破垄断供给、引入竞争机制、完善产权制度来激发私人领域参与公共产品供给的热情。①

公共产品引入私人产权在某种程度上降低了政府的控制能力，也有可能导致私人集团对公共服务的垄断，形成内生性风险。伴随着警务市场的服务范围和领域不断开拓，警察机构与保安服务公司的关系更加密切，共同的利益联系淡化了政府对私人机构的监管，公众也质疑将公共资源用于私人部门的创收是否妥当。由于保安服务公司的加盟，或许减弱了警察机构在警务供给中的职责，漠视了公众的需求；公众也难以判断应该是警察还是作为合作者的保安服务公司对社会治安负责，难以准确和公正地衡量社会治安防范的绩效，由此造成警务公共性的缺失。

亚里士多德认为，最多数人的公共事务，往往最少得到人们的关注，人们忽视公共的事务而仅注意自己的所有，对于公共的一切，只有与其相关的部分才留心。② 公共利益总是难以得到共同的关注。

路径的依赖性也使各主体在警务的供给中沿袭以前固有模式，③而难以采取一致的协作来应对社会整体的需求表达。安全需要的分化使这种碎片化的各自为政在导致警务供给效率损失的同时，也带来一定的公共性的缺失。

（三）警务多元供给中的责任困境

总体而言，警务所提供的安全服务具有公共物品的特征，但与国防等纯公共物品不同的是，由于安全服务的受益对象和范围的不同，不可能由公共财政提供所有的服务，现实社会警务的供给中，涉及多类主体，其目标、角色扮演与价值取向不同，在复杂的治安生态环境中和安全链上可能出现权责不一致、责任不到位、责任难追究等问题。

传统官僚制警务体系是按照等级制的权责进行安排的。在公安部、公安厅、市公安局、县公安局（公安分局）、公安派出所这样一个官僚制组织结构中，通过对上级指示或命令的执行和职权范围内的“自由裁量权”进行治安管理和维护秩序，这一过程在相当程度上体现了权力与责任的统一。然而，不同类型的上下级主体协同中，会出现权责不清晰与不一致的

---

① Savas E. S., “Privatization” in Mary Hawkeaworth and Maurice Kogan. Encyclopedia of Government and Politics. *New York*: Routledge, 1992.

② 参见［古希腊］亚里士多德：《政治学》，吴寿彭译，商务印书馆 1983 年版，第 48 页。

③ 参见程恩富、胡乐明：《新制度主义经济学》，经济日报出版社 2005 年版，第 203 页。

情况。警务供给主体呈现多元化，且属于不同部门，责任担当更加复杂，常常无法明晰。例如，查处野生动物案件，实际上地方公安、森林公安、海关缉私警、公安边防、边防军都有各自授权范围内的查缉，但地方公安主管部门是公安部，森林公安主管单位是国家林业局，海关缉私警主管单位是海关，公安边防主管单位是武警，边防军主管单位是部队，一个区域的野生动物交易泛滥有可能是某一个部门或几个部门没尽到职责且互相推诿的结果。

作为社区安全警务供给的政府与公安机关派出机构，通过聘用制的方式雇用辅助人员，从而实现更完善的社区治安服务供给，是解决公共部门在社区服务供给中警力资源不足的有效途径。但由于社区治安供给领域的特殊性，供给人员的工作往往会涉及执法、监管等法律性质的行动，在这一过程中也可能遭遇责任困境。以公安派出所的辅助警力为例，在中国，辅警自始至终在理论和法律上都没解决好“执法权”的建构，其拥有的协助警方完成各项任务的权力依据仅仅是普通公民权。而在现实中，中国警力不足的现实又使辅警常常在民警带领下参与执法，按民警的指令开展警务工作。实践中，民警“带领”的范围界定不清晰，参与执法的方式、限定条件、程序模糊，当辅警警力素质不高在辅助执法过程中造成侵权行为时，其不良后果的承担和责任问题很难认定。①

（四）公私警务之间的排斥

西方私人保安业有较大的独立性，政府干涉不到具体的经营，所从事的警务活动越来越多地涉及警察传统的警务内容，引起公共警察一定的排斥，将警察与私人保安业在工作上的关系进行属性的割裂。英国警察局长协会主席 Stevens 在众议院举行的关于私人保安业的听证会上说：“警察的责任是保护人民并打击犯罪，而私人保安业的责任按其现行工作范围应是协助警察而不是取代警察。警察代表国家，与私人保安业的性质完全不同，也不存在伙伴关系。”有的警察局局长甚至抱怨说，私人保安业现在向警察伸手太多而合作太少，这种抱怨是由于，现代保安业发展打破了警察一家垄断警务工作的事实，警察还无法正确地认识并适应这种关系。在加拿大，警察与私人保安业的关系曾经历了五个发展阶段：第一，否认私人保安业的作用；第二，妒忌甚至用诋毁声誉的做法阻挠保安业的发展；第三，展开竞争并公开敌视；第四，要求政府进行控制；第五，成为积极的合作伙伴。这种发展过程反映了两者关系发展的一般规律。警察与私人保安业

① 参见钱洁：《创新社会管理构建中国特色辅警队伍的探索》，载《公安学刊》2012 年第 2 期。

成为友好的警务合作伙伴取决于工作合作的质量与互相接触的频率,互相接触改善了关系,起到了交流信息、沟通犯罪情报的作用。①

二、政府警务规制对多元化警务供给的调节

规制是借助政府管理体制为促进社会经济的发展提供规范和合理的外部空间,20 世纪 80 年代以来,世界范围内的政府职能改革促使了政府规制的建设,政府由直接管制逐渐过渡到规制,政府职能上的调整被喻为"掌舵而非划船"。② 政府的重心转向规则和政策的制定,减少公共服务的直接提供,放弃传统上的特权和垄断地位,公共服务的生产领域也允许私人部门的参与,私人领域具备一定程度的公共性,这或许是"重新政治化"的开始。③

警务规制建设是警务市场化改革的基础保障。警务规制是指为纠正保安服务市场失灵,政府有关行政机构依据一定的法规对保安服务公司行为进行干预。它包括对保安服务行业的经济性规制及其行为的外部性问题的政策性调适,旨在促使保安服务公司避免某种行为或鼓励其采取某种行动。

市场机制的优势在于能够遵循市场价值的规律,适应警务供求关系的变化,通过价格杠杆和竞争机制,把治安资源配置到效益较好的环节。作为一种制度,警务市场满足了公民社会对公共安全的需求,但其本身不能脱离政府规制的框架,它同时需要对民众吁求和公共政策做出及时而敏感的反应。

警务规制的作用是促进市场机制的健康发展。市场机制具有自发演进惯性与权力依赖特性。在自由主义者看来,市场的自发演进和自我调节是市场进行资源配置和实现社会繁荣的重要原因。波兰尼则认为"图利"是"自我调节市场"的支配原则,一旦逐利动机太强则会走向"脱嵌",④违背保安服务市场在警务服务提供中应该履行的社会责任。市场权力依赖特性表现为市场的培育与功能发挥均离不开政治权力的支撑,这意味着政府干预市场具有合法性。市场具有的自发演进惯性又表明政府行政干预

---

① 参见郭太生:《英国私人保安业研究》,载《公安大学学报》1997 年第 3 期。

② 高韧、吴春梅:《公共部门改革中的公共性与市场性协调机制研究》,载《华中农业大学学报》(社会科学版)2005 年第 3 期。

③ 参见[德]哈贝马斯:《公共领域的结构转型》,曹卫东等译,学林出版社 1999 年版,第 170 ~ 179 页。

④ 参见[匈]波兰尼:《大转型——我们时代的政治和经济起源》,冯钢、刘阳译,浙江人民出版社 2007 年版,第 234 页。

的合理性。在警务公共服务供给中,政府在创造条件发挥保安服务市场的资源配置功能的同时,也要注重警务规制对保安服务市场权力依赖性的作用。

三、通过行业协会进行规范

目前英国对民间保安业的管理依赖于行业组织,要求会员自律,并且各种保安项目均有自己的协会。比较有代表性的行业协会有以下几个。[①]

(一)英国保安协会(British Security Industry Association Ltd. ,BSIA)

为了强化与政府部门的沟通,提升警务服务质量,1967 年,8 家保安公司联合成立了该协会,至今已有 350 多家保安公司加入。协会有 9 个部门,每个部门均有委员会负责会员资格审查。在各地下设 10 个分支机构。英国保安协会定期为会员公司提供训练与教材方面的服务;通过协会彼此之间信息交流,增强相互联系;向顾客介绍各会员服务项目及相关资料,供其选择;加强与警察机关的联系和互动。设有保安监察组织,其主要职能是用政府规定的服务业标准对提供人工看护的民间保安业进行评估和监察。

(二)国际专业保安协会(International Professional Security Association,IPSA)

此协会成立于 1958 年,宗旨是提升保安业之专业水准,研究发展保安系统。会员种类有公司会员和个人会员两种。协会为新进保安人员或在职保安管理人员及保安经理分别提供初级、进修级和高级训练课程,出版专业杂志《专业保安》(Professional Security)、各种保安教材,召开各种研讨会和举办保安器材展。协会设有专门的研究机构 International Institute of Security,定期进行保安管理测验。为帮助会员准备测验,协会还设有函授学校(Correspondence Training College),提供 28 个星期的保安课程。

(三)全国保安系统认证委员会(National Approval Council of Security System,NACSS)

此委员会于 1991 年成立,由包括保安公司、政府部门、保险公司在内的专业人士所组成,对包括入侵警报(Intruder Alarm)、门卫管制(Access Control)、闭路电视(CCTV)和中央控制台(Central Monitoring Station)在内的四种保安器材进行审核认证。

---

① 参见郭志裕:《英国保全业现况之研究》,载《台湾警学丛刊》1996 年第 1 期;陆燕乃:《中英两国保安业之比较研究》,载《湖南公安高等专科学校学报》2002 年第 6 期。

（四）保安业督导会（The Inspectorate of Security Industry，ISI）

人力警卫是英国保安业最频繁的服务方式，此督导会和保安器材的认证委员会性质一样，是考核人力警卫保安公司条件是否合格并给予证明的组织。督导会于1992年成立，对申请认证的人力警卫保安公司进行业务督导，并对保安人员的表现记录、业务状况、勤务情形和教育训练内容进行审核。

四、区域之间合作警务协调机制

1949年以后，中国政府经历了从分权到集权再到分权的循环之后，形成了"条块结合，以块为主"的"M形"结构的行政组织，这很大程度上区别于苏联以"条条"为基础的"U形"结构的行政组织。[①]

"M"形结构的组织框架上，各地方政府为了增加自己的GDP政绩而进行各种制度创新，取得财政盈余，这是地方官员官职晋升的基础。这种激励机制使地方政府成为中国改革开放有力的推动者，也是创造中国经济奇迹的实践者，因此也形成了"地方官员晋升的政治锦标赛"模型。[②]

地方政府竞争制度促进了中国的改革开放和经济发展，但是也同时使地方政府之间的区域合作变得十分困难。中国的区划是根据省、市、县三个层级机构进行组织的，各个行政区划的政府各自为政，跨越目前行政辖区组建一个超级管理组织是很难的。人为的行政区划使区域公共产品的提供缺乏统一性。例如，长江三角洲区域分别隶属江苏、上海和浙江三个行政区划，这非常不利于治理整体化区域。政绩考核方式也削减了地方行政为整个地域供给公共产品的欲望。当某地区的治安指标得到改善，该地方警察官员的政绩就会得到认可。这种考核方式激励了地方打击本辖区的犯罪的积极性，但是却消解了区域之间的警务合作的欲望。区域内的严打措施会促使部分犯罪人员转移到邻近辖区犯罪，造成相邻区域治安恶化而引起不满；同时，警务绩效考核具有相对性，当别的辖区的治安指标好转时，会相应降低本地区的警务政绩，引发相邻地区之间的猜疑及警务工作的恶性竞争，造成公共服务的浪费。按行政区域配置的警务资源，在缺乏合理补偿的情况下，辖区之间很少愿意提供相应的协作与服务。一个地区

---

① 参见钱颖一、许成钢：《中国的经济改革为什么与众不同——M形的层级制和非国有部门的进入与扩张》，张军、周黎安编：载《为增长而竞争：中国增长的政治经济学》，上海人民出版社2007年版，第3～4页。

② 参见周黎安：《转型中的地方政府：官员治理与激励》，上海人民出版社2008年版，第17～18页。

通过先期警务活动收集的信息并为之支付了成本，而在此基础上获取治安效益的，可能是另一个地区。警察机构的区域性行政，各种警务要素都无法进行跨行政区的整合，包括事权、人事、信息、财务、考核、指挥等，造成区域性警务效率的低下。一些重大刑事案件虽然实现了区域之间的警务合作，但仅限于个案的合作，或是靠上级公安机关行政协调，或是依靠警务人员之间的"熟人关系"。

中国地方政府竞争制度导致区域警务合作在实践中难以有效开展。同时，跨区域犯罪高速增长又要求必须打破行政区划的警务限制，实现跨区域警务的有效合作。地方政府之间的博弈造成跨区域警务的提供陷入了"囚徒困境"。打破"囚徒困境"的方式之一是引入第三方的强势介入，来迫使不合作的双方进行合作。对于中国的跨区域警务合作事务来说，来自上级政府，特别是中央政府的干预是当前最为有效的机制。中央政府掌握着地方政府的人事任命权，这种强制性利益干预使地方政府之间迅速摆脱"囚徒困境"的难题。

2003 年 7 月，时任中共中央政治局委员、广东省委书记张德江率先提出建立泛珠三角警务合作区构想，促成了 2004 年《泛珠三角省会市暨副省级市警务协作框架协议》在广州签署。随后，2008 年的北京奥运会以及 2010 年的上海世博会两大国际性事务中，为了实现万无一失的公共安全和治安防范，在中央政府的直接干预下，跨省区划的警务合作机制迅速得以组建，而且实际运行效果良好，所取得的区域警务合作经验让中央政府感到有必要在全国范围内推广跨区域的警务合作机制。诺思指出，机制是一个社会的博弈规则，或者更规范一点说，它们是一些人为设计的、形塑人们互动关系的约束，并进而构建了人们在政治、社会以及经济领域中交换的激励。①

在公安部的推动下，地方公安机关很快行动起来。2010 年 9 月 1 日，苏浙皖沪三省一市在上海签署公安经侦区域警务合作框架协议；2010 年 9 月 10 日，内蒙古、黑龙江、吉林、辽宁正式建立东北地区警务协作机制；2010 年 9 月 26 日，环首都区域警务合作协议正式签订，涵盖北京、天津、河北、山东、内蒙古、辽宁、山西 7 个省份。按照《公安机关东西合作素质强警行动计划（2010～2012）》，公安部协调北京、天津、上海、江苏、浙江、山东、广东 7 个省市，分别与青海、宁夏、甘肃、海南、西藏、新疆和新疆生产建设

① 参见唐兴霖：《诺思的国家与政府理论述评》，载《中国矿业大学学报》（社会科学版）2000 年第 2 期。

兵团、贵州8个省区和兵团结成合作对子。

2010年10月12日，陕西、甘肃、青海、宁夏、新疆及新疆生产建设兵团的警务官员在陕西首府西安签署了《西北地区〈陕甘青宁新兵团〉警务协作机制》，主要内容包括反恐处置突发事件工作联动、情报信息资源共享、严重刑事犯罪打击、重大治安问题整治、网络舆情研判导控、理论调研工作交流六个方面。同时确定通过构建西北地区警务联席会议制度来协调跨区域警务协作的总体框架，下设联席会议主席、轮值主席及办公室来具体组织和落实各项事务。

2010年12月6日，河南、安徽、江西、湖南、湖北五省警务官员在湖北首府武汉签署了《中部五省警务合作联席会议章程》《中部五省警务合作框架》《2010~2011年中部五省警务合作协议》。根据议案，五省公安机关将在突发事件应对、跨省严重犯罪打击、重大安保任务互助、网络舆情互通、警务理论研究成果共享等八个方面进行合作，达成中部区域警务互补互惠、互利共赢，为共同维护中部地区社会稳定治安良好的局面提供坚实保障。

2011年，公安部制定下发的《公安部关于全国公安机关加强警务合作指导意见》出台。在此指导下，各级公安机关积极实施并拓展了区域警务的合作实践范围和空间。到目前为止，环首都、泛长三角、东北、西北、西南、泛珠三角等全国各大主要区域的警务合作机制已经初步建立。[①]

对一些重大工作部署，警务合作机制也是充分彰显其跨区域协调的职能。2013年2月25日，为充分发挥区域合作机制的作用，全力做好2013年全国“两会”安全保卫工作，按照公安部的统一部署，由北京市公安局牵头，成立了由天津市、河北省、山西省、内蒙古自治区、辽宁省、山东省公安厅(局)联合参加的全国“两会”安保环首都区域警务合作指挥部，并搭建了指挥平台和研判平台。指挥部24小时值守，全天候保持通信指挥畅通，主要负责“两会”安保期间环首都七省区市公安机关区域警务合作工作的统筹协调、突出情况信息的交流会商、重大突发案件的跨区域协调指挥、警务合作事项的督导落实等工作。此运行机制被确定为随后重大安保任务的常态机制。[②]

---

① 参见赵玉丽：《从“强制治理”到“合作治理”——区域警务合作治理理念转型探析》，载《云南警官学院学报》2011年第5期。

② 参见陈军生、王凯、何聪：《试论珠江口西岸警务合作圈的形成与构建，区域警务合作的事件与探索》，载马耀权、张强主编：《第四届澳门珠海警务论坛论文集》，中国人民公安大学出版社2016年版，第319~320页。

第十章　服务型警政实现路径之三：行政伦理主导下警务运行的自律与他律

公共行政伦理毫无疑问是人类普适性的伦理价值和道德观念在公共管理活动中的具体体现,因此公共行政伦理不仅要符合人类共有的基本道德,还要有自己的特殊要求,这种特殊性在于如何结合公共管理的场景对某个行政决策给予道德层面的指引。从服务型政府建构的伦理层面来看,"公共服务的提供必须满足伦理的原则,以责任、公平与公道为期许,将人民所托付的权力应用于公共服务的完善上,确保所有必要性的公共服务事项皆能公平地提供"。①

第一节　行政伦理与警察伦理

警察伦理的现实要求表现为警察从单一的打击犯罪的战士角色逐步过渡到打击与服务并举的社会公仆的角色定位;警察既是社会公共秩序的维护者,同时又是群众权利的保护者,需要把握好保障民主与控制社会的平衡点。绩效评估指标的伦理价值具有很强的激励功能,对警务行为的效益评价产生了从偏重客观状况到注重主观认知,从偏重警察系统内的考核到注重社会公众评价的转变。警察执法的公正性体现必须兼顾两个方面,即实体公正和程序公正,"正是程序决定了法治与恣意的人治之间的基本区别"。②

一、公权力的伦理解析

(一)三种形态:伦理认知的哲学思辨

西方伦理的认知从古至今的发展,大致经过了从自然伦理到道德伦理再到哲学伦理的三次形变。

作为人类早期文明社会的伦理精神形态,古希腊的"伦理世界"以个体与城邦的直接同一性为精神气质,处于"自然的或直接的精神"的发展

① 邱华君:《行政伦理理论与实践》,载《政策研究学报》2001 年第 1 期。

② 季卫东:《法治秩序的建构》,中国政法大学出版社 1999 年版,第 3 页。

阶段。[①] 在精神哲学的层面上，人的存在一开始便遭遇了行为的悖论，作为自由意志的存在，却必须也只能在公共生活中实现。于是，在社会交往中，对于"他者"基于自由意志的行为可靠性的期待，与群体相一致的行为被视为美德而称为善。无论是柏拉图的"理性"或是亚里士多德的"伦理德性"，都意味着个体遵循共同体的某种一致性，或者说是被认知的普遍性。"一个人的德性就在于他完满地履行了作为一个人的职责。"[②]"苏格拉底之死"的善与美就在于对这种自然伦理实践性的诠释。

在希腊文明向罗马文明的拉丁化转换进程中，西方伦理认知也完成了由自然伦理向道德伦理的形变，由"自然的伦常"向"社会的法则"、从"习惯性风俗"向"规范化道德"的转型，由"习惯的善"向"应然的善"的哲学抽象。自然伦理世界的建构遵循的是个体与共同体的公共生活秩序的和谐，道德伦理世界建构的诉求是义务与现实之间的个体生活秩序的和谐，两种和谐的共同本质是个别人的单一性与群体普遍性之间的统一。[③]

"道德伦理"主观善的认知具有相对性的局限，康德以内在否定性的力量推进了伦理认知的哲学表达，将具体性和情境性进行剥离和驱逐，试图建构超越于一切经验性伦理和个体意志之上的"绝对秩序"和"普遍的法"，使社会善和个体善升华为哲学的抽象。黑格尔经过继承性的批判，完成了伦理与道德、客观意志与主观意志的辩证，在精神哲学对立统一中形成伦理世界—教化世界—道德世界的精神哲学体系。于是，在"上帝死了"以及"形而上学终结"之后，以道德高度分化为特质的新伦理认知形态便完成了。

中国伦理的认知同样展现为形态学的进化气象。先秦是中国伦理认知的孕生时期，这一时期中国伦理的中心是对自我关系的具体确认。孔子伦理学核心概念的"礼"是一个社会自然关系的实体概念，其核心是"五伦四德"，"五伦"是社会关系；"四德"是个体道德的合理性根据。即便是老子的"道"，本质上也是用指向天人关系的"自然伦理学"来表达对处世的理解。

汉唐是中国传统伦理认知的抽象选择时期，儒、道、佛三种思想在冲突、对话中逐渐融合，形成"三纲五常"的伦理认知形态，其基本点已经由

① 参见［德］黑格尔：《精神现象学》（下卷）之"伦理世界"部分，贺麟、王玖兴译，商务印书馆1996年版。

② ［美］阿拉斯泰尔·麦金太尔：《伦理学简史》，龚群译，商务印书馆2003年版，第23、80页。

③ 参见［德］黑格尔：《精神现象学》（下卷）之"道德世界之预设的和谐"部分，贺麟、王玖兴译，商务印书馆1996年版。

自然伦理转向道德伦理,以“五常”的道德为着力点,以此维护“三纲”伦理的绝对价值。

宋明时期形成了中国传统伦理认知的哲学抽象,这就是儒、道、佛合一的“理学”,本质上已经是一种成熟的哲学伦理形态,其核心体系是“天理人欲”。理学将伦理认知的基本问题表述为义与利、公与私的问题,从而建立起具有哲学上基础和宗教神圣性,以及儒、道、佛三位一体的哲学形态和伦理精神形态。由此,中国传统伦理认知便完成了。

自然伦理—道德伦理—哲学伦理,是中西方传统伦理认知共同经历的三种形态,它们的辩证发展与人类社会和民族精神的生命进程相切合,精神本质相通,只是由于历史境遇和文化背景的不同,呈现为不同的表达形式。①

(二)公民身份:公权力伦理认知的逻辑起点

社会契约论所确立的公民身份(citizenship)构成公权力伦理认知的逻辑起点。柏拉图认为,权力“当以善德与幸福为标准”,②公共权力的存在本身即是“善”,其根本的目的就是追求至高的“善业”,使公民城邦生活幸福而至善。公民身份本身就蕴意着政治哲学上的意义,它是指一个人在国家或城邦的政治社群中的成员身份,也就是托马斯·雅诺斯基所表达的,“公民身份是个人在民主国家中,在特定平等水平上,具有一定普遍权利与义务的被动及主动的成员身份”。③

根据Cooper(1992)的理解,公共事务中的行政人员,不只是公共组织的雇员,最重要的要素并不是技术上的专家或某一知识领域的权威;公共行政人员最根本的出发点是公民的角色。④ 公共行政人员最好被理解为具备公共善的公民管理者,“他们必须是那些承载着全体公民的信任……的公民”。⑤

Magnard-Moody与Musheno(2003)运用质性研究方法,发现警察等处于一线基层的执法者在维护国家和代表公民之间,维护公民利益的比重更多一点,警察由于经常与公众接触和联系,更容易获得公众的好感,高高在

① 参见樊浩:《“伦理形态”论》,载《哲学动态》2011年第11期。

② 参见邹永贤:《国家学说史》(上),福建人民出版社1999年版,第20页。

③ [美]托马斯·雅诺斯基:《公民与文明社会:自由主义政体、传统政体和社会民主政体下的权利与义务框架》,柯雄译,辽宁教育出版社2000年版,第11页。

④ 参见王云萍:《公共行政伦理的现代政治哲学基础——以公共行政人员的基本角色界定为例》,载《马克思主义与现实》2010年第1期。

⑤ Terry L. Cooper, *An Ethic of Citizenship for Public Administration*, New Jersey: Prentice-Hall Inc., 1992, p. 139.

上的行政官员因为脱离基层而使民众感到陌生和疏远。研究表明,能够秉持公民代理人定位的公共权力的行使,可以更好地行使自由裁量权以保障“公平”或“正义”的实现,就能在执行公务过程中更好地实现其所服务的公民利益的最大化。①

在20世纪初期的进步改革(progressive reform)运动中,关键的一项措施是公共行政必须诉诸明确的公民身份。②

经过一段时期的沉寂,20世纪80年代,关于公民身份的重新审视出现在公共行政中,当政治家试图革除官僚行政的“浪费、欺诈及滥用”时,公务人员则感觉在整个行政系统必须能够证明其具备代议制民主的合理性。Frederickson认为:“有效的公共行政应符合公民身份一致性,必须跟全体公民密切地联系在一起。”③

Cooper对公共权力的伦理义务的推演,源自公共管理者不断地进行“类似于对‘社会契约’的重新确认”。④

社会契约理论的公民身份是权利与义务的统一体,既拥有权利,如那些基本人权,也附带义务,如服兵役、纳税。霍布斯整个契约理论的思想核心在于,从预设的自然状态出发,强调人们内心范畴自然法则的道德性,通过约束人的外在行为以及权利让渡形成的“利维坦”所体现的正义与善,即形成“公共性”诉求的契约观念,而不是从任何先在的共同体的价值目标的引申。古代社会那种自然情感延伸的共享,以血缘、地缘为基础的共同体价值不再能够作为不言自明的高于每个个体的普遍价值被接受,因此“公共”(public)性取代了“共同”(common)性;“公民”(civil)身份取代了“族人”(clansman)身份;“社会”(society)关系取代了“社区”(community)关系。

霍布斯认为,自然法则的约束力仅限于调整人们内在的欲望,而非外部行为。如果缺乏具体的有形力量或是某种绝对权威来慑服人们,自然法的道德原则无法得到应有的遵循,人们还是不能摆脱自然状态。⑤

---

① Steven Maynard-Moody and Michael Musheno, Cops, *Teachers*, *Counselors*: *Stories from the Front Lines of Public Service*, University of Michigan Press, 2003.

② Camilla Stivers, Citizenship Ethics in Public Administration, in Terry L. Cooper ed., *Handbook of Administrative Ethics*, New York: Marcel Dekker, 2001: p. 588.

③ H. George Frederickson, The Recovery of Civism in Public Administration, *Public Administration Review*, 42 November/December, p. 601.

④ Terry L. Cooper, Citizenship and Professionalism in Public Administration. *In Public Administration Review*, 44 (Special Issue), pp. 143 – 144.

⑤ 何怀宏:《契约伦理与社会正义——罗尔斯正义论中的历史与理性》,中国人民大学出版社1993年版,第55页。

霍布斯意识到，契约作为社会性的生活基础，不仅是个人与个人之间相互交换权利的契约，更为重要的是一种转让权利的契约。人们将让渡出来的权利托付给某个人或某个能通过特定程序将个体的意志转化为公共意志的机构。① 主权者一旦产生就具有绝对的、不可分割、不可剥夺的权力和至高无上的权威，无论主权者以何种形式出现，他最终的使命是“为人们求得安全”。② 在霍布斯看来，代表国家最高权力的立法者，无论是一个人还是一个议会，都要向人民宣布制定法律的背景和动机，立法应充分考虑人民的利益，良法就是“为人民的利益所需而又清晰明确的法律”。③

洛克对霍布斯的社会契约论进行了批判。在洛克看来，人类在自然状态下享受着完全的自由，为了保持享有生命、追求幸福、拥有财产等权利，人们认为有订立社会契约的必要。卢梭社会契约论的基础是对“公意”概念的理解，公意是所有订立者的共同性人格，这是肉体和意志形成的伦理性共同体，每一位订约人都是无法割裂的整体性社会的组成。公意并不是简单所有的个别意志的总和，而是在扣除众意中相异部分之后所剩下的相同部分，这意味着公意不仅是自由的，更重要的是认同性的服从。④

现代政治便是以社会契约论为基础，强调人民主权，注重处理的是政府权力与公民权利的关系，并从中引申出公民、法治、正义和政府责任等政治概念；从“人民是最高权力来源”的公民身份上位观念推演出宪政制度的价值。正如任剑涛所言，坚持十七八世纪启蒙主义的基本价值信念，便是坚持现代政治哲学的基本原则。⑤

（三）规范化的强制：公权力伦理立法

美国是较早进行公务员伦理制度建设的国家之一。1958 年 7 月，美国国会通过《美国政府部门伦理准则》的决议，要求政府雇员和国会成员必须遵守决议中规定的行为标准。1965 年，时任美国总统的约翰逊签署了《联邦总统道德令》。该行政命令规定了公务员行为的六条基本准则，以更具体的规范来调整工作之外的收入，处于领导或特殊岗位的人员必须进行财产申报，明令禁止联邦雇员获得与其职责精神相冲突的直接的或间接的财产。20 世纪 70 年代初，尼克松总统因“水门事件”辞职，暴露出美国政府公共行政伦理方面存在的严重问题，同时也促使美国联邦政府加快

① 参见宋希仁：《西方伦理思想史》，中国人民大学出版社 2004 年版，第 196 页。
② ［英］霍布斯：《利维坦》，黎思复、黎庭弼译，商务印书馆 1997 年版，第 260 页。
③ ［英］霍布斯：《利维坦》，黎思复、黎庭弼译，商务印书馆 1997 年版，第 270 页。
④ 参见刘歆立：《三种典型的西方社会契约论异同探析》，载《中国集体经济》2008 年第 4 期。
⑤ 参见任剑涛：《政治哲学的问题架构与思想资源》，载《江海学刊》2003 年第 2 期。

制定伦理法规的步伐，并于1978年颁布了《政府伦理法案》，规定了更为详细的财产公开制度和离职后管理制度。此后，该法案经过了数次修订。1989年，国会通过了《伦理改革法案》；1990年，布什总统以行政命令的方式修订并颁布了《政府官员与雇员伦理行为准则》；1993年，美国政府颁布了更具操作性的《公共部门雇员伦理行为准则》。除了加强联邦统一伦理立法之外，大部分的州政府也出台了类似的法规。美国政府有关公务员伦理的立法，因内容详尽、容易操作而成为许多国家争相效仿的模板。①

韩国在1981年以总统令的形式颁布了《公务员伦理法》，加拿大于1994年颁布了《加拿大公务员利益冲突与离职后行为法》，日本于1999年制定了《国家公务员伦理法》。另外，加拿大、英国、墨西哥、德国、法国、荷兰、澳大利亚、芬兰、挪威、新西兰、新加坡、印度、巴基斯坦等许多国家先后都进行了公务员的伦理立法。

二、公共行政伦理的现代精神

王伟认为，公共行政伦理就是公共行政领域中的伦理，也可以说是政府过程中的伦理，体现在诸如行政体制、行政领导、行政决策、行政监督、行政效率、行政素质等方面，直至行政改革之中，行政的所有环节和过程都伴随着伦理问题的存在。② 这种观点把行政当作一个不证自明的事实性存在，本身就是不充足的，必须得到伦理上的论证。③ 公共行政人员所具有的伦理与道德观念决定着其处理内部与外部的关系的方式方法。④

公共行政伦理，指的是在公共行政领域，公共权力行使的主体（包括组织和个人）为确保执政中的公共性和民主性，在进行公共政策制定、公共事务管理、公共服务提供等过程中所应遵循的总体伦理准则和道德取向。

（一）公共行政伦理价值取向的嬗变

公共行政实践的变迁，从“古典公共行政”到“公共行政”再到“公共管理”，围绕着“价值理性”与“工具理性”的反复对话与争论而展开。一部公共行政发展的历史，在某种意义上，就是围绕着“价值理性”的“得”与“失”、“失”与“得”而展开的，折射出经过了古典公共行政的“得”、公共行政的“失”以及公共管理的“得”等否定之否定的过程。

英国的伊顿（Dorman Eaton）是较早关注公共行政伦理问题的学者，

① 参见刘兰华：《国外公务员伦理制度建设对我国的启示》，载《理论探讨》2010年第2期。

② 参见王伟等：《行政伦理概述》，人民出版社2001年版。

③ 参见王锋等：《国内行政伦理研究综述》，载《哲学动态》2003年第11期。

④ L. D. White, Introduction to the Study of Public Administration. 251.

1880 年他发表的《英国公共服务》一文将公共服务改革作为政府的一个基本道德行为，如何从原先的腐败而专断的皇帝委任政府机构成员转变成以功绩与能力委派政府机构成员，是推动正义与自由的关键所在。而随后美国学者威尔逊提出效率是良好政府的标志，符合效率的政府才是合乎伦理的政府，公务员制度的目的是提升行政的效率。[①]

这两种观点有着高度的一致性，即无论公共行政要实现怎样的伦理目标，最有效的评价标准是效率，甚至可以将效率与伦理行政画等号，而公务员功绩制则是衡量伦理行政的道德结构。传统的公共行政学并不存在对其伦理结构的探讨，因为它已经假定政府效率的实现就能保证公共行政的行为符合伦理的精神，伦理隐含在组织程序和规则安排的事务中，因此"研究的重点就放在了如何实现这种效率上"。[②] 这种以实证主义为基础的公共行政将行政与政治二分，价值的判断归于政治领域处理，行政的效率实现则由科学决策与程序安排来解决。

公共行政的官僚体系是具有道德主体性的行政人，而非"政治—行政二分法"中简单工具性的执行者；它不仅承认行政中自由裁量权的客观存在，而且还认为自由裁量权表达了行政职业自主化的倾向，同时成为行政人进行价值判断和承担责任的依据。如果这种价值判断犹如康德所谓的"实践理性"有着现实的意义，就必须放弃行政完全脱离政治的狭隘设定，就必须赋予行政人员道德上的自主性。[③]

1936 年，John Gaus、Leonard White 和 Marshall Dimock 出版《公共行政学前沿》(*The Frontiers of Public Administration*)一书，Dimock 反对行政过程中的政治剥离，政治与行政的形式化分离会导致行政效率的过分强调，同时也模糊了政府的基本伦理目标和价值标准问题。Dimock 提出自己对有效实现政府目的的理解，他认为公共行政需要建立一种"哲学"上的导引，包括忠诚、诚实、热情、谦虚等所有有益的品格，这样才能高效及令人满意地服务于公众。Gaus 则提出"内省"(inner check)概念，即通过行政个体出于其对专业标准的理念认同而产生的义务感、对自我行为的道德反思和伦理规范性的判断，反思性地审视自己的行为。

20 世纪 40 年代的学者已经开始思考行政价值的必要性及其来源的基础，研究者开始从民主制度、行政管理者角色、社会价值、行政自由裁量权等视角去探讨行政的价值。例如，Finer(1941)就已经认识到，行政责任

---

① 参见王学栋：《行政伦理视野中的行政自由裁量权》，载《教学与研究》2007 年第 6 期。

② 邢传、李文钊：《西方行政伦理探源》，载《天府新论》2004 年第 1 期。

③ 参见李春成：《行政伦理学研究的旨趣》，载《南京社会科学》2002 年第 4 期。

的实现必须在国家民主的理念背景下去寻找伦理的框架。[①] Levitan (1942)阐述了行政管理者角色定位,认为公共行政有着价值取向,行政者需要有必需的道德判断和道德意识。[②] Leys (1943)认为,行政自由裁量权的决断中存在伦理性的推理,这构成了行政伦理的基础与来源。[③] Appleby (1946)在政治视野下阐述了行政者的伦理义务,强调公共行政隶属于政治,行政者应当认识其管理中的政治因子,他们与政治家一样,是保障民主制合法运行的中心角色,行政者的责任同样在于保护民主原则、推进民主进程、维护民主制度。[④]

二十世纪五六十年代,学者们的视野更为开阔,他们将行政价值植入政治进程、文化传统和组织结构等多维度的框架中去探究。Sayre (1951)旗帜鲜明地反对公共行政价值的中立立场,认为公共行政既是在文化中的实践,更是政治的一个进程,对行政责任的把握必须紧紧联系民主社会的政府目标。[⑤] Monypenny (1953) 强调用伦理立法来控制行政者的自由裁量权,伦理准则作为一种手段渗入公共行政的组织行为当中。[⑥] Golembiewski (1962)从组织结构中的个体价值与潜能的发挥出发,认为必须在公共机构的内部设计与管理过程中设定道德规范和价值标准。[⑦] Storing (1964)反对将伦理只看作个体的主观认识,这是公共利益与共同善的存在,因而行政者的责任就不仅仅是执行政策,而是有着道德层面的职责义务与行政品格。[⑧]

1968 年,沃尔多(Waldo)主持的明诺布鲁克(Minnowbrook)会议召开,这次会议最大的一个影响是形成了一个新的学术流派——新公共行

---

① Finer. Administrative Responsibility in Democratic Government. *Public Administration Review*, 1941, Vol. 1(3):pp. 335 - 350.

② Levitan, D. M. The Neutrality of Public Service. *Public Administration Review*, 1942, Vol. 2(3): pp. 317 - 323.

③ Leys. W. A. Ethics and Administrative Discretion. *Public Administration Review*, 1943, Vol. 3 (1):pp. 10 - 23.

④ Appleby, P. H. Toward Better Public Administration. *Public Administration Review*, 1949, Vol. 9 (1): pp. 93 - 99.

⑤ Sayre, W. S. Trends for a Decade in Administrative Value[J]. *Public Administration Review*, 1951, Vol. 11(1): pp. 1 - 8.

⑥ Monypenny, P. A Code of Ethics as Means of Controlling Administrative Conduct. *Public Administration Review*, 1953, Vol. 13(2):pp. 184 - 187.

⑦ Golembiewski, R. T. Organization as a Moral Problem[J]. *Public Administration Review*, 1962, Vol. 22(1):pp. 51 - 58.

⑧ Herbert J. Storing The Critical Link: Public Administration, Responsibility, and the Public Interest. *Public Administration Review*, 1964, Vol. 241:pp. 40 - 46.

政,他们倡导将伦理价值观念融入行政过程,主张将“社会公平”同样作为政府目标的标准,与效用、效率、经济等指标一起综合评价公共行政的决策与绩效。

Frederickson(1974)提倡将罗尔斯提出的社会正义作为新公共行政的核心伦理精神,使公共行政在效益、效率标准上增加了新的向度:社会公平与正义。Frederickson 所代表的新公共行政学派认为,公共行政要关注“公共”内涵的价值与意义的诠释,引导公共行政追求“社会公平”的目标。①

20 世纪 80 年代的学者利用“公民主义”的分析框架来讨论公共行政中的伦理问题。Foster(1981)认为,建立真正善的公共行政伦理认知是来自行政管理者的内心道德反思,借助过多的公共行政伦理立法并不能保证政府伦理水平的提高。②

Frederickson(1982)呼吁公共行政必须重视和重建公民精神。他指责美国的公共行政并没有达到民主化的标准,政府官员与公民之间没有足够的互动,由此形成的隔阂需要在政治共同体中消除,并要恢复公民精神。③

Richardson 和 Nigro (1987)试图从美国建国思想中挖掘公共行政的伦理价值,美国宪政体系本身就隐含了维系其合法性的伦理,这些伦理既针对公民,也包含了对政府执政的规范,主张对伦理的理解必须要符合民主共和国的目标。④

Ventriss(1989)用哲学的思辨对“公民主义”进行了诠释。他认为必须在一种公共哲学的层面上重构公共行政学,弥补理性技术官僚的不足,重新定义公共概念,在公共相依性以及对国家角色和公共行政之间关系等范畴内进行评价。⑤

Bowman(1990)研究了美国在 20 世纪 80 年代将私有化理念引入公共管理运动以及公民对公共部门伦理的认识,对“公共部门的道德问题、行政

---

① Frederickson, H. G. Introductory Comments: Social Equality and Public Administration. *Public Administration Review*, 1974, Vol. 34(1): pp. 1 – 2.

② Foster, G. D. Law, Morality and Public Servant. *Public Administration Review*, 1981, Vol. 41 (1): pp. 29 – 33.

③ Frederickson, H. G. The Recovery of Civism in Public Administration. *Public Administration Review*, 1982, Vol. 42(5): p. 501. 转引自罗蔚:《美国行政伦理研究视点的变迁——以〈公共行政评论〉为例》,载《伦理学研究》2010 年第 1 期。

④ Richardson, W. G. and Nigro, L. G. Administrative Ethics and Founding Thought: Constitutional Correctives, Honor, and Education. Public *Administration Review*, 1987, Vol. 47(3): pp. 367 – 376.

⑤ Ventriss, C. Toward a Public Philosophy of Public Administration: A Civic Perspective of the Public. Public *Administration Review*, 1989, Vol. 49(2): pp. 173 – 179.

管理者对政府伦理的理解、如何赋权组织以关注伦理问题”三个主题进行了阐述,是采用实证主义方法对全国的行政管理者进行行政伦理问卷调查的一个分析。[①] Bowman 和 Williams(1997)利用问卷调查的数据比较分析了过去政府伦理方面的变化,研究表明,“1989 年至 1996 年,政府正经历着‘贪婪’时代消逝以及进行重塑时机的到来”。相对于 Bowman1990 年的研究结论,新的调查结果显示:公共部门正经历着改变,权力不断被赋予个体,社会准则对行政管理实践的影响也越来越大。[②]

Wart(1996)的研究得出一个结论,即获取公众对政府信任的途径绝不仅仅是确定行政核心价值与行政职业伦理准则。他阐述了公共行政的管理者决策时必须考虑的五个方面,即“公共利益、法律利益、个体利益、组织利益、职业利益”,决策者是基于伦理的考量,不能仅仅考虑最终的结果,必须要在诸多价值冲突中整体平衡,照顾到所有方面的合法性价值。[③]

Stivers (1994,1995)借助女性主义理论的分析框架批评了传统公共行政过分依赖官僚结构的技术性,不能及时回应公民的诉求。她用男性父权形象来比喻传统官僚的角色,而回应性的官僚制是采用女性主义关怀伦理来进行建构的。[④]

事实上,公共行政并不纯粹是执法和落实政策的程序性过程,同时也是践行伦理价值的实践。张康之(2002)认为,发轫于工业社会的官僚制在理论和实践上都存在很大的局限性,必须引入人文精神进行中和,即“要超越工具理性,引入价值理性,在科学精神中加入人文精神,在公共行政领域实现公共行政的道德化”。[⑤]

Cooper(2003)提出了需要借助群体力量进行公共行政伦理探究的四个问题:(1)公共行政伦理的规范性基础;(2)美国行政原则如何适应全球化的趋势;(3)如何进行组织结构的设计以支持伦理的精神;(4)如何实现

---

① James S. Bowman Ethics in Government: A National Survey of Public Administrator. *Public Administration Review*,1990,Vol. 50(4):pp.345 –353.

② Bowman,J. B. ,Williams R. L. ,Ethics in Government: From a Winter of Despair to a Spring of Hope. *Public Administration Review*,1997,Vol. 57(6):pp.517 – 526.

③ Montgomery Van Wart The Sources of Ethical Decision Making for Individuals in the Public Sector. *Public Administration Review*,1996,Vol. 56(6):pp.525 –533.

④ Camilla Stivers, The Listening Bureaucrat: Responsiveness in Public Adminitration. *Public Administration Review*,1994,Vol. 54(4):pp.364 –369. Camilla Stivers Settlement Women and Bureau Man:Constructing a Usable Past for Public Administration. Public *Administration Review*, 1995,Vol. 55(6):pp.522 –529.

⑤ 张康之:《寻找公共行政的伦理视角》,中国人民大学出版社 2002 年版,第 108 ~109 页。

对所有人的平等同时又能区别对待不同的群体。①

这意味着对公共行政的伦理认识仍然还处在不断探究的阶段,"行政伦理的发展过程伴随行政改革的实践历程",只要公共行政的改革没有停止,对行政伦理的争论也会一直进行下去。②

(二)公共行政伦理的构成向度

Willbern(1984)认为,政府官员的道德伦理由六个类型或六个层面构成:忠诚和服从法律(basic honesty and conformity to law)、平衡利益冲突(conflicts of interest)、服务导向和程序公平(service orientation and procedural fairness)、履行民主责任(the ethic of democratic responsibility)、信守公共决策(the ethic of public policy determination)、妥协达成社会整合(the ethic of compromise and social integration)。③ Worthley 和 Grumet(1983)认为公共服务的道德价值包括法治、义务、效率、自主、责任、能力、客观和公平。Cooper(1987)主张正义是公共行政实践中最核心的内在善,正义的实现过程伴随广泛的自由裁量、责任、正当程序、追求完美等要求。④ 国际经济合作与发展组织(OECD)会员国普遍认同公共服务伦理核心价值依序为客观无私、恪守法纪、诚实廉洁、透明公开、行政效率、公平公正、负责尽职及公道正义。⑤

公共行政伦理毫无疑问是人类普适性的伦理价值和道德观念在公共管理活动中的具体体现,因此公共行政伦理不仅要符合人类共有的基本道德,还有着自己的特殊要求,这种特殊性在于如何结合公共管理的场景给予某个行政决策道德层面的指引。

1. 正义

正义是一个标志合理、合情与合法性的概念,是人类最原始和最根本的道德观念之一,在当今社会,仍是行政伦理基础性的价值取向。

休谟的道德哲学体系中,"正义"是其讨论的核心概念,他把道德分为"自然的道德"和"社会的道德"两大类,仁慈、同情、慷慨等属于自然道德

---

① Cooper, T. L., Big Questions in Administrative Ethics: A Need for Focused, Collaborative Effort. *Public Administration Review*, 2003, Vol. 64(4): pp. 395 – 407.

② 参见鄯爱红、胡林英:《公共行政伦理的历史演进与时代价值》,载《北京行政学院学报》2004年第2期。

③ Willbern, York. 1984. Types and Levels of Public Morality. *Public Administration Review* (March-April): pp. 102 – 108.

④ 参见李萍:《作为社会管理主体的行政及其伦理取向》,载《学海》2010年第1期。

⑤ 参见袁和静:《政府公共服务与责任伦理》,载《齐鲁学刊》2011年第5期。

的范畴,[①]而“正义”则是社会道德的基石,是一种起源于共同利益的诉求而约定的社会规则,同时也是政府合法性的基础,“全面的和平和秩序是正义的伴生物”。[②]

同样,斯密也认为,仁慈代表人类的善良美德,而正义则构成了社会秩序伦理基础,正义是“人类联合的伟大卫士”,同时,“为了强迫人们遵奉正义,造物主在人们心中培植起那种恶有恶报的意识以及害怕违反正义就会受到惩罚的心理,它们就像人类联合的伟大卫士一样,保护弱者,抑制强暴和惩罚罪犯”。[③]

罗尔斯将正义作为政治、制度、法律以及各种思想理论的价值的基准,不同于康德的正义观,罗尔斯用两项基本正义原则来表达他的思想:第一,平等自由原则。每个人在“初始自然状态”中都是“自由而平等的道德人”,拥有最大限度的基本自由。第二,机会均等公正与个体差别性相结合的原则。一切职位无歧视平等地向所有人开放,社会经济利益的分配应当在实现了机会均等的情况下,对那些在合作体系中处于最不利的弱势群体给予一定的补偿。其中,第一原则优于第二原则,而第二原则中的对机会均等公平的价值取向又优先于个体的差别性。这意味着公民的最基本的权利应当机会均等地分配,而不能受制于任何的政治性歧视,同时还要尽可能补偿由于机遇丧失的差异性导致的权利或缺。[④]

与罗尔斯的“分配正义”不同,诺齐克提出了“持有的正义”的概念,基于“权利”的逻辑起点,无论是个人还是国家,只要侵犯了个人的权利,就是不正义的。诺齐克认为“分配正义”理论所隐含的潜台词就已经认定市场机制的自然分配是不公正的,需要国家进行干预实施二次分配,这种再分配必然侵犯到既得利益者的财产权利,因而必然是不正义的。政府在充当“劫富济贫”的“救世主”时,却忽略了自身合法性的证明,即对平等的证明。诺齐克认为,罗尔斯将平等视为不证自明的存在直接加以运用是有欠缺的,“持有的正义”才是真正的正义,人们的财富如果是通过正当方式获得的,即使存在贫富不均、差距悬殊的状况,也并不违背“正义”的根本。诺齐克和罗尔斯根本性的区别,在于国家和政府在保障了基本的政治自由之后,是否还需要做更多的事。诺齐克认为国家的作用只能限制在“守夜

① 参见高力克:《正义伦理学的兴起与古今伦理转型——以休谟、斯密的正义论为视角》,载《学术月刊》2012 年第 7 期。

② [英]休谟:《道德原则研究》,曾小平译,商务印书馆 2002 年版,第 156 页。

③ [英]亚当·斯密:《道德情操论》,蒋自强等译,商务印书馆 1997 年版,第 107 页。

④ 参见[美]约翰·罗尔斯:《正义论》,何怀宏等译,中国社会科学出版社 1998 年版,第 1 ~3 页。

人”的角色,其职能仅仅是保障个人自由免受他人的不法侵害。罗尔斯认为有这种需要,即政府可以按照社会的理想化进行再分配,实现经济利益分配的正义。诺齐克否定政府对社会资源进行分配的必要性,他重视维护个体绝对的利益,而忽视了社会的整体利益。①

2. 公平

在人类文明史中,公平从古至今都是执政者的政治伦理目标和人类不懈追求的社会理想。从中国古代“天下为公”的政治抱负、“不患寡而患不均”的资源配置、“等贵贱,均贫富”的农民起义纲领,到西方“天赋人权”社会契约精神及当代罗尔斯的“正义论”,都将公平视为社会制度的首要价值。②

在现实中,公平与效率的矛盾是公共行政不得不面对的两难选择。公平与效率二者兼得自然是最佳状态,问题是当二者发生冲突而只能取舍其中之一时,最终的优先价值取向是政治系统运作不可回避的问题。西方“福利国家”的兴起或是我国“和谐社会”的倡导,事实上已经给出了答案,即属于伦理范畴下的公平优先于经济考量下的效率,因为一味地强调效率会使社会的发展缺乏人文关怀和人文精神,最后导致人的异化和成为物的奴隶。当代公共管理理论也揭示了政治系统的核心理念在于公平正义,“政策的核心原则就是确保公共计划得以公正实施”。③ 在公共决策过程中,政府作为社会公众代理人,担当了受委托的责任,它必须“起着制定和维护竞争规则的作用,这些规则的作用就是解决社会公平”。④

效率自身便具有自觉性,人自然而然有着追求效率的冲动,但无法选择以同样的热情去追求公平。效率往往以自身作为参照,通过市场机制的调整可以不断改进,经济理性人对利益的向往也促使人们在一定范围内会维持对效率的持续追求,没有必要害怕行政规制的效率损失。趋利是人的本能,这也使得个体无法自我选择公平的一面,只有借助政府权威来进行调整。公平与效率的意义对应于政府和市场各自存在的价值,市场机制能够自发地实现效率但无法自主地追求公平,公平的实现唯有凭借政府机制的干预。显而易见,当社会的经济水平达到一定程度时,人们对社会公平

① 参见许淑萍:《公共政策伦理评价标准的演进及当代探究》,载《上海行政学院学报》2012 年第 4 期。

② 参见唐土红:《效率与公平:基于行政伦理的视角》,载《探索》2012 年第 1 期。

③ [美]约瑟夫 · E. 斯蒂格利茨:《政府为什么干预经济:政府在市场经济中的角色》,中国物资出版社 1998 年版,第 54 页。

④ 陈庆云:《公共政策分析》,中国经济出版社 1996 年版,第 43 页。

的诉求变得比经济效率的追求更为迫切。①

社会发展归根结底都是为了人,无论是公平优先还是效率优先,都必须在人文关怀的框架中张扬公民的基本权利。公平已经成为天赋人权,而效率只是达成这种权利的途径。公平与效率就像奥肯所希望的那样,“在平等中注入一些合理性,在效率中注入一些人道”,②进而“在一个有效率的经济体制中增进平等”。③

罗纳德·德沃金的公平理论是在对福利平等及罗尔斯的差别正义的批判的基础上所建构的,他提出的所谓“资源平等”,就是“政府致力于某种形式的物质平等”。作为一个自由主义者,罗纳德·德沃金同样接受市场具有的不平等性,但他主张公共政策的制定必须坚持资源平等的原则,尽管资源平等无法精确实现,但公共政策一定要体现出对平等的追求以及对人的真正的平等的关切。罗纳德·德沃金更加注重二次分配的调整作用,在政府的主持下,分配方案在人们中间分配或转移资源,直到资源转移再也无法使他们在资源份额总量上更加平等,此时就达到了“把人作为平等的人对待”。④

阿玛蒂亚·森的公平理论建立在自由发展的理念之上,他认为考量“公平”的标准应该是“可行能力平等”,而不是罗尔斯主张的“机会平等”或罗纳德·德沃金所倡导的“资源平等”。阿玛蒂亚·森认为这些观点对人的差异性都视而不见,这些理论只论述了如何去实现自由,并没有探讨究竟要达到怎样的一个目标。人们天然性地存在社会背景的继承、从事的职业、年龄与性别、自然禀赋、体质和性格等不同,这直接影响了人的基本能力和潜在发展的机遇,同时也就限制了人的自由。“自由”的获得取决于“能力”的一致性,潜能的存在意味着实现自由的可能。要使人的自由获得实现,必须从根本上消除阻碍个人潜能发展的因素,使他们的潜力都能够得到挖掘与开发。对政府决策的评价就是要考察其是否提供条件或机会,是否让人们的能力得到充分扩展,是否让个体自由去选择向往的生活方式。如果政府的公共管理没有做到这种程度,则意味着那些弱势群体

① 参见苏文宁:《近年来公平与效率关系研究综述》,载《宁夏党校学报》2006 年第 2 期。

② [美]阿瑟·奥肯:《平等与效率:重大的抉择》,王奔洲、叶南奇译,华夏出版社 1987 年版,第 116 页。

③ [美]阿瑟·奥肯:《平等与效率:重大的抉择》,王奔洲、叶南奇译,华夏出版社 1987 年版,第 86 页;唐土红:《效率与公平:基于行政伦理的视角》,载《探索》2012 年第 1 期。

④ [美]德沃金:《至上的美德——平等的理论与实践》,江苏人民出版社 2003 年版,第 5 页。

的自由受到了不公正的剥夺。[①]

3. 责任

康德认为责任或义务是一切行为的道德价值来源和评判准则,一切行为只有出于责任或义务的考量,才具有道德的价值。在康德的观念中,必须把人当作道德的主体,不能把人仅仅当作实现目的的手段,人类本身就是作为目的的存在。[②]

"责任"作为行政伦理学的"关键概念",[③]"是任何治理过程的基础"。[④] 责任是对可预见行为结果的伦理追问,强调行为结果伦理反思的价值在于,它要求行为者必须为自己的一切行为承担相应的责任。[⑤]

乔治·弗雷德里克森(H. George Fredrickson)也认为,"政府行政实践的核心问题是责任问题"。[⑥] 行政责任是政府及其公务人员因其公职身份和公权地位而承担的责任,它既包括主观责任,也包括客观责任。

客观责任源自组织机构、法律规范以及社会对公务人员的角色期待。在库珀的行政伦理体系中,客观责任涵盖职责与义务。职责主要是对某个人或者某个组织负责,他们必须积极贯彻上级的指示和指示下级行事并提供各种支持,表现为对上下级关系的负责。义务则是对某一目标或某一任务负责,公务人员在落实具体的公共政策时,其行为、财力的应用必须与政策宗旨具有一致性。这种责任关系体现的是公务员对宪法和其他相关法律的遵从,体现出来更多的是义务而非职责关系。

主观责任源自社会内化的过程以及内心的价值观、信念与态度。价值观决定了个体行为的取舍,作为一种信仰,它在整个世界观的体系中处于基本与核心地位;信念是长期形成的思维方式,它支撑着道德品格的养成;态度相对来说较为概括,它表达了个体在具体情境中的道德倾向与情感。这三种主观的表现,如果比喻为三个同心圆的话,态度处于最外层,价值观

---

① 参见[印度]阿玛蒂亚·森:《以自由看待发展》,任赜、于真译,中国人民大学出版社2002年版,第135页。

② 参见许淑萍:《公共政策伦理评价标准的演进及当代探究》,载《上海行政学院学报》2012年第4期。

③ [美]库珀:《行政伦理学——实现行政责任的途径》(第4版),张秀琴译,中国人民大学出版社2001年版,第58页。

④ [美]珍妮特·V. 登哈特、罗伯特·B. 登哈特:《新公共服务:服务,而不是掌舵》,丁煌译,中国人民大学出版社2004年版,第116页。

⑤ [德]马克斯·韦伯:《伦理之业——马克斯·韦伯的两篇哲学演讲》,王容芬译,广西师范大学出版社2008年版,第85~94页。

⑥ [美]乔治·弗雷德里克森:《公共行政的精神》,张成福等译,中国人民大学出版社2003年版,第151页。

处在最里层,信念则位于中间。

作为一种意识形态的表达,主观责任与客观责任一样具有实在的意义。行政人员的责任是要实现公共利益的诉求,然而公共利益却是一个极其抽象和概括的概念。在更多的时候,公务员不是在上级的指示下或法律的要求下,而是受到来自信仰和良知等内部力量的驱使,选择特定的方式进行认知和行动。

以责任作为公共行政伦理建设的价值目标,是民主政治发展的基本诉求,也是衡量政府绩效的变量之一。在此理念上形成的行政问责制,就是指政府公务员在行政责任的价值取向导引下,根据相关规范要求切实履行其职能,并主动对其行为后果负责任,建立公务员不当行为的责任追究机制。这是实现社会公平和正义价值的根本要求和基本保障。从伦理学视角看,行政问责不仅可以使社会对行政主体进行有效监督,又能够培养行政主体主动承担责任的伦理自觉。

行政问责制的建立,促使政府积极地回应社会民众的需求,并采取积极的措施,有效地实现公众合理需求和正当利益,使公务人员的行为由“对上级负责”转变为“对社会公众负责”。

行政问责制的建立,有利于明晰各级政府部门之间以及行政官员的权责关系,这种责任关系应包括明确的问责主体及其权力、明确的问责对象及其程序、明晰的问责事由和调查、明确的责任种类和内容等。这不仅辨明了职能与职责,更重要的是避免了职能的交叉带来的推诿和低效率的运行。

(三)服务型政府行政伦理的特征

我国台湾地区学者施能杰认为,“公共服务型政府是以有效促进公共利益最大化为宗旨,以公民为本位或中心,以管理就是服务为理念,以人文关怀、民主、公平、法治、责任等价值为运行基础,以多元参与、合作共治为服务形式,以为社会提供优质、高效、便捷的公共服务为标准的一种政府形态”。①

尽管在前工业社会的农耕文明话语体系中,人们也开始谈论“公”与“私”的问题,但古人对“公”的概念的理解与今人所阐述的“公共性”是大不一样的。在农耕文明的社会管理系统,私人机构的市场并不发达,也就无所谓与私人机构相对立的公共组织,“普天之下莫非王土,率土之滨莫非王臣”,君主及其管理机构所拥有的权力就是一种扩大化的私权,并将这种

① 施能杰:《公共服务伦理的理论架构与规范作法》,载《政治科学论丛》2004 年第 20 期。

私权覆盖到全社会,形成家国同构的社会组织形态。公与私所意欲表达的只是家族与个人。以暴力为后盾的强制力是权力的唯一来源,虽然统治型政府也有行政管理的话题,但却是围绕着君主私权而非公共的行政展开的,更谈不上公共性。

在工业社会的发展进程中,大批人口摆脱了土地的束缚,通过自由的流动,不断聚集到城市,促进了公共组织与私人机构的分化。私人领域的崛起,使纯粹凭借权力单向度的社会统治不得不同时与市场机制的运行分庭抗礼,私人部门的不断分化和壮大决定了社会治理的合法性必须满足更为普遍的诉求,这种普遍性就形成了公共利益基础。公共组织与私人机构有着各自运行的领域但同时又有着一定的联系,政府治理的性质从统治属性转向了管理属性。管理型政府公共利益的表达虽然还无法满足每一位社会成员的要求,却是迈向了对"公共事业"的追求,"公共性"发育成为差异万千的社会构成要素中的一个标杆。"近代西方社会的发展历史表明,正是公共性的增进推动了统治行政向管理行政的转型,而管理行政在发展到其典型形态的时候,也正是以公共行政的形式出现的。"①

存在于农耕文明的统治型社会用权力一元机制调整社会关系和配置资源,而形成于工业时代的管理型社会则是靠着权力和法律二元机制管理社会,后工业社会的服务型社会则是凭借权力、法律和道德伦理三元机制治理社会。这种演变是"人类社会治理结构运动的必然规律"。②

农耕文明的统治型政府对应的运行机制主要是"人治",靠人的权术经验来统治社会,法治和德治仅仅作为辅助手段而存在;工业时代的管理型社会治理所对应运行机制主要是"法治";后工业社会将是一种服务型的社会治理结构,所要建立的运行机制注重"法治"与"德治"的统一。

从服务型政府建构的伦理层面来看,"公共服务的提供必须满足伦理的原则,以责任、公平与公道为期许。将人民所托付的权力应用于公共服务的完善上,确保所有必要性的公共服务事项皆能公平地提供"。③ 因此,服务型的社会治理对政府的要求是"以增强社群生活的共同善的方式提供公共产品和服务,并通过这个方式形成人的品质和公民的美德"。④

---

① 张雅勤:《论后工业化进程中公共行政公共性的回归》,载《社会科学研究》2011年第6期。

② 张康之:《论"公共性"及其在公共行政中的实现》,载《东南学术》2005年第1期。

③ 邱华君:《行政伦理理论与实践》,载《政策研究学报》2001年第1期。

④ [美]罗伯特·B.登哈特:《公共组织理论》,扶松茂、丁力译,中国人民大学出版社2003年版,第206页。

三、警察伦理的评价要素

(一)人文维度

我们对警察角色的理解,在政治学的层面上,是指警察在政府组织中的功能和作用,众所周知,警察是代表政府维护秩序和执行法律的人员;而在心理学的层面上,是指社会或警察自身对警察地位的态度与看法。

根据 Barker 的研究,警察的角色认知主要有三种:一是犯罪斗士的形象;二是维持秩序的守夜人形象;三是提供社会服务的热心人形象。①

犯罪斗士的形象通过各种宣传媒介的大力渲染不断得到强化,警匪片永远是电视、电影或小说的热点主题,为了吸引大众的眼球,警察总是被塑造成无坚不摧的钢铁战士。为了突出影片的紧张感和刺激性,总是设计警察与罪犯的打斗场面,不自觉地渲染了警察打击犯罪使用的暴力,同时夸张的街头暴力犯罪也为警察以暴制暴提供了很好的借口。为了表现警察的神勇,极力夸大警察勘查犯罪现场使用技术的高深莫测。②

而事实上,有关警察打击贩毒、恐怖袭击或逮捕的报道,都占据了重要的版面或时间,戏剧性的情节与渲染过分突出了警察的无所不能,而使得日常维护性的警务工作失去真实的一面,给老百姓造成很大的错觉,以为警察无所不能,于是公众对警察产生了过分依赖的期望。事实上,真实情况下案件的破案率往往低于 20%,这使公众在错误地将一切归结于警察无能的同时,对警察产生了很强的抱怨情绪,这反而促使警察采取对待案件的隐匿态度,对很多盗窃或抢劫等多发又难破的侵财案件采取了“不破不立”的消极手段。警察部门自身也迎合了公众的心理需求,警察局上上下下都愿意把自己定位为罪犯的克星,警察局年终的绩效报表,也总是将破了多少大案和逮捕了多少犯罪嫌疑人作为自己的亮点,很少提及警民关系、社会安全感和公众满意度等社会性治安内容。

对警察个体而言,角色的心理定位也被战士形象左右,工作中,刑警受到奖励和晋升的机会都要大于其他警种,警察往往最愿意接受刑警的岗位,而对巡逻警察、交通警察、社区警察等维持秩序或提供服务的警察岗位持鄙视的态度。青年人在选择警察作为职业时,不切实际地幻想着工作的刺激性和成就感,而真正走向工作岗位就会发现更多的是每天处理大量琐碎的小事,以及为公众提供服务,根本没什么刺激,久而久之,在职业自豪

---

① T. Barker, R. D. Hunter, Police Systems and Practice.

② 参见王大伟:《欧美警察科学原理——世界警务革命向何处去》,中国人民公安大学出版社 2007 年版,第 480 页。

感受到挫折时就会敷衍了事或带着情绪工作。

警察的日常性工作会有 80% 的时间或精力在维持秩序或提供服务上，经常性的工作有发放驾驶执照、车辆年检、新车上牌、疏导交通、拖走抛锚卡车、打开锁死车门、提供紧急医疗服务、护送要人、帮助寻找走失的儿童或动物等，这种服务的角色定位是时代的诉求，它要求警察从单一的打击犯罪的战士角色逐步过渡到打击与服务并举的社会公仆的角色。在警察所扮演的众多角色中，清楚认识到其服务角色非常重要，不仅仅是因为这有助于理解其所附带的关怀伦理期望，更重要的是，在面临角色冲突时能够将公众利益放在优先排序的位置。

（二）秩序视角

综观全球，世界上所有国家都曾遭遇或正在面临由政治、经济、种族、宗教、环保等各种原因引发的群体性事件。“警察是一个独特的公共机构，它不但控制公民的日常工作，也控制政府的整个社会和政治环境。”①在群体性事件的处置中，警察往往处于角色冲突和伦理抉择的两难境地：警察既是社会公共秩序的维护者，同时又是当事群众权利的保护者。因此，“正确处理社会秩序与个人自由、社会安全与个人权利的关系，是警察执法的第一要义”。②

一方面，维护社会稳定、法律秩序是警察的天生职责，即使是正义性质的群体性事件也会对法律秩序造成不同程度的破坏，因此，警察解决社会冲突和处置群体性事件的过程，实际上表达的是法律秩序的恢复。③

在社会的转型时期，群体性事件多发必然对政治稳定、社会和谐及经济发展是一种威胁，当社会处于公共秩序混乱状态下，应对安全危机和尽快结束社会混乱，是政府的首要选择。警察作为政府机关的重要职能机构，在这一过程中起到了防护网的作用。然而在事件中，公众的矛头一般直指政府，而警察此时又代表着政府在维护着秩序，高度情绪化的群众常常把怒火烧向警察身上。

另一方面，警察又承担了保护公民基本权利的任务。从本质上讲，警察权力的合法性是源自人民意志的体现，警察重要的职责行为是维护公民宪法规定的政治上的民主和自由权利，其中公民集会、游行、示威的权利也是宪法赋予的人权。抗议事件的本质是一种利益冲突，当公众认为利益受

---

① ［美］贝克尔：《世界警察概览》，刘植荣译，山西人民出版社 2004 年版，第 8 页。

② 王鹰：《政府公共警察研究》，四川大学出版社 2001 年版，第 189 页。

③ 参见顾培东：《社会冲突与诉讼机制》，法律出版社 2004 年版，第 28 页；张敏：《谈谈群体性事件中警察角色的法律问题》，载《四川警察学院学报》2011 年第 5 期。

损向执政当局进行抗议时,警察根据法律的授权必须进行社会公共秩序的维护,不得不面对愤怒的公众。其既要代表国家保证公共秩序不受破坏,控制公众示威中的越轨举措,又要行使权利保护者的角色,保护公民的集会、示威、游行的权利,本质上就是要把握好保障民主与控制社会的平衡点。

在英国,为了保障公民基本权利对国家权力的制衡,宪法规定公民可以举行集会、游行、示威,但公民在实施抗议行为时,不能破坏社会的公共秩序,且不能施以暴力进行诉愿的表达。同样,警察也面临着既要维护社会秩序和公共安全,又要保护抗议者表达诉求的权利的双重压力。根据英国警察法,警察只服从于法律,警察局指挥官处于独立的位置。当抗议者进行有秩序的抗议时,警察应该保护其合法权利,而当抗议者出现无秩序的行为时,警察即可基于维护社会公共秩序的义务而以合乎比例原则的方式来制止抗议者的无序行为。①

在中国大陆,警察的宗旨是全心全意为人民服务。然而,在《中华人民共和国集会游行示威法》中反映出中国警察的另一种矛盾的心情,我们看到《中华人民共和国集会游行示威法》对公民集会、游行、示威的行为实施了严格的控制。警方对于社会性自发组织的集体活动一般都不予批准。警察陷入公共秩序维护与公民民主权利保障的两难境地。

"允许冲突表达的社会更具有弹性,因而更具备稳定性,一个不允许冲突表达的社会只会积累冲突能量,而冲突一旦表达出来,对原有社会体制将是毁灭性的。"②社会学冲突理论认为,真正和谐的社会并非没有矛盾和冲突,否则只是超强控制的社会。放宽部分限制和有条件释放民意的表达,警察对事件可以从空间和时间进行控制,并采取相应的措施维护治安秩序。西方大多实行的是集会、游行、示威报备制度,在报告的同时也需要审批,警察按照道路的状况批准游行路线,并主动与组织者沟通、谈判,做好情报收集工作。警方不是压制,而是引导群体性事件向可控范围方向发展,保持社会的基本稳定。

(三)效益考量

要从价值角度去判断基层警务行为的绩效,同时以此为基准来确认警务的重心和调整警务投入,是非常困难的。早期的警察管理大多把警察机

---

① 参见李温:《英国现代警察制度的产生、发展及现行体制》,载《北京人民警察学院学报》2006年第2期;王占洲:《英国警察应对抗议事件的反思及启示——以伦敦学生抗议学费上涨事件为例》,载《中国人民公安大学学报》(社会科学版)2011年第4期。

② 黄淑娥、马建文:《论公安机关处置群体性事件的原则》,载《政法学刊》2006年第4期。

构的直接产出和成果视同于警察机构的绩效,采用机械效率的方法进行考评。20 世纪 70 年代以后,以谋求高效率与高服务质量为理念的私营部门的管理方法与经验被引入警察绩效管理的评估中,警察机构评估的焦点已从“产出”(outputs),如发案数、立案数、破案数,逐渐转向关注警察机构在安全以及经济社会诸方面的中期乃至长期的综合性“结果”(outcomes),如对社会的整体贡献、警务创新、危险人员的控制程度、国际合作。

以英国为例,20 世纪 80 年代以来,内政部就开始关注如何通过各种测量措施来改进公共服务。英格兰与威尔士的各地警察局都努力通过开发评价指标、设置各级目标来提高地方警察服务的绩效,在警务质量评定上采取“顾客利益至上”的改革模式,由之前对警务工作“效率”单一的指标考核转变为对 3E(economy、efficiency、effectiveness)——经济、效率和效益综合的考量,尤其是对效益这一指标,特别注重公众对警务工作的满意率和公众的安全感的测量。效益本身也包含着经济学的成本节约和提高工作效能,但此处更多的是指“社会”的效益,一种对公共安全的责任、公民的回应性以及警察和公众互动的成效。在过去十多年的时间里,这一声势浩大的公共服务绩效改善运动秉承着这样的假定:绩效目标能够正向地引导公共服务绩效的改善。

中国公安机关在 1996 年以前,基层警务的考核基本上是以发案率、破案率和队伍建设为基准展开,这三项指标都是基于客观的统计,现实中容易操作,方式简单,拿着各地上报的报表就能比出大小优劣,但同时也出现了隐案、漏案、不破不立等立案不实、弄虚作假的现象。1996 年以后,随着警务改革的逐步展开,警察的考核机制有了更多的创新,形成客观标准和主观认识相结合的评价体系。客观标准除了过去的发案率和破案率之外,增加了警察与人口比例、发案数、发案动态趋势、各类案件比例等新的评价指标;主观评价标准包括公众对警察的满意度、社会安全感调查、工作重点评价、被害人调查和警民关系调查。对警务行为的效益评价从偏重客观状况到注重主观认知、从偏重警察系统内的考核到注重社会公众评价转变。①

公安工作的效益评估尤其要强调其社会性,不能机械地凭借“数字”进行绩效评估。例如,打击率是各地考评绩效时的通用指标,体现警务特殊作用的“打击率”肯定是评判警察工作的一个重要衡量。每年派出所都要上报逮捕数字,这个指标每年必须按照“一定比例”上涨,似乎只有这样方能体现警察的“神武英勇”。对于治安防范落实到位的区域,由于预防

① 参见曹咏:《西方警务革命对我国警务改革之启示》,载《湖北警官学院学报》2008 年第 5 期。

犯罪得力经常会出现“零发案”的情形。这本来是件好事,但考核时这些发案率很低区域的派出所常常犯难,为了实现上级下达的犯罪“打击率”的指标,不得不搞“跨辖区执法”或向别的派出所借“案件”进行查处。片面突出打击率,也会削弱治安防范工作,一些派出所有针对性地设计了“见警率”这一指标,即以量化的方式来考核警察与社区群众交流与沟通的互动性。

绩效评估指标的伦理价值具有很强的激励功能,“评价标准影响人们的行为及他们的注意力中心。所以,凡被列为评价对象的人们会积极去做,而忽视那些未列入评判范围的,评价标准的重要性已无须多言”。①

(四)公正诉求

具体到警察的执法,公正的体现必须兼顾两个方面,即实体公正和程序公正。“正是程序决定了法治与恣意的人治之间的基本区别。”②

罗尔斯认为,法治秩序的公正是实现正义的基本保障,而这取决于一定方式的正当过程,正当过程则必须通过程序来体现。因此,正是对程序的尊重和树立程序优先的伦理表达才是真正体现法治的公正。

按照实体法的逻辑,犯罪就要受到惩罚;根据程序法的逻辑,一个合法的惩罚必须基于合法的证据和程序。实体的正义只是一个相对的存在,它不能脱离程序而具有独立的价值。如果把实体法看作权利的设定与分配,那么程序法就是实现权利的保障过程。

由于国家的社会结构、文化传统和政府治理策略等存在差异,各个国家在诉讼价值的取向和配置上并不完全相同。即使如此,“由于现代性法律的叙事逻辑是一种权利理论”,因此,对公民权利保障的价值性认知不断地得到肯定。③

我国也不例外地顺应了这种世界性普适的价值趋势。在1996年以前,我国刑事诉讼立法和警察刑事调查基本上都遵循实体法至上,抱着单一的打击犯罪的工具理性法律观,认为警察刑事侦查是实现国家刑法、惩罚犯罪、维护社会稳定的工具,警察追诉行为表现为一种单纯的“超”职权主义的形态,而在新刑事诉讼法中,个人权利保护条款得到增加,反映了对过去单一追诉价值的纠正。

警察的公正性执法,不仅要体现为对普通公民的平等对待,更重要

---

① [美]杰佛里·菲佛、罗伯特·萨顿:《管理者的误区》,尤咏译,江苏人民出版社2001年版,第104页。

② 季卫东:《法治秩序的建构》,中国政法大学出版社1999年版,第3页。

③ 参见左卫民:《在权利话语与权力技术之间》,法律出版社2002年版,第99页。

的是要反映在对犯罪嫌疑人的人权保护上。在中国的传统中,警察往往认为自己是“管人”的人,习惯于把自己置于“不容置疑”的权威地位,觉得在人格上高于普通民众,对犯罪嫌疑人更是盛气凌人。警察在执法中处于强势的支配地位,可以根据实际情境结合法律规定对当事人进行拦阻、盘查,对当事人的证件或财物予以取缔、收缴,对当事人进行处罚等,但是,这种执法者与被执法者的关系,并不意味着警察在人格上高人一等,并不意味着警察可以对当事人滥施淫威、进行人格侮辱。警察不仅要尊重普通公民,而且也必须平等地对待犯罪嫌疑人的人格和尊严。犯罪嫌疑人的人格和尊严不仅是国家法律的保护对象,而且也受到道德的保护。从道德的意义上看,个人即使违法犯罪了,依照法律也享有基本的人权保障,在人格上免受肆意的践踏。“既然人本身是最高价值,那么,不言而喻,对于任何人,不管他多么坏,对他的坏、他给予社会和他人的损害,固然应予相应的惩罚,应把他当作坏人看,但首先应因其是人,是最高价值而爱他、善待他、把他当人看。”①因此,警察在对犯罪嫌疑人进行刑事调查取证时,不得对其使用刑讯逼供等不人道的侦查行为;在犯罪嫌疑人羁押期间,不得对其施加不人道或侮辱性的待遇或刑罚。

第二节　警察行为的异化及其矫正

警察行为异化的表现形式主要有四种:一是警察在执法过程中,以警察机关的名义做出的违反法律规范的行为,如适用法律错误、越权办案、违反程序规定、滥用职权;二是警察以权谋私等腐败行为,利用警察权进行寻租;三是行政不作为,懈怠法定职责;四是处置方法不当,过度使用警察权,造成自由裁量权的失衡。当代的民主社会,对警察行为的监管以及对警务所提供的安全与公正已经纳入一个完整的问责体系。

一、亚文化:警察行为异化的表象

美国政府 1931 年的一项调查表明,警察经常存在“恶名昭著的违法行为”。② 其中一个重要原因是警察执法过程无法得到有效监督或

---

① 王海明:《公正、平等、人道——社会治理的道德原则体系》,北京大学出版社 2000 年版。

② National Commission on Law Observance and Enforcement: Report on Lawlessness in Law Enforcement(Washington, D. C.: United States Government Printing Office, 1931).

控制。①

Westlsy(1950)在研究印第安纳州加里市警察时正式提出警察亚文化的现象,在试图用职业社会学的视角来“分离和鉴别制约警察行为的社会准则”时发现,“警察中存在一个强调保密和暴力价值的亚文化群。警察职能的某些基本方面使警察认为,说谎(即便在宣誓情况下)和滥施暴力是有理的”。②

总统的“执法和司法委员会”的调查(1967)将警察行为的粗暴和权力滥用归结为历史、社会和亚文化三个方面的原因,诸如经济不平等、种族歧视、警察组织天生的暴力性。③

纽约克纳普委员会的调查(1972 年)表明,纽约警察局内部形成一种广泛的、公开的和系统性的腐败。尽管一再强调和保证要进行改革,但在警察“保持沉默”的亚文化影响下,腐败依然普遍存在。④

Skolnick(1966)发现,警察奉职的环境充斥着危险、权威和效能等元素,当这些元素混合在一起便形成了显著的警察行为特征和“警察性人格”:对权威的盲从、怀疑、敌视、不安全感、保守和玩世不恭。⑤

事实上,“警察性人格”、亚文化和高度组织性的结构直接影响警察不端行为的形成。Westley(1970)观察到满载压力的工作环境和充满敌意的公共关系交织在一起,使警察执法时缺乏足够的耐心,容易导致暴力性行为。⑥

McCormack(1987)认为,如果不改变已经高度组织化的警察亚文化和警察自身的态度,是很难改变警察权的滥用和暴力执法的。⑦

---

① Carl E. Pope and Lee E. Ross, Race, Crime, and Justice: The Aftermath of Rodney King, *The Criminologist* 17(1992):1 - 10.

② [美]塞缪尔·沃克:《美国警察》,公共安全研究所外警研究室译,群众出版社 1989 年版,第 300 页。

③ The Challenge of Crime in a Free Society(Washinton, D. C. : United States Government Printing Office, 1967.

④ New York City Knapp Commission (1969 - 1972), Commission to Investigate Allegations of Police Corruption and the City's Anticorruption Precedures (New York City; Witman Knapp, Chairman), Commisson Report (1972).

⑤ Jerome H. Skolnick, *Justice without Trial*(New York: Wiley, 1966).

⑥ William A. Westley, Violence and the Police: *A Sociological Study of Law, Custom*, and Morality (Cambridge, Mass: MIT Press, 1970), 11.

⑦ Robert J. McCormack, Confronting Police Corruption: Organizational Initiatives for Internal Control, in Managing Police Corruption: International Perspectives, eds. Richard H. Ward and Robert McCormak (Chicago: Office of International Criminal Justice, University of Illinois at Chicago, 1987), 151 - 165.

曼宁在《警察:训令政策和外貌》中提及:“警察总是处于要求他们‘发挥职能’的极大的公众压力之下,这种压力助长了一个特殊的警察亚文化群的形成。为社会学家所注意到的这种亚文化群的一个要素就是高度的怀疑感,一种认为人们都是不能相信的、危险的信念。”①

杰罗姆·斯科尔尼科认为,危险与权威构成警察职业生涯中两个主要变项,危险的潜势使得自卫行动相当敏感,甚至一触即发,除了相信同伴的支持外,其他一切均不可靠;权威强化了对危险的感知度,当权威受到挑战时,使用暴力行为来控制局面成为必然的选择。“压力使每一个警察个体都‘产生’警察文化”,当危险和权威发生冲突时,警察宁愿选择效率而非合法。②

Ellwyn Stddard(2001)把警察腐败为总结为以下几种类型:一是接受馈赠。警察把免费的烟酒、咖啡以及饮食视为对警察低收入的一种补偿而经常笑纳,因此也会给赠与者提供方便。二是收取财物。在收取违法者现金或其他物品后,警察会对当事人的违法行为视而不见,或是故意做出一些虚张声势的行动,给当事人可乘之机而使其免受指控。三是霸王消费。在娱乐场所消费时硬要打折甚至赖账。四是强行勒索。对潜在被敲诈者要求购买警察举办相关活动的门票、支付警察杂志上的广告费、处理交通违章时收缴罚款而不给收据。五是巡逻时顺手牵羊。巡逻警察随手顺走商店经营的香烟、口香糖等小件物品。六是调查案件时小偷小摸。进入居民家中进行案件调查时,将居民家中的一些贵重物品窃为己有。七是有预谋的盗窃。利用会开锁等技能或使用破门工具强行入室进行盗窃。八是袒护关系户。给自己、朋友或熟人签发许可证、发放优惠卡,在发生交通违章时出示可以免受应有的处罚。九是作伪证或隐匿证据。替犯罪嫌疑人作伪证或是隐瞒真相使之逃脱法律制裁。十是不公正。歧视性地对待少数民族,尤其是那些缺少政治影响力又经常给警察带来麻烦的有色人种。③

劳伦斯·谢尔曼(Lawrence Sherman)根据警察组织内部行为异化的普遍性、组织性以及贿赂的来源,将警察腐败分为三种情况:(1)腐烂的苹果和腐烂的口袋(rotten apples and rotten pockets),仅仅只是少数警察各自单独进行的腐败,他们是木桶中众多好苹果中的个别“烂苹果”。如果是

---

① 曼宁:《警察:训令政策和外貌》,载奎尼·R.编《美国的犯罪审判》,波士顿,1974年。转引自[美]戴维·波普诺:《社会学》(上),刘云德、王戈译,辽宁人民出版社1987年版,第475页。

② 参见[英]罗伯特·雷纳:《警察与政治》,易继苍、朱俊瑞译,知识产权出版社2008年版,第106页。

③ 参见吴永明编译:《美国警察腐败的问题》,载《公安研究》2001年第9期。

少数警察相互勾结实施了腐败行为,则是“腐烂的口袋”型腐败。“腐烂的口袋”要比“腐烂的苹果”更有危害性,也更不容易控制,但其恶劣性仍然局限于一小撮警察。(2)普遍的无组织腐败(pervasive unorganized corruption),在警察组织中有相当一部分警察都有不法的行为,但他们各自为政,在独立状态下进行。(3)普遍的有组织腐败(pervasive organized corruption),这是性质最严重的腐败类型,包括主管在内的警察组织中大部分成员共同从事异化行为。最典型的例子是纽约侦探富兰克·赛皮考的丑闻和奈普委员会的报告中所提及的“乱收费”(pad)现象。警察有组织地定期向市民进行勒索,然后将不义之财分成固定的份额,按月分赃,警察长官每月所获得的赃款比巡警更高。乱收费在警察组织内部形成了固定性的“灰色”收入来源。①

警察组织的纪律性特征形成警察亚文化中鲜明的“保守秘密”的特征,这也使得警察内部常把那些暴露行为异化问题的警察视为叛徒,并形成了一套保密规矩,有意识地替同伴进行掩盖。1993 年,纽约市警察局反贪委员会在对警察行为异化的问题进行调查时发现,警察组织的内部形成的潜规则常常会给那些腐败警察提供庇护。道阿得是纽约市的一名警察,被指控犯有非法持有毒品、滥用职权、盗窃财物等罪行,多年来他一直涉及这些犯罪行为,但对他的追查也一直遭到别的警察的阻挠与不配合。被调查者柯文·汉姆波雷警官告诉该委员会,他在警察学校和警察局学到了对于警察行为腐败保持沉默和一致对外的规则。警察不允许告发其他同事的不端行为,告发会比腐败本身更糟。柯文坦白道,当他面对辖区内的暴力犯罪和毒品交易时,他马上意识到将会从金钱、毒品、权力的交易中获取不当的收益。在迈阿密,有 10 名警察参与了抢夺价值 1300 万美元的毒品案件,船上有 3 名贩毒人员在警察袭击时跳水淹死,而这些警察却把他们缴获的可卡因卖掉分赃。在纽约第 13 街区,许多警察直接参与到毒品的交易,调查人员发现,因警察提供了伪证至少使 98 名贩毒人员逃脱了指控被无罪释放,但也有 33 名警察因制造了伪证而锒铛入狱。毒品交易的高额利润,使毒贩愿意支付给那些贪腐警察好处费来获取保护。得到护身符的毒贩肆无忌惮地销售毒品,即使附近的居民深感不安,也很难会有人向警察报案,随着时间的流逝,警察不端的行为会使人习以为常。异化则成为秘密的非正式的行为准则,警察在职业入行的早期便适应了这一潜规则,洁身自好的警察不仅难以适应,而且会受到同行的排斥,当部分警察的

① 参见卢建军:《美国的警察腐败问题及其防控》,载《兰州学刊》2005 年第 5 期。

不端行为被官方注意时,其他警察所选择的是设法与其保持距离,而不是停止自己不端的异化行为。①

李玫谨(2001)从心理学视角分析了警察行为异化亚文化的形成,警察的职业致使警察或多或少染上了心理上的疾病。警察的职业本身有着很强的刺激性,他们受到的不是一个普通人可以遇到的刺激,概括起来主要有:(1)职业危险性高,自己经常面临生死考验,同事的受伤、牺牲,家人受到的威胁,残酷血腥的现场时时刻刻都在施压。(2)接触社会阴暗面比较多,对违法犯罪有着直观的感觉,目睹人性最黑暗的一面,天天碰到恶人坏事,见惯了尔虞我诈,逐渐形成冷漠麻木、无动于衷的心态。(3)容易受到各种诱惑,人性的弱点一旦被放大,接受贿赂的机会也大大增加。(4)警察职业的正当暴力性很容易形成一种行为反应习惯方式。这一切不断刺激着一个刚入警的普通人,使其心理逐渐产生相应的改变,并形成警察亚文化的共同认知。②

二、权力寻租:警察行为异化的动因

警察行为异化是指警察机构及其工作人员为了谋取私利而滥用职权,违背法律和伦理的要求。警察行为异化的实质是警察权力的腐败,是警察执法中出现的警察权私利化的现象。通过警察权的暴力特性,将其变成自己谋取私利的工具,从而实现警察权力的寻租行为。警察行为异化的现实表现形式复杂,大约可以归纳为权钱交易、权权交易、权欲交易、权情交易,或是以贪污、勒索的方式中饱私囊,或是以满足自身的私欲而出卖原则,采取不正当的手段为行贿者牟取利益。除此之外,警察行为异化的表现还包括警察执法过程中滥用权力的情况,如刑讯逼供。

殷炳华(2003)的研究表明,警察刑讯逼供现象产生的直接原因主要有以下几种:(1)警察为了提高破案速度和破案率;(2)案件出现后,为了应对上级和社会舆论的压力;(3)"深挖余罪"的需要;(4)警察荣誉感问题;(5)警察可选择的侦破手段有限;(6)极个别警察具有心理问题。警察权力功能背反过程表现为权力—(异化)—权利,根本就在于最终都是利用手中的权力来谋取私利。为了"快破案"和"多破案"而刑讯逼供,正是为了获得本人、本单位甚至本系统的荣誉和利益;迫于"上级和社会舆论的压力"而刑讯逼供,是为了尽快解除加在自身上的压力,同样是以"权"谋

① 参见吴永明编译:《美国警察腐败的问题》,载《公安研究》2001 年第 9 期。

② 参见李玫瑾:《警察违法暴力心理原因分析》,载《公安大学学报》2001 年第 1 期。

"私";为了"深挖余罪"而刑讯逼供,不过是在证据不足的情况下,运用手中的强权敲诈犯罪嫌疑人,企图简便快捷挖出其口供而已。同样,用刑讯逼供来弥补"侦破手段的有限"和"智商"的不足,实质上是不思进取的功利主义。极个别警察出于亚文化形成个人不健康的心理需要而实施刑讯逼供,更是假借"公权力"满足自己"私欲"的施暴心理。警察的刑讯逼供行为是对警察权力功能的背反,刑讯逼供实质是"公权力"向"私权利""异化"过程的展开。[①]

斯密认为,个人都不断地努力让自己所能支配的资本为其自身的利益找到最有利的用途。布坎南进一步认为,寻租的本质是原本可以用来进行价值生产活动的资源被用于决定分配结果的竞争上了。由于行政的干预和政府管制抑制了竞争,人为扩大了供求之间的差额,其中的差价收入便形成了租金。警察同样是理性的经济人,其个人行为摇摆于成本收益的计算中,构成警察的寻租动能。警察会借助公共权力来谋取自身的私利。

三、投诉与问责:警察行为异化的矫正

对于任何国家而言,警务都是权力的行使和秩序的控制,因此,警察队伍的治理历来充斥着争议和质疑,严格意义上来讲,警察执行公务时,并不关心人们的信仰和国家主流意识形态的选择,关注的只是如何通过公正的执法为人们提供一个安全有秩序的环境,警察虽然被委以执法的职能,但履行这些职能必须在特定的法律框架之内进行。警察在治理这个社会的同时,自身也必须接受管理,正如 2000 多年之前的罗马诗人 Juvenal 所提出的"监管者由谁来进行监管"的问题。[②]

当代的民主社会,对警察行为的监管及对警务所提供的安全与公正已经纳入一个完整的问责体系。1997 年,联合国国际警察维和部队为确定"什么是民主警务"制定了七个基本原则,其中就包括了"警察必须服务社会,让公众知情、理解,并接纳警察为公共安全而采取的措施,同时接受公众问责"。美国华盛顿州立大学政治学教授 Otwin Marenin(1982)认为,民主警务的基本原则是效率、效能、知情(accessibility)、问责(accountability)、和谐(congruence)及普适(general order)。[③]

---

① 参见殷炳华:《"权力权利化"是公安民警刑讯逼供现象产生的直接原因》,载《北京人民警察学院学报》2003 年第 4 期。

② Robert Reiner, ed., Policing, Volume Ⅱ, Dartmouth Publishing Company, 1996, p. xiv.

③ Otwin Marenin, Parking Tickets and Class Repression: The Concept of Policing in Critical Theories of Criminal Justice, Contemporary Crises, 6(1982), pp. 241 – 266.

美国纽约州立大学刑法学教授 David H. Barley(1997)认为,警察必须通过多种机制接受问责,民主警务的两个最基本的特征就是问责(accountability)与回应(responsiveness)。①

现代警察肇始于英国,英国警察历来是世界警察的楷模而被视为合法性的象征,但是,即使是英国,在 20 世纪 80 年代以后也出现了大规模对警察行为合法性的质疑,随后 30 年,英国警务一直陷入政治性的冲突和论战中,争论的焦点始终是该如何问责警察。1981 年,英国伦敦南部布瑞克斯顿发生大规模的种族骚乱后,由大法官斯卡曼领导的调查小组在向议会提交的调查报告中认为,警察执法存在种族歧视,当地黑人社区对警察的愤恨是点燃骚乱的火源,必须加强当地社区对警察羁押的监控和接受公众对警察的监督与问责。

问责制的完善取决于独立的警察投诉制度,1976 年的《英国警察法》只是象征性地引入独立警察投诉机制,由警察投诉调查委员会对相关案件进行复查。1984 年出台的《警察和刑事证据法》对警察投诉制度进行了重大改革,设立新的警察投诉管理局(police complaints authority)来取代过去的警察投诉调查委员会。根据立法,警察局长必须将涉及死亡和重伤等情况的投诉提交警察投诉管理局。虽然有所改进,但这种投诉机制依然存在很大的弊端:首先,对投诉的调查过程仍然掌控在警察手里;其次,警察投诉管理局只对有限类型的案件进行监督,所接受的投诉数量无法达到对警务持续监督的程度;再次,无权处理对“警察局长对警察的指挥与控制”的投诉;最后,对投诉调查过程的取证非常困难,成功率只有 10%。1991 年,约翰·惠勒爵士反对工党为伦敦设立警察委员会的做法,他认为,有效的警务应该使警察直接接受公众的问责而不是地方政客的问责,应该设立由警察机构以外的财务指导和社区代表组成的警务监督委员会,并接受内务大臣的问责。这表明,随着市场话语对警务领域的渗透,警务被重新定义为关乎社区满意的一种公共服务,而不是首要关乎执法的一种力量,社区消费者对警察的直接问责是提升警务服务的一个重要的路径选择。②

2002 年,英国政府颁布了新的《警察改革法》,其中的第二部分针对警察不端行为和投诉,设立了投诉警方独立监察委员会(Independent Police Complaints Commission),取代了过去的警察投诉管理局。新法规定,隶属

---

① David H. Barley, The Contemporary Practices of Policing: A Comparative View, A Paper presented to the Centre for Strategic and International Studies and the Police Executive Research Forum, Oct. 6, 1997.

② Tames Television, A Question for London's Crime Wave, 8 January, 1991.

于警察机构的任何雇员，只要其行为对公众产生了不利影响或对警察声誉造成了损害，无论有无被投诉，该监察委员会都应给予高效和妥善的处理，以维持警察的公正廉洁形象和公众对警察的信心。这表明，对警察的监督机制从过去的被动问责转向主动问责。

中国的警务问责体系随着依法治国的步伐也在加快建设。1995 年 2 月，《人民警察法》对警察的执法监督单独列出一章，彰显了国家对警察建设的高度重视，但对警务问责只有原则性的规定。1997 年的《公安机关监督条例》打破了公安机关"条块结合、以块为主"的警务领导结构，实现了全国警务内部督察工作一体化。2002 年 2 月，公安部出台"关于加强公安队伍建设的十二项措施"的指示，提出对警务进行监督的总体要求。但由于中国警务监督机制的建设刚刚起步，尚未建成更为有效的社会监督、舆论监督和司法监督等多元化的监督体系，监督制度与问责机制的建设有待进一步加强。

第三节　警务运行自律与他律的完善与强化

当今的社会，警察受制于多种权力来源和多重责任关系，因此也对应着多元化的控制机制。

一、道德内化：警察行为自律的保障

警察职业的实践，不仅是为了实现执法的外在性秩序目标，即维护公共安全和治安稳定，更重要的是彰显执法的内在性道德目标，即维护公平和正义。"法律体系要得到有效实施，必须以人们头脑中的自觉遵守法律的道德义务感为前提。"[①]警察公正执法的实现固然是来自外在强制性的约束，但更离不开内化为信仰的价值理念的支撑。警察的执法仅仅拘泥于僵死的法律条文是远远不够的，这是机械性的法治而非伦理性的法治；只有当警察的内心出于真正的"自由心证"和"道德自律"，才是"德治"框架下法治精神的价值理性实现。对价值理性的自觉反思是警察真正对法治精髓的理解和认识，执法不仅仅是从字面上把握法律法规，更是从至善的道德层面去判断和选择，具备了内心对立法的精神及其内在价值的认知能力，外在的法律条文已经和内在的精神世界相融合转化为"自由心证"的标准，法律规范成为警察心中的道德内化，这是警察理解法治的价值理性

① ［德］康德：《法的形而上学原理》，沈叔平译，商务印书馆 1991 年版，第 34 页。

取代工具理性的一种精神层面的超越,法律的本质已从维护秩序的工具性目的上升到实现保障人权的价值性目的。①

警察具有优先使用权,这是为了保证警务及时实现效能而授予的特权,即在紧急状况下,公安机关因消除危险状态或侦查破案的需要,根据法律规定,可以借用法人或公民个人所有的场地、建筑物、交通工具或通信设备。与其他行政权相比,警察优先使用权对公民利益具有更大的侵害性,虽然事后会有一定的补偿,但往往不足以弥补法人或个人的经济利益损失。但由于公共利益的考量,无论警察行使优先使用权是否妥当,都被预先推定为合理。因此,警察在行使优先使用权时,不能图一时的方便而滥用此项权力,必须是紧迫或不存在可替代性选择时方才启用。②

警察由于工作的性质,经常接触到社会的阴暗面,能否经受住犯罪嫌疑人的贿赂、黑道不义财产的诱惑、拜金思潮的考验,关键在于警察的道德修养和自律能力。有的警察不爱钱、不爱色但爱"名",为了成就神探的美名不惜刑讯逼供,这也丧失了职业道德。毫无疑问,警察必须在任何时候都要坚持严格执法。由于公安工作面临实际情况的复杂性和多变性,法律在制定时不可能总揽一切情形。警察在遇到一些紧急状态时,需要灵活地运用警察权进行合乎情理的处置。例如,当某一车辆载有临产妇女或危急病人急驶前往医院进行救治时,轻微违反了交通管理规则,此时警察对违章车辆予以查扣的"严格执法"从法理上讲是没有过错的,但处罚的过程必然耽搁宝贵的救助时间。从情理上讲,警察完全可以采取自由裁量的变通,记下违章车辆的牌号给予放行,让车辆尽快赶往医院,必要时可以用警车开道来提供优质的警务服务,等紧急状态结束后再进行查处。③

警察自由裁量权客观上为警察弹性执法提供了空间,在自由裁量权的范围内警察作出的任何执法形式和裁决都是"合乎法律规定的",即使是明显的"不合理",但也难以从法律的程序方面去查究。警察既可以秉公办事,也能够枉法寻租,完全取决于警察道德标准的取舍。因此,对自由裁量权的合理与正确的行使,只能借助警察本身的自律,这是消除警察失范行为最有力的内在约束。④

---

① 参见杜乾举:《论警察法治视野下警察执法道德的内化机制》,载《行政与法》2012 年第 7 期。

② 参见阳娇娆、陆炜:《论警察优先使用权》,载《广西大学学报》(哲学社会科学版)2007 年第 S1 期。

③ 参见张光、李明琪:《警察自由裁量权:如何有效地管理?》,载《中国人民公安大学学报》2002 年第 1 期。

④ 参见肖振涛:《行政伦理视角下警察行政责任实现途径》,载《管理学家》2013 年第 12 期。

二、多元监督:警务运行控制的基本结构

警察问责形式的选择最大的困难在于如何在所有竞争性指标之间,秩序与自由、效率与公正、执法与服务等充满对立与统一的考量中找到适当的平衡。当今的社会,警察受制于多种权力来源和多重责任关系,因此也对应着多元化的控制机制,这些机制可以分为"外部与内部控制机制"和"正式与非正式控制机制"两大系统。

Finer(1940)认为,对于公共权力的责任必须通过外部的力量予以制约,这种外部的力量来自立法组织、其他行政部门和司法机构。① 但是,Friedrich(1966)更认同来自内部的控制,认为公共权力的行使必须具有道德的责任感。② 这两种机制各自有着自身的缺陷,过多的外部干预会阻碍警察执法的高效和迅速,而完全依赖内部控制不受外部制约则无法防止权力的滥施与误用,最好的办法是两者的有机结合。

Hague(2000)在此基础上引入正式与非正式控制机制的概念,将这两种组合进行相互排列,形成了四种控制的类型:(1)内部正式控制。这种控制形式,问责来源于组织的内部,包括规章制度、纪律规范、行为准则、人事组织、预算审计和绩效考核等,就个人在履行职责中的行为表现、执法质量、服务效率和效能等接受问责。这种控制无法完全消除警察的不端行为,因为规章制度并不能约束警察的个人判断和自由裁量权的实施。(2)内部非正式控制。控制依旧来源于组织内部,但控制的方式并非书面规则和制度那样正式和刻板,而是靠着组织内化的价值观、职业精神、警务风格、领导作风、官僚传统等意识形态层面的警察文化来控制,虽然不具备可以量化的绩效标准,却使警察具备高度的自觉性,这种形式的问责依赖警察的道德伦理、献身精神、正义责任感。(3)外部正式控制。控制源自组织外部系统,包括立法组织、廉政监察部门以及司法机构等,通常由行政通令和法律法规予以控制警察执法和自由裁量权的裁定。(4)外部非正式控制。控制来源于组织外部的舆论体系,包括政治评论、媒体舆论和公众意见等。③

---

① H. Finer, *Administration Responsibility in Democratic Government*, in C. Friedrich, ed. Public Policy, Cambridge, MA: Harvard University Press, 1940.

② C. Friedrich, *The Nature of Administrative Accountability*, *in P.* Woll, ed. , Public Administration and Policy, New York: Harper & Row, 1966, pp. 221 - 247.

③ M. Hague, Significance of Accountability under the New Approach to Public Governance, *International Review of Administrative Science*, 66(4), 2000, pp. 599 - 617.

外部的控制体系之所以很重要,一般出于两种考虑:一是可以对内部约束机制进行考核,监察其是否符合预设的标准;二是可以让公众消除疑虑,警察不再是一个封闭的机构,社会对其有着监督的路径。但是,应该看到,外部控制远没有内部控制更有效,因为警察大多是在监管的盲区进行执法,并且警察也比外人更加了解他们在做什么和想什么,警察极易摆脱外界的监控和隐瞒信息,外部的控制不仅松散,而且表面化,与此相反,内部监控更为普遍深入。警察组织对其成员的管理,除了正式的纪律惩戒外,如扣除奖金、岗位调动和职位晋升,还有训诫、冷眼、表扬、斥责、激励等带感情色彩的措施。警察内部的团结往往排斥外部力量的介入,因此对来自内部自身的批评或纪律惩罚对抗较少,也易于接受,对来自外界的控制则容易产生逆反心理。尤其重要的是,内部控制可以前瞻性地预防和避免异化行为的发生,而外部控制常常是“马后炮”,往往在异化行为发生之后进行事后惩罚。

三、绩效考核:警务运行质量的评定

警务的绩效评估应充分考虑所处的环境条件及警察机构之间的差异,采取灵活渐进的评价方式。警务运行的绩效评估面临的最大难题在于,各个警察机构在区位、层级、隶属等方面都具有复杂多样性,这不仅取决于警察机构设置的具体功能目标,而且还必须考虑警务活动的性质和运行条件,因此,无法纳入同一套绩效评估标准进行相互的比较。经济落后地区警察机构的评估标准自然不能和经济发达地区的警察机构相同,即使是同一地域的警察机构,位于城市中心地带、城郊结合处、农村中心区和边界等不同区位的工作条件完全不同,在评估尺度上也不得不有所区别。美国国会在 1993 年出台的《政府绩效与成果法》(GPRA)已经意识到分权化评估的重要意义,反映在警察机构的评估上,就是把评估权下放给各相关部门和机构,允许他们建立各自的“共通与个别兼具”的绩效评估方法,让警察机构在重要的核心指标上做一些共同性的规范,同时又有一定的自由度能够根据自己特点制定自身的绩效目标和评估指标,各警察机构之间容许存在相当的差异性。

美国警察机构采用的警务绩效测评体系包括 65 个测量向度,对警务绩效的 5 大部分和 19 个子领域进行考量:第一部分,犯罪预防。这包括侵害人身案件、涉及财产案件和其他可防性案件的预防。第二部分,刑案调查。这包括公众对警方的报案、案件的调查和证据收集、被窃财产的返还、案件适用的法律、案犯的羁押管理、案件最终结果等。第三部分,冲突解决。这包括个人纠纷调解、团体冲突化解、个人压力缓释。第四部分，一般服务。这包括管理交通、对公众的社会性服务、与公众的沟通互动、为其他机构的辅助性服务等。第五部分，行政执法。这包括执法的公正、社区警务的实施、与其他社会机构开展合作等。通过对警员工作实绩、质量完成、工作态度等有效性的评估，不仅可以为实施警务控制提供依据，而且还能够据此制定相关的激励政策。①

警务的绩效评估应注重长期的战略规划，避免警察机构追求短期成效而忽略长期效益的现象。警务活动具有长期的累积性特点，对于警察行为的绩效评估，如果只考核表面上呈现出来的短期成果指标，势必会严重扭曲和背离社会长治久安的目标，这会引导警察机构热衷于时间短、见效快、容易出战果的“严打”运动，鼓励警察单方面追求破案的数量而不愿在服务群众或治安防范等基层基础工作中下功夫。英美警察机构在实施绩效评估的早期，试图选用警力数字和装备水平等可衡量的指标，虽容易操作但事与愿违。② 现在已逐渐选择战略性长远的规划，如社区警务评价机制的确立。美国的 GPRA 要求各警察单位提出长期战略规划与绩效目标，然后再落实到具体的评估指标，避免受评机构的短期化的行为。

警务的绩效评估应采取定量、定性相结合的方式，重视专家与公众相结合的评议机制。通常，出于易见性和客观性的需要，警察机构绩效指标常常选择可衡量和可量化的体系，但国外的实践表明，量化指标无法完整呈现警务绩效，对社会治安的治理成效完全诉诸数字很难反映客观的现实状况，必须与专家及公众的定性评审结合起来，这样避免了以往自上而下的警察机构自身评估的状况，在警务的绩效评估中提倡参与式评估，吸纳专家和公众参与到绩效评估中来，加强受评警察机构与评估专家及公众三方的对话，最终通过参与式的评估来提升警察机构的绩效。

四、司法问责：警务运行控制的保障

在英国，普通法将各种职责和大量的自由裁量权赋予了警察，却并没有为警察提供一个执法的衡量标准，警察最常用的盘查、拘留、羁押、搜查、逮捕等权力都使用了笼统的、可以自行斟酌的术语性解释，司法部门往往并不愿意太过干涉警察的自由裁量权，法官注重的是如何在诉讼阶段保持其公正性，而非对警察执法过程进行训诫。③ 司法对于警务运行及警察行

---

① 参见誉志锋：《警察行政机构改革效益化的必由之路》，载《法制与社会》2010 年第 1 期。

② 参见熊一新：《治安管理学》，中国人民公安大学出版社 2004 年版，第 30 页。

③ D. McBarnet, Conviction, London: Macmillan, 1981.

为的控制方式主要有四种:(1)当检察官有足够证据表明警察存在刑事违法行为时,可以对涉案警察进行有罪的指控;(2)因警察执法时疏忽大意或错误逮捕而导致损害的发生,可以对警方提起民事诉讼;(3)对于警察违反正当程序而获得的证据,法官根据《警察和刑事证据法》的规定拥有自由裁量权,可以予以排除;(4)如果有人投诉警察的决定超越其职权,可以寻求司法对其进行审查。

然而,就司法制裁而言,警察与检察机关之间存在职业的认同感,对警察的控告难以纳入刑事追诉程序,即使立了案,也往往懈怠调查,“检察官并不想干预地方警察的事务,除非情况十分严重而不得不介入,但即使联邦检察官给予合作,这些案件也只有1/3会最终判决”。[①] 在美国的芝加哥市,从1972~1991年的20年间,有案可查的警察严重暴行案件有65起,但并没有任何一个人因此受到查处。1996年,投诉芝加哥警察滥施暴力的案件有3000起,但也没见任何一名警察对此负责或遭受解雇。在美国旧金山,1990~1995年发生的凶杀案中,平均每100起就有4.1起是由于警察开枪致死的,也没有一名警察因滥用武力而遭受起诉。[②]

在英美法系国家,治安法院承担刑事程序司法审查的职责,治安法官对警察行为,如逮捕、拘留、扣押、羁押、搜查、监听请求进行事前审查,应犯罪嫌疑人及其律师的请求,还可以事后审查警察行为是否合法,排除非法获得的证据。而在大陆法系国家,如德国,“体现法院的司法审查权与行政机关受司法机关监督制约和公民、法人或其他组织的起诉同法院对行政案件的主管的界域,从而客观地、恰当地反映国家通过司法审查的途径对公民、法人和其他组织合法权益的保护程度,反映法院的司法审查权对行政机关行政权的监督制约程度”。[③]

---

① [美]杰克·考尔、唐纳德·斯莱斯尼克:《警察行为的责任》,张云宜译,载《法学译丛》1987年第4期。

② 参见马振海、崔学洲:《警务管理的变革与发展方向》,载《辽宁警专学报》2003年第3期。

③ 罗豪才:《中国司法审查制度》,北京大学出版社1993年版,第40页。

结语：中国警政未来的展望

政治与法律对警务的制约作用是一直存在的，警务存在的价值体现为更好地预防犯罪和规制越轨行为的发生、创造一个秩序稳定有安全感的生存环境。新中国警务在始终强调党的领导和治安综合治理的同时，其话语体系的核心逐渐从“镇压反革命”以及“无产阶级专政下的继续革命”转换为“严格管理、热情服务”，服务型警务真正意义上的实现，必须在民主法治的维度和社会化治理的维度两个方面有所建树，中国服务型警务的确立，必须在其伦理考量基础之上，进一步在警察权的社会回归和民主法治性之间形成一种均衡。

一、警务社会属性的必然走向

在政治生态学理论的视野中，政治伴生性产物的警察制度及其衍生的警务，同样也随着社会的变迁而不断演变。对警务属性的本质认识，有助于我们看清警务模式的内在机制和动力源泉，警务的内源结构总是体现为政治属性、法律属性、专业属性和社会属性这四种属性按不同比例组合而成的结合体。在社会不同的发展时期，警务属性的权重存在一定差异，例如，农耕文明时期的统治型政府，将警务政治属性放在非常突出的位置；工业文明时期的管理型政府，注重警务法律性和专业性的建设；知识经济时代的服务型政府，关注的是警务的社会服务性的发展。构成警务的四种属性之间有一定的相互影响，但这种影响并不表现出线性关系，也不含有彼此对立的消解性，可以同时并存为警务行为的控制因素和动力机制。

政治属性决定了警务运行的价值取向和伦理，受政府执政者的政策影响和控制。政治属性始终在影响着中国警政的发展和警务的实践，在极“左”意识形态占据主流的情景下，政策甚至一度超越和替代法律作为引领执法的标准，“坦白从宽，抗拒从严”“惩办与宽大相结合”等刑事政策成为解放初期指导中国警务快速肃清遗留敌对势力的法宝；“从重、从快、从严”的刑事政策掀起了 20 世纪 80 年代中国警方严厉打击暴力刑事案件的风暴；“专门工作与群众路线相结合”的政策使中国较早出现实质性的群众参与警务互动的实践。但政策的出台主观性强，执行者理解水平不一，政策落实程度差别很大，这使得警务实践中存在一定数量的冤假错案。同时中国警务执行时行政干预较大，表现出很强的随意性，有时甚至成为腐败的“温床”，最典型的例子是“农转非”和“户口迁移”的政策，不少地方曾公然将城市户口作为一种商品进行出售，农民缴纳一定的费用就可以“农转非”，而收取的费用成为公安机关的“小金库”，这是权力寻租的典型形式。总之，由于宪法明确中共与政府的关系，中共的政治性纲领对于中国警务模式的影响是直接的，无论是在过去的执法还是未来警务模式的塑造中，始终发挥着核心的引领作用。

法律属性决定了警务运行的价值标准和尺度，警务行为必须符合立法的保留原则和法律规定。曾经一度，中国警务工作的法律属性一直为政治属性所抑制，警察凭借中共政策纲领性文件执法，在“文化大革命”期间，所谓法律“程序”和“人权”都被视为资产阶级的意识形态而遭受摒弃和批判，在“公检法”被砸烂、公安机关被军队接管的背景下，实质上政策属性完全取代了法律属性。随着改革开放，法治精神逐渐被引进警务工作，截至目前，已有42件以警察为执法主体的法律通过全国人大常委会立法，已有近百件警察行政法规通过国务院颁布，中国已基本形成比较完整的警察执法的法律体系，警务运行和治安管理必须按照“严格执法”的路径前行，中国警务工作越来越注重法治性。

专业属性决定了警务运行的职业性分工的选择，这是构成警务的行业性内容，它既要符合法律程序的规定，更要遵循科学规律和技术要求。例如，刑事案件的现场勘查，这是收集和提取犯罪证据的重要环节，盗窃案件现场会用到指纹鉴定、鞋印提取、微量痕迹检验等普通刑事技术；凶杀案件现场会用到尸体解剖、DNA检验等复杂刑事技术。交通管理工作中，通过运用电子监控、数码影像设备等高科技装备，对违反交通规则的行为进行证据固定，不仅提高了管理效率，而且由于证据取得的客观性，也避免了当事者对警察执法公正性的怀疑。为了做好公共安全防范，在居民小区、交通要道、街头巷尾、商店门口、道路沿线安装监控系统，提高了治安管控能力，遇到突发事件时也能远距离遥控指挥和进行警力调度。

社会属性倾向于服务，受民众安全需求的导向。社会属性是过去和未来任何警务模式都或多或少需要考虑的内容。即使是统治型警务模式，也要提供最基本的服务事项来取得民众对政府合法性的认可与支持，警务存在的价值性在于能够有效地预防犯罪和维护社会治安秩序。警务对政治与法律依赖程度可以因时制宜，但逃脱不了社会服务的责任。马克思主义认为，人民是历史的真正创造者，新中国在建立警察机构的起始，就确立了党委领导下的专门机关与广大群众相结合的公安工作基本方针，完整地表述了警务运行中中国共产党、警察机构和人民群众三者的关系,反映了我国公安工作的重要特色和警务目标。对我国公安机关来说,走群众路线就是将履行自己的职责与全心全意为人民服务统一起来,一方面有效打击违法犯罪,另一方面为人民提供力所能及的社会服务。

西方警务模式也正是相继以政治性、法律性、专业性和社会性的警务属性的嬗变和演化逻辑,历经统治型警政范式、管制型警政范式和服务型警政范式模式三个阶段和自1829年新警察体制以来的四次警务革命实现的"职业化""专业化""合法法""快速反应机制"和"服务与权变"五个演进时期。新中国警务模式的变迁与西方四次警务革命和警务改革方向有着惊人的相似性,即从强调"政治挂帅"的"群众警务"模式逐渐过渡到建立"打防一体化"为基调的"综治警务"模式,最终向推进"社区警务"为框架的服务型警政靠拢。但由于新中国警务实践仅仅60年的时间,其阶段性特征没有西方那样明显,压缩的演化历程造成多种理念和多种警务模式并存的局面,形成"集合性"的警务特征,该集合体不仅涵盖西方警务历次演进的警务模式成分,还夹杂古代社会的非正式警务的路径依赖性和走群众路线的"人民民主专政",这意味着当代中国警务发展并非完全沿袭西方演进的路径,而是综合中国本土文化、社会主义制度和世界警务发展的潮流形成了一条交织着威权主义与民本主义的中国特色警务成长之路。中国警务的"集合性"显示了统治型警政的专政职能、管控型警政的管控职能和服务型警政的服务职能等多个向度同步的扩展。网监、特警、反恐等警种相继成立,强化了警务的专政职能;社会面大巡防体系逐步构建,完善了警务的管控职能;"110"报警服务台、社区民警和保安服务公司等组建,凸显了警务的服务职能。这种同步进行专政、管制和服务的努力,看似矛盾实质是内在的统一,它们在提升社会控制能力、提高政府合法性和巩固国家政权上具有共同的指向性。比如社区警务战略的实施,在延伸治安管理触角的同时,也增强了服务公众的广度和深度;大巡防体系的构建,在提升快速机制的同时,也缩短了服务公众的时间和距离;保安服务公司的组建,在扩大市场机制的同时,也给予公众更多的警务服务选择。

新中国警政在始终强调党的领导和走群众路线的同时,其话语体系的核心已经逐渐从专政、镇压、革命、斗争转换为法治、服务、亲民、和谐,反映警政政治属性从人民民主专政的意识形态向社会主义民主法治的理念转变;逐步健全的警务法律法规体系,遏制了警察权的肆意扩张,保持着与公民权的适度平衡;警务政策历经了镇反、严打、社会治安综合治理到社区警务战略的变革,警务工作目标从"打击现行、侦查破案"到"以治安管理为中心,以户口管理为基础”,再到以“发案少、秩序好、社会稳定、群众满意”,适应了服务型政府建设的要求。警务的社会服务性本来就是社会主义制度的价值追求,政府行政的价值目标自始至终都与最广大人民群众的根本利益相一致,其伦理的考量已然蕴含着服务行政的内在逻辑。

二、风险社会警务的多元诉求

国家历来被视为是安全产品的主要供给者,这可以追溯到霍布斯社会契约论缔结的合法政府的政治学观点,以及韦伯关于国家垄断暴力性资源的社会学理论。其中军队维护着国防安全,而警察维护着内务安全。现代工业社会向后现代工业社会的转型伴随的是风险社会的到来,人们开始以新的视角审视人类和自身的安全。①

与以往的社会风险有所不同,风险社会的风险具有以下特征:(1)跨区域性。传统社会风险及其带来的损害仅限于局部区域,即危及安全人员数量和地区范围都是有限的。后现代所引发的风险毫无地域限制,安全问题跨越国界而具有世界性。因此,新类型的风险不仅仅属于本土,而且可以影响全球。② (2)不可感知性。以往的危险是从一幅幅图片中显示出来的,可以直观目睹和亲身感受。而伴随技术上的进步所带来的潜在危险,很难被人们所察觉。后现代风险甚至产生在虚拟的网络世界,如大量的网络犯罪。(3)后现代社会风险难以预防和控制。传统社会风险由于范围明确并且能够直观感知,犯罪发生的因果关系比较明确,因而可以通过一定预防手段予以防控。而在风险社会中,引发的犯罪的因素多元而复杂,难以使预防具体化。一旦犯罪分子掌控核武器或化学武器,并用来要挟政府达到非法目的,其后果是难以意料的。“我们不难想象,今后的风险社会已经成为一个无法保障的社会。”③(4)具有更快、更强的扩散性和更大的易受伤害性。后现代风险无法用精确的数学模型进行相应的预测。④ 全球化的趋势带给世界更加紧密的联系,某一局部事件的发生,就可能造成全球性的影响,甚至引发连锁的伤害。例如,“9·11”恐怖袭击事件对全球治安秩序的影响。(5)风险因子之间有很强的相关性。后现代社会的风险因子会产生连锁反应,如转基因食品潜在的不确定性有可能带来经济

---

① Beck, B., *The Risk Society: Towards a New Modernity*, London: Sage, 1991.

② 参见[德]乌尔里希·贝克:《风险社会再思考》,载《马克思主义与现实》2002 年第 4 期。

③ [德]乌尔里希·贝克:《从工业社会到风险社会》(上篇),载《马克思主义与现实》2003 年第 3 期。

④ 参见[英]安东尼·吉登斯:《失控的世界》,周红云译,江西人民出版社 2001 年版。

风险，造成市场混乱，随即点燃信任危机，引发全社会的疑虑和恐慌。公众转而对政府的无力控制而不满，在一片质疑声中考验执政者处置政治风险的能力。当风险持续蔓延无法有效控制时，将造成整个社会治安秩序的混乱和缺乏安全感。[①] (6)风险的普遍性。后现代风险具有很强的扩散性，它的危害以均匀分布的方式影响到所有区域和人员，通过高度发达的现代信息通讯，恐惧感将迅速传播到全球。同时，环境污染带来的风险是影响全人类的，无论是核污染还是化学污染都将进入自然界的循环系统，将不良后果传递到每一个角落。财富是有多寡的，但雾霾是很平等的。尽管个人可以通过财富的投入来降低自身受到的污染，但其最终成效十分有限。[②] 由于近几十年来快速上升的犯罪率和人们对犯罪恐惧、骚乱、无秩序的不安全感日益扩大，Garland(2000)从犯罪学视角释解了后现代转型中西方社会的“高犯罪文化”，犯罪不再主要是单独困扰穷人的问题，而是已经成为任何人无法摆脱的阴影和每天必须面对的焦虑。[③]

基于对后现代社会犯罪带来的风险意识，人们开始重新审视国家、社会以及公民个人的安全责任。在国家无法包揽所有抵御风险的可能性时，开始更多地强调公民自身或社区负责自己的安全。犯罪预防的责任被解构，重新分配到警察、法院、监狱等刑事司法规制系统以外的公共机构、私营部门、社会组织和个体公民身上，由后者自行决定是否从保安服务公司购买保护性服务、安装安保设施与安全设备，或是聘请风险管理顾问和安全防范咨询。[④]

收入与财富的增长在客观上增加了更多窃取财物的犯罪机会，但富裕程度的普遍上升在逻辑上也表明有能力支付获取额外保护所需要的费用。[⑤]

国家不再被视为安全的唯一庇护者，警察也不再被当作警务提供的唯一主体，其他非国家性机构，包括商业机构、社区群体、非营利性组织开始承担起自我保护的责任和行动，购买保障自己安全的警务产品，并在此过程中改变了权力结构和警务的性质。一方面，以往警察履行的警务职能现在以契约化外包或招商承办的方式委托给非政府机构，分化了警察固有的

---

① 参见刘婧：《风险社会中政府管理的转型》，载《新视野》2004 年第 3 期。

② 参见赵延东：《风险社会与风险治理》，载《中国科技论坛》2004 年第 7 期。

③ Garland, D. , The Culture of High Crime Societies: Some Preconditions of Recent “Law and Order” Policies, *British Journal of Criminology*, 2000. 40(3):359.

④ Garland, G. , The Limits of the Sovereign State, *British Journal of Criminology*, vol. 36, No. 4 (1996).

⑤ George, B. and Button, M. *Private Security*, Leicester, Perpetuity Press. 2000.

警察权,至少警察非核心的职能转移给了社会;另一方面,非国家性机构自主警务行为逐步削弱了国家提供公共警务的比例和供给安全的责任。自主警务的出现势必造成安全的商品化,有人疑虑这是否是新的不公正的开始,安全或将以牺牲弱势群体的方式重新配置。①

但无论如何,警务的结构已经发生本质性的改变,这种改变由于城市空间的划分形成众多"集体私有财产"而加剧,集体私有财产是指商场、公园、机场、写字楼等属于私有财产但对公众开放的空间,这些场所出于营业秩序的保障雇用大量的保安或购买大量的警务来避免骚乱和混乱,这不仅削弱了警察的作用,而且解构了"霍布斯—韦伯的框架,在这种结构中,公共领域是统治者的领域,私人领域是被统治者的领域"。②

三、多元治理下的警务协同

对于业已习惯了仰赖警察来保障公共安全的现代社会而言,警务多元供给显示出一个非同寻常的演化,"警务"概念将被重新定位与理解。对现代警察发源地的西方各国的考察发现,伴随工业革命的胜利和城市化的发展,保障社会公共安全和秩序的职责逐渐集中在警察的身上,"警务"一词的范畴也非常广泛,它涵盖了城市生活所涉及的几乎所有的公共管理,包括市场交易秩序、公共卫生健康(传染病的防范)等,预防犯罪和刑事调查仅为当时警务的其中一项活动。一直延续到1829年英国罗伯特·比尔创建的伦敦大都市警察,警务才逐渐摆脱了其他行政杂务而成为专事预防犯罪和刑事调查的专业性力量,并成为以警察为组织形式的国家执法象征。从这一阶段开始,"警务"与"警察"便紧密联系成一体,并成为一种无意识的认知定势,即谈及警务活动就联想到警察。事实上,非正式警务并没有从社会控制体系中消失,只是它们的作用被警察的强势掩盖,成为"公共警务的附属品"。③

警务运行的意义在于实现秩序的稳定和安全的保障,与此同时,秩序和安全也是人类不同主体和组织共同捍卫的价值。在实现秩序和安全目的的过程中,警察从来都不是唯一的选择。在私法逐渐张扬的后现代社

---

① Shearing, C. Reinventing Policing: Policing as Governance. in O. Marenin (ed.) Changing Police: Policing Change. New York: Garland. 1996.

② Shearing, C. D. and Berg, J. South Afica in T. Jones and T. Newburn (eds.) *Crime and Justice* (vol. 3), Chicago, University of Chicago Press. 1981.

③ Adam Crawford. The Pattern of Policing in the UK: Policing beyond the Police//Tim Newburn. Handbook of Policing, London: Willan Publishing, 2003. 136.

会,对自我的秩序和安全,倡导的是个人、法人团体和其他组织必须首先承担起私力救济和防范的职责,警察对私域的治安防范承担有限责任;而在公共领域等完全开放的空间,警察是第一责任主体,对于公共秩序和公共安全负有义不容辞的责任。同时警察担当着对其他行政机构执法的协助,源于其他公法的间接授权,警察往往担当着强制力的保留角色,在综合执法中,通过行政协助的方式实现政府治理的整体目标。当政府、组织和私人等不同主体同时拥有对秩序和安全的诉求时,各自所占据的层阶和比例即成为对警务供给的原则,其中警察发挥着重要的供给效能,但保安、辅警、治安联防、警务志愿者等主体也有着现实存在的合法性基础,私域警务作为治安防范的辅助力量来源于市场机制和社会公德,协助警察预防和控制违法犯罪的正外部性已经成为国家和民间协同治理的典范。

后现代社会多元化警务供给的局面引起了很多学者的关注,Johnston 和 Shearing(2013)认为,如果用“安全治理”一词来替代原先的“警务”,①或将有助于突破业已形成的以政府为主导、以警察为主体的治安范畴,同时也避免一提及警务人们就不自觉地与警察相关联。“安全治理”的概念弱化了主体的特殊性,强调的是职能,突出的是维护秩序和安全所体现出来的价值性。在安全的治理活动中,警务资源的配置既有权力性的政府机制,也有权利性的市场机制和社会志愿机制,警察失去了其占据警务工作资源的天然优势和垄断性地位,不再是当然的、唯一性主体,“未来警务将成为一个由众多结点构成的网络,而不再是由某一中心集中发出的各种活动的集合”。②

警务多元化供给需要一个独立于所有竞争主体之外的、相对较为超脱的组织机构负责协调警务工作,通过制定警务政策、服务标准和“游戏规则”,让警务供给者公平地竞争,通过市场优胜劣汰达到警务最优化的配置,保障公共安全和实现治安秩序稳定的目的。由于警察强势的传统地位,可以成立独立的治安委员会,统一协调地方区域的警务执法,避免恶性竞争造成的警务供给失调。③

警务市场供给的不足之处在于,随着越来越多的商业化因素的渗透,警务资源的配置将呈现很大的不平衡。富人及中产阶级通过财富可以购买到更多额外的警务服务,包括安装现代化安保设备、购买保安服务、雇请私人保镖等。然而,社会的阶段性整体犯罪率是相对固定的,并不因为特

---

① Johnston L. ,Shearing,C. Governing Security. London:Routledge,2003. 147.

② Johnston L. ,Shearing,C. Governing Security. London:Routledge,2003. 148.

③ Loader I. Plural Policing and Democratic Governance. *Social and Legal Studies*,2000,(9):337.

殊阶层的附加防卫而减少,富人社区提高了治安防范水平,意味着犯罪机会的转移,越轨者更愿意选择那些私域警务供给薄弱的区域实施犯罪,普通民众实际上承受了那些从富人区转移过来的违法犯罪活动的威胁。由于财富的不均衡导致警务服务的差异,这种警务服务资源的不公平是市场失灵的典型表现。

社会财富不断增加必然刺激对安全的需求,这是警务多元供给的真正动力所在,尤其是私有财产所有者希望通过市场机制来满足自己额外的警务需求,私域警务兴起的直接原因就是人们期待其财产的安全,“人们拥有的东西越多,就越害怕失去,因此对于安全的需求也就越高”。①

公众不断增加的安全诉求以及私人财产不断积累的保护需要,使政府和警察备感压力,一个不断膨胀的警察机关既可能创造出更好的安全和秩序格局,也可能成为自由和公平等更高位阶价值的威胁者,消耗更多的公共服务保障少数人的集中财富显然有失公正;同时公共财政的负担也不堪承受,警察资源的稀缺性决定了公共警务无法覆盖所有的治安需求,必须靠私域警务提供的服务来补充。这种状况,必须将公共警务与私域警务各自职能定位区分清楚,认识到两者都有其不可取代的特殊价值,从整体性把握控制社会治安秩序的全部警务,唯有如此才能对保安服务公司提供公共警务、治安防范的合同契约化正确理解。当然,在适应上述变化的同时,更要突出不同警务服务的差别,代表政府实现公共职能的警察,必须与其他商业性警务相区别。警察代表着国家权力的象征性意义,维系法律执行秩序、提供预防犯罪的专业服务、捍卫追诉犯罪的正义性和对公共安全的基础性保障。即便将来警察的职能范围被缩减、任务被转移,其作为国家权力象征和追诉犯罪的职责始终不会取消,这意味着警察必然是秩序与安全的最后屏障和救济选择。

---

① Spitzer S. Security and Control in Capitalist Society: the Fetishism of Security and The Secret Thereof. J. Lowman et al. Transcarceration: Essays in the Sociology of Social Contrl (eds), Aldershot: Gower, 1987: 50.

参考文献

一、译著

[1][英]罗伯特·雷纳:《警察与政治》,易继苍、朱俊瑞译,知识产权出版社2008年版。

[2][美]约翰·列维斯·齐林:《犯罪学及刑罚学》,查良鉴译,中国政法大学出版社2002年版。

[3][美]哈罗德·K.贝克尔、唐娜L.贝克尔:《世界警察概览》,刘植荣译,山西人民出版社1991年版。

[4][英]Alison Wakefield:《社会发展与警务变革》,郭太生等译,中国人民公安大学出版社2009年版。

[5][英]弗兰克·利什曼、巴里·洛夫迪·斯蒂芬、P.萨维奇主编:《警务工作之核心问题》,吴开清等译,群众出版社2000年版。

[6][英]马丁·因尼斯:《解读社会控制》,陈天本译,中国人民公安大学出版社2009年版。

[7][韩]全钟燮:《公共行政的社会建构:解释与批判》,孙柏瑛等译,北京大学出版社2008年版。

[8][美]丹尼尔·贝尔:《后工业社会的来临》,高铦等译,新华出版社1997年版。

[9][德]马克斯·韦伯:《儒教与道教》,洪天富译,江苏人民出版社1993年版。

[10][美]吉尔伯特·罗兹曼主编:《中国的现代化》,"比较现代化"课题组译,江苏人民出版社1995年版。

[11][美]詹姆斯·K.汤森、布兰特利·沃马克:《中国政治》,顾速、董方译,江苏人民出版社1994年版。

[12][美]道格拉斯·诺斯:《制度、制度变迁与经济绩效》,刘守英译,上海三联书店1994年版。

[13][美]福山:《大分裂——人类本性与社会秩序的重建》,刘榜离等译,中国社会科学出版社2002年版。

[14][美]塞缪尔·亨廷顿:《变动社会的政治秩序》,张岱云等译,上

海三联书店 1989 年版。

[15][美]戴维·H. 罗森布鲁姆:《公共行政学:管理、政治和法律的途径》,张成福译,中国人民大学出版社 2002 年版。

[16][英]弗兰克·利什曼等主编:《警务工作之核心问题》,吴开清等译,群众出版社 2000 年版。

[17][英]菲利浦·约翰·斯特德:《英国警察》,何家弘、刘刚译,群众出版社 1989 年版。

[18][美]杜威:《新旧个人主义——杜威文选》,孙有中等译,上海社会科学院出版社 1996 年版。

[19][德]贝克尔:《世界警察概览》,刘植荣译,山西人民出版社 2004 年版。

[20][美]杰佛里·菲佛、罗伯特·萨顿:《管理者的误区》,尤咏译,江苏人民出版社 2001 年版。

[21][英]G. 霍奇逊:《现代制度主义经济学宣言》,何以斌等译,北京大学出版社 1993 年版。

[22][美]詹姆斯·M. 布坎南、戈登·塔洛克:《同意的计算——立宪民主的逻辑基础》,陈光金译,中国社会科学出版社 2000 年版。

[23][英]安东尼·吉登斯:《第三条道路及其批评》,孙相东译,中央党校出版社 2002 年版。

[24][美]科斯:《财产权利与制度变迁》,上海三联书店 1994 年版。

[25][德]乌尔里希·贝克、郗卫东:《风险社会再思考》,载《马克思主义与现实》2002 年第 4 期。

[26][德]乌尔里希·贝克:《从工业社会到风险社会》(上篇),载《马克思主义与现实》2003 年第 3 期。

[27][德]马克斯·韦伯:《经济与社会》(下卷),林荣远译,商务印书馆 1997 年版。

[28][美]丹尼尔·贝尔:《后工业社会的来临——对社会预测的一项探索》,高铦等译,商务印书馆 1984 年版。

[29][英]安东尼·吉登斯:《失控的世界》,周红云译,江西人民出版社 2001 年版。

[30][美]约翰·奈斯比特:《大趋势:改变我们生活的十个新方向》,梅艳译,中国社会科学出版社 1984 年版。

[31][美]戴维·奥斯本、特德·普拉斯特里克:《摒弃官僚制:政府再造的五项战略》,谭功荣、刘霞译,中国人民大学出版社 2002 年版。

[32][英]克利斯朵夫·波利特、[比]海尔特·鲍克尔特:《公共管理改革:比较分析》,夏镇平译,上海译文出版社 2003 年版。

[33][美]乔治·弗雷德里克森:《公共行政的精神》,张成福等译,中国人民大学出版社 2003 年版。

[34][美]文森特·奥斯特罗姆:《美国公共行政的思想危机》,毛寿龙译,上海三联书店 1999 年版。

[35][美]查尔斯·沃尔夫:《市场与政府:权衡两种不完善的选择——兰德公司的一项研究》,谢旭译,中国发展出版社 1994 年版。

[36][美]戴维·奥斯本、特德盖·希勒:《改革政府——企业精神如何改革着公营部门》,周敦仁等译,上海译文出版社 1996 年版。

[37][美]罗伯特·B. 登哈特:《公共组织理论》,扶松茂、丁力译,中国人民大学出版社 2003 年版。

[38][美]珍妮特·V. 登哈特、罗伯特·B. 登哈特:《新公共服务:服务而不是掌舵》,丁煌译,中国人民大学出版社 2004 年版。

[39][美]库珀:《行政伦理学——实现行政责任的途径》(第 4 版),张秀琴译,中国人民大学出版社 2001 年版。

[40][美]斯蒂格利茨:《经济学》,姚开建等译,中国人民大学出版社 1997 年版。

[41][德]尤尔根·哈贝马斯:《公共领域的结构转型》,曹卫东等译,学林出版社 1999 年版。

[42][德]黑格尔:《法哲学原理》,范扬、张企泰译,商务印书馆 1961 年版。

[43][法]孟德斯鸠:《论法的精神》(上册),张雁深译,商务印书馆 1982 年版。

[44][美]E. 博登海默:《法理学——法哲学及其方法》,邓正来译,华夏出版社 1987 年版。

[45][英]哈耶克:《自由秩序原理》(上册),邓正来译,生活·读书·新知三联书店 1997 年版。

[46][英]安东尼·吉登斯:《第三条道路:社会民主主义的复兴》,郑戈译,北京大学出版社 2000 年版。

[47][美]H. 乔治·弗雷德里克森:《论新公共行政学》,载《国外公共行政理论精选》,彭和平等编译,中共中央党校出版社 1997 年版。

[48][法]孟德斯鸠:《论法的精神》(上册),许明龙译,商务印书馆 1997 年版。

[49][英]戴维·赫尔德:《民主的模式》,燕继荣等译,中央编译出版社 1998 年版。

[50][美]约翰·罗尔斯:《正义论》,何怀宏等译,中国社会科学出版社 1988 年版。

[51][美]E. 博登海默:《法理学——法哲学及其方法》,邓正来译,中国政法大学出版社 2004 年版。

[52][德]哈贝马斯:《公共领域的结构转型》,曹卫东等译,学林出版社 1999 年版。

[53]公共安全研究所译:《美国警察》,群众出版社 1987 年版。

[54][英]迈克尔·博兰尼:《自由的逻辑》,冯银江、李雪茹译,吉林人民出版社 2002 年版。

[55][美]迈克尔·麦金尼斯:《多中心治理体制与地方公共经济》,上海三联书店 2000 年版。

[56][美]埃瑞克·G. 菲吕博顿、[德]鲁道夫·瑞切特:《新制度经济学》,孙经纬译,上海财经大学出版社 1998 年版。

[57][美]阿瑟·奥肯:《平等与效率:重大的抉择》,王奔洲、叶南奇译,华夏出版社 1987 年版。

[58][美]德沃金:《至上的美德——平等的理论与实践》,冯克利译,江苏人民出版社 2003 年版。

二、中文著作

[1]邱华君编著:《警察法规》,五南图书出版公司 1999 年版。

[2]蔡诚主编:《公安学概论》,中国人民公安大学出版社 1985 年版。

[3]王大伟:《英美警察科学》,中国人民公安大学出版社 1995 年版。

[4]章光明等:《现代警政:理论与实务》,台湾扬智文化事业股份有限公司 2003 年版。

[5]王智军:《警察的政治属性》,社会科学文献出版社 2009 年版。

[6]公安学概论编写组:《公安学概论》,群众出版社 1986 年版。

[7]柳晓川:《公安学基础理论教程》,中国人民公安大学出版社 1995 年版。

[8]张兆瑞:《警察哲学——哲学视野中的警察学原理》,中国人民公安大学出版社 2008 年版。

[9]廖志恒:《公安警务教程》,中国人民公安大学出版社 1999 年版。

[10]中国社会科学院法学研究所法制史研究室编著:《中国警察制度

简论》,群众出版社 1985 年版。

[11]费孝通:《乡土中国》,上海人民出版社 2006 年版。

[12]穆玉敏:《北京警察百年》,中国人民公安大学出版社 2004 年版。

[13]冯德文:《警察学概论》,中国人民公安大学出版社 2005 年版。

[14]罗瑞卿:《过渡时期公安机关的基本任务和几个具体政策问题》,载《论人民公安工作》,群众出版社 1994 年版。

[15]肖扬主编:《中国刑事政策和策略问题》,法律出版社 1996 年版。

[16]高德义:《"严打"斗争中的党政行为》,载 1996 年 12 月中国政法大学《神州之剑》论文集。

[17]徐伟华:《社会治安综合治理工作初探》,最高人民法院人民法院出版社 1996 年版。

[18]李中信:《中国社区警务研究》,群众出版社 1999 年版。

[19]谷福生、李斌杰、张先福等:《新时期公安派出所工作全书》(上),中国人民公安大学出版社 2005 年版。

[20]姚伟章:《公安派出所执法》,群众出版社 2003 年版。

[21]孙立平:《转型与断裂——改革以来中国社会结构的变迁》,清华大学出版社 2004 年版。

[22]李汉林:《中国单位社会》,上海人民出版社 2004 年版。

[23]朱源葆:《警察执行集会游行之法令与实务》,台湾中央警察大学 1996 年版。

[24]张道华:《对"严打"实践中若干问题的思考》,载 1997 年广东省警察学会编:《市场经济与广东公安工作论文集》。

[25]向党:《中国警务改革战略》,中国人民公安大学出版社 2010 年版。

[26]酆裕坤:《都市警政学》,正中书局印行 1971 年版。

[27]邱华君:《警察学通论》,国立编译馆 1991 年版。

[28]马亚雄主编:《世界警察导轮》,中国人民公安大学出版社 2003 年版。

[29]张康之:《公共行政伦理学》,中国人民大学出版社 2003 年版。

[30]刘复之:《刘复之回忆录》,中央文献出版社 2010 年版。

[31]秦晖:《传统十论——本土社会的制度文化与其变革》,复旦大学出版社 2003 年版。

[32]王大伟:《欧美警察科学原理》,中国人民公安大学出版社 2007 年版。

[33]公安部加强和改革公安工作调研小组编著:《第20次全国公安会议专题研究报告》,中国人民公安大学出版社2003年版。

[34]韩震:《后自由主义的一种话语》,自由与社群(公共论丛)》,生活·读书·新知三联书店1998年版。

[35]惠生武:《警察法学教程》,中国政法大学出版社2000年版。

[36]王鹰:《政府公共警察研究》,四川大学出版社2001年版。

三、中文论文

[1]靳平川:《理清战略思路、服务小康社会——对21世纪前期中国警务改革战略的宏观思考》,载《山西高等学校社会科学学报》2004年第3期。

[2]王庆利:《我国警务模式改革之思辨》,载《上海公安高等专科学校学报》2002年第1期。

[3]章昌志:《入世后的中国警务改革与创新》,载《中南民族大学学报》(人文社会科学版)2004年第S2期。

[4]鲍遂献:《论中国警务管理工作改革的基本方向》,载《公安研究》2001年第7期。

[5]董少平:《科技强警与警察体制的创新》,载《科技进步与对策》2003年7月号。

[6]汪勇:《再论中国警务改革的若干问题》,载《中国人民公安大学学报》2004年第6期。

[7]姜涛:《法理视角的中国警务管理体制改革取向》,载《江西公安专科学校学报》2007年第2期。

[8]张俭:《大城市中心城区建立网格化街面巡逻勤务机制的实践与思考》,载《公安研究》2001年第3期。

[9]吴志明:《坚持改革创新发展,构建现代警务机制,不断开创上海公安工作新局面》,载《公安研究》2002年第12期。

[10]朱穗生:《浅议建立现代警务机制的基本思路》,载《公安研究》2004年第2期。

[11]杨昌军:《有限警务与"110"重构》,载《中国人民公安大学学报》(社会科学版)2010年第4期。

[12]罗德华:《农村警务室警务运作探析》,载《公安学刊——浙江公安高等专科学校学报》2007年第4期。

[13]郭友生:《对新农村社区警务工作的实践性思考》,载《河南公安

高等专科学校学报》2008 年第 2 期。

[14]毕刘武:《试论农村警务改革与发展战略》,载《江西公安专科学校学报》2008 年第 2 期。

[15]向池山:《我国警务工作由传统向现代的转型与发展》,载《公安研究》2008 年第 7 期。

[16]郑津珠、赵学刚:《警察概念的逻辑辨析》,载《山西警官高等专科学校学报》2002 年第 6 期。

[17]尹春生:《“警察”概念之科学》,载《公安大学学报》1989 年第 5 期。

[18]李坤生:《论警察的概念》,载《公安大学学报》1995 年第 3 期。

[19]杨昌军:《警务动员的理论及其实现途径探微》,载《理论月刊》2010 年第 8 期。

[20]卢建军:《美国的警察腐败问题及其防控》,载《兰州学刊》2005 年第 5 期。

[21]孙柏瑛:《反思公共行政的行动逻辑:理性建构与社会建构》,载《江苏行政学院学报》2010 年第 3 期。

[22]吴永明编译:《美国警察腐败的问题》,载《公安研究》2001 年第 9 期。

[23]黄健荣:《论现代社会之根本性和谐——基于公共管理的逻辑》,载《社会科学》2009 年第 11 期。

[24]李玫瑾:《警察违法暴力心理原因分析》,载《公安大学学报》2001 年第 1 期。

[25]周志忍:《我国行政体制改革的回顾与前瞻》,载《新视野》1996 年第 4 期。

[26]华伟:《单位制向社区制的回归》,载《战略与管理》2000 年第 1 期。

[27]张盛国:《警察权力与警察职权初探》,载《公安研究》2003 年第 7 期。

[28]陈兴良:《刑事法治视野中的刑事政策》,载《江苏社会科学》2004 年第 5 期。

[29]田全华:《“严打”的社会背景分析》,载《公安大学学报》1998 年第 2 期。

[30]周桂琴、沈惠章:《邓小平“严打”理论研究》,载《江苏公安专科学校学报》2001 年第 3 期。

[31]冯玉军、贺小平:《“严打”的法律经济学分析》,载《兰州大学学

报》(社会科学版)1997 年第 4 期。

[32]严励:《"严打"刑事政策的理性审读》,载《上海大学学报》(社会科学版)2004 年第 4 期。

[33]陈兴良:《严打利弊之议》,载《河南省政法管理干部学院学报》2004 年第 5 期。

[34]丛玮、徐用兵:《对公安行政审批制度改革的思考》,载《吉林公安高等专科学校学报》2003 年第 4 期。

[35]詹伟、丛玮:《公安行政审批制度改革与治安管理方式变革研究》,载《中国人民公安大学学报》2004 年第 2 期。

[36]何银松、杨鸣:《行政审批制度改革后治安行政管理的创新》,载《上海公安高等专科学校学报》2004 年第 4 期。

[37]李香梅:《转型期我国户籍制度改革新探》,载《山西警官高等专科学校学报》2012 年第 3 期。

[38]沈瑞:《新中国辅助警察的发展历程》,载《江西公安专科学校学报》2009 年第 2 期。

[39]闵剑:《市场经济条件下单位内部治安保卫的新构想》,载《上海公安高等专科学校学报》2006 年第 1 期。

[40]刘复之:《"严打"就是专政》,载《中国检察报》1992 年 1 月 13 日版。

[41]刘爽:《中国警察职业化,刻不容缓》,载《法律与生活》2003 年 2 月合刊。

[42]李亚芯:《"警力下沉"式警务改革述评——以河南警务改革为样本的分析》,载《四川警察学院学报》2011 年第 5 期。

[43]薛晓源、刘国良:《全球风险世界:现在与未来》,载《马克思主义与现实》2005 年第 1 期。

[44]郭柏林:《"河南公安精神"是河南警务改革的源动力》,载《河南警察学院学报》2011 年第 3 期。

[45]舒毅:《浅谈公安派出所警力优化配置——以贵阳市公安局南明区分局油榨街派出所为例》,载《贵州警官职业学院学报》2006 年第 5 期。

[46]王世卿、徐志豪:《河南警务改革研究》,载《河北公安警察职业学院学报》2011 年第 2 期。

[47]郭新生、乔祝哲、张波:《一场改革、十种变化——解读河南省新乡市警务体制改革》,载《人民公安报》2010 年 8 月 22 日版。

[48]蒋国长:《有关"警务广场"的几个理论与实践问题》,载《公安学

刊——浙江警察学院学报》2010 年第 5 期。

[49]金伯中:《围绕“五个一切”做到“五个必须”全面实施“警务广场”战略》,载《公安学刊——浙江警察学院学报》2011 年第 4 期。

[50]俞可平:《造福于民是警务工作的根本——兼谈警务工作与社会管理创新》,载《公安学刊——浙江警察学院学报》2011 年第 4 期。

[51]翁里:《转型期公安机关参与社会管理的创举——评湖州公安机关“警务广场”行动》,载《公安学刊》(浙江警察学院学报)2010 年第 3 期。

[52]路风:《单位:一种特殊的社会组织》,载《中国社会科学》1989 年第 1 期。

[53]殷炳华:《“权力权利化”是公安民警刑讯逼供现象产生的直接原因》,载《北京人民警察学院学报》2003 年第 4 期。

[54]郭柏林、宋平章:《河南省辖市城区警务改革中民警思想动态调查分析》,载《河南警察学院学报》2012 年第 2 期。

[55]段钢:《重建公共行政的思考——〈黑堡宣言〉首席作者万莱斯教授访谈录》,载《中国行政管理》2002 年第 10 期。

[56]徐光超:《警察权运行的现状与完善:基于宪政理论的框架分析》,载《南华大学学报》(社会科学版)2008 年第 4 期。

[57]张文显、信春鹰:《民主 + 宪政 = 理想的政制》,载《比较法研究》1990 年第 1 期。

[58]毛志斌:《警察权的支解与让渡》,载《公安研究》2002 年第 10 期。

[59]孔繁斌:《多中心治理诠释——基于承认政治的视角》,载《南京大学学报》2007 年第 6 期。

[60]孔繁斌:《社会治理的多中心场域构建——基于共和主义的一项理论解释》,载《湘潭大学学报》(哲学社会科学版)2009 年第 2 期。

[61]邱煜:《治安承包的理论与实践》,载《中国人民公安大学学报》2003 年第 5 期。

[62]王廷惠:《公共物品边界的变化与公共物品的私人供给》,载《华中师范大学学报》(人文社会科学版)2007 年第 7 期。

四、外文著作

[1] Dwight Waldo. The Administrative State: Conclusion (1948). Classics of Public Administration (Fourth Edition). M. Shafritz & C. Hyde Edit.

[2] Sir Charles Jeffries. The Colonial Police. London. 1952.

[3] Michael Banton. (1964). The Policeman in the Community. London: Tavistock.

[4] Tony Bunyan. (1976). The Political Police in Britain. London: Quartet.

[5] Robert Reiner. (1978). The Blue-Coated Worker. Cambridge: Cambridge University Press.

[6] Kelling. George L. Antony Pate. Duane Dieckman and Charles E. Brown(1974). The Kansas City Preventive Patrol Experiment: A Technical Report. Washington. D. C.: Police Foundation.

[7] Kansas City Police Department(1989). Response Time Analysis: Volume II. Part I—Crime Analysis. Washington. D. C.: U. S. Government Printing Office.

[8] Boydstun. John E. and Michael E. Sherry (1975). San Diego Community Profile: Final Report. Washington. D. C.: Police Foundation.

[9] Greenwood. Peter W. and Joan Petersilia. (1975). The Criminal Investigation Process—Volume I: Summary and Policy Implications. Santa Monica: Rand Corporation.: p. v. See also Greenwood. Peter W. Jan M. Chaiken. and Joan Petersilia. (1977) The Criminal Investigation Process. Lexington: DC Heath.

[10] Kelling. George L. (1981). The Newark Foot Patrol Experiment. Washington. D. C.: Police Foundation.

[11] Pate. Antony M. Mary Ann Wycoff. Wesley G. Skogan. and Lawrence W. Sherman. (1986). Reducing Fear of Crime in Houston and Newark: A Summary Report. Washington. D. C.: Police Foundation.

[12] David Weisberg (2004). The Growth of Compstat in American Policing. Police Foundation Reports. No. 4.

[13] Simon Holdaway. ed. (1979). The British Police. London: Edward Arnold.

[14] Cathy Bird. (1989). The New Register of Policing Research. London: Police Foundation.

[15] Wakefield. A. (2003) Selling Security: The Private Policing of Public Space. Cullompton: Willan Publishing.

[16] Cunningham. W. and Taylor. T. H. (1985). The Hallcrest

Report I: Private Security and Police in America. Stoneham. MA: Butterworths-Heinemann.

[17] Social Choice and Individual Values. NY: John Wiley& Sons. 1951. 2nd ed. 1963.

[18] Towns. An Economic Theory of Democracy. NY: Harper& Row. 1957.

[19] Rowlson. The Logic of Collective Action. Harvard University Press. 1965).

[20] Buchanan. J. M. The Calculus of Consent. The University of Michigan Press. 1962.

[21] Rowley. Public Choice Theory I. pp. 10 – 15. Vermont: Edward Elgar Publishing Company. 1991.

[22] Mises. Human Action: A Treatise on Economics. 3rd edn. Chicago: Regnery. 1966.

[23] Cunningham. W. Strauchs. J. van Meter. C. (1990). The Hallcrest Report II: Private Security Trends. 1970 – 2000. Stoneham. MA: Butterworths-Heinemann.

[24] Shearing. C. and Stenning. P. (1983a). Policing and Private Security: A North American Perspective. In Rees. A. (ed.) Policing and Private Security. Canberra: Australian Institute of Criminology.

[25] Jones. T and Newburn. T. (1998). Private Security and Public Policing. Oxford: Clarendon Press.

[26] Brewer. J. Guelke. A. Hume. I. Moxon-Browne. E. & Wilford. R. The police. public order and the state. New York: St. Martin's. 1996.

[27] Li. V. The Evolution and Development of the Chinese Legal System. In J. Lindbeck (eds.). China: Management of a Revolutionary Society. Seattle: University of Washington Press. 1971.

[28] Bayley. D. Policing: The World Stage. In R. Mawby (eds.). Policing Across the World: Issue for the Twenty-first Century. London: University College London Press. 1999.

[29] Hayes. Treasa(1996): Management. Control and Accountability in Nonprofit/Voluntary Organizations. Aldershot: Ashgate Publishing Limited.

[30] Gene Edward Carte. August Vollmer and The Origin of Police Professionalism. Police Administrative Issues. New York: Associated Faculty

Press. Inc. 1986.

[31] William A. Westley. Violence and the Police: A Sociological Study of Law. Custom. and Morality. Cambridge. Mass: MIT Press. 1970.

[32] Charles Taylor. The Ethics of Authenticity. Harvard: Harvard University Press. 1991.

[33] Sandel Michael. Liberalism and the Limits of Justice. Cambridge; Cambridge University Press. 1982.

[34] Home Office (1993) Police Reform: a Police Service for the 21st Century. Cmnd 2281. London. HMSO.

[35] Jones. T. Newburn. T. and Smith. D. J. (1994) Democracy and Policing. London: Policy Studies Institute.

[36] Johnston. L. (1992) The Rebirth of Private Policing. London: Routledge.

[37] Jacobson. J. and Saville. E. (1999) Neighbourhood Warden Schemes: An Overview. Crime Reduction Research Series Paper 2. London: Policing and Reducing Crime Unite. Home Office.

[38] Shearing. C. D. and Stenning. P. C. (1981) Modern Private Security: Its Growth and Implications. M. Tonry and N. Morris (eds.) Crime and Justice: An Annual Review of Research Vol. 3. Chicago: University of Chicago Press.

[39] Kenichi Ohmae. The End of Nation State: The Rise of Regional Economies. New York. The Free Press. 1995.

[40] Fredrickson New Public Administration. the University of Alabama Press. 1980.

[41] Paterman. Carole. Participation and Democratic Theory. Cambridge: Cambridge University Press. 1970.

[42] Eran Vigoda-Gadot. Collaborative Public Administration: Some Lessons from the Israeli Experience. Managerial Auditing Journal. 2004. Vol. 19 No. 6.

[43] Jack Blaney. Collaborative Governance for River Basin Management. Greenwood Publishing. 2001.

[44] Himmelman. A. T. On the Theory and Practice of Transformational Collaboration: From Social Service to Social Justice. In Huxham. C. (ed.) Creating Collaborative Advantage. London: Sage. 1996.

[45] Arthur Okun: Equality and Efficiency: The Big Trade Off. The Brookings Press. 1975.

[46] David L. Dillman. Leadership in the American Civil Service. Reform. Ethnics and Leadership in Public Service. Alder shot: Ash gate Publishing Ltd. 1998.

[47] Chrislip. David D. The Collaborative Leadership Fieldbook: A Guide for Citizens and Civic Leaders. California. San Francisco: Jossey-Bass. 2002.

[48] Gadot. Eran Vigoda. Managing Collaboration in Public Administration: The Promise of Alliance among Governance, Citizens, and Businesses. Westport. Connecticut: Praeger. 2003.

[49] Cooper. Terry L. 1991. An Ethic of Citizenship for Public Administration. Englewood Cliffs. NJ: Prentice-Hall.

[50] U. S. C. 509 (Order No. 469 -71. 367 F. 21028. No. 3. 1971. Amended by Order No. 602 -75. 40 FR22119. May 20. 1975).

[51] Machiavelli. The Chief Work and others. Trans. by Allan Gilbert.

[52] William Archibald Dunning. A History of Political Theories: From Luther to Montesquieu. Macmillam Company. 1923.

[53] J. C. Laire. Six Books of Commonwealth. City of Oxford the Alaen Press. 1775.

[54] John Rawls. Political Liberalism. New York: Columbia. 1993.

[55] Sinopoli. R. C. The Foundations of American Citizenship and Civic Virtue. New York: Oxford University Press. 1992.

[56] Jonh Dewey. Individualism Old and New. London: G. Allenb & Unwin Ltd. 1931.

[57] Alison Wakefield (2003). Selling Security: The Private Policing of Public Space. Willan Publishing Limited.

[58] Kakalik. J. S. and Wildhorn. S. (1977) The Private Police: Security and Danger. New York: Crane Russak.

[59] Gidron B. KramerR. Salmon L. M.. Government and The Third Sector. San Francisco: Jossey Bass Publishers. 1992.

[60] Savas E. S. "Privatization" in Mary Hawkeaworth and Maurice Kogan. Encyclopedia of Government and Politics. New York: Routledge. 1992.

[61]Terry L. Cooper. An Ethic of Citizenship for Public Administration. New Jersey：Prentice-Hall Inc. 1992.

[62]Steven Maynard-Moody and Michael Musheno. Cops. Teachers. Counselors：Stories from the Front Lines of Public Service. University of Michigan Press. 2003.

[63]Camilla Stivers. "Citizenship Ethics in Public Administration". in Terry L. Cooper ed. Handbook of Administrative Ethics. New York：Marcel Dekker. 2001.

[64]T. Barker. R. D. Hunter. Police Systems and Practice.

[65]H. Finer. Administration Responsibility in Democratic Government. in C. Friedrich. ed. Public Policy. Cambridge. MA：Harvard University Press. 1940.

[66]George. B. and Button. M. Private Security. Leicester. Perpetuity Press. 2000.

[67]Shearing. C. Reinventing Policing：Policing as Governance. in O. Marenin (ed.) Changing Police：Policing Change. New York：Garland. 1996.

[68] Shearing. C. D. and Berg. J. South Afica in T. Jones and T. Newburn(eds.) Crime and Justice(vol. 3). Chicago. University of Chicago Press. 1981.

[69] Adam Crawford. The Pattern of Policing in the UK：Policing beyond the Police//Tim Newburn. Handbook of Policing. London ：Willan Publishing. 2003.

五、外文论文

[1] Farmer. Michael T. ed (1981). Differential Police Response Strategies. Washington. D. C. ：Police Executive Research Forum.

[2]Sherman. Lawrence W. Patrick R. Gartin and Michael E. Buerger (1989). Hot Spots of Predatory Crime：Routine Activities and the Criminology of Place Criminology 27.

[3]Eck. John E. and William Spelman (1987). Problem Solving：Problem-Oriented Policing in Newport News. Washington. D. C. ：Police Executive Research Forum.

[4] Goldstein. Herman (1979). Improving Policing：A Problem-

Oriented Approach. Crime and Delinquency 25.

[5]Trojanowicz. Robert C. (1983). An Evaluation of a Neighborhood Foot Patrol Program. Journal of Police Science and Administration 11.

[6] Wilson. James Q. and George L. Kelling (1989). Making Neighborhoods Safe. The Atlantic Monthly 263(2)(February).

[7] Wilson. James Q. and George L. Kelling. (1982). Broken Windows. The Atlantic Monthly (March).

[8] Les Johnston. Private policing in context. European Journal on Criminal Policy and Research. 7.

[9]Rawlings. P. (1995)The Idea of Policing: A History. Policing and Society. 5.

[10] Loader. I. (2000). Plural Policing and Democratic Governance. Social and Legal Studies. 9.

[11]Alexander Liebrucks. The Concept of Social Construction. Theory & Psychology. 2001. 11(3).

[12] LILY L. TSAI. Solidary Groups. Informal Accountability. and Local Public Goods Provision in Rural China. American Political Science Review. May 2007. Vol. 101. No. 2.

[13]Zedner. L. (2003)Too much security? International Journal of the Sociology of Law 31(3).

[14]Bayley. D. (2005) Policing in a New Era"-unpublished plenary address to the Annual Conference of the Australian and New Zealand Society of Criminology. Victoria University of Wellington. New Zealand. 10th February 2005.

六、学位论文

[1]袁广林:《我国警察职业素质培养研究》,华东师范大学 2017 年博士学位论文。

[2]秦长江:《协作性公共管理:理念、结构与过程》,上海交通大学 2012 年博士学位论文。

[3]杨礼银:《哈贝马斯的话语民主理论研究》,北京师范大学 2006 年博士学位论文。

[4]裴东波:《法治脚步声中的中国警察权》,吉林大学 2006 年博士学位论文。

后　　记

十年磨一剑！《论当代中国警政范式之嬗变与重构》从构思到出版历经整整十年终于完成。该著作是在本人博士论文基础上修改而成，并得到了国家社科基金后期资助而得以最后面世，该成果凝结着本人导师的谆谆教诲以及国家社科基金后期资助的五位匿名评审专家、毕业时外送评审博士论文的三位匿名专家和本人博士论文答辩的五位专家（胡象明教授、李良玉教授、孔繁斌教授、温晋锋教授、王金水教授）的建议，他们在对本论文的评审、答辩或课题申报中均提出了宝贵的修改意见。正是因为有着这些专家的真知灼见，使得本人原博士论文《论当代中国警务模式之嬗变与重构》，打磨成现成果《论当代中国警政范式之嬗变与重构》，鉴于本人学识和水平的局限，难免有许多不尽如人意或是疏漏错误之处，还望读者不吝赐教。很多好的修改建议因为时效性和研究的阶段性而未能在成果中体现，但这些宝贵的建议将会指导我未来的进一步深入研究。

回想以往岁月，2008 年我考入南京大学政府管理学院，师从黄健荣教授攻读行政管理学博士学位。读博期间，恩师严谨的治学精神、宽厚的人格魅力、儒雅的风度气质无时无刻不在鞭策着我进步。本论文在选题、构思、开题、写作各环节都数易其稿，无不倾注着恩师大量的心血。给我相同关心的还有师母姜秀珍女士，一位在背后默默支持老师、爱护学生的伟大女性。

感谢童星教授、严强教授、庞绍堂教授、朱国云教授、张凤阳教授、林闽钢教授、孔繁斌教授、李永刚教授、魏姝教授、风笑天教授、陈志广教授等诸位老师的精心授课，老师们渊博的学识和精湛的课堂艺术给我留下了难以磨灭的印象。感谢政府管理学院的赵娟、庄蕾、唐民等老师，她（他）们认真负责的工作态度给我留下了深深的印象。

感谢杨占营、王子明、刘伟、王勇、钱洁、徐西光、梁莹、叶芬梅、向玉琼、钟裕民、韦正富、宋学文、廖业扬、张华、李强彬、王丽、陈宝胜、刘超、蒋励佳、谢治菊、姚莉、谢来位、鲍林强、李玲、廖尹航、王君君、王绪正、姜维等诸位同门在我攻读博士学位期间以及在本论文的选题、构思中给予我的巨大帮助。

感谢我求教的其他所有学者和访谈的数以百计的公安干警，在此无法一一列出。

感谢法律出版社责任编辑韩满春老师为本书出版付出的所有努力。

感谢我的父母、妻子和女儿对我追求学术事业的支持、理解和鼓励。

母校“诚朴雄伟、励学敦行”的校训、深厚的历史文化底蕴激励着我并将永远激励我不断前行。

胡建刚

2018 年 12 月 12 日记于金陵

图书在版编目(CIP)数据

论当代中国警政范式之嬗变与重构／胡建刚著. --北京：法律出版社，2019
ISBN 978-7-5197-3052-9

Ⅰ.①论… Ⅱ.①胡… Ⅲ.①警政－研究－中国－现代 Ⅳ.①D631.19

中国版本图书馆CIP数据核字(2019)第018767号

论当代中国警政范式之嬗变与重构
LUN DANGDAI ZHONGGUO JINGZHENG FANSHI ZHI SHANBIAN YU CHONGGOU

胡建刚 著

责任编辑 韩满春
装帧设计 李　瞻

出版 法律出版社
总发行 中国法律图书有限公司
经销 新华书店
印刷 固安华明印业有限公司
责任校对 杨锦华
责任印制 陶　松

编辑统筹 学术·对外出版分社
开本 710毫米×1000毫米　1/16
印张 35.25
字数 525千
版本 2019年6月第1版
印次 2019年6月第1次印刷

法律出版社／北京市丰台区莲花池西里7号(100073)
网址／www.lawpress.com.cn
投稿邮箱／info@lawpress.com.cn
举报维权邮箱／jbwq@lawpress.com.cn
销售热线／010-83938336
咨询电话／010-63939796

中国法律图书有限公司／北京市丰台区莲花池西里7号(100073)
全国各地中法图分、子公司销售电话：
统一销售客服／400-660-6393
第一法律书店／010-83938334/8335　西安分公司／029-85330678　重庆分公司／023-67453036
上海分公司／021-62071639/1636　深圳分公司／0755-83072995

书号：ISBN 978-7-5197-3052-9　**定价**：148.00元
(如有缺页或倒装，中国法律图书有限公司负责退换)